Thomas Jäger · Alexander Höse · Kai Oppermann (Hrsg.)

Transatlantische Beziehungen

Thomas Jäger · Alexander Höse
Kai Oppermann (Hrsg.)

Transatlantische Beziehungen

Sicherheit – Wirtschaft –
Öffentlichkeit

VS VERLAG FÜR SOZIALWISSENSCHAFTEN

VS Verlag für Sozialwissenschaften
Entstanden mit Beginn des Jahres 2004 aus den beiden Häusern
Leske+Budrich und Westdeutscher Verlag.
Die breite Basis für sozialwissenschaftliches Publizieren

Bibliografische Information Der Deutschen Bibliothek
Die Deutsche Bibliothek verzeichnet diese Publikation in der Deutschen Nationalbibliografie;
detaillierte bibliografische Daten sind im Internet über <http://dnb.ddb.de> abrufbar.

1. Auflage August 2005

Alle Rechte vorbehalten
© VS Verlag für Sozialwissenschaften/GWV Fachverlage GmbH, Wiesbaden 2005

Lektorat: Frank Schindler

Der VS Verlag für Sozialwissenschaften ist ein Unternehmen von Springer Science+Business Media.
www.vs-verlag.de

Das Werk einschließlich aller seiner Teile ist urheberrechtlich geschützt. Jede Verwertung außerhalb der engen Grenzen des Urheberrechtsgesetzes ist ohne Zustimmung des Verlags unzulässig und strafbar. Das gilt insbesondere für Vervielfältigungen, Übersetzungen, Mikroverfilmungen und die Einspeicherung und Verarbeitung in elektronischen Systemen.

Die Wiedergabe von Gebrauchsnamen, Handelsnamen, Warenbezeichnungen usw. in diesem Werk berechtigt auch ohne besondere Kennzeichnung nicht zu der Annahme, dass solche Namen im Sinne der Warenzeichen- und Markenschutz-Gesetzgebung als frei zu betrachten wären und daher von jedermann benutzt werden dürften.

Umschlaggestaltung: KünkelLopka Medienentwicklung, Heidelberg
Druck und buchbinderische Verarbeitung: MercedesDruck. Berlin
Gedruckt auf säurefreiem und chlorfrei gebleichtem Papier
Printed in Germany

ISBN 3-531-14579-7

Inhaltsverzeichnis

Vorwort — 9

I. Einführung

Die Entwicklung der transatlantischen Beziehungen unter den Bedingungen
machtpolitischer Asymmetrie und kultureller Differenz — 13
Thomas Jäger

Amerikanische und europäische Konzepte zur internationalen Ordnung — 35
Joachim Krause

II. Sicherheits- und Verteidigungspolitik

NATO und EU: Auf dem Weg zu einer strategischen Partnerschaft? — 65
Volker Heise und Peter Schmidt

Die EU und das Leitbild „Friedensmacht": Außen- und
sicherheitspolitische Konzepte nach dem Irak-Krieg — 87
Hans-Georg Ehrhart

Die ESVP und Auslandseinsätze europäischer Streitkräfte — 101
Bastian Giegerich

Die Folgen der NATO-Reformen für die politische und militärische
Handlungsfähigkeit des Bündnisses — 121
Christian Tuschhoff

Die Transformation der amerikanischen Streitkräfte — 139
Heinz Gärtner

Europäische Streitkräfte in ökonomischer Perspektive — 157
Jürgen Schnell

III. Wirtschaftsbeziehungen

Die transatlantischen Wirtschaftsbeziehungen: Ein Pfeiler in der Krise? 173
Ulf Gartzke

Euro und Dollar: Partnerschaft auf Augenhöhe 187
Elke Thiel

Die USA und EU auf Kollisionskurs? Neue Entwicklungen in den
transatlantischen Handelsbeziehungen 203
Claudia Decker und Stormy Mildner

Assessing Proposals for a Transatlantic Free Trade Area 217
Rolf J. Langhammer, Daniel Piazolo und Horst Siebert

Konflikt statt Kooperation? Die transatlantischen Umweltbeziehungen 235
Alexander Ochs und Marcus Schaper

IV. Innere Sicherheit und Terrorismusbekämpfung

Homeland Security: American and European Responses to September 11 255
Anja Daalgard-Nielsen

Terrorbekämpfung und Bürgerrechte in den USA nach dem
11. September 2001 267
Georg Schild

Anti-Terrorismusgesetze und Freiheitsrechte nach dem 11. September:
Großbritannien, Frankreich und Deutschland im Vergleich 287
Dirk Haubrich

Freiheit, Sicherheit und Terror: Die Rechtslage in Deutschland 305
Oliver Lepsius

Guarding Europe 327
Adam Townsend

The Post 9/11 Partnership: Transatlantic Cooperation against Terrorism 347
*David L. Aaron, Ann M. Beauchesne, Frances G. Burwell,
C. Richard Nelson, K. Jack Riley und Brian Zimmer*

V. Öffentliche Meinung, Medien und Public Diplomacy

Die öffentliche Meinung als Katalysator für transatlantische Kooperation und Konflikte   375
Alexander Höse und Kai Oppermann

The Transatlantic Gap in Public Opinion   397
Ronald D. Asmus, Philip P. Everts und Pierangelo Isernia

Die mediale Vermittlung des Irak-Konflikts in Deutschland und den USA   425
Karin L. Johnston

Public Diplomacy als außenpolitisches Instrument nach dem 11. September 2001   435
Wolfgang Gerz

Finding America's Voice: A Strategy for Reinvigorating U.S. Public Diplomacy   449
Report of an Independent Task Force Sponsored by the Council on Foreign Relations. Chair: Peter G. Peterson

VI. Ausblicke

Renewing the Atlantic Partnership   469
Report of an Independent Task Force Sponsored by the Council on Foreign Relations. Co-Chairs: Henry A. Kissinger und Lawrence H. Summers

Plädoyer für eine transatlantische Arbeitsteilung   489
Egon Bahr

Wege zur Stärkung des transatlantischen Bündnisses   497
Andrew Moravcsik

Transforming the Transatlantic Partnership   513
Daniel S. Hamilton

Hard Power und Soft Power: Plädoyer für einen neuen Transatlantischen Vertrag   523
Stanley R. Sloan und Heiko Borchert

Autorinnen und Autoren   537

Vorwort

Seit Ende des Zweiten Weltkrieges stellen die transatlantischen Beziehungen einen wesentlichen Teil der internationalen Ordnung dar und beeinflussen die politische und sozioökonomische Entwicklung der Gesellschaften in diesem Raum – und darüber hinaus. Mit dem Ende des Systemkonflikts wurde die optimistische These vom „Ende der Geschichte" vertreten, also der Durchsetzung eines politischen Ordnungsmodells weltweit. Krisen, Konflikte und Kriege haben seither die „Rückkehr der Geschichte" dokumentiert. Sie haben – direkt und indirekt – auf die Beziehungen zwischen den USA und Europa eingewirkt. In diesen fünfzehn Jahren haben die transatlantischen Beziehungen Höhen und Tiefen erlebt wie dies zuvor nicht der Fall war. Die Erwartungssicherheit aneinander sank und die Stabilität des Beziehungsgefüges ließ nach. An der Bedeutung der transatlantischen Beziehungen hat dies jedoch nichts geändert: Sie stellen heute den Kern der internationalen Ordnung dar, allerdings mit größeren Konfliktpotentialen als zuvor.

Zwar hat sich die Erwartung eines Machtkampfes um die ökonomische Vorherrschaft zwischen USA, Japan und Europa nicht erfüllt, die während der frühen neunziger Jahre die Analysen prägte. Jedoch eskalierten Auseinandersetzungen in anderen Politikfeldern. So wurden die Wahl und der Amtsantritt des amerikanischen Präsidenten George W. Bush im Januar 2001 in Europa mit großer Skepsis verfolgt. Man erwartete eine Militarisierung der Chinapolitik und befürchtete vor allem, dass sich die USA aus internationalen Institutionen zurückziehen würde. Das Kyoto-Protokoll und der Internationale Strafgerichtshof wurden zu Symbolen der transatlantischen Konflikte, die aus einer unilateralen Außenpolitik der USA resultierten.

Die Anschläge des 11. September 2001 lösten dann in Europa eine breite Welle der Solidarisierung mit den Vereinigten Staaten aus. Zum ersten Mal in der Geschichte der NATO wurde der Bündnisfall nach Artikel 5 des Nordatlantikvertrages beschlossen. Die „uneingeschränkte Solidarität" mit den USA (Bundeskanzler Gerhard Schröder) war jedoch nur von kurzer Dauer. In der Auseinandersetzung über den Irakkrieg wurden die transatlantischen Beziehungen von den heftigsten und emotionalsten Konflikten seit mehr als fünf Jahrzehnten erschüttert.

Diese vornehmlich sicherheitspolitischen Spannungen bestimmen bis heute die öffentliche Wahrnehmung und die publizistische und wissenschaftliche Debatte beiderseits des Atlantiks. Allerdings kann das Verhältnis zwischen Europa und den USA nicht auf diesen – zweifellos zentralen – Aspekt reduziert werden. Denn die transatlantischen Beziehungen berühren seit jeher sämtliche Sachbereiche der Politik: Sicherheit, Wohlfahrt und Herrschaft. Jeder Bereich weist kooperative und konfliktive Elemente auf, die in unterschiedlichen Ausprägungen und Konstellationen in den Vordergrund treten können. Daher sind die europäisch-amerikanischen Beziehungen immer zugleich von Konfrontation und Zusammenarbeit geprägt. Diesem komplexen Beziehungsgeflecht kann eine Analyse nur gerecht werden, wenn sie sich nicht auf ein Politikfeld beschränkt, sondern das Verhältnis zwischen Europa und den USA in seiner Gesamtheit erfasst. Dieser Anspruch liegt der Struktur des vorliegenden Bandes zugrunde.

Nach einer Einführung in den weltordnungspolitischen Rahmen der transatlantischen Beziehungen befassen sich die Beiträge in Kapitel II mit dem klassischen Bereich der äußeren Sicherheit. Dabei stehen insbesondere die Entwicklung der NATO und der Europäischen Sicherheits- und Verteidigungspolitik sowie ihr Verhältnis zueinander im Vordergrund. Kapitel III behandelt den Sachbereich der Wirtschaftsbeziehungen mit den Schwerpunkten Handels- und Währungspolitik. Kapitel IV fasst Beiträge zur inneren Sicherheit zusammen, denn nach dem 11. September 2001 haben innere Sicherheit und insbesondere die Terrorismusbekämpfung auf der transatlantischen Agenda an Bedeutung gewonnen. Der Sachbereich der Herrschaft ist Gegenstand von Kapitel V. Da die Ausübung von Macht und Herrschaft in den Demokratien des atlantischen Raumes in besonderem Maße der gesellschaftlichen Legitimation bedarf, werden hier die Wechselwirkungen zwischen öffentlicher Meinung und Regierungshandeln analysiert. Abschließend zeigen die Beiträge in Kapitel VI verschiedene Perspektiven für die Zukunft der transatlantischen Beziehungen auf.

Wir danken den Autorinnen und Autoren dieses Bandes für die sehr gute und engagierte Zusammenarbeit. Dem *Council on Foreign Relations* und dem *Atlantic Council of the United States* sind wir für ihr freundliches Entgegenkommen sehr verbunden. Unser besonderer Dank gilt Herrn Frank Schindler, der das Projekt von Seiten des Verlages betreut hat. Für die redaktionelle Bearbeitung des Bandes danken wir unserem studentischen Mitarbeiter Rasmus Beckmann, von dessen zuverlässiger und umsichtiger Arbeit alle Beteiligten profitiert haben.

Köln, im Juli 2005

Thomas Jäger
Alexander Höse
Kai Oppermann

I. Einführung

Die Entwicklung der transatlantischen Beziehungen unter den Bedingungen machtpolitischer Asymmetrie und kultureller Differenz

Thomas Jäger

1 Einführung

Als der Ost-West-Konflikt seine strukturierende Wirkung auf die internationale Staatenordnung verlor, stellte sich unvermittelt die Frage, was die Veränderungen im Osten für den Westen bedeuten würden. Einigkeit herrschte bei den Beobachtern der internationalen Beziehungen darüber, dass die Umgestaltungen der internationalen Ordnung das transatlantische Verhältnis tief reichend berühren werden; uneinig war man sich – und ist es bis heute – in welcher Weise und mit welchen Konsequenzen dies geschehen wird: Werden sich die transatlantischen Beziehungen als Kern der neuen internationalen Ordnung entwickeln oder steckt in der NATO als Bündnis ohne Feind schon der Keim der weltpolitischen Rivalität zwischen den USA und der EU?

Am Beginn dieser Phase des weltordnungspolitischen Wandels 1989/90 lobten die Beobachter internationaler Politik insbesondere, dass die amerikanische Regierung unter Präsident George Bush den Sieg in der Systemauseinandersetzung mit der Sowjetunion nicht dazu nutzte, den einstmaligen Rivalen offensiv zur bedingungslosen Kapitulation zu treiben. Diese scheinbar zurückhaltende, kluge Außenpolitik wurde nicht zuletzt der Entwicklung des transatlantischen Verhältnisses selbst zugeschrieben: Zwischen Europa, das nun seine alte Mitte und neue Ganzheit wieder erlangen würde, und der neuen Welt habe sich in den Jahrzehnten seit dem Ende des Zweiten Weltkriegs ein Konsens über die Entwicklung einer auf internationalem Recht basierenden Weltgesellschaft ausgebildet,[1] und dieser Konsens – im politischen Sprachgebrauch: die westliche Wertegemeinschaft – trage die transatlantischen Beziehungen auch in der neuen Weltordnung.[2] Die hiergegen aufgestellte Argumentation, dass die NATO als Kern des transatlantischen Verhältnisses mit ihrem gemeinsamen Feind, der Sowjetunion, auch ihre Existenzgrundlage verloren habe,[3] wurde als rückwärtsgewandtes, tief im Mächtekonzert des 19. Jahrhunderts und seiner Politik der *Balance of Power* verwurzeltes Denken charakterisiert, das die grundlegenden Änderungen im internationalen System des beginnenden 21. Jahrhunderts nicht reflektiere: den Abschied vom historisch – weil ökonomisch und politisch – überholten Nationalstaat[4],

---

[1] G. John Ikenberry: After Victory. Institutions, Strategic Restraint, and the Rebuilding of Order After Major Wars, Princeton, NJ, 2001, Princeton University Press, S. 255f.
[2] George Bush/Brent Scowcroft: Eine neue Welt. Amerikanische Außenpolitik in Zeiten des Umbruchs, Berlin, 1999, Ullstein-Verlag, S. 35ff.
[3] Kenneth N. Waltz: Structural Realism after the Cold War, in: G. John Ikenberry (Hrsg.): America Unrivaled. The Future of the Balance of Power, Ithaca, NY, 2002, Cornell University Press S. 29-67.
[4] David J. Elkins: Beyond Sovereignty. Territory and Political Economy in the Twenty-First Century, Toronto, 1995, University of Toronto Press; Martin Albrow: Abschied vom Nationalstaat, Frankfurt/Main, 1998, Suhrkamp-Verlag.

die Herausbildung einer transnationalen Ordnung[5] auf der Grundlage normativ ähnlich ausgerichteter gesellschaftlicher Akteure und der Kodifizierung in einem – in seinem Wesen verwandelten, weil aus der Aufklärung gespeisten – Völkerrecht.

Denn nicht mehr die rivalisierenden Staaten – als souveräne Akteure in einem anarchischen Umfeld – sondern transnational verflochtene Gesellschaften seien die historisch neuen Träger der internationalen Ordnung[6] und nicht Macht und Gewalt, sondern Kompetenz und Recht der Ausdruck ihres Wettbewerbs. Turbulenzen zeichneten die Welt vorübergehend an ihren Rändern aus, aber die Peripherie werde von Wellen der Demokratisierung[7] erfasst, die ihr politisches Zentrum eben nicht im machtpolitisch substantiierten transatlantischen Gestaltungsanspruch, sondern in der egalisierenden Entwicklung von Bürgergesellschaften habe. Diese Erwartung trog.

Das wurde jedoch nicht sogleich sichtbar, denn unter den beiden Administrationen von Präsident Clinton verfolgten die USA eine Politik der strategischen Flexibilität, die auf europäischer Seite die Vorstellung der politischen Elite stabilisierte, die sukzessive, von weltordnungspolitischen Herausforderungen verschonte Integration der Europäischen Union abseits öffentlicher Legitimation weiterführen zu können. Nach dem gemeinsamen Krieg der NATO-Staaten gegen Serbien, der noch mit einem humanitären Imperativ legitimiert wurde,[8] entzweiten sich Europa und die USA aufgrund unterschiedlicher Bedrohungsanalysen und ordnungspolitischer Interessen im Irakkrieg deutlich. Die – oben geschilderten – in der Vorstellung einer dynamischen Entwicklung zur Weltgemeinschaft verankerten Beobachtungen hatten den Schuldigen an der Spaltung des Westens schnell identifiziert: die neokonservative Regierung der USA, die das gemeinsame Projekt einer Weltbürgergesellschaft verlassen habe.[9]

Da sich die Positionierungen der transatlantischen Staaten nach 1990 entsprechend ihrer jeweiligen Machtressourcen[10] sehr unterschiedlich entwickelten – die USA als einzige Weltmacht und Europa als zunehmend uneinheitlicher Akteur[11] – und sich die Gesellschaften ihrer eigenen Identität und Werte mit Hilfe ihrer politischen, ökonomischen und kulturellen Elite neu vergewisserten,[12] blieben Interessendivergenzen nicht lange verborgen. Mehr noch: sie brachen, nachdem sich die transatlantischen Partner nicht mehr unter dem

---

[5] Walter L. Bühl: Transnationale Politik. Internationale Beziehungen zwischen Hegemonie und Interdependenz, Stuttgart, 1978, Klett-Cotta.
[6] Das heißt richtigerweise: der transnationalen Ordnung, denn diese würde die internationale Ordnung, die von den Staaten gestaltet wird, ablösen.
[7] Samuel P. Huntington: The Third Wave. Democratization in the late Twentieth Century, Normen/London, 1991, University of Oklahoma Press; Analysen zu Prozessen der Demokratisierung in: Larry Diamond/Marc F. Plattner (Hrsg.): The Global Divergence of Democracies, Baltimore/London, 2001, The Johns Hopkins University Press.
[8] Jürgen Habermas: Bestialität und Humanität. Ein Krieg an der Grenze zwischen Recht und Moral, in: Reinhard Merkel (Hrsg.): Der Kosovo-Krieg und das Völkerrecht, Frankfurt/Main, 2000, Suhrkamp-Verlag, S. 51-65.
[9] Jürgen Habermas: Der gespaltene Westen, Frankfurt/Main, 2004, Suhrkamp-Verlag, S. 114ff. Aus anderer Perspektive beschreibt die amerikanische Elite James Mann: The Rise of the Vulcans. The History of Bush's War Cabinet, New York, 2004, Penguin Books.
[10] William C. Wohlforth: The Stability of a Unipolar World, in: Michael E. Brown et al. (Hrsg.): America's Strategic Choices, Cambridge, MA, 2001, The MIT Press, S. 273-309.
[11] Zu einem anderen Urteil gelangt T. R. Reid: The United States of Europe. The New Superpower and the End of American Supremacy, New York, 2004, The Penguin Press.
[12] Einerseits Robert Kagan: Macht und Ohnmacht. Amerika und Europa in der neuen Weltordnung, München, 2003, Goldmann Verlag und andererseits Tzvetan Todorov: Die verhinderte Weltmacht. Reflexionen eines Europäers, München, 2003, Goldmann Verlag.

Druck einer gemeinsamen Bedrohung einigen mussten, erstmals ungefiltert aus.[13] Dies musste schließlich auch die Rechtsordnungen und insbesondere das Völkerrecht betreffen, das sich von Politik – und damit der konkreten Ausgestaltung der Herrschaftsverhältnisse – nicht abziehen lässt.[14]

Die Auseinanderentwicklung der völkerrechtlichen Positionen ist Symptom für einen tiefer liegenden Prozess: Die europäischen Staaten ebenso wie die USA vergewissern sich ihrer jeweiligen Macht stützenden Fähigkeiten entsprechend einer kollektiven Identität, die nicht mehr alleine kalkulatorisch auf den Nutzen innerhalb einer bestimmten feststehenden Ordnung ausgerichtet ist, sondern jeweils für sich und mit globalem Anspruch die anzustrebende Ordnung selbst definiert. Der Fluchtpunkt dieser normativen Auseinandersetzung ist nicht weniger als die Gestaltung der internationalen Ordnung – und es ist der Zweck der jeweiligen Normen, diese zu begründen. Veränderungen innerhalb der jeweiligen Gesellschaften haben dabei den bisher unbestrittenen Vorrang kalkulatorischer Rationalität – und damit den Prozess der Westernisierung – in Frage gestellt, denn der gesellschaftliche Nutzen als Ausdruck des jeweiligen *bonum commune* definiert sich zunehmend nicht mehr allein ökonomisch, sondern ordungspolitisch.

Voraussetzung eines solchen transatlantischen Wettbewerbs um ordnungspolitischen Einfluss ist allerdings, dass sich Deutschland und Frankreich mit ihrer auf *balancing* gegen die USA gerichteten Außen- und Sicherheitspolitik in der EU durchsetzen – gegen Großbritannien, die Niederlande und Polen, die eher zu einer Politik des *bandwagoning* mit den USA tendieren. Die schon im Irakkrieg angelegte amerikanische Politik des *divide et impera*, die in der Interpretation des alten und neuen Europa ihren öffentlich sichtbaren Ausdruck fand, wurde durch innereuropäische Prozesse – vor allem die Ablehnung des Verfassungsvertrages – unterstützt.

2 Die Organisation von Sicherheit im transatlantischen Verhältnis

Die weitere Entwicklung der transatlantischen Beziehungen hängt vor allem vom Verhältnis der europäischen Staaten und Gesellschaften zu den USA im Sachbereich der Sicherheit ab. Eine hegemoniale Stellung[15] der USA, die auf der Anerkennung der amerikanischen Führung durch die europäischen Staaten beruhte, würde für die Zukunft verhindern können, dass die Mitgliedstaaten der EU gleichwertige autonome sicherheitspolitische Handlungsfähigkeiten ausbilden wollen. Allein auf dieser Basis würde sich die transatlantische Sicherheitsgemeinschaft[16] aufrechterhalten lassen.

Derzeit scheint jedoch – wenn auch bisher mit zerstreuten Ressourcen und eher mageren Resultaten diesseits des Atlantiks – eine andere Richtung eingeschlagen zu werden, wofür neben der gewandelten machtpolitischen Konstellation auch die darin begründeten veränderten und auseinanderstrebenden sicherheitspolitischen Wahrnehmungen sowie Zukunftsvorstellungen der Gesellschaften von Bedeutung sind. Die Bedrohungswahrnehmun-

---

[13] Der entscheidende Unterschied zu den früheren transatlantischen Konflikten ist, dass die gemeinsame Bedrohung entfallen war, weshalb die transatlantischen Auseinandersetzungen eine neue Qualität annahmen.
[14] Jack L. Goldsmith/Eric A. Posner: The Limits of International Law, Oxford, 2005, Oxford University Press.
[15] Heinrich Triepel: Die Hegemonie. Ein Buch von führenden Staaten, Stuttgart, 1938, Kohlhammer-Verlag, S. 125ff.
[16] Karl W. Deutsch: Analyse internationaler Beziehungen. Konzeptionen und Probleme der Friedensforschung, Frankfurt/Main, 1968, Europäische Verlagsanstalt, S. 267.

gen der Gesellschaften in Europa und den USA entwickeln sich derzeit stärker als früher auseinander und könnten sich als Katalysator der Neudefinition des transatlantischen Verhältnisses erweisen.[17] Daraus könnte ein Prozess resultieren, der europäische Regierungen zu einer Reorganisation der europäischen und transatlantischen Sicherheitsstrukturen durch vermehrte Eigenanstrengungen und neu gestaltete Bündnisbeziehungen bewegt, angetrieben durch die machtpolitische Asymmetrie und dynamisiert durch kulturelle Differenz zu den USA.[18] Diesen möglichen Prozess antizipierend, wird in den USA inzwischen darüber nachgedacht, wann der geeignete Zeitpunkt zum Ausstieg aus der NATO gekommen sei.[19] Solange die USA die Unterstützung der europäischen Staaten noch meinen nutzen zu können, ohne dass deren Vergemeinschaftungsprozess zu einer Entfremdung von der einstigen Vormacht führt, werden sie diese Unterstützung erhalten wollen. Dabei stehen die transatlantischen Entwicklungen insgesamt unter dem Vorbehalt, dass über die europäische Zukunft selbst Ungewissheit herrscht, denn welche Form die Europäische Union ausbilden wird, hängt ebenso von den transatlantischen Entwicklungen und dem Einfluss der USA ab, wie es auf diese zurückwirkt. Doch sind diese Überlegungen mit methodischen Unsicherheiten behaftet, die auch für eine Analyse der transatlantischen Entwicklung thematisiert werden müssen.

3 Politische Turbulenzen und internationale Ordnung

Ein Grundproblem der Analyse internationaler Beziehungen im allgemeinen ist, dass die quantitative Extrapolation der gegenwärtigen sicherheitspolitischen Lage in die Zukunft die Herausforderungen, die sich an Konzeption und Planung von Sicherheitspolitik stellen, nicht hinreichend beschreiben kann. Sie bietet deshalb auch keine ausreichende Grundlage für Prognosen über die wahrscheinlich zu erwartenden sicherheitsrelevanten Entwicklungen. Dabei ist schon schwer abzusehen, welche Bereiche der gesamten gesellschaftlichen Entwicklungsgänge in welchem Maße zukünftig Einfluss auf die Gestaltung der Sicherheit staatlich verfasster Gesellschaften haben werden. Die seit einiger Zeit übliche additive Zusammenstellung eines erweiterten Sicherheitsbegriffs – militärisch, politisch, ökonomisch, kulturell, sozial, human – wird zunehmend ergänzt durch alternative Methoden der Analyse und Planung, etwa die Szenario-Analyse, die zudem unterschiedliche Qualitäten der relevanten Akteure zu berücksichtigen haben. Denn für transnational agierende Gruppen und international agierende Staaten stellen sich im Wettbewerb und in der Zusammenarbeit jeweils unterschiedliche Anforderungen. Die Aufgabe, Sicherheit herzustellen, ist dabei schon für transnational operierende Unternehmen zunehmend komplex geworden. Noch vielschichtiger stellt sie sich jedoch für Regierungen dar, die parallel zur effektiven Implementation zugleich Legitimität für ihre sicherheitspolitischen Maßnahmen herstellen müssen.[20] Beide Akteursgruppen handeln dabei in einer zunehmend unübersichtlichen Umwelt, die sich weitgehend ihrer Steuerung entzieht.

---

[17] Hierzu der Beitrag von Alexander Höse und Kai Oppermann in diesem Band.
[18] The Pew Project Global Attitudes: American Character Gets Mixed Reviews. U.S. Image Up Slightly, but Still Negative, 23.6.2005, unter: www.pewglobal.org/reports/pdf/247.pdf.
[19] National Intelligence Council Discussion Paper: NIC Europe, 2020, Scenarios, Workshop am 28.-29.4.2004 in Budapest, Ungarn, S. 4, unter: www.cia.gov/nic/PDF_GIF_2020_Support/2004_04_28_papers/scenarios.pdf.
[20] Private Militärunternehmen erfüllen deshalb im inter- bzw. transnationalen Kontext unterschiedliche Funktionen.

Fraglich ist deshalb insbesondere mit Blick auf die Entwicklungen im transatlantischen Verhältnis, inwieweit eine zeitverlässliche Prognose der zukünftigen sicherheitspolitischen Konstellation überhaupt möglich ist. Der konkrete Einfluss der sich wandelnden Struktur des internationalen Systems ist zeitlich nur schwer zu kalkulieren; die Aussage, dass die USA ihre herausragende Stellung in Zukunft irgendwann wahrscheinlich einbüßen werden, ist insofern wenig hilfreich. Die Effekte der internationalen Ordnung und der institutionellen Formationen sind ebenso dynamisch wie die gesellschaftliche Präferenzbildung. Zwar ist, um dies beispielhaft zu verdeutlichen, das Volumen der amerikanischen Rüstung für die nächsten Jahre einigermaßen absehbar, aber nicht vorherzusehen ist, ob es zu revolutionären Sprüngen in der technologischen Entwicklung in den USA oder anderswo mit Wirkungen auf die Polarität kommen wird. Offen ist auch, was die amerikanische Regierung (oder gesellschaftliche Gruppen durch sie) mit ihren Waffen an politischen Zielen wird realisieren wollen oder können. Der politische Zusammenhang militärischen Engagements wirkt gerade angesichts veränderter Kontextbedingungen auf die Qualität der Fähigkeiten substantiell zurück.[21] Dies bedeutet, dass innerhalb einer strukturierenden machtpolitischen Konstellation kulturelle und ideologische Faktoren wirksam auf die Weiterentwicklung der jeweiligen Sicherheitspolitiken einwirken können.[22]

Diese methodischen Probleme begleiten das Nachdenken über die Zukunft der transatlantischen Beziehungen. Denn die internationale Lage nach dem Ende des Ost-West-Konflikts wurde zurecht als turbulent beschrieben,[23] wobei die analytischen Potenziale dieser systemischen Turbulenzen in der anschließenden wissenschaftlichen Diskussion noch nicht hinreichend ausgeschöpft wurden. Dabei begründen sie das grundlegende sicherheitspolitische Problem der Mitgliedstaaten der transatlantischen Allianz, nämlich in eine nicht prognostizierbare Zukunft hinein planen und entscheiden zu müssen. Das bedeutet, dass das entscheidende Problem sicherheitspolitischer Planung die Analyse der Komplexität inter- und transnationaler Entwicklungen ist. Es steht nämlich keineswegs fest, worin die Turbulenzen begründet sind. Drei Entwicklungen scheinen von besonderer Bedeutung:

Eine Ursache für die Turbulenzen kann in den Prozessen der Globalisierung gesehen werden, die als gegen Null tendierende Komprimierung der Faktoren Raum und Zeit für weite Bereiche menschlichen Handelns definiert werden. Diese Prozesse begleiten die zunehmende Ausweitung transnationaler Handlungen und verändern sie in bestimmten Bereichen qualitativ. Auch werden sie parallel für die Rückgewinnung staatlicher Handlungsfähigkeit durch die Verbesserung der jeweiligen und kollektiven Fähigkeiten eingesetzt. Auf diese Weise kann auch eine Definition von Staatlichkeit nach der Phase der Systemkonfrontation entwickelt werden: Die Befähigung von staatlichen Exekutiven, ein transnationalen Akteuren überlegenes Repertoire an vernetzten Fähigkeiten in den Berei-

---

[21] Dies reflektiert Max Boot: The Struggle to Transform the Military, in: Foreign Affairs, Vol. 84, Nr. 2, March/April 2005, S. 103-118.
[22] Zwei anregende historische Analysen schrieben Richard Slotkin: Regeneration through Violence. The Mythology of the American Frontier 1600-1860, Middletown, CT, 1973, Wesleyan University Press, und Wolfgang Schievelbusch: Die Kultur der Niederlage. Der amerikanische Süden 1865, Frankreich 1871, Deutschland 1918, Berlin, 2001, Alexander Fest Verlag. Dieser Ansatz unterscheidet sich theoretisch grundlegend von den Studien in Peter Katzenstein (Hrsg.): The Culture of National Security. Norms and Identity in World Politics, New York, 1996, Columbia University Press.
[23] Wilfried von Bredow: Turbulente Welt-Ordnung. Internationale Politik am Ende des 20. Jahrhunderts, Stuttgart, 1994, Verlag W. Kohlhammer; James N. Rosenau: Turbulence in World Politics. A Theory of Change and Continuity, Princeton, NJ, 1990, Princeton University Press.

chen Aufklärung, Kommunikation und Navigation herzustellen und für deren Einsatz die Legitimation zu organisieren, definiert die Räume effektiver staatlicher Existenz. Der transatlantische Raum ist – wenn auch mit asymmetrischer Verteilung zugunsten der USA – das einzige zusammenhängende Gebiet effektiver Staatlichkeit, die in gleicher Weise weder in den Regionen um Russland noch der Volksrepublik China existiert. Aus diesen staatlichen Fähigkeiten resultieren sowohl mögliche Kooperationspotentiale als auch Konfrontationsrisiken für die Staaten im transatlantischen Raum.

In den anderen geographischen Räumen wird für die nächste Zukunft entweder durch handlungsfähigere Staaten Macht ausgeübt oder sie fallen an transnationale Akteure, insbesondere Unternehmen aller Art, die in Kooperation mit lokalen Gewaltakteuren ihre jeweils eigenen wirtschaftlichen Interessen verfolgen, ohne den Aufbau umfassender gesellschaftlicher Ordnungsstrukturen zu befördern. Teilweise resultiert der Nutzen transnationaler Akteure sogar gerade aus dem Mangel an Ordnung setzenden staatlichen Strukturen. Von Bedeutung für die weitere sicherheitspolitische Entwicklung ist dabei nicht nur die in diesen Gebieten zu beobachtende Realentwicklung, sondern auch, wie diese Prozesse in die jeweiligen Gesellschaften kommuniziert und in welche sicherheitspolitischen *Frames*[24] sie eingeordnet werden. Die unterschiedlichen Interpretationen reflektieren die Divergenzen der jeweiligen politischen Kulturen – gerade auch im transatlantischen Verhältnis[25] – und beschreiben auf diese Weise Grenzen der Kooperationsfähigkeit.

Eine weitere Ursache kann in der Veränderung der gesellschaftlichen Werte gesehen werden, insbesondere in denjenigen der OECD-Staaten, die für die nächste Zukunft ordnungsbestimmend bleiben werden, also insbesondere den USA und den europäischen Mittelmächten. Die parallele Ausbildung moderner industrieller Gesellschaften und eines korrespondierenden modernen Wertekodex haben im transatlantischen Verhältnis insgesamt – trotz großer Unterschiede im jeweiligen nationalen Normenprofil – seit geraumer Zeit zu einer Verstärkung von Selbstverwirklichungswerten geführt.[26] Die Entwicklung von traditionellen und auf materielle Sicherheit gerichteten Werten hin zu modernen und auf Selbstverwirklichung zielenden Werten galt in den letzten Jahrzehnten als der gemeinsame Fluchtpunkt sozialer Entwicklung in den transatlantischen Gesellschaften. Diese Projektion der Entwicklung eines gemeinsamen normativen Fundamentes im transatlantischen Raum wird inzwischen von politischen Entfaltungen auf beiden Seiten in Frage gestellt.

Die Erweiterung der Europäischen Union um die wenig modernisierten Staaten Ost- und Südosteuropas verändert seit einigen Jahren das Gesamtprofil der Integrationsgemeinschaft erheblich in Richtung auf materielle Überlebenswerte – ein Prozess, der durch die schwache ökonomische Performanz in Deutschland und Frankreich zusätzlich gestützt wird. In den USA indessen führen fundamentalistische Bewegungen zu einer andersgerichteten Verschiebung des kollektiven Wertekodex in Richtung traditioneller Werte, wie sie – über die Diktion der beiden Administrationen Bush – in den politischen Mobilisierungsstra-

---

[24] Robert M. Entman: Projections of Power. Framing News, Public Opinion, and U.S. Foreign Policy, Chicago, 2004, The University of Chicago Press.
[25] Thomas Jäger/Henrike Viehrig: Internationale Ordnung und transatlantische Wahrnehmungen: Die medial vermittelte Interpretation der Darfur-Krise in den USA, Deutschland, Frankreich und Großbritannien, Köln, 2005.
[26] Ronald Inglehart: The Silent Revolution. Changing Values and Political Styles among Western Publics, Princeton, NJ, 1977, Princeton University Press; Ders.: Culture Shift in Advanced Industrial Society, Princeton, NJ, 1990, Princeton University Press. Hier stehen sich moderne und traditionelle Werte auf der einen Achse, Selbstverwirklichungs- und Überlebenswerte auf der anderen Achse gegenüber und eröffnen so die Möglichkeit einer graphischen Darstellung der relativen Normdistanzen.

tegien seit 2000 deutlichen Ausdruck finden. Dabei handelt es sich sowohl bei der EU-Erweiterung als auch bei der koalitionspolitischen Verschiebung innerhalb der USA um machtfundierte Veränderungen der politischen Kultur, denn für beide Entwicklungsgänge bleiben die zentralen machtpolitischen Verschiebungen bestimmend; diese substantiieren die beobachtbaren kulturellen und normativen Prozesse. Denn da in den USA die Regierung nicht mehr gezwungen ist, auf internationale Kooperationsnotwendigkeiten Rücksicht zu nehmen, können – anders als dies früher der Fall war – fundamentalistische Positionen in regierungsbildende politische Koalitionen integriert werden und erhalten auf diese Weise auch Einfluss auf die Ausbildung der internationalen Rollen der USA. Die Europäische Union wiederum war aus mehreren Gründen angehalten, sich nach Osten und zum Balkan zu erweitern: Keine andere Macht sollte hier Einfluss gewinnen und im mittelfristigen Zeitverlauf wurde zudem ein positiver Effekt auf die gemeinschaftliche Machtbildung erwartet. Jedoch können beide Entwicklungen zu einer normativen Auseinanderentwicklung der transatlantischen Allianz führen, wodurch die machtpolitische Asymmetrie an Sprengkraft gewinnen würde, indem sie Gegenmachtbildungsprozesse auslöst. Die Auseinandersetzungen um und nach dem Irakkrieg 2003 waren ein erstes Beispiel für eine machtpolitisch begründete kulturelle Differenz.

Eine dritte Ursache kann in der *Revolution in Military Affairs* gesehen werden, die im Kontext der Errichtung eines *Global Grid* – eines zivil und militärisch zu nutzenden weltweiten Kommunikationsnetzes – dazu führt, dass staatliche Gewaltanwendung einer „Algebra des Handelns"[27] sehr nahe kommen könnte, dass also die exekutiven Handlungsspielräume durch technologische Entwicklungen neu vermessen und definiert werden.[28] Parallel wird die Entwicklung (und Steuerung) feindseliger Gefühle – und somit die gemütsbezogene Seite der Gewaltanwendung, um Clausewitz' Terminologie weiter zu benutzen – durch die medialisierte Wahrnehmung von Wirklichkeit in die Gesellschaften verschoben. Denn die Gewaltanwendung erfolgt zunehmend distanziert und wird für die Gesellschaften immer weniger erfahrbar, weshalb sie durch umso heftigere – medial vermittelte – emotionale Aufwühlung unterstützt werden muss. Der Zusammenhang von politischer Kultur und Gewalt löst sich dabei nicht auf, sondern transformiert sich in eine neue Art und Weise der Kriegführung, in deren Folge sich unterschiedliche gemeinschaftsbezogene Modi der Gewaltanwendung ausbilden. Der *American Way of War*[29] wird auf diese Weise ebenso weiterentwickelt wie der *European Way of War*[30] – beide jedoch in rivalisierenden Stellungen und nicht in einer komplementären ordnungspolitischen Zwecksetzung.

Da die Extrapolation von bekannten Kausalmechanismen immer die Gefahr birgt, die Bedingungen von gestern in die Zukunft zu verlegen, sollte mit Blick auf die Turbulenzen der internationalen Ordnung und ihrer strukturierenden Effekte auf die Handlungen der

---

[27] Carl von Clausewitz: Vom Kriege, Bonn, 1980, Ferdinand Dümmlers Verlag, S. 193.
[28] Zum Zusammenhang von Industrialisierung und technologischer Entwicklung sowie der Ausübung von Gewalt Robert L. O'Connell: Ride of the Second Horseman. The Birth and Death of War, Oxford, 1997, Oxford University Press und Ders.: Of Arms and Men. A History of War, Weapons and Aggression, Oxford, 1990, Oxford University Press.
[29] Max Boot: The New American Way of War, Foreign Affairs, Vol. 82, Nr. 4, July/August 2003, S. 41-58; Pierre Hassner: United States: The Empire of Force or the Force of Empire, EU-ISS Chaillot Paper 54, Paris, September 2002.
[30] Steven Everts et al.: A European Way of War, London, Centre for European Reform, 2004; Ian Anthony: Reducing Threats at the Source. A European Perspective on Cooperative Threat Reduction, Oxford, 2004, Oxford University Press; Bastian Giegerich/William Wallace: Not Such a Soft Power: The External Deployment of European Forces, in: Survival, Summer 2004, S. 163-182.

Akteure von divergierenden, widersprüchlichen und unerwarteten Entwicklungen ausgegangen werden, um falsche Gewissheiten zu vermeiden. Die Turbulenzen betreffen, wie oben knapp entfaltet, den Wandel von Staatlichkeit, die ungewisse Komplementarität der normativen Ausrichtung der ordnungstragenden Gesellschaften sowie die technologisch begründete Neuvermessung des politischen Handlungsspielraums der Regierungen und die damit zusammenhängenden Fragen.

Welche Bedeutung diese jeweils für die Akteure im transatlantischen Raum einnehmen, hängt davon ab, welches Szenario aufgrund der machtpolitischen Asymmetrien Realität wird: die amerikanische Hegemonie im transatlantischen Raum, die kooperative Gegenmachtbildung oder ein ordnungspolitischer Antagonismus. Für die Zukunft der transatlantischen Beziehungen zeichnen sich also drei Szenarien ab:

1. die amerikanische Hegemonie – wenn die EU-Mitgliedstaaten ihren globalen Ordnungsanspruch aufgeben oder möglicherweise in Abwehrung ordnungspolitischer Ambitionen der asiatischen Großmächte eine Politik des *bandwagoning* gegenüber den USA präferieren;[31]
2. die kooperative Gegenmachtbildung – wenn der ordnungspolitische Konflikt zwischen den beiden transatlantischen Mächten ausbricht, ohne den Beziehungszusammenhang zwischen ihnen grundlegend zu gefährden, weil keine Seite alleine stark genug zur Führung der internationalen Politik ist;[32]
3. ein ordnungspolitischer Antagonismus – wenn grundlegend unterschiedliche Normen über die Ausgestaltung der internationalen Ordnung in beiden Mächten Politik bestimmend werden und die Grundlagen der bisherigen Zusammenarbeit auflösen.[33]

4   Das Ende des Westens?

Die Sicherheitspolitik der USA und der Mitgliedstaaten der Europäischen Union wird in der nahen Zukunft auch von den jeweiligen staatlichen Beziehungen zueinander und denjenigen Prozessen abhängen, die – basierend auf unterschiedlichen weltpolitischen Ordnungsentwürfen[34] – in der institutionellen Neugestaltung des transatlantischen Verhältnisses, besonders in der Transformation der NATO, ihren Ausdruck finden. Beide Entwicklungen sind in der Veränderung der Polarität der internationalen Ordnung begründet. Grundlegend für die transatlantischen Beziehungen sind mithin die machtpolitischen Verhältnisse[35] und ihre identitätspolitischen Bezüge. Damit werden für die Entwicklung der internationalen Ordnung Prozesse thematisiert, die inzwischen auch die Debatte um die

---

[31] Niall Ferguson: Das verleugnete Imperium. Chancen und Risiken amerikanischer Macht, Berlin, 2004, Propyläen Verlag.
[32] Charles Kupchan: Die europäische Herausforderung. Vom Ende der Vorherrschaft Amerikas, Berlin, 2003, Rowohlt Verlag.
[33] Jack Snyder: Myths of Empire. Domestic Politics and International Ambition, Ithaca, NY/London, 1991, Cornell University Press; David Calleo: The Broken West, in: Survival, Vol. 46, Nr. 3, Autumn 2004, S. 29-37; diskutiert werden verschiedene Ansätze bei Clyde Prestowitz: Rogue Nation. American Unilateralism and the Failure of Good Intentions, New York, 2003, Basic Books, S. 230-244.
[34] Thomas Jäger/Alexander Höse/Kai Oppermann (Hrsg.): Die Sicherheitsstrategien Europas und der USA. Transatlantische Entwürfe für eine Weltordnungspolitik, Baden-Baden, 2005, Nomos-Verlag.
[35] Zur Kritik der militarisierten Außenpolitik der USA Michael Mann: Die ohnmächtige Supermacht. Warum die USA die Welt nicht regieren können, Frankfurt/Main, 2003, Campus-Verlag.

soziale Identität der USA selbst und die darin begründeten internationalen Rollen prägen. Samuel Huntington hat – ausgehend von seiner in der Analyse der internationalen Zivilisationskonflikte angelegten Differenzierung westlicher Kulturkreise[36] – die auseinanderstrebenden Entwicklungen der amerikanischen Identität analysiert.[37] In seiner normativen Forderung nach einer Orientierung an der christlich-angelsächsischen Kultur und der in ihr aufgehobenen Werte scheint auf den ersten Blick eine Parallele mit europäisch-wertkonservativen Positionen auf.[38] Allerdings scheiden sich beide Geister an der Bewertung des Liberalismus. Diese Diskussion um gesellschaftlich vermitteltes Orientierungswissen, insbesondere um den Umgang mit Fragen der Säkularisierung,[39] wird erheblichen Einfluss auf die sicherheitspolitische Entwicklung gewinnen können, ohne sich von den machtpolitischen Grundlagen abzuziehen.

Für die Veränderungen der Beziehungen innerhalb des Westens werden unterschiedliche Analysen angeführt, die hier in einer Typologie dargestellt werden. Dabei bilden die Ordnungsbegründungen durch Macht bzw. Normen und ihre Reichweite – bezogen auf die Durchsetzung von Zwecken innerhalb einer Ordnung (*status quo*-Staaten) bzw. Zwecken der Neugestaltung der Ordnung selbst (revisionistische Staaten) – eine Vier-Felder-Matrix.

Abbildung 1: Analysen von Veränderungsprozessen des Westens

Ordnungsbegründung Ordnungsreichweite	Normen	Macht
Verfassung der internationalen Ordnung	Ethisierung versus Regulierung der internationalen Beziehungen	Ordnungspolitischer Konflikt zwischen dominanter Macht und Herausforderer
Interessenrealisierung innerhalb der internationalen Ordnung	Unterschiedliche Positionen zu Institutionen innerhalb der internationalen Ordnung	Verfolgung unterschiedlicher Ziele innerhalb einer gesetzten Ordnung

Die These vom Ende des Westens basiert auf unterschiedlichen Analysen, die entweder Macht oder Normen als unabhängige Variable verstehen, und entweder Ordnungs- oder Interessenpolitik als abhängige Variable modellieren. So bedeutet das (hier: scheinbare) Ende des Westens in seiner schwächsten Form (Macht/Interessen), dass die Staaten im

---

[36] Samuel Huntington: The Clash of Civilizations and the Remaking of World Order, New York, 1998, Simon & Schuster.
[37] Ders.: Who are we? Die Krise der amerikanischen Identität, Hamburg, 2004, Europa-Verlag.
[38] Joseph Kardinal Ratzinger: Salz der Erde. Christentum und Katholische Kirche an der Jahrtausendwende, München, 1996, Wilhelm Heyne Verlag, S. 293f.; Ders.: Werte in Zeiten des Umbruchs. Die Herausforderungen der Zukunft bestehen, Freiburg, 2005, Herder-Verlag, S. 77ff., 89ff.
[39] „Nicht einmal Soziologen glauben heute so recht an ‚Säkularisation'", formulierte Niklas Luhmann: Religion als Kultur, in: Otto Kallscheuer (Hrsg): Das Europa der Religionen, Frankfurt/Main, 1996, S. Fischer Verlag, S. 291.

transatlantischen Raum zur Zeit keinen grundlegenden Konflikt austragen, der mit der Neuorganisation ihres Verhältnisses enden wird, sondern dass sie in einem weiterhin stabilen Beziehungsgefüge lediglich unterschiedliche (und variable) politische und ökonomische Interessen verfolgen. Die politische Gemeinschaft des Westens kann durch solche unterschiedlichen Interessen – wie schon häufig in der Vergangenheit – politisch nicht in Frage gestellt werden. Auch wenn zwischen den transatlantischen Staaten erhebliche politische, sozio-ökonomische und kulturelle Unterschiede bestehen und die USA über eine die europäischen Staaten übertreffende Ressourcenausstattung verfügen, so zeige der Irakkrieg als heftigster Ausbruch innerwestlicher Differenzen: „To help deal with the vast challenges it faces, the United States still needs the legitimacy and ressources only an alliance with a democratic Europe can bring."[40]

Einen normativen Konflikt innerhalb der bestehenden Ordnung identifizieren andere Beobachter als Kern der transatlantischen Auseinandersetzungen. Nicht die Ordnung der internationalen Beziehungen steht in Frage, sondern die institutionalisierte Verregelung innerhalb dieser Ordnung. Der Streit über die Kompetenzen des Internationalen Strafgerichtshofes ist ein Beispiel für diese Art von innerwestlichem Konflikt, für den die vorübergehende neokonservative Ausrichtung der amerikanischen Politik verantwortlich gemacht wird.

Weitergehend ist die These, dass aus der machtpolitischen Asymmetrie zwischen den USA und der Europäischen Union ein Konflikt um die Verfassung der internationalen Beziehungen selbst resultiert, konkret: dass der ordnungspolitische Ausgriff der USA nach 2001 durch die Mitgliedstaaten der Europäischen Union als politische Herausforderung[41] verstanden wurde, auf die sie durch die Formulierung einer eigenen Doktrin und die Bündelung ihrer Ressourcen geantwortet haben. Während von der politischen Elite in den USA eine Nationale Sicherheitsstrategie durchgesetzt wurde, die darauf zielt, die unipolare Ordnung der internationalen Beziehungen zu bewahren, strebten die Mitgliedstaaten der Europäischen Union eine multipolare Welt an. „Today these visions are splitting the West ... (and) ... there is great potential for conflict."[42] Beide Seiten haben unterschiedliche – eigentlich: antagonistische – Vorstellungen von der Gestaltung der internationalen Ordnung; das transatlantische Verhältnis ändert seine Bedeutung für beide Seiten in diesem Prozess gleichermaßen. Im Strategie-Konflikt-Modell (Abbildung 2) würde diese Auseinandersetzung der Kombination *Primacy* (USA)/*Balance of Power* (EU) entsprechen.

Nicht in den Asymmetrien der Macht, sondern in der Unterschiedlichkeit der ordnungskonstituierenden Normen liegt einer weiteren Position zufolge der Grund für die transatlantischen Auseinandersetzungen. Während die USA im 20. Jahrhundert eine internationalistische Politik verfolgt haben, die auf die Verregelung der internationalen Beziehungen gerichtet war, haben sie nach dem 11. September 2001 diese Position verlassen. Damit haben sie das gemeinsam mit Europa verfolgte Ziel eines Rechts für die Weltgemeinschaft der Bürgerinnen und Bürger aufgekündigt und den Westen gespalten, denn: „Das von den Vordenkern der amtierenden US-Regierung verfolgte Projekt einer neuen liberalen, unter dem Schild der Pax Americana stehenden Weltordnung, wirft ... die Frage auf, ob die Verrechtlichung internationaler Beziehungen durch eine vonseiten der Super-

---

[40] Philip Gordon/Jeremy Shapiro: Allies at War. America, Europe, and the Crisis over Iraq, New York, 2004, Brookings Institution/McGraw-Hill, S. 221.
[41] Dale C. Copeland: The Origins of Major War, Ithaca, NY, 2000, Cornell University Press.
[42] David Calleo: The Broken West, in: Survival, Vol. 46, Nr. 3, Autumn 2004, S. 29f.

macht bestimmte Ethisierung der Weltpolitik ersetzt werden soll."[43] Insbesondere divergierende ordnungspolitische Interessen in den USA und den EU-Mitgliedstaaten werden die Konflikte im internationalen System erhöhen.

Abbildung 2: Das Strategie-Konflikt-Modell

USA \ EU	Primacy	Restraint	Balance of Power	Allegiance	Collective Security
Primacy	+++	+	+++	o	+++
Restraint	+	++	+	+	+
Balance of Power	+++	+	++	o	+++
Allegiance	o	+	o	o	+
Collective Security	+++	+	+++	+	++

o Konflikt unwahrscheinlich ++ mittlere Konfliktwahrscheinlichkeit
+ geringe Konfliktwahrscheinlichkeit +++ hohe Konfliktwahrscheinlichkeit

Im Strategie-Konflikt-Modell ist zu erkennen, dass – die Strategiewahl *Primacy* seitens der USA festgestellt – allein die Wahl der (seitens Großbritannien verfolgten) Strategie des *Allegiance* Konflikte minimiert. Alle anderen Strategien führen in absehbarer Zeit zu nachhaltigen Konflikten im transatlantischen Verhältnis. Die Strategieoptionen, die in das Konfliktmodell eingetragen sind, orientieren sich an der amerikanischen Debatte, erweitert um die (verständlicherweise in dieser Diskussion unbeachtete) Strategie der Loyalität, der eine Politik des Anschließens an die dominierende Macht zugrunde liegt. *Primacy* bezeichnet die Strategie der Dominanz, die als Vorherrschaft oder Hegemonie implementiert werden kann; *Restraint* ist die heute gebräuchliche Bezeichnung für Strategien des Isolationismus, also der internationalen Zurückhaltung; *Balance of Power* umfasst die Strategien der Gegenmachtbildung mit dem Ziel, nicht den politischen Entscheidungen eines anderen Staates zu unterliegen; *Allegiance* drückt die Strategie der Loyalität aus, die sich der dominierenden Macht anschließt; *Collective Security* ist die Strategie der gemeinsamen Sicherheit, die kollektive Sicherheit auf der Basis gemeinsam vereinbarter Normen und im Rahmen internationaler Institutionen (etwa der Vereinten Nationen) anstrebt.

---

[43] Jürgen Habermas: Der gespaltene Westen, Frankfurt/Main, 2004, Suhrkamp Verlag, S. 115.

5 Das Ende der Westernisierung?

Mit den Veränderungen der machtpolitischen und normativen Grundlagen in den transatlantischen Beziehungen hängt, aber auf viel komplexere Weise, eben auch die veränderte Dynamik oder gar das Ende der *World Revolution of Westernization*[44] zusammen, das aus den möglichen Transformationen der europäisch-amerikanischen Beziehungen resultieren könnte. Mit der These vom Ende der Westernisierung wird ein angehaltener oder sogar regressiver Prozess beschrieben, der den auf einer bestimmten Definition von Rationalität basierenden ordnungspolitischen Einfluss der Staaten, die als historischer Träger umfassender sozio-ökonomischer Modernisierung fungieren, abnehmen und ordnungsgestaltende Kraft verlieren sieht. Gemeint ist mit dem Begriff der Westernisierung (den von Laue sein eigenes Argument schwächend hin und wieder synonym mit dem vageren Begriff der Modernisierung benutzt) das Ende der kulturell tradierten moralischen Wahrheit, die sich in der Praxis des ökonomischen und technologischen Wettbewerbs auflöst. Die gewaltsame und zugleich wohlstandsmehrende globale Expansion der liberalen Industriegesellschaften führte historisch zu einem Prozess der weltweiten Rekulturation,[45] in dessen Verlauf die ökonomischen Asymmetrien reproduziert und gewaltsam aufgeladen wurden.

Dieser Entwicklungsgang könnte eine neue Form annehmen, wenn Regionen sich durch die Auflösung des klassischen europäischen Staatenmodells seiner strukturierenden Kraft entziehen, aber auch, wenn die Protagonisten – wie dies derzeit in den USA als eine der widerstreitenden Tendenzen zu beobachten ist – sich nicht nur kulturell auseinander entwickeln, sondern ihre polische Kultur auf eine grundsätzlich andere machtpolitisch begründete Wertgrundlage stellen. Während des Irakkrieges 2003 sind beispielsweise die unterschiedlichen Wahrnehmungen von Bedrohungen analysiert worden, wobei noch nicht hinreichend untersucht wurde, woraus diese Perzeptionen resultieren. Eine erste Vermutung, dass unterschiedliche Standpunkte der politischen Eliten und der jeweiligen Medien diese Wahrnehmung provozierten, kann inzwischen als widerlegt gelten.[46] Eher handelt es sich um Veränderungen in der europäischen Wahrnehmung der USA (die nach 2001 eigentlich Wahrnehmungen der Administration Bush jun. sind) und der hierdurch auf die amerikanische Gesellschaft projizierten Werte. Dieser Entwicklung korrespondiert die amerikanische Wahrnehmung der europäischen Gesellschaften spiegelbildlich.[47] Für die Herstellung eines gesellschaftlichen Konsenses in Europa (bei gleichzeitigem Dissens zu den USA), der eine dynamische europäische Sicherheitspolitik legitimieren würde, wäre dieser Prozess zentral.

Westernisierung war die Signatur des 20. Jahrhunderts. Nicht-westlichen Gesellschaften blieb keine wirkliche Wahl ihrer Orientierung, als sich westlichen (im Sinne von westernisierenden) Denk- und Lebensmustern zur Organisation ihres kollektiven Zusammenlebens anzuschließen, wollten sie an Sicherheit, Wohlstand und politischer Macht teilhaben, vor allem auch, weil es von Seiten der USA einen nachhaltigen Druck zur

---

[44] Theodore H. von Laue: The World Revolution of Westernization. The Twentieth Century in Global Perspective, New York, 1987, Oxford University Press.
[45] Ebd., S. 5.
[46] Thomas Jäger/Henrike Viehrig: Gesellschaftliche Bedrohungswahrnehmung und Elitenkonsens. Eine Analyse der europäischen Haltungen zum Irakkrieg 2003, Arbeitspapiere zu Internationalen Politik und Außenpolitik (AIPA) 1/2005, Köln.
[47] David W. Moore, Bye-Bye, Freedom Fries. Majority of Americans Now Have „Favorable" View of France, Gallup Poll News Service, 16. Februar 2005, www.gallup.com.

Integration in verregelte Austauschbeziehungen gab.[48] Zunehmend aber erreichen Auflösungstendenzen der Westernisierung in der Peripherie – beispielsweise Staatszerfall und transnationale Organisierte Kriminalität – über die Offenheit der Gesellschaften im Zentrum der internationalen Ordnung nun diese selbst und befördern auch hier einen Prozess der Transformation: Ökonomische und zunehmend auch politische Eliten entziehen sich im Verlauf der Transnationalisierung gleichzeitig ihren Gesellschaften – mit der Folge, dass die Bereiche repräsentativen Regierens zugunsten solcher des repressiven Regierens eingeschränkt werden. Gleichlaufend eröffnen Prozesse der Transnationalisierung und Globalisierung privaten Gewaltakteuren zunehmend Märkte – zuerst in den zerfallenden Staaten, später über ökonomische Transaktionen und Organisierte Kriminalität aber auch in Europa und den USA – deren Gewinnerwartungen zur Auflösung gesellschaftlicher Strukturen im Westen beitragen. Zwar kann noch keine umfassende Retardierung des Prozesses der Westernisierung beobachtet werden; doch in weiten Teilen der Welt ist die Entwicklung zum Stillstand gekommen, in anderen (Westafrika, südliches Afrika, Andenraum) ist sie rückgängig gemacht worden. Über transnationalen Austausch kann dieser regressive Prozess die Zentren der Westernisierung erreichen und dort antagonistische Entwicklungen befördern.

6 Europäische Sicherheit im Westen

Die Europäische Union definiert sich derzeit als Teil des Westens und lehnt eine Identität in Abgrenzung zu den USA ab. Diese Position kommt durch die auf globale Demokratisierung gerichteten ordnungspolitischen Prinzipien der USA nun unter Druck – nicht zuletzt, weil in Europa auch Befürchtungen bestehen, die amerikanische Politik der Demokratisierung mit Hilfe von Militär werde die Sicherheitslage im verbündeten Europa verändern und Europa selbst – wie am 11. März 2004 in Madrid – zum Schauplatz gewalttätiger Auseinandersetzungen machen. Damit ändert sich auch für die übrigen Gesellschaften – schon sichtbar in Lateinamerika, Asien und Afrika – die Handlungsspielraum strukturierende internationale Ordnung. Sich noch innerhalb des Westens verortend sind einige Mitgliedstaaten der EU im unipolaren Sicherheitssystem nicht länger bereit, die Hegemonie der USA herzustellen, und unterstützen dadurch eine Entwicklung des Unilateralismus, die nur sporadisch als additiver Multilateralismus politischen Ausdruck finden kann. Paradoxerweise wirkt schon die fragile Konstitution der Europäischen Union als politischer Akteur in dieser Frage konfliktverschärfend: Denn ohne den politischen Verbund, der den einzelnen europäischen Mittelmächten größeres internationales Gewicht verleiht, weil die Option besteht, andere Mitgliedstaaten situativ als Gefolgschaftsstaaten zu gewinnen, bestünde zu einer Politik des *bandwagoning* mit den USA keine Alternative. Die Möglichkeit einer – wenn auch absehbar nicht effektiven – Alternative zur amerikanischen Ordnungspolitik durch die – wenn auch ebenfalls absehbar nicht effektive – Konstitution der EU als globaler Akteur eröffnet erst diese Option der scheinbaren Gegenmachtbildung. Dass die EU-Mitgliedstaaten ohne Fähigkeiten keinen Einfluss auf die Gestaltung der Ordnung nehmen können, hindert sie bisher nicht, den Anspruch zu erheben und sich diesem entsprechend zu verhalten. Diese Differenz zwischen Anspruch und Wirklichkeit europäischer Ordnungspo-

---

[48] Edward W. Said: Kultur und Imperialismus. Einbildungskraft und Politik im Zeitalter der Macht, Frankfurt/Main, 1994, S. Fischer Verlag, S. 377ff.

litik globaler Reichweite kann die Beziehungen zu den USA und damit das Zentrum der Westernisierung belasten.

Aus den Rückwirkungen des unterbrochenen Prozesses der Westernisierung auf die Staaten Europas und Nordamerikas können darüber hinaus neue Sicherheitsbedrohungen entstehen, denen diese Staaten aufgrund interner Differenzen immer weniger gewachsen zu sein scheinen, wobei die ausgewiesene Bedrohung Terrorismus gegenüber den öffentlich noch wenig erschlossenen Bedrohungen durch transnationale Gewaltakteure, Organisierte Kriminalität und der politischen Isolation ökonomischer Akteure kaum Einfluss auf die innergesellschaftliche Wertverteilung hat. Die hieraus entstehenden Krisen verteilen sich derzeit noch in der Peripherie der internationalen Ordnung – um nur einige zu nennen: im Sudan, in Westafrika und Zimbabwe, in Kolumbien, Peru, Bolivien und Ecuador, in Zentralamerika, in Nordkorea, den zentralasiatischen Republiken, im Iran und Afghanistan – doch ist aufgrund der genannten transnationalen Verflechtungen zu erwarten, dass sie über kurz oder lang auch sichtbar in die Metropolen hineinreichen. Wie die Staaten des Westens dann auf diese Herausforderungen reagieren – vor allem, ob sie abgestimmt und koordiniert oder antagonistisch handeln – wird nicht zuletzt von der internationalen Mächtekonstellation und den Handlungsspielräumen, die die jeweilige politische Kultur eröffnet, abhängen.[49]

Schon bald nach dem Ende des Ost-West-Konflikts hatte Werner Weidenfeld eine solche Entwicklung beschrieben und die gemeinsame politische Kultur als Maß der möglichen transatlantischen Kooperationsbefähigung identifiziert, wobei er insgesamt zu einem skeptischen Urteil über die Chancen einer parallelen politisch-kulturellen Entwicklung gelangte.[50] Nach den tief reichenden Veränderungen, die in Konsequenz der Anschläge vom 11. September 2001 nicht nur in den USA, sondern auch für das transatlantische Verhältnis zu beobachten sind, ist diese Skepsis gestiegen.[51] Auch wenn schon von Beginn der NATO an häufig von grundlegenden Krisen der transatlantischen Kooperation geschrieben wurde, vollzogen sich diese bisher im Rahmen einer gemeinsamen Bedrohungswahrnehmung,[52] die nun seit Jahren nicht mehr existiert.

Auch die Medialisierung der politische Legitimität hervorbringenden Prozesse trägt dazu bei, die divergente Entwicklung im transatlantischen Verhältnis zu verfestigen. Der Rahmen der jeweiligen Bedrohungswahrnehmung hat sich in den letzten Jahren stärker auf die Reproduktion der partikularen politischen Kulturen orientiert, wofür ökonomische und kulturelle Gründe zugleich verantwortlich waren.[53] Öffentlichkeitsarbeit, strategische Kommunikation und *Public Diplomacy*[54] orientieren sich hieran und führen in den EU-Mitgliedstaaten und den USA zu einer Entwicklung, die die parallele Installierung gleich-

---

[49] Zu diesem Zusammenhang Thomas Jäger: Ordnung, Bedrohung, Identität. Grundlagen außenpolitischer Strategien, in: Thomas Jäger/Alexander Höse/Kai Oppermann (Hrsg.): Die Sicherheitsstrategien Europas und der USA. Transatlantische Entwürfe für eine Weltordnungspolitik, Baden-Baden, 2005, Nomos-Verlag, S. 9-26.
[50] Werner Weidenfeld: Kulturbruch mit Amerika? Das Ende transatlantischer Selbstverständlichkeit, Gütersloh, 1996, Verlag Bertelsmann Stiftung, S. 17 und 139. Weidenfeld zieht hier schon Parallelen zur inneramerikanischen Identitätsdebatte, S. 64.
[51] Michael Lind: The End of Atlanticism: America and Europe Beyond the U.S. Election, in: Internationale Politik und Gesellschaft, Nr.1, 2005, S. 25-41.
[52] Beispielsweise Henry Kissinger: The Troubled Partnership. A Re-appraisal of the Atlantic Alliance, New York, 1965, McGraw-Hill.
[53] Hartmut Winkler: Diskursökonomie. Versuch über die innere Ökonomie der Medien, Frankfurt, 2004, Suhrkamp Verlag.
[54] Jarol B. Manheim: Strategic Public Diplomacy and American Foreign Policy: The Evolution of Influence, New York, 1997, Oxford University Press.

gerichtet kooperationsbereiter Regierungen in diesen Staaten zukünftig in Frage stellen kann. Deshalb ist zu erwarten, dass die Legitimation von politischen Maßnahmen in Europa im Vergleich zu den USA ein anderes Profil aufweisen wird; dabei entwickeln die jeweiligen europäischen Staaten politische Rechtfertigungsmuster in unterschiedlicher Distanz zu den USA als politisch-militärischer Vormacht. Diese Distanz könnte andererseits eine Annäherung einiger europäischer Öffentlichkeiten beschleunigen und zur Ausbildung komplementärer Bedrohungsprofile beitragen. Hier würden sich den Regierungen sicherheitspolitische Handlungsspielräume für mehr Kooperation eröffnen.[55]

7 Russland und die Türkei als Ankerstaaten

Sowohl auf die machtpolitische Konstellation als auch auf die kulturelle Kohärenz der Europäischen Union selbst und darüber hinaus der transatlantischen Beziehungen hat die Politik gegenüber den beiden wichtigsten Ankerstaaten – Russland und der Türkei – am nord- und südöstlichen Rand des Westens gravierende Auswirkungen. Die entscheidende Frage gegenüber diesen beiden Räumen lautet, auf welche Weise dort sozio-ökonomisch und politisch stabile Verhältnisse – also moderne Gesellschaften und Staaten – befördert werden können, und insbesondere, welche alternativen Optionen sich eröffnen, wenn sich die globale Strukturkraft der Westernisierung nicht mehr entfalten kann, weil retardierende Entwicklungen anderen Akteuren in diesen Räumen Einfluss eröffnen.

Die Modernisierung Russlands und der Türkei erfordert, die regionalen Umwelten in die strategischen Planungen einzubeziehen und mithin die vertiefte Kooperation mit beiden Staaten als regionalen Ankermächten zu konzipieren. Die Bestimmung dieser Staaten als wichtige Ziele westlicher Politik setzt jedoch die Definition einer angestrebten internationalen Ordnung voraus, aus der erst Kosten und Nutzen der Kooperation kalkuliert werden können. Denn angesichts der Diversifizierung sicherheitspolitischer Aufgaben und begrenzter Ressourcen ist eine flächendeckende globale Ordnungspolitik weder von den USA noch von einer reformierten transatlantischen Allianz zu leisten. Deshalb ist es erforderlich, Räume ordnungspolitischen Interesses zu identifizieren und die strategischen Interessen gegenüber den Akteuren dieser Räume zu definieren, wobei die gesellschaftlichen Interessenlagen zu Beginn möglicherweise von nachgeordneter Bedeutung sind, wodurch sich die (inter)gouvernementalen Handlungsoptionen erhöhen können.

Ankerstaaten spielen für die jeweilige regionale Entwicklung eine besondere Rolle, sie sind aber anders als regionale Ordnungsmächte definiert, nämlich im Kontext des Prozesses der Westernisierung, was für regionale Ordnungsmächte nicht notwendig zutrifft, denn diese können international eine antagonistische Position einnehmen. Unter Ankerstaaten[56] versteht man Staaten, denen für die jeweilige regionale Ordnung eine gestaltende politische und ökonomische Relevanz zukommt. Vom Konzept der regionalen Ordnungsmächte unterscheidet sich das der Ankerstaaten weiterhin dadurch, dass es nicht nur die Ordnung gestaltende Macht, sondern auch die Ordnung verhindernde Macht berücksichtigt. Darüber

---

[55] Für Deutschland und Polen: Daria Dylla/Thomas Jäger: Deutsch-polnische Europavisionen, in: Aus Politik und Zeitgeschichte, 5-6/2005, S. 40-46.
[56] Damit greife ich ein Konzept der Entwicklungszusammenarbeit auf und erweitere es, Andreas Stamm: Schwellen- und Ankerländer als Akteure einer globalen Partnerschaft, Deutsches Institut für Entwicklungspolitik, Discussion-Paper 1/2004, Bonn.

hinaus binden Ankerstaaten die Region an die Weltwirtschaft an, was für regionale Ordnungsmächte kein definitorisches Merkmal ist. Dieser erweiterte Begriff hilft, die sicherheitspolitischen Herausforderungen adäquater zu erfassen. Denn Staaten – ganz besonders auch in der Form von Quasi-Staaten[57] – und private Akteure können Interessen und Fähigkeiten ausbilden, den Aufbau einer global anschlussfähigen regionalen Ordnung aus eigenem Nutzenkalkül zu verhindern. Dass diese Akteure gemäß ihrer Interessen gleichzeitig zum Aufbau transnationaler Ordnungsstrukturen beitragen, stellt die staatlichen Sicherheitsakteure vor zusätzliche Aufgaben.

Sicherheit kann für offene Gesellschaften jedoch nur bewirkt werden, wenn die hierfür ordnungspolitisch bedeutsamen Räume sozio-ökonomisch und politisch stabilisiert werden. Die Politik gegenüber Ankerstaaten ist deshalb nicht nur auf deren Entwicklung selbst, sondern von dieser ausgehend auf die regionale (und darüber auf die globale) Gesamtentwicklung gerichtet. Für die transatlantischen Akteure stellen sich die damit zusammenhängenden Fragen vor allem hinsichtlich der Entwicklung der Türkei und Russlands, da diese die entscheidenden Akteure zur Stabilisierung des die EU umgebenden Raumes sind und darüber hinaus geopolitische und -ökonomische Bedeutung für die transatlantischen Staaten haben. Aufgrund der Gesamtkonstellation und des Verhältnisses zu den USA können kulturelle Fragen insbesondere im Verhältnis zur Türkei eine wichtige politische Bedeutung erlangen. Denn die türkeipolitischen Interessen sind im transatlantischen Verhältnis sehr unterschiedlich ausgestaltet; während die USA die Türkei durch die Integration in die Europäische Union zu stabilisieren trachten, sehen einige europäische Staaten die Vertiefung der Integration hierdurch gefährdet. Dies wiederum kann ebenfalls als im amerikanischen Interesse liegend betrachtet werden, womit die USA durch ihre Türkeipolitik gleich mehrere Ziele verfolgen: die Integration der Europäischen Union abflachen; die Türkei als Ankerstaat zwischen Balkan und Mittlerem Osten stabilisieren; die NATO als ein weltpolitisches Sicherheitsinstrument erhalten (und nicht als transatlantische Sicherheitsgemeinschaft belassen).

Anders verhält es sich für die EU-Mitgliedstaaten, denn die Beziehungen zur Türkei spielen für sie als Integrationsgemeinschaft eine wichtige Rolle. Das Verhältnis zu Russland wird hingegen bilateralisiert und – quasi substituierend – am Beispiel der Ukraine in die EU-Planungen integriert, wobei die unterschiedliche machtpolitische Größenordnung von vornherein eine direkte Analogie verbietet, ebenso wie die unterschiedlichen Beziehungen und Vertragsgrundlagen aus den letzten Jahrzehnten. Während die Türkei eine Ordnungsmacht des östlichen Mittelmeeres und des Mittleren Ostens werden kann und insofern eine eigenständige Türkeipolitik angelegt ist, bleibt das Verhältnis zur Ukraine eine Funktion der Russlandpolitik der EU. Russland selbst steht derzeit außerhalb jeder Diskussion um einen Beitritt, die Gestaltung der Beziehungen zum vor-russischen Raum wird aber wesentlich vom Stand der Entwicklung der russischen Gesellschaft und der Rolle des russischen Staates abhängig sein. Die USA hingegen betreiben seit Jahren eine Politik, Russland bei dessen Wohlverhalten in die bedeutenden internationalen Ordnungsfragen einzubinden, bei widerstreitendem Verhalten andererseits aber auch auszugrenzen.

Während diese Flexibilität der amerikanischen Russlandpolitik das Verhältnis beider Staaten stets neu austariert, ist festzustellen, dass die „Gemeinsame Strategie der Europäischen Union vom 4.6.1999 für Russland" als gescheitert angesehen werden muss. Die darin

---

[57] Robert H. Jackson: Quasi-States. Sovereignty, International Relations and the Third World, Cambridge, 1990, Cambridge University Press.

formulierten Ziele wurden bisher nicht realisiert – und leiten die heutige Russlandpolitik der EU-Mitgliedstaaten auch nicht weiter an. Insbesondere wurde das erste Ziel, eine „stabile, offene und pluralistische Demokratie in Russland" anzustreben, anderer Interessen wegen inzwischen hintangestellt.[58] Die EU verfügt somit derzeit über keine gemeinsame Russlandpolitik und kann deshalb gegenüber den USA auf diesem Feld nur diplomatische Ansprüche reklamieren, ohne sie machtpolitisch decken zu können.

Der Schwerpunkt der Überlegungen der EU zur Türkeipolitik[59] liegt derzeit auf den Bedingungen der „reibungslosen Integration"[60] und nicht auf der Modernisierung des Landes und seiner makro-regionalen Rolle. Zwar wird die Ankerrolle für die Türkei festgestellt,[61] allerdings in einer Art von „politischem Autismus" ausschließlich auf die EU selbst bezogen: „Viel wird davon abhängen, wie die EU selbst an die Aufgabe herangeht, mittelfristig zu einem vollwertigen außenpolitischen Akteur in Regionen zu werden, die wie der Nahe Osten und der Kaukasus traditionell durch Instabilität und Spannungen gekennzeichnet sind."[62] Dahinter steht die Erwartung, dass sich die Türkei in Zukunft radikal verändern, nämlich europäisieren wird und im Zuge ihrer Integration die Rolle der EU im Umfeld der Türkei vor allem im Mittleren Osten gestärkt werden muss. Die kulturelle Kraft der Westernisierung und eine politische Stabilisierung des Verhältnisses von Zentrum und Peripherie leiten diese Planungen an.

In beiden Fällen betrachtet die EU nicht die Entwicklung der Ankergesellschaften und Ankerstaaten als vorrangige Aufgabe ihrer Außen- und Sicherheitspolitik, sondern konstatiert diese als quasi unvermeidliches Ergebnis der Annäherung dieser Staaten an die Europäische Union. Diese Haltung kann als teleologische Variante einer europäischen Magnettheorie charakterisiert werden; dahinter steht jedoch entweder eine ziemlich unverblümte Vorstellung kulturellen Imperialismus oder eine kaum zu erwartende sicherheitspolitische Naivität. Denn es kann gar kein Zweifel darüber bestehen, dass nicht nur die zwischenstaatlichen Beziehungen innerhalb der Europäischen Union komplizierter werden; größere und nachhaltigere Auswirkungen im Sinne der kulturellen Komplementarität, auf der die gesellschaftliche Westernisierung aufbaut, werden sich aus hier gerade angelegten weiteren kulturellen Differenzierungsprozessen ergeben. Anders als in den politischen Konzeptionen vorausgesetzt wird, steigert sich die integrierende Kraft der Westernisierung im Prozess ihrer Differenzierung nicht *ad ultimo*, sondern nur im Kernkreis ihrer normativen Grundlagen, weil diese eben nicht für sich stehen, sondern Ausdruck machtpolitischer Verhältnisse sind.

Vielleicht jedoch provoziert, paradoxerweise, die angestrebte Stärkung der weltpolitischen Bedeutung der EU durch Erweiterungen ihre substantielle Schwächung und reprodu-

---

[58] Roland Götz: Russlands Erdöl und Erdgas drängen auf den Weltmarkt, SWP-S34, Berlin, September 2004; Ders.: Schweigen für Gas?, SWP-Aktuell 43, Berlin, September 2004.
[59] Einen guten Überblick zu türkeipolitischen Fragen vor den EU-Empfehlungen gibt Heinz Kramer: EU-kompatibel oder nicht? Zur Debatte um die Mitgliedschaft der Türkei in der Europäischen Union, SWP-S34, Berlin, August 2003.
[60] Mitteilung der Kommission an den Rat und das Parlament: Empfehlung der Europäischen Kommission zu den Fortschritten der Türkei auf dem Weg zum Beitritt, unter: http://europa.eu.int/comm/enlargement/report_2004/pdf/tr_recommendation_de.pdf, S. 2.
[61] Ebd., S. 3f, wo der Türkei attestiert wird, für die regionale und internationale Sicherheit einen bedeutenden Beitrag leisten und gleichzeitig ein Modell für einen modernen Staat mit mehrheitlich moslemischer Bevölkerung abgeben zu können. Eine positive Wertung des Berichts nehmen Heinz Kramer/Hanna-Lena Krauß vor: Ein kluger Wegweiser, SWP-Aktuell 50, Berlin, November 2004.
[62] Ebd., S. 4.

ziert hierüber die hegemoniale Stellung der USA. Wenn sich parallel die beiden Ankerstaaten nicht in der gewünschten Weise entwickeln werden, ist jedoch zu erwarten, dass die Außengrenzen der EU unsicherer werden und die gesellschaftlichen Konflikte aus diesen Räumen in die EU-Gesellschaften eindringen. Über die Bedeutung Russlands und der Türkei als Ankerstaaten kann kein Zweifel bestehen; es existiert jedoch keine gemeinsame transatlantische Politik gegenüber diesen beiden Staaten, noch nicht einmal eine gemeinsame Strategie der EU besteht. Vielmehr werden die Beziehungen situativ gestaltet – mit hohem Risiko sowohl für die Beziehungen zu Russland und der Türkei selbst als auch rückwirkend für das transatlantische Verhältnis selbst.

8   Aufklärung, Kommunikation und Navigation

Ein besonders harter Gradmesser für die Konsequenzen, die für die europäische Sicherheitspolitik aus der durch kulturelle Divergenzen in ihrer Wirkung dynamisierten Machtasymmetrie gezogen werden, ist die Entwicklung von europäischen Intelligence-Fähigkeiten, worunter Aufklärung, Kommunikation und Navigation zusammengefasst werden. Denn die Strukturen und Regeln der Intelligence-Kooperation begrenzen die Optionen für eine effektive europäische Sicherheitspolitik allzu deutlich.[63] Sollte es hier keine grundlegenden Transformationen geben, werden die EU-Staaten auf absehbare Zeit weder mit den Informationsbeschaffungssystemen der USA konkurrieren können noch über eigenständig generierte Informationen verfügen, die die EU zu einem ernsten ordnungspolitischen Akteur der internationalen Sicherheitsbeziehungen werden lassen.[64] Analog gilt dies für den Bereich der Kommunikation und – eingeschränkter mit Blick auf Galileo – für die Navigation. Dabei stehen einer eigenständigen europäischen Position die generellen Schwierigkeiten der Intelligence-Kooperation und insbesondere die britische Rolle entgegen. Denn Großbritannien arbeitet zwar im EU-Rahmen am Aufbau gemeinsamer (d.h. geteilter) europäischer Fähigkeiten mit, stärker jedoch gleichzeitig in UKUSA, der einzigen vertraglich begründeten Intelligence-Kooperation, die die USA, Großbritannien, Kanada, Australien und Neuseeland umfasst.

Damit werden für die Aufgabe, im Kernbereich von Aufklärung und Kommunikation europäische Fähigkeiten aufzubauen, die den USA gleichwertig, wenn auch nicht gleichrangig sind, schon Grenzen bestimmt. Darüber hinaus beschreibt dies auch die Bedingungen einer eigenständigen Informationssteuerung der europäischen Staaten innerhalb ihrer politischen Systeme und gegenüber ihren Gesellschaften. Die politischen Auseinandersetzungen zwischen den Eliten und die Legitimation herstellenden gesellschaftlichen Diskurse sind dann von der amerikanischen Informationslage abhängig. Der politische Wettbewerb verlagert sich in diesem Bereich weg von der Informationsgewinnung hin zur unterschiedlichen Interpretation der jeweiligen weltpolitischen Absichten im transatlantischen Verhältnis. Die Protagonisten selbst, also die USA und die EU-Mitgliedstaaten, treten dann in das Zentrum der politischen Auseinandersetzung. Ordnungspolitische Herausforderungen wer-

---

[63] Anna Daun: Intelligence-Strukturen für die multilaterale Kooperation europäischer Staaten, in: integration, Jg. 28, Nr. 2, April 2005, S. 136-149.
[64] Thomas Jäger/Mischa Hansel: Nationale Weltraumpolitiken im Vergleich: Frankreich, Deutschland, Italien und Großbritannien und die Kooperationsoptionen im Rahmen der Europäischen Union, in: Heiko Borchert (Hrsg.): Europas Zukunft zwischen Himmel und Erde. Weltraumpolitik für Sicherheit, Stabilität und Prosperität, Baden-Baden, 2005, Nomos-Verlag, S. 13-33.

den folgerichtig und mit riskanten Konsequenzen für die transatlantischen Beziehungen anhand unterschiedlicher, medial reproduzierter kultureller Muster interpretiert und transformieren auf diese Weise den Ordnungskonflikt.

In dem zur Zeit wichtigsten Bereich innerhalb der zweiten und dritten Säule der EU, innerhalb dessen Kooperation Gewinne für alle Beteiligten produzieren könnte – der Informationsgewinnung und -verarbeitung sowie deren Analyse – beschränken dem Sachbereich inhärente Gründe die Zusammenarbeit. Dabei steht außer Zweifel, dass die erfolgreiche Abwehr oder Bekämpfung neuer Sicherheitsbedrohungen vor allem davon abhängen wird, in welcher Weise die Staaten auf diesem Gebiet kooperieren.[65] Vor allem aber wirken Intelligence-Fähigkeiten auf die politischen Entscheidungen ein, welche Konflikte mit welchen Instrumenten bearbeitet werden sollen. Ohne entsprechende Aufklärungs- und Kommunikationsfähigkeiten bleiben zudem nach getroffener Entscheidung zum Engagement die EU-Einsatzkräfte – gleichviel welcher Ausrichtung und in welcher Stärke – von den Entscheidungsgrundlagen durch Dritte, nämlich die USA, abhängig.

Österreich und Belgien hatten im März 2004 konsequent (in der Sache und aus ihrer Interessenlage) die Einrichtung eines europäischen Geheimdienstes – einer *European Intelligence Agency* – gefordert. Dies wurde seitens der fünf großen EU-Staaten abgelehnt, die ihrerseits an einer *quid-pro-quo*-Kooperation miteinander interessiert blieben, die Frankreich, Deutschland, Großbritannien, Spanien und Italien im Mai 2003 vereinbart hatten. Bis dahin war die nachrichtendienstliche Zusammenarbeit kein Thema des Integrationsprozesses, nun wird sie mit den gestiegenen Anforderungen bei der Bekämpfung des Terrorismus, besonders auch den Forderungen der internationalen Kooperation, legitimiert. Mit dessen Erfordernissen wird eine neue Gemeinsamkeit gerechtfertigt, die tief in die Verfasstheit der einzelnen Staaten und ihre sachspezifischen Kulturen eingreift. Nachdem der Aktionsplan zur Bekämpfung des Terrorismus vom 21. September 2001 (gemeinsamer Haftbefehl, gemeinsame Ermittlungsteams, unverzügliche und systematische Datenweitergabe) anfänglich nur sehr zögerlich umgesetzt wurde, vertiefte sich seit 2004 die Kooperation in doppelter Richtung: Mit der Eingliederung der *Counter Terrorism Group* des Berner Clubs in das EU-Lagezentrum sind dort nun alle 25 Nachrichtendienste vertreten. Diese quantitative Ausweitung des Lagezentrums geht mit einer qualitativen Ausdehnung des Zuständigkeitsbereichs einher, denn bisher wurden nur Bedrohungen außerhalb der EU analysiert, jetzt fließen auch Erkenntnisse aus den inneren Diensten in die Analyse ein. Interne Sicherheitsdienste und externe Intelligence sind somit in der EU zusammengeführt. Darüber hinaus ist zu erwarten, dass die Kooperation der europäischen Intelligence ab Januar 2006 intensiviert wird, wenn Lagezentrum und Europol gemeinsam Bedrohungsanalysen erstellen und damit den Sicherheitskräften nicht nur die Informationsdatenbank von Europol zur Verfügung steht, sondern *all-source*-Intelligence, die aus den verschiedenen nationalen Quellen geschöpft wird.

Auch wenn die Entwicklung eines europäischen Nachrichtenwesens in den letzten zwei Jahren eine erhebliche Dynamik aufweist, wird seine effektive Ausbildung durch mehrere Gründe verhindert: Erstens stehen die Mitgliedstaaten der Europäischen Union nicht nur in Kooperation, sondern auch in Wettbewerb miteinander, weshalb sie entsprechende Fähigkeiten voreinander schützen und autonom einsetzen wollen. Zweitens steigt

---

[65] Gijs de Vries: The European Union's Role in the Fight against Terrorism, Royal Irish Academy, Dublin, 25. November 2004; Mitteilung der Kommission an den Rat und das Europäische Parlament über die Prävention und Bekämpfung der Terrorismusfinanzierung, KOM (2004) 700 endgültig, 20. Oktober 2004.

die Bedeutung des Intelligence-Prozesses enorm und kann für die absehbare Zukunft kaum überschätzt werden, seine Produkte und Verfahren sind aber nur schwer zu tauschen und begründen deshalb in sich Grenzen der Kooperation. Ein Sonderfall ist drittens auch auf diesem Gebiet Großbritannien, denn das Vereinigte Königreich ist nicht nur in der EU engagiert, sonder auch fest in UKUSA integriert, wodurch die USA als *first party* dieses Vertrages auch Zugang zu Erkenntnissen der EU haben. Die USA schließlich sind viertens nachhaltig bestrebt, ihren Informationsvorsprung technisch zu sichern und auszubauen und haben dies entsprechend zu einem wichtigen Ziel ihrer Weltraumpolitik erklärt; die europäischen Staaten wiederum werden erhebliche Investitionen aufbringen müssen, um in diesem Prozess mitzuhalten.

Die Fähigkeiten zu Aufklärung, Kommunikation und Navigation werden nicht nur die Reproduktion der machtpolitischen Asymmetrien tief greifend beeinflussen, sondern wären auch die wichtigste Grundlage, im transatlantischen Verhältnis etwas mehr informationspolitische Balance zu begründen. Denn dieses Wissen wirkt im Zusammenhang mit den angeführten jeweiligen medialisierten Kommunikationsprozessen zwischen Eliten und Gesellschaft und vor dem Hintergrund der inter- und transnationalen Ordnungsgestaltungen auf die Reproduktion oder das Absterben der Westernisierung ein.

9   Fazit

Der Zusammenhang von Polarität der internationalen Ordnung und Konvergenz der politischen Kulturen zwischen Europa und den USA ist für die Weiterentwicklung der transatlantischen Beziehungen von zentraler Bedeutung. In beiden Bereichen sind grundlegende Entwicklungen zu beobachten, die ein Fortschreiben der sukzessiven Integration der EU einerseits und der fallweisen Stabilisierung der transatlantischen Beziehungen andererseits fraglich erscheinen lassen. Zwar sind Elemente der Kontinuität und des Wandels gleichermaßen zu beobachten, jedoch überwiegen die auf Veränderung gerichteten Prozesse dermaßen, dass festgestellt werden kann: Das transatlantische Verhältnis ist nach dem Ende des Ost-West-Konflikts in tief greifendem Umbruch begriffen; die Ordnungsmächte konkurrieren um die definitorischen Merkmale der künftigen Weltordnung. Die Konstitution des Staates und das Verhältnis von Eliten und Öffentlichkeit in ihm sowie – für die internationalen Beziehungen – das Verhältnis der Verregelungen innerhalb und zwischen den inter- und transnationalen Ordnungsstrukturen werden neu definiert – wobei im historischen Prozess jeweils für eine bestimmte Zeit des Umbruchs prekär ist, welche Definition sich durchsetzen und verfestigen wird.

Dabei wird sich, wie stets im historischen Verlauf, diejenige Ordnungsmacht durchsetzen, die über wirkungsmächtigere Fähigkeiten verfügt. In diesem Zusammenhang aber bedarf jede politische und ökonomische Macht eines tragfähigen kulturellen Fundamentes. Dieses ist in den USA und der Europäischen Union derzeit aus ganz unterschiedlichen Gründen in Frage gestellt. Die demographische Entwicklung der USA und die veränderte Bedeutung religiöser Gruppierungen stehen jenseits des Atlantiks im Mittelpunkt. In Europa ist die Frage komplizierter, denn die EU steht ihres zusammengesetzten Charakters wegen gleichzeitig vor vielfältigen Herausforderungen der Selbstvergewisserung, und alles deutet in den letzten Jahren darauf hin, dass die EU ihre zentrale politische Aufgabe, Identität komplementär zu den USA und in Abgrenzung zugleich herzustellen, nicht bewältigen wird. Damit zeichnet sich der *worst case* für die EU-Mitgliedstaaten ab: ein machtpolitischer Ordnungskonflikt im transatlantischen Verhältnis und möglicherweise sogar das Ende der Westernisierung als global wirkender Rationalität sowie das gleichzeitige Scheitern Sicherheit begründender europäischer Ordnungspolitik.

Analysen der Entwicklung der transatlantischen Beziehungen werden genau beobachten müssen, wie sich die machtbegründeten Normgefüge in diesem Raum neu gestalten, wobei die normativen Entwicklungen von den machtpolitischen abhängig bleiben. Das heißt, dass Analysen über die Zukunft des transatlantischen Verhältnisses beachten müssen, (1) wie sich die handlungsrelevanten Ressourcen in beiden Mächten entwickeln, (2) welchen Grad an Institutionalisierung die Beziehungen in den Sachbereichen Sicherheit und Wirtschaft aufweisen und (3) wie sich die Einstellungen zueinander – und darauf aufsetzend die Meinungen voneinander – entwickeln. Dies ist der Analyserahmen, um die Entwicklungen der transatlantischen Beziehungen in den nächsten Jahren zu erklären. Allerdings steht dies unter der Voraussetzung, dass die internationale Ordnung machtpolitisch so fortbesteht, wie sie heute ausgestaltet ist. Einige Beobachter sehen dies ganz anders, denn möglicherweise wird dieser transatlantische Prozess von einer zweiten Entwicklung begleitet und in seiner Wirkung gedämpft oder aufgehoben: nämlich einer heraufziehenden Machtauseinandersetzung zwischen dem restaurierten Westen und der oder den Großmächten in Asien.[66] Eine solche Konstellation würde die Beziehungen zwischen den USA und Europa durch entsprechenden Druck von außen neu gestalten. Nicht die innerwestliche Auseinandersetzung um die Gestaltung der internationalen Ordnung, sondern die Abwehr der Herausforderung durch eine in Asien hegemoniale Qualität entwickelnde Volksrepublik China wäre dann die zentrale Herausforderung – für beide Seiten des transatlantischen Raumes.

Das Ende der Westernisierung würde hierdurch jedoch wahrscheinlich nicht aufgehalten, denn in einer solchen Auseinandersetzung könnte sich die Allianz aus USA und europäischen Staaten möglicherweise nicht auf die kalkulatorische Rationalität alleine stützen. Die Ausbildung einer neuen normativen Grundlage des Westens wäre eine mögliche Konsequenz, wobei die veränderten gesellschaftlichen Bedingungen im transatlantischen Raum hierbei abgebildet würden. Dieser Prozess wird machtpolitisch begründet sein und bleibt insofern gestaltbar; das Management der transatlantischen Beziehungen selbst stellt sich den Regierungen der USA und der Mitgliedstaaten der Europäischen Union deshalb als zentrale Herausforderung. Die Ordnung des transatlantischen Verhältnisses ist für die politischen Akteure dieses Raumes die erste und wichtigste ordnungspolitische Aufgabe.

---

[66] Diese Position wird inzwischen prominent diskutiert etwa bei James F. Hoge, jr: A Global Power Shift in the Making. Is the United States Ready?, in: Foreign Affairs, Vol. 83, Nr. 4, July/August 2004, S. 2-7.

Amerikanische und europäische Konzepte zur internationalen Ordnung

Joachim Krause

1 Vorbemerkungen

Seit der Irak-Krise von 2002/2003 steht das Thema „Internationale Ordnung" auf der internationalen Agenda. Anlass ist die Kritik an der Politik der derzeitigen Bush-Administration. Von vielen europäischen Regierungen und vor allem in den europäischen Medien wird den USA vorgeworfen, sie würden sich über die Grundsätze der internationalen Ordnung und des Völkerrechts hinwegsetzen und ohne Not auf einen gefährlichen Pfad einlassen.[1] Diese Auffassungen finden sich in der wissenschaftlichen Debatte wieder, wo – unterstützt durch amerikanische Kritiker der Bush-Administration – die These weit verbreitet ist, wonach es heute darum gehe, zwischen multilateraler Ordnung und Hegemonie zu wählen. Multilaterale Ordnung, das sei das, was die Europäer wollten: die Vorherrschaft des Rechts und die Anerkennung des Primats der Vereinten Nationen; Hegemonie sei das, was die USA unter der gegenwärtigen Bush-Administration wollten, eine Art institutionalisierte Form der amerikanischen Vorherrschaft. Laut Ernst-Otto Czempiel sind es nur die Europäer, die ein Interesse an Ordnungsbildung hätten. Den USA ginge es um Weltherrschaft, aber nicht um Ordnung, bestenfalls um die gewaltsame Aufoktroyierung einer amerikanischen Ordnung, die *keine internationale Ordnung* sei.[2] Andere unterstellen gar, dass

---

Dieser Artikel setzt frühere Aufsätze des Autors fort, die sich mit der transatlantischen Debatte über internationale Ordnung und Multilateralismus befassen und zwischen 2002 und 2005 erschienen sind. Dies sind im Einzelnen: Joachim Krause, Jan Irlenkaeuser und Benjamin Schreer: Wohin gehen die USA? Die neue nationale Sicherheitsstrategie der Bush-Administration, in: Aus Politik und Zeitgeschichte, B48/2002, S. 40-46; Joachim Krause: Die transatlantischen Beziehungen seit dem Ende des Kalten Kriegs, in: Wichard Woyke (Hrsg.): Neue deutsche Außenpolitik, in: Politische Bildung, 2/2003, S. 47-65; Joachim Krause und Christoph Grams: Droht ein globaler Rüstungswettlauf? Perspektiven der Rüstungsindustrie im Vergleich, in: Internationale Politik, 58. Jg., Nr. 7, Juli 2003, S. 34-41; Joachim Krause: Multilaterale Ordnung oder Hegemonie? Zur transatlantischen Debatte über die weltpolitische Neuordnung, in: Aus Politik und Zeitgeschichte, B31-32/2003, S. 6-14; Joachim Krause: Multilateralism – Behind European Views, in: The Washington Quarterly, Vol. 27, Spring 2004, Nr. 2, S. 43-59; Joachim Krause: Multilateral Cooperation in the Face of New and Old Security Challenges, in: William Wallace and Young Soogil (eds.): Asia and Europe. Global Governance as a Challenge to Cooperation. Washington, D.C.: The Brookings Institution Press and Tokyo: Council for Asia Europe Cooperation 2004, S. 58-91; Joachim Krause: Die Krise der westlichen Allianz und die Krise des Multilateralismus, in: S+F – Sicherheit und Frieden, Jg. 22, Heft 4, 2004, S. 179-190; Joachim Krause, Multilateralismus in der Sicherheitspolitik – europäische und amerikanische Sichtweisen, in: Johannes Varwick (Hrsg.), NATO – EU. Partnerschaft, Konkurrenz, Rivalität? Opladen 2005, S. 219-238; Überschneidungen zwischen den Artikeln sind nicht zu vermeiden.

[1] Vgl. Keith B. Richburg, France See Iraq Crisis Imperilling Rule of Law, Washington Post 6. 3. 2003, S. A19.
[2] Ernst-Otto Czempiel, Die amerikanische Weltordnung, in: Aus Politik und Zeitgeschichte, B 48/2002, S. 3-6 (S. 3); ausführlicher ders.: Weltpolitik im Umbruch. Die Pax Americana, der Terrorismus und die Zukunft der internationalen Beziehungen, München 2002; Heinrich Vogel, Das Ende des ‚Westens' – Tabus in den transatlantischen Beziehungen, in: Internationale Politik, Jg. 58, Heft 6, Juni 2003, S. 27-34; Stanley Hoffmann, Die Gefahren des Imperiums, in: Internationale Politik, Jg. 59, Heft 10, Oktober 2004, S. 39-48; August Pradetto, Instrumen-

das gemeinsame Band der Aufklärung, welches Europäer und Amerikaner für Jahrhunderte zusammengehalten habe, nunmehr zerrissen sei.³ Von daher ist es nicht mehr weit, bis härtere und zeitlose Vorwürfe kommen. Bemängelte Ernst-Otto Czempiel noch, dass die USA aufgehört hätten, ein wohlmeinender Hegemon zu sein, kommt der Vorwurf des Imperialismus schon um einiges gröber daher. Es ist bedauerlich, dass gerade ein ansonsten so besonnener und strategisch weitsichtiger Mann wie der frühere Bundeskanzler Helmut Schmidt heute ohne Bedenken vom „amerikanischen Imperialismus" als einer der drei Grundtendenzen der US-Außenpolitik seit deren Gründung (neben dem Isolationismus und dem Messianismus) spricht.⁴ Differenzierter geht Jürgen Habermas vor, der der Bush-Administration „imperialen Liberalismus" vorwirft und dessen Scheitern prognostiziert, weil durch das Vorgehen im Irak-Fall die internationale Autorität der USA zertrümmert worden sei.⁵

Es ist nicht zu leugnen, dass es Unterschiede im Herangehen an grundlegende Fragen der Weltpolitik zwischen den USA und Europa gibt und dass eine zunehmende Tendenz zum unilateralen Handeln kennzeichnend wird für die amerikanische Politik. Der Trend zum Unilateralismus ist allerdings nie auf Republikaner beschränkt gewesen. Zu Zeiten der Demokraten in Regierungsverantwortung war es auch nicht viel anders (auch wenn heute viele Demokraten so tun, als ob das nie der Fall gewesen wäre). Den USA die Absicht abzusprechen zu wollen, dass sie keine ordnungspolitischen Konzepte verfolgen, sondern nur auf die Durchsetzung ihrer eigenen nationalen Interessen ohne Rücksicht auf Verluste abzielen, scheint aber doch zu kurz gegriffen zu sein.

Wie weit liegen Amerikaner und Europäer aber in der Frage der Neuordnung der internationalen Beziehungen tatsächlich auseinander? Gibt es wirklich grundsätzliche Differenzen zwischen Europäern und Amerikanern? Diese Fragen lassen sich nicht dadurch beantworten, dass man eine gute Seite identifiziert (die Europäer) und eine böse (die USA), die es zu belehren gilt bzw. die zu bereuen hat. Viel wichtiger ist es erst einmal, die Natur des Ordnungsproblems zu begreifen, des Weiteren zu verstehen, was es bedeutet, dass es unterschiedliche Vorstellungen davon gibt, was internationale Ordnung bewirken soll und, drittens, die empirische Erfahrung mit der Bildung internationaler Ordnung zu berücksichtigen. Erst vor diesem Hintergrund lassen sich die transatlantischen Differenzen klarer verstehen. Im Ergebnis kommt dieser Artikel zu der Schlussfolgerung, dass wir es weniger mit einer egoistisch gewordenen USA zu tun haben und auch nicht mit einer neuen Debatte zwischen Realismus und Wilsonschem Idealismus als vielmehr mit einem Streit zwischen zwei verschiedenen liberalen Ordnungskonzeptionen.

---

teller Multilateralismus und servile Rezeption: der Irak, die USA und Europa, in: Blätter für deutsche und internationale Politik, Jg. 48, Heft 2, Februar 2003, S. 163-174.
³Harald Müller, Das zerrissene Erbe der Aufklärung. Die ideologische Polarisierung zwischen Deutschland und den USA, in: Internationale Politik, 59. Jg. Heft 11/12, November 2004, S. 15-24; Nicole Gnesotto, Übermilitarisierung amerikanischer Außenpolitik. Unilateralismus als Folge europäischer Schwäche?, in: Internationale Politik, Jg. 57, Heft 4, April 2002, S. 43-48.
⁴ Helmut Schmidt, Die Mächte der Zukunft. Gewinner und Verlierer in der Welt von morgen. München: Siedler Verlag 2004, S. 68.
⁵ Jürgen Habermas, Was bedeutet der Denkmalsturz?, in: FAZ vom 17.4. 2003, S. 33.

2 Was ist internationale Ordnung?

Der Begriff der „internationalen Ordnung" wird in der politischen Alltagssprache allzu oft in einer Weise gebraucht, die wenig Reflexion über Ursprung und Sinn dieses Ausdrucks verrät. In der Politikwissenschaft hat dieses Thema in den vergangenen Jahrzehnten wenig Aufmerksamkeit gefunden. Zu lange standen empirische Analysen und theoretische Reflexionen im Vordergrund, die in der Hauptsache beobachtbare Regelmäßigkeiten zum Gegenstand hatten, weniger jedoch normative Fragen. Lediglich bei Vertretern der „englischen Schule" findet man wichtige Arbeiten und Analysen zu Merkmalen und Strukturen von internationaler Ordnung. In erster Linie sind hier die Arbeiten von Hedley Bull, Martin Wight, Barry Buzan aber auch von Alexander George und dem Historiker Gordon Craig zu nennen.

Ausgangspunkt ist die Abgrenzung zwischen „internationaler Ordnung" und „internationalem System". Laut Martin Wight und Hedley Bull ist ein „internationales System" eine Gruppe von souveränen Staaten, die so viele Interaktionen untereinander haben, dass das Verhalten jedes dieser Mitglieder die Beziehungen untereinander beeinflusst.[6] Ein System ist demnach erst einmal nichts anderes als die Zustandsbeschreibung einer gewissen Interdependenz. Von „internationaler Ordnung" könne man erst dann sprechen, wenn die Mitglieder eines internationalen Systems einen gewissen Grad an Gemeinsamkeit entwickelt hätten, so dass sie zu einer Art primitiver („anarchischer") Gesellschaft werden, innerhalb derer bestimmte Regeln bestehen, die das Überleben des Systems und seiner Akteure sowie in der Hauptsache die Wahrung des Friedens untereinander garantieren sollen oder die auch helfen sollen, andere als gemeinsam erachtete grundlegende Ziele (wie Wohlstand durch Freihandel) zu verfolgen.

Dieses Konzept internationaler Ordnung wurde vor allem von Gordon Craig und Alexander George weiter entwickelt.[7] Laut ihnen müssen drei Elemente gegeben sein, um von einer internationalen Ordnung zu sprechen: (1) eine gemeinsame Übereinkunft zwischen den beteiligten Staaten über die Ziele und Perspektiven; (2) das Vorhandensein einer Systemstruktur, die der Herstellung der Ziele dient und (3) die Existenz und Wirksamkeit akzeptierter Verfahrensregeln (Normen, Usancen und Institutionen).[8]

3 Was hält internationale Ordnung zusammen?

Wenn man sich auf eine derartige Definition von „internationaler Ordnung" verständigen kann, so bleibt die Frage offen, was führt zur Herausbildung von internationaler Ordnung, was hält sie zusammen und wie weit soll internationale Ordnung reichen? Auf alle drei Fragen findet man in der wissenschaftlichen wie in der politischen Debatte unterschiedliche

---

[6] Vgl. Martin Wight, Systems of States, Leicester 1977; Hedley Bull, The Anarchical Society. A Study of Order in World Politics, New York und London 1977; S. 9 ff; ähnlich, aber mit anderen Schwerpunkten die Definition bei Morton A. Kaplan, System and Process in International Politics, New York 1957; siehe auch Barry Buzan and Richard Little, International Systems in World History. Remaking the Study of International Relations, Oxford 2000, Teil I.

[7] Vgl. Gordon A. Craig und Alexander L. George, Zwischen Krieg und Frieden. Konfliktlösung in Geschichte und Gegenwart, München 1984 (original: Force and Statecraft. Diplomatic Problems of our Time, New York und Oxford 1983), S. 17-171.

[8] Vgl. Craig und George, a.a.O., S. 8.

Antworten. Diese reflektieren in der Regel die unterschiedlichen theoretischen Denkschulen. Wenn man entlang der großen politikwissenschaftlichen Denkschulen (Realismus, Liberalismus, Institutionalismus) vorgeht, so lassen sich zumindest vier Konzeptionen internationaler Ordnung unterscheiden, die diese drei Fragen auf verschiedene Art und Weise angehen:

- Eine *der Theorie des strukturellen Realismus zugehörige Konzeption*, derzufolge sich internationale Ordnung nur auf der Basis eines internationalen Systems entwickeln kann, in dem der Prozess der Herausbildung von Macht und Gegenmacht die Voraussetzung für Stabilität und Ordnung geschaffen hat. Für Autoren wie Kenneth Waltz ist zur Erklärung der internationalen Politik primär die Logik von Macht und Gegenmacht entscheidend. Erst wenn die Mächtebalance eine gewisse Stabilität erreicht hat, kann sich so etwas wie Ordnung einstellen. Diese kann entweder die Ordnung eines multipolaren Gleichgewichts sein, sie kann die Ordnung eines bipolaren Gleichgewichts sein oder aber auch die Ordnung eines unipolaren Systems, bei dem der führende Staat sich als anerkannter oder wohlmeinender Hegemon freiwillig Fesseln anlegen lässt.[9]
- Eine *historisch-soziologische, auf normative Kategorien zurückgreifende Konzeption*, die teilweise auch der realistischen Denkweise zugeordnet werden muss, aber eher zur englischen Schule gehört. Internationale Ordnung reflektiert hier den Willen, bei Anerkennung aller Unterschiedlichkeit der Interessen und unter Bedingungen prinzipieller Anarchie zumindest zu einem *modus vivendi* und zur Vereinbarung gewisser Spielregeln zu kommen. Die traditionelle Variante begnügt sich damit, internationale Ordnung mit den allgemeinen Prinzipien der Staatenwelt (Anerkennung des Prinzips der Souveränität der Staaten, Anerkennung der Immunität von Diplomaten etc.) gleichzusetzen.[10] Viele Autoren gehen jedoch weiter und begreifen internationale Ordnung im Gegensatz zu der einzig auf Machtbalancefragen zugeschnittenen Definition des strukturellen Realismus als eine komplexere Form der Verständigung unter den maßgeblichen Staaten darüber, wie der Frieden zwischen ihnen zu wahren ist und wie eventuelle Probleme und Herausforderungen des Friedens gehandhabt werden können. Dabei kommen sowohl *machtpolitische* (Kräftebalance; Interventionen gegen Ordnungsstörer) als auch *normative* Kategorien (Legitimität, Imperativ der Kriegsvermeidung) zum Tragen.[11]
- Eine *liberale Ordnungsperspektive*, wonach die weltweite Respektierung von Menschenrechten, die Ausbreitung von Demokratie, Freihandel und gesellschaftlicher Entwicklung sowie die Förderung von zwischenstaatlicher Kooperation die wichtigsten Bausteine für eine friedliche internationale Ordnung seien. Die liberale Theorie ist in vielerlei Hinsicht die Antithese zum politischen Realismus, gehen dessen Vertreter doch von einem prinzipiell optimistischen Menschenbild und von der Lernfähigkeit

---

[9] Vgl. Kenneth Waltz, Theory of International Politics, Reading, Mass. 1979; Werner Link, Die Neuordnung der Weltpolitik, München 2001; siehe auch Stanley Hoffmann, Gulliver's Troubles oder die Zukunft des internationalen Systems, Bielefeld 1970; John Mearsheimer, The Tragedy of Great Power Politics, Boston 2001.
[10] Michael Howard, Militärische Macht und internationale Ordnung, in: Uwe Nerlich (Hrsg.), Krieg und Frieden in der modernen Staatenwelt, Gütersloh 1966, S. 58-70, insbes. S. 66f.
[11] Die starke normative Komponente wurde schon durch Autoren wie Reinhold Niebuhr oder Edward Carr in der Frühphase des Realismus eingebracht, vgl. Reinhold Niebuhr, Staaten und Großmächte. Probleme staatlicher Ordnung in Vergangenheit und Gegenwart, Gütersloh 1960 (original: The Structure of Nations and Empires, New York 1958; vgl. Edward H. Carr, The Twenty Years Crisis 1919-1938, London 1942 (2. Aufl.)), S 186 ff.

von Menschen und Institutionen aus. Es gibt drei Varianten der liberalen Theorie: Den *republikanischen Liberalismus*, demzufolge demokratisch verfasste Gemeinwesen friedlicher seien als solche, die autoritär regiert werden und der deshalb auf die Ausbreitung von Demokratie und Menschenrechten als Vorausbedingung für eine friedliche internationale Ordnung dringt; den *ökonomischen Liberalismus*, demzufolge freier Handel und wirtschaftliche Entwicklung die besten Voraussetzungen für die Aufrechterhaltung des Friedens sind; und einen *gesellschaftlichen Liberalismus*, demzufolge gesellschaftliche Interaktionen und Kommunikation wichtige Faktoren sind, um Interdependenzen zwischen verschiedenen nationalen Gesellschaften entstehen zu lassen, die wiederum mäßigend auf die Staaten einwirken und zu einer friedlicheren Außenpolitik beitragen. Vertreter der liberalen Denkschule der internationalen Beziehungen gehen – ganz im Gegensatz zu dem letztlich ahistorischen strukturellen Realismus – davon aus, dass es so etwas wie einen historischen Fortschritt in der Menschheitsgeschichte und somit auch in der internationalen Politik geben kann, der die Perspektive eines „Endes der Geschichte" eröffnet.[12]

- Eine *institutionalistische Konzeption*, der zufolge internationale Ordnung daraus erwächst, dass Staaten Völkerrecht vereinbaren, dieses beachten und nach und nach wesentliche Bereiche ihrer Souveränität zugunsten eines internationalen Normen- und Institutionengefüges aufgeben. Eine derartige Ordnung ist in der Charta der Vereinten Nationen angelegt, insbesondere im System der kollektiven Sicherheit, wo dem Sicherheitsrat die zentrale Rolle bei der Sicherung des internationalen Friedens zukommt.[13] Dieser Ordnungsbegriff ist der in Deutschland in der politischen Alltagssprache vorherrschende. Auf ihn bezieht sich Art. 24, Abs. 2 des Grundgesetzes, wo es heißt: „Der Bund kann sich zur Wahrung des Friedens einem System gegenseitiger kollektiver Sicherheit einordnen..."

Die unterschiedlichen theoretischen Perspektiven sind weniger unvereinbar als es auf den ersten Blick erscheint. Liberalismus und Institutionalismus sind immer eine enge Verbindung eingegangen, weil liberale Ordnungskonzepte ohne eine starke Rolle für Völkerrecht und internationale Organisationen undenkbar sind. Nur in einem geregelten internationalen Rahmen können Demokratie, Freiheit und gesellschaftlicher Austausch die gewünschten Effekte haben. Was es geraten erscheinen lässt, dennoch zwischen beiden Denkschulen zu differenzieren, ist, dass Institutionalisten in der Regel nicht bereit sind, die Grundannahmen des Liberalismus (wie den historischen Optimismus, das optimistische Menschenbild etc.) mit zu tragen. Formeln wie „liberaler Institutionalismus" (oder neuerdings „neoliberaler Institutionalismus") suggerieren daher eine Art Verschmelzung, die es eigentlich so nicht gibt. Aber auch zwischen Institutionalisten und strukturellen Realisten gibt es Überschneidungen. Hierzu gehören die Theorien hegemonialer Stabilität, die seit einigen Jahren das

---

[12] Vgl. Francis Fukuyama, The End of History and the Last Man, New York 1991; Michael Mandelbaum, The Ideas that Conquered the World: Peace, Democracy and Free Markets in the Twenty-First Century, New York 2002; siehe auch zum Konzept des zivilisatorischen Fortschritts die zentrale Arbeit von Norbert Elias, Über den Prozess der Zivilisation, Soziogenetische und psychogenetische Untersuchungen, 2 Bände, Frankfurt a.M., 1977; siehe auch die weitgehend in Vergessenheit geratene Arbeit von Erich Kahler, Man the Measure. A New Approach to History, New York 1956 (2. Auflage).
[13] Vgl. Greenville Clark und Louis B. Sohn, World Peace Through World Law, 2nd. Ed., Cambridge, Mass 1960; James T. Shotwell: War as an Instrument of National Policy and its Renunciation in the Pact of Paris, New York 1929 sowie Alfred Zimmern: The League of Nations and the Rule of Law, London 1936.

mainstream-Denken in der IR-Theoriedebatte in den USA beherrschen. Der Begriff des *wohlmeinenden Hegemons* steht hier im Mittelpunkt. Für strukturelle Realisten ist dieser Begriff zentral, um aus der Logik der Mächtebalance heraus die Existenz dauerhafter Kooperation innerhalb der westlichen Welt nach dem Ende des Zweiten Weltkriegs erklären zu können. Institutionalisten sehen etwas anderes als wichtig an: Nur in einer institutionell abgesicherten Hegemonie bestünde die Möglichkeit einer dauerhaften kooperativen internationalen Ordnung. Eine hegemoniale Macht (wie die USA) könne mit Erfolg eine kooperative internationale Ordnung aufbauen, wenn und solange sie sich institutionell einbindet und sich an Regeln hält, die gemeinsam mit anderen aufgestellt worden sind, wie das Völkerrecht und die Respektierung von Entscheidungen internationaler Organisationen.[14] Aber auch die Kombination von Liberalismus und (traditionellem) Realismus gibt es. Reinhold Niebuhr qualifizierte einige der Klassiker des Liberalismus (wie Adam Smith) als „realistische Liberale", heute beanspruchen neokonservative Denker in den USA diesen Platz.[15]

4 Historische Erfahrungen mit internationaler Ordnungsbildung

Die Existenz oder Nicht-Existenz Internationaler Ordnung – so lässt sich mit Blick auf die europäische Geschichte der vergangenen Jahrhunderte sagen – war immer ein wichtiger Bestimmungsfaktor dafür, ob es Krieg oder Frieden – bzw. Wohlstand oder Elend – gab. Schaut man sich die Diplomatiegeschichte der vergangenen 350 Jahre an, so liegt die Schlussfolgerung nahe, dass die Herstellung, der Erhalt, aber auch die Anpassung der internationalen Ordnung an veränderte Umstände (bzw. deren Scheitern) den Kernbereich der internationalen Diplomatie ausmachte. Die historische Realität internationaler Ordnungsbildung war dabei immer sehr viel komplexer als die theoretische Debatte vermuten lässt. Tatsächlich haben sich im Erfolgsfall häufig Elemente unterschiedlicher Theorien gemischt. Internationale Ordnung wurde zumeist in Phasen des Umbruchs gestaltet. Die bekanntesten dieser Phasen waren:

- die Endphase des 30-jährigen Krieges mit dem Westfälischen Frieden, der das Konzept eines europäischen Universalreiches zugunsten eines Systems souveräner Staaten aufgab;
- der Wiener Frieden von 1815, der eine jahrzehntelang währende Friedensordnung schuf, die auf dem Ziel der Kriegsvermeidung, einem gemeinsamen Konzept von zumeist monarchischer Legitimität und dem Willen beruhte, internationale Streitigkeiten im Wege eines Konzertes der konservativen Mächte gemeinsam zu bereinigen;

---

[14] Vgl. G. John Ikenberry, After Victory. Institutions, Strategic Restraint, and the Rebuilding of Order After Major Wars. Princeton, N.J. und Oxford 2001; Michael J. Glennon, Why the Security Council Failed, in: Foreign Affairs, Jg. 82, Nr. 3, May/June 2003, S. 16-35; siehe auch: Stanley Hoffmann, Gulliver's Troubles or the Setting of American Foreign Policy. New York 1968; Patrick Stewart, Multilateralism and U.S. Foreign Policy. Ambivalent Engagement, Boulder Col. 2002.
[15] Reinhold Niebuhr, Staaten und Großmächte. Probleme staatlicher Ordnung in Vergangenheit und Gegenwart. Gütersloh 1960, S. 210 (original: The Structure of Nations and Empires, New York 1957). Zur Einordnung der Neokonservativen als realistische Liberale vgl. Patricia Greve, Neoconservative Ideas and Foreign Policy in the Administration of George W. Bush. A German View, American Institute of Contemporary German Studies, 2004 (www.aigcgs.org/C/grevegerman.shtml).

- die Zeit nach 1848, wo das Konzert der Mächte auch unter den liberalen Demokratien und konstitutionellen Monarchien weitergeführt wurde und durch eine Politik der Handelsliberalisierung und der gesellschaftlichen Öffnung erweitert wurde; in dieser Zeit setzte eine erste Globalisierung ein;
- die Periode zwischen 1880 und 1914, in der mit der Ausbreitung von Nationalismus und Demokratie die Tugenden des Systems von 1815 nach und nach vergessen wurden und wo das internationale System durch einen globalen Expansionsdrang der europäischen Mächte, Japans, Russlands und auch der USA ein hohes Maß an Gewaltbereitschaft sowie eine gefährliche Tendenz zu wechselnden Allianzen charakterisiert war;
- die Nachkriegszeit nach 1919, als sich Fehler der Ordnungsbildung als entscheidend für den Verlust des Friedens erweisen sollten;
- die Jahre zwischen 1950 und 1970, als sich die wesentlichen Elemente der Ordnung des Ost-West-Konflikts herausgebildet haben;
- die seit 1989/1990 bestehende Umbruchphase, die bislang noch zu keiner nachhaltigen Neuordnung geführt hat.

In den meisten Fällen entstand internationale Ordnung aufgrund entsprechender Anstrengungen der größeren Mächte. Zumeist bemühten sich diese um die Schaffung einer internationalen Ordnung, wenn Kriege oder Zusammenbrüche der alten Ordnung vorausgegangen waren. In der Regel war Ordnungsbildung das Resultat umfassender Konferenzen und Kongresse und die Ergebnisse wurden schriftlich in Form von Verträgen, Konventionen oder Kommuniqués festgehalten. In anderen Fällen hat sich internationale Ordnung im Verlaufe eines Prozesses quasi eingespielt, bei dem sich gewisse Spielregeln und Gebräuche verfestigten, die allen beteiligten Seiten eine aus ihrer Sicht profitable Erwartungssicherheit gaben. Die Transformation des Systems der Heiligen Allianz in das Konzert nach 1848 oder die Entwicklung des bipolaren Ordnungsmusters nach dem Zweiten Weltkrieg sind dafür typische Beispiele.

In der Geschichte Europas war es anfangs die primäre Aufgabe internationaler Ordnungsbildung, durch diplomatische, sicherheitspolitische Arrangements zur Verhinderung größerer Kriege zwischen den großen Mächten beizutragen. Internationale Ordnungsbildung war eine Sache der Kabinettspolitik und der Strategen – nur während der Zeit der Heiligen Allianz stand auch die innere Ordnung von Staaten (im Sinne eines restaurativen Ansatzes) im Mittelpunkt. Seit der Mitte des 19. Jahrhunderts hat sich das Stück für Stück geändert und Fragen der internationalen wirtschaftlichen Ordnung haben stärkere Bedeutung bekommen. Spätestens seit dem Ende des Zweiten Weltkriegs haben die internationale wirtschaftliche Ordnung sowie die innere Ordnung von Staaten erheblich an Bedeutung für alle Bemühungen zugenommen, Frieden und Stabilität zu schaffen. Internationale Ordnung muss daher heute sowohl als traditionell sicherheitspolitisches als auch internationales wirtschafts- und handelspolitisches Anliegen sowie auch als Frage der Gültigkeit von Menschenrechten und Freiheitsrechten gesehen werden. Diese verschiedenen Elemente lassen sich kaum noch voneinander trennen.

5 Internationale Ordnung zur Zeit des Ost-West-Konflikts

Um die heutigen Probleme der internationalen Ordnungsbildung verstehen zu können, ist es wichtig, einen Blick auf die internationale Ordnung zur Zeit des Ost-West-Konflikts zu werfen, denn vieles von dem, was zu jener Zeit entwickelt worden ist, hat weiter Bedeutung. Die Periode des Ost-West-Konflikts erscheint heute als ein relativ einfach strukturierter Zeitabschnitt. Tatsächlich ist sie mit Blick auf die ordnungspolitische Dimension sehr viel komplexer. Die Zeit zwischen dem Ende des Zweiten Weltkriegs und den späten achtziger Jahren lässt sich ordnungspolitisch gesehen in drei überlappende Ordnungsmuster unterteilen: (1) das bilaterale, konfrontative System des Ost-West-Konflikts (mit dem Kern der amerikanisch-sowjetischen Konkurrenz), (2) das kooperative, freihändlerische innerwestliche Staatensystem, sowie (3) das globale Konkurrenzsystem zwischen Nord und Süd.

Das bilaterale Konfrontationssystem – der eigentliche Ost-West-Konflikt – war weithin sichtbar das dominierende Strukturmuster der internationalen Politik und hatte entsprechende ordnungspolitische Konsequenzen. Dieser Konflikt stand im Mittelpunkt der politischen Aufmerksamkeit. Er war geradezu existentieller Natur und band enorme Ressourcen auf beiden Seiten – sowohl in Bezug auf Streitkräfte und Zerstörungsfähigkeiten als auch, was die politische und gesellschaftliche Mobilisierung sowie die ökonomischen Kosten betraf. Dadurch wurde ein Ordnungsmuster hergestellt, innerhalb dessen alte Konflikte und Ordnungsmuster hinfällig wurden bzw. einen anderen Stellenwert bekamen. Die Jahre zwischen 1947 und 1989 brachten einen Typus des weltpolitischen Systems hervor, wie es ihn in der jüngeren europäischen Geschichte noch nicht gegeben hatte.

Struktur und Verlauf des Ost-West-Konflikts wurden von einer Vielzahl von Faktoren bestimmt. Unter ihnen nahmen Kernwaffen für lange Zeit einen geradezu zentralen Stellenwert ein. Der jeweilige Stand der nuklear-strategischen Konkurrenz wurde zu einem entscheidenden Faktor für das Verhältnis zwischen Washington und Moskau (bzw. zwischen beiden Bündnissen) und für die Verhältnisse innerhalb der jeweiligen Bündnisse. Ein typisches Beispiel für die durchschlagende Kraft der nuklearstrategischen Konkurrenz ist, wie mit der Verwundbarkeit der USA für sowjetische Kernwaffen ab Mitte der 60er Jahre die Vermeidung eines Kernwaffenkrieges zu einem derart prioritären ordnungspolitischen Ziel wurde, dass die Wahrung des Status quo und die Kontrolle der nuklearen Waffen zu den zentralen Aufgaben wurden, denen sich alle anderen Anliegen unterordnen mussten.[16]

Zwar blieb der Ost-West Konflikt das dominierende Strukturmuster in den Jahren zwischen 1947 und 1990, daneben bildete sich aber *innerhalb der westlichen Welt ein anderes internationales Ordnungs- und Strukturmuster* heraus, welches durch primär kooperative und integrative Tendenzen und die weitgehende wirtschaftliche Öffnung und Verflechtung gekennzeichnet war. Diese Ordnung wurde bewusst nach dem Zweiten Weltkrieg von den USA initiiert und teilweise gegen erheblichen Widerstand traditioneller europäischer Mächte durchgesetzt. Die entsprechenden amerikanischen Überlegungen hatten eine klare realpolitische Fundierung: Europa bedurfte angesichts der sowjetkommunistischen Drohung drin-

---

[16] Vgl. Henry A Kissinger, Was wird aus der westlichen Allianz?, Wien und Düsseldorf 1965; Lawrence Freedman: The Evolution of Nuclear Strategy, London 1981; Thomas C. Schelling, Arms Race and Influence, New Haven und London 1966; Reiner Pommerin und Johannes Steinhoff: Strategiewechsel. Bundesrepublik und Nuklearstrategie in der Ära Kennedy-Adenauer, Baden Baden 1992; James L. Richardson, Deutschland und die NATO. Strategie und Politik im Spannungsfeld zwischen Ost und West, Köln und Oladen 1967; Carsten L. Holbraad (Hrsg.), Superpowers and World Order, Canberra 1971; William B. Bader, The United States and the Spread of Nuclear Weapons, New York 1968.

gend einer politischen und ökonomischen Stabilisierung und der Kooperation aller freien Staaten unter Einbeziehung des westdeutschen Staates. Das, was dann als neue Ordnung geschaffen wurde, nahm viele Elemente der Wilsonschen und der liberalen Gedankentraditionen der Zwischenkriegszeit auf und baute auf der weit verbreiteten Vorstellung auf, dass nach zwei furchtbaren Weltkriegen der Boden reif sei für eine grundsätzliche Neuordnung der Beziehungen zwischen den westlichen Industrienationen. Die neue Ordnung bestand aus einem globalen Strukturrahmen, der durch die Gründung der Vereinten Nationen sowie anderer globaler und überregionaler Organisationen (NATO, OECD) gebildet wurde. Die Schaffung eines freihändlerischen und auf Öffnung der Wirtschaften und Gesellschaften ausgerichteten internationalen Umfelds, Demokratisierung und politische Versöhnung zwischen den früheren Kriegsparteien und die Ermöglichung vielfältiger internationaler Kontakte auf gesellschaftlicher, nichtstaatlicher Ebene waren ebenso konstitutive Elemente dieser neuen Ordnung wie das Währungssystem von Bretton Woods. Anstelle von gegenseitiger wirtschaftlicher, politischer und gesellschaftlicher Abkapselung und einer Politik wechselnder Allianzen sollte ein System der offenen Gesellschaften mit berechenbarer Außen- und Sicherheitspolitik und stabilen Volkswirtschaften entstehen. Anfangs Teil des amerikanischen Plans zur politischen und ökonomischen Wiederherrichtung Europas, fand dieses Konzept seine Fortsetzung in der europäischen Einigungspolitik, die das bislang weitgehendste Beispiel für diese neue Qualität der internationalen Beziehungen wurde. Als Resultat entstand eine nordatlantisch-pazifische Stabilitätsgemeinschaft, bei der der Grad an gesellschaftlicher und wirtschaftlicher Verflechtung am höchsten innerhalb Europas werden sollte.[17]

Der Erfolg dieses Modells internationaler Ordnungsbildung hat ganz entscheidend zum Ende des Ost-West-Konflikts beigetragen: Es war die Erkenntnis Gorbatschows, dass die Sowjetunion (oder Russland) eine drastische innere Reform und außenpolitischen Frieden bräuchte, um der internationalen wirtschaftlichen und technologischen Konkurrenz gewachsen zu sein, die ihre volle Dynamik erst im Rahmen dieser Stabilitätszone gewinnen konnte.[18] Ein Schlagwort, mit dem diese weltumspannende Dynamik der westlichen Stabilitätszone bezeichnet wird, ist das der „Globalisierung". Damit ist im Kern gemeint, dass die Zunahme des internationalen Handels, das enorme Wachstum der internationalen Arbeitsteilung in den Bereichen Produktion und Dienstleistungen und die Expansion der internationalen Finanzmärkte eine derartige Dynamik geschaffen haben, dass Staaten und Gesellschaften unter großen Druck geraten, die sich dieser Dynamik verschließen, weil sie an einer traditionellen kontroll- und sicherheitsorientierten Denkweise festhalten.

Neben der Ost-West-Ordnung und der Schaffung einer neuen internationalen Ordnung innerhalb der westlichen Welt gab es noch eine weitere ordnungspolitische Entwicklung, die allerdings nie richtig zum Zuge kam: die Versuche zur Regelung des Nord-Süd-Konflikts. Der Begriff *Nord-Süd-Konflikt* ist zu Recht als falsch verworfen worden, weil es kein dem Ost-West-Konflikt vergleichbares Muster gegeben hat. Man könnte eher von dem Versuch der nach 1945 unabhängig gewordenen Staaten sprechen, gegenüber einer als politisch und wirtschaftlich dominanten westlichen Welt Mitspracherechte und vor allem wirtschaftliche und finanzielle Ausgleichseffekte zu verlangen und hierfür eine globale

---

[17] Vgl. Ernst-Otto Czempiel, Das amerikanische Sicherheitssystem 1945-1949, Berlin 1966; Hans-Peter Schwarz: Die Zentralmacht Europas. Deutschlands Rückkehr auf die Weltbühne. Berlin 1994, S. 101 ff.
[18] Vgl. Michail Gorbatschow (unter Mitwirkung von Vadim Sagladin und Anatoli Tschernajajew), Das Neue Denken. Politik im Zeitalter der Globalisierung. München 1997, S. 111 ff.

ordnungspolitische Struktur einzufordern. Man könnte dabei durchaus von einem globalen „Tarifkonflikt" sprechen, bei dem die Blockfreien bzw. die in der Gruppe der 77 und in der OPEC organisierten Staaten Asiens, Afrikas und später auch Lateinamerikas als globale „Gewerkschaftsvertreter" finanzielle Umverteilung und mehr politische Mitsprache forderten. Diese Rechnung ging nur partiell auf, zum einen, weil die Nord-Süd-Rhetorik häufig nur ein Vorwand war, um von Korruption, Vetternwirtschaft und schwerwiegenden Fehlern nationaler Wirtschaftspolitik in Entwicklungsländern abzulenken, zum zweiten, weil die Interessen der „Drittwelt-Staaten" keineswegs zu harmonisieren waren, und, zum dritten, weil die Adressaten dieses Anliegens, die westlichen Staaten, nur begrenzt diese Herausforderung annahmen. Sie taten dies eigentlich nur dann, wenn es darum ging, die Ausbreitung sowjetischen Einflusses zu verhindern oder – wie im Fall der Ölpreiserhöhung der OPEC – wenn wesentliche wirtschaftliche Interessen berührt waren. Der Nord-Süd-Konflikt war also keiner und es wird einen solchen auch nicht geben. Von daher gab es auch keine wesentlichen ordnungspolitischen Strukturen.

6   Die ordnungspolitische Übergangsphase seit 1990

Mit dem Ende des Ost-West-Konflikts ist die Weltpolitik in eine Übergangsphase eingetreten, die bislang zu keiner neuen, wie auch immer gearteten „Ordnung" geführt hat, die mit gleicher Deutlichkeit beschrieben werden kann, wie die des Ost-West-Konflikts. Aber es zeichnen sich Konturen ab, die festzuhalten von Bedeutung sind:

- Zum einen ist die Konsolidierung und Ausbreitung jener atlantisch-pazifischen Ordnungszone festzustellen, die sich schon während des Kalten Krieges als friedensfördernd und überlegen herausgestellt hatte. Man spricht heute von einer Zone des Friedens und der Kooperation in der westlichen Welt, die einen Kernbereich internationaler Ordnung darstellt.[19] So etwas hat es in der bekannten Geschichte der Menschheit noch nicht gegeben, auch nicht zu Zeiten des Römischen Reiches. Der Ost-West-Konflikt ist unwiederbringlich vorbei und damit auch die Zentralität des bipolaren Konflikts. Damit besteht erstmals eine Situation in Europa, ja in der ganzen Welt, in der es keine weltumspannende oder zumindest kontinentale strategische Konkurrenz zwischen mehreren Großmächten gibt. In dieser Hinsicht ist Francis Fukuyamas Diktum vom „Ende der Geschichte" angemessen,[20] weil das, was in den vergangenen vier Jahrhunderten Geschichte ausgemacht hat – das Streben einzelner europäischer Territorialstaaten nach Hegemonie und die Gegenbewegung anderer, der überhöhte Nationalismus und Imperialismus der meisten europäischen Staaten, der Kampf gegen Nationalsozialismus/Faschismus und Kommunismus – nunmehr vorbei sind und auch keine vergleichbare strategische Konkurrenz zumindest in Europa absehbar ist. Auch wenn das „Ende der Geschichte" nicht erreicht worden ist – es hat seit Fukuyamas Buch jede Menge „neuer Geschichte" gegeben – kann man doch sagen, dass es für die westliche Welt eine Art „kleines Ende der Geschichte" gegeben hat.
- Auf der anderen Seite zeichnen sich nicht nur die Grenzen der Ausweitung dieser Stabilitätszone ab, es gilt auch mit Herausforderungen und Problemen fertig zu wer-

---

[19] Vgl. Buzan and Little, International Systems in World History, a.a.O., S. 362 ff.
[20] Vgl. Francis Fukuyama, The End of History and the Last Man, New York: Free Press 1992.

den, die mittel- oder langfristig die Stabilität und den Frieden in dieser Zone gefährden können. So können neue weltumspannende Konfrontationen entstehen, es können sich aber auch regionale Strukturen nicht-kooperativer oder gemischt kooperativ-konfrontativer Natur (Zentralasien, Südasien, Naher und Mittlerer Osten, Ostasien) herausbilden bzw. bestehende Ordnungsstrukturen (z.B. in Afrika) zusammenbrechen. Dabei können soziale Umbrüche oder die Verbreitung von Massenvernichtungswaffen erheblich zum Zusammenbruch internationaler Ordnungsgefüge beitragen.[21]

- Die nordatlantisch-pazifische Stabilitätszone ist allen gegenteiligen Voraussagen zum Trotz nicht nach dem Ende des Kommunismus und infolge der deutschen Wiedervereinigung zusammengebrochen. Die von einzelnen Autoren vorausgesagte Wiederbelebung der innereuropäischen Machtkonflikte ist nicht eingetreten.[22] Die USA haben sich nicht aus Europa zurückgezogen, vielmehr ist es gelungen, die NATO auf neue Aufgaben zu beziehen und neue Mitglieder aufzunehmen, wenngleich die transatlantische Einheit seit der Irak-Krise schwer geschädigt ist. Die Europäische Gemeinschaft hat es erstaunlich gut geschafft, das vereinigte Deutschland zu integrieren und Fortschritte in Richtung auf die Vertiefung und Erweiterung der Europäischen Union zu machen.

- Die Nord-Süd-Konkurrenz hat sich weitgehend aufgelöst, hauptsächlich weil die traditionellen Argumente der Wortführer der Blockfreien und der Gruppe 77 angesichts der wirtschaftlichen Erfolge der asiatischen Tigerstaaten, der Chinesen und auch anderer Staaten verblassen, die diese Erfolge einer Politik der Marktöffnung und Liberalisierung verdanken, aber nicht den Verhandlungen ihrer politischen Führer um größere Anteile am globalen Wohlstandskuchen. Mehr und mehr Staaten haben die Erfahrung gemacht, dass die Öffnung ihrer eigenen Märkte bei gleichzeitiger Verbesserung des Zugangs zu den westlichen Märkten Chancen der wirtschaftlichen und technologischen Entwicklung bieten, die ihnen ansonsten nicht offen stehen würden. Dies gilt für die meisten Staaten des pazifischen Asiens, insbesondere für die ASEAN-Staaten. Daran lässt sich ablesen, wie sehr Globalisierung und die damit einhergehende Dynamik der Internationalisierung oder Regionalisierung von Wirtschaft, Kommunikation und Verkehr zu einem strukturbildenden Faktor im Sinne der Förderung und Ausbreitung einer liberalen internationalen Ordnung werden, in der traditionelle machtpolitische Anliegen hinter wirtschaftlichen Ordnungsfragen zurückstehen.

Eine internationale Ordnung im Sinne einer international erfolgten Festlegung hat es bisher nicht gegeben. Man kann davon ausgehen, dass die Charta der Vereinten Nationen als eine Art Grundlagendokument allgemeine Anerkennung findet, aber einen gültigen und verbindlichen Beschluss der „Völkergemeinschaft" darüber gibt es nicht. Die einzigen Dokumente, die man als Festlegung in diesem Sinne betrachten kann, sind Anfang der 90er Jahre verabschiedet worden. Hierzu gehören:

- Die Charta von Paris, ein Dokument der 53 Mitgliedstaaten der KSZE (heute OSZE), welches am 21. November 1990 feierlich verabschiedet wurde und in dem ein ganzer

---

[21] Vgl. Joachim Krause, Strukturwandel der Sicherheitspolitik. Die Verbreitung von Massenvernichtungswaffen und die weltpolitische Transformation, München 1998, Kapitel II.
[22] Vgl. John Mearsheimer, Back to the Future: Instability in Europe after the Cold War, in: Internationale Security, Vol. 15, No. 1 Summer 1990, S. 5-56; siehe auch die Zitate bei Stephen Van Evera, Primed for Peace: Europe after the Cold War, in: International Security, Vol. 15, Nr. 3, Winter 1990/91, S. 7-57.

Kanon an Prinzipien und Zielen für die Neugestaltung der internationalen Ordnung festgelegt sind;
- Die Erklärung des Gipfeltreffens der 15 Mitgliedstaaten des Sicherheitsrates vom 31. Januar 1992, in der die Gültigkeit des Systems der kollektiven Sicherheit für die Wahrung des Internationalen Friedens bekräftigt wird.[23]

Darüber hinaus ist vieles offen und vieles auch umstritten. Dabei ist erkennbar, dass es gewisse Muster der Gemeinsamkeit und der Unterschiedlichkeit in der westlichen Welt gibt.

7 Gemeinsamkeiten und Unterschiede im Herangehen an die heutigen ordnungspolitischen Herausforderungen

Führt man sich die unterschiedlichen Strategien der USA sowie der europäischen Staaten vor Augen, mit denen diese die bestehenden ordnungspolitischen Herausforderungen angehen, so fällt auf, dass es im Grunde ein hohes Maß an Gemeinsamkeiten transatlantischer Natur gibt. Aber in zwei entscheidenden Fragen bestehen Unterschiede: zum einen in der relativen Wertschätzung von Multilateralismus, zum anderen in der Frage, welche Rolle militärischer Zwangsmaßnahmen spielen können und sollen. Darüber hinaus ist auf amerikanischer Seite ein etwas weiterer Horizont erkennbar, während derjenige der meisten Europäer regional begrenzt bleibt. Im Großen und Ganzen zeichnet sich aber ab, dass bei weitgehend gemeinsamen Vorstellungen über die ordnungspolitische Perspektive ein Streit zwischen einem *sanften Liberalismus* und einem *imperialen Liberalismus* entbrannt ist.

7.1 Gemeinsamkeiten in den Zielen

Bei einer Analyse der unterschiedlichen Ansätze zu internationalen Ordnungsfragen muss man insofern Vorsicht walten lassen, als dass sowohl in den USA wie in Europa keine ausdifferenzierten verbindlichen politischen Ziele und Strategien bestehen, sondern bislang eher allgemeine Ziele und Vorgaben festgelegt oder vereinbart worden sind. Diese sind in erster Linie die Nationale Sicherheitsstrategie (NSS) der USA vom September 2002[24] und auf europäischer Seite die Europäische Sicherheitsstrategie (ESS) vom Dezember 2003 sowie die Artikel I-3 (§ 4) und III-292 des Verfassungsvertrags der EU, wie er im Oktober 2004 von den Staats- und Regierungschefs der EU-Länder verabschiedet worden ist. Alle hier genannten Dokumente lassen noch einen relativ großen Spielraum für weitere Entwicklungen. Sowohl innerhalb der USA wie auch innerhalb Europas gibt es Differenzen über die dabei einzuschlagenden Strategien. Von daher kann die Frage der Gemeinsamkeiten nur auf einer sehr allgemeinen und abstrakten Ebene dargestellt werden. Die Analyse der Differenzen muss unterschiedliche Typen von Antworten auf gemeinsame Probleme definieren,

---

[23] Texte in Dokumentation zur Abrüstung und Sicherheit, herausgegeben von Joachim Krause und Christiane Magiera-Krause, Band 25: 1989/1992, St. Augustin 1997, S. 113 ff, und S. 288 ff.
[24] The National Security Strategy of the United States of America, Washington, D.C. September 2002 (www.whitehouse.gov).

ohne dass dabei jede Unterschiedlichkeit entweder europäisch oder amerikanisch verortet werden kann.

Am deutlichsten treten die Gemeinsamkeiten bei den allgemeinen Zielen der internationalen Ordnungspolitik hervor. Hier finden sich sowohl in der NSS wie in der Europäischen Sicherheitsstrategie klare Aussagen, denen zufolge eine *liberale Friedensordnung* angestrebt wird, bei der der Friede dadurch gesichert wird, dass in allen Staaten Menschenrechte und individuelle Rechte gesichert sind. Weiterhin soll sich freies Unternehmertum entwickeln und die Demokratie wird als wichtige Voraussetzungen für die Wahrung des internationalen Friedens gesehen. In der NSS heißt es: „The great struggles of the twentieth century between liberty and totalitarianism ended with a decisive victory for the forces of freedom – and a single sustainable model for national success: freedom, democracy, and free enterprise." In dem Verfassungsentwurf der EU steht: „Die Union stützt sich bei ihrem Handeln auf internationaler Ebene auf die Grundsätze, welche die Grundlage für ihre eigene Entstehung, Entwicklung und Erweiterung bildeten und denen sie durch ihr Handeln auch weltweit zu stärkerer Geltung verhelfen will: Demokratie, Rechtsstaatlichkeit, die universelle Gültigkeit und Unteilbarkeit der Menschenrechte und Grundfreiheiten, die Achtung der Menschenwürde, der Grundsatz der Gleichheit und der Grundsatz der Solidarität sowie die Achtung des Völkerrechts gemäß den Grundsätzen der Charta der Vereinten Nationen..."

Entscheidend ist dabei die Absage an eine internationale Ordnung, die auf der Wahrung eines Gleichgewichtes zwischen unterschiedlichen Nationen basiert. In der NSS wird darauf hingewiesen, dass zum ersten Mal seit Mitte des 17. Jahrhunderts die Chance bestünde, dass die Staaten bei der Lösung gemeinsamer Probleme zusammenarbeiten anstelle dass sie internationale Ordnung gegeneinander organisieren. Diesen Zustand gelte es als Gewinn zu sehen und beizubehalten, denn nur so ließe sich eine internationale Ordnung aufrecht erhalten, bei der die menschlichen Freiheiten geschützt bleiben und ihre positiven Wirkungen sich entfalten können. „We seek instead to create a balance of power that favors human freedom: conditions in which all nations and all societies can choose for themselves the rewards and challenges of political and economic liberty." Auch die Europäische Union sieht sich diesem Gedanken verpflichtet, wenngleich weniger explizit und mit geringerer historischer Tiefe als bei der NSS. In der Europäischen Sicherheitsstrategie vom Dezember 2003 heißt es hierzu: „Nie zuvor ist Europa so wohlhabend, so sicher und so frei gewesen. Die Gewalt der ersten Hälfte des 20. Jahrhunderts ist einer in der europäischen Geschichte beispiellosen Periode des Friedens und der Stabilität gewichen. Die Schaffung der Europäischen Union steht im Mittelpunkt dieser Entwicklung. Sie hat die Beziehungen zwischen unseren Ländern und das Leben unserer Bürger verändert..."

Die zentrale Zielsetzung der NSS ist eine Neuordnung der internationalen Beziehungen, bei der versucht wird, einen Rückfall in traditionelle Großmachtrivalitäten zu vermeiden. Die Neugestaltung der Großmachtbeziehungen solle dazu führen, dass man vereint durch gemeinsame Herausforderungen und Bedrohungen die Zusammenarbeit bei der Bewältigung gemeinsamer Risiken organisiere. Der Schlüssel zu einer Neugestaltung der internationalen Ordnung im Zeitalter der Globalisierung liege neben der Kooperation mit Europa und Japan in der Integration Russlands, Chinas und auch Indiens in die westliche Gemeinschaft.

Daneben gelte es aber jene Regionen zu befrieden, die aufgrund ihrer wirtschaftlichen Rückständigkeit und Schwäche eine Gefahr für die internationale Stabilität darstellten. Eine

Welt, in der über die Hälfte der Weltbevölkerung in Armut lebe, sei „weder gerecht noch stabil." Die entsprechenden Ausführungen der ESS und des Verfassungsvertrages sehen die Dinge ähnlich: „Was die Sicherheit Europas anbelangt, so gibt es nach wie vor Bedrohungen und Herausforderungen. Der Ausbruch des Konflikts auf dem Balkan hat uns wieder vor Augen geführt, dass der Krieg nicht von unserem Kontinent verschwunden ist. Im letzten Jahrzehnt ist keine Region der Welt von bewaffneten Konflikten verschont geblieben. In den meisten Fällen waren diese Konflikte eher innerstaatlicher als zwischenstaatlicher Natur, und die meisten Opfer waren Zivilisten. Als Zusammenschluss von 25 Staaten mit über 450 Millionen Einwohnern, die ein Viertel des Bruttosozialprodukts (BSP) weltweit erwirtschaften, ist die Europäische Union, der zudem ein umfangreiches Instrumentarium zur Verfügung steht, zwangsläufig ein globaler Akteur..."

Aus diesem Imperativ leiten sowohl die NSS der USA als auch der Verfassungsvertrag der EU eine mehr oder weniger konkrete Agenda ab: Die USA wollen sich um Förderung der menschlichen Würde verdient machen, sie wollen Allianzen bilden, um Terrorismus zu bekämpfen und Terrorismus mit präventiver Diplomatie zu begegnen, sie wollen mit ihren Freunden bei der Bewältigung regionaler Konflikte zusammenarbeiten, Bedrohungen durch Massenvernichtungswaffen in präventiver Weise entgegentreten, eine neue Ära des globalen wirtschaftlichen Wachstums einläuten durch freien Handel und freie Märkte und den Kreis der entwickelten Länder dadurch erweitern, dass Gesellschaften geöffnet werden und Demokratie verbreitet wird. Dabei komme es auf die Zusammenarbeit mit den hauptsächlichen Machtzentren der Welt an. Im europäischen Verfassungsvertrag ist eine ähnliche Agenda vorgegeben, die „die Werte, die grundlegenden Interessen, die Sicherheit, die Unabhängigkeit und die Unversehrtheit der Union wahren" soll, die „Demokratie, Rechtsstaatlichkeit, die Menschenrechte und die Grundsätze des Völkerrechts" festigen und fördern soll und die „den Frieden ... erhalten, Konflikte ... verhüten und die internationale Sicherheit ...stärken" soll. Zudem soll sie „nachhaltige Entwicklung in Bezug auf Wirtschaft, Gesellschaft und Umwelt in den Entwicklungsländern ... fördern" und die „Integration aller Länder in die Weltwirtschaft" vorantreiben, unter anderem auch durch den „schrittweisen Abbau von Beschränkungen des internationalen Handels." Aber auch die „Entwicklung von internationalen Maßnahmen zur Erhaltung und Verbesserung der Qualität der Umwelt und der nachhaltigen Bewirtschaftung der weltweiten natürlichen Ressourcen" werden als Ziele der EU definiert ebenso wie die Förderung einer Weltordnung, „die auf einer verstärkten multilateralen Zusammenarbeit und einer verantwortungsvollen Weltordnungspolitik beruht."[25]

Sowohl in der NSS wie in den entsprechenden europäischen Dokumenten nimmt die Frage großen Stellenwert ein, wie man mit den zumeist innergesellschaftlich verursachten Krisen außerhalb der Zone der Stabilität und des Friedens fertig wird. Beide sehen keine andere Möglichkeit, als auf die eine oder andere Weise die Frage der „guten Regierungsführung" in den Staaten Asiens, Afrikas und Lateinamerikas zu einem zentralen Punkt zu machen – was eine klare Absage an den Primat der staatlichen Souveränität bedeutet.[26] Während die USA diesen Anspruch global sehen, begnügen sich die Europäer damit, ihre Nachbarschaft zu stabilisieren. In der ESS heißt es dazu, dass es „im Interesse Europas"

---

[25] Art. III-282, § 2 des Verfassungsvertrages.
[26] Der Generaldirektor für Auswärtige Angelegenheiten im Sekretariat der Europäischen Union, Robert Cooper, nannte dies einen Fall von liberalem Imperialismus, vgl. Robert Cooper, The New Liberal Imperialism, in: The Observer, 4. April 2002.

läge, „dass die angrenzenden Länder verantwortungsvoll regiert werden. Nachbarländer, die in gewaltsame Konflikte verstrickt sind, schwache Staaten, in denen organisierte Kriminalität gedeiht, zerrüttete Gesellschaften oder explosionsartig wachsende Bevölkerungen in Grenzregionen" seien für Europa allemal Probleme. Die EU müsse „darauf hinarbeiten, dass östlich der Europäischen Union und an den Mittelmeergrenzen ein Ring verantwortungsvoll regierter Staaten entsteht, mit denen wir enge, auf Zusammenarbeit gegründete Beziehungen pflegen können."

In der NSS der USA wird darauf verwiesen, dass gerade der 11. September gezeigt habe, „dass schwache Staaten wie Afghanistan eine ebenso große Bedrohung unserer nationalen Interessen sind, wie starke Staaten. Armut macht aus armen Menschen keine Terroristen und Mörder. Doch Armut, schwache [staatliche] Institutionen und Korruption, können schwache Staaten verwundbar gegen terroristische Netzwerke und Drogenkartelle machen." Vieles deutet darauf hin, dass hier vor allem eine Region im Zentrum der Aufmerksamkeit der Bush-Administration steht: der *Nahe und Mittlere Osten*. Dort hat sich in den vergangenen fünf Jahrzehnten so viel politischer und religiöser Extremismus entwickeln können, dass diese Region in den Augen führender Mitglieder der Bush-Administration heute als strukturell instabil und friedensunfähig, ja als weltweit friedensgefährdend gilt – vergleichbar Europa in den 1930er Jahren oder Ostasien zur gleichen Zeit. Hauptursache des Extremismus sei die Unfähigkeit der arabischen Regierungen, ihre Gesellschaften im Sinne der Modernisierung umzugestalten. Dies schaffe immer stärkere Potentiale von Extremismus, die nicht mehr mit Scheckbuchdiplomatie eingedämmt werden können. Der Extremismus innerhalb der arabischen Welt und gerade unter den Palästinensern habe bislang alle Versuche in Richtung auf einen Friedensschluss mit Israel torpediert, was wiederum dem Extremismus in der arabischen Welt zusätzliche Nahrung gäbe. Von daher sei ein Neuanfang im Nahen und Mittleren Osten notwendig. Die NSS deutet dabei etwas an, was für viele Europäer derzeit sehr schwer vorstellbar ist: Die USA könnten bereit sein, für den Nahen und Mittleren Osten ein ebenso starkes Engagement zu zeigen wie für Europa und Ostasien nach dem Zweiten Weltkrieg – mit dem Irak als noch zu konstruierendem Modell einer Modernisierungsstrategie.

Der Nahe und Mittlere Osten wird aber nicht allein als gefährdete Region angesehen. Auch andere Regionen haben ein erhebliches Konfliktpotential, so dass es auch dort gilt, Entwicklungen zur Demokratie und Marktwirtschaft zu stützen. Die Hauptprobleme der meisten unterentwickelten Staaten werden in schlechter Regierungsführung, zu viel staatlicher Regulierung, Bürokratie und Korruption gesehen. Zudem gingen in diesen Ländern Entwicklungshilfe und Unterstützung seitens internationaler Hilfsorganisationen in die falschen Kanäle. Am wichtigsten seien die Teilnahme am freien Handel sowie die Unterstützung von intelligenten, den Entwicklungschancen der jeweiligen Länder angepassten Strategien zur wirtschaftlichen und politischen Modernisierung. Dies sei die beste Form einer präventiven Sicherheitspolitik. In der Politik sollen Regierungen gestärkt werden, die „gerecht regieren, in ihre Bevölkerung investieren und wirtschaftliche Freiheiten fördern."

7.2 Multilateralismus als Streitpunkt

Wo kommen, wenn man all diese Gemeinsamkeiten sieht, die derzeitigen Streitigkeiten her und was ist der ordnungspolitische Kern des Streites? In erster Linie ist die Rolle von Multilateralismus in der internationalen Ordnung strittig. In der NSS findet man die Vereinten Nationen und andere multilaterale Institutionen kaum erwähnt, in den europäischen Dokumenten wird die Bedeutung von Multilateralismus, insbesondere der Vereinten Nationen, hingegen stark herausgestrichen. Führende amerikanische Politiker aus Kongress und Administration – nicht nur aus dem republikanischen Lager – kritisieren die Vereinten Nationen und andere multilaterale Institutionen und es ist tatsächlich ein Trend in Richtung Unilateralismus in der amerikanischen Politik erkennbar. Entscheidend ist dabei, wie dieser Unilateralismus eingeschätzt wird. Hier machen es sich viele Beobachter recht leicht, indem sie einseitig die Schuld auf bestimmte, meist neokonservative Kräfte in den USA schieben. Nach Gert Krell hätten die USA heute die „liberal-institutionalistische Fundierung ihrer hegemonialen Weltordnungspolitik", die die Zeit nach dem Zweiten Weltkrieg entscheidend geprägt habe, Zug um Zug aufgekündigt. „Die konservative Revolution und die republikanische Mehrheit im Kongress" hätten Mitte der neunziger Jahre diese Abkehr eingeleitet, und sie fände jetzt mit dem „Einschwenken großer Teile der Administration Bush jr. auf die neokonservative Linie ihre Fortsetzung."[27] Mittlerweile ist es schon fast ein Allgemeinplatz geworden, die Neokonservativen für alles Ungemach und alle Fehler der Bush-Administration verantwortlich zu machen.[28] Dabei wird zumeist der Einfluss neokonservativer Denker völlig überschätzt. Diese verteidigen zwar in der Öffentlichkeit die Politik der Bush-Administration, in dieser sind ausgemachte Neokonservative hingegen nicht besonders stark vertreten.[29]

In der Tat greift in den USA seit geraumer Zeit eine zunehmend skeptischere Einschätzung der Nützlichkeit und Effektivität von Multilateralismus um sich. Dies ist zweifellos eine einschneidende Entwicklung, waren es doch die USA, die nach dem Zweiten Weltkrieg multilaterale Organisationen und Verhandlungsgremien sowie multilaterale Verträge als Instrument entwickelt hatten, um eine neue, kooperative internationale Ordnung zu konstruieren – wie oben gezeigt wurde, eine außerordentlich erfolgreiche Strategie. Die Tatsache, dass in den USA nicht nur das konservative Spektrum, sondern auch zunehmend Teile des demokratisch gesinnten Teils der politischen Klasse Zweifel an der Nützlichkeit und Effektivität von Multilateralismus haben, sollte allerdings zu denken geben. In erster Linie wäre zu klären, warum diese Skepsis um sich gegriffen hat. Es ist einfach, diese auf das Wirken düsterer konservativer Kräfte und die Neokonservativen in Besonderheit zu schieben. Sinnvoller erscheint es, danach zu fragen, warum sich die Einschätzung von Multilateralismus so gewandelt hat – und warum ein vergleichbarer Prozess in Europa nicht stattgefunden hat. Wenn man diesen Schritt geht, so wird man zu dem Ergebnis kommen, dass es – nicht nur aus amerikanischer Sicht – gute Gründe gibt, bestimmte Formen von Multilateralismus mit großer Skepsis zu sehen, dass aber andererseits auch verständlich ist,

---

[27] Gerd Krell, Arroganz der Macht, Arroganz der Ohnmacht. Der Irak, die Weltordnungspolitik der USA und die transatlantischen Beziehungen, Frankfurt (HSFK-Report 1/2003) 2003, S. 4.
[28] Vgl. G. John Ikenberry, The End of the Neo-Conservative Movement, in: Survival, Vol. 46, Nr. 1 (Spring 2004), S. 7-22.
[29] Vgl. Max Boot, Neocons, in: Foreign Policy, Nr. 140, Januar/Februar 2004, S. 20-28.

warum die Europäer stärker am Multilateralismus hängen und durchaus so etwas wie einen multilateralen Strukturkonservatismus entwickelt haben.

Bei „Multilateralismus" handelt es sich um mehr oder weniger permanente Formen der Kooperation zwischen mehreren Staaten, die entweder institutionalisiert sind oder aber sich auf diplomatische Verhandlungen und Konsultationen beschränken. Institutionalisierung kann sowohl die Schaffung von und die Arbeit internationaler multilateraler Organisationen bedeuten wie auch die Vereinbarung multilateraler Verträge und Konventionen. In den vergangenen 60 Jahren haben sich verschiedene Formen von Multilateralismus herausgebildet, die eine weitere Differenzierung entlang der behandelten Problembereiche bzw. entlang der Akteursgruppen erkennen lassen. Man kann heute zwischen mindestens fünf verschiedenen Bereichen von Multilateralismus unterscheiden:[30]

- Es gibt eine multilaterale Sicherheitsordnung, die *Ordnung der kollektiven Sicherheit*, wie sie in Kapitel VI und VII der Charta der Vereinten Nationen festgehalten ist. Sie basiert nicht nur auf dem Gewaltverbot in den zwischenstaatlichen Beziehungen, sie beauftragt auch ein multilaterales Gremium, den Sicherheitsrat der Vereinten Nationen, mit der Aufgabe, für die Sicherheit und den Frieden in der Welt zu sorgen und gegebenenfalls auch mit Sanktionen oder Gewaltausübung einzuschreiten.
- Es gibt einen weit differenzierten und komplexen *Multilateralismus im Bereich der internationalen Wirtschafts- und Finanzbeziehungen*, der heute ein wichtiges Element der internationalen Wirtschaftsordnung darstellt. Hierzu gehören die Welthandelsorganisation (WTO), die Weltbank, der internationale Währungsfond, die regionalen Entwicklungsbanken, die OECD sowie weitere regionale Arrangements, die den Freihandel sichern, die Entwicklung fördern sowie die Auseinandersetzung mit wichtigen wirtschaftlichen, finanziellen und sozialen Problemen ermöglichen sollen.
- Es gibt einen Bereich des *offenen (funktional oder allgemein angelegten) Multilateralismus*. Hier kann es sich zum einen um eine dauerhafte Organisation wie die Vereinten Nationen handeln, bei der alle Staaten gleich sind und gleich viele Rechte haben, oder aber um Formen der multilateralen Zusammenarbeit, bei denen sich alle Staaten bei der Lösung allgemeiner oder spezifischer Probleme beteiligen können. Die Agenda für den offenen Multilateralismus ist im Prinzip unbeschränkt, hier kann es um Fragen der kulturellen Kooperation ebenso gehen wie um Probleme des Klimaschutzes, der Erhaltung von Tier- und Pflanzenarten, der Bekämpfung organisierten Verbrechens und des Terrorismus oder um die Abrüstung. Die Vereinten Nationen selber stellen den Kernbereich des offenen Multilateralismus dar. Der offene funktionale Multilateralismus öffnet sich auch zunehmend nicht-staatlichen Akteuren (*global governance*).[31]
- Es gibt einen Bereich des *geschlossenen funktionalen Multilateralismus*, wo nur eine begrenzte Gruppe von Staaten bei der Lösung bestimmter Probleme zusammenarbeitet und andere ausschließt. Sie erhoffen sich dadurch eine Form der Effizienz, die sie im offenen Multilateralismus nicht erwarten. Dies trifft zu für Einrichtungen wie die NA-

---

[30] Joachim Krause, Multilateral Cooperation in the Face of New and Old Security Challenges, a.a.O.; s.a. John Van Oudenaaren, What is 'Multilateral'?, in: Policy Review, Heft. 117 (Februar 2003), S. 33–47.
[31] Vgl. Dirk Messner, Die Transformation von Staat und Politik im Globalisierungsprozess, in: ders. (Hrsg.), Die Zukunft des Staates und der Politik. Möglichkeiten und Grenzen politischer Steuerung in der Weltgesellschaft, Bonn 1998, S. 14-43.

TO wie auch für eher informelle Formen des geschlossenen Multilateralismus, wie etwa die verschiedenen Exportkontrollregime für *dual-use* Güter und Technologien.
- Es gibt auch noch einen Bereich des *gemeinschaftlichen Multilateralismus*, bei dem Staaten gleicher Kultur und mit ähnlichen Ansichten – und häufig gemeinsamer historischer Erfahrung – in einer großen Breite von Themen zusammen arbeiten und wo die Kooperation eine Qualität erreicht, dass von einer Gemeinschaft ausgegangen werden kann. Die Europäische Union ist das herausragende Beispiel einer solchen Form von gemeinschaftlichem Multilateralismus. Aber auch die ASEAN-Staaten sowie die Mitgliedstaaten von Mercosur versuchen, ein hohes Maß an Gemeinsamkeiten in vielen Bereichen zu entwickeln, ohne dass sie die gleichen Schritte in Richtung auf vergemeinschaftete Institutionen machen wie die Europäer.

Multilateralismus gab es bereits im 19. Jahrhundert, wenngleich dieser damals auf wenige Akteure begrenzt blieb (Europäisches Konzert) und keine Institutionalisierung im Sinne der Einrichtung permanenter Organisationen gesucht wurde. Die Gründung des Völkerbundes nach dem Ersten Weltkrieg stellte den ersten, allerdings gescheiterten, Versuch in Richtung auf einen umfassenden, offenen und auf die Wahrung des Friedens wie der Lösung gemeinsamer Probleme bezogenen institutionalisierten Multilateralismus dar. Die meisten Formen des heutigen Multilateralismus gehen auf Initiativen der USA zurück, die vor allem gegen Ende des Zweiten Weltkriegs (z. T. schon davor) auf den Weg gebracht worden sind. Schon damals zeichnete sich ab, dass die USA zwar offene (allgemeine wie funktionale) Formen des Multilateralismus befürworteten, aber dort, wo es um wichtige politische Weichenstellungen ging, andere Wege einschlugen. Die Ordnung der kollektiven Sicherheit mit der Sonderrolle des Sicherheitsrates und der fünf permanenten Mitglieder darin ist ein zentrales Beispiel: Die klassischen Regeln des offenen Multilateralismus sind hier teilweise außer Kraft gesetzt, um dem Sicherheitsrat die notwendigen Handlungsoptionen zu ermöglichen. Aber auch die heute spezifische Ausprägung des Multilateralismus im Bereich der internationalen Handels- und Wirtschaftsbeziehungen geht auf frühe Bemühungen zurück, bestimmte Verantwortlichkeiten stärker in die Hand einzelner, wichtiger Länder zu legen und nach gesonderten Arrangements im Wege von Verhandlungen für eine Vielzahl von zentralen Themen (insbesondere Abbau der Zölle und nicht-tarifärer Handelshemmnisse) zu suchen. Die hohen Ziele „Freihandel", „Währungsordnung" und „Entwicklungshilfe" wurden zwar im Rahmen multilateraler Strukturen verwirklicht, aber diese waren nicht die der Vereinten Nationen (Wirtschafts- und Sozialrat, UNCTAD oder die regionalen Wirtschaftskommissionen), sondern zusätzliche multilateralen Strukturen, die zumeist in der einen oder anderen Weise von den USA und den führenden westlichen Staaten kontrolliert werden konnten. Der ökonomische Multilateralismus konnte nur deshalb effektiv sein, weil er ein kontrollierter Multilateralismus war. Die derzeitige Entwicklung der Welthandelsorganisation WTO in eine Organisation des offenen und funktional abgegrenzten Multilateralismus stellt den – nicht unproblematischen – Versuch dar, diesen kontrollierten Multilateralismus Stück für Stück offener zu gestalten.

Aber auch im Bereich der Sicherheitspolitik haben die USA den Multilateralismus mehrfach angepasst und immer wieder auch zwischen verschiedenen Formen des Multilateralismus changiert. So war Ende der 40er Jahre und spätestens mit dem Beginn des Korea-Krieges erkennbar geworden, dass das System der kollektiven Sicherheit nicht zur Bewahrung und Sicherung des Friedens unter den Bedingungen des Kalten Krieges taugen würde.

Anstelle des Sicherheitsrates wurde die NATO zur wichtigsten Form des Multilateralismus in der Sicherheitspolitik.

Auch die (West)Europäer haben ihre Formen des Multilateralismus entwickelt. Hier ist in erster Linie an die Gründung der Europäischen Gemeinschaften in den 50er Jahren zu denken, die – auch wenn sie in der Anfangsphase entscheidend auf Anstöße und Drängen der USA zurückging – erhebliches Engagement und Initiative der Europäer erforderte.[32] Der Multilateralismus der heutigen Europäischen Union mit seiner Mischung aus vergemeinschafteter Politik und intergouvernementaler Kooperation und deren beider Verschränkung ist der originellste, wichtigste und beste Beitrag den Europa zur Herausbildung von Multilateralismus geleistet hat. Daneben haben die Europäer in der Sicherheitspolitik eine andere Form des offenen Multilateralismus hervorgebracht: die Konferenz über Sicherheit und Zusammenarbeit in Europa (KSZE, später OSZE). Die KSZE war im Grunde nie etwas anderes als ein ergebnisoffener Gesprächsaustausch entlang einer schwierigen Agenda, die in der Phase des Ost-West-Konflikts einen – wenngleich begrenzten – Beitrag zur Verständigung leistete und die erst dann wirklich wirksam wurde, als es darum ging den Ost-West-Konflikt ab Ende 1989 abzuwickeln.[33] Die USA haben lange Zeit die Bedeutung der KSZE als gering eingeschätzt (besonders ein „realistischer" Politiker wie Kissinger konnte damit wenig anfangen), aber die Europäer haben sie beharrlich weiter betrieben und bestehen darauf, dass sie dabei auch erfolgreich gewesen sind – zumindest kann man nicht abstreiten, dass die KSZE zur Beendigung des Ost-West-Konflikts beigetragen hat und insbesondere in der Übergangsphase eine zentrale politische und vertrauensbildende Funktion übernahm. Heute sind die Europäer eher im Bereich des offenen, funktionalen Multilateralismus aktiv, insbesondere bei den Versuchen, globale Probleme zu bewältigen wie den Klimawandel, die Umweltverschmutzung oder die Folgen der Globalisierung.

Vor diesem Hintergrund überrascht es nicht festzustellen, dass zwischen den USA auf der einen Seite und den Europäern auf der anderen Seite grundlegende Auffassungsunterschiede bezüglich der Rolle von Multilateralismus bestehen. Während auf amerikanischer Seite vorwiegend die Nützlichkeit und Effektivität von Multilateralismus als Instrument globaler Ordnungspolitik im Vordergrund stand und weiterhin steht, hat Multilateralismus für Europäer etwas mit der Bewältigung einer negativen Vergangenheit und der Überwindung von Geschichte zu tun. Zudem haben Europäer die Erfahrung gemacht, dass Multilateralismus der einzige Rahmen ist, innerhalb dessen mittlere oder kleinere Mächte noch ihren Einfluss geltend machen können. Oft wird auch die Meinung vertreten, dass Multilateralismus entscheidend zur Beendigung des Ost-West-Konflikts und zur Überwindung der Spaltung Europas beigetragen hat.

Vor diesem Hintergrund ist es keine Überraschung, dass sich eigentlich alle Europäer einig darin sind, dass Multilateralismus eine wichtige Sache ist. Diese Meinung herrscht auch unter denjenigen vor, die in der Irak-Krise an der Seite der USA standen. In den USA

---

[32] Vgl. Peter Weilemann, Die Anfänge der Europäischen Atomgemeinschaft. Baden Baden 1983; Hans von der Groeben, Aufbaujahre der Europäischen Gemeinschaften. Das Ringen um den Gemeinsamen Markt und die politische Union 1958-1966. Baden-Baden 1982; Hanns Jürgen Küsters, Die Gründungsgeschichte der Europäischen Wirtschaftsgemeinschaft 1955-1957. Baden Baden 1982; William Diebold, The Schuman Plan. A Study in Economic Cooperation 1950-1959. New York 1959; Wilfried Loth, Die Anfänge der europäischen Integration. Bonn 1990.
[33] Vgl. Gregory Flynn und Henry Farrell, Piecing Together the Democratic Peace, The CSCE, Norms, and the "Construction" of Security in Post-Cold War Europe, in: International Organisation, Vol. 53, Nr. 3 (Sommer 1999), S. 505-535.

hingegen macht sich mehr und mehr Skepsis am Multilateralismus breit, wobei diese Skepsis keinesfalls nur auf Neokonservative und Republikaner beschränkt ist. Auch Demokraten und Liberale zweifeln am Multilateralismus und selbst ein so überzeugter Multilateralist wie John G. Ruggie spricht heute von einer „tiefen Krise des Multilateralismus".[34]

Diese transatlantischen Meinungsunterschiede beruhen auf unterschiedlichen Erfahrungen und verschiedenen Wahrnehmungen der eigenen weltpolitischen Rolle. Das auffälligste Merkmal ist, dass Amerikaner und Europäer unterschiedliche Maßstäbe an Multilateralismus anlegen. Für Amerikaner steht in der Regel die *Leistungsfähigkeit und Effektivität* von Multilateralismus im Vordergrund (output), für die Europäer eher der *prozessuale Wert* (input).[35]

Kritik aus den USA am Multilateralismus bezieht sich meistens auf das Versagen wichtiger multilateraler Institutionen des offenen funktionalen Multilateralismus sowie des Systems kollektiver Sicherheit angesichts bestehender Herausforderungen. Dies ist verständlich, da die USA eine Weltmacht sind, von der erwartet wird, dass sie Verantwortung übernimmt. Kritik am Multilateralismus gibt es in den USA seit den 70er Jahren, als vor allem die Ineffektivität und die Ideologisierung der Vereinten Nationen und der UNESCO gerügt wurden. In den 90er Jahren wurde in den USA die Leistungsfähigkeit des Systems der kollektiven Sicherheit Gegenstand der Kritik. Anlässe waren immer wieder Situationen, in denen der Sicherheitsrat versagt hatte, wie in den Krisen im früheren Jugoslawien und in Afrika geschehen, sowie Zweifel an der Fähigkeit der Vereinten Nationen, mit Saddam Hussein fertig zu werden.

Diese Kritik hat in zentralen Entscheidungen des US-Kongresses ihren Niederschlag gefunden: Im Jahr 1985 etwa verabschiedete der Kongress eine Gesetzgebung, die das Verhalten des Sicherheitsrates im Bosnien-Herzegowina-Konflikt als Bruch des Völkerrechts qualifizierte und unilaterale Schritte der USA forderte, um die Ziele der Charta der Vereinten Nationen durchzusetzen. Drei Jahre später verabschiedete dasselbe Gremium ein Gesetz, welches feststellte, dass es keinen Sinn mehr mache, den Irak mit einem Rüstungskontrollregime zu überziehen, weil das Regime Saddam Husseins niemals jene Transparenz zulassen werde, die nötig sei, um das Rüstungskontrollregime von 1991 zu überprüfen. Vier Jahre später stellte der US-Kongress fest, dass der Sicherheitsrat im Falle des Iraks seine Aufgaben nicht erfüllt habe und dass daher die USA einseitige militärische Maßnahmen vornehmen müssten.[36] Diese Skepsis gegen die Vereinten Nationen und andere Formen des allgemeinen und funktionalen offenen Multilateralismus hat sich auch auf andere Bereiche ausgedehnt. Die Ablehnung des Kyoto-Protokolls geht weit über die Reihen der Republikaner hinaus und reflektiert eine tiefe Skepsis gegenüber dem politischen Prozess,

---

[34] John G. Ruggie, This Crisis of Multilateralism is Different, Speech delivered at the UNA-USA National Forum on the United Nations, June 26, 2003; www.unusa.org (Website of the United Nations Association of the United States of America and the Business Council for the United Nations); vgl. die Kritik des liberalen Soziologen Amitai Etzioni, Der Außenpolitk fehlt die Härte, in: Süddeutsche Zeitung vom 9. 10. 2004, S. 2.

[35] Vgl. Stanley Hoffmann, The United States and International Organizations, in: Robert J. Lieber (Hrsg.), Eagle Rules? Foreign Policy and American Primacy in the Twenty-First Century. Upper Saddle River, N.J. 2002, S. 342–352; Krause, Multilateralism – Behind European Views, a.a.O.

[36] Der Bosnia Herzegovina Self Defense Act wurde am 26. Juli 1995 vom Kongress verabschiedet. Er trat nie in Kraft, weil Präsident Clinton sein Veto einlegte, führte aber zu einer radikalen Kurswende der amerikanischen Politik gegenüber Bosnien-Herzegowina. Der *Iraq Liberation Act* wurde am 31. Oktober 1998 verabschiedet *(Public Law 105-338).* Am 11. Oktober 2002 verabschiedete der US Kongress eine Resolution, in der er den amerikanischen Präsidenten zum Einsatz von Gewalt autorisierte, um alle relevanten Resolutionen der Vereinten Nationen zu erzwingen.

der bislang zum Kyoto-Protokoll geführt hat. Selbst diejenigen, die der Meinung sind, dass der Klimawandel eine zentrale politische Herausforderung der Zukunft darstellt, hegen Zweifel daran, ob diese Form des offenen Multilateralismus der richtige Weg sei. Sie befürchten, dass der Kyoto-Prozess zu falschen Weichenstellungen führe.[37] Dies alles bedeutet nicht, dass sich die USA aus dem Multilateralismus generell abmelden, aber es ist deutlich erkennbar, dass sie nur dort konstruktiv mitwirken, wo sie erwarten, dass Multilateralismus einen effektiven Beitrag zur Lösung von Problemen wird bringen können. Ansonsten wird häufiger auf Unilateralismus und selektiven Multilateralismus (Koalitionen der Willigen) zurückgegriffen. Es gibt bestimmte Formen und Bereiche des Multilateralismus, die in den USA (und zwar nicht nur bei Neokonservativen und Republikanern) kritisch gesehen werden, während in anderen Bereichen die Mitwirkung der USA in multilateralen Verhandlungsforen oder Organisationen kein prinzipielles Problem zu sein scheint. Auch ist die Radikalität der Kritik unterschiedlich ausgeprägt. Prinzipielle Anhänger des Multilateralismus, wie Ruggie, sehen in der Krise des Multilateralismus einen Ansporn zur Reform, während neokonservative Kritiker wie William Kristol oder Charles Krauthammer Multilateralismus als ein prinzipielles Problem für eine liberale Weltordnung sehen.[38]

Für Europäer hat Multilateralismus hingegen andere Funktionen. Zum einen ist er eine Form der Mitwirkung an internationalen politischen Prozessen, die weitgehend von den USA gestaltet oder geleitet werden. Von daher werden Unilateralismus und selektiver Multilateralismus der USA mit außerordentlich großer Skepsis betrachtet. Multilateralismus ist zum zweiten aber auch aufgrund der eigenen spezifischen Erfahrung ein wichtiges Mittel, um die immer vielfältiger werdende Staatenwelt auf Kooperation einzustimmen und somit zu vermeiden, dass Selbsthilfe und Anarchie zum vorherrschenden Muster der internationalen Politik werden. Beide Funktionen erklären, warum für viele Europäer eher die Prozesse und Prozeduren im Vordergrund stehen als die Substanz. Für viele ist es wichtig, dass es überhaupt multilaterale Strukturen gibt, um den Rückfall in die Gesetze des Dschungels zu vermeiden. Diese in Europa vorherrschende Sichtweise ist verständlich, geht es doch darum, die negativen wie die positiven Erfahrungen der jüngeren europäischen Geschichte umzusetzen. Daraus entsteht dann eine Art multilateraler Ordnungsphilosophie, wie sie der Philosoph Karl Jaspers schon im September 1946 in einer Rede in Genf vorgestellt hat. Er sagte damals, dass in der Zeit nach dem Zweiten Weltkrieg ordnungspolitisch die Alternativen *Weltimperium oder Weltordnung* lauteten: „Weltimperium, das wäre der Weltfriede durch eine einzige Gewalt, die von einem Orte der Erde her alle bezwingt, Weltordnung, das wäre Einheit ohne Einheitsgewalt außer der, die aus dem Verhandeln in gemeinsamem Beschluß hervorgeht. Der Knechtung aller von einer Stelle her steht gegenüber die Ordnung aller unter Verzicht eines jeden auf Souveränität."[39]

---

[37] Scott Barrett, Environment and Statecraft. The Strategy of Environmental Treaty Making. Oxford 2003.
[38] Vgl. Ruggie, John G., This Crisis of Multilateralism is Different, a.a.O., Charles Krauthammer, The Unipolar Moment Revisited, in: The National Interest, Heft 70 (Winter 2002/2003), S. 5–17; Kaplan, Lawrence F. und Kristol, William, The War over Iraq: Saddam's Tyranny and America's Mission, San Francisco 2003.
[39] J. Karl Jaspers, Vom Europäischen Geist, Vortrag gehalten bei den Recontres Internationales de Genève, September 1946, München 1947, S. 23.

7.3 Die Rolle militärischer Macht

Neben dem Multilateralismus ist die Rolle militärischer Macht ein weiterer Streitpunkt. Dieser Aspekt ist vor allem durch Robert Kagans Buch „Paradise and Power" herausgekehrt worden und hat zu einer lebhaften Debatte beigetragen, die allerdings eher überspitzte, als dass sie wirklich fundamentale Unterschiede aufzeigte.[40] Auch bei dieser Debatte muss man sich vor Vereinfachungen hüten, wie etwa der Behauptung Kagans, wonach die Amerikaner auf dem Mars, die Europäer auf der Venus lebten.[41]

Tatsächlich stimmen Europäer wie Amerikaner im Großen und Ganzen darin überein, dass die Aufrechterhaltung der Ordnung der kollektiven Sicherheit der Vereinten Nationen die Möglichkeit der Androhung und der Anwendung von Gewalt vorsieht. Von daher gilt es sich auf diese Möglichkeit vorzubereiten, und das wird sowohl innerhalb der NATO wie auch in der Europäischen Union (Europäische Verteidigungspolitik) geleistet. Auch die Europäische Union hat sich schon 1992 darauf festgelegt, im Rahmen der so genannten Petersberger Aufgaben militärische Operationen zur Erzwingung von Frieden in Krisenfällen durchführen zu können.

Schaut man sich die tatsächlichen Möglichkeiten und Voraussetzungen auf beiden Seiten des Atlantiks an, so verwundert es allerdings nicht, wenn massive Unterschiede bestehen:

- Die USA schlugen nach dem Ende des Ost-West-Konflikts eine konsequente Verkleinerung und Modernisierung ihrer Streitkräfte ein, die durch eine Strategie der Konsolidierung ihrer Rüstungsindustrie untermauert wurde. Diese Reform hatte den Effekt, die US-Streitkräfte (nach dem Vietnam-Debakel) wieder zu einem Instrument zur Intervention auch an entfernten Orten der Welt werden zu lassen. Sie ermöglicht Interventionen mit geringem Kollateralschäden und geringen eigenen Verlusten. Die USA waren hierbei auch bereit, hohe Investitionen in Verteidigungstechnologien sowie in neue Waffensysteme und Unterstützungssysteme zu tätigen, die es erlaubten, Informations- und Sensortechnologien so optimal zu nutzen, dass erfolgreich und ohne große Verluste operiert werden kann. Die USA sind heute darauf vorbereitet, ihre militärischen Mittel als diplomatische Instrumente zu nutzen.
- Trotz verbaler Bereitschaft der Europäer, es den USA im Prinzip gleichzutun, bzw. den USA ein gleichwertiger Partner zu sein, gibt es bislang kein europäisches Modernisierungskonzept, geschweige denn einen eigenen, koordinierten außen- und verteidigungspolitischen Ansatz. Die entsprechenden Bemühungen der Europäer um Schaffung einer Europäischen Sicherheits- und Verteidigungspolitik (ESVP) verfolgen bescheidende Ziele. Ansonsten betreiben die EU-Staaten nationale Verteidigungspolitik, was angesichts der heutigen politischen Rahmenbedingungen und des allgemeinen Standes der europäischen Integration eigentlich einen Anachronismus darstellt. Die EU-Staaten haben zusammengenommen Verteidigungsausgaben in der Größenordnung von 170 bis 190 Mrd. Dollar. Massive Erhöhungen sind wegen der teilweise verzweifelten Finanzlage der größeren Länder (Frankreich, Deutschland, Italien sowie

---

[40] Vgl. Robert Kagan, Paradise and Power. America and Europe in the New World Order, London und Washington, D.C. 2002.
[41] Vgl. Robert Cooper, Macht und Ohnmacht – aus europäischer Sicht. Eine Antwort auf die Thesen Robert Kagans, in: Internationale Politik, Jg. 58, Heft 5 (2003), S. 31-38.

auch Großbritannien) nicht möglich. Das in dieser Summe liegende Potential (immerhin die Hälfte dessen, was die USA aufwenden) können sie nicht nutzen, weil wegen des Fortbestehens nationaler Verteidigungspolitik eine Vervielfachung von militärischen Fähigkeiten und Kapazitäten stattfindet und weil wegen der hohen Personal- und Instandhaltungskosten die investiven Anteile an den Verteidigungsetats deutlich geringer ausfallen als in den USA. Nach wie vor sind die die nationale Sicherheit betreffenden Politikfelder intergouvernemental organisiert.[42]

Vergleicht man heute die amerikanischen Streitkräfte auf der einen und die der Europäer auf der anderen Seite, so kann der Kontrast kaum größer sein: auf der einen Seite eine modernisierte und effektive Interventionsstreitkraft, die alle Vorteile des Informationszeitalters und der modernen Technologie nutzt, um überall Präsenz und Überlegenheit zeigen zu können, und auf Seiten der Europäer über zwanzig nationale Militärapparate, die immer noch primär für europäische Koalitionskriege ausgerüstet sind und die es nur mit Mühe schaffen, bescheidene Modernisierungsprogramme miteinander abzusprechen und umzusetzen. Nur ein bescheidener Teil (ca. 100 000) der über zwei Millionen Soldaten der EU-Staaten ist heute in der Lage, bei Interventionen eingesetzt zu werden.

Hinzu kommt, dass die Europäer – traumatisiert durch die beiden Weltkriege und die damit verbundene Zerstörung – es nach dem Zweiten Weltkrieg vorgezogen haben, im Schatten des Schutzes der Weltmacht USA zu leben und die unangenehmen Konsequenzen von Verteidigungspolitik den USA zu überlassen oder aber in multilaterale Institutionen (wie die NATO) zu verlagern. Die USA hingegen haben seit dem Zweiten Weltkrieg im Wesentlichen die positive Erfahrung machen können, dass es sich für sie wie für den internationalen Frieden lohnt, sich als Führungsmacht – auch und gerade in militärischer Hinsicht – weltweit zu engagieren.

Von daher ist es eigentlich kein Wunder, wenn europäische Politiker trotz gegenteiliger Rhetorik immer dann schweigsam werden, wenn der Einsatz militärischer Gewalt zur Lösung einer regionalen Krise näher rückt. Dies war der Fall in Bosnien-Herzegovina, dies war der Fall im Kosovo, es war der Fall in Ruanda und natürlich auch mit Blick auf die massiven Verstöße des Iraks unter Saddam Hussein gegen die Auflagen der Waffenstillstandsresolution von 1991. In den USA war unter Präsident George W. H. Bush senior und unter Präsident Bill Clinton trotz erfolgreicher Bemühungen um Modernisierung die Neigung zum Einsatz militärischer Mittel auch nicht sehr hoch, erst der Druck des US-Kongresses vermochte es 1995, den amerikanischen Präsidenten zu einer Intervention in Bosnien-Herzegovina zu drängen.

Man mag Präsident George W. Bush junior durchaus mit gutem Grund vorwerfen, er nutze militärische Instrumente zu leichtfertig; die Frage ist nur, was der Maßstab für ein derartiges Urteil ist. Ist es die Zahl der Toten und Verletzten infolge von Militärinterventionen? Dann muss man aber auch die Zahl derjenigen Toten und Verletzten anführen, die zu beklagen sind, weil es im Falle ethnisch motivierter Kriege keine internationale Intervention gab – für die letzten 15 Jahre dürfte diese Zahl bedeutend höher sein als die Zahl der Opfer amerikanisch geführter Militärinterventionen. Es gibt auch Opportunitätskosten diplomatischer Mittel! Das Erschöpfen diplomatischer Instrumente kann sehr verlustreich sein. Die Umsetzung der Sicherheitsratsresolutionen bezüglich der Massenvernichtungswaffen

---

[42] Vgl. Krause und Grams, Droht ein globaler Rüstungswettlauf?, a.a.O.

des Iraks hat in den 90er Jahren die Dauer der VN-Sanktionen derart verlängert, dass Hunderttausende von Menschen deswegen zu Tode gekommen sind.

Kritiker der USA betonen oft, wer einen Hammer hat, für den sehen alle Probleme aus wie Nägel. Daran mag etwas Wahres sein, umgekehrt kann man aber auch sagen, wer keinen Hammer hat, der mag dazu tendieren, die Existenz von Nägeln zu ignorieren – und das kann unangenehme Konsequenzen haben.

8 Zwei liberale Visionen

Fasst man die Ergebnisse zusammen, so dürfte eines deutlich geworden sein: Die Unterschiede zwischen den USA und den Europäern in Fragen der internationalen Ordnung sind weniger klar ausgeprägt als gemeinhin behauptet. Vor allem ist die Behauptung falsch, die USA würden sich in Verfolgung egoistischer Politik ohne Not von einem vereinbarten Multilateralismus verabschieden, dessen Hauptlogik darin bestehe, dass gewisse Spielregeln eingehalten werden und alle irgendwie mitwirken oder mitreden dürfen. Das Problem besteht vielmehr darin, dass die etablierten Mechanismen multilateraler Problemlösung (insbesondere bei der kollektiven Sicherheit und im Bereich des offenen Multilateralismus) immer stärker in den USA in Frage gestellt werden. Auch Multilateralismus weist Mängel auf und kommt in die Jahre – und darüber muss man miteinander reden.

Europäer wie Amerikaner eint aber eine liberale Sicht von Weltordnung. Dies ist eigentlich vor dem Hintergrund der politischen und theoretischen Debatten des 20. Jahrhunderts eine Sensation. Bis in die 1980er Jahre galt der Liberalismus als politische Philosophie als abgewirtschaftet, die realistische Sichtweise war vorherrschend, wonach internationale Ordnung aus dem Gleichgewicht der Kräfte erwachse und einen vorsichtigen Umgang mit Mitteln der Macht und der Diplomatie erfordere. Berechenbarkeit, Klarheit über nationale Ziele und ein Bewusstsein der Grenzen dessen, was zulässig ist, waren wesentliche Parameter von internationaler Politik, die auf Friedenssicherung und Ordnung abzielte. Dies ist heute vorbei und liberale Visionen mit teilweise utopischem Charakter bestimmen die Politik der westlichen Staaten.

In den 1920er und -30er Jahren gab es schon einmal eine Zeit, in der liberale und institutionalistische Visionen das Denken in der Politik bestimmten. Der Absturz in die Realität war äußerst tief und realistische Autoren der damaligen Zeit (wie Edward H. Carr oder Reinhold Niebuhr und später auch Hans-Joachim Morgenthau) haben die Fehler dieser Entwürfe und die damit einhergehende Politik der Illusion und Selbsttäuschung klar aufgezeigt.[43] Wird sich die Geschichte wiederholen und werden wir eine neue Debatte zwischen Realisten und Idealisten bekommen? Viele den Demokraten nahe stehende Autoren in den USA fordern tatsächlich eine Rückkehr zu den Tugenden des traditionellen Realismus in der amerikanischen Außenpolitik. Sie kritisieren den unbesonnenen Wilsonismus der Bush-Administration und die damit verbundene Entfremdung von den Alliierten. Aber worin soll dieser Realismus bestehen, außer in dem – zweifellos sinnvollen – taktvolleren Umgang mit traditionellen Verbündeten? Es macht keinen Sinn, eine neue Weltordnung auf der Basis traditioneller Gleichgewichtsmodelle aufzubauen, wenn ein zentrales Ziel erreicht worden ist – die Abwesenheit einer strategischen Bedrohung und Herausforderung durch einen gleichgewichtigen Konkurrenten. Das Problem mit dem heutigen Liberalismus ist,

---

[43] Vgl. Carr, The Twenty Years Crisis, a.a.O.

dass realistische Autoren keinen richtigen Ansatzpunkt haben, um ein alternatives Konzept vorzustellen, welches realistischer wäre. Die Argumente, welche Vertreter des Realismus in den 1930er und -40er Jahren mit guten Gründen gegen die liberalen Institutionalisten angeführt haben, sind heute nicht mehr gültig. Das Hauptargument von Carr und Niebuhr war, dass eine von der Realität abgehobene Politik stattfände, die die realen Machtverhältnisse ignoriere. Dies ist heute anders, denn die mächtigsten Akteure der Weltpolitik – die USA und die EU-Staaten – stehen hinter diesen liberalen Konzepten – und zwar nicht wegen der Realitätsferne einzelner Politiker und Präsidenten, sondern vor dem Hintergrund positiver Erfahrungen, die sie mit liberalen Ordnungsmodellen gemacht haben.

Die Vertreter des Realismus haben auch keine wirklich überzeugende Analyse der Probleme der heutigen Zeit machen können. Weder haben sich Deutschland noch die Ukraine für Kernwaffen interessiert – wie wiederholt von Kenneth Waltz und John Mearsheimer vorausgesagt – noch hat es einen Rückfall in die Machtbalancepolitik Europas des 19. Jahrhunderts gegeben. Auch gibt es bislang außer französischer Rhetorik über eine neue multipolare Ordnung kein Anzeichen dafür, dass eine Politik der Gegenmachtbildung Europas gegenüber den USA einsetzt – wie von führenden Autoren des strukturellen Realismus behauptet. Ein US-Autor hat nicht zu Unrecht die Frage gestellt: Wie realistisch sind eigentlich noch die Vertreter des politischen Realismus?[44]

Das bedeutet nicht, dass es keine Probleme gäbe und wir keine große Debatte bekämen. Im Gegenteil, nur die neue Debatte ist eine andere: Sie wird nicht zwischen Realisten (im Sinne der Anhänger der Schule des politischen Realismus) und Idealisten (im Sinne von liberalen Institutionalisten) geführt, sie ist eine Debatte zwischen zwei verschiedenen Visionen einer liberalen internationalen Ordnung. Die eine Vision kann man als die Konzeption eines *primär institutionalistischen Liberalismus* bezeichnen, die vor allem viele Europäer anleitet und die vor dem Hintergrund der schmerzlichen Erfahrung zweier Weltkriege und der positiven Erfahrung der Nachkriegszeit sowie der friedlichen Beendigung des Ost-West-Konflikts verständlich ist, die aber ihre deutlichen Grenzen und Mängel hat. Die andere Vision ist das Konzept eines Liberalismus mit imperialem Beiwerk (*imperialer oder hegemonialer Liberalismus*), der seine Rechtfertigung aus den Schwächen des sanften Liberalismus (und dessen subtilen Verdrängungsstrategien) zieht.[45] Hegemonialer Liberalismus scheint schon länger ein Element der amerikanischen politischen Kultur zu sein und ohne ihn hätten die USA ihre führende weltpolitische Rolle nie einnehmen können.[46] Dieser imperiale Liberalismus erscheint vielen Europäern heute wie eine Sünde vor Gott, als ein Produkt imperialer Anmaßung der USA und wird daher von vielen erbittert abgelehnt. Für Jürgen Habermas steht fest, dass imperialer Liberalismus scheitern muss, aber warum eigentlich? Nur weil Menschen gegen die US-Politik auf die Straße gehen, weil die Bush-Administration schwere Fehler im Irak begangen hat und die Kritiker der Bush-Administration sich in ihrer Einschätzung bestätigt sehen? Tatsächlich gibt es Schwächen

---

[44] Robert J. Lieber, Are Realists Realistic about Foreign Policy?, Paper presented at the 2003 Annual Meeting of the American Political Science Association, Philadelphia, August 2003.
[45] Vgl. für eine entschiedene Position des imperialen Liberalismus vgl. Niall Ferguson, Das verleugnete Imperium, Stuttgart 2004.
[46] Der Begriff stammt von Hans Vorländer, der ihn allerdings in dem Sinne verwendet, dass in den USA bis in die 20er Jahre des 20. Jahrhunderts der Liberalismus die vorherrschende politische Philosophie gewesen ist; vgl. Hans Vorländer, Hegemonialer Liberalismus. Politisches Denken und politische Kultur in den USA 1776-1920, Frankfurt 1997. Zum hegemonialen Liberalismus der USA in der Außenpolitik siehe John L. Gaddis, Surprise, Security, and the American Experience, Cambridge, Mass. 2004.

(und Gefahren) des imperialen Liberalismus, mit denen man sich ebenso auseinandersetzen muss wie mit den Schwächen des institutionalistischen Liberalismus. Die Ereignisse im Irak (einschließlich der gesamten Vorgeschichte) geben eine Menge an Beispielen für schwere und verhängnisvolle Fehler ab – sowohl für Fehler des institutionalistischen Liberalismus wie des imperialen Liberalismus, und es ist keinesfalls gesichert, dass diejenigen des imperialen Liberalismus der Bush-Administration schwerer wiegen als jene, die unter dem Vorzeichen des sanften, institutionalistischen Liberalismus in den Jahren zwischen 1919 und 2002 gemacht worden sind.[47]

Für eine derartige Debatte ist Europa derzeit jedoch kaum gerüstet. Die Fehler der Bush-Administration im Irak – insbesondere die unglaubliche Naivität, mit der die Kommunikationsberater des amerikanischen Präsidenten und des britischen Premierministers ungesicherte Informationen über Massenvernichtungswaffen der Iraker in die Öffentlichkeit gaben – verhindern heute in Europa eine selbstkritische Auseinandersetzung mit der eigenen Rolle vor und während dieser Krise. Nur vereinzelt gibt es Stimmen, die davor warnen, blind der Problemlösungsfähigkeit multilateraler Institutionen zu vertrauen, und die auf den hohen Blutzoll verweisen, der durch sanften, institutionalistischen Liberalismus schon verursacht worden ist.[48] Ansonsten fühlen sich die meisten in ihrer Kritik an der Bush-Administration bestätigt und warten auf den Augenblick des reuevollen Umschwungs.

Das Bemerkenswerte an dieser Debatte zwischen institutionalistischem und imperialem Liberalismus ist, dass derzeit die meisten Europäer die Debatte als solche verweigern und nicht bereit sind, sich überhaupt konstruktiv mit den Argumenten jener auseinanderzusetzen, die Multilateralismus kritisieren oder die die Sichtweise vertreten, dass bei regionalen Konflikten der Einsatz militärischer Machtmittel im Vergleich zur Ausschöpfung diplomatischer Mittel durchaus vorteilhafter (gerade für die davon betroffenen Menschen) sein kann. Daraus folgt eine paradoxe Situation. Zu Zeiten des Kalten Kriegs waren aufgeklärte Europäer darum bemüht, die Lehren des Marxismus zu studieren, um den damaligen Gegner besser kennen zu lernen. Heute studieren viele den Koran und die Denkweise moslemischer Menschen, um auf die Herausforderung des Islamismus vorbereitet zu sein. Was unseren besten und verlässlichsten Verbündeten betrifft, so ignorieren die meisten Politiker und politischen Beobachter in Europa mit der größten Selbstverständlichkeit dessen Anliegen. Die USA haben durchaus berechtigte Probleme mit dem real existierenden Multilateralismus und mit den Hemmungen der Europäer bezüglich des Einsatzes militärischer Mittel. Nicht jede veröffentlichte Kritik am Multilateralismus – insbesondere solcher sehr extrem argumentierenden Neokonservativer – muss man dabei als konstruktiv und hilfreich ansehen, aber es gibt Gründe besorgt zu sein. Die Bush-Administration hat viele dieser Kritikpunkte aufgegriffen und dabei schwere Fehler begangen und die Demokratische Partei der USA – insbesondere die ihr nahe stehenden liberalen Intellektuellen – hat sich teilweise

---

[47] In dieser Hinsicht ist die Lektüre Berichtes der Iraq Survey Group (Leitung Charles Duelfer) interessant, die am 30. September 2004 ihren Abschlussbericht über die irakischen Massenvernichtungswaffen Programme vorgelegt haben. In ihm waren schwere und substanzielle Vorwürfe an die Adresse der Vereinten Nationen und vor allem Frankreichs und Russlands gerichtet und betrafen deren Politik in den Jahren zwischen 1992 und 2002. In Europa wurde dieser Report nur unter dem Aspekt wahrgenommen, dass er trotz verzweifelter Anstrengungen der Bush-Administration keine Beweise für den Besitz von Massenvernichtungswaffen enthalte; Comprehensive Report of the Special Advisor of the DCI on Iraq's WMD, http://www.cia.gov/cia/reports/iraq_wmd_2004 vom 30 September 2004.
[48] Vgl. das Interview mit dem französischen Philosophen André Glucksmann („Verbrechen zahlt sich aus"), in Der Spiegel, Nr. 27, 2004, S. 114-116.

darauf eingelassen, nur noch diese Fehler zu diskutieren. Dies ist bequem und liefert Europäern die Gelegenheit, sich nicht mit den tieferen Problemen auseinanderzusetzen. Eine sinnvolle langfristige Strategie ist das aber nicht. Auf die Dauer werden wir diese Debatte in konstruktiver und selbstkritischer Weise – und ohne Tabus – führen müssen.

II. Sicherheits- und Verteidigungspolitik

NATO und EU: Auf dem Weg zu einer strategischen Partnerschaft?

Volker Heise und Peter Schmidt

1 Einleitung

Die Irak-Krise zog sowohl für die NATO als auch für die EU erhebliche interne Spannungen nach sich. Dies hinderte beide Organisationen nicht daran, weit reichende Beschlüsse für die weitere Entwicklung der jeweiligen Organisation zu treffen und die bereits 2002 vereinbarte Zusammenarbeit – zumindest formell – fortzusetzen und auszubauen:

- Die NATO entwickelte zum Beispiel mit den Prager Beschlüssen kurz vor dem Irak-Krieg das Strategische Konzept des Bündnisses aus dem Jahre 1999 fort und konkretisierte es durch den Beschluss, eine schnelle Eingreiftruppe (*NATO Response Force*, NRF) aufzustellen;
- der EU-Rat verabschiedete im Dezember 2003 in Brüssel mit der Ausarbeitung: „Ein sicheres Europa in einer besseren Welt" eine Art sicherheitspolitisches Leitbild der EU; schon ein Jahr zuvor konnten sich EU und NATO auf ein Rahmenpapier für das NATO-EU-Verhältnis einigen, dessen Credo lautet, dass das Verhältnis von NATO und EU den Charakter einer „strategischen Partnerschaft" hat.[1]

Dabei darf nicht übersehen werden, dass es sich bei NATO und EU sowohl mit Blick auf die interne Struktur als auch die Fähigkeiten um ungleiche Organisationen handelt und sich hinter der Absicht, eine „strategische Partnerschaft" zu etablieren, durchaus paradoxe Züge vermerken lassen:

- Hinsichtlich der internen Struktur sind NATO und EU unterschiedlich organisiert: Die EU ist im vergemeinschafteten Teil der Europäischen Gemeinschaften (EG) eine supranationale Einrichtung und praktiziert ein System rotierender Präsidentschaften, die NATO stellt indessen ein rein zwischenstaatlich organisiertes Bündnis mit einem Generalsekretär dar.[2]
- Hinsichtlich der Fähigkeiten handelt es sich bei der Allianz im Kern um eine Militärorganisation, während die EU als Ganzes über ein – allerdings in komplexer Weise auf die drei Pfeiler: GASP/ESVP, EG/Euratom, polizeiliche und justizielle Zusammenarbeit verteiltes – politisches, ökonomisches und diplomatisches Kompetenzspektrum verfügt.

---

[1] Siehe die gemeinsame Erklärung von NATO und EU vom 16.12.2002 (http://www.nato.int/docu/pr/2002/p02-142e.htm).

[2] Auch wenn der Verfassungsvertrag in Kraft treten sollte, wird sich – trotz der Institution eines Außenministers – an dieser Struktur prinzipiell nichts ändern. Allerdings wird angestrebt, die Koordinierung zwischen den Säulen der EU-Struktur zu verbessern. Dies drückt sich vor allem darin aus, dass der vorgesehene Außenminister sowohl Mitglied der Kommission als auch des Rates ist.

- Die Mitgliedstaaten in der NATO – aber auch in GASP/ESVP – sind nach wie vor die tragenden Pfeiler der Entscheidungsprozesse. Dadurch entsteht eine paradoxe Situation: Einerseits kooperieren die Mitgliedstaaten der EU – soweit sie zugleich Allianzmitglieder sind – in den gemeinsamen Gremien von EU und NATO gewissermaßen mit sich selbst, andererseits treten sie sich – vermittelt über die Institutionen und Einrichtungen von NATO und EU – als getrennte Akteure gegenüber. Die Tatsache, dass nur sechs der 25 EU-Mitglieder nicht gleichzeitig der Allianz angehören und nur fünf europäische NATO-Staaten nicht in der EU sind,[3] kann zwar einerseits als verbindendes Element betrachtet werden, das Konkurrenzkonflikte abzumildern hilft, andererseits fördert die Existenz der EU eine bilaterale EU-USA-Beziehung, deren Verknüpfung mit der Zusammenarbeit in der Allianz schwierige Koordinations- und Kompetenzfragen aufwirft.

Ein so vielschichtiges Projekt wie das der „strategischen Partnerschaft"[4] zwischen EU und NATO bringt in einem solchen Kontext zwangsläufig Unstimmigkeiten und Schwierigkeiten mit sich. Um vor diesem Hintergrund die Reichweite und Grenzen der Zusammenarbeit abzuschätzen, sollen im Folgenden zunächst (1) der Fundus an gemeinsamen Bedrohungsvorstellungen, Strategien und Konzepten und anschließend (2) die Themen und Praxis der Zusammenarbeit analysiert werden. Ersteres geschieht anhand der zentralen Dokumente beider Organisationen zu diesen Fragen: dem Strategische Konzept der Allianz vom Jahre 1999 und dessen Fortentwicklung auf dem Prager Gipfel vom Dezember 2002 sowie der so genannten Europäischen Sicherheitsstrategie (ESS), die im Dezember 2003 vom Europäischen Rat verabschiedet wurde. Letzteres analysiert die Entwicklung der Konsultations- und Kooperationsbeschlüsse, wie sie auf dem EU-Gipfel von Nizza gefasst worden sind.

2 Bedrohungsvorstellungen, Strategien und Konzepte

2.1 Zum Charakter der Strategiedokumente

Weder das Strategische Konzept der NATO aus dem Jahre 1999[5] noch seine Weiterentwicklung auf dem Prager Gipfel 2002[6] oder das im Dezember 2003 verabschiedete EU-

---

[3] Zurzeit gehören 19 europäische Staaten beiden Organisationen an. Sechs europäische EU-Staaten (Finnland, Irland, Malta, Österreich, Schweden, Zypern) sind nicht Mitglied der Allianz, fünf europäische NATO-Staaten (Bulgarien, Island, Norwegen, Rumänien, Türkei) sind nicht in der EU. Kompliziert wird die Lage noch dadurch, dass ein wichtiger Mitgliedsstaat in EU und NATO, Frankreich, nicht an der Militärintegration der Allianz teilnimmt.
[4] Der Begriff der „strategischen Partnerschaft" wird heute inflationär gebraucht und drückt vielfach eher eine Zielvorstellung für eine ferne Zukunft als eine vorhandene Praxis aus. Vielfach verweist der Begriff auch einfach darauf, dass einer bestimmten Beziehung zwischen Staaten bzw. Staatengruppen eine besondere Bedeutung zugemessen wird. Besonders deutlich wird der inflationäre Gebrauch in der Europäischen Sicherheitsstrategie, wo von „strategischen Partnerschaften" mit einer ganzen Reihe so unterschiedlicher Staaten wie Russland, Kanada, Indien, Japan und schließlich den Vereinigten Staaten gesprochen wird (siehe Anhang unter der Überschrift: „Andere strategische Partnerschaften"). Mit Bezug auf das EU-NATO-Verhältnis lässt sich der Begriff der „strategischen Partnerschaft" am besten als eine geplante, wechselseitige Unterstützung zur Erreichung gemeinsamer (strategischer) Ziele bezeichnen.
[5] Siehe http://www.nato.int/docu/pr/1999/p99-065e.htm.
[6] Prague Summit Declaration: http://www.nato.int/docu/pr/2002/p02-127e.htm.

Papier[7] sind umfassende Strategiepapiere, die fest umrissene Anhaltspunkte für die von den Mitgliedstaaten geteilten Bedrohungen und Risiken, Strategien, Konzepte und Vorgaben für das Verhalten in konkreten Situationen liefern. Sie lassen sich eher als Leitbilder beschreiben,[8] die zwar einige strategische Elemente enthalten, jedoch im Wesentlichen lediglich dafür geeignet sind, bestimmte Aktivitäten zu bündeln. Darüber hinaus bleibt Folgendes festzuhalten:

- Ein wichtiger Zweck der ESS war es, politische Gemeinsamkeit zu demonstrieren und weniger die Organisation auf konkretes Handeln in Krisensituation vorzubereiten. Weite Teile des Dokuments haben Appellcharakter: Die Mitgliedsstaaten werden zu größerer Geschlossenheit und zu einer „robusten" Außen- und Sicherheitspolitik aufgerufen. Ähnliches gilt für das Strategische Konzept der Allianz, das vor allem den Rahmen für militärisches Handeln beschreibt, die Allianz in das sicherheitspolitische Institutionengefüge einordnet und die Mitgliedsstaaten auffordert, ihre Streitkräfte den modernen Erfordernissen anzupassen.
- Zugleich beschreiben diese Dokumente nur einen Teil der Wirklichkeit. Sowohl in der NATO als auch der EU bestehen neben den gemeinsamen Konzepten mehr oder weniger ausgearbeitete nationale Strategiedokumente, die nur zum Teil in den größeren Zusammenhang von NATO und EU einfließen.[9] So ist zum Beispiel sowohl in der amerikanischen *National Security Strategy* als auch im entsprechenden französischen Dokument davon die Rede, dass es in bestimmten Fällen notwendig sein kann, einer Gefahr *präemptiv* mit militärischen Mitteln zu begegnen: Sowohl im Strategischen Konzept der Allianz als auch in der ESS sind keine eindeutigen Aussagen zu einer solchen Vorgehensweise zu finden.[10]
- Weiterhin unterscheiden sich das NATO-Konzept und das EU-Papier sowohl im Umfang als auch in der Intensität der Vorbereitung[11] sowie Breite und Tiefe der Argumentation, so dass sie nicht einfach gleichzusetzen sind.
- Schließlich ist festzuhalten, dass ähnliche oder gar deckungsgleiche allgemeine Bedrohungsvorstellungen, Strategien und Konzepte keine Gewähr für gemeinsames Handeln in konkreten Situationen darstellen. Dies kann schon aufgrund der teilweise abstrakt gehaltenen Aussagen nicht der Fall sein. Zwar kann man auch in dieser Hinsicht die Voraussetzungen für gemeinsames Handeln verbessern, den politischen Prozess der Konsensbildung in konkreten Krisenfällen jedoch keinesfalls vollständig vorwegnehmen.

---

[7] Siehe Europäischer Rat, Ein sicheres Europa in einer besseren Welt. Europäische Sicherheitsstrategie, 12. Dezember 2003 (http://ue.eu.int/solana/docs/031208ESSIIDE.pdf).

[8] Auf dem Europäischen Rat in Brüssel (Dezember 2003) wurde den Aussagen der ESS der Status von „strategischen Leitlinien" zugesprochen (siehe Europäischer Rat, Schlussfolgerungen des Vorsitzes, 12./13. Dezember 2003; http://europa.eu.int/rapid/pressReleasesAction.do?reference=DOC/03/5&format=HTML&aged=0&language=de&guiLanguage=en).

9 Siehe dazu Alexander Skiba, Die nationale Sicherheitsstrategie der USA und die Europäische Sicherheitsstrategie im Vergleich, Beiträge zur Sicherheitspolitik, Sonderband 3/2004, S. 4-7 (http://www.sicherheitspolitik.de/PDFs/WuS%20Sonderband%203_Skiba.pdf).

[10] Siehe das französische und amerikanische Beispiel: Loi n° 2003-73 du 27 janvier 2003 relative à la programmation militaire pour les années 2003 à 2008, S. 23 und The President of the United States of Amercia, The National Security Strategy of the United States of America, The White House, Washington, D.C., September 2002, S. 6 (www.whitehouse.gov/nsc/nss.pdf).

[11] Für die ESS haben die Autoren z.B. nur eine Bearbeitungszeit von sechs Wochen zur Verfügung gehabt.

Trotz dieser Einschränkungen gehen wir davon aus, dass die beiden verabschiedeten Papiere Hinweise und Anhaltspunkte für Gemeinsamkeiten und Unterschiede enthalten, die sich aus der unterschiedlichen Mitgliedschaft, der jeweiligen Geschichte sowie den ungleichen Kompetenzen und Ressourcen der beiden Organisationen ergeben, die die Zusammenarbeit erschweren oder erleichtern können.

2.2 Die neue strategische Lage: Konsequenzen für die Zusammenarbeit von EU und NATO

Zu Zeiten des Kalten Krieges schuf die Allianz nicht nur Mechanismen für die Zusammenarbeit der Allianzpartner im Krisenfall, sondern bereitete sich durch konkrete militärische Planung auf einen Krieg mit dem Warschauer Pakt vor. Dies war möglich, weil man einem identifizierbaren Gegner mit einem grundsätzlich bekannten Potential gegenüber stand. Im Kontext der neuen, vielfältigen und vielgestaltigen Bedrohungen fehlt diese Klarheit. In dieser Situation können sich NATO und EU/ESVP nur mit generischen Planungen auf mögliche Operationen einstellen. Jeder Krisenfall, der den Einsatz von Streitkräften erfordern könnte, hat einen eigenen Charakter und erfordert jeweils eigene Anstrengungen, um zu einem gemeinsamen politischen und militärischen Konzept zu kommen. Die Beispiele Afghanistan, Bosnien-Herzegowina, Kosovo und Irak bieten dazu ausreichendes Anschauungsmaterial. Wenn in der grundsätzlichen Vorbereitung Gemeinsamkeiten bestehen, dann sind die Voraussetzungen für gemeinsames Handeln in konkreten Situationen zwar besser als bei vorherrschenden Divergenzen, doch ein gemeinsamer Pool von Vorstellungen und Konzepten stellt nur eine notwendige, aber keine hinreichende Voraussetzung für gemeinsames Handeln mehr dar. Es muss die Bereitschaft hinzukommen, in konkreten Krisensituationen ein gemeinsam abgestimmtes Vorgehen zu vereinbaren. Beide Organisationen agieren damit in einem im Vergleich zur Zeit der Blockkonfrontation komplexer gewordenen Umfeld.

Mögliche Gemeinsamkeiten und Unterschiede von EU und NATO lassen sich an einer Reihe von Faktoren festmachen: (1) an der Wahrnehmung der prinzipiellen Bedrohungen und Risiken, gegen die man sich wappnen muss, (2) an der Frage möglicher geographischer Beschränkungen eines Militäreinsatzes, (3) an der – völkerrechtlich und politisch äußerst umstrittenen – Frage militärischer Präemption, (4) an der prinzipiellen Bereitschaft, nur im multilateralen Rahmen oder auch unilateral zu handeln, (5) an den grundsätzlichen politischen Strukturvorstellungen, die mit einem möglichen Militäreinsatz beabsichtigt sind und (6) an den Zwecken, die mit der Erweiterung beider Organisationen primär verfolgt werden.

2.3 Bedrohungen und Risiken

In Bezug auf die ESS lässt sich feststellen, dass sie den Blick auf existierende und mögliche Bedrohungen wie Terrorismus, Verbreitung von Massenvernichtungswaffen, regionale Konflikte, Scheitern von Staaten, organisierte Kriminalität, aber auch auf die Energieabhängigkeit Europas lenkt. Zieht man noch die Aussage heran, dass Terrorismus eine „zunehmende strategische Bedrohung" darstelle, so sind erstaunliche Parallelen zu der

Bedrohungs- und Risikoanalyse der NATO auszumachen.[12] Eine Ausnahme stellt der Hinweis auf die Energieabhängigkeit dar, der sich in den NATO-Dokumenten nicht finden lässt. Dies darf man jedoch nicht als wesentlichen Unterschied interpretieren, sondern muss dies als ein Überbleibsel einer Haltung betrachten, die vermeiden wollte, die NATO als eine (potenziell) global handelnde Organisation anzusehen, die auch für die Sicherheit der Energieversorgung – insbesondere mit Öl – zuständig ist.

Allerdings sind die die Bedrohungen so heterogen und vielfältig, dass es schwierig ist, sie in eine kohärente Bedrohungs- und Risikoanalyse mit einer identifizierbaren Prioritätenordnung umzusetzen. Diese Heterogenität schafft – trotz prinzipieller Gemeinsamkeit – zwangsläufig vielfältige Möglichkeiten für unterschiedliche Schwerpunktsetzungen und Prioritäten. Trotzdem kann man sagen, dass die verwandte Perzeption von Bedrohungen und Risiken durchaus eine Grundlage bildet, auf die sich eine „strategische Partnerschaft" stützen kann. Wichtiger ist jedoch die Frage, ob in beiden Organisationen auch der Umgang mit diesen Bedrohungen und Risiken auf eine ähnliche, identische oder unterschiedliche Weise vorbereitet wird.

2.4 Sicherheitspolitisches Leitbild

2.4.1 Sicherheitsbegriff

In der ESS wird hervorgehoben, dass im Gegensatz zu der massiv erkennbaren Bedrohung zur Zeit des Kalten Krieges keine der neuen Bedrohungen rein militärischer Natur sei und auch nicht mit rein militärischen Mitteln bewältigt werden kann. Jede dieser Bedrohungen erfordere eine Kombination von Instrumenten. Dagegen wird der NATO oft unterstellt, dass sie nicht wie die EU einen breiten, sondern (zwangsläufig) einen engen, auf das Militärische beschränkten Sicherheitsansatz pflege. Tatsächlich betont die NATO jedoch das Gegenteil: „Das Bündnis ist einem breit angelegten sicherheitspolitischen Ansatz verpflichtet, der die Bedeutung politischer, wirtschaftlicher, sozialer und umweltpolitischer Faktoren neben der unverzichtbaren Verteidigungsdimension anerkennt."[13] Der wesentliche Unterschied zwischen EU und NATO besteht also nicht im Sicherheitsbegriff, sondern in der organisatorischen Umsetzung des von beiden Organisationen geteilten, breiten Verständnisses von Sicherheitspolitik in einem multilateral angelegten Sicherheitssystem.

2.4.2 Multilateralismus

Die Allianz hat sich, wie die EU, einem funktionierenden Multilateralismus verschrieben. Für das Bündnis ist dieser Multilateralismus in Form der Zusammenarbeit mit anderen Organisationen Teil der umfassenden Vorstellung eines Systems der *interlocking institutions*, die sich zwangsläufig aus dem breiten Sicherheitsbegriff und der militärischen Kern-

---

[12] Siehe Andrea K. Riemer/ Gunther Hauser, Die nationale Sicherheitsstrategie der USA und die Europäische Sicherheitsstrategie: Ein Vergleich des Unvergleichbaren, Lehrstuhl für Internationale Politik, Universität zu Köln, Arbeitspapiere zur Internationalen Politik und Außenpolitik (AIPA) 2/2004 und Alexander Skiba, Die nationale Sicherheitsstrategie der USA, a.a.O.
[13] Siehe im Anhang den Abschnitt: „Sicherheitspolitisches Leitbild".

aufgabe der Allianz ergibt: „Unser gemeinsames Ziel ist es, eine europäische Sicherheitsarchitektur aufzubauen, in deren Rahmen der Beitrag des Bündnisses zu Sicherheit und Stabilität des euro-atlantischen Raums und der Beitrag dieser anderen internationalen Organisationen einander ergänzen und gegenseitig verstärken, sowohl bei der Vertiefung der Beziehungen zwischen den euro-atlantischen Staaten und bei der Bewältigung von Krisen."[14] Das Engagement der Allianz auf dem Balkan, wo die Allianz vor allem mit den Vereinten Nationen, der OSZE und der EU zusammenarbeitet, ist ein Beispiel für dieses Konzept. Die Unterschiede zur EU sind auf diesem Gebiet gering. Allerdings hebt die Union etwas stärker als die NATO die normative Zielvorstellung eines „wirksamen Multilateralismus" und die zentrale Verantwortung des Sicherheitsrates für den Weltfrieden und die Weiterentwicklung des Völkerrechts hervor.

Beim Krieg gegen Jugoslawien hat die Allianz ohne Beschluss des Sicherheitsrates mit der selbstlegitimatorischen Formel einer „humanitären Intervention" militärisch eingegriffen. Allerdings ist dies kein ausreichender Grund, der NATO deswegen eine stärkere Neigung zu solchen Interventionen als der EU zu unterstellen: Immerhin stimmten damals alle NATO-Mitgliedstaaten, die gleichzeitig der EU angehörten, dieser Operation zu. Zwar gibt es in der EU eine Gruppe ehemals neutraler Staaten, die der Allianz nicht angehören und stärker als andere auf die völkerrechtliche Legitimation militärischer Operationen achten, so dass man in der EU einen größeren Skeptizismus gegenüber solchen Aktionen vermuten muss,[15] doch es wäre falsch, von einer grundsätzlichen Divergenz zwischen EU und NATO in dieser Frage auszugehen.

In einem gewissen Spannungsverhältnis zur Forderung der EU, einen „effektiven Multilateralismus" zu pflegen, steht der Anspruch, politisch autonom handeln zu können. Denn dieser macht deutlich, dass die Union sich gegenüber anderen Internationalen Organisationen möglichst unabhängig machen will. Dies schließt Zusammenarbeit mit und Rückgriff auf die Organisation und Ressourcen der Allianz nicht aus. Im Gegenteil, zumindest heute gilt, dass der Rückgriff der EU auf NATO-Ressourcen gemäß den so genannten Berlin-plus-Vereinbarungen für die meisten Mitgliedstaaten vor allem bei gewichtigeren Operationen die bevorzugte Option darstellt.[16]

Festzustellen ist jedoch, dass die Union sich gegenüber der Allianz zunehmend mit dem Argument profiliert, sie sei aufgrund ihrer breiten Fähigkeitspalette für die modernen Sicherheitsgefahren besser gewappnet als die NATO, was deutlich macht, dass das Verhältnis nicht nur kooperative, sondern auch kompetitive Züge trägt. Offensichtlich wird dies in der Funktionsbeschreibung der Allianz in der ESS. Dort wird vor allem die Nützlichkeit des Bündnisses im Rahmen der Berlin-plus-Vereinbarungen, also als Werkzeugkasten der ESVP, hervorgehoben.[17] Da dies jedoch nur mit Zustimmung der NATO geschehen kann, bleibt die EU auf die Partnerschaft der Allianz bei Berlin-plus-Operationen angewiesen. Allerdings ist die EU aufgrund ihrer breiteren Fähigkeitspalette tendenziell in der Lage, die NATO dort zurückzudrängen und teilweise zu ersetzen, wo der Konflikt mit dem

---

[14] Siehe ebd.
[15] Dies gilt vor allem für Schweden, das in den Verhandlungen über die ESVP immer darauf bestanden hat, dass bei Militäroperationen, die nicht unter einen eng ausgelegten Art. 51 der VN-Charta fallen, ein klares Mandat des VN-Sicherheitsrats gegeben sein muss.
[16] Siehe die Ausführungen in Abschnitt 3.3.1 Operationen/Übungen unter Berlin plus.
[17] Siehe Peter Schmidt/Gary Geipel: Forward Again in US-European Relations. In: Oxford Journal on Good Governance, Mai 2004, S. 31.

militärischen Potential der Union zu bewältigen ist (siehe die Beispiele Mazedonien und Bosnien-Herzegowina).

Darüber hinaus besteht für die EU ein Zwang zur Partnerschaft mit der Allianz vor allem in den Fällen,

- wo das größere militärische Potential der Allianz ins Spiel kommt und der militärischen Herausforderung besser gerecht werden kann als die in diesem Bereich (derzeit noch) weniger leistungsfähige ESVP;
- wo das Interesse am Erhalt der Allianz Kompromisse nahe legt, wie jüngst deutlich wurde, als der deutsche Verteidigungsminister sich bereit zeigte, dem Bündnis eine Rolle im israelisch-palästinensischen Konflikt zuzugestehen, um amerikanischen Interessen in der Allianz entgegenzukommen,[18]
- wo gemeinsame, militärische Operationen europäischer Staaten mit den USA die bevorzugte Operationsform ist.

Aufgrund dieser vermengten und wechselseitigen Abhängigkeiten besteht an und für sich ein starker Druck zur Zusammenarbeit und „strategischen Partnerschaft" der beiden Organisationen. In der politischen Praxis muss sich dieses Erfordernis jedoch nicht nur im kontinuierlichen Geschäft, wie zum Beispiel bei der Abstimmung über Streitkräfteplanung, bewähren, sondern es muss auch in jedem Krisenfall neu bestimmt werden, welchen Beitrag zur Krisenbewältigung jede der beiden Organisationen jeweils leisten muß, eine Aufgabe, die viel Spielraum für Rivalitäten und Abstimmungsprobleme mit sich bringt.

2.4.3 Geographische Reichweite der Verteidigung

Nicht nur die EU, auch die Allianz versteht sich prinzipiell als globaler Akteur, ohne dass damit notwendigerweise ein Zwang zum Engagement in jeder Krise überall auf der Welt bestünde. Die alte NATO-Unterscheidung *in area* und *out of area* ist, wie in der Praxis des Afghanistan-Einsatzes belegt, zu den Akten gelegt worden. Die Prager Gipfelerklärung (Dezember 2002) stellt dazu lapidar fest: „Um das volle Spektrum ihrer Aufgaben zu erfüllen, muss die NATO in der Lage sein, Streitkräfte einzusetzen, die schnell dorthin verlegt werden können, wo sie nach Entscheidung durch den Nordatlantikrat benötigt werden und die Fähigkeit besitzen, Operationen über Zeit und Raum zu führen [...] und ihre Ziele zu erreichen."[19] Der ESVP waren von Anfang an keine räumlichen Begrenzungen, wie ursprünglich der Allianz, auferlegt. Dadurch, dass die EU die so genannten Petersberg-Aufgaben der Westeuropäischen Union (WEU)[20] übernahm, übernahm sie auch die – potenziell weltweiten – Krisenmanagementaufgaben der WEU.

---

[18] Rede des Bundesministers der Verteidigung, Dr. Peter Struck, am *Inter Disciplinary Center* in Herzliya anlässlich seines Besuchs in Israel am 7. Juni 2004: http://www.bmvg.de/redaktionen/bwde/bmvgbase.nsf/CurrentBaseLink/N264X9QG892MMISDE.
[19] Siehe die Prager Gipfelerklärung der NATO (im Anhang (5.) im Abschnitt „Entgrenzung der Verteidigung").
[20] Die Petersberg-Aufgaben wurden beim Gipfel des Ministerrats der Westeuropäischen Union (WEU) 1992 definiert und umfassten humanitäre Aufgaben und Rettungseinsätze, friedenserhaltende Aufgaben und Kampfeinsätze bei der Krisenbewältigung, inklusive friedensschaffender Maßnahmen. Eine räumliche Begrenzung wurde nicht genannt.

Grenzen für den geographischen Einsatz der ESVP ergeben sich lediglich aus den technischen Möglichkeiten und dem Umfang des Einsatzes. Während man bei der NATO – vor allem aufgrund des Potentials der USA – keine geographischen Grenzen für den Einsatz feststellen kann, gilt dies für die ESVP – was das volle Spektrum der so genannten Petersberg-Aufgaben angeht – vor allem aufgrund beschränkter Transportmöglichkeiten noch sehr begrenzt.[21] Humanitäre Einsätze sind jedoch schon heute weltweit möglich. Gemäß dem *Headline Goal 2010* soll allerdings eine weltweite Dislozierung von Truppen möglich gemacht werden.[22]

Langfristig werden somit nicht nur die NATO, sondern auch die ESVP bei Einsätzen begrenzter Größenordnung über eine globale Reichweite verfügen und es wird sich damit die Abhängigkeit der ESVP von der NATO vermindern. Die Grenze setzen allerdings bisher noch die – im Vergleich zur Allianz – sehr eingeschränkten Führungsfähigkeiten und zersplitterten Militärpotentiale der EU für Militäroperationen.[23] Bei einer Vielzahl von möglichen Einsätzen begrenzten Umfangs wird sich jedoch in Zukunft die Frage stellen, welche Organisation für die militärische Operation verantwortlich zeichnet – ein Tatbestand, der Raum für politische Konkurrenz läßt, wie die jüngsten Auseinandersetzungen um die Frage, ob die Allianz oder die ESVP die Operation der Afrikanischen Union in Darfur unterstützt, belegt.[24]

2.4.4 Vorbeugendes Handeln und militärische Präemption

Der präemptive Gebrauch militärischer Macht ohne Zustimmung des Sicherheitsrates ist sowohl von der EU als auch von der NATO nicht explizit vorgesehen. Die Diskussion um das Solana-Papier zeigte jedoch, dass in der EU gegenüber jeder Form militärischer Präemption starke Bedenken bestehen. Dieser Begriff wird in der ESS nur in einem nicht-militärischen Zusammenhang – in der Formel: „vorbeugendes Engagement" – benutzt. Allerdings muss man feststellen, dass einzelne Mitgliedstaaten beider Organisationen in ihren nationalen Strategiedokumenten unter bestimmten Umständen auch ein präemptives militärisches Handeln vorsehen.[25] Darüber hinaus kann man feststellen, dass eine Art Wettlauf in der Reaktionszeit für Streitkräfte zwischen NATO und EU entstanden ist,[26] der andeutet, dass man sowohl in der Allianz als auch in der ESVP Gefahren auf sich zukommen sieht, die unter Umständen ein sehr schnelles Handeln erfordern. Ob in allen Fällen in solchen Situationen die Zeit dazu besteht, eine legitimierende Sicherheitsratsresolution zustande zu bringen, kann man durchaus bezweifeln. Somit lässt sich davon ausgehen, dass sowohl die NATO als auch die ESVP Schwierigkeiten haben, präemptive Militäroperatio-

---

[21] Darüber hinaus sind Operationen im anspruchsvollen Bereich der Petersberg-Aufgaben derzeit gemäß der Selbsteinschätzung der EU nur mit Einschränkungen möglich.
[22] Das so genannte *Headline Goal* der EU ist ein Planungsdokument für die Entwicklung der militärischen Fähigkeiten der ESVP. Das *Headline Goal 2010* findet sich unter: http://ue.eu.int/uedocs/cmsUpload/2010%20Headline%20Goal.pdf. In diesem Dokument wird zu Beginn schlicht festgestellt: „The European Union is a global actor [....]."
[23] Siehe die Ausführungen in Abschnitt 3.3.1 Operationen/Übungen unter Berlin plus.
[24] Siehe den Bericht in euobserver.com vom 8.6.2005 (http://www.euobserver.com/?sid=9&aid=19270). Washington und Ottawa wollen die Unterstützung im Rahmen der NATO organisieren, Paris besteht auf der EU.
[25] Siehe Assemblée Nationale, Loi de programmation, 2003.
[26] Die ersten Einheiten der *NATO Response Force* (NRF) sollen im Operationsgebiet nach 5-7 Tagen eintreffen, die der *Battlegroups* innerhalb von 10 Tagen.

nen als eine Handlungsmöglichkeit zu akzeptieren, dass jedoch in wichtigen Mitgliedsstaaten das Verständnis existiert, dass in Notfällen eine solche Vorgehensweise nötig sein könnte. Der Entschluss, 1999 im Falle Jugoslawiens präemptiv militärisch zu intervenieren, um die weitere Vertreibung von Kosovaren zu verhindern, kann als ein Beleg für diese Bereitschaft gelten. Eine prinzipielle Differenz zwischen NATO und ESVP besteht bei diesem Thema nicht, obwohl beide Organisationen erhebliche Probleme haben, einen Konsens für präemptive militärische Operationen herzustellen.

2.4.5 Erweiterung als Stabilisierungsstrategie

Die Allianz versteht ihren Erweiterungsprozess nicht als eine isolierte Maßnahme, sondern als in die Politik der anderen Sicherheitsinstitutionen eingebunden. Insbesondere die Erweiterung von EU und NATO werden nicht in Konkurrenz zueinander, sondern als komplementäre Prozesse betrachtet. Tatsächlich überlappen sich verschiedene Kriterien, die, neben der Anpassung an den jeweiligen spezifischen Entwicklungsstand der Organisation, für den Erweiterungsprozess wesentlich waren, wie: Demokratie und Menschenrechte, Minderheitenschutz und Funktionstüchtigkeit der Institutionen.[27] Während bei der NATO naturgemäß auch militärische Leistungsfähigkeit und Kompatibilität eine Rolle spielen, betont die EU daneben insbesondere wirtschaftliche Kriterien. Die ähnlichen Erweiterungsmuster haben allerdings nicht dazu geführt, dass die Mitgliedschaft der Staaten in Zentral- und Südosteuropa in Zukunft in beiden Organisationen deckungsgleich sein wird. Die Schere der Mitgliedschaft hat sich mit der Erweiterung 2004 nicht geschlossen: Mit Zypern und Malta sind zusätzlich zwei – allerdings kleine – Länder nur der EU, nicht aber der Allianz beigetreten. Unter den neuen Nato-Mitgliedern ist für Rumänien und Bulgarien eine EU-Mitgliedschaft erst für das Jahr 2007 ins Auge gefasst; die europäischen Altmitglieder der NATO – Norwegen und die Türkei – bleiben, neben den nordamerikanischen Partnern, ebenfalls außerhalb der Union.

Diese Divergenzen in der Mitgliedschaft werden allerdings sowohl seitens der EU als auch der Allianz durch Kooperationsregeln für Nichtmitglieder abgeschwächt. Spannungen, wie sie sich aus dem griechisch-türkischen Verhältnis oder dem der Türkei zum EU-Mitglied Zypern ergeben, behalten allerdings weiterhin ihre Wirkung, was die Zusammenarbeit beider Organisationen erheblich erschwert.

3 Themen und Praxis der Zusammenarbeit

Wichtige Themen für die Zusammenarbeit sind zunächst die Krisenentwicklungen in bestimmten Regionen und die mögliche Abstimmung darüber, welche Organisation Maßnahmen ergreift. Weiterer wichtiger Gegenstand der Konsultationen ist der Rückgriff auf NATO-Ressourcen für Planungen und Durchführung von EU-Operationen, falls die EU diese nicht autonom durchführen will. Als drittes geht es um die Entwicklung europäischer militärischer Fähigkeiten, die sich beide Organisationen zum Ziel gesetzt haben. Darüber

---

[27] Zur NATO-Politik siehe Peter Schmidt, Die nächste Runde der NATO-Erweiterung. Ziele, Kandidaten, Bedingungen, Berlin: SWP, 2001 (SWP-Studie), S 31. Zur EU-Politik siehe insbesondere Heinz Kramer, Die Türkei und die Kopenhagener Kriterien, Berlin: SWP, 2002 (SWP-Studie), S 29.

hinaus haben beide Organisationen als Folge der Ereignisse vom 11. September 2001 auch eine engere Zusammenarbeit in der Bekämpfung des Terrorismus und der Verbreitung von Massenvernichtungswaffen zugesagt.

3.1 Zum Charakter der Zusammenarbeit

Die Grundsatzbeschlüsse zur Konsultation und Kooperation zwischen EU und NATO, wie sie auf dem Gipfel in Nizza[28] beschlossen wurden, sind sehr formal. Sie legen die Mindestzahl gemeinsamer Treffen auf Ministerebene, der ständigen Räte[29] und der Militärausschüsse beider Organisationen fest, d.h. ein Treffen pro Präsidentschaft in normalen Zeiten und eine unbestimmte Mehrzahl in Krisenzeiten. Ebenso sind Kontakte zwischen politischen und militärischen Arbeitsgruppen und Stäben vorgesehen und Prozeduren für den Rückgriff auf NATO-Mittel und Fähigkeiten beschrieben. Insbesondere auf Drängen Frankreichs wurde dabei die Entscheidungs-Autonomie der beiden Organisationen besonders unterstrichen.[30] Dies bedeutet, dass solche gemeinsamen Treffen ausschließlich dem Informations- und Meinungsaustausch dienen, mögliche resultierende Beschlüsse und Entscheidungen aber nur getrennt in EU und NATO durch die entsprechenden Gremien gefasst werden können.

3.2 Konsultation

In den praktischen Umsetzungen der Konsultationsvereinbarungen wurde diese Formalität stringent eingehalten. Zwar hat sich die Zahl der Treffen zwischen dem Politisch-Sicherheitspolitischen Komitee (PSK) der EU und dem Nordatlantikrat inzwischen deutlich erhöht (in der Regel drei pro EU-Präsidentschaft, d.h. pro Halbjahr), doch durch die formale Notwendigkeit, für jedes gemeinsame Treffen eine Tagesordnung vorher festzulegen und dadurch, dass keine Beschlüsse gefasst werden können, gelten die Zusammenkünfte bei den Beteiligten als ziemlich unproduktiv. Das ist auch deswegen nicht überraschend, weil durch die weitgehende überlappende Mitgliedschaft europäischer Staaten in beiden Organisationen ein Informations- und Meinungsaustausch zumindest für diejenigen Staaten, die in beiden Organisationen Mitglied sind, sehr unergiebig ist. Die Einlassungen anderer Staaten, die nur einer Organisation angehören, beschränkten sich zumeist auf Stellungnahmen entlang bekannter Positionen.[31]

Mit der Übernahme der ersten militärischen EU-Operation *Concordia* als Nachfolge der NATO-Operation *Allied Harmony* in der vormals jugoslawischen Republik Mazedonien wurde die Diskussion in den gemeinsamen Treffen intensiver, ebenso in Vorbereitung der Übernahme der NATO-Operation SFOR in Bosnien-Herzegowina durch die EU-

---

[28] Permanent Arrangements for EU-NATO Cooperation and Consultation, in: Presidency Conclusions Nice European Council Meeting 7, 8 and 9 December 2000, Annex VI. http://ue.eu.int/uedocs/cmsUpload/Nice%20European%20Council-Presidency%20conclusions.pdf.
[29] Für die EU das Politische und Sicherheitspolitische Komitee (PSK), für die NATO der Nordatlantikrat „in permanent session".
[30] Vgl.: Standing Arrangements for Consultation and Cooperation between the EU and NATO; in: Nice Presidency Conclusions, Annex VII to Annex VI.
[31] Dies betrifft insbesondere die USA und die Türkei.

Operation *Althea*. Ein wesentlicher Einbruch erfolgte aber mit der EU-Erweiterung im April 2004, konkret durch die neue EU-Mitgliedschaft von Zypern und Malta. Diese beiden Staaten haben bisher kein Sicherheitsabkommen[32] mit der NATO unterzeichnet. Zumindest für Zypern ist ein solches Abkommen auch in naher Zukunft nicht zu erwarten, da die Türkei, die (dem griechischen) Zypern die Anerkennung als Staat weiterhin verweigert, dem nicht zustimmen wird.[33] Als Folge sind Zypern und Malta von den wichtigen Tagesordnungspunkten zu *Althea* oder auch zu militärischen Operationen der NATO (z.B. ISAF in Afghanistan) ausgeschlossen. Dies hat auch negative Konsequenzen für die gemeinsamen Sitzungen der beiden Rats-Arbeitsgruppen, die für die Vor- und Nachbereitung der gemeinsamen Ratssitzungen zuständig sind.[34]

Konsultationen zwischen EU und NATO sollten alle Aspekte des Krisenmanagements umfassen. Eine Aufteilung der Tagesordnung, in der militärische Aspekte nur mit einer EU-23, sonstige Aspekte mit der EU-25 diskutiert werden, stellt eine deutliche Behinderung des ohnehin sehr formalen Mechanismus dar. Um diesen Zustand zu überwinden, ist die Normalisierung des türkisch-zypriotischen Verhältnisses notwendig. Allerdings ist dies erst in einer späten Phase der türkischen Beitrittsverhandlungen mit der EU zu erwarten, die einige Jahre in Anspruch nehmen werden. Es ist somit zu erwarten, dass die Zusammenarbeit noch etliche Jahre mit diesem Manko zurechtkommen muss.

Treffen des Hohen Repräsentanten der GASP mit dem NATO-Generalsekretär finden dagegen häufig statt. In der Pressekonferenz nach dem PSK/Nordatlantikrat-Treffen am 21.03.04 erklärte der Hohe Repräsentant für die GASP und Generalsekretär des Ministerrats Solana: „[...] we meet just about every other day."[35] Diese Treffen haben sicherlich einen sehr hohen Wert für den Informationsaustausch und die Abstimmung von Vorhaben und Konzepten, auch wenn – oder vielleicht gerade weil – sie nicht in einem festen formalen Rahmen stattfinden.

3.3 Kooperation

3.3.1 Operationen und Übungen unter Berlin-plus

Die Berlin-plus-Vereinbarungen, die im Dezember 2002 auf den Weg gebracht wurden, sind als wesentliches Scharnier der Zusammenarbeit zwischen den beiden Organisationen zu betrachten.[36] Im Wesentlichen geht es darum, dass die NATO ihre umfangreiche kollektive Kommandostruktur mit ihren sechzehn integrierten Hauptquartieren der EU zugänglich macht, um dadurch den finanziell und politisch kostspieligen Aufbau solcher kollektiver Kapazitäten in der EU zu vermeiden. Dies geschieht in Anwendung des Prinzips der EU, unnötige Duplizierungen zu vermeiden. Mit ihrem Personalumfang von etwa 10.000 Offizieren stellt die NATO-Kommandostruktur nicht nur die Führungsfähigkeit für militärische

---

[32] D.h. ein Abkommen, in dem sich die Staaten verpflichten, NATO-Standards für den Umgang mit klassifizierten Informationen und Dokumenten einzuhalten. Vgl.: Declaration of the Council Meeting in Copenhagen on 12 December 2002; in: Presidency Conclusions-Copenhagen, 12 and 13 December 2002, Annex II.
[33] Vgl.: Dempsey, Judy: For EU and NATO a race for influence; in: International Herald Tribune, 18.02.05, S. 1, 4.
[34] Der Political-Military Group (PMG) der EU und der Policy Coordination Group (PCG) der NATO.
[35] Vgl.: NATO Press Point 21.10.03 http://www.nato.int/docu/speech/2003/s031021b.htm.
[36] Vgl.: NATO Press Release (2002) 142 16. 12. 2002.

Operationen, sondern auch ausreichende Ressourcen für jede Art militärischer Planung sicher. Im Vergleich dazu ist der Militärstab der EU mit seinen etwa 130 Offizieren äußerst klein und auf externe Planungshilfe angewiesen.

Der Vorschlag des Brüsseler Vierer-Gipfels im April 2003, in Tervuren den Kern eines EU-eigenen, ständigen Hauptquartiers zur Planung und Führung von militärischen EU-Operationen einzurichten,[37] verursachte einen Aufschrei – insbesondere in den USA –, weil darin der Anfang der Duplizierung der NATO-Kommandostruktur gesehen wurde. Insbesondere durch britischen Einfluss wurde dieser Vorschlag dann so umgewandelt, dass im EU-Militärstab eine kleine *civil/military cell* eingerichtet werden soll, die im Bedarfsfall durch nationale Verstärkungen zu einem *operations center* mit 90 Personen anwachsen kann, um kleinere zivil-militärische oder militärische Einsätze von der maximalen Größenordnung der Operation *Artemis* zu leiten.[38] Gleichzeitig – um die operative Zusammenarbeit zwischen EU und NATO zu erleichtern – soll ein EU-Verbindungselement bei SHAPE (*Supreme Headquarters Allied Powers Europe*) und umgekehrt ein SHAPE-Element im EU-Militärstab eingerichtet werden.[39] Damit war die zum Teil heftige Duplizierungsdebatte beendet und ein positives Zeichen für die Zusammenarbeit gesetzt worden.

Die erste militärische Operation der EU, *Concordia*, fand unter Rückgriff auf NATO-Mittel und -Fähigkeiten statt. Vom Umfang und der Zeitdauer her war diese Operation eher bescheidenen Zuschnitts.[40] Wesentlich war, dass für diese erste militärische Aktion der EU, die die Funktionsfähigkeit der ESVP unter Beweis stellen sollte, auch von Frankreich ohne Schwierigkeiten akzeptiert wurde, dass das NATO-Hauptquartier SHAPE die Operation militärisch leitete (mit dem DSACEUR, dem stellvertretenden Oberbefehlshaber der NATO in Europa,[41] als *Operations Commander*), das ihm unterstellte NATO *Joint Forces Command* in Neapel eine wesentliche Zwischenstation in der Kommandokette darstellte (mit einer kleinen EU-Zelle darin) und erst das sogenannte *Force Headquarters* vor Ort in Mazedonien unter EU-Flagge fungierte.

Die politische Kontrolle und strategische Leitung der Operation, die bei *Allied Harmony* durch den Nordatlantikrat durchgeführt wurde, lag nun beim PSK. Der *Operations Commander* DSACEUR erstattete dem PSK regelmäßig Bericht, die Durchführung und schließlich die Beendigung der Operation am 15.12.2003 verliefen ohne größere Schwierigkeiten in der Zusammenarbeit der Organisationen. Nach ähnlichem Muster erfolgte auch die Übernahme der SFOR durch die EU, die in der Durchführung, schon wegen der Größenordnung von etwa 7.000 Soldaten, eine wesentlich größere Herausforderung darstellte. Die Konstruktion der Kommandostruktur für diese Operation entspricht der von *Concordia*.

---

[37] Siehe Peter Schmidt, ESVP und Allianz nach dem Vierergipfel. Berlin: Stiftung Wissenschaft und Politik, 2003 (SWP-aktuell 20/2003).
[38] Etwa 2.020 Soldaten beteiligten sich an der EU-Operation *Artemis*. Im Prinzip handelte es sich allerdings um eine französische Operation. Von den rund 1.200 Soldaten am Ort des größten Risikos in Bunia (Kongo) waren 1.100 französischer Herkunft. In den Hauptquartieren Paris und Entebbe waren 134 von 180 Solddaten französischer Herkunft; siehe Leo Michel, NATO and the EU. Stop the Minuet; it's Time to Tango!, in: Eurofuture, Winter 2004, S. 90.
[39] Vgl Europäischer Rat, 17./18. 06. 04, Schlussfolgerungen des Vorsitzes (http://ue.eu.int/ueDocs/cms_Data/docs/pressData/de/ec/81043.pdf), S. 21f.
[40] Die Operation dauerte vom 31.03.03 bis zum 15.12.03 und umfasste etwa 400 Soldaten im Einsatzgebiet. Sie wurde am 15.12.03 durch die EU-Polizeimission *Proxima* abgelöst.
[41] Der *Deputy Supreme Allied Commander in Europe* (DSACEUR) ist im Gegensatz zum Oberbefehlshaber (SACEUR) immer ein Europäer.

Die Abstimmung und die Verfahren zum Rückgriff auf NATO-Mittel gemäß Berlin-plus zu überprüfen, war Inhalt der ersten und bisher einzigen gemeinsamen EU/NATO-Übung im Krisenmanagement (Übung CMX/CME 03). Beteiligt waren alle relevanten Gremien und Stäbe sowie die Delegationen aller Mitgliedsländer beider Organisationen. Ein Erkenntnisgewinn war die Verbesserungswürdigkeit der Prozeduren und die Notwendigkeit, in der EU die zivilen und militärischen Instrumente besser zu koordinieren.[42] Soll die politische Praxis den Begriff der „strategischen Partnerschaft" widerspiegeln und auch der Bedeutung gerecht werden, den der Rückgriff auf NATO-Ressourcen bei EU-Operationen in vielen Mitgliedsstaaten hat, so bedarf es gerade auf diesem Gebiet erheblicher Anstrengungen, um in Krisenzeiten die Zusammenarbeit möglichst reibungslos vonstatten gehen zu lassen.

3.3.2 Entwicklung europäischer militärischer Fähigkeiten

In der Streitkräfteplanung von EU und NATO gibt es ein großes Feld der Überschneidung. Für die EU umfasst der Aufgabenbereich für Streitkräfte, die durch das *Helsinki Headline Goal*[43] abgedeckt werden sollen, alle Stufen des Krisenmanagements bis hin zur Friedenserzwingung (*peace enforcement*). Das Gleiche gilt für die NATO, allerdings umfasst ihr Auftrag auch die kollektive Verteidigung des Bündnisgebiets. Die Initiativen beider Organisationen, die die Stärkung der europäischen militärischen Fähigkeiten zum Ziel haben – der *European Capabilities Action Plan* (ECAP) der EU und das *Prague Capability Commitment* (PCC) der NATO – sind daher auch von Inhalt und Zielsetzung nahezu deckungsgleich.[44]

Die Streitkräfte, die von der Planung erfasst werden, sind die der jeweiligen Mitgliedstaaten der beiden Organisationen. Für Staaten, die beiden Organisationen angehören, ergibt sich auch eine prozedurale Überschneidung, weil sie, gemäß dem Grundsatz des *single set of forces*, keine getrennte Planung für die NATO und EU durchführen können. Dies wäre theoretisch aber leicht lösbar, da die EU-Staaten bis auf Frankreich, Zypern und Malta entweder durch NATO-Mitgliedschaft im Streitkräfteplanungsprozess des Bündnisses erfasst oder durch das Programm „Partnerschaft für den Frieden" mit diesem verbunden sind, sodass ein adaptierter Nato-Prozess für sie ausreichen würde.

Das Problem ist Frankreich. Militärische Integration in der NATO wird durch zwei Faktoren definiert, nämlich durch die Teilnahme an der integrierten Kommandostruktur und an der kollektiven Streitkräfteplanung des Bündnisses. Für Frankreich, das militärisch nicht in der NATO integriert ist, war es deshalb unabdingbar, für die EU einen gesonderten Pla-

---

[42] Vgl.: Daniela Manca: Operation Atlantia: a Fictional Test for Berlin plus; in: ISIS European Security Review, Nr. 20, December 2003 (http://www.isis-europe.org/ftp/download/operation%20atlantia,a%20fictional%20test%20for%20berlin%20plus.pdf).
[43] Das sogenannte *Headline Goal* wurde 1999 in Helsinki vom Europäischen Rat als Zielvorgabe für einen europäischen Streitkräftepool beschlossen. Es sah ursprünglich vor, dass die EU fähig werden soll, innerhalb von 60 Tagen 50.000 bis 60.000 Soldaten bis zu einem Jahr lang entsenden zu können (siehe http://europa.eu.int/council/off/conclu/dec99/dec99_de.htm#security). Zu einer frühen Analyse der Erreichbarkeit der Ziele siehe Manfred Baumgartner, Eine Streitmacht für mancherlei Zwecke – Können die Europäer das Headline Goal erfüllen?, in: Erich Reiter/ Reinhardt Rummel/ Peter Schmidt (Hg.), Europas ferne Streitmacht. Chancen und Schwierigkeiten der Europäischen Union beim Aufbau der ESVP, Hamburg 2002.
[44] Einen kurzen Überblick über beide Programme findet sich unter: http://www.nato.int/issues/nato-eu/evolution.html.

nungsprozess zu etablieren. Wenigstens war es auf Drängen Deutschlands und Großbritanniens möglich, bei dem resultierenden EU-Planungsprozess, der unter der Bezeichnung *Capability Development Mechanism* firmiert, Schritte der Transparenz und Abgleichung mit der NATO-Streitkräfteplanung zu ermöglichen. Als formales Gremium dafür fungiert seit März 2003 die *EU/NATO-Capabilities Group*.[45] Abstimmungsgespräche und der Austausch von Planungsdokumenten sind inzwischen Routine. Da diese Arbeitsgruppe, wie alle gemeinsamen EU/NATO-Gremien, keine Beschlussfassungskompetenz besitzt, ist eine beträchtliche Doppelarbeit für die mit der Planung befassten nationalen und internationalen Stäbe unvermeidlich. In der praktischen Planungsarbeit wird jedoch teilweise Unterstützung durch NATO-Stäbe geleistet.[46] Ebenso ist die Mitwirkung in den so genannten ECAP-Projektgruppen der EU, in denen Lösungen für bestehende Defizite in europäischen militärischen Fähigkeiten gesucht werden, auch für europäische NATO-Staaten möglich, die nicht der EU angehören.[47]

Auch wenn die Regeln der Zusammenarbeit in der Streitkräfteplanung durch die Praxis inzwischen etwas entkrampft sind, ist der prozedurale Aufwand immer noch hoch. Da eine Trennung zwischen europäischen militärischen Fähigkeiten in der NATO und solcher in der EU bei der hohen Zahl der überlappenden Mitgliedschaften ohnehin eher künstlich ist, sollte die Zusammenarbeit einfacher gestaltet werden, um effektiv zu sein.

Dies sollte auch für die Arbeit der im Aufbau befindlichen *European Defence Agency* gelten. Zwar sieht der Arbeitsplan 2005 für die Agentur die Schaffung von *Administrative Arrangements* vor, die sich aber an den bisherigen Mechanismen der Kooperation und Konsultation zwischen EU und NATO orientieren sollen.[48] Das bedeutet, dass diese Kontakte überwiegend ebenso formal bleiben werden. Ebenso soll ein *Consultative Committee* den europäischen NATO-Staaten, die keine Mitglieder der EU sind, als Dialogforum offen stehen.[49] Konsultation bedeutet aber nicht Mitwirkung.

3.3.3 Bekämpfung des Terrorismus und der Verbreitung von Massenvernichtungswaffen

In den Aufgabenfeldern Bekämpfung des Terrorismus und der Verbreitung von Massenvernichtungswaffen haben beide Organisationen weitgehend unterschiedliche Ansätze. Für die NATO liegt das Schwergewicht auf militärischen Verteidigungs- und Schutzmaßnahmen gegen terroristische Angriffe, auch gegen solche mit chemischen, biologischen und radiologischen Waffen. Eine Raketenabwehr spielt dabei ebenfalls eine besondere Rolle.[50]

In der EU spielen militärische Maßnahmen in diesen Feldern nur eine untergeordnete Rolle. Der Aktionskatalog zum Terrorismus umfasst in sieben Kapiteln etwa 150 Einzelaktivitäten, vorwiegend politische, rechtliche und wirtschaftliche Maßnahmen. Nur ein Kapitel ist dem Schutz der Bevölkerung gegen die Auswirkungen von terroristischen Angriffen

---

[45] Davor existierte diese Gruppe in ad-hoc-Form.
[46] Zum Beispiel durch *Operations Research* der NATO C3 Agentur.
[47] Dies ist abhängig davon, ob sich diese NATO-Staaten an konkreten Projekten beteiligen.
[48] Vgl.: EDA Work Programme 2005 http://ue.eu.int/uedocs/cmsUpload/82764.pdf.
[49] Vgl.: COUNCIL JOINT ACTION 2004/551/CFSP of 12 July 2004 on the establishment of the European Defence Agency, Chapter VI, Art.25. http://ue.eu.int/uedocs/cmsUpload/l_24520040717en00170028.pdf.
[50] Vgl. NATO's military concept for defence against terrorism; http://www.nato.int/ims/docu/terrorism.htm. und Interview mit Director NATO WMD Center; http://www.nato.int/docu/speech/2003/s030522b.htm.

gewidmet sowie dem von EU-Streitkräften im Einsatzgebiet.[51] Eine Einzelmaßnahme aus diesem Kapitel sieht Möglichkeiten der Zusammenarbeit mit der NATO vor – hauptsächlich durch Informationsaustausch.

Die EU-Strategie zur Proliferation stellt die Bedeutung multilateraler Kooperation in den Vordergrund. Militärische Maßnahmen werden nicht genannt. Auch hier ist ein Informationsaustausch mit der NATO vorgesehen, mit dem ausdrücklichen Zusatz: „[...] within agreed framework arrangements."[52] Das heißt, dass sich ein solcher Austausch an die relativ starren, formalen Regeln halten muss.

Der Überschneidungsbereich zwischen den Aktivitäten beider Organisationen liegt daher insbesondere bei Schutzmaßnahmen für die Zivilbevölkerung gegen nukleare, chemische, biologische und radiologische Angriffe. Dazu wurde auch ein Informationsaustausch durchgeführt.[53] Die Verschiedenheit der Ansätze in beiden Organisationen kann man auch als Ergänzung sehen oder als de-facto-Arbeitsteilung. Um sie optimal zur Geltung zu bringen, sollten Wege der Zusammenarbeit entwickelt werden, die möglichst nicht auf den bisherigen, weitgehend formalen Mechanismen, sondern auf gemeinsam getragenen Beschlüssen beruhen.

4 Fazit

NATO und EU besitzen vielfältige Gemeinsamkeiten in den Bedrohungsvorstellungen, Strategien und Leitbildern, sind aber auch den Widersprüchen zwischenstaatlicher und sich dynamisch erweiternder Organisationen ausgesetzt. Daneben verfügen beide über unterschiedliche Stärken und Schwächen im Krisenmanagement: Die Stärke der EU sind die vielfältige Ressourcen zum zivilen Krisenmanagement, ihre Schwäche das Fehlen einer über den kleinen Militärstab hinausgehenden militärischen Struktur. Die Stärke der NATO sind insbesondere ihre kollektiven militärischen Mittel und Fähigkeiten, während ihr eben jene zivilen Mittel fehlen, über die die EU verfügt. Insofern könnten sich beide Organisationen ideal ergänzen, eine Vorstellung, die im Bündnis bereits zu Beginn der 1990er Jahre mit dem Begriff der *interlocking institutions* eine wichtige Rolle spielte.[54] Seit der Gründung der ESVP auf dem Kölner Gipfel 1999 versprechen sich beide Organisationen tatsächlich auch immer wieder eine enge und vertrauensvolle Zusammenarbeit, die als europäischer Pfeiler auch die Vitalität des Bündnisses steigern soll und in der Zielvorstellung einer „strategischen Partnerschaft" gipfelt. In der Praxis jedoch steht eine komplementäre Zusammenarbeit im Konflikt mit der Suche der EU-Europäer nach einer möglichst eigenständigen Rolle in der Außen- und Sicherheitspolitik, die – vor allem aus dem Blickwinkel Frankreichs – es nicht erlaubt, der EU irgendwelche Grenzen der Handlungsmöglichkeiten aufzuerlegen. Vielmehr hat sich die EU formell immer mehr Optionen, inklusive des Rückgriffs auf NATO-Ressourcen und natürlich auch das Recht auf eigenständige Mili-

---

[51] Vgl. EU Plan of Action on Combating Terrorism–Update; http://ue.eu.int/uedocs/cmsUpload/EUplan16090.pdf.
[52] Vgl.: EU Strategy Against Proliferation of Weapons of Mass Destruction; http://ue.eu.int/uedocs/cmsUpload/st15708.en03.pdf.
[53] Vgl.: NATO Issues 30.07.2004 http://www.nato.int/issues/nato-eu/evolution.html.
[54] Siehe Manfred Wörner, A vigorous Alliance – A Motor for Peaceful Change in Europa, in: NATO Review, Web Edition, No. 6, Dec 1992, Vol. 40 (http://www.nato.int/docu/review/1992/9206-1.htm) und Wegener, Henning: West European security cooperation: Views from inside the institutions; in: Jopp, Matthias (Hrsg.): Integration and security in Western Europe. Boulder/Colorado: Westview Press, 1991, S. 239-282.

täroperationen, gesichert, während eine umgekehrte Form der Zusammenarbeit, nämlich der des Rückgriffs der Allianz auf die zivilen Mittel der EU, bisher nicht abzusehen ist.

Darüber hinaus wird die Zusammenarbeit bzw. Partnerschaft in der Praxis durch weitere politische und formale Beschränkungen zum Teil einschneidend behindert. Politisch prekär wird die „strategische Partnerschaft" durch Irritationen und divergierende sicherheitspolitische Zielsetzungen im transatlantischen Verhältnis (siehe Irak-Krieg) und den Auswirkungen anderer innereuropäischer Spannungen (Griechenland-Türkei, Türkei-Zypern). Sowohl die EU als auch die NATO lassen sich nicht von den Interessendivergenzen und unterschiedlichen politisch-strategischen Kulturen der Mitgliedsländer abtrennen. Dies gilt umso mehr für die Zusammenarbeit beider Organisationen. Die EU – und noch mehr die Allianz – ist nicht mehr als die Summe der politischen Konvergenzen der wachsenden Zahl der Mitgliedsländer.

So ist der Charakter der Zusammenarbeit über die praktischen Fälle der Übernahme von NATO-Operationen durch die EU (wie im Falle von *Condordia* in Mazedonien oder der praktischen Umsetzung der Berlin-Plus-Vereinbarungen im Falle der Übernahme von SFOR durch die EU) hinaus weitgehend formal geblieben: Die gemeinsamen Gremien haben keine Entscheidungsautonomie, sondern müssen sich jeweils mit ihren Weisungsgebern rückkoppeln. Die Zusammenarbeit in der Streitkräfteentwicklung wird dadurch wesentlich erschwert, dass Frankreich nicht in der Militärintegration der Allianz mitarbeitet und deshalb sehr schematisch auf getrennten Planungsprozessen besteht.

Auf Grund dieser Rahmenbedingungen schöpfen die EU und die Allianz die Möglichkeiten einer „strategischen Partnerschaft" nur sehr beschränkt aus. Inwieweit die jüngste transatlantische Annäherung in der zweiten Bush-Administration diese Lage verbessern wird, bleibt abzuwarten. Sicher ist, dass wesentliche Hemmnisse, insbesondere die formelle Beschlussunfähigkeit der gemeinsamen Gremien und die Spannungen mit der Türkei wegen der Zypernfrage, die Zusammenarbeit in der nahen Zukunft bestimmen werden. Insofern ist damit zu rechnen, dass der Begriff der „strategischen Partnerschaft" zwischen EU und NATO eine Formel bleibt, die in der Realität nur eine relativ bescheidene Entsprechung findet.

Anhang: Bedrohungsvorstellungen, Strategien und Konzepte von EU und NATO

Bedrohungen und Herausforderungen

EU	NATO
Quelle: Europäische Sicherheitsstrategie[1]	Quelle: Strategisches Konzept der NATO (inkl. Prag-Entscheidungen)[2]
Terrorismus gefährdet Menschenleben, verursacht hohe Kosten, sucht die Offenheit und Toleranz unserer Gesellschaften zu untergraben und stellt eine zunehmende strategische Bedrohung für Gesamteuropa dar. Terroristische Bewegungen sind in wachsendem Maße gut ausgestattet, elektronisch vernetzt und gewillt, unbegrenzt Gewalt anzuwenden, um in großem Maßstab Menschen zu töten.	*24. [...]* Sicherheitsinteressen des Bündnisses können von anderen Risiken umfassenderer Natur berührt werden, einschließlich Akte des Terrorismus, der Sabotage und des organisierten Verbrechens sowie der Unterbrechung der Zufuhr lebenswichtiger Ressourcen. Die unkontrollierte Bewegung einer großen Zahl von Menschen, insbesondere als Folge bewaffneter Konflikte, kann ebenfalls Probleme für die Sicherheit und Stabilität des Bündnisses aufwerfen.
Die *Verbreitung von Massenvernichtungswaffen* (MVW) stellt die potenziell größte Bedrohung für unsere Sicherheit dar. Die internationalen Verträge und Ausführungskontrollregelungen haben die Verbreitung von MVW und ihrer Trägersysteme verlangsamt. Nun jedoch stehen wir am Anfang eines neuen und gefährlichen Zeitabschnitts, in dem es möglicherweise – insbesondere im Nahen Osten – zu einem MVW-Wettrüsten kommt.	*23.* Die weltweite Verbreitung von Technologien, die zur Herstellung von Waffen genutzt werden können, kann zur größeren Verfügbarkeit von hochentwickelten militärischen Fähigkeiten führen und es Gegnern erlauben, sich hochwirksame luft-, land- und seegestützte Offensiv- und Defensivsysteme, Marschflugkörper und andere fortgeschrittene Waffensysteme zu verschaffen. Darüber hinaus könnten staatliche und nichtstaatliche Gegner versuchen, die zunehmende Abstützung des Bündnisses auf Informationssysteme durch Informationsoperationen zur Untauglichmachung solcher Systeme auszunutzen. Sie könnten versuchen, Strategien dieser Art einzusetzen, um die Überlegenheit der NATO bei traditionellen Waffen auszugleichen.
Regionale Konflikte: Probleme, wie sich in Kaschmir, in der Region der Großen Seen und auf der koreanischen Halbinsel stellen, haben ebenso direkte und indirekte Auswirkungen auf europäische Interessen wie näher gelegene Konfliktherde, vor allem im Nahen Osten. Gewaltsame oder festgefahrene Konflikte, wie sie auch an unseren Grenzen andauern, stellen eine Bedrohung für die regionale Stabilität dar. Sie zerstören Menschenleben wie auch soziale und physische Infrastruktu-	*20.* Einige Länder im und um den euro-atlantischen Raum sehen sich ernsten wirtschaftlichen, sozialen und politischen Schwierigkeiten gegenüber. Ethnische und religiöse Rivalitäten, Gebietsstreitigkeiten, unzureichende oder fehlgeschlagene Reformbemühungen, die Verletzung von Menschenrechten und die Auflösung von Staaten können zu lokaler und selbst regionaler Instabilität führen. Die daraus resultierenden Spannungen könnten zu Krisen führen, die die euro-atlantische

[1] Siehe Europäischer Rat, Ein sicheres Europa in einer besseren Welt. Europäische Sicherheitsstrategie, 12. Dezember 2003 (http://ue.eu.int/solana/docs/031208ESSIIDE.pdf).
[2] Prague Summit Declaration: http://www.nato.int/docu/pr/2002/p02-127e.htm.

ren, bedrohen Minderheiten und untergraben die Grundfreiheiten und Menschenrechte. Diese Konflikte können Extremismus, Terrorismus und den Zusammenbruch von Staaten hervorrufen und leisten der organisierten Kriminalität Vorschub. Regionale Unsicherheit kann die Nachfrage nach Massenvernichtungswaffen schüren. Um den häufig schwer zu definierenden neuen Bedrohungen zu begegnen, ist es bisweilen das Naheliegendste, den länger zurückliegenden regionalen Konflikten auf den Grund zu gehen. Stabilität berühren sowie zu menschlichem Leid und bewaffneten Konflikten. Solche Konflikte könnten, indem sie auf benachbarte Staaten einschließlich NATO-Staaten übergreifen oder in anderer Weise, auch die Sicherheit des Bündnisses oder anderer Staaten berühren.	
Scheitern von Staaten: Schlechte Staatsführung, d.h. Korruption, Machtmissbrauch, schwache Institutionen und mangelnde Rechenschaftspflicht sowie zivile Konflikte, zersetzen Staaten von innen heraus. In einigen Fällen hat dies zu einem Zusammenbruch der staatlichen Institutionen geführt. Somalia, Liberia und Afghanistan unter den Taliban sind die bekanntesten Beispiele aus der jüngsten Vergangenheit. Das Scheitern eines Staates kann ein offensichtliche Bedrohungen, wie organisierte Kriminalität oder Terrorismus, zurückzuführen sein und ist ein alarmierendes Phänomen, das die globale Politikgestaltung untergräbt und die regionale Instabilität vergrößert.	Siehe oben Punkt 20
Organisierte Kriminalität: Europa ist ein primäres Ziel für organisierte Kriminalität. Diese interne Bedrohung für unsere Sicherheit hat auch eine wichtige externe Dimension: Der grenzüberschreitende Handel mit Drogen, Frauen, illegalen Einwanderern und Waffen machen einen wichtigen Teil der Machenschaften krimineller Banden aus, und bisweilen bestehen Verbindungen zu terroristischen Bewegungen.	Siehe oben Punkt 24
Die *Energieabhängigkeit* gibt Europa in besonderem Maße Anlass zur Besorgnis. Europa ist der größte Erdöl- und Erdgasimporteur der Welt. Unser derzeitiger Energieverbrauch wird zu 50% durch Einfuhren gedeckt. Im Jahr 2030 wird dieser Anteil 70% erreicht haben. Die Energieeinfuhren stammen zum größten Teil aus der Golfregion, aus Russland und aus Nordafrika.	

Sicherheitspolitisches Leitbild

EU	NATO
Weiter Sicherheitsbegriff: Im Gegensatz zu der massiv erkennbaren Bedrohung zur Zeit des Kalten Krieges ist keine der neuen Bedrohungen rein militärischer Natur und kann auch nicht mit rein militärischen Mitteln bewältigt werden. Jede dieser Bedrohungen erfordert eine Kombination von Instrumenten. Die Proliferation kann durch Ausfuhrkontrollen eingedämmt und mit politischen, wirtschaftlichen und sonstigen Druckmitteln bekämpft werden, während gleichzeitig auch die tieferen politischen Ursachen angegangen werden. Zur Bekämpfung des Terrorismus kann eine Kombination aus Aufklärungsarbeit sowie polizeilichen, justiziellen, militärischen und sonstigen Mitteln erforderlich sein. In gescheiterten Staaten können militärische Mittel zur Wiederherstellung der Ordnung und humanitäre Mittel zur Bewältigung der Notsituation erforderlich sein. Regionale Konflikte bedürfen politischer Lösungen, in der Zeit nach Beilegung des Konflikts können aber auch militärische Mittel und eine wirksame Polizeiarbeit vonnöten sein. Wirtschaftliche Instrumente dienen dem Wiederaufbau, und ziviles Krisenmanagement trägt zum Wiederaufbau einer zivilen Regierung bei. Die Europäische Union ist besonders gut gerüstet, um auf solche komplexen Situationen zu reagieren.	*Weiter Sicherheitsbegriff:* Das Bündnis ist einem breit angelegten sicherheitspolitischen Ansatz verpflichtet, der die Bedeutung politischer, wirtschaftlicher, sozialer und umweltpolitischer Faktoren neben der unverzichtbaren Verteidigungsdimension anerkennt. Dieser breite Ansatz bildet für das Bündnis die Grundlage für die wirksame Erfüllung seiner grundlegenden Sicherheitsaufgaben sowie für die Verstärkung seiner Bemühungen um die Entwicklung einer wirksamen Zusammenarbeit mit anderen europäischen und euro-atlantischen Organisationen sowie den Vereinten Nationen. Unser gemeinsames Ziel ist es, eine europäische Sicherheitsarchitektur aufzubauen, in deren Rahmen der Beitrag des Bündnisses zu Sicherheit und Stabilität des euro-atlantischen Raums und der Beitrag dieser anderen internationalen Organisationen einander ergänzen und gegenseitig verstärken, sowohl bei der Vertiefung der Beziehungen zwischen den euro-atlantischen Staaten und bei der Bewältigung von Krisen. Die NATO bleibt das wesentliche Forum für Konsultationen unter den Verbündeten und für die Vereinbarung von politischen Maßnahmen, die sich auf die Sicherheits- und Verteidigungsverpflichtungen ihrer Mitgliedstaaten nach dem Washingtoner Vertrag auswirken.
Entgrenzung der Verteidigung: Unser herkömmliches Konzept der Selbstverteidigung, das bis zum Ende des Kalten Krieges galt, ging von der Gefahr einer Invasion aus. Bei den neuen Bedrohungen wird die erste Verteidigungslinie oftmals im Ausland liegen. Die neuen Bedrohungen sind dynamischer Art. Nukleare Aktivitäten in Nordkorea, nukleare Risiken in Südasien und Proliferation im Nahen Osten sind allesamt ein Grund zur Besorgnis für Europa. Terroristen und Kriminelle sind nunmehr in der Lage, weltweit zu operieren: Im Zeitalter der Globalisierung können ferne Bedrohungen ebenso ein Grund zur Besorgnis sein wie näher gelegene. [...] Die erste Verteidigungslinie wird oftmals im Ausland liegen. Die neuen Bedrohungen sind dynamischer Art. [...] Konflikten und Bedrohungen kann nicht früh genug vorgebeugt werden.	*Entgrenzung der Verteidigung:* 4. Wir unterstreichen, dass unsere Anstrengungen zur Umgestaltung und Anpassung der NATO von keinem Land und keiner Organisation als eine Bedrohung anzusehen sind, sondern vielmehr als Zeichen unserer Entschlossenheit, unsere Bevölkerung, unser Territorium und unsere Streitkräfte vor jedem bewaffneten Angriff zu schützen, der aus dem Ausland geführt wird, auch vor Terroranschlägen. Wir sind entschlossen, vor jedem gegen uns gerichteten Angriff abzuschrecken, solche Angriffe zu unterbinden und uns dagegen zu verteidigen und zu schützen, und zwar in Übereinstimmung mit dem Washingtoner Vertrag und der Charta der Vereinten Nationen. Um das volle Spektrum ihrer Aufgaben zu erfüllen, muss die NATO in der Lage sein, Streitkräfte einzusetzen, die schnell dorthin verlegt werden können, wo sie nach Entscheidung durch den Nordatlantikrat benötigt

	werden und die Fähigkeit besitzen, Operationen über Zeit und Raum zu führen – auch in einem potentiellen nuklearen, biologischen und chemischen Bedrohungsumfeld – und ihre Ziele zu erreichen. Einsatzstarke militärische Kräfte, als essentieller Teil unserer gesamtpolitischen Strategie, sind von entscheidender Wichtigkeit, um die Freiheit und Sicherheit unserer Bevölkerung zu gewährleisten und zu Frieden und Sicherheit im euro-atlantischen Raum beizutragen. *Vorbeugendes Handeln (proaktiv):* 32. Die NATO wird von Partnerschaft, Zusammenarbeit und Dialog sowie von ihren Beziehungen zu anderen Organisationen vollen Gebrauch machen, um zur Verhinderung von Krisen und, sollten diese dennoch entstehen, zu ihrer Entschärfung in einem frühen Zeitpunkt beizutragen. Ein kohärenter Ansatz zur Krisenbewältigung wird, wie bei jeder Gewaltanwendung durch das Bündnis, die Auswahl und Koordinierung geeigneter Reaktionen durch die politischen Stellen des Bündnisses aus einem Spektrum sowohl politischer als auch militärischer Maßnahmen und deren genaue politische Kontrolle in jedem Stadium erforderlich machen. *Koordination mit EU:* 14. Die Vereinten Nationen (VN), die Organisation für Sicherheit und Zusammenarbeit in Europa (OSZE), die Europäische Union (EU) und die Westeuropäische Union (WEU) leisten ausgeprägte Beiträge zur euro-atlantischen Sicherheit und Stabilität. Sich gegenseitig verstärkende Organisationen sind zu einem zentralen Merkmal des Sicherheitsumfelds geworden. 18. Wie in der Gipfelerklärung von 1994 zum Ausdruck gekommen und 1996 in Berlin bekräftigt, unterstützt das Bündnis uneingeschränkt die Entwicklung der europäischen Sicherheits- und Verteidigungsidentität innerhalb des Bündnisses, indem sie ihre Mittel und Fähigkeiten für WEU-geführte Operationen zur Verfügung stellt. Zu diesem Zweck haben das Bündnis und die WEU enge Beziehungen hergestellt und Schlüsselelemente der ESVI in Kraft gesetzt, wie in Berlin vereinbart. Zur Verbesserung von Frieden und Stabilität in Europa und darüber hinaus stärken die europäischen Verbündeten ihre Handlungsfähigkeit, auch durch eine Verstärkung ihrer militärischen Fähigkeiten. Der Zuwachs an Verantwortlichkeiten und Fähigkeiten der europäischen Verbündeten hinsichtlich Sicherheit und Verteidigung verbessert das Sicherheitsumfeld des Bündnisses.
Vorbeugendes Handeln (proaktiv): Proliferationsrisiken nehmen immer mehr zu; ohne Gegenmaßnahmen werden terroristische Netze immer gefährlicher. Staatlicher Zusammenbruch und organisierte Kriminalität breiten sich aus, wenn ihnen nicht entgegengewirkt wird – wie in Westafrika zu sehen war. Daher müssen wir bereit sein, vor Ausbruch einer Krise zu handeln. Konflikten und Bedrohungen kann nicht früh genug vorgebeugt werden.	
Koordination innerhalb der EU: Zur Bekämpfung des Terrorismus kann eine Kombination aus Aufklärungsarbeit sowie polizeilichen, justiziellen, militärischen und sonstigen Mitteln erforderlich sein. In gescheiterten Staaten können militärische Mittel zur Wiederherstellung der Ordnung und humanitäre Mittel zur Bewältigung der Notsituation erforderlich sein. Regionale Konflikte bedürfen politischer Lösungen, in der Zeit nach Beilegung des Konflikts können aber auch militärische Mittel und eine wirksame Polizeiarbeit vonnöten sein. Wirtschaftliche Instrumente dienen dem Wiederaufbau, und ziviles Krisenmanagement trägt zum Wiederaufbau einer zivilen Regierung bei. Die Europäische Union ist besonders gut gerüstet, um auf solche komplexen Situationen zu reagieren.	

Strategien

EU	NATO
Erweiterung: Nicht explizit als Strategie angesprochen.	*Erweiterung*: Von zukünftig 25 EU-Mitgliedern werden nur sechs nicht gleichzeitig der Allianz angehören (Finnland, Irland, Österreich, Schweden, Malta und Zypern).
Prioritäten: Selbst im Zeitalter der Globalisierung spielen die geographischen Aspekte noch immer eine wichtige Rolle [...]. Die Integration der beitretenden Staaten erhöht zwar unsere Sicherheit, bringt die EU aber auch in größere Nähe zu Krisengebieten. Wir müssen darauf hinarbeiten, dass östlich der Europäischen Union und an den Mittelmeergrenzen ein Ring verantwortungsvoll regierter Staaten entsteht, mit denen wir enge, auf Zusammenarbeit gegründete Beziehungen pflegen können. Die Lösung des israelisch-arabischen Konflikts ist für Europa eine strategische Priorität. *Strategische Partnerschaften*: Rolle der NATO/Zusammenarbeit mit USA und NATO. Solana: Die transatlantischen Beziehungen sind unersetzlich. In gemeinsamem Handeln können die Europäische Union und die Vereinigten Staaten eine mächtige Kraft zum Wohl der Welt sein. Unser Ziel sollte eine wirkungsvolle, ausgewogene Partnerschaft mit den USA sein. Dies ist ein weiterer Grund, warum die EU ihre Fähigkeiten weiter ausbauen und ihre Kohärenz verstärken muss. Die transatlantischen Beziehungen zählen zu den tragenden Elementen des internationalen Systems. Dies ist nicht nur im beiderseitigen Interesse, sondern stärkt auch die internationale Gemeinschaft in ihrer Gesamtheit. Die NATO ist ein besonderer Ausdruck dieser Beziehungen. Die Dauervereinbarungen zwischen der EU und der NATO, insbesondere die Berlin-Plus-Vereinbarung, verbessern die Einsatzfähigkeit der EU und bilden den Rahmen für die strategische Partnerschaft zwischen beiden Organisationen bei der Krisenbewältigung. Dies spiegelt unsere gemeinsame Entschlossenheit wider, die Herausforderungen des neuen Jahrhunderts anzugehen.	

Andere strategische Partnerschaften: Insbesondere müssen wir danach streben, strategische Partnerschaften mit Japan, China, Kanada und Indien sowie mit all jenen zu entwickeln, die unsere Ziele und Werte teilen und bereit sind, sich dafür einzusetzen. Wir müssen uns weiter um engere Beziehungen zu Russland bemühen, das einen wichtigen Faktor für unsere Sicherheit und unseren Wohlstand bildet. Die Verfolgung gemeinsamer Werte wird die Fortschritte auf dem Weg zu einer strategischen Partnerschaft bestärken. Gemeinsame Strategien: ■ Russland ■ Ukraine ■ Mittelmeerraum	*Strategische Partnerschaften:* ■ Russland ■ Ukraine Sonderverhältnisse: ■ EAPR ■ PfP ■ MAP ■ Mittelmeer-Dialog

Mittel, Instrumente und Streitkräfte

EU	NATO
Streitkräfte: Damit wir unsere Streitkräfte zu flexibleren, mobilen Einsatzkräften umgestalten und sie in die Lage versetzen können, sich den neuen Bedrohungen zu stellen, müssen die Mittel für die Verteidigung aufgestockt und effektiver genutzt werden. Wir brauchen eine verstärkte Fähigkeit, damit alle notwendigen zivilen Mittel in und nach Krisen zum Tragen kommen. Verstärkte diplomatische Fähigkeiten: Wir brauchen ein System, das die Ressourcen der Mitgliedstaaten mit denen der EU-Organe verbindet. Der Umgang mit Problemen, die weiter entfernt und uns fremder sind, erfordert besseres Verständnis und bessere Kommunikation. Terror: Europäischer Haftbefehl; Kontrolle der Finanzströme zur Finanzierung von Terrorismus; gegenseitige, rechtliche Unterstützung. *Regionale Sicherheit:* ■ Balkan, Afghanistan, Kongo ■ Barcelona-Prozeß (Mittelmeer)	*Streitkräfte:* Prager Gipfel: Militärisches Konzept zur Verteidigung gegen Terrorismus: Umfasst defensive Schutzmaßnahmen, reaktive Hilfsmaßnahmen, offensive Optionen und Möglichkeiten zur Kooperation mit Partnern und anderen Organisationen.[3] ■ Balkans, Afghanistan, Irak, Mittelmeerdialog

---

[3] Siehe Nora Bensahel, The Counterterror Coalitions. Cooperation with Europe, NATO and the European Union, RAND, Project Air Force, Santa Monica 2003, S. 25-27. Allerdings ist die Rolle der Allianz in diesem Konzept sehr beschränkt: Die Allianzstruktur und -kapazität erfährt keine wesentlichen Änderungen; die Verantwortung tragen im Wesentlichen die Mitgliedstaaten.

Die EU und das Leitbild „Friedensmacht": Außen- und sicherheitspolitische Konzepte nach dem Irak-Krieg

Hans-Georg Ehrhart

1 Einführung

Die Wiederwahl von George W. Bush zum amerikanischen Präsidenten Anfang November 2004 verdeutlichte, dass Europa es weitere vier Jahre mit einem konservativen Präsidenten zu tun haben wird, dessen zentrale außenpolitische Herausforderung in der Großregion des sogenannten *Broader Middle East* liegt. Auch für die Gemeinsame Außen-, Sicherheit- und Verteidigungspolitik (GASP/ESVP) der Europäischen Union (EU) und die transatlantischen Beziehungen ist die Entwicklung in diesem Raum von großer Bedeutung. Nur ein handlungsfähigeres und engagierteres Europa wird die Prozesse in der Region und die damit verbundenen transatlantischen Wechselwirkungen positiv beeinflussen können. Das Inkrafttreten des am 29. Oktober 2004 unterzeichneten Verfassungsvertrages würde die GASP/ESVP zwar auf eine bessere Grundlage stellen. Gleichwohl wäre die Union von einer effektiven GASP, die durch den einheitlichen Akteur EU formuliert und umgesetzt wird, immer noch ein gutes Stück entfernt. Allerdings sollte ein langfristig angelegtes politisches Projekt nicht aufgrund einzelner Ereignisse wie etwa des Irakkrieges beurteilt werden. Immerhin geht es hier um die langfristig angelegte Europäisierung eines Politikfeldes, das einerseits insbesondere von den größeren Staaten immer noch als Hort nationaler Souveränität betrachtet wird, das anderseits aber dennoch schrittweise ausgebaut wird.

Dieser scheinbare Widerspruch kann in wissenschaftstheoretischer Perspektive durch eine rationalistische und eine konstruktivistische Lesart gedeutet werden. Wir folgen hier der Position, dass beide Theorieangebote sich ergänzen können, weil sie wichtige Elemente der Entwicklung der EU als sicherheitspolitischer Akteur erklären.[1] Friedens- und sicherheitspolitische Forschung sollte allerdings in erster Linie problemorientiert sein. Problemorientierung darf sich nicht in tagespolitischer Adhocerie erschöpfen, sondern muss zielorientiert sein. Gerade vor dem Hintergrund des Erweiterungsprozesses der EU, weltpolitischer Herausforderungen und zunehmender Legitimitätsprobleme in der „europäischen Öffentlichkeit" gilt es Sinn und Zweck des europäischen Projekts zu verdeutlichen – auch und gerade auf dem Politikfeld der GASP/ESVP. Vor diesem Hintergrund wird hier folgender Frage nachgegangen: Von welchen Konzepten[2] wird der Prozess sicherheitspoliti-

---

Der Beitrag ist eine aktualisierte und erweiterte Version des Artikels „Abschied vom Leitbild ,Zivilmacht'?", in: Varwick, Johannes/ Knelangen, Wilhelm (Hrsg.) 2004: Neues Europa – alte EU? Fragen an den europäischen Integrationsprozess, Opladen.
[1] Riecker, Pernille 2004: EU Security Policy: Constrasting Rationalism and Social Constructivism, Notater Papers, Nr. 659.
[2] Unter Konzept verstehe ich einen mehr oder minder präzisierten Entwurf, der über einen Informationsgehalt und eine gewisse Reichweite verfügt. Vgl. dazu Eising, Rainer 2003: Europäisierung und Integration. Konzepte in der EU-Forschung, in: Jachtenfuchs, Markus/Koehler-Koch, Beate (Hrg.): Europäische Integration, 2. Aufl., Opladen, S. 387-416.

scher Akteursbildung der EU angeleitet und an welchem Leitbild richtet sich die Außen- und Sicherheitspolitik der EU aus, nachdem das traditionelle Leitbild einer „Zivilmacht" verblasst?[3]

2 Aktuelle Grundprobleme der GASP/ESVP

Bevor wir auf diese Frage eingehen, soll eine kursorische Bestandsaufnahme von drei aktuellen Grundproblemen der europäischen Außen- und Sicherheitspolitik nach dem Irak-Krieg erfolgen, deren Relevanz für die Ausgestaltung der GASP/ESVP[4] durch den Krieg im Irak deutlich hervorgetreten ist: das transatlantische Verhältnis, die Lücke zwischen europäischem Gestaltungsanspruch und Fähigkeiten, das fehlende sicherheitspolitische Gesamtkonzept für die GASP/ESVP.

2.1 Transatlantische Beziehungen

Theoretisch können sich die transatlantischen Sicherheitsbeziehungen nach drei Modellen entwickeln. Nach dem ersten Modell sind die USA die zentrale Führungsmacht, der sich Europa unterordnet in der Hoffnung, auf diese Weise mehr Einfluss ausüben zu können. Nach dem zweiten bildet die EU eine unabhängige und gleichgewichtige Macht, die je nach Interessenlage mit den USA im Rahmen einer lockeren Allianz kooperiert. Das dritte beschreibt einen Mittelweg einer gleichwertigen und arbeitsteiligen Partnerschaft.[5] Welches dieser Modelle sich letztlich durchsetzten wird, bleibt abzuwarten. Die transatlantischen Beziehungen befinden sich gegenwärtig in einer äußerst dynamischen und widersprüchlichen Übergangszeit, die seriöse Prognosen unmöglich macht. Angesichts der europaskeptischsten US-Administration der letzten Jahrzehnte[6] stehen die EU und ihre Mitgliedstaaten vor der Aufgabe, nicht wieder in eine Lage zu geraten, sich zwischen Bedeutungslosigkeit und Abhängigkeit entscheiden zu müssen.[7]

In diesem Zusammenhang sind die Entwicklung von NATO und EU und ihres Verhältnisses zueinander von zentraler Bedeutung. Beide kollektive Akteure haben zwar nach langem Ringen 2003 eine Vereinbarung abgeschlossen, in der die transatlantische Zusammenarbeit bei der militärischen Krisenbearbeitung institutionalisiert[8] und der Zugriff der

---

[3] Rummel, Reinhardt 2002: From Weakness to Power with the ESDP?, in: European Foreign Affairs Review (4), S. 453-471.

[4] Gnesotto, Nicole (Hrsg.) 2004: Die Sicherheits- und Verteidigungspolitik der EU. Die ersten fünf Jahre (1999-2004), Paris.

[5] Varwick, Johannes 2004: Vom Partner zum Rivalen? Die Zukunft der transatlantischen Sicherheitsbeziehungen, in: Ehrhart, Hans-Georg/Schmitt, Burkard (Hrsg.): Die Sicherheitspolitik der EU im Werden. Bedrohungen, Aktivitäten, Fähigkeiten, Baden-Baden, S.146-159.

[6] Ob sich diese Skepsis mit der zweiten Bush-Adiminstration grundlegend ändert wird man sehen. Zumindest der Stil scheint ein anderer zu werden, wie die Europa-Reisen von Außenministerin Rice im Januar und von Präsident Bush im Februar 2005 zeigten. Vgl. Rice, Condoleezza 2005: Statement at the Institut d'Etudes Politiques de Paris, February 8.

[7] Vernet, Daniel, Les Européens se retrouvent face à un nouveau défi, in: Le Monde, 4.11.2004, S. 1, 15.

[8] Gleichwohl gibt es noch praktische Probleme, da einige neue EU-Mitglieder noch keine Unbedenklichkeitsbescheinigung der NATO haben und deshalb vom Austausch von Geheiminformationen vorläufig ausgeschlossen bleiben. Vgl. Dempsey, Judy 2004: For EU and NATO, Snags over Intelligence, in: International Herald Tribune, 11. November 2004.

EU auf Fähigkeiten und Mittel der NATO geregelt worden sind. Die Übernahme der NATO-Friedensmission in Mazedonien durch die EU im April 2003 war der erste – insgesamt positiv verlaufene – Testfall für diese Zusammenarbeit.[9] Die im Dezember 2004 von der EU abgelöste NATO-geführte Friedensmission SFOR in Bosnien stellt den zweiten Testfall dar. Ungewiss bleibt, wie die Kooperation zwischen NATO und EU in der Praxis funktioniert, wenn in Washington und Brüssel oder innerhalb der EU unterschiedliche oder gar gegensätzliche Prioritäten gesetzt werden. Die europäische Vielstimmigkeit in der Irak-Krise und die fehlende Konsensfähigkeit der Europäer im Hinblick auf die generelle Einführung von Mehrheitsabstimmungen in der GASP stimmen nicht gerade sehr optimistisch.

Dieser Befund gilt freilich auch für die NATO.[10] Es bleibt abzuwarten, welche Rolle eine auf 26 Länder erweiterte und nach dem Konsensprinzip agierende NATO überhaupt spielen kann, die bei allen wesentlichen Entscheidungen in jüngster Zeit keine Rolle mehr gespielt hat. Die zugespitzte Alternative lautet: „OSZE-sierung" und schwerfällige Beschlussfassung oder Flexibilisierung und Reduktion auf die Funktion eines Werkzeugkastens für die amerikanische Weltpolitik. Die USA befürworten selbstverständlich den letztgenannten Weg, denn er erhöht ihren Handlungsspielraum. Damit einher gehen die Verlagerung der US-Militärpräsenz nach Osteuropa und in außereuropäische Regionen, die Re-Nationalisierung der NATO und die Differenzierung der Verbündeten nach deren Nutzen für die strategischen Ziele der USA außerhalb Europas. Da für den sicherheitspolitischen Akteur EU keine dieser Optionen akzeptabel sein dürfte, muss er sein eigenes Gewicht stärken.

Die auf 25 Mitglieder erweiterte EU steht wiederum vor der Aufgabe, angesichts latenter interner Spannungen in der Frage der Gestaltung des transatlantischen Verhältnisses eine außen- und sicherheitspolitische Identität zu entwickeln, die einerseits nur aus einer eigenständigen Rolle als internationaler Akteur hervorgehen kann, andererseits aber Fähigkeiten und gemeinsamen Willen voraussetzt. Eigenständigkeit bedeutet nicht, dass diese Identität notwendigerweise im Aufbau einer Gegenposition oder eines Gegengewichts zu den USA bestehen muss. Aber sie schließt die Möglichkeit ein, gegebenenfalls eine abweichende Position zu vertreten. Diese in anderen Politikbereichen durchaus nicht unüblichen Kontroversen – man denke nur an die vielen Handelskonflikte (z.B. genetisch modifizierte Substanzen), die Umweltpolitik (z.B. Kyoto-Protokoll), die Völkerrechtspolitik (z.B. Internationaler Strafgerichtshof) oder die Menschenrechtspolitik (z.B. Todesstrafe, Guantanamo) – haben in jüngster Zeit auch in der Sicherheitspolitik zugenommen, insbesondere im Bereich Rüstungskontrolle und Abrüstung (z.B. ABM-Vertrag, Zusatzprotokoll zur Bio- und Toxinwaffenkonvention, Chemiewaffenkonvention, Anti-Personenminen-Konvention).[11]

Der Irak-Krieg kann bislang als Höhepunkt einer divergierenden Entwicklung angesehen werden, welche jetzt in positive Bahnen gelenkt werden müsste. Die Übernahme des Kommandos der ISAF durch die NATO im Spätsommer 2003 und durch das Eurocorps im August 2004 können ebenso als Schritte in diese Richtung verstanden werden wie die Aus-

---

[9] Ehrhart, Hans-Georg 2005: Die EU als militärischer Akteur in Mazedonien: Lehren und Herausforderungen für die ESVP, in: Varwick, Johannes (Hrsg.) 2005: Die Beziehungen zwischen NATO und EU. Partnerschaft, Konkurrenz, Rivalität?, Opladen, S. 169-184.

[10] Schmidt, Peter 2004: Die NATO und der Irak, in: Reiter, Erich (Hrsg.) 2004: Jahrbuch für internationale Sicherheitspolitik, Hamburg, S. 635-653.

[11] Deller, Nicole/Makhijani, Arjun/Burroughs, John (Hrsg.) 2002: Rule of Power or Rule of Law? An Assessment of US Policies and Actions Regarding Security-Related Treaties, www.ieer.org/reports/treaties/index.html.

dehnung des Aktionsraumes durch euro-atlantische Wiederaufbauteams. Einen stabilisierenden Beitrag in Afghanistan zu leisten gilt mittlerweile als Hauptpriorität des Bündnisses. Damit ist die NATO eine Verpflichtung eingegangen, die angesichts des schwierigen Staatsbildungsprozesses eine langfristige Herausforderung darstellt.[12] Ein größeres Engagement der NATO im Irak ist bereits angesichts der Vorgeschichte des Krieges kurzfristig auch nach dem Europabesuch von Präsident Bush im Februar 2005 wenig wahrscheinlich. Gleichwohl konnten sich die Allianzmitglieder auf dem NATO-Gipfel in Istanbul nach hartem Ringen darauf einigen, eine Ausbildungsmission in den Irak zu entsenden und damit eine, wenn auch nur kleine, Präsenz im Irak zu errichten.[13] Ob diese zu einem größeren Engagement aufwachsen wird, hängt vor allem von der Sicherheitslage und der politischen Entwicklung nach den am 30. Januar 2005 erfolgten Wahlen ab. Wenn es stimmt, dass die Stabilisierung des Irak eine der zentralen Fragen für die Zukunft der ganzen Region ist, dann führt an einem größeren internationalen Engagement bei der Transformation des Irak kein Weg vorbei.[14] Das Problem dabei ist allerdings, dass zwar kein Dissens über das Ziel eines stabilen und demokratischen Irak besteht, aber über die einzusetzenden Mittel und die anzuwendenden Methoden.

Unstrittig ist, dass die EU ein überragendes Interesse an der Stabilisierung der Region hat. Deshalb engagiert sie sich im Irak im humanitären Sektor und beteiligt sich am politischen, wirtschaftlichen und sozialen Wiederaufbau.[15] Sie tut dies nicht als Anhängsel der USA, sondern als autonomer Akteur und in enger Zusammenarbeit mit der UNO. Der Rat hat zudem im Februar 2005 beschlossen, ein Verbindungsbüro in Bagdad zu eröffnen und im Rahmen der zivilen ESVP zwischen sieben- und achthundert irakische Richter, Staatsanwälte, hohe Polizeibeamte und Leiter von Haftanstalten – zunächst außerhalb des Landes – auszubilden.[16] Des Weiteren spielt sie eine aktive Rolle im Rahmen des Nahost-Quartetts. So verabschiedete sie Anfang November 2004 ein Aktionsprogramm für die Palästinensischen Gebiete, das insbesondere die Unterstützung von Wahlen vorsieht. Schließlich bietet die von der EU gestützte gemeinsame Iran-Diplomatie Deutschlands, Frankreichs und Großbritanniens einen potentiellen Ansatzpunkt für ein besser abgestimmtes transatlantisches Vorgehen. Es wäre allerdings hilfreich, wenn Washington die über Teheran verhängte politische Quarantäne aufhebte und sich an einer koordinierten Politik des *engagement* beteiligte.[17]

Die USA sind für die Stabilisierung der Region unverzichtbar, aber *à la longue* auf Unterstützung durch die EU und die UNO angewiesen. Entsprechend positiv äußerte sich Präsident Bush über die Rolle eines starken Europas für die transatlantischen Beziehungen anlässlich des ersten Besuches eines amerikanischen Präsidenten bei der EU.[18] Washington

---

[12] Roy, Olivier 2004: Afghanistan: la difficile reconstruction d'un Etat, Cahier de Chaillot (73).
[13] NATO Press Release (2004) 098 vom 28. Juni 2004.
[14] Hamre, John/Barton, Frederick/Crocker, Bathsheba et al. 2003: Iraq's Post-Conflict Reconstruction. A Field Review and Recommendations, Washington.
[15] Bis Januar 2005 hat die EU ca. 500 Mio. Euro aus dem Gemeinschaftshaushalt für Hilfsmaßnahmen im Irak ausgegeben bzw. bereitgestellt. Die Union und ihre Mitgliedstaaten haben insgesamt 1,25 Mrd. Euro in Aussicht gestellt. Vgl. ww.europa.eu.int/comm/external_relations/iraq/intro/index.htm.
[16] Council of the European Union 2004: 2614th Council Meeting (General Affairs), 2. November 2004, 13588/04 (Presse 295).
[17] Vgl. zu diesem Komplex Ehrhart, Hans-Georg/Johannsen, Margret (Hrsg.) 2005: Herausforderung Mittelost: Übernimmt sich der Westen?, Baden-Baden.
[18] Bumiller, Elisabeth 2005: Bush seeks to start a thaw in Europe, in: International Herald Tribune, 21. Februar 2001.

wird wiederum von den EU-Staaten als strategischer Partner bei der Bewältigung regionaler und globaler Sicherheitsprobleme angesehen. Was läge also näher als ein konzertiertes Vorgehen, wie es beispielsweise auf dem Balkan praktiziert wird?[19] Die lange vorherrschende Verengung des Blicks auf militärische Beiträge blendet wichtige andere Aspekte der Krisenbearbeitung aus. Vor allen Dingen mangelt es leider noch an einer kontinuierlichen strategischen Debatte über Prinzipien, Herausforderungen, Ziele und Instrumente einer *international security governance*. Diese ist umso gebotener, als der Irak-Krieg diesbezüglich grundlegende Unterschiede offenbart hat.[20]

2.2 Fähigkeitslücke zwischen EU und USA

Die transatlantische Auseinandersetzung um militärische Fähigkeiten ist so alt wie die NATO selbst. Dass eine Fähigkeitslücke heute insbesondere in den Bereichen Aufklärung, Transport und Führung existiert, ist ebenso unbestreitbar wie die Tatsache, dass den erkennbaren Bemühungen um eine Veränderung der Lage enge haushaltspolitische Grenzen gesetzt sind. Im Hinblick auf die mangelnden militärischen Fähigkeiten Europas ist festzuhalten, dass die im Rahmen des *Prague Capabilities Commitment* (PCC) und des *European Capability Action Plan* (ECAP) festgestellten Lücken nahezu deckungsgleich sind. Ob es gelingt, die jeweiligen Arbeitsgruppen in der *EU/NATO Capability Group* zu harmonisieren und dadurch Doppelarbeit zu vermeiden, muss sich noch zeigen.

Entscheidend sind die nationalen Investitionen in den Rüstungsbereich. Paris setzt hier andere Prioritäten als Berlin. Frankreichs Verteidigungsausgaben erreichen einen Anteil von 2,5 Prozent am Bruttosozialprodukt, während Deutschland bei lediglich 1,5 Prozent liegt. Frankreichs Maßstab in Rüstungsfragen ist nicht der westliche Nachbar, sondern die andere ehemalige Welt- und Kolonialmacht Großbritannien, die mit 2,4 Prozent etwa so viel wie Paris in seine Streitkräfte investiert und diese auch konsequent umstrukturiert.[21] Die Erwartung der französischen Verteidigungsministerin, dass auch Deutschland dem französischen Beispiel einer Erhöhung des Verteidigungshaushalts folgen wird, wurde enttäuscht. Allerdings hat Berlin für die Bundeswehr eine Reform eingeleitet, in deren Mittelpunkt nun die bereits von der Weizsäcker-Kommission vertretene – und von London und Paris schon seit längerem beherzigte – Erkenntnis steht, dass die Streitkräfte stärker auf Interventionsszenarien ausgerichtet werden müssen.[22] Bundeskanzler Gerhard Schröder hat in seiner Regierungserklärung vom 3. April 2003 bekundet, dass Europa seine militärischen Fähigkeiten weiterentwickeln müsse.[23] Da die mittelfristige Finanzplanung der Bundesregierung bis 2006 sakrosankt ist, soll es ab 2007 zu einer Steigerung des Verteidigungshaushaltes von 800 Mio. Euro jährlich kommen.

---

[19] NATO Press Release (2003) 089 vom 29. Juli 2003.
[20] Die Debatte darüber, ob die NATO zu einem stärker politischen transatlantischen Rahmen werden soll, ist jüngst wieder von Bundeskanzler Schröder intensiviert worden (vgl. Schröder, Gerhard 2005: Rede auf der XLI. Münchner Konferenz für Sicherheitspolitik, www.securityconference.de/ (Zugriff: 15.2.2005).). Wie eine konkrete Strategie zur Überwindung der transatlantischen Störungen aussehen könnte zeigen Gordon, Philip/Grant, Charles 2005: A Concrete Strategy for Mending Fences, in: International Herald Tribune vom 17.2.2005.
[21] SIPRI-Yearbook 2004, Oxford 2004, S. 360f.
[22] Bundesministerium der Verteidigung 2003: Verteidigungspoltische Richtlinien, Berlin.
[23] Schröder, Gerhard 2003: Regierungserklärung am 3.4.2003 zur internationalen Lage und den Ergebnissen des Europäischen Rates in Brüssel.

Bei aller Kritik an den fehlenden Fähigkeiten sollte nicht vergessen werden, dass die EU-Staaten zusammen immerhin 160 Mrd. Euro für ihre Verteidigung verwenden. Diese respektable Summe wird jedoch ineffizient ausgegeben. Zwar hat der Europäische Rat bereits 2003 die Herstellung der Operationalität der europäischen Eingreiftruppe offiziell erklärt. Die noch vorhandenen Mängel können aber nur schrittweise abgebaut werden.[24] Dementsprechend ist die Umsetzung des *European Headline Goal* als ein Prozess ohne festes Enddatum zu verstehen.[25] Mittel- und langfristig sind in den EU-Staaten wichtige Rüstungsziele definiert worden. Dazu gehört auch die 2004 erfolgte Anpassung und Erweiterung der Streitkräfteziele durch das *European Headline Goal 2010*. Gleichwohl führt kein Weg an der Erkenntnis vorbei, dass die transatlantische Fähigkeitslücke insbesondere durch verstärkte europäische Synergien verringert werden muss. Diese sollten gemeinsame Übungen und Ausbildung ebenso umfassen wie Beschaffungs- und Streitkräfteplanung sowie integrierte Fähigkeiten in den Bereichen Aufklärung, Luftverteidigung und Transport. Die Argumente für mehr sicherheitspolitische Integration innerhalb der EU sind erdrückend. Sie ist finanzpolitisch (Stabilitätspakt) und wirtschaftlich (Skaleneffekt) geboten, sozialpolitisch (Streitkräfteumbau) und gesellschaftspolitisch (Akzeptanz) verträglich, sicherheitspolitisch (Handlungsfähigkeit), militärpolitisch (Interoperabilität) und bündnispolitisch (Stärkung der NATO) notwendig sowie transatlantisch (USA), europapolitisch (Identität) und weltpolitisch (Stärkung des Völkerrechts) sinnvoll.

Es sollte zudem nicht übersehen werden, dass die EU bereits heute auf beachtliche *zivile* Fähigkeiten im Bereich der ESVP zurückgreifen kann. Diese umfassen polizeiliche, rechtsstaatliche und administrative Instrumente sowie solche für den Katastrophenschutz. Die Erfahrungen aus den Engagements auf dem Balkan, in Afghanistan und auch im Irak zeigen, dass diese nicht-militärischen Fähigkeiten für eine effektive Krisenbewältigung unverzichtbar sind und ihre Bedeutung künftig zunehmen wird.[26] Dabei gilt es sowohl innerhalb der EU als auch im transatlantischen Rahmen sicherzustellen, dass zwei weitere Defizite abgebaut werden. Das eine Defizit ergibt sich aus der noch unausgereiften konzeptionellen und operativen Verbindung von zivilen und militärischen Instrumenten, das andere aus der unterschiedlichen Gewichtung der jeweiligen Komponenten.[27]

---

[24] Gegen Ende dieser Dekade sollen im Rahmen der ESVP u.a. mehr als 750 Kampfflugzeuge der vierten Generation zur Verfügung stehen, 200 neue Transportflugzeuge, 2.500 Marschflugkörper, neue Kommunikations- und Aufklärungssatelliten, neue Hubschrauber, neue taktische Luftabwehrfähigkeiten und ein luftgestütztes Bodenüberwachungs- und Zielerfassungsradar (Enders, Thomas 2002: Zur Interoperabilität von Streitkräften. Eine Einschätzung aus Sicht der Industrie, in: Internationale Politik (7), S. 51-56: 54).
[25] Weisserth, Hans-Bernhard 2003: Die Implementierung der „European Headline Goals". Sachstand und Perspektiven Europäischer Fähigkeiten zur Krisenintervention, in: von Wogau 2003, S. 141-162.
[26] Die EU führt zur Zeit drei zivile ESVP-Missionen durch: die EU-Polizeimission (EUPM) in Bosnien-Herzegowina, die Polizeimission Proxima in Mazedonien und die Mission EU-Just/Themis zur Unterstützung rechtsstaatlicher Strukturen in Georgien. Im Frühjahr 2005 soll eine Polizeimission in der DR Kongo beginnen. Die EU strebt in ihrem zivilen Headlinegoal 2008 an, künftig zehn zivile Missionen – darunter eine umfangreiche in einem Konfliktgebiet - gleichzeitig durchführen zu können. Vgl. Ehrhart, Hans-Georg/Varwick, Johannes 2005: Lexikon Europäische Sicherheitspolitik, Wiesbaden (i.E.).
[27] Sloan, Stanley R./Borchert, Heiko 2003: Mind the Three Transatlantic Power Gaps. How a New Framework Can Help Reinvent the Transatlantic Relationship, in: Connections, vol. 2.

2.3 Gesamtkonzept für die Herausforderungen des 21. Jahrhunderts

Der europäischen Sicherheitspolitik mangelt es vor allem an einem ausgefeilten Konzept, das den Herausforderungen des 21. Jahrhunderts entspricht. Es müsste die ganze Palette ziviler und militärischer Mittel in ein kohärentes System zur nachhaltigen Bearbeitung von drohenden oder bereits begonnenen Gewaltkonflikten einbinden. Ausgangspunkt eines solchen Konzeptes ist die empirisch gesättigte Erkenntnis, dass der vorherrschende Konflikttyp der sogenannte *low intensity conflict* ist. Dieser etwas irreführende Begriff – die Zahl der Opfer und das Ausmaß der Schäden kann die zerstörerische Wirkung von konventionellen zwischenstaatlichen Kriegen durchaus übertreffen – erfasst alle Kriegstypen, die nicht ausschließlich zwischen Staaten ausgetragen werden. Weitere Merkmale sind die Aufhebung der traditionellen Unterscheidung zwischen Regierung, Soldaten und Zivilisten sowie der Rückgriff auf die „einfachen" Mittel des Bürger- und Guerrilla-Krieges, Terrorismus eingeschlossen.[28]

Die Ursachen für solche bewaffneten Konflikte sind hauptsächlich das Ringen um Macht, Identität und/oder Ressourcen, das mit militärischen Mitteln nicht zu befrieden ist. Die internationale Gemeinschaft kann sich aber aus stabilitäts- und sicherheitspolitischen Gründen sowie aus ethischen Erwägungen nicht generell heraushalten. Sie wird mit einem neuen Sicherheitsdilemma konfrontiert, welches Ergebnis einer Interaktion zwischen Staaten- und Gesellschaftswelt ist. Es ergibt sich zum einen aus den größeren Handlungsmöglichkeiten für nicht-staatliche Akteure in einer globalisierten Welt und zum anderen aus der abnehmenden Effizienz des Staatensystems, Abweichungen von den Regeln durch nicht-staatliche Akteure zu verhindern. Für gesellschaftliche Akteure steigt der Anreiz, sich zwecks Nutzenmaximierung vom Staatensystem überhaupt loszusagen und dadurch Unsicherheit zu produzieren. Versuche, Sicherheit durch militärische Intervention wieder herzustellen, können zu Rückschlägen und zu neuer Unsicherheit führen.[29] Erforderlich wäre also eine Sicherheitskonzeption, die primär auf friedlichen Wandel durch Kooperation und Entwicklung setzt, ohne das Faktum aus den Augen zu verlieren, dass Prävention fehlschlagen kann und die Existenz eines sicheren Umfeldes eine wichtige Voraussetzung für nachhaltige Entwicklung ist.[30] Ein sicheres Umfeld in einem bereits eskalierten Konflikt zu schaffen, erfordert wiederum eine komplexe, langfristige und differenzierte Strategie der Friedenskonsolidierung, in deren Mittelpunkt die (Wieder-)Herstellung des staatlichen Gewaltmonopols steht.[31]

Das ESVP-Projekt ist der Versuch, den breiten Politikansatz der EU um zivile und militärische Fähigkeiten zur Krisenbearbeitung zu ergänzen.[32] Beide gehören natürlich im Rahmen eines erweiterten Sicherheitsverständnisses zusammen, doch was heißt das konkret? Welche Art von Sicherheit soll die EU künftig gewährleisten? Ist kooperative und vorbeugende Sicherheit das Ziel oder die Fähigkeit, einen Präventivkrieg führen zu kön-

---

[28] Van Creveld, Martin 2003: Brave New World, in: Österreichische Militärische Zeitschrift (3), S. 275-282; Kaldor, Marry 1999: New and Old Wars. Organized Violence in a Global Era, Cambridge.
[29] Cerny, Phillip G. 2000: The New Security Dilemma: Divisibility, Defection and Disorder in the Global Era, in: Review of International Studies (26), S. 623-646.
[30] Sicherheit kann natürlich nur dann stabil werden, wenn die Entwicklung voranschreitet. Insofern bedingen sich Sicherheit und Entwicklung gegenseitig.
[31] Hippler, Jochen (Hrsg.) 2004: Nation-Building. Ein Schlüsselkonzept für friedliche Konfliktbearbeitung?, Bonn; Milleken, Jennifer (Hrsg.) 2004: State Failure, Collapse and Reconstruction, Oxford.
[32] Solana, Javier 2003: Discours du Haut Représentant de l'Union européenne pour la PESC, Paris.

nen? Wie viel Autonomie von den USA kann und soll angestrebt werden? Welche Rolle wird der völkerrechtlichen Legitimation für einen Gewaltmitteleinsatz durch ein UNO-Mandat beigemessen? Wie kann der Widerspruch zwischen nationaler Souveränitätsbeharrung und sicherheitspolitischer Integrationsnotwendigkeit überwunden werden? Gibt es eine gemeinsame Lage- und Bedrohungsanalyse? Ist es möglich, europäische Interessen zu formulieren, die auf einer gemeinsamen Vision von der Rolle Europas in der Welt beruhen?

All diese Fragen betreffen Kernprobleme, die bereits seit längerem existieren, jedoch wegen ihrer Sensibilität selten offen angesprochen werden. Nun geht es darum, europäische Antworten zu finden und in eine sicherheitspolitische *Grand Strategy* umzusetzen. Ein erster Versuch erfolgte im Dezember 2003 mit der Annahme der „Europäische Sicherheitsstrategie für das 21. Jahrhundert" durch den Europäischen Rat. Das vorgelegte Papier beantwortet die oben aufgeworfenen Fragen allerdings nur teilweise. So wird beispielsweise anerkannt, dass die EU globale sicherheitspolitische Verantwortung hat und die Anwendung von militärischer Gewalt als letztes Mittel nicht ausgeschlossen werden kann. Die Frage der völkerrechtlichen Legitimation bleibt hingegen noch unbeantwortet. Allerdings ist es schon bemerkenswert, dass ein solches Strategiepapier nach den Querelen über den Irak-Krieg überhaupt das Licht der Welt erblicken konnte.

Die Aussichten auf Fortschritte sind nämlich nicht so schlecht, wie mitunter beklagt wird. Immerhin hat die EU seit den 1990er Jahren einen kontinuierlichen Lernprozess durchlaufen. Die Lehre aus dem Bosnien-Konflikt führte zur Installierung des Amtes des Hohen Repräsentanten für die GASP und zur Überführung der WEU-Funktionen und der Petersberg-Aufgaben in die EU. Der Kosovo-Konflikt war die Initialzündung für den Aufbau neuer sicherheitspolitischer Institutionen innerhalb der EU sowie für die Ausarbeitung und partielle Umsetzung militärischer und ziviler Fähigkeitsziele. Die Irak-Krise hat die Sensibilität dafür erhöht, dass die EU ihr sicherheitspolitisches Profil schärfen und ihre Handlungsmöglichkeiten erweitern muss. Das belegen die in der Europäischen Verfassung enthaltenen Neuerungen, wie z.B. die Einführung des Amtes eines Europäischen Außenministers, oder neue Missionen, wie z.B. die Operation Artemis, die auf Ersuchen des Sicherheitsrats der Vereinten Nationen von der EU im Spätsommer 2003 in der Demokratischen Republik Kongo durchgeführt wurde, und die im Dezember 2004 begonnene Operation Althea in Bosnien-Herzegowina.

3 Sicherheit durch differenzierte Integration?

Die von den Außenministern Fischer und de Villepin im Europäischen Konvent eingebrachte Initiative zum Aufbau einer Europäischen Sicherheits- und Verteidigungsunion (ESVU) benannte wichtige Voraussetzungen für eine Weiterentwicklung der ESVP, plädierte sie doch u.a. für die Anwendung der verstärkten Zusammenarbeit auch im Bereich der Sicherheits- und Verteidigungspolitik, für die Übernahme von Artikel V des WEU-Vertrages und die Entwicklung einer europäischen Rüstungspolitik.[33] Weitere Vorschläge kamen aus dem Europäischen Parlament, das ein gemeinsames Budget für verteidigungspolitische Forschung und Entwicklung sowie die Aufstellung einer 5000 Soldaten umfassen-

---

[33] Konvent 2002: CONV 422/02, CONTRIB 150 2002: Gemeinsame deutsch-französische Vorschläge für den Europäischen Konvent zum Bereich Europäische Sicherheits- und Verteidigungspolitik.

den schnellen Eingreiftruppe für humanitäre Interventionen forderte.[34] Besonders umstritten war der sogenannten „Pralinengipfel" am 29. April 2003, auf dem Deutschland, Frankreich, Belgien und Luxemburg weitere Schritte militärischer Zusammenarbeit beschlossen. In der gemeinsamen Erklärung werden bereits bekannte Vorschläge wie der einer ESVU aufgegriffen und präzisiert, aber auch neue Ansätze vorgeschlagen und deren Umsetzung angekündigt.[35] Die Aufregung um diesen Gipfel ist nur vor dem Hintergrund der atlantischen und innereuropäischen Auseinandersetzung um den Irakkrieg zu verstehen. Zwei Jahre später kann konstatiert werden, dass manche dieser Vorhaben mittlerweile realisiert worden sind oder dabei sind, umgesetzt zu werden.

- Statt des vorgeschlagenen europäischen Hauptquartiers in Tervuren ist eine zivilmilitärische Zelle im EU-Militärstab im Aufbau begriffen. Sie ist als Kern eines künftigen Operations- und Planungszentrum angelegt. Sie soll zwar nur tätig werden, wenn die NATO nicht interessiert ist und kein nationales Hauptquartier zur Verfügung steht. Doch weist die zivil-militärische Struktur darauf hin, dass diese künftige Führungsfähigkeit den Erfordernissen komplexer Konflikte im 21. Jahrhundert eher entspricht als reine militärische Hauptquartiere.
- Die seit dem Maastrichter Vertrag angestrebte europäische Rüstungsagentur wird unter dem Namen „Agentur für die Bereiche Entwicklung der Verteidigungsfähigkeiten, Forschung, Beschaffung und Rüstung (Europäische Verteidigungsagentur)" seit Sommer 2004 aufgebaut. Damit wird eine notwendige Verbindung zwischen ESVP, militärischen Fähigkeiten und Rüstungsbeschaffung hergestellt, die bislang aufgrund nationaler Vorbehalte unerreichbar war.[36]
- Auf ihrem informellen Treffen am 5. April 2004 bekräftigten die EU-Verteidigungsminister das von Frankreich, Großbritannien und Deutschland entworfene Konzept der Gefechtsverbände (*battle group concept*). Es sieht vor, dass bis 2007 dreizehn sehr schnell einsetzbare Gefechtsverbände von je 1500 Soldaten für den Einsatz in schwierigem Umfeld aufgestellt werden sollen, die vorzugsweise – aber nicht ausschließlich – für Missionen der UNO zur Verfügung stehen sollen.
- Artikel 41,7 der Europäischen Verfassung enthält eine Beistandsklausel, gemäß der im Falle eines bewaffneten Angriffs auf das Hoheitsgebiet eines Mitgliedstaates die anderen Mitglieder „nach Artikel 51 der Charta der Vereinten Nationen alle in ihrer Macht stehende Hilfe und Unterstützung leisten (müssen)."
- Artikel III-419,2 ermöglicht die Einleitung einer verstärkten Zusammenarbeit in der GASP/ESVP.[37]

Durch den Irak-Krieg ist die Erkenntnis bestärkt worden, dass sicherheitspolitische Fortschritte auch außerhalb des EU-Vertrages möglich und sinnvoll sein können, so lange sie ein effizienter Weg zur Erreichung eines gemeinsamen politischen Ziels sind und offen für die anderen EU-Mitglieder bleiben. Dieses Verfahren „vordefinierter verstärkter Zusam-

---

[34] European Parliament 2003: Draft Report on the New European Security and Defence Architecture. Priorities and Deficiencies, Committee on Foreign Affairs, Human Rights, Common Security and Defence Policy, 2002/2165 (INI), S. 8f.
[35] Bundesregierung 2003: Gemeinsame Erklärung Deutschlands, Frankreichs, Luxemburgs und Belgiens zur Europäischen Sicherheits- und Verteidigungspolitik, Brüssel.
[36] Schmitt, Burkard (Hrsg.) 2003: European Armament Cooperation. Core Documents, Paris.
[37] Vgl. dazu weiter unten.

menarbeit" ist nicht neu, wie etwa das Schengen-Abkommen, die Währungspolitik oder die verschiedenen Ansätze zur Rüstungskooperation gezeigt haben.[38] Angesichts einer Union mit künftig über dreißig Mitgliedstaaten ist es vernünftig, wenn eine Gruppe von Mitgliedern vorangeht. Wichtig ist, das ein solches Vorgehen der Integration dient und nicht der Spaltung. Die Klagen, die wegen der in jüngster Zeit erfolgten engeren Abstimmung zwischen den „Großen Drei" laut wurden, sind eher politisch-psychologischer Natur. Erstens findet diese Form der Abstimmungen auch in anderer Zusammensetzung statt.[39] Zweitens enthält die Europäische Verfassung verschiedene, allen offenstehende Möglichkeiten spezifischer Gruppenbildung: a) Die EU kann eine Gruppe von Staaten mit der Durchführung einer Mission betrauen. b) Der Rat kann mit qualifizierter Mehrheit die Mitgliedstaaten, die anspruchsvollere Militäroperationen durchführen können, dazu ermächtigen, eine „ständige strukturierte Zusammenarbeit" zu begründen, ohne dass - wie bei der verstärkten Zusammenarbeit - eine Mindestzahl von Teilnehmern vorgesehen ist. c) Auf dem Gebiet der GASP/ESVP ist auch eine „verstärkte Zusammenarbeit" möglich, wenn sie denn vom Rat einstimmig gebilligt wird. Dieser komplizierte Kompromiss hat die vielbeschworene Kohärenz der EU gewiss nicht so gestärkt, wie es für ein effizientes Handeln notwendig ist. Offen bleibt auch, ob das nach wie vor existierende einzelstaatliche Vetorecht bei Beschlüssen über Missionen die durch die neuen Regelungen erzielte Flexibilisierung in einer konkreten Krise wieder konterkariert. Gleichwohl muss insgesamt von Fortschritten bei der Flexibilisierung der GASP/ESVP gesprochen werden.

Jenseits institutioneller Regelungen und militärischer sowie ziviler Fähigkeiten bleibt ein gemeinsamer politischer Wille zum Aufbau einer Sicherheits- und Verteidigungsunion unverzichtbar. Der Irak-Krieg hat die Brüche innerhalb der EU nicht verursacht. Er hat vielmehr grundsätzliche Interessengegensätze verdeutlicht, die seit den 1990er Jahren durch wohlklingende Kommuniqués übertüncht wurden. Die Mitglieder der EU müssen erkennen, dass nationale Interessen im 21. Jahrhundert nur dann geltend gemacht werden können, wenn sie europäisch definiert und in eine globale Perspektive gesetzt werden. Die Unterstellung, Deutschland und Frankreich wollten die NATO spalten, um gemeinsam Europa zu beherrschen,[40] ist blanker Unsinn. Nur wenn die Realität des zerstrittenen und an Einfluss armen Europas überwunden wird, kann das transatlantische Bündnis als Partnerschaft unter Gleichen gestaltet werden. Die Mitgliedstaaten der EU müssen deshalb die außen- und sicherheitspolitische Zusammenarbeit weiterentwickeln und dabei folgende Regeln beachten:

- Die neue Weltordnung muss im Geiste der universellen Werte und unter strikter Beachtung des Völkerrechts gestaltet werden, denn sonst verkommen die Begriffe wie „Wertegemeinschaft" und „Staatengemeinschaft" zu Leerformeln.
- Europäische Außen- und Sicherheitspolitik muss Friedenspolitik bleiben und starken Rückhalt in der Bevölkerung finden. Nur dann besteht die Chance, dass der auch für dieses Politikfeld notwendige Übergang zu Mehrheitsabstimmungen geschafft werden kann.

---

[38] Deubner, Christian 2003: Differenzierte Integration: Übergangserscheinung oder Strukturmerkmal der künftigen Europäischen Union?, in: Aus Politik und Zeitgeschichte (1-2), S. 24-32: 29.
[39] So pflegen sich im Bereich Polizeiliche und Justizielle Zusammenarbeit Frankreich, Großbritannien, Deutschland, Italien und Spanien abzustimmen.
[40] Safire, William 2003: Breaking up the Alliance, in: International Herald Tribune vom 24. Januar.

- Eine enge transatlantische Zusammenarbeit ist auch künftig wünschenswert und unverzichtbar. Allerdings sollte Europas Sicherheit weniger abhängig von den USA sein und stattdessen ein umfassendes Sicherheitsmodell entwickeln, das den Herausforderungen des 21. Jahrhunderts angemessen ist.
- So wie es kein starkes Europa mit schwachen Institutionen geben wird, so wird es keine handlungsfähige europäische Sicherheits- und Verteidigungspolitik geben, wenn nicht die Prinzipien der Integration, der Spezialisierung und der Arbeitsteilung stärker beherzigt werden.

Die von Bundeskanzler Schröder angedeutete Vision einer europäischen Armee wird nur dann verwirklicht werden können, wenn auch die Sicherheitspolitik stärker integriert und letztlich vergemeinschaftet wird.[41] Sicherheitspolitische Integration heißt Souveränitätsteilung im Rahmen gemeinsamer Institutionen mit dem Ziel, komplexe Sicherheitsprobleme zu bewältigen. Gerade angesichts einer sich erweiternden EU führt an einer Avantgarde der Integrationswilligen kein Weg vorbei. Deutschland und Frankreich müssen zusammen mit Gleichgesinnten voranschreiten und sich mehr denn je als Motor sicherheitspolitischer Integration verstehen. Ihnen kommt aus zwei Gründen auch in der erweiterten EU eine besondere Rolle zu.

Zum einen verfolgen gerade Paris und Berlin traditionell unterschiedliche außenpolitische Ambitionen und Konzepte. Wilfried von Bredow spricht im Hinblick auf die in der Vergangenheit bewiesene Fähigkeit Deutschland und Frankreichs, ihre unterschiedlichen Standpunkte anzugleichen und in integrationspolitische Impulse umzusetzen, zu Recht von einem „kleinen Wunder".[42] Wenn diese zu einem Ausgleich gebracht werden können, dann ist schon einmal eine gute Basis für die Beteiligung anderer Staaten geschaffen. Zum anderen wird gerade dem deutsch-französischen Führungsanspruch von den anderen EU-Mitgliedern in der Regel mit Skepsis und Ablehnung begegnet. Dieser Widerstand ließe sich nur durch eine entsprechend kooperative und transparente Politik einer sicherheitspolitischen Avantgarde überwinden, die offen bleibt für alle EU-Mitglieder, welche die Kriterien erfüllen. Die integrationspolitische Erfahrung hat gezeigt, dass früher oder später fast alle Mitglieder danach streben, zu den Vorreitern zu stoßen. Daraus kann für die Entscheidungsfindung abgeleitet werden, dass Avantgarde-Gruppen und Ansätze flexibler Integration nur Übergangslösungen sind und letztlich an einer weiteren Vertiefung des sicherheitspolitischen Integrationsprozesses kein Weg vorbei führen wird (Leparmentier 2004). Man kann auch schlussfolgern, die Differenzierung nicht als Übergangsstadium, sondern als „Strukturmerkmal künftiger europäischer Integration (zu) begreifen"[43] Wie dem auch sei, in beiden Fällen ist ein Mehr an Integration unerlässlich.

4 Leitbild Friedensmacht

Die heutigen Konflikte haben einen anderen Charakter als zu Zeiten des Ost-West-Konflikts. Sie sind komplexer und diffuser, wirken eher indirekt und schleichend, haben

---

[41] Schwenicke, Christoph 2003: Ein Heer für Europa, in: Süddeutsche Zeitung vom 29. April.
[42] Bredow, Wildried von 2003: Neue Erfahrungen, neue Maßstäbe. Gestalt und Gestaltungskraft deutscher Außenpolitik, in: Internationale Politik (9), S. 1-11: 7.
[43] Deubner, Christian 2004 : Verstärkte Zusammenarbeit in der verfassten Union, in: Integration (4), S.274-287.

aber letztlich doch einen zersetzenden Einfluss auf die internationale Ordnung. Die Antwort darauf muss zweifellos differenziert ausfallen, denn für komplexe Probleme gibt es keine einfachen Lösungen nach der Devise *one size fits it all*. Eine zentrale Voraussetzung für eine problemadäquate Konfliktbearbeitung liegt darin, ein neues Kooperationsverhältnis sowohl zwischen Militär, Polizei und zivilen Akteuren als auch zwischen den internationalen Organisationen aufzubauen. Die EU hat alle Chancen, ein neues, post-nationales Verständnis von Sicherheitspolitik im Rahmen der GASP und der ESVP zu entwickeln. Sie sollte einem außen- und sicherheitspolitischen Leitbild folgen, das die traditionelle Entgegensetzung von Zivilmacht versus Militärmacht überwindet. Das (konstruktivistische) Leitbild einer Zivilmacht ist 1973 von François Duchêne popularisiert worden. Er sah die Entwicklungsperspektive der damaligen EG als einer zivilen Macht, die „als Kraftzentrum für die weltweite Verbreitung staatsbürgerlicher und demokratischer Normen" agiert. Für das Militärische war die NATO zuständig.[44] Zehn Jahre später legte Hedley Bull einen (rationalistischen) Gegenentwurf vor, in dem er das Konzept der Zivilmacht als widersprüchlich kritisiert und für eine europäische Militärmacht eintritt, die in der Lage ist, ihre Sicherheit unabhängig von den USA zu gewährleisten.[45]

Demgegenüber soll hier für ein neues Leitbild, das (kosmopolitische) Leitbild einer „Friedensmacht EU" plädiert werden.[46] Diese wäre weder ein ausschließlich auf zivile Mittel setzender Akteur noch würde sie im Stile und mit den Mitteln einer klassischen Großmacht militärische Machtpolitik verfolgen. Vielmehr wäre sie ein internationaler Akteur, der die ganze Palette seiner Fähigkeiten für die Prävention und konstruktive Bearbeitung von Gewaltkonflikten im Rahmen internationaler *governance*-Strukturen einbringt. Diese Perspektive gründet in der Überwindung des modernen, nationalstaatlichen Blicks zugunsten eines kosmopolitischen Realismus, der davon ausgeht, dass angesichts der vielfältigen globalen Gefahren das reflektierte Eigeninteresse der Staaten es geradezu gebietet, diesen Herausforderungen und Gefahren gemeinsam und auf der Grundlage des internationalen Rechts zu begegnen.[47]

Eine Friedensmacht EU müsste also deshalb:

- *erstens* normativ auf kooperative Sicherheit und friedlichen Wandel ausgerichtet sein;
- *zweitens* präventiven Strategien eindeutig Vorrang einräumen, ohne jedoch regelkonforme Interventionen mit Zwangsmitteln auszuschließen[48];
- *drittens* über die notwendigen zivilen und militärischen Instrumente zur konstruktiven Konfliktbearbeitung verfügen;
- *viertens* eng mit gesellschaftlichen Akteuren, insbesondere mit Nichtregierungsorganisationen, zusammen arbeiten und

---

[44] Duchêne, François 1973: Die Rolle Europas im Weltsystem: Von der regionalen zur planetarischen Interdependenz, in: Kohnstamm, Max (Hrsg.) 1973: Zivilmacht Europa. Supermacht oder Partner? Frankfurt/M., S. 11-35.
[45] Bull, Hedley 1982/83: Civilian Power Europe: A Contradiction in Terms, in: Journal of Common Market Studies (1-2), S. 149-170.
[46] Ehrhart, Hans-Georg 2002: What model for CFSP?, Chaillot Papers (55), Paris.
[47] Beck, Ulrich 2004: Der kosmopolitische Blick oder: Krieg ist Frieden, Frankfurt.
[48] Vgl. zu den zu prüfenden Legitimationskriterien für die Anwendung von Zwangsmitteln durch den UN-Sicherheitsrat Evans, Gareth 2004: When Is It Right to Fight? Legality, Legitimacy, and the Use of Military Force, in: Journal of Social Affairs, (82), S. 13-36 und United Nations 2004: A More Secure World: Our Shared Responsibility, Report on the Secretary's High Level Panel on Threats, Challenges and Change, www.un.org/secureworld (Zugriff: 21.2.2005).

- *fünftens* intensive kooperative Beziehungen zu internationalen und regionalen Sicherheitsorganisationen unterhalten, insbesondere zur UNO.

Im Gegensatz zu den Modellen der Zivil- und der Militärmacht verfügt die Friedensmacht nicht nur über zivile und militärische Macht, sondern sie hat die völkerrechtlich konforme Bewahrung und Wiederherstellung von Frieden mittels einer umfassenden und integrierten Sicherheitspolitik zum Ziel, ist also normativ und funktional gebunden. Der konservative Autor Robert Kagan hat in einem weithin rezipierten Aufsatz die These vertreten, dass die eigentliche Ursache für den transatlantischen Graben schlicht und einfach darin liege, dass die USA stark und Europa schwach seien. Dieses *power gap* führe zu unterschiedlichen Strategien. Zusätzlich existiere ein breites *ideological gap*. Dieses habe zu unterschiedlichen Idealen und Prinzipien hinsichtlich der Nützlichkeit und der Moral von militärisch gestützter Machtpolitik geführt. Während die USA bereit seien, ihre Militärmacht kraftvoll einzusetzen, arbeiteten die Europäer an deren Überwindung und machten dies auch noch zu ihrer globalen *mission civilisatrice*. Deshalb werde es auch keine militärische Supermacht EU geben.[49] Dieser Schlussfolgerung ist zuzustimmen. Die EU will zwar eine weltpolitische Rolle spielen, aber nicht als klassische Militärmacht.

Die oben erwähnten Kriterien für eine Friedensmacht EU sind tendenziell bereits Teil der außenpolitischen Programmatik der EU. Vieles davon harrt allerdings noch der Umsetzung und gleicht deshalb bislang eher einem Lippenbekenntnis. Doch scheint sowohl die Hinwendung zum Modell einer Zivilmacht á la Duchêne als auch zu dem einer Militärmacht à la USA unrealistisch. Der veränderte globale Kontext, die Qualität der internationalen Herausforderungen und die komplexe Struktur der EU erfordern es, den Weg in Richtung einer Friedensmacht fortzusetzen.

---

[49] Kagan, Robert 2003: Of Paradise and Power. America and Europe in the New World Order, New York.

Die ESVP und Auslandseinsätze europäischer Streitkräfte

Bastian Giegerich

1 Einführung

Die Entwicklung der Europäischen Sicherheits- und Verteidigungspolitik (ESVP) und die Zunahme der sich im Auslandseinsatz befindenden Soldaten der EU-Staaten deuten darauf hin, dass sich in der EU in der Tat eine Kapazität zu militärischem Handeln über Europa und seine Peripherie hinaus herausbildet. Gleichzeitig wirft diese Entwicklung ein Licht auf eine Reihe von Problemfeldern, die bisher nicht oder nur teilweise angegangen wurden. Ziel dieses Beitrages ist es daher, erstens diese parallelen Entwicklungen darzustellen und, zweitens, vor diesem Hintergrund eine Analyse der zentralen Hindernisse vorzunehmen.

Weitgehend unbemerkt in der politischen Diskussion um die ESVP haben die EU-Staaten die Zahl der sich in Auslandseinsätzen befindenden Soldaten in den letzten zehn Jahren verdoppelt. Dabei können mit Hinblick auf die Entwicklung der ESVP einige wichtige Erkenntnisse gewonnen werden. Zum einen haben die Einsätze längst globale Ausmaße angenommen und sind nicht mehr auf traditionelle UN-friedenserhaltende Maßnahmen beschränkt. Das 1999 auf EU-Ebene formulierte *headline goal* ist in puren Zahlen erreicht.[1] Zum anderen offenbaren gerade die anspruchsvolleren Einsätze enorme Fähigkeitslücken fast aller europäischen Staaten. Die Chancen einer signifikanten Stärkung EU-weiter Kapazitäten zum militärischen Krisenmanagement hängen somit einerseits von einer kleinen Gruppe von Fähigen und Willigen und andererseits von einer Umstellung des EU-Prozesses von quantitativen auf qualitative Ziele ab.

Eine komplexe Gemengelage aus externen und internen Faktoren führt dazu, dass weitreichende und strategische Entscheidungen von einer eher schleppenden und mühsamen Umsetzung begleitet werden. Die oft erwähnte Tendenz der EU und einiger Mitgliedstaaten zu rhetorischen Höhenflügen schafft einen deutlichen Kontrast zu den nur begrenzten Fähigkeiten im Bereich des militärischen Krisenmanagements. Sowohl die nur mäßig erfolgreichen sicherheitspolitischen Gehversuche seitens der Europäer vom Golf-Krieg 1991 bis zum Kosovo-Krieg 1999, die vor allem militärische Abhängigkeit von den USA demonstrierten, als auch eine geänderte Wahrnehmung der Bedrohungslage zu Beginn des 21. Jahrhunderts schufen starken Handlungsdruck. Hinzu kommt Unsicherheit über die Rolle der Vereinigten Staaten bezüglich der Sicherheit Europas. Die amerikanische Ambivalenz gegenüber der ESVP und die zum Teil offen ausgetragenen Differenzen sowohl im Kosovo als auch schon in Bosnien nährten Zweifel daran, ob die USA in Zukunft bereit wären, sich in europäischen Krisen militärisch zu engagieren.

Der Autor dankt Felix Berenskoetter (London School of Economics) und Friedrich Brieger (Freie Universität Berlin) für überaus hilfreiche Anregung und Kritik.
[1] Beim Europäischen Rat in Helsinki im Dezember 1999 verpflichteten sich die Mitgliedstaaten, Truppen bis zur Korpsstärke (bis zu 60.000 Soldaten) innerhalb von 60 Tagen in ein Krisengebiet verlegen und eine entsprechende Operation bis zu zwölf Monaten durchführen zu können.

Es entsteht somit eine potentielle Glaubwürdigkeitsfalle, die – sollte die ESVP fehlschlagen – Europas internationale Präsenz zu unterminieren droht. Alle diese Faktoren deuten auf die Signifikanz und Notwendigkeit einer erfolgreichen ESVP hin. In drei Schritten vorgehend, wird dieses Kapitel zunächst einen Abriss wichtiger praktischer, konzeptioneller und institutioneller Schritte der ESVP-Entwicklung seit 2002 darlegen. Darauf folgt, zweitens, eine detaillierte Darstellung und Analyse von Auslandseinsätzen der EU-Staaten im Jahre 2004. Diese mündet schließlich in eine Diskussion wichtiger Problemfelder der ESVP.

2 Das Ende vom Anfang: Weiterentwicklung der ESVP von 2002 bis 2004

Auf den stürmischen Beginn der ESVP in den Jahren 1999 und 2000 folgte eine Konsolidierungsphase, die bis Ende 2002 andauerte. Neue Institutionen nahmen ihre Arbeit auf, Verbindungen zur NATO wurden hergestellt und die EU-Mitgliedstaaten machten Teile ihrer Streitkräfte für EU-Einsätze verfügbar. Dies wiederum machte eine Bestandsaufnahme erst möglich, aus der sich dann die zu schließenden Lücken ergaben. Obwohl einige Studien von einer abschwächenden Dynamik und einem sinkenden Tempo in den Jahren 2001 und 2002 sprechen,[2] wurden zwischen Ende 2002 und Ende 2004 entscheidende Schritte eingeleitet, die der ESVP erst Substanz verliehen. Daher liegt der Fokus des folgenden Abrisses auf dieser letzten Periode, die gewissermaßen das Ende der Initiationsphase der ESVP beschreibt.

3 EU-Missionen

Im Dezember 2002 wurde auf dem EU-Gipfel in Kopenhagen der Weg frei für das so genannte Berlin-Plus-Arrangement zwischen NATO und EU. Nach fast dreijährigen Verhandlungen gaben Griechenland und das NATO-Mitglied Türkei ihre Widerstände auf.[3] Mit erstaunlicher Geschwindigkeit wurden dann im Frühjahr 2003 die Details dieses Abkommens zwischen der NATO und der EU ausgehandelt. Der EU wird damit der Zugang zu NATO-Planungs- und Logistikkapazitäten für militärische Missionen unter EU-Leitung ermöglicht. Da in Abwesenheit dieses Abkommens – aufgrund mangelnder eigener Kapazitäten seitens der EU-Mitgliedstaaten – die anspruchsvolleren der 1992 von der Westeuropäischen Union (WEU) definierten Petersberg-Aufgaben kaum wahrgenommen werden könnten, ist dies ein entscheidender Schritt.[4]

Im Januar 2003 wurde ferner die erste – nicht-militärische – EU-Mission in Bosnien begonnen. Diese Polizeimission ersetzt die der Vereinten Nationen und wurde zunächst auf drei Jahre befristet. Zu Beginn waren ca. 530 Polizisten aus EU-Mitgliedstaaten und Drittstaaten im Einsatz. Neben der generellen Aufgabe der Stabilisierung in der Region stand die Ausbildung lokaler polizeilicher Kapazitäten im Vordergrund. Ende März wurde dann

---

[2] So z.B.: Trevor C. Salmon/ Alistair J.K. Shepherd (2003): Toward a European Army: A Military Power in the Making?. Lynne Rienner Publishers: Boulder, CO and London, S. 72.
[3] Siehe: Antonio Missiroli (2002): EU-NATO Cooperation in Crisis Management: No Turkish Delight for ESDP, in: Security Dialogue, 33 (1), S. 9-26.
[4] Es ist allerdings zu beachten, dass die EU-NATO-Kooperation in der Praxis auch Anfang 2005 noch in den Kinderschuhen steckte.

die erste EU-Militärmission nach Mazedonien entsandt. *Concordia*, so der Name der Operation, ersetzte eine NATO-Operation und bestand aus ca. 350 leichtbewaffneten Soldaten aus 13 EU-Mitgliedstaaten sowie 14 Drittstaaten. *Concordia* wurde auf Einladung der mazedonischen Regierung – und mit einem Mandat der UN – durchgeführt. Obwohl am unteren Ende des Petersberg-Spektrums angesiedelt, von geringer Größe und unterstützt durch die NATO, lieferte *Concordia* erste praktische Erfahrungen für den Krisenmanagementapparat der ESVP. Im Dezember 2003 wurde *Concordia* durch eine zivile Polizeimission, *Proxima*, ersetzt. Ungefähr 200 Polizisten unterstützten in diesem Rahmen die lokalen Behörden bei der Entwicklung ihrer Fähigkeiten, insbesondere im Hinblick auf den Kampf gegen organisierte Kriminalität.

Im Juni desselben Jahres schließlich erklärte sich die EU bereit, eine Anfrage des Generalsekretärs der Vereinten Nationen, Kofi Annan, positiv zu beantworten und eine militärische Operation in der Demokratischen Republik Kongo (DRK) durchzuführen. Operation *Artemis* wurde von Frankreich geleitet, das auch den Großteil der rund 1.800 involvierten Soldaten stellte. Von diesen 1.800 wurden ca. 1.200 in der Ituri-Region in der DRK eingesetzt. Abgesehen von Frankreich beteiligten sich seitens der EU-Staaten Belgien, Deutschland, Griechenland, Großbritannien und Schweden mit Kontingenten, während weitere EU-Mitglieder Personal an das Hauptquartier in Paris abstellten.[5] *Artemis* war nur von kurzer Dauer und wurde planmäßig im September 2003 beendet, nachdem die sich im Land befindende UN-Mission in der Zwischenzeit verstärkt werden konnte. *Artemis* wiederum war von besonderer Bedeutung für die Entwicklung der ESVP, da es sich hierbei um die erste EU-Mission außerhalb Europas handelte, die zudem ohne Rückgriff auf NATO-Kapazitäten durchgeführt wurde.

Die erste ESVP-Mission zur Unterstützung der Rechtstaatlichkeit wurde im Juli 2004 eingeleitet. Eine Gruppe von zehn Experten, unterstützt durch lokale Mitarbeiter, arbeitet seitdem in der georgischen Hauptstadt Tiflis. Durch die *Themis* genannte und auf zwölf Monate angelegte Mission sollen die EU-Experten Minister und andere hochrangige Vertreter der georgischen Regierung beraten. Hauptsächliches Anliegen hierbei ist die Unterstützung bei der Reform des Justizsystems. *Themis* deckt damit einen weiteren Schwerpunktbereich der zivilen Dimension der ESVP ab.

Eine für die EU neue Größenordnung besaß die im Dezember 2004 initiierte Operation *Althea* in Bosnien. Durch diese Militäroperation übernahm die EU Verantwortung von der NATO für die weitere Umsetzung des Friedensabkommens von Dayton und Paris sowie die generelle Stabilisierung Bosniens. Mit rund 7.000 beteiligten Soldaten bewegte sich *Althea* auf der gleichen Ebene wie die nunmehr beendete NATO-Mission SFOR (*Stabilisation Force*) in Bosnien. Auf Basis der Berlin-Plus-Regelungen unterstützt die NATO *Althea*, die sich wiederum aus Soldaten von 22 EU-Staaten sowie elf Drittstaaten zusammensetzt.

Am 9. Dezember 2004 beschloss der Europäische Rat, eine Polizeimission in die DRK zu entsenden, deren Beginn auf Januar 2005 datiert wurde. Die ungefähr dreißigköpfige Mission hatte zum Ziel, beim Aufbau der Polizei in Kinshasa beratend und überwachend zur Seite zu stehen. Auf ein Jahr angelegt, sollte diese Mission bereits existierende Trainingsmaßnahmen der EU in der DRK ergänzen, um somit den Aufbau rechtsstaatlicher Instrumente weiter zu stärken.

---

[5] Siehe: Europäische Union (2003a): Fact Sheet EU-led Military Operation in the Democratic Republic of Congo, Operation 'Artemis', Brüssel, Juli 2003.

Wie dieser kurze Abriss gezeigt hat, wurde die EU bereits in vielerlei Hinsicht auf praktische Weise tätig. Die ESVP hat also das Stadium grauer Theorie und abstrakter Diskussionen bereits zu einem guten Teil hinter sich gelassen. Die beteiligten Institutionen und Individuen konnten Anfang 2005 bereits auf einen ersten Erfahrungsschatz zurückgreifen, und der Bedarf an weiteren EU-Operationen – sowohl militärischer als auch nichtmilitärischer Art – scheint keineswegs nachzulassen. Aber auch auf konzeptioneller Ebene wurden im Zeitraum 2003 bis 2004 entscheidende Schritte getätigt.

4 Neue Ziele und Konzepte

Der Europäische Rat nahm im Dezember 2003 die erste Europäische Sicherheitsstrategie (ESS), die von Javier Solana ausgearbeitet wurde, an. Wenngleich das fünfzehnseitige Dokument im Vergleich zum im Mai 2003 präsentierten Entwurf entschärft wurde, so bot es doch eine gelungene Synopsis der wichtigsten äußeren Bedrohungen und stellte klar, dass die EU globale sicherheitspolitische Verantwortung wahrnehmen muss. Auch wenn von Kritikern berechtigterweise angebracht wurde, dass das Solana-Papier keine Sicherheitsstrategie im eigentlichen Sinne darstellt, so ist doch festzuhalten, dass hiermit ein wichtiger Grundstein gelegt wurde. Die zentralen Aussagen lassen sich in folgenden Sätzen finden:

> Wir müssen eine Strategie-Kultur entwickeln, die ein frühzeitiges, rasches und wenn nötig robustes Eingreifen fördert. [...] Durch präventives Engagement können schwierigere Probleme in der Zukunft vermieden werden. Eine Europäische Union, die größere Verantwortung übernimmt und sich aktiver einbringt, wird größeres politisches Gewicht besitzen.[6]

Die zwei zentralen Antriebsfedern der ESVP, Verantwortung und Autonomie, werden hier angedeutet und durch die ESS in einen globalen Handlungsrahmen gestellt. Der Zeitpunkt der Ausarbeitung der ESS deutet darauf hin, dass in zweifacher Hinsicht Handlungsbedarf bestand. Auf der einen Seite ist die ESS der Versuch, die im Hinblick auf den Irak-Krieg 2003 entstandenen innereuropäischen Spannungen zu überwinden. Auf der anderen Seite ist die ESS sicherlich auch als Antwort auf das amerikanische Strategiedokument aus dem Jahr 2002 zu lesen.[7]

Im Dezember 2003 sollte das vier Jahre zuvor in Helsinki definierte militärische *headline goal* erreicht werden. Es war erstaunlich, dass es den Regierungen der EU-Staaten angesichts der offensichtlichen Fähigkeitslücken gelang, diesen Termin ohne größere öffentliche Diskussion verstreichen zu lassen. Allerdings wurde bereits im Mai 2004 ein Nachfolger präsentiert – das *Headline Goal 2010*. Aufbauend auf den Zielsetzungen von Helsinki entschieden die EU-Mitgliedstaaten "to commit themselves to be able by 2010 to

---

[6] Europäische Union (2003b): Ein sicheres Europa in einer besseren Welt – Europäische Sicherheitsstrategie. Brüssel, 12. Dezember 2003, http://ue.eu.int/uedocs/cmsUpload/031208ESSIIDE.pdf (9. Januar 2005).
[7] Vgl: Francois Heisbourg (2004): The 'European Security Strategy' is Not a Security Strategy, in: Steven Everts et al. (eds.): A European Way of War. Centre for European Reform: London, S. 27-39; Felix Berenskoetter (2005): Mapping the Mind Gap: A Comparison of US and European Security Strategies, in: Security Dialogue, 36 (1), S. 91-112; Bertelsmann Stiftung (2004): A European Defence Strategy. Bertelsmann Stiftung: Gütersloh.

respond with rapid and decisive action applying a fully coherent approach to the whole spectrum of crisis management operations covered by the Treaty on the European Union."[8]

Neben der Definition von acht „Meilensteinen", die bis 2010 erreicht werden sollen, ist vor allem das militärische Instrument der so genannten *battlegroups* hervorzuheben. Dieses Konzept beruht auf einer Initiative Frankreichs und Großbritanniens vom Winter 2003/2004, welcher sich Deutschland im Februar 2004 anschloss und die schließlich durch das *Headline Goal 2010* von allen EU-Staaten gebilligt wurde. Battlegroups stellen eine besondere Art der schnellen Eingreiftruppe dar und sollen bereits zehn Tage nach Einsatzbefehl ihre Arbeit vor Ort aufnehmen können. Bis zu 1.500 Soldaten stark, sollen sie alle zur Durchführung von Operationen am oberen Ende des Petersberg-Spektrums notwendigen Fähigkeiten besitzen und bis zu einer Dauer von maximal 120 Tagen im Einsatz bleiben können. Eine erste begrenzte Einsatzfähigkeit soll bereits 2005 erreicht werden, während die gesamte Entwicklung der *battlegroups* 2007 abgeschlossen sein soll. Ab diesem Zeitpunkt, so das Ziel, wird die EU in der Lage sein, gleichzeitig zwei auf *battlegroups* basierende Operationen durchzuführen.[9]

Im November 2004 verpflichteten sich die EU-Mitglieder, insgesamt 13 *battlegroups* aufzustellen, was die ursprünglich etwas niedriger angesetzten Erwartungen übertraf. Frankreich, Großbritannien, Italien und Spanien stellen jeweils eine dieser Gruppen. Die anderen neun sind multinationale Unterfangen. Deutschland beteiligt sich an vier, Frankreich und Italien an jeweils zwei weiteren, Großbritannien und Spanien an vorerst jeweils einer weiteren Gruppe. Für die Jahre 2005 und 2006 wurden bereits Zuständigkeiten an einzelne Gruppen vergeben, was bedeutet, dass im Einsatzfall ein schneller Zugriff möglich sein sollte. Abgesehen von Zypern, welches sich nur mit einer Nischenfähigkeit beteiligt, hatten im November 2004 lediglich Dänemark, Estland, Irland und Malta keine Zusagen gemacht. Estland und Irland signalisierten jedoch ihre prinzipielle Bereitschaft, einen Beitrag zu leisten.[10]

Während die genannten Ergebnisse durchaus Anlass zu Optimismus geben, sollte dies nicht darüber hinwegtäuschen, dass noch wichtige Fragen zu klären sind. Einige der Zusagen, die von EU-Regierungen im Rahmen des *battlegroup*-Konzeptes gemacht wurden, schienen eher von der Überzeugung zu rühren, dass es besser ist, am Tisch zu sitzen, als nur zuzusehen. Daher wurden die Konsequenzen und Anforderungen in einigen Hauptstädten nicht wirklich durchdacht. Es stellt sich daher die Frage, ob diese Fähigkeiten wirklich vorhanden sind. Es ist außerdem fraglich, ob zum Beispiel ein Einsatz in Afrika ohne die Mitwirkung oder sogar Führung Frankreichs oder Großbritanniens politisch und militärisch möglich und ratsam wäre.

Einhergehend mit der Neudefinition entscheidender Ziele wurde auch der 2001 ins Leben gerufene *European Capabilities Action Plan* (ECAP) grundlegend evaluiert. Im Rahmen des ECAP wurden 19 Projektgruppen gebildet, die den EU-Mitgliedstaaten helfen sollten, die für die Erreichung der definierten Ziele als notwendig erachteten militärischen Fähigkeiten bereitzustellen. Der ganze Prozess basierte auf freiwilligen Leistungen der

---

[8] Europäische Union (2004a): Headline Goal 2010, approved by the General Affairs and External Relations Council on 17 May 2004, endorsed by the European Council of 17 and 18 June 2004 (Par. 2), http://ue.eu.int/uedocs/cmsUpload/2010%20Headline%20Goal.pdf (9. Januar 2005).

[9] Vgl. hierzu: Europäische Union (2004b): Military Capabilities Commitment Conference, Brussels, 22 November 2004 (Par. 9-17), http://ue.eu.int/ueDocs/cms_Data/docs/pressdata/eu/misc/82761.pdf (8. Januar 2005).

[10] Ebenda S. 9-10. Siehe auch: EUobserver (2004): EU Defence Ministers Finalise 'Battle Groups', 22 November 2004, http://euobserver.com/?aid=17822&sid=13 (8. Januar 2005).

Mitgliedstaaten und wurde somit von einer *bottom-up*-Logik angetrieben. Obwohl der ECAP nur mäßig erfolgreich war, wurde an diesem Prinzip auch nach der Evaluierung im Herbst 2004 festgehalten. Allerdings hat das Politische und Sicherheitspolitische Komitee (PSK) der EU festgestellt, dass "some adjustment of ECAP would be needed to bridge the gap between the voluntary basis on which ECAP Project Groups [...] operate and the interest of the Union as a whole to acquire all military capabilities needed".[11] Mit anderen Worten, das *bottom-up*-Prinzip stieß offensichtlich an seine Grenzen und auch wenn formal an der Vorgehensweise festgehalten wurde, ließ sich doch der Wille zu praktischen Einschränkungen erkennen. Es schien sich die Erkenntnis durchzusetzen, dass entscheidende Fortschritte im Bereich militärischer Fähigkeiten – und insbesondere Fortschritte qualitativer Art wie im *Headline Goal 2010* angestrebt – durch den ECAP in seiner ursprünglichen Form nicht zu erreichen waren.

In diesem Zusammenhang war der Aufbau der Europäischen Verteidigungsagentur (EVA), mit der im Juli 2004 begonnen wurde, ein potentiell wichtiger Schritt. Wie der Europäische Rat klarstellte, ist es Hauptaufgabe der EVA "to deliver the military capabilities that ESDP requires". Ferner soll die EVA als „conscience" und „catalyst" die Bereitschaft der Mitgliedstaaten zu signifikanten Schritten erhöhen.[12] Es ist allerdings zu erwarten, dass die EVA dieser Funktion nur dann effektiv nachkommen kann, wenn ihre Bewertungen der Fortschritte und der Beiträge einzelner Staaten öffentlich gemacht werden, da nur so der notwendige Handlungsdruck herbeizuführen ist, wie die bisherige ECAP-Erfahrung lehrte. Da die Verteidigungsminister der EU-Mitglieder das Steuerungsgremium der EVA bilden, wird es von kritischer Bedeutung sein, ob sich die EVA das nötige Maß an Eigenständigkeit erarbeiten kann, welches dann wiederum dazu führen kann, dass von Ministern eingegangene Verpflichtungen auch in den Hauptstädten umgesetzt werden.

Bedarf bestand im Bereich der militärischen Fähigkeiten wahrlich genug. Die Lektüre eines ebenfalls im November 2004 veröffentlichten Berichts über die im Zeitraum 2003 bis 2004 gemachten Fortschritte in diesem Feld ist ernüchternd. Ende 2002 wurden 64 Fähigkeitsdefizite identifiziert. Zum Zeitpunkt der Veröffentlichung des Berichts waren lediglich sieben dieser Probleme bewältigt, in weiteren vier Fällen waren signifikante Fortschritte erzielt worden. Aber bezüglich der verbleibenden 53 Defizite war mehr oder weniger alles beim Alten geblieben. Allerdings waren in 31 der 53 Bereiche bereits Projekte initiiert worden (siehe Tabelle 1).[13]

Natürlich ist bei der Interpretation dieser Zahlen zu beachten, dass einige der Defizite prinzipiell nur über einen längeren Zeitraum beseitigt werden können. Anzeichen hierfür sind zum Beispiel, dass für alle einzelnen Fähigkeitslücken in den Bereichen strategischer Transport sowie *Intelligence, Surveillance, Target Acquisition* und *Reconnaissance* (ISTAR) Projekte gestartet worden waren, ohne dass die Lücken bis Ende 2004 geschlossen werden konnten. Ein Ruhmesblatt ist der Report allerdings auf keinen Fall, und es überrascht daher nicht, dass die Evaluierung des ECAP zu folgendem wenig enthusiastischem Ergebnis kam: "Despite some good results, a lot of work remains to be done to solve the

---

[11] Europäische Union 2004b, S. 12.
[12] Zitate: Ebd. S. 13 und 14.
[13] Vgl.: Europäische Union (2004c): Capability Improvement Chart II/2004, Brussels, 17 November 2004, http://ue.eu.int/uedocs/cmsUpload/DEF%capabilities%20chart%20II.pdf (9. Januar 2005).

existing capability shortfalls."[14] Die üblichen negativen Beurteilungen der ESVP treffen in einer Hinsicht klar zu. Als Mechanismus, der neue militärische Fähigkeiten schafft, ist die ESVP bisher nicht übermäßig in Erscheinung getreten. Auf der anderen Seite sind die einzelnen EU-Staaten mittlerweile in beträchtlichem Maße in militärische Operationen eingebunden und – auch wenn diese nicht im EU-Rahmen stattfinden – so ist doch eine Wechselwirkung zu erwarten.

Tabelle 1: Identifizierte Fähigkeitslücken

Teilbereich	Defizite	gelöste Defizite	geminderte Defizite	Initiierte Projekte für nicht-geminderte Defizite
Land	11	1	1	6
Marine	6	0	1	1
Luft	10	2	0	5
C3I*	5	0	1	3
ISTAR	5	0	0	5
Strategischer Transport	2	0	0	2
Andere	25	4	1	9
Gesamt	*64*	*7*	*4*	*31*

*Command, Control, Communications, and Intelligence

Quelle: Europäische Union 2004c. Eine detaillierte Aufstellung aller 64 Defizite findet sich in dieser Quelle, die auch die Beiträge der zehn EU-Staaten berücksichtigt, die im Jahr 2004 beigetreten sind.

5 Auslandseinsätze europäischer Streitkräfte

Das militärische Erbe des Kalten Krieges bestand in vielen EU-Mitgliedstaaten aus umfangreichen – aber statischen – Streitkräften. Mit Ausnahme von Großbritannien (und in geringerem Maße Frankreich) war Territorialverteidigung das klar dominierende Paradigma. Nach dem – gemessen an französischen Ambitionen – unbefriedigenden Beitrag, den das Militär Frankreichs zum Golfkrieg 1991 leisten konnte und der Erfahrung – im militärischen Bereich – gut funktionierender französisch-britischer Kooperation auf dem Balkan in der ersten Hälfte der 1990er Jahre leitete der neugewählte Präsident Jacques Chirac 1996 eine umfassende Militärreform nach britischem Vorbild ein. Ziel dieser Reform ist die Projektion militärischer Kräfte ohne nennenswerte geographische Begrenzung. Ein nicht zu unterschätzender Faktor für die Bewertung der britisch-französischen ESVP-Initiative im Winter 1998 und die seitdem beibehaltene Führungsrolle ist der Versuch, auch andere EU-

---
[14] Europäische Union 2004b.

Staaten – vor allem Deutschland – von der Richtigkeit und Notwendigkeit dieser Prioritätensetzung zu überzeugen.

Tabelle 2: Auslandseinsätze europäischer Streitkräfte 2004, EU-15

Mission*	Belgien	Dänem.	Deutschl.	Finnland	Frankr.	Griech.	Großbr.	Irland
Afghanistan (ISAF)	250	49	1909	47	565	127	315	11
Afghanistan (UNAMA)	0	1 obs	0	0	0	0	0	0
Afghanistan (End. Freedom)	0	5 obs	0	0	0	0	0	0
Albanien (COMMZ-W)	0	0	0	0	0	0	0	0
Ägypten (MFO)	0	0	0	0	15	0	0	0
Äthiopien/Eritrea (UNMEE)	0	4 obs	6	183 + 7 obs	1	3 obs	2 + 1 obs	0
Bosnien (SFOR II)	4	4	1000	0	1500	250	1100	50
DemRep Kongo (MONUC)	5	2 obs	0	0	8	0	5	1 + 2 obs
Djibuti (Enduring Freedom)	0	0	n.b.	0	0	0	0	0
Elfenbeinküste (UNOCI)	0	0	0	0	183 + 2 obs	0	0	2 obs
Georgien (UNOMIG)	0	5 obs	12 obs	0	3 obs	4 obs	7 obs	0
Haiti (MINUSTAH)	0	0	0	0	2	0	0	0
Indien/Pakistan (UNMOGIP)	2 obs	7 obs	0	6 obs	0	0	0	0
Irak	0	470	0	0	0	0	9200	0
Kenia (Enduring Freedom)	0	0	150	0	0	0	0	0
Kirgisistan (Enduring Freedom)	0	75	0	0	0	0	0	0

Die ESVP und Auslandseinsätze europäischer Streitkräfte

Mission*	Italien	Luxemb.	Niederl.	Österr.	Portugal	Schweden	Spanien	EU-15
Afghanistan (ISAF)	491	9	153	3	8	19	125	*4081*
Afghanistan (UNAMA)	0	0	0	0	0	0	0	*1 obs*
Afghanistan (End. Freedom)	256	0	0	0	0	0	400	*656 + 5 obs*
Albanien (COMMZ-W)	618	0	0	0	0	0	0	*618*
Ägypten (MFO)	75	0	0	0	0	0	0	*90*
Äthiopien/Eritrea (UNMEE)	44	0	0	3	0	6 obs	2 + 3 obs	*241 +24 obs*
Bosnien (SFOR II)	979	23	1000	2	330	7	935	*7184*
DemRep Kongo (MONUC)	3	0	0	0	0	89 + 4 obs	1 + 2 obs	*112 + 10 obs*
Djibuti (Enduring Freedom)	0	0	0	0	0	0	0	*?*
Elfenbeinküste (UNOCI)	0	0	0	0	0	0	0	*183 + 4 obs*
Georgien (UNOMIG)	0	0	0	2 obs	0	3 obs	0	*36 obs*
Haiti (MINUSTAH)	0	0	0	0	0	0	0	*2*
Indien/Pakistan (UNMOGIP)	7 obs	0	0	0	0	7 obs	0	*29 obs*
Irak	2800	0	1100	0	128	0	0	*13698*
Kenia (Enduring Freedom)	0	0	0	0	0	0	0	*150*
Kirgisistan (Enduring Freedom)	0	0	0	0	0	0	0	*75*

* inklusive *Operation Enduring Freedom* sowie Operationen im Irak.
Obs = Beobachter
Quelle: IISS (2004): The Military Balance 2004-2005.

Tabelle 2: Auslandseinsätze europäischer Streitkräfte 2004, EU-15 (fortgesetzt)

Mission*	Belgien	Dänem.	Deutschl.	Finnland	Frankr.	Griech.	Großbr.	Irland
Kuwait (Enduring Freedom)	0	0	50	0	0	0	0	0
Libanon (UNIFIL)	0	0	0	0	205	0	0	6
Liberia (UNMIL)	0	2 obs	0	2	1	0	3	432
Nahost (UNTSO)	6 obs	11 obs	0	13 obs	3 obs	0	0	14 obs
Ost-Timor (UNMISET)	0	2 obs	0	0	0	0	0	0
Serbien und Montenegro (KFOR)	500 + 1 obs	370 + 1 obs	3900	820 + 2 obs	2900	1700	1400	104 + 3 obs
Sierra Leone (UNAMSIL)	0	2 obs	13	0	0	0	7 + 15 obs	0
Syrien (UNDOF)	0	0	0	0	0	0	0	0
Tadschikistan	0	0	0	0	120	0	0	0
Usbekistan (ISAF)	0	0	163	0	0	0	0	0
West Sahara (MINURSO)	0	0	0	0	25 obs	1 obs	0	4 obs
Zypern (UNFICYP)	0	0	0	3	0	0	386	4
Truppen	*759*	*968*	*7191*	*1055*	*5499*	*2077*	*12419*	*608*
Beobachter	*9*	*40*	*12*	*28*	*33*	*8*	*23*	*25*
Gesamt	**768**	**1008**	**7203**	**1083**	**5532**	**2085**	**12441**	**633**

Die ESVP und Auslandseinsätze europäischer Streitkräfte 111

Mission*	Italien	Luxemb.	Niederl.	Österr.	Portugal	Schweden	Spanien	EU-15
Kuwait (Enduring Freedom)	0	0	0	0	0	0	0	50
Libanon (UNIFIL)	52	0	0	0	0	0	0	263
Liberia (UNMIL)	0	0	0	0	0	237	0	675 + 2 obs
Nahost (UNTSO)	7 obs	0	12 obs	5 obs	0	7 obs	0	78 obs
Ost-Timor (UNMISET)	0	0	0	0	515	1 obs	0	515 + 3 obs
Serbien und Montenegro (KFOR)	2531	26	0	535	313	650	802	16521 + 7 obs
Sierra Leone (UNAMSIL)	0	0	0	0	0	3 obs	0	20 + 20 obs
Syrien (UNDOF)	0	0	0	364	0	1	0	365
Tadschikistan	0	0	0	0	0	0	0	120
Usbekistan (ISAF)	0	0	0	0	0	0	0	163
West Sahara (MINURSO)	5 obs	0	0	2 obs	0	0	0	37 obs
Zypern (UNFICYP)	0	0	0	3	0	0	0	396
Truppen	759	968	7191	1055	5499	2077	12419	608
Beobachter	9	40	12	28	33	8	23	25
Gesamt	768	1008	7203	1083	5532	2085	12441	633

* inklusive *Operation Enduring Freedom* sowie Operationen im Irak.
Obs = Beobachter
Quelle: IISS (2004): The Military Balance 2004-2005.

Tabelle 3: Auslandseinsätze europäischer Streitkräfte 2004, EU-10

Mission*	Estland	Lettland	Litauen	Malta	Polen
Afghanistan (ISAF)	7	2	6	0	22
Afghanistan (UNAMA)	0	0	0	0	1 obs
Afghanistan (Enduring Freedom)	0	0	0	0	87
Ägypten (MFO)	0	0	0	0	0
Äthiopien/Eritrea (UNMEE)	0	0	0	0	6 obs
Bosnien (SFOR II)	1	1	97	0	287
DemRep Kongo (MONUC)	0	0	0	0	3 obs
Elfenbeinküste (UNOCI)	0	0	0	0	2 obs
Georgien (UNOMIG)	0	0	0	0	6 obs
Irak	45	100	90	0	2300
Kroatien (SFOR)	0	0	0	0	0
Libanon (UNIFIL)	0	0	0	0	238
Liberia (UNMIL)	0	0	0	0	2 obs
Nahost (UNTSO)	2	0	0	0	0
Serbien und Montenegro (KFOR)	98	0	30	0	575
Sierra Leone (UNAMSIL)	0	0	0	0	0
Syrien (UNDOF)	0	0	0	0	356
Western Sahara (MINURSO)	0	0	0	0	1 obs
Zypern (UNFICYP)	0	0	0	0	0
Truppen	*153*	*103*	*223*	*0*	*3865*
Beobachter	*0*	*0*	*0*	*0*	*21*
Gesamt	**153**	**103**	**223**	**0**	**3886**

Die ESVP und Auslandseinsätze europäischer Streitkräfte

Mission*	Slowakei	Slowenien	Tschech. Republik	Ungarn	Zypern	EU-10
Afghanistan (ISAF)	17	18	19	130	0	221
Afghanistan (UNAMA)	0	0	0	0	0	1 obs
Afghanistan (Enduring Freedom)	40	0	0	0	0	127
Ägypten (MFO)	0	0	0	41	0	41
Äthiopien/Eritrea (UNMEE)	131	0	2 obs	0	0	131 + 8 obs
Bosnien (SFOR II)	29	158	7 obs	150 + 4 obs	0	723 + 11 obs
DemRep Kongo (MONUC)	0	0	5 obs	0	0	8 obs
Elfenbeinküste (UNOCI)	0	0	0	0	0	2 obs
Georgien (UNOMIG)	0	0	4 obs	7 obs	0	17 obs
Irak	82	0	109	293	0	3019
Kroatien (SFOR)	0	0	7	0	0	7
Libanon (UNIFIL)	0	0	0	0	0	238
Liberia (UNMIL)	0	0	3 obs	0	0	5 obs
Nahost (UNTSO)	2 obs	2 obs	0	0	0	2 + 4 obs
Serbien und Montenegro (KFOR)	100	2	408 + 1 obs	295	0	1508 + 1 obs
Sierra Leone (UNAMSIL)	2 obs	0	4 obs	0	0	6 obs
Syrien (UNDOF)	92	0	0	0	0	448
Western Sahara (MINURSO)	0	0	0	7 obs	0	8 obs
Zypern (UNFICYP)	276	0	0	122	0	398
Truppen	767	178	543	1031	0	6863
Beobachter	4	2	26	18	0	71
Gesamt	*771*	*180*	*569*	*1049*	*0*	*6934*

* inklusive *Operation Enduring Freedom* sowie Operationen im Irak.
Obs = Beobachter
Quelle: IISS (2004): The Military Balance 2004-2005.

Zwar sammelten die meisten der heutigen EU-Mitglieder seit den 1960er Jahren ausgiebige Erfahrungen in UN-geführten Missionen. Diese waren jedoch nur in den seltensten Fällen mit den anspruchsvolleren Petersberg-Aufgaben vergleichbar, die auch der ESVP als militärisches Aufgabenspektrum zugrunde liegen. Die militärischen Einsätze im Bürgerkrieg im ehemaligen Jugoslawien setzten schließlich einen Lernprozess in Gang, der durch den Kosovo-Krieg von 1999 beschleunigt wurde. Im offiziellen Geburtsjahr der ESVP 1999 waren bereits mehr als 45.000 Soldaten der damaligen EU-Mitglieder zu friedensunterstützenden Missionen im Auslandseinsatz. Schritt für Schritt zeichnete sich die neue Rolle der Streitkräfte ab. Im Jahr 2003 war der vorläufige Scheitelpunkt erreicht. Die damals 15 Mitglieder der EU hatten fast 56.000 Soldaten im Auslandseinsatz – die zehn der im Jahr 2004 der EU beigetretenen Staaten nochmals ungefähr 10.000.[15]

Auch wenn die Zahlen im Jahre 2004 wieder gesunken sind und derartige Zusammenstellungen immer auf vorsichtige Art und Weise interpretiert werden müssen, so lässt sich doch festhalten, dass die EU-Mitglieder in schieren Zahlen das 1999 definierte Ziel, bis zu 60.000 Soldaten im Auslandseinsatz halten zu können, erreicht haben. Die Tabellen 2 und 3 bieten eine detaillierte Aufstellung der im Ausland eingesetzten Soldaten der EU-Mitgliedstaaten im Jahr 2004, gegliedert nach Ländern und Missionen.[16]

Behält man die oben genannten Einschränkungen im Blick, lassen sich an diesen Aufstellungen durchaus interessante Entwicklungen ablesen. In der einen oder anderen Form sind EU-Mitglieder an fast 30 militärischen Operationen beteiligt, die zudem geographisch weit gestreut sind. Das Tempo der Operationen nimmt zu. Die Art der Einsätze wird vielfältiger und ist längst nicht mehr auf traditionelles UN-*peacekeeping* beschränkt. Am Stabilisierungseinsatz der ISAF in Afghanistan beteiligten sich im Jahr 2004 23 der 25 EU-Mitglieder. Nur Malta und Zypern, die generell keine Truppen eingesetzt haben, sind nicht vertreten. Dies lässt auf eine starke politische Motivation schließen, und es ist in der Tat bemerkenswert, wie viele der EU-Staaten mittlerweile gemeinsam in den unterschiedlichsten Missionen tätig sind. Anspruchsvolle Einsätze – wie in Afghanistan – werden verstärkt in einen direkten Zusammenhang mit der Sicherheit in Europa gebracht und zeigen zugleich amerikanischen Skeptikern, dass auch Europäer bereit sind, Verantwortung jenseits des eigenen Kontinents zu übernehmen. Das Resultat ist, dass kaum ein EU-Mitgliedstaat zurückbleiben will.

Selbstverständlich darf nicht übersehen werden, dass die Beiträge einiger Länder an vielen Missionen – gemessen an der Zahl der eingesetzten Soldaten – kaum nennenswert sind. Ungefähr 80% der Soldaten verrichten ihre Arbeit in den drei größten Missionen. Im Jahre 2004 waren diese – in absteigender Reihenfolge – die KFOR (*Kosovo Force*), das nur unwesentlich geringer ausfallende Engagement im Irak sowie die im Sommer 2004 noch NATO-geführte SFOR in Bosnien. Die Betrachtung einzelner EU-Mitglieder zeigt hier natürlich Verschiebungen auf, aber der generelle Trend, sich in einigen wenigen Missionen deutlich stärker zu engagieren als in anderen, bleibt im Allgemeinen sichtbar.

---

[15] Siehe: Bastian Giegerich/ William Wallace (2004): Not Such a Soft Power: The External Deployment of European Forces, in: Survival, 46 (2), S. 163-182.
[16] Es muss berücksichtigt werden, dass diese Daten keinesfalls ein hundertprozentig korrektes Bild liefern. Nur sehr kurz andauernde Einsätze, wie z.B. die EU-Operation *Artemis* im Jahre 2003, sind hier genauso wenig erfasst wie unilateral durchgeführte Operationen. Zudem könnten Einheiten, die direkt von einem Einsatz in den nächsten verlegt werden, eventuell doppelt gezählt worden sein. Dies wäre zwar ungewöhnlich, kann aber im Falle von hochspezialisierten Einheiten durchaus vorkommen.

Die ESVP und Auslandseinsätze europäischer Streitkräfte 115

Abbildung 1: Nationale Beiträge zu Auslandseinsätzen im Vergleich, 2004

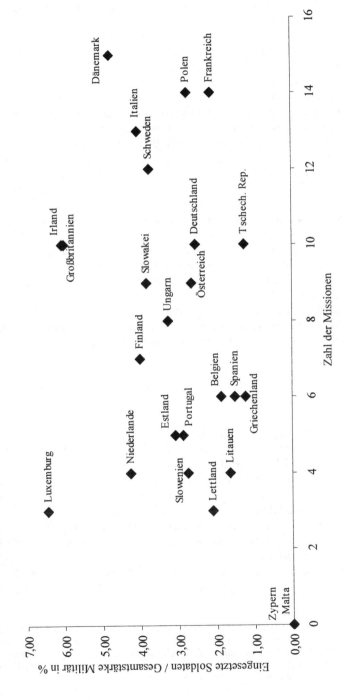

Die Aufstellungen in Tabelle 2 und 3 zeigen jedoch auch ein in mehrfacher Hinsicht beträchtliches Ungleichgewicht auf. Dass die zehn im Jahr 2004 beigetretenen EU-Staaten weniger als 15% der Gesamtstärke ausmachen und dass von diesen 15% mehr als die Hälfte von Polen gestellt wird, mag nicht weiter erstaunen. Aber auch die Anzahl der Missionen, an denen einzelne Staaten beteiligt sind, schwankt stark. Bemerkenswert ist dabei, dass hier nicht etwa die Größe das Landes oder seines Militärs den alleinigen Ausschlag gibt: 2004 waren Dänemark, Frankreich, Italien, Polen und Schweden an jeweils 12 oder mehr Missionen beteiligt. Dänemark führte das Feld mit 15 Missionen an.

Ein weiterer Indikator besteht darin, die Zahl der sich im Auslandseinsatz befindenden Soldaten in Zusammenhang zu der aktiven Gesamtstärke der Streitkräfte eines Landes zu setzen. Auf ihrem Gipfeltreffen in Istanbul im Jahre 2003 hat die NATO einen neuen Anspruchsrahmen definiert, nachdem 40% der Streitkräfte aller Länder grundsätzliche Einsatzbereitschaft aufweisen und 8% jederzeit für Einsätze zur Verfügung stehen sollen.[17] Gemessen an diesem Rahmen, der auch in der Allianz keinesfalls selbstverständlich ist, zeigen sich wiederum neue Ungleichgewichte. Wenn man einmal von dem statistischen Ausreißer Luxemburg (6.4%) absieht, haben lediglich Großbritannien und Irland circa 6% ihrer Gesamttruppenstärke im internationalen Krisenmanagementeinsatz. Dänemark, Finnland, Italien und die Niederlande kommen noch auf jeweils mehr als 4%, aber die übrigen EU-Mitglieder liegen zum Teil deutlich darunter. Auch hier zeigt sich also, dass kleinere Mitgliedstaaten, gemessen an ihren Kapazitäten, durchaus stärker engagiert sind als einige der Großen, wie z.B. Deutschland (2.5%) oder Frankreich (2.1%). Vergleicht man die nationalen Beiträge zu den Missionen anhand der Anzahl der Missionen und der eingesetzten Soldaten, so ergibt sich das in Grafik 1 dargestellt Bild, das zumindest als grober Anhaltspunkt zur Einschätzung des Engagements einzelner Staaten dienen kann. Über die Qualität und Wichtigkeit der einzelnen Kontingente sagt dies natürlich nur sehr wenig aus.[18]

6 Zentrale Problemfelder der ESVP: Rolle der Drei, Kohärenz, Fähigkeiten, nationale Unterschiede

Die Diskussion der allgemeinen Entwicklung der ESVP zeigt, dass sich die Initiative gefestigt und die Phase der Initiierung hinter sich gelassen hat. Die verschiedenen Missionen, an denen Soldaten der EU-Mitglieder beteiligt sind, zeigen darüber hinaus eine beträchtliche Ausdehnung, sowohl in geographischer Hinsicht als auch in der Aufgabenstellung. Auch wenn diese Missionen in den unterschiedlichsten Rahmen durchgeführt werden – NATO, EU, UN oder in Koalitionen der Willigen – deutet dies darauf hin, dass sich innerhalb der EU die Fähigkeit zu militärischem Krisenmanagement herausbildet. Der Lernprozess auf institutioneller, konzeptioneller und militärischer Ebene hat sich zweifellos fortgesetzt und neue Dynamik bekommen.

Es stellt sich daher die Frage, welche Problemfelder zur weiteren Entwicklung dieses Trends bearbeitet werden müssen. Zuvor ist jedoch festzuhalten, dass selbst Zerwürfnisse

---

[17] Diese Zahlen finden sich nicht in dem offiziellen Kommuniqué des Gipfels. Siehe aber: Regulatory Intelligence Data (2004): Istanbul Summit Marks Milestone for NATO, 28 Juni 2004 (Lexis-Nexis, 29. Januar 2005).
[18] Es bleibt festzuhalten, dass die Datenlage hier unbefriedigend ist. Die Zahlen der eingesetzten Soldaten schwanken von Monat zu Monat, so dass überblicksartige Zusammenstellungen immer nur eine Momentaufnahme bieten können. Vgl. Giegerich/ Wallace (2004): Not Such a Soft Power.

wie jenes bezüglich des Irak-Krieges die pragmatische Weiterentwicklung der ESVP nicht verhindert haben. Im Gegenteil, die Hauptakteure der sich gegenüberstehenden Lager haben an entscheidenden Stellen zusammengearbeitet. Die *battlegroups*-Initiative ist hier ein wichtiges Beispiel. Auch die Frage nach einer militärischen Planungszelle der EU wurde durch britisch-deutsch-französische Gespräche gelöst, die dann dazu führten, dass dieses Problem auf EU-Ebene und in Zusammenarbeit mit der NATO vorläufig gelöst wurde.

Das erste wichtige Problemfeld ist daher die Rolle der großen Drei: Deutschland, Frankreich und Großbritannien. Ein Muster, das sich herausgebildet hat ist, dass diese Staaten untereinander Kompromisse schließen, die dann die Grundlage für EU-Lösungen bilden. Die kleineren Mitgliedstaaten scheinen dieses Vorgehen zu billigen, solange sie ihre Interessen berücksichtigt sehen. Natürlich wirft dies die Frage nach einem Direktorat im Zentrum der ESVP auf. Auch wenn ein derartiger Mechanismus nicht institutionalisiert ist, so wurde doch deutlich, dass er in informeller Weise existiert. Verschiedentlich wurde bereits auf die Notwendigkeit eines solchen Vorgehens hingewiesen. Charles Grant beschrieb das entstehende Muster wie folgt: "Britain and France argue about a new initiative and then agree on the details; Germany lends support; the other member-states follow; and finally, after a lot of grumbling from the Americans, Britain persuades them to tolerate the change."[19] Das Problem, das sich dabei stellt ist, gleichzeitig die Effektivität und die Legitimität der Entscheidungen zu wahren.

Gemeinsame sicherheitspolitische Herausforderungen werden auch in Zukunft dafür sorgen, dass die EU-Mitglieder die ESVP vorantreiben. Nationale Antworten auf diese Herausforderungen reichen nicht mehr aus. Auf der anderen Seite ist die EU selbst noch nicht in der Lage, diese Lücke zu füllen. Es ist daher zu fragen, ob eine informelle Führungsrolle der drei großen EU-Staaten die Antwort bietet. Dazu müssten die Funktionen und Formen der Kleingruppenkooperation im Rahmen der ESVP genauer untersucht werden. Obwohl die Bedeutung Deutschlands, Frankreichs und Großbritanniens in diesem Zusammenhang kaum überschätzt werden kann, steht doch zu vermuten, dass langfristig nicht Größe, sondern spezifische Fähigkeiten, die einzelne Staaten anbieten können, für die Zusammensetzung solcher Kleingruppen wichtiger werden. Wenngleich in anderem Zusammenhang und unter anderen Vorbedingungen, zeigen Studien, dass derartige Gruppen wichtige institutionelle Defizite abbauen können, ohne den Kooperationsprozess innerhalb der EU zu untergraben. Sie sind als Ergänzung zu bestehenden Strukturen und nicht als deren Ersatz zu verstehen.[20] Da sich innerhalb der EU Kooperationsnormen – auch in der Außen- und Sicherheitspolitik – bereits über mehrere Jahre ausprägen konnten, ist zu erwarten, dass sowohl die generelle Akzeptanz solcher Gruppen als auch die Fähigkeit der beteiligten EU-Mitglieder, die Positionen der restlichen EU-Staaten zu berücksichtigen, beträchtlich ist.

Ein weiteres Problemfeld, dessen Bedeutung beständig zunimmt, ist das der Kohärenz. So sind zum Beispiel in Bosnien und Herzegowina die EU und ihre Mitglieder durch vier verschiedene Stellen vertreten. Sarajevo ist mittlerweile Gastgeber für die Büros des Sonderbeauftragten der EU, des Hauptquartiers der Militärmission *Althea*, der Polizeimission

---

[19] Charles Grant (2004): Conclusion: The Significance of European Defence, in: Steven Everts et.al. (eds.): A European Way of War. Centre for European Reform: London, S. 55-74 (63-64).
[20] Siehe: Christoph Schwegmann (2000). The Contact Group and Its Impact on the European Institutional Structure. WEU ISS: Paris; ders. (2003): Die Jugoslawien-Kontaktgruppe in den Internationalen Beziehungen. Nomos: Baden-Baden.

der EU sowie der Kommissionsdelegation. Wie dieses Beispiel zeigt, ist genaue Abstimmung notwendig, um einheitliches Vorgehen und sich verstärkende Effekte der einzelnen Instrumente zu erreichen.[21] Es ist in diesem Zusammenhang Salmon und Shepherd zuzustimmen, die bereits auf institutionelle Unzulänglichkeiten innerhalb der ESVP hinwiesen. Eine Rationalisierung der Entscheidungsprozesse scheint dringend notwenig, um „obstacles to institutional integrity"[22] abzubauen. Der Verfassungsvertrag der EU und der darin enthaltene EU-Außenminister-Posten sind hier sicherlich ein wichtiger Schritt, wobei zum Beispiel in Großbritannien beträchtliche Bedenken gehegt werden, ob diese Person gleichzeitig ‚Diener zweier Herren', des Rats und der Kommission, sein kann.

Ein drittes Problemfeld sind nach wie vor die militärischen Fähigkeiten und die Versuche, die identifizierten Lücken zu schließen. Teilweise erfordert dies schlicht und ergreifend Geduld, und Diskussionen über die absolute Höhe von Verteidigungsausgaben lenken in einem gewissen Maße von anderen Problemen ab. Richtig ist aber auch, dass nationale Regierungen diese Lücken nur werden schließen können, wenn die EU-Finanzminister diesen Prozess unterstützen. Wenn zum Beispiel Mittel durch Effizienzsteigerungen oder die Streichung von nicht länger benötigten – weil nicht mehr zeitgemäßen – Beschaffungsprogrammen freiwerden, müssen diese für Investitionen zur Schließung der Fähigkeitslücken zur Verfügung gestellt werden.

Innerhalb der ESVP hat – wie in diesem Artikel angedeutet – ein Umdenken von Quantität in Richtung Qualität eingesetzt. Es kann nicht mehr darum gehen, Flugzeuge, Panzer oder dergleichen zu zählen. Dass zum Beispiel die EU-Mitgliedstaaten bereits im Jahre 2000 über 100.000 Soldaten, 400 Flugzeuge und 100 Schiffe für die ESVP zu Verfügung gestellt haben, klingt zwar beeindruckend, ist aber wenig aussagekräftig. Qualität lässt sich ungleich schwieriger erfassen und messen. Die zugrunde gelegten Kriterien bei der Beurteilung der militärischen Fähigkeiten müssen demzufolge angepasst und erweitert werden. Faktoren wie Training und Ausbildung, Erfahrung im Einsatz und politische Bereitschaft auf nationaler Ebene zum Einsatz, um nur einige Beispiele herauszugreifen, sind hier ebenso wichtig wie die bloße Existenz von Material und Personal.

In diesem Zusammenhang entsteht ein weiteres Problem. Wie Jean-Yves Haine schreibt, hat sich die generelle Ausrichtung der ESVP im Lauf der Zeit gewandelt: "From a tool of crisis-management in the Balkans, it has become a necessary device to enhance Europe's role in the world."[23] Der ursprüngliche Ansatz ist also durch eine weitaus umfassendere Zielsetzung ersetzt worden. Um diesem neuen Anspruch gerecht zu werden, müssen die EU-Mitglieder ihre Ambitionen klarstellen. Genügt es, sich auf Petersberg-Aufgaben mit allenfalls sporadischen Kampfhandlungen zu konzentrieren? Oder wird doch eine ausgeprägte Fähigkeit zur vernetzten, wenngleich begrenzten, Kriegführung benötigt? Dabei geht es keinesfalls nur um die allseits unbeliebte Frage nach einer transatlantischen Arbeitsteilung. Vielmehr hat dies Konsequenzen für militärische Reformprozesse in Europa und dafür, wie die knappen Verteidigungs-Etats sinnvoll verteilt werden können. Wenn die ESVP wirklich ein globales (Ordnungs-)Instrument der EU sein soll, muss diese Frage nach der höchstmöglichen Einsatzintensität beantwortet werden. Vor dem Hintergrund von dif-

---

[21] Für eine generelle Bearbeitung des Kohärenzproblems siehe: Neil Winn/ Christopher Lord (2001): EU Foreign Policy Beyond the Nation State. Palgrave: Basingstoke; Antonio Missiroli (2001): European Security Policy: The Challenge of Coherence, in: European Foreign Affairs Review, 6 (2), S. 177-196.
[22] Salmon und Shepherd 2003, S. 108.
[23] Jean-Yves Haine (2003): ESDP: An Overview. Paris: European Union Institute for Security Studies, http://www.iss-eu.org/esdp/01-jyh.pdf (29. Januar 2005), S. 8.

fusen und zum Teil unberechenbaren Sicherheitsrisiken scheint es nicht ratsam, die Grenzen zu eng zu definieren.[24]

Ein letztes Problemfeld sind die nach wie vor bestehenden nationalen Unterschiede im Bereich der Sicherheits- und Verteidigungspolitik. Zwar üben externe Faktoren erheblichen Konvergenzdruck aus, aber nationale Einstellungen und Traditionen in Bezug auf das Militär als Instrument der Außenpolitik stellen gewaltige Hindernisse dar. Für die deutsche Regierung war es zum Beispiel nicht vorstellbar, dass Bundeswehr-Soldaten im Rahmen der Operation *Artemis* in der DRK in Kampfhandlungen mit Kindersoldaten geraten könnten. Folglich beschränkte sich das deutsche Kontingent größtenteils auf Transportleistungen und kein Soldat wurde in der Ituri-Provinz stationiert. Dass französische Soldaten in die gleiche Situation geraten könnten, spielte in der deutschen Debatte keine Rolle und zeigt auf, dass in diesem Falle die Konsequenzen aus dem UN-Mandat in Deutschland nicht angenommen wurden.[25]

Der tief im Bewusstsein der Bevölkerung verankerte Neutralitätsgedanke in Finnland, Irland, Österreich und Schweden bedeutet, dass die ESVP in diesen Ländern immer noch ein Problem darstellt, weil die dortigen Regierungen durch die veränderte internationale Situation gewonnene Handlungsspielräume nicht oder nur zum Teil umsetzen können. Dänemark, welches der ESVP nach wie vor skeptisch gegenübersteht und sich daher nach wie vor nicht an dieser Initiative beteiligt, befindet sich in der absurden Situation, eines der aktivsten EU-Länder im Bereich des militärischen Krisenmanagements zu sein, aber dann seine Kontingente abzuziehen, wenn die EU eine Mission übernimmt, wie dies in Mazedonien und nun in Bosnien der Fall war. Diese hier nur angedeuteten Unterschiede ließen sich beliebig fortsetzen, zum Beispiel durch eine Betrachtung der verfassungsrechtlichen Grundlagen, Mandatierungsfragen von Auslandseinsätzen oder Bedrohungswahrnehmungen. Der entscheidende Punkt ist, dass die EU-Mitglieder von der in der ESS geforderten „robusten" strategischen Kultur noch weit entfernt sind, wenigstens dann, wenn der Anspruch vorhanden ist, dass alle diese Kultur teilen. Der Konvergenz sind also durch nationale Besonderheiten hartnäckige Hindernisse in den Weg gestellt.

7 Schlussbemerkungen

Vieles spricht daher dafür, dass sich die ESVP auch weiterhin sehr graduell entwickeln wird und klare strategische Entscheidungen in der absehbaren Zukunft die Ausnahme bleiben werden. Was dieser Beitrag aber gezeigt hat ist, dass dieser Prozess des *muddling through* durchaus Früchte trägt. Sogar der politische Wille zu globaler sicherheitspolitischer Verantwortung, der den EU-Mitgliedern oft abgesprochen wird, ist erkennbar, besonders wenn man sich vor Augen hält, dass die ESVP sich gerade erst im sechsten Lebensjahr befindet. Das wachsende Engagement in Auslandseinsätzen, ob nun EU-geführt oder nicht, schafft Fakten und wichtige Erfahrungen. Militärische Defizite erhalten eine konkrete Bedeutung, wenn zum Beispiel Material nach Kabul oder Entebbe – dem Stützpunkt für die

---

[24] Dies führt zurück zum Thema der Bedrohungsanalyse, aus der militärische Szenarien entwickelt werden sollten. Es ist bisher nicht erkenntlich, inwiefern die 1999 der ESVP zugrunde gelegten Szenarien – von der WEU unter starker Mithilfe der NATO in den vorherigen Jahren erstellt – überarbeitet bzw. ersetzt worden sind.
[25] Vgl. hierzu: Deutscher Bundestag (2003): Stenografischer Bericht, 51. Sitzung, Berlin, 18. Juni 2003 (4234C-D; 4240A).

Operation *Artemis* – geflogen werden muss. Die in diesem Beitrag zwangsläufig nur kurz angesprochenen vielfältigen Problemfelder deuten jedoch darauf hin, dass die Grenzen des Möglichen – zumindest auf der Basis der bisherigen Herangehensweise – näher rücken. Es bleibt zu hoffen, dass der stetig wachsende Bestand an geteilten Erfahrungen im Rahmen der ESVP dazu führt, dass ein Lernprozess stattfindet.

Die Folgen der NATO-Reformen für die politische und militärische Handlungsfähigkeit des Bündnisses

Christian Tuschhoff

1 Einführung

Die politischen Spannungen in den transatlantischen Beziehungen sind unübersehbar geworden. Eine Reihe von Studien identifiziert die möglichen Ursachen für die Verschlechterung der Beziehungen zwischen den USA und Europa. Erstens verringere sich der Haushalt an gemeinsamen Werten und damit die Tragfähigkeit der transatlantischen Wertegemeinschaft. Dies wird insbesondere auf die unterschiedliche Bedeutung von Religion and Säkularisierung in der Politik zurückgeführt.[1] Diese divergierenden Wertemuster führen zweitens sowohl in den öffentlichen Meinungen als auch bei den Eliten auf beiden Seiten des Atlantiks zu sinkenden Überscheidungen von politisch relevanten Einstellungsmustern. In den USA gibt es eine bedeutsame Minderheit von „Falken", die behaupten, dass sowohl Krieg als auch Militärmacht notwendige Instrumente der Politik seien. In Europa überwiegt die Ansicht der „Tauben", dass Krieg als Mittel der Politik überholt sei und dass wirtschaftliche Macht weitaus bedeutsamer sei als Militärmacht. Die auf beiden Seiten immer noch bestehende Gruppe der „Pragmatiker", welche wirtschaftliche Macht betont, aber Krieg als Instrument der Politik nicht unbedingt ablehnt, verliert an Stärke und politischem Einfluss. Dies vermindert die gegenseitigen Möglichkeiten der politischen Einflussnahme und führt zu divergierenden Zielen in den internationalen Beziehungen.[2] Drittens haben komplizierte persönliche Beziehungen zwischen den politischen Führungskräften zu einer vergifteten Atmosphäre beigetragen. Und schließlich führten viertens asymmetrische Machtverhältnisse zu unterschiedlichen außen- und sicherheitspolitischen Verhaltensmustern.[3]

Dieses Umfeld von intensivierten transatlantischen Spannungen erschwert es den an guten Beziehungen interessierten – vorwiegend wirtschaftlichen – Akteuren und den mehr

---

[1] Fuchs, Dieter, and Hans-Dieter Klingemann. 2002. Eastward Enlargement of the European Union and the Identity of Europe. *West European Politics* 25 (2):19-55; Inglehart, Ronald. 2000. Globalization and Postmodern Values. *Washington Quarterly* 23 (1):215-228; Inglehart, Ronald. 1997. *Modernization and Postmodernization. Cultural, Economic, and Political Change in 43 Societies*. Princeton, NJ: Princeton University Press; Minkenberg, Michael, and Ulrich Willems, eds. 2003. *Politik und Religion*. Sonderheft 33, *Politische Vierteljahreschrift*. Wiesbaden: Westdeutscher Verlag; Tuschhoff, Christian. forthcoming. Manifestations of (Mis-)Understanding. A Transatlantic Value Community in Historical Perspective. In *The Future of Transatlantic Relations. Festschrift zum 70. Geburtstag von Helga Haftendorn*, edited by I. Peters, S. Feske and C. Daase, eds. Münster: Lit-Verlag.

[2] Asmus, Ronald, Philip P. Everts, and Pierangelo Isernia. 2003. *Power, War and Public Opinion. Thought on the Nature and Structure of the Trans-Atlantic Divide, Transatlantic Trends*. Washington, DC: German Marshall Fund of the United States; German Marshall Fund of the United States. 2002. *Worldviews 2002. American and European Public Opinion & Foreign Policy*. Washington, DC: German Marshall Fund of the United States; Project, Pew Global Attitudes. 2003. *Views of a Changing World*. Washington, DC: Pew Research Center for the People & the Press.

[3] Kagan, Robert. 2003. *Of Paradise and Power: America and Europe in the New World Order*. London: Atlantic; Kagan, Robert. 2002. Power and Weakness. *Policy Review* (113).

oder weniger dicht geknüpften transatlantischen Netzwerken[4] sowie intergouvernementalen Organisationen wie der NATO, ihre Interessen zu verfolgen und gemeinsame Handlungsoptionen zu schaffen.[5] Trotz nicht zu übersehender Probleme verfügt die NATO auch heute noch über erstaunliche Fähigkeiten, ihre selbstgestellten und vertraglich verankerten Aufgaben zu erfüllen. Die Hauptgründe für den Fortbestand der bislang einzigen multilateralen westlichen Allianz[6] ist in ihrem ständigen Bemühen zu sehen, sich neuen Herausforderungen zu stellen, ihre Rollen und Zuständigkeiten neu zu definieren und sich institutionell soweit zu reformieren, dass sie eine wirksame und effiziente Organisation zum Zweck der kollektiven Sicherheit und gemeinsamen Außen- und Sicherheitspolitik bleibt. Schließlich darf vor allem von europäischer Seite nicht übersehen werden, dass die Allianz ein wichtiger Grund dafür war, dass Europa in der Vergangenheit auf die amerikanische Außen- und Sicherheitspolitik beachtlichen Einfluss nehmen konnte.[7] Im Folgenden wird eine Leistungsbilanz der NATO in den letzten Jahren gezogen, in der Fortschritte und Defizite wesentlicher Anpassungsleistungen analysiert und beurteilt werden.[8]

Kritiker warfen der NATO vielfältiges Versagen vor. Zusammen genommen bedeuteten die einzelnen Punkte, dass die NATO keine wirksame und effiziente Organisation mehr darstelle, die ihren Aufgaben noch gerecht wird. Im Einzelnen wurde kritisiert:

1. Die NATO sei zu sehr auf Europa konzentriert. Es fehlten ihr die Fähigkeiten, militärische Aufgaben der Friedensschaffung, Friedenserhaltung und humanitären Intervention außerhalb Europas wahrzunehmen. Stattdessen verfüge sie über nicht mehr benötigte Fähigkeiten, insbesondere die der territorialen Verteidigung gegen einen Großangriff auf die Mitgliedstaaten, die jedoch der Bedrohungslage im 21. Jahrhundert nicht mehr entspricht.

---

[4] Fisher, Cathleen S. 2004. *Reconciling Realities: Reshaping the German-American Relationship for the Twenty-First Century. AICGS Report*. Washington, DC: American Institute for Contemporary German Studies; Gardner-Feldman, Lily. 2001. Gesellschaftliche Beziehungen in drei Dimensionen. In *Die USA und Deutschland im Zeitalter des Kalten Krieges 1945-1990. Ein Handbuch Band II 1968-1990*, herausgegeben von D. Junker. Stuttgart/München: Deutsche Verlagsanstalt; Hamilton, Daniel. 2001. The Future Ain't What It Used to Be: Europe America and the New International Landscape. Paper read at The Robert Bosch Foundation Lecture: "Building Europe - Shaping the Future", December 11, 2001; Hamilton, Daniel S., and Joseph P. Quinlan. 2004. *Partners in Prosperity: The Changing Geography of the Transatlantic Economy*. Washington, DC: Center for Transatlantic Relations, The Johns Hopkins University; Lutz, Felix P. 2001. Transatlantische Netzwerke: Eliten in den deutschamerikanischen Beziehungen. In *Die USA und Deutschland im Zeitalter des Kalten Krieges 1945-1990. Ein Handbuch Band II 1968-1990*, herausgegeben von D. Junker. Stuttgart/München: Deutsche Verlagsanstalt.
[5] Sloan, Stanley R. 2003. *NATO, the European Union and the Atlantic Community. The Transatlantic Bargain Reconsidered*. Lanham, Boulder, New York, Oxford: Rowman & Littlefield Publisher.
[6] Christopher Hemmer und Peter Katzenstein haben darauf hingewiesen, dass die gemeinsame Identität der transatlantischen Sicherheitsgemeinschaft die wichtigste Ursache für ihre multilaterale Organisationsform war: Hemmer, Christopher, and Peter J. Katzenstein. 2002. Why is there no NATO in Asia? Collective Identity, Regionalism, and the Origins of Multilateralism. *International Organization* 56 (3):575-607.
[7] Risse-Kappen, Thomas. 1996. Collective Identity in a Democratic Community: The Case of NATO. In *The Culture of National Security. Norms and Identity in World Politics*, edited by P. J. Katzenstein. New York, NY: Columbia University Press; Risse-Kappen, Thomas. 1995. *Cooperation among Democracies. The European Influence on U.S. Foreign Policy*. Princeton, NJ: Princeton University Press; Tuschhoff, Christian. 2002. *Deutschland, Kernwaffen und die NATO 1949-1967. Zum Zusammenhalt von und friedlichem Wandel in Bündnissen*. Reihe, *Internationale Politik und Sicherheit* Band 30,7. Baden-Baden: Nomos Verlagsgesellschaft.
[8] Isenberg, Alan L. 2002. Last Chance: A Roadmap for NATO Revitalization. *Orbis* 46 (4):641-659. Für eine erste Bilanz siehe: Tuschhoff, Christian. 2003. Why NATO is Still Relevant. *International Politics* 40 (1):101-120.

2. Trotz verschiedener Reformrunden für Streitkräfte und Kommandostrukturen sei es der NATO in den 15 Jahren seit Ende des Kalten Krieges nicht gelungen, militärische Fähigkeiten zu schaffen, mit denen auf moderne Herausforderungen und neue Bedrohungen wirksam reagiert werden könnte. Vielmehr scheint es, als hinke die NATO der Realität immer einen Schritt hinterher. Diese unzureichende Reformfähigkeit unterminiere die Leistungsfähigkeit der Allianz.
3. Sinkende Verteidigungsausgaben der Mitgliedstaaten – insbesondere der Europäer – verringerten die nationalen Beiträge zu den Kernaufgaben der Allianz, insbesondere der kollektiven Verteidigung. Die Verschwendung der Friedensdividende nach dem Kalten Krieg für innen- und sozialpolitische Reformen unterliefe einen fairen Ausgleich von Verteidigungslasten zwischen den NATO-Mitgliedern. Europa verhielte sich sicherheitspolitisch immer mehr wie ein „Trittbrettfahrer" in der amerikanischen Straßenbahn.
4. Diese Unausgewogenheit führe zudem zu einer wachsenden Lücke zwischen den Fähigkeiten und Ausrüstungen amerikanischer und europäischer Streitkräfte. Auf diese Weise sei es in Zukunft immer weniger möglich, gemeinsam militärisch zu operieren, denn den Streitkräften fehle die so genannte Interoperabilität, d.h. die Fähigkeit zur gemeinsamen Kriegführung.
5. Außerdem wurde der NATO vorgeworfen, über einen viel zu schwerfälligen politischen Entscheidungsprozeß zu verfügen. Die Regel der Einstimmigkeit bei allen Entscheidungen im NATO-Rat verhindere schnelle und wirksame Entscheidungen insbesondere in Krisenzeiten, denn jeder Mitgliedstaat könnte jederzeit ein Veto einlegen und damit eine Entscheidung verhindern. Um drohende Vetos zu umgehen, müsste die NATO ständig Kompromisslösungen suchen, die wenig geeignet sind, gesteckte politische Ziele zu erreichen. Zudem würde der NATO-Rat viel zu weit in die Kompetenzen der militärischen Führungen eingreifen, anstatt den kompetenten Kommandeuren lediglich Aufträge zu erteilen und sie dann ihre Arbeit machen zu lassen. Insbesondere in Zeiten militärischer Operationen sei „Kriegführung per politischem Ausschuss" (*war by committee*) ein besonders unwirksames und ineffizientes Verfahren, das nicht zum gewünschten Erfolg führe.
6. Und schließlich stehe aufgrund neuerer Vorkommnisse und nationaler Entscheidungen die Solidarität der Alliierten in Zweifel. Insbesondere hätten Deutschland, Frankreich, Belgien und Luxemburg es an der notwendigen Unterstützung der Türkei fehlen lassen, als diese im Zuge der Irak-Krise um NATO-Unterstützung gebeten und vorsorgliche Militärplanung sowie die Verlegung von Streitkräften in die Türkei gefordert hatte. Aufgrund nationaler Vetos der genannten Mitglieder war dies zunächst verweigert worden. Folglich, so die Kritiker, sei nicht mehr gewährleistet, dass Staaten sich gegenseitigen Beistand leisteten. Das Kernprinzip jeder Allianz – alle für einen, einer für alle („Musketierprinzip") – sei verletzt worden. Die Glaubwürdigkeit, Berechenbarkeit und Verlässlichkeit der NATO und ihrer Mitglieder sei nicht mehr gegeben. Angesicht dieser schwerwiegenden Vertrauenskrise sei die NATO am Ende.

So sehr diese Kritik im Einzelfall auch einleuchten und berechtigt sein mag, sie ist in der Gesamtschau und in der Konsequenz, dass die NATO zu einem überflüssigen und eher belastenden als wirksamen Instrument der Sicherheitspolitik geworden ist, weit überzogen.

2 Neue Rollen und Aufgaben

Ironischerweise wird Kritik an der Unwirksamkeit der NATO zu einem Zeitpunkt geäußert, zu dem die Allianz die höchste Einsatzleistung und Aktivität in ihrer gesamten Geschichte zeigt. In den vergangen 15 Jahren demonstrierte die NATO ihre militärischen Fähigkeiten in einem sich ständig erweiternden Spektrum von Rollen und militärischen Aufgaben. Dazu gehört zunächst die Aktivierung des Artikels 5 (gegenseitige Verteidigung) unmittelbar nach den Terrorangriffen des 11. September 2001 in New York und Washington.[9] Daher sind Zweifel an der Solidarität der Verbündeten sowie der Glaubwürdigkeit des Musketierprinzips als Kernelement der Allianz unangebracht. Alle Forderungen der USA als angegriffenes Mitglied im Krieg gegen den Terrorismus wurden erfüllt. Die NATO bewies, dass sie über die militärische Fähigkeit und den politischen Willen zur *kollektiven Verteidigung* verfügt.

Zusätzlich zu der Rolle kollektiver Verteidigung übte die NATO eine Reihe von weiteren Rollen aus. Dazu gehörte zunächst die militärische Intervention zum Zweck von *friedensschaffenden Maßnahmen* aus humanitären Gründen im Kosovo 1999. Nach dem Ende der erfolgreichen Kampfhandlungen veränderte sich die Rolle der NATO-Streitkräfte in *friedenserhaltende Maßnahmen*. Diese Rolle hatte die NATO auch schon zuvor in Bosnien-Herzegowina ausgeübt, um den in Dayton, Ohio, erzielten Verhandlungserfolg in die Praxis umzusetzen. Außerdem hat die NATO schon Anfang der 1990er Jahre die *Einhaltung von Sanktionen* (Waffenembargo gegen die kriegführenden Parteien in Jugoslawien) überwacht und durchgesetzt. Überdies unterstützt die NATO andere internationale Organisationen im Bemühen um friedenserhaltende Maßnahmen und den Wiederaufbau von Staaten. Dazu gehört zum Beispiel die von den Vereinten Nationen geführte Mission in Afghanistan.[10] Die NATO trägt zum Erfolg der Bemühungen durch die Bereitstellung der so genannten *International Security Assistance Force* (ISAF) bei.[11] Schließlich unterstützt die NATO militärische Operationen einzelner Mitgliedstaaten oder Gruppen von Mitgliedstaaten, selbst wenn diese Operationen nicht von der Allianz selbst getragen werden. Dazu gehört zum Beispiel das von Polen geführte Territorialkommando im Irak.[12]

Zusammen genommen war die NATO in der Zeit seit dem Ende des Kalten Krieges nicht nur in einer weit höheren Anzahl von Konflikten aktiv involviert als zuvor, sondern sie hat auch bewiesen, dass sie eine breite Palette von militärischen Rollen ausüben kann, die zuvor nicht auf der Menükarte ihrer militärischen Fähigkeiten standen. Diese zusätzliche Breite und Vielfalt von Fähigkeiten ermöglicht flexibles Handeln und ist ein Indiz dafür, dass die NATO trotz eines schwierigen politischen Umfelds wichtige Reformvorhaben in den Streitkräfte- und Kommandostrukturen erfolgreich bewältigen konnte.

---

[9] Tuschhoff. 2003. (Fn. 8)
[10] Shimkus, John. 2003. *Progress in the War against Terrorism*. Brussels: NATO Parliamentary Assembly. Defence and Security Committee; Shimkus, John. 2002. *The War against Terrorism*. Brussels: NATO Parliamentary Assembly.
[11] Lellouche, Pierre. 2004. *Operations in Afghanistan and the Expanding NATO Role*. Brussels: NATO Parliamentary Assembly. Defence and Security Committee.
[12] Koenders, Bert. 2003. *Tackling Iraq - Questions and Implications for the Alliance*. Brussels: NATO Parliamentary Assembly. Political Committee; Lellouche, Pierre. 2003. *The Iraqi Crisis and its Impact on the Alliance*. Brussels: NATO Parliamentary Assembly. Defence and Security Committee.

3 Streitkräftereformen seit Ende des Kalten Krieges

Am Ende des Kalten Krieges folgten alle NATO-Mitgliedstaaten der Logik verringerter Verteidigungsanforderungen und reduzierten ihr Streitkräfte, um Einsparungen in den Verteidigungsausgaben realisieren zu können. Die Dominanz von finanz- und haushaltspolitischen Überlegungen führte dazu, dass die zuvor multilateral organisierte Streitkräfteplanung zunehmend nationalisiert wurde. Bei der Bestimmung von nationalen Verteidigungshaushalten und militärischen Fähigkeiten verloren Überlegungen, welche nationalen Beiträge zur kollektiven Verteidigung der Allianz erbracht werden sollten, immer weiter an politischem Gewicht.

Um diesem Trend schleichender Erosion militärischer Fähigkeiten entgegenzuwirken und um die nationalen Streitkräfte im Sinne eines breiteren Aufgabenspektrums zu reformieren, begann die NATO eine Reihe von Reformschritten. Die erste Serie von Reformen zielte darauf ab, die multinationale Zusammenarbeit zu verstärken, die verschiedenen nationalen Streitkräfte stärker zu verzahnen und einige Verbände mit erhöhter Einsatzbereitschaft bereitzustellen. Im Zuge dieser Reformen wurden vor allem binationale Korps sowie das *Allied Rapid Reaction Corps* (ARRC) gegründet.[13]

Ein zweiter Reformschritt begann mit dem neuen Strategischen Konzept und der *Defense Capabilities Initiative* (DCI) der NATO, die beide anlässlich des NATO-Gipfeltreffens im April 1999 verabschiedet wurden.[14] Neben der Verbesserung von Interoperabilität nationaler Streitkräfte sollte dem stetigen Verfall der Fähigkeiten dadurch entgegengewirkt werden, dass die Mitgliedstaaten versprachen, in festgelegten Zeiträumen bislang fehlende Fähigkeiten bereitzustellen. Ferner wurde beschlossen, die Operationen der einzelnen Teilstreitkräfte (Luftwaffe, Heer und Marine) dadurch besser zu integrieren, dass so genannte *Combined Joint Task Forces* geschaffen wurden, die in der Lage sind, teilstreitkraftübergreifende Operationen zu leiten. Schließlich wurde beschlossen, neun Korps mit jeweils 50.000 Mann zu schaffen, von denen sich drei ständig in einem höheren Bereitschaftszustand befinden sollten.[15]

Diese Beschlüsse der Allianz führten zu Anpassungen der nationalen Streitkräftepläne. Allerdings wurde schnell deutlich, dass die Verbündeten ihren Verpflichtungen nicht im gewünschten Maße oder zumindest nicht in den gewünschten Zeiträumen gerecht werden würden. Von den 59 in der DCI genannten Projekten wurden nur 21 ganz, 29 nur teilweise und neun überhaupt nicht erfüllt.[16] Die Ursachen lagen zum einen in den gesunkenen nationalen Verteidigungshaushalten und zum anderen in dem ungünstigen Verhältnis zwischen hohen Personalausgaben und geringeren Ausgaben für Forschung, Entwicklung und Beschaffung.

---

[13] Tuschhoff, Christian. 1993. Die politischen Folgen der Streitkräfte-Reform der NATO. *Aus Politik und Zeitgeschichte* (B 15-16/1993):28-39.
[14] NATO. 2000. Final Communiqué, Ministerial Meeting of the Defense Planning Committee and the Nuclear Planning Group. *Press Release M-DPC/NPG-2 (2000) 115*, December 5, 2000; NATO. 1999. Final Communiqué. *Press Release M-NAC-D (99) 156*, December 2, 1999; NATO. 1999. The Washington Declaration. *Press Release NAC-S(99)63*, April 23, 1999.
[15] Venturoni, Guido. 2001. From War to Security. *NATO's Nations and Partners for Peace*, January 1, 2001.
[16] Forcieri, Giovanni L. 2001. *Interim Report: NATO's Role in Defence Reform*. Brussels: NATO Parliamentary Assembly. Sub-Committee on Future Security and Defence Capabilities; Forcieri, Giovanni L. 2000. *Interim Report: The Defence Capabilities Initiative and NATO's Strategic Concept*. Brussels: NATO Parliamentary Assembly. Subcommittee on Future Security and Defence Capabilities.

Im Lichte dieser Defizite sowie der Erfahrungen bei den Einsätzen in Bosnien-Herzegowina und Kosovo sowie nach den Terroranschlägen vom 11. September 2001 beschloss die NATO auf ihrem Gipfeltreffen in Prag im Sommer 2002 eine dritte Runde wesentlicher Streitkräftereformen.[17] Zum einen wurde eine schnelle Eingreiftruppe, die so genannte *NATO Response Force* (NRF), geschaffen und zum anderen wurden die unrealistischen Projekte der DCI auf einen erreichbaren Kern von acht Schlüsselfähigkeiten, die so genannten *Prague Capabilities Committments* (PCC), konzentriert.[18] Dazu gehören insbesondere strategischer Luft- und Seetransport, Präzisionsmunition sowie Aufklärung und Zielerfassung.

Die aber vielleicht wichtigste Neuerung besteht in der Bildung von Gruppen aus Mitgliedstaaten, die unter der Leitung eines Verbündeten die verschiedenen Projekte ausführen und dadurch gleichzeitig deren zeitgerechte Einhaltung überwachen. So führt Norwegen die Gruppe aus elf Mitgliedstaaten mit der Zuständigkeit für den strategischen Seetransport. Zur besseren Koordination wurde in Eindhoven ein Koordinationszentrum für Seetransport gegründet. Unter der Führung der Bundesrepublik sind fünfzehn Mitgliedstaaten an der Bereitstellung von Lufttransportkapazitäten beteiligt, die ein eigenes Kooperationszentrum ebenfalls in Eindhoven unterhalten. Spanien leitet die Gruppe von neun Mitgliedstaaten, die für Luftbetankung zuständig sind.

Der Zweck dieser Gruppenbildung ist zum einen, dass die einzelnen nationalen Anstrengungen bei der Erfüllung von Streitkräftezielen besser koordiniert werden können, zum anderen aber entsteht ein politischer Mechanismus der so genannten *peer review*, mit dessen Hilfe die verschiedenen Mitgliedstaaten die Einhaltung der Verpflichtungen besser gegenseitig überwachen und notfalls Druck ausüben können. Davon verspricht sich die NATO eine höhere Erfüllungsrate als bei der DCI erreicht worden war.

Die NRF mit einer Gesamtstärke von 20.000 Mann, von denen allein die Landstreitkräfte aus 16 verschiedenen Nationen zusammengesetzt sind, soll über die Fähigkeit verfügen, innerhalb kurzer Zeit in weit entfernte Regionen verlegt werden zu können und dort eine breite Palette von Rollen einschließlich hochintensiver Kampfaufgaben auszuführen. Zu diesem Zweck besteht sie aus zwei Komponenten: einer kleinen, schnell verlegbaren Einheit von Spezialkräften, die innerhalb von nur fünf Tagen vor Ort einsatzbereit ist. Diese Spezialkräfte bereiten, wenn notwendig, den Einsatz der restlichen, zweiten Komponente vor und sichern deren Ankunft im Kampfgebiet. Die zweite Komponente besteht aus einer Heeresbrigade, einer Lufteinheit mit 72 Flugzeugen, einer Marineeinheit mit einer Flugzeugträgergruppe sowie weiteren kleineren Einheiten für spezielle Aufgaben wie amphibische Landungsoperationen.

Die neue Streitkräftestruktur, die intensivere multinationale Zusammenarbeit bei den Projekten zur Verbesserung militärischer Fähigkeiten und die Kooperation im Rahmen der NRF wirken politisch in dieselbe Richtung: die Intensivierung der multilateralen militärischen Integration. Die NATO wird organisatorisch gestärkt, weil sie als einzige Institution in der Lage ist, die vielfältigen Koordinationsaufgaben zu bewältigen und die geforderte Integrationsleistung zu erbringen. Sie wird aber auch politisch gestärkt, weil es ihr gelungen ist, diese Koordinierungsfunktionen bei sich zu zentralisieren. Während die Streitkräf-

---

[17] NATO. 2004. Improving Capabilities to Meet New Threats. In *Briefing*. Brussels: NATO.
[18] Kugel, Joseph P. 2003. *NATO's Prague Capabilities Commitment: Origins and Prospects*. Master Thesis, Naval Postgraduate School, Monterey, CA; NATO. 2003. *The Prague Summit and NATO's Transformation. A Reader's Guide*. Brussels: NATO.

teplanung[19] in den 1990er Jahren dezentralisiert und nationalisiert worden war, leiteten die jüngsten Reformen den Umkehrkurs ein. Die NATO spielt wiederum eine herausgehobene Rolle in diesem Prozess.

4 Die Reformen der Kommandostrukturen

Diese Zentralisierungstendenzen finden bei der Reform der NATO-Kommandostrukturen nur sehr bedingt ihre Entsprechung. Vielmehr gibt es in diesem Bereich auch Dezentralisierungstendenzen, die zumindest auf den zweiten Blick auf eine herausgehobene Rolle nationaler statt multilateraler Organisationen hindeuten.

Die neue Kommandostruktur ist in Abbildung 1 dargestellt und stellte eine signifikante Verschlankung gegenüber der Organisation während des Kalten Krieges dar. Von den 80 Hauptquartieren aus dem Jahr 1994 bestanden 2003 nur noch ganze 20. Wenn die Reform in den nächsten Jahren abgeschlossen sein wird, werden noch 12 übrig geblieben sein. Die Aufgaben sind auf ein operatives und ein funktionales Hauptquartier verteilt. Das operative Hauptquartier (SHAPE) mit der Zuständigkeit für strategische Planung und Einsatz von Streitkräften befindet sich in Mons, Belgien. Diesem Kommando sind zwei operative Hauptquartiere (Nord und Süd) untergeordnet, die wiederum in jeweils taktische Teilstreitkräftekommandos (so genannte Komponentenkommandos) untergliedert sind.

Im Falle einer NATO-weiten strategischen Operation übernimmt das operative Hauptquartier SHAPE die Führung aller Streitkräfte. Dies war beispielsweise im Kosovo-Krieg 1999 der Fall. Die kleinere Mission von KFOR zur Friedenserhaltung wird dagegen vom zuständigen Gemeinsamen Streitkräftekommando Süd geführt. Die noch kleinere Operation der ISAF in Afghanistan wurde vom Komponentenkommando Landstreitkräfte in Heidelberg geleitet.

Für den Einsatz der NRF-Landstreitkräfte stehen dagegen sechs weitere – teils multinationale, teils nationale – Korps zur Verfügung, die sich zeitlich im Rhythmus von sechs Monaten ablösen. Während dieser Einsatzzeit unterstehen diese Korps-Hauptquartiere einem der gemeinsamen Streitkräftekommandos, die gleichzeitig die Luftwaffen- und Marinekomponenten der NRF führen. Dazu gehören das alliierte schnelle Eingreifkorps (ARRC) der NATO in Rheindalen, das Eurokorps in Straßburg, das schnell verlegbare türkische Korps in Istanbul, das deutsch-niederländische Korps in Münster, das schnell verlegbare spanische Korps in Valencia und das schnell verlegbare italienische Korps in Mailand.[20] Das deutsch-niederländische Korps wird ab Januar 2005 für sechs Monate die Führung der NRF übernehmen, das zu diesem Zweck dem gemeinsamen Streitkräftekommando Süd unterstehen wird.

---

[19] Grundsätzlich zur Streikräfteplanung Baldauf, Jörg J. 1984. *Implementing Flexible Response. The U.S., Germany and NATO's Conventional Forces*. Ph.D., Political Science Department, Massachusetts Institute of Technology, Cambridge, MA; Duffield, John S. 1995. *Power Rules. The Evolution of NATO's Conventional Force Posture*. Stanford, CA: Stanford University Press.
[20] Miranda Calha, Julio. 2003. *Reform of NATO Command Structure and the NATO Response Force*. Brussels: NATO Parliamentary Assembly. Sub-Committe on Transatlantic Defence and Security Co-operation.

Abbildung 1: NATO-Kommandostrukturen

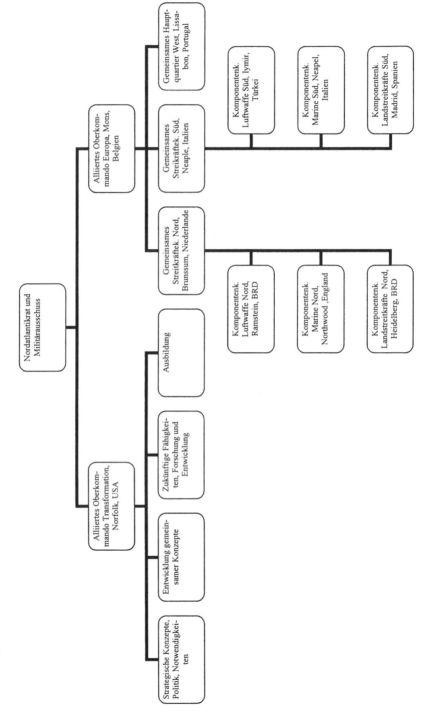

Quelle: Miranda Calha, Julio. 2003. Reform of NATO Command Structure and the NATO Response Force. Brussels: NATO Parliamentary Assembly. Sub-Committee on Transatlantic Defence and Security Co-operation.

Die wichtigste Neuerung besteht aber in der Schaffung des funktionalen Transformationskommandos in Norfolk, USA. Zwar ist dieses Oberkommando nicht mit operativen Aufgaben betraut, dafür ist es aber der Dreh- und Angelpunkt bei allen wesentlichen Reformschritten der NATO-Streitkräfte:

1. Es erarbeitet die Konzepte für die teilstreitkräfteübergreifenden Operationen.
2. Es erarbeitet die operativen Konzepte und die erforderlichen Fähigkeiten.
3. Es entwickelt und integriert Streitkräftedoktrinen.
4. Es bildet nationale und multinationale Streitkräfte aus, überwacht das Training und bescheinigt den Truppenteilen ihre operativen Fähigkeiten nach entsprechenden Übungen.

Aus dieser kurzen Übersicht wird deutlich, welche zentrale Rolle das Transformationskommando bei der Streitkräftereform, der operativen und Streitkräfteplanung sowie Forschung, Entwicklung und Beschaffung von Waffen und Ausrüstung spielt. Es ist *die* zentrale Leitstelle der NATO beim Streitkräfteumbau, die Integration und Interoperabilität zwischen nationalen Verbänden herstellen soll. Dieses Oberkommando ist nicht nur nach dem vergleichbaren Vorbild für die US-Streitkräfte (*US Joint Forces Command*) errichtet worden, sondern auch in dessen unmittelbarer Nachbarschaft angesiedelt. Insoweit ist es nicht übertrieben, wenn gefolgert wird, dass die Arbeit dieses alliierten Hauptquartiers den Versuch darstellt, europäische Streitkräfte nach amerikanischem Vorbild auszurichten und auszubilden.

Die Einrichtung des Transformationskommandos ist das deutlichste Zeichen für den Versuch der NATO, Zuständigkeiten und Kompetenzen für Streitkräftereformen und operative Fähigkeiten wieder stärker in ihrer eigenen Organisation zu zentralisieren und aus der Zuständigkeit nationaler Institutionen herauszulösen. Dieser Zentralisierungstendenz läuft jedoch die Dezentralisierung entgegen, die aus der Verschlankung der gesamten Kommandostruktur und insbesondere der operativen Hauptquartiere folgt.

In der Vergangenheit war die nationale Beteiligung durch Repräsentanz in diesen NATO-Stäben immer als Chance von Mitgliedstaaten auf Zugang zu wesentlichen Entscheidungsprozessen und Einflussnahme auf deren Ergebnis verstanden worden. Die dauerhafte Besetzung von Stellen in integrierten Stäben spiegelte nicht nur die Machtverhältnisse in der NATO wider, sondern sie war auch Ausdruck von Einfluss als Ergebnis des nationalen Beitrags zur kollektiven Verteidigung. Wie bedeutsam diese Überlegungen sind, zeigte der französisch-amerikanische Streit um die Besetzung der Stelle des Befehlshabers für das gemeinsame Streitkräftekommando Süd. Traditionell war diese Position immer von einem amerikanischen Admiral besetzt, weil dieser gleichzeitig die amerikanische Mittelmeerflotte kommandiert. Frankreich reklamierte diese Position jedoch für sich und machte dies zur Bedingung für die Rückkehr in die Militärintegration. Da die USA diesen Preis nicht bezahlen wollte, blieb Frankreich die militärische Reintegration in die NATO verschlossen.

Die einschneidende Verschlankung der NATO-Kommandostruktur bedeutet eine Streichung von Stellen, die zuvor als Bindeglieder zwischen nationalen und multilateralen Organisationen wirkten. Hier bildeten sich jene viel zitierten *epistemic communities*, die Ideen dafür lieferten, wie schwierige sicherheitspolitische Probleme im Sinne von Partnerschaft statt Rivalität zwischen den Verbündeten gelöst werden könnten.[21] Hinzu kommt, dass der weitaus geringere Stellenpool nach der NATO-Osterweiterung auch auf einen größeren Kreis von nunmehr 26 Mitgliedstaaten verteilt werden muss. Aus diesen Gründen verringern sich die Möglichkeiten der Mitgliedstaaten, Zugang zu wichtigen Informationen, Planungen und Entscheidungen zu schaffen. Aus Sicht der NATO verringern sich die Chancen, über vermittelnd wirkende Militäreliten auf nationale Entscheidungsprozesse zur Sicherheitspolitik Einfluss auszuüben und die Mitgliedstaaten auf diese Weise schon in frühen Stadien der Entscheidungsfindung einzubinden.

Der Befund ist, dass Streitkräfte- und Kommandostrukturreformen einerseits zu einer Zentralisierung von Zuständigkeiten und Kompetenzen geführt haben, dass sie aber andererseits das vorhandene Netzwerk von Bindegliedern zwischen alliierten und nationalen Organisationen ausgedünnt haben. Daher ist zu erwarten, dass die NATO in der Zukunft zwar einerseits effektiver planen und operieren kann, dass es aber immer schwieriger werden dürfte, die notwendige Unterstützung und Zustimmung der Mitgliedstaaten zu erhalten.

Was die militärische Leistungsfähigkeit anbelangt, kann kein Zweifel daran bestehen, dass die Verwirklichung der Kommandostrukturreformen die Fortschritte bei den Streitkräftereformen unterstützt. Insbesondere wird die Interoperabilität multinationaler Streitkräfte verbessert. Auch dies ist angesichts der NATO-Osterweiterung ein wesentlicher Fortschritt. Dies wird im Ergebnis auch dazu führen, dass die asymmetrische Lastenteilung zwischen USA und Europa zwar nicht aufgehoben, jedoch verringert werden kann.

5 Konflikte zur Lastenteilung zwischen USA und Europa

Die gerechte Verteilung der Lasten der kollektiven Verteidigung auf die einzelnen Mitgliedstaaten ist kein neues, sondern ein ständiges Problem der NATO. Hier zeigen sich die Probleme kollektiven Handelns, die Mancur Olson beschrieben hat,[22] am Beispiel einer Allianz.[23]

In der politischen Debatte in der Öffentlichkeit wird jedoch häufig übersehen, dass alle Verbündeten, nicht nur die Europäer, nach dem Ende des Ost-West-Konflikts ihre Verteidigungsausgaben verringerten. So gingen die Verteidigungsausgaben der USA von 4,38 Prozent des Bruttoinlandsprodukts (BIP) im Jahr 1993 auf 2,96 Prozent im Jahr 1999 zurück, bevor sie wieder auf 3,69 Prozent im Jahr 2003 anstiegen.[24] Wie jedoch Tabelle 1 zeigt, liegen die Verteidigungsausgaben der Europäer weit unter diesen amerikanischen Ver-

---

[21] Adler, Emanuel, and Michael Barnett, eds. 1998. *Security Communities*. Cambridge, UK: Cambridge University Press; Katzenstein, Peter J., ed. 1996. *The Culture of National Security. Norms and Identity in World Politics*. New York, NY: Columbia University Press.

[22] Olson, Mancur. 1971. *The Logic of Collective Action. Public Goods and the Theory of Groups*. Cambridge, MA: Harvard University Press.

[23] Sloan, Stanley R. 1993. *Global burdensharing in the post-cold war world*. Washington, DC: Congressional Research Service Library of Congress.; Sloan, Stanley R. 1985. *Defense burden sharing U.S. relations with NATO allies and Japan*. Washington, DC: Congressional Research Service Library of Congress.; Sloan, Stanley R. 1985. *Nato's Future: Toward a New Transatlantic Bargain*. Washington, DC: National Defense University Press:; Sloan, Stanley R. 1983. *Defense burden sharing U.S. relations with NATO allies and Japan*. Washington, DC: Congressional Research Service Library of Congress.; Sloan, Stanley R. 1982. *Defense burden sharing U.S. relations with NATO allies and Japan*. Washington, DC: Congressional Research Service Library of Congress.

[24] International Institute for Strategic Studies. 2004. *The Military Balance 2004-2005*. London: Oxford University Press.

gleichswerten bei durchschnittlich etwa 1,9 Prozent des BIP. Die Tabelle zeigt weiter, dass es bei diesen Durchschnittswerten zwischen den westeuropäischen Verbündeten und den erst vor kurzem beigetretenen osteuropäischen Mitgliedstaaten keine Unterschiede gibt. Insoweit ist die Lastenteilung innerhalb Europas relativ ausgewogen.

Allerdings sind erhebliche Schwankungen innerhalb der beiden Gruppen feststellbar. So geben Griechenland 4,1 und die Türkei 3,4 Prozent ihres BIP für Verteidigung aus. Mit Ausnahme von Luxemburg und Island führen Spanien mit nur 1,2 Prozent und die Bundesrepublik mit nur 1,5 Prozent die Gruppe derjenigen Länder an, die nur einen geringen Teil für Verteidigung ausgeben. Frankreich liegt mit 2,0 Prozent knapp und Großbritannien mit 2,4 Prozent deutlich über dem Durchschnitt der europäischen Bündnispartner. Innerhalb der osteuropäischen Gruppe gehen Bulgarien (2,6 Prozent) und Rumänien (2,3) mit gutem Beispiel voran, während Slowenien mit 1,4 Prozent weit unter dem Durchschnitt etwa auf dem Niveau der Bundesrepublik liegt.

Der Vergleich der verschiedenen Gruppen zeigt ebenfalls, dass der Anteil von aktiven Truppen in etwa gleich ist bei etwa 0.45 Prozent der Bevölkerung. Allerdings gibt es auch hier innerhalb der Gruppen bedeutsame Unterschiede etwa zwischen Griechenland (1,6 %) und der Türkei (0,73%) einerseits und den Niederlanden (0,33%) und Italien (0,34%) oder der Bundesrepublik (0,34%) andererseits.

Tabelle 2 zeigt einen weiteren wesentlichen Unterschied in der Struktur der Verteidigungsausgaben. Portugal gibt 84,1 Prozent seiner Verteidigungsausgaben für Personalkosten aus, während nur 4,1 Prozent in Ausrüstung und Bewaffnung fließen. Diesem extremen Beispiel von Unausgewogenheit folgen Italien, Belgien und Griechenland. Mit der Ausnahme von Polen erzielen die osteuropäischen Neumitglieder und die Türkei ein ausgewogeneres Verhältnis als die Westeuropäer mit Ausnahme von Großbritannien und Norwegen. Dieser skandinavische Verbündete liegt sehr nahe am amerikanischen Verhältnis von 36,1% für Personal und 27,4% für Waffen und Ausrüstungen.

Zusammen genommen erklären sowohl die geringeren Verteidigungsausgaben der Europäer sowie deren ungünstigeres Verhältnis von Personalausgaben zu Beschaffungen, weshalb eine weite Lücke klafft zwischen den militärischen Fähigkeiten der Amerikaner und der Europäer. Europa verfügt zwar über eine weitaus höhere Truppenstärke als die USA. Es stellt 2,4 Mio. der 3,8 Mio. NATO-Truppen, wohingegen die USA lediglich über 1,4 Mio. aktive Streitkräfte verfügen. Allerdings sind diese Truppen militärisch weitaus wirksamer, vielseitig einsetzbarer und leistungsfähiger als ihre europäischen Widerparts. Die USA beklagen, dass von den über 2 Millionen europäischen Soldaten weniger als zwei Prozent operativ eingesetzt sind, ihre NATO Partner damit aber schon an die Grenzen ihrer militärischen Möglichkeiten geraten.[25] Insofern geht es bei der Debatte über Verteidigungslasten nicht nur um einen Vergleich der Höhe der Verteidigungsausgaben und Mannschaftsstärken, sondern vor allem auch darum, wie die vorhandenen Potentiale effizienter und wirksamer genutzt werden können. Die erwähnten Reformen der NATO-Streitkräfte auf multilateraler und nationaler Ebene sowie die intensivere projektorientierte Zusammenarbeit zwischen Gruppen von Verbündeten dienen diesen Zielen der Effizienz- und Leistungssteigerung.

---

[25] International Institute for Strategic Studies. 2004. (Fn. 24): 35.

Tabelle 1: Vergleich der Verteidigungsausgaben der NATO-Mitgliedstaaten (2003)

Land	Einwohner (Tsd)	Verteidigungsausgaben (Mrd $)	BIP (Mrd $)	Verteidigungsausgaben (% BIP)	Aktive Streitkräfte (Tsd.)	Aktive in % Einwohner	Reserve (Tsd.)
Belgien	10.348	3,9	305,0	1,3	40.800	0,39	13.750
Dänemark	5.387	3,3	211,0	1,6	21.180	0,39	64.900
Frankreich	59.725	35,3	1.750,0	2,0	259.050	0,43	100.000
Deutschland	82.551	35,1	2.410,0	1,5	284.500	0,34	358.650
Griechenland	10.680	7,2	174,0	4,1	170.800	1,60	291.000
Island	285	0	8,0	0,0	0	0,00	0
Italien	57.646	27,7	1.470,0	1,9	194.000	0,34	63.200
Luxemburg	448	0,2	26,0	0,9	900	0,20	
Niederlande	16.215	8,2	514,0	1,6	53.130	0,33	32.200
Norwegen	4.560	4,4	222,0	2,0	26.600	0,58	219.000
Portugal	10.191	3,2	152,0	2,1	44.900	0,44	210.930
Spanien	41.101	9,9	842,0	1,2	150.700	0,37	328.500
Türkei	70.712	8,1	240,0	3,4	514.850	0,73	378.700
Großbritannien	59.280	42,8	1.800,0	2,4	207.630	0,35	272.550
NATO-14	**429.129**	**189,3**	**10.124,0**	**1,9**	**1.969.040**	**0,46**	**2.333.380**
Tschechien	10.202	1,9	86,0	2,2	45.000	0,44	

Die Folgen der NATO-Reformen

Ungarn	10.120	1,6	84,0	1,9	32.300	0,32	44.000
Polen	38.195	4,1	207,0	2,0	141.500	0,37	234.000
Erweiterung I	*58.517*	*7,6*	*377,0*	*2,0*	*218.800*	*0,37*	*278.000*
NATO-17	**487.646**	**196,9**	**10.501**	**1,9**	**2.187.840**	**0,45**	**2.611.380**
Bulgarien	7.824	0,5	19,9	2,6	51.000	0,65	303.000
Estland	1.350	0,2	8,4	1,8	4.980	0,37	24.000
Lettland	2.321	0,2	10,2	1,9	4.880	0,21	13.050
Litauen	3.454	0,3	18,6	1,8	13.510	0,39	246.200
Rumänien	22.200	1,3	56,9	2,3	97.200	0,44	104.000
Slowakei	5.381	0,6	32,7	1,9	20.195	0,38	20.000
Slowenien	1.964	0,4	27,4	1,4	6.550	0,33	20.000
Erweiterung II	*44.494*	*3,5*	*174,1*	*2,0*	*198.315*	*0,45*	*730.250*
NATO-24	**532.140**	**200,4**	**10.675,1**	**1,9**	**2.386.155**	**0,45**	**3.341.630**
Kanada	31.630	10,1	868,0	1,2	52.300	0,17	36.900
USA	291.044	404,9	10.900,0	3,7	1.433.600	0,49	1.162.250
NATO-Nordamerika	**322.674**	**415,0**	**11.768,0**	**3,5**	**1.485.900**	**0,46**	**1.199.150**
NATO insgesamt	*854.814*	*615,4*	*22.443,1*	*2,7*	*3.872.055*	*0,45*	*4.540.780*

Quelle: International Institute for Strategic Studies, The Military Balance 2004-05.

6 Vorschläge zur Reform politischer Entscheidungsprozesse

Während es in der NATO erkennbare Fortschritte gibt, die militärischen Fähigkeiten zu verbessern und die Lücke zwischen den USA und Europa etwas zu verkleinern, sind im Lichte des Konflikts zur Irakpolitik politische Divergenzen zwischen Europa und Amerika nicht zu übersehen. Da die politischen Entscheidungsverfahren der NATO auf dem Prinzip der Einstimmigkeit beruhen, verfügt jeder Mitgliedstaat über ein Vetorecht. Wird dieses Vetorecht ausgeübt, so kommt keine Entscheidung zustande. Eine Reihe von Entwicklungen hat jüngst dazu geführt, das Prinzip der Einstimmigkeit in Frage zu stellen und die politischen Entscheidungsregeln zu überdenken.

Tabelle 2: Struktur der Verteidigungsausgaben in % (2002)

Land	Personal	Waffen und Ausrüstungen	Infrastruktur	Sonstiges
Belgien	71.5	7.1	2.7	20.0
Dänemark	52.0	13.5	3.6	30.0
Deutschland	59.4	14.1	4.4	21.1
Frankreich	60.7	19.1	4.2	15.8
Griechenland	67.6	13.1	1.3	17.0
Großbritannien	40.0	23.6	0.9	35.9
Italien	74.0	12.4	0.8	12.6
Kanada	45.1	13.9	3.7	38.2
Luxemburg	66.7	19.7	2.7	11.4
Niederlande	51.2	15.9	3.7	32.1
Norwegen	37.9	23.7	5.9	18.6
Polen	64.9	11.1	1.7	11.6
Portugal	84.1	4.1	0.8	24.2
Spanien	62.4	12.8	2.3	15.4
Tschechien	45.5	17.5	6.1	26.2
Turkei	45.8	31.5	6.4	15.4
Ungarn	49.3	11.1	6.4	33.9
USA	36.1	27.4	1.4	35.5

Quelle: NATO, http://www.nato.int/docu/pr/2003/p03-146e.htm.

Erstens warfen die transatlantischen Konflikte insbesondere zur Irakpolitik[26] die Frage auf, wie handlungsfähig eine Allianz ist, in der 26 Mitgliedstaaten über ein Recht auf Veto gegen den Einsatz von Streitkräften verfügen.[27] Hinzu kommt, dass der Einsatz nationaler Streitkräfte für NATO-Aufgaben in einigen Mitgliedstaaten einschließlich der Bundesrepublik nicht nur an die Zustimmung der Regierung, sondern auch der Legislativen gebunden

---

[26] Lellouche, Pierre. 2003. (Fn. 12)
[27] Michel, Leo. G. 2003. NATO Decisionmaking: Au Revoir to the Consensus Rule? *Strategic Forum* (202).

ist.[28] Artikel 11 des NATO-Vertrags bestimmt ausdrücklich: „Der Vertrag ist von den Parteien in Übereinstimmung mit ihren verfassungsmäßigen Verfahren zu ratifizieren und in seinen Bestimmungen durchzuführen." Von den Regierungen im Bündnis kann daher nicht erwartet werden, dass sie sich im Zweifel über die konstitutionellen Bestimmungen ihrer Staaten hinwegsetzen und sich für die Solidarität gegenüber den Verbündeten entscheiden. Allerdings bedeuten die vertraglichen Bindungen, dass von allen Regierungen der Mitgliedstaaten erwartet werden muss, dass sie sich mit allen zu Gebote stehenden Mitteln innenpolitisch für die Umsetzung der NATO-Beschlüsse engagieren. Insofern ist es kein Zufall, dass Bundeskanzler Schröder am 11. November 2001 im Bundestag die Vertrauensfrage stellte, um eine Mehrheit für den Einsatz der Bundeswehr zur Verteidigung der USA gegen den Terrorismus zu erreichen, nachdem die NATO zuvor den Verteidigungsfall nach Artikel 5 des NATO-Vertrages festgestellt hatte.

Neben der Frage, wie loyal sich Verbündete verhalten, wenn die NATO den Verteidigungsfall festgestellt hat, müssen jedoch zweitens weitere Szenarien berücksichtigt werden. Dazu gehören die politische und militärische Solidarität unterhalb der Schwelle des Verteidigungsfalls, als zum Beispiel die USA Anfang 2003 forderten, die NATO möge mit operativen Planungen beginnen, falls der Irak die Türkei angreife.[29] Diese vorbereitenden Maßnahmen wurden von Frankreich, Deutschland und Belgien per Veto verhindert. Erst nach zähem Ringen und nachdem die Türkei diese Frage in den Kontext des Artikel 4 des NATO-Vertrages stellte, konnten diese Vetos überwunden werden.[30]

Drittens hat der Krieg im Kosovo gezeigt, dass der NATO-Rat sich in der Tat sehr weitgehend mit den Einzelheiten der militärischen Operationen befasste[31] und sich damit den Vorwurf eingetragen hat, militärische Entscheidungen per politischem Ausschuss beschließen zu lassen.

Schließlich wirft ein viertes Problem die Frage nach einer Reform der politischen Entscheidungsregeln auf. Die notwendigen und laufenden Reformen der Verteidigung und Rüstungsplanung im Rahmen der NATO und Europäischen Union verfolgen das Ziel, Synergieeffekte von Zusammenarbeit zwischen Mitgliedstaaten zu nutzen, um höhere Erträge und Leistungen zu geringeren Kosten zu erreichen. Dies ist deshalb notwendig, weil angesichts der stagnierenden wirtschaftlichen Entwicklungen in Europa nicht mit höheren Verteidigungsausgaben zu rechnen ist. Jedoch haben derartige ökonomischen Überlegungen und Entscheidungen einen politischen Preis, der häufig übersehen wird. Multinationale Zusammenarbeit im Verteidigungs- und Rüstungsbereich führt zu wachsender Interdependenz und wechselseitiger Abhängigkeit beim Einsatz der neu geschaffenen militärischen Fähigkeiten. Die nationalen Handlungs- und Entscheidungsmöglichkeiten werden auf diese Weise eingeschränkt und auf multilaterale Organisationen übertragen. Insoweit führt Verteidigungs- und Rüstungskooperation zu einer schleichenden Kompetenzverlagerung auf inter- und supranationale Organisationen wie NATO und EU. Auf diese Weise entsteht neuer Druck, die politische Handlungs- und Entscheidungsfähigkeiten dieser Organisatio-

---

[28] Centre for European Security and Disarmament. 2001. Annex: Parliamentary Approval of Military Missions Abroad: A Survey of the NATO 19. *NATO Notes* 3 (7).
[29] Koenders, Bert. 2003.(Fn. 12); Lellouche, Pierre. 2003. (Fn. 12)
[30] Tuschhoff, Christian. 2004. *When Reason Breaks Down Emotions Take Over* American Institute for Contemporary German Studies, n.y. [2003] [cited December 15 2004]. Available from http://www.aicgs.org/c/tuschhoffc.shtml.
[31] Clark, Wesley K. 2001. *Waging Modern War: Bosnia, Kosovo, and the Future of Combat.* 1st ed. New York: Public Affairs.

nen dadurch zu stärken, dass gemeinsame Interessen definiert und Pläne zu kollektivem Handeln erstellt werden. Denn multinational gesteuerte militärische Fähigkeiten sind nur dann wirklich einsetzbar, wenn alle beteiligten Mitglieder ihre Zustimmung erteilen. Insoweit stehen die NATO und ihre Mitgliedstaaten vor der Aufgabe, Lösungen zu erarbeiten, wie die Probleme des kollektiven Handelns überwunden werden können.

Als mögliche Alternativen zur auf Einstimmigkeit beruhenden Entscheidungsregel wurde vorgeschlagen, ein der Europäischen Union ähnliches Prinzip von qualifizierten Mehrheiten zu schaffen. Damit wäre es nicht nur möglich, zögerliche Mitgliedstaaten zu überstimmen, sondern das Wesen der NATO selbst würde von einer zwischenstaatlichen zu einer supranationalen Organisation geändert. Eine solche machtpolitische und Wesensveränderung ist insbesondere vor dem Hintergrund gegenwärtiger transatlantischer Konflikte nicht denkbar und vor allem in den USA nicht durchsetzbar. Dessen ungeachtet bleibt es außerdem zweifelhaft, ob eine derart einschneidende Reform tatsächlich den beabsichtigten Erfolg zeitigt. Studien zum Vergleich der Entscheidungseffizienz in der EU unter den verschiedenen Mehrheitsregeln haben gezeigt, dass die erwarteten Effekte nicht notwendigerweise eintreten müssen.[32]

Eine zweite Alternative zur bestehenden Entscheidungsregel ist, nur diejenigen Mitgliedstaaten an einer Abstimmung zu beteiligen, die bereit sind, einen militärischen Beitrag zur in Rede stehenden Operation zu leisten. Auf diese Weise entstünden Koalitionen der Willigen innerhalb des Bündnisses, die von den Unwilligen nicht verhindert werden könnten. Der entscheidende Nachteil dieser Möglichkeit ist, dass damit das Musketierprinzip des Bündnisses – einer für alle, alle für einen – unterminiert würde. Es würde geradezu ein Anreiz für die Mitgliedstaaten geschaffen, keine militärischen Fähigkeiten bereitzustellen, damit sie im Einsatzfall auch nicht mit in die Verantwortung genommen werden könnten. Die Probleme des kollektiven Handels würden auf diese Weise nicht gelöst, sondern vermutlich verschlimmert.

Dagegen verdienen zwei weitere Reformvorschläge ernsthafte Prüfung.[33] Die Einstimmigkeitsregel würde im Prinzip beibehalten, die Kompetenzen des NATO-Rats aber verändert. Ein Vorschlag ist, den militärischen Kommandeuren einen breiten Spielraum einzuräumen, auf welche Einsatzfälle sie sich vorbereiten und welche Eventualfallpläne (so genannte *contingencies*) sie erarbeiten wollen. Der Rat müsste den Beginn solcher Planungsarbeiten nicht genehmigen. Die militärischen Entscheidungen zur Planung und Vorbereitung würden nicht mehr im Einzelnen, sondern lediglich allgemein politisch genehmigt. Ein solches Verfahren ist sinnvoll, zumal die Entscheidung zur Aktivierung eines Planes und die Entscheidung der nationalen Beteiligung durch Beiträge nicht beeinträchtigt würden.

Ein anderer Vorschlag sieht vor, dass ein bedrohter Bündnispartner seine Verteidigung vorbereitende Planungen fordern kann, sofern seine territoriale Integrität, seine politische Unabhängigkeit oder Sicherheit bedroht ist. Dieser Antrag müsste dann automatisch gebilligt werden, wenn er nicht mit Einstimmigkeit der anderen Mitgliedstaaten zurückgewiesen würde. In diesem Fall würde die Beweislast für die (Nicht-)Bedrohung lediglich umgekehrt. Auch dieser Vorschlag ist sinnvoll, zumal er sich ebenfalls nur auf Entscheidungen zum Beginn von vorbereitenden Verteidigungsplänen bezieht, die Einsatz- und Beteiligungsentscheidungen aber nicht berührt. Mit beiden Maßnahmen ließe sich die Allianz

---

[32] Golub, Jonathan. 1999. Decision Making in the European Community. *International Organization* 53 (4):733-764; Michel, Leo. G. 2003. (Fn. 27)

[33] Koenders, Bert. 2003. (Fn. 12); Michel, Leo. G. 2003. (Fn. 27).

organisatorisch stärken und politisch effizienter gestalten. Unnötige Prestigekonflikte – wie die Auseinandersetzung um die Verteidigung der Türkei – würden verhindert.

7 Schlussfolgerung

Die NATO hat in ihrem Bemühen, sich den politischen Verhältnissen und Bedrohungen nach dem Ende des Kalten Krieges anzupassen, beträchtliche Fortschritte gemacht, selbst wenn man das geringe Tempo bedauern mag. Gerade die letzte Runde von Reformen der Streitkräfte und Kommandostrukturen zeigt, dass die Verbündeten bereit sind, die Allianz politisch und organisatorisch wieder zu stärken. Zwar sind von den europäischen Mitgliedstaaten keine Steigerungen der Verteidigungsausgaben zu erwarten, aber es sind Schritte eingeleitet worden, die vorhandenen Ressourcen durch verbesserte Zusammenarbeit intensiver und effizienter zu nutzen, selbst wenn der Preis dafür eine geringere nationale Unabhängigkeit ist. Das Bündnis ist auf dem besten Weg, seine militärischen Defizite zu beseitigen.

Politisch operiert die NATO dagegen in einem Umfeld von Konflikten zwischen den Partnerstaaten, die kollektives Handeln erschweren. Der Haushalt an gemeinsamen Werten schwindet und auf beiden Seiten des Atlantiks etablieren sich politische Eliten, die immer weniger Gemeinsamkeiten aufweisen. Die Reformen der NATO können auch als Versuch interpretiert werden, Entscheidungen zu depolitisieren und zu denationalisieren und sie dadurch den nationalen Eliten zu entziehen. Im Vergleich zu den 1990er Jahren hat die NATO die planerische Initiative und einige Kompetenzen zurückgewonnen.

Gleichzeitig steht aber zu befürchten, dass die auf der NATO beruhenden transatlantischen Netzwerke im Zuge der Reformen immer weiter ausgedünnt werden. Dies gilt insbesondere für das militärische Personal, das traditionell als Bindeglied zwischen NATO und nationalen Entscheidungseinheiten wirkte. In dem Maße, wie diese Bindeglieder verschwinden, vergrößert sich die politische Distanz zwischen Allianz und Mitgliedstaaten. Dies geschieht zu einem Zeitpunkt, zu dem die politischen Distanzen zwischen den Mitgliedstaaten ebenfalls größer geworden sind. Das Bündnis ist in seiner Rolle als Vermittler und Brücke gefordert. Diesem Erfordernis entsprechen die Reformschritte zum Teil, denn sie bewirken eine politische und organisatorische Stärkung der gemeinsamen Institution. Da aber die Distanz zwischen dem gestärktem Bündnis und seinen Mitgliedstaaten vermutlich wachsen wird, ist es möglich, dass die Allianz die politische Vermittlerrolle trotz höherer militärischer Leistungsfähigkeit immer weniger auszuüben vermag.

Die Transformation der amerikanischen Streitkräfte

Heinz Gärtner

1   Einführung

Die erste Phase des Krieges im Irak haben die USA erfolgreich durchgeführt. Sie erfolgte mit einer neuen Doktrin und reformierten Streitkräften. Für die Phase nach der Erklärung der Beendigung der Hauptkampfhandlungen durch den Präsidenten am 1. Mai 2003 scheinen die USA weder geeignete Pläne noch eine wirksame militärische Strategie zu haben. Der Hauptgrund für diese Kluft zwischen erfolgreicher Invasion und bisher erfolgloser Besetzung liegt wohl in der politischen Fehleinschätzung, dass die Befreiung vom irakischen Regime durch die Invasionstruppen unmittelbar in moralische und politische Unterstützung durch die irakische Bevölkerung umschlagen würde. Die Befreier wurden aber entweder zunehmend als Besatzer gesehen, oder zumindest wurde es für einen Großteil der Iraker immer schwieriger, zwischen Befreiern und Besatzern zu unterscheiden.

Ein weiterer Grund für den bisher versagten Erfolg liegt in einer Transformation der US-Streitkräfte, die nur einen Teil der militärischen und sicherheitspolitischen Erfordernisse im Irak abdecken. Die im Irak angewendete Strategie der ersten Phase, den Krieg mit kleinen, beweglichen, schnellen Einheiten mit hohem Informations- und Kommunikationsniveau zu gewinnen, war nicht in der Lage, eine stabile Situation herzustellen und eine tiefgreifende Wiederaufbauphase einzuleiten. Eine revolutionierte Strategie mit transformierten Streitkräften wurde mit der traditionellen politischen Vorstellung verknüpft, dass der Krieg mit dem Sturz des Diktators, Saddam Hussein, beendet sein werde. Diese politische Einschätzung führte dazu, dass andere wichtige Dimensionen vernachlässigt wurden. Gleichzeitig entzieht sich ein transformiertes Militär immer weiter der Kontrolle der Politik.

Dieser Beitrag zeichnet zuerst die Transformation der US-Streitkräfte nach, die vor allem mit US-Verteidigungsminister Donald Rumsfeld verbunden ist, aber bereits unter Präsident Clinton begonnen hatte. Dann werden die negativen Konsequenzen und Defizite aufgezeigt, die dadurch entstehen, dass bestimmte andere Dimensionen der Transformation, wie *post-conflict nation-building*, vernachlässigt wurden. Diese Defizite werden gerade im Irak deutlich. Abschließend wird die Militärtransformation im Zusammenhang von *Nuclear Posture Review* und *National Security Strategy* diskutiert.

2   Die Rumsfeld-Reform und die NATO Response Force

Nach Ende des Kalten Krieges wurde bald klar, dass künftige Kriege nicht mehr der großen Armeen mit Massen von schwerem Gerät bedürfen, sondern kleinerer, leichter bewaffneter Einheiten mit hoher Mobilität. Die NATO orientierte sich bereits bei ihren Konferenzen in London 1990 und Rom 1991 und dann in ihrem neuen strategischen Konzept 1999 von Washington auf internationale Einsätze, für die Begriffe wie *Military Operations other than*

War (MOOTWA) oder *Peace Support Operations* (PSO) oder schlicht *Peace Operations* verwendet wurden. Von amerikanischer Seite war damit jedoch eine entscheidende Bedingung verbunden: die Vermeidung und Verringerung von amerikanischen Opfern. Durch das Vietnam-Trauma mit über 50.000 gefallenen US Soldaten und das Somalia-Erlebnis 1992, als einige der 18 toten Amerikanern durch die Straßen von Mogadishu gezerrt wurden, wurde dieses Prinzip Voraussetzung jeglicher Reform. Es war Grundlage des Luftkrieges der NATO gegen Jugoslawien im Kosovo 1999 und galt im Anschluss als Clinton-Doktrin. Kritiker wendeten damals ein, dass Kriege nicht ohne Bodentruppen gewonnen werden können, da Territorium erobert werden muss, was aus der Luft nicht möglich sei.[1]

Mit dem Antritt der Regierung Bush 2001 hatte es sich Verteidigungsminister Donald Rumsfeld zur Aufgabe gemacht, die US-Streitkräfte von Grund auf zu reformieren. Er beauftragte die Marshall-Kommission, Pläne auszuarbeiten, die zum Teil sehr weitreichend waren und den zunehmenden Einsatz von unbemannten Kriegsmaschinen vorsahen.[2] Im Kern schlug die Kommission jedoch vor, die US-Streitkräfte auf hohe Mobilität kleiner Einheiten, die schnell über große Distanzen verlegbar sind, umzustellen. Diese Einheiten sollen mit größtmöglicher Information ausgestattet und mit den Kommandozentralen in direkter und ständiger Kommunikation stehen. Diese Art der Kriegführung bekam später den Namen *Network Centric Warfare* (NCW). Die NCW soll Informationsüberlegenheit in Kampfkraft umsetzen, indem sie die Informationseinheiten im Kampfgebiet effektiv miteinander verknüpft. NCW zielt darauf ab, durch die fast perfekte Aufklärung, die Satelliten, Flugzeuge, unbemannte Drohnen und andere Sensoren liefern, Kommandanten in die Lage zu versetzen, die richtigen Ziele zu identifizieren und sie mit Präzisionsmunition zu zerstören. Marshalls Transfomationskonzept beinhaltete aber für viele Generäle auch schmerzliche Vorschläge. Auf schweres Gerät, das für traditionelle Schlachten geeignet war, könne fast gänzlich verzichtet werden.

Als Rumsfeld Verteidigungsminister wurde, machte er sich daran, dieses Konzept so weit wie möglich umzusetzen. Anfänge wurden schon unter der Administration Clinton mit seinen *Joint Vision 2010* und *2020* gemacht. Angesichts des veränderten Bedrohungsumfeldes schien dies eine überfällige Reform. Obwohl die USA ihre Streitkräfte nach dem Ende des Kalten Krieges um 30 Prozent von 2 auf 1,4 Millionen aktive Soldaten reduziert hatten, fragte sich Lawrence J. Korb[3] in *Foreign Affairs*, ob die amerikanischen Streitkräfte angesichts der kaum vorhandenen potentiellen Gegner und der großen Anzahl der Verbündeten nicht zu aufgebläht (*overstuffed*) seien.[4] Als Rumsfeld begann, schweres Gerät abzubauen, regte sich heftiger Widerstand in den Streitkräften. Am stärksten war dieser Widerstand in der *Army*, die am meisten von diesen Kürzungen betroffen gewesen wäre, am geringsten bei den *Marines*, die am meisten von den Erneuerungen profitiert hätten. Im Spätsommer 2001 spekulierte man bereits über den Rücktritt des Verteidigungsministers.[5]

---

[1] David Robertson, Modern Technology and the Future of the Soldier, in: Heinz Gärtner/Adrian Hyde-Price/Erich Reiter (eds.), *Europe's New Security Challenges*, Lynne Rienner: Boulder/London, 2001, 71-90.
[2] Bill Keller, The Fighting Next Time: Why Reformers Believe That Preparing the Military for Next-Generation Warfare is Radical and Crucial – and One More Casualty of 9/11, *New York Times Magazine*, March 10, 2002.
[3] Lawrence J. Korb war Mitarbeiter des Pentagons während der Administration Reagan, dann Mitarbeiter der Brookings Institution und des Council on Foreign Relations.
[4] Lawrence J. Korb: Our Overstuffed Armed Forces, *Foreign Affairs*, November/December 1995, S. 22-34.
[5] Dieser Dualismus zwischen Reformern und Traditionalisten zeigt sich auch in der NATO. Letztere wollen an Territorial- und Bündnisverteidigung festhalten, erstere befürworten eine Transformation in Richtung internationale Missionen. Die Forderung aller Generalsekretäre seit den 1990er Jahren nach mehr „Kapazitäten" unterstreicht die Notwendigkeit nach Transformation, denn alte Kapazitäten hätte die NATO ausreichend.

Dann kam es zu den tragischen Ereignissen des 11. September und der darauf folgenden Entscheidung, in Afghanistan zu intervenieren, wobei Rumsfeld auch bereits eine Intervention im Irak ins Auge fasste.[6] Diese Periode war verbunden mit einer patriotischen, politisch-medialen Überhöhung des Militärs. Rumsfeld nutzte die Gunst der Stunde und setzte schrittweise drastische Erhöhungen des US-Militärbudgets durch, das 2006 bei 420 Mrd. Dollar liegen wird.[7] Das ist doppelt so viel, wie die übrige Welt dafür ausgibt, ein Anstieg um fast 40 Prozent seit dem 11. September 2001 und um fünf Prozent seit 2005. Nicht enthalten sind die Kosten für die Kriege im Irak und in Afghanistan. Dafür mussten knapp 300 Mrd. Dollar aufgewendet werden.[8] Für 2005 sind davon etwa 100 Mrd. Dollar vorgesehen.[9]

Der Anstieg der Verteidigungsausgaben hatte zwei Konsequenzen: Der Verteidigungsminister überlebte und die Streitkräftereform wurde möglich. Die Höhe des Verteidigungsbudgets erlaubte es, die alten Strukturen und die Waffen für traditionelle Kriegsführung zu behalten und gleichzeitig eine Transformation durchzuführen. Einerseits wurden die traditionellen hierarchischen Strukturen aufrechterhalten, bei denen die strategische, taktische, operationelle und individuelle Ebene fein säuberlich getrennt sind. Andererseits wurden diese Strukturen dadurch zunehmend aufgelöst, dass der Krieg nicht mehr in dieser Sequenzabfolge gesehen wird. Was zählt, sind gleichzeitige Information, Schnelligkeit und Präzision. Ein Beispiel für eine solche Gleichzeitigkeit der Ebenen sind die neu geschaffenen *Striker Brigade Combat Teams*. Einerseits wurden die schwere Artillerie (vorerst sogar der 80 Tonnen schwere *Crusader*), die schweren Panzer (wie *Abrams* und *Bradley*), die Flugzeugträger der Nimitzklasse sowie Programme für drei *Fighter Jets* (F/A-18, F/A-22 *Raptor* und der *Joint Strike Fighter* - JSF) beibehalten. Andererseits wurden die Weichen in Richtung neuer Aufklärungs- und Kommunikationssysteme, Präzisions- und über Satelliten gesteuerte Waffen, unbemanntes Fluggerät (*Unmanned Aerial Vehicles* - UAVs), Sensoren u.a. gestellt. Auf strategischer Ebene wird die Doktrin der gleichzeitigen Siege in zwei größeren Kriegen abgelöst. Jetzt gilt, neben der Verteidigung des Heimatterritoriums, die Vorwärtsstationierung in vier kritischen Regionen und, wenn notwendig, die schnelle Niederschlagung zweier gleichzeitig stattfindender feindlicher Offensiven.

Von den Reformen nicht unberührt bleibt auch das atlantische Bündnis. Traditionelle Militärbündnisse mit stehenden Armeen passen nicht mehr in die neue Geopolitik. Deshalb hat Rumsfeld eine „Koalition der Willigen" vorgeschlagen, bei der die Mission bestimmt, welches Bündnis für sie erforderlich und geeignet ist und nicht umgekehrt. NATO-Europäer beklagten, dass die NATO nicht primärer Adressat einer solchen Koalition sei. Eine solche muss jedoch nicht notwendigerweise für die Europäer von Nachteil sein. Sie entspricht in der Tat den neuen sicherheitspolitischen Herausforderungen (Terrorismus, Massenvernichtungswaffen, regionale Konflikte) besser als die starren Bündnisse des Kalten Krieges. Die von der NATO beim Gipfel in Prag im November 2002 beschlossene und

---

[6] Bob Woodward, *Plan of Attack*, New York, 2004; Richard A. Clarke, *Against All Enemies: Inside America's War on Terror*, New York, 2004.
[7] U.S. Department of Defense, *Year 2006 Budget (FY06)*, Transmitted to Congress on February 2, 2005. Covers the fiscal year beginning October 1, 2005.
[8] Außerdem nicht im Budget enthalten sind Atomprogramme in Höhe von 20 Mrd. Dollar, die im Energieministerium angesiedelt sind.
[9] Somit geben die USA für die Kriege im Irak und in Afghanistan monatlich mit 5 Milliarden Dollar mehr aus als die Vereinten Nationen für ihre 17 laufenden Friedensoperationen im Jahr. James Dobbins, The UN's Role in Nation-building: From the Belgian Congo to Iraq, *Survival*, 46 (4), Winter 2004-05, 81-102, hier 99.

von den USA angeregte Bildung einer schnellen Eingreiftruppe von 21.000 Soldaten zum Kampf gegen Terrorismus und staatliche und nicht-staatliche Akteure mit Massenvernichtungswaffen entspricht durchaus diesem neuen Konzept. Die schnelle *Response Force* soll flexibel auf unterschiedlichen Schauplätzen und in angepasster Zusammensetzung – auch präemptiv – verwendbar sein. Diese *Response Force* wird so weit wie möglich mit den 13 neuen kleinen, aus jeweils ca. 1.500 Soldaten bestehenden Gefechtsverbänden (*battle groups*) der Europäischen Union interoperabel und kompatibel sein, wodurch sich die Möglichkeiten von flexibel zusammengesetzten Koalitionen vervielfachen. Die Truppen werden in der Regel für beide Eingreiftruppen verwendbar sein. Das *Berlin plus*-Abkommen, wonach die EU im Bedarfsfall auf NATO Ressourcen und Infrastruktur zurückgreifen kann, erleichtert eine solche Kooperation.

3 Afghanistan und Irak

Der Krieg in Afghanistan war eine erste Gelegenheit, die begonnene Transformation anzuwenden. Im Kampfgebiet wurden die alten Hierarchien bereits aufgelöst. Es gab eine Verknüpfung von gleichzeitig arbeitenden Systemen, die umgebauten B-52 Bomber und die B-1 dienten nicht nur dem Transport von Bomben, sondern auch als fliegende Kommunikations- und Kommandozentralen. Satellitenaufklärung und UAVs vermittelten Informationen über Ziele am Boden an Kampfflugzeuge und Bodentruppen. Der Informationsfluss verlief aber auch in die umgekehrte Richtung. Informationen vom Boden wurden an die B-52 und Jets vermittelt – man denke an die berittenen GIs.

Der Irakkrieg bot Gelegenheit, die Reformen weiter voranzutreiben. Rumsfeld wollte beweisen, dass mit wenig Truppen, schnellen Einheiten mit hohem Informationsstand und leichtem Gerät durch entscheidende Schläge (*decisive operations*) in kurzer Zeit viel Raum gewonnen werden kann. Die strategischen Konzepte für die Afghanistan- und Irakkriege beinhalteten eine Reihe revolutionärer Elemente:[10]

- Boden- und Luftoperationen sind interdependent, wenn nicht integriert. Die traditionelle Trennung zwischen Boden- und Luftstreitkräften wird bei speziellen Operationen aufgehoben. Gemeinsame bewegliche und präzise Operationen relativ unabhängiger Einheiten mit hoher Information sollen entscheidende Schläge durchführen.
- *Special Operations* übernahmen viele Aufgaben, die früher der konventionellen Kriegsführung vorbehalten blieben, bzw. wurden in diese integriert, wie Aufklärung am Boden, Einsätze im Hinterland, humanitäre und Katastropheneinsätze sowie die Jagd nach Kommandanten.
- Geschwindigkeit ersetzt Masse. Dieses Newtonsche Prinzip sollte große und schwerfällige Truppenbewegungen überflüssig machen. Historisches Vorbild für dieses Prinzip war die Trennung beweglicher Panzereinheiten von der langsameren Infanterie im deutschen Blitzkrieg des Zweiten Weltkrieges. Die Panzer wurden mit kabelloser und Radiokommunikation verbunden, wodurch sich ihre Autonomie von den Bodentrup-

---

[10] Vgl. u.a. Williamson Murray/Robert H. Scales junior, *The Iraq War: A Military History*, Cambridge, MA, 2003.

pen erhöhte. Nur 15 Prozent der modernen, mechanisierten Streitkräften reichten für die neue Stoßkraft aus.[11]
- Präzision ersetzt Quantität. Das Verhältnis von Angriffen mit Präzisionsmunition (z.B. *Joint Direct Affect Munition* – JDAM) zu konventionellen Luftangriffen war etwa 2:1 (20.000 : 9.000). Im ersten Golfkrieg 1991 war es noch 1:10. In früheren Kriegen war Präzisionsmunition faktisch nicht vorhanden.
- Das traditionelle Schlachtfeld wird aufgelöst bzw. extrem ausgeweitet. Luft-, Land- und Wasseroperationen finden überall, ständig, gleichzeitig und integriert statt.
- Alle oben genannten Elemente benötigen entwickelte Informations-, Aufklärungs-, Kommunikations- und Führungssysteme. Ohne diese Systeme wären sie unwirksam, ja extrem gefährdet.
- Ebenso sind für alle Elemente entsprechend ausgebildete und trainierte Soldaten nötig. Deren geringere Quantität kann nur durch ihre Qualität kompensiert werden.
- Entscheidungen müssen vielfach dezentralisiert werden. Entscheidungen, die früher auf strategischer Ebene erfolgten, werden jetzt auf taktischer und operativer Ebene getroffen, was eine Abflachung der traditionellen Hierarchien zur Folge hat.

4 Konsequenzen und Defizite

Der Militäreinsatz im Irak widersprach den bis dahin geltenden Doktrinen. Die Weinberger-Doktrin[12] von 1984 besagt, dass amerikanische Truppen nur bei der Gefährdung vitaler amerikanischer Interessen, mit ganz klaren politischen und militärischen Zielen, mit ausreichender Unterstützung der amerikanischen Bevölkerung und als letztes Mittel eingesetzt werden sollen; eine Strategie für einen Abzug muss vorbereitet sein. Als Colin Powell, der damalige Berater Weinbergers, während des Golfkrieges 1991 Vorsitzender der Vereinigten Stabschefs war, entwickelte er die Powell-Doktrin, nach der Kriege nur mit überwältigenden militärischen Mitteln zur Erreichung von klar definierten Zielen, die für die USA lebensnotwendig sind, geführt werden sollen. Diese Doktrin bewegte sich im Rahmen des Denkens von Clausewitz, für den Militärmacht ausschließlich als ein Instrument zur Erreichung von politischen Zielen eingesetzt werden darf.

Der Krieg im Irak wurde weder mit allen zur Verfügung stehenden militärischen Mitteln noch mit klaren politischen Zielen geführt. Die politischen Ziele variierten von der Beseitigung von Massenvernichtungswaffen über den Kampf gegen den Terrorismus bis zur Demokratisierung des Irak und des gesamten Mittleren Ostens. Dadurch wurde in weiten Bereichen dem Militär überlassen, die strategischen Ziele der Besetzung zu bestimmen.

Die Invasion sollte die Effektivität eines transformierten Militärs beweisen, das ohne numerische Überlegenheit auskommt. Waren im Golfkrieg gegen den Irak von 1991 noch 600.000 US Soldaten beteiligt, so waren es gemeinsam mit den Koalitionspartnern diesmal die Hälfte, gegenüber einer irakischen Truppenstärke von 400.000. Die Koalition setzte 2.200 Panzer, gepanzerte Fahrzeuge und Artillerie ein, gegenüber 8.500 des Irak. Es war eine „Invasion lite", mit der das Regime gestürzt wurde. Die irakische Gegenwehr war aber auch geringer als erwartet, was zum Teil auf dessen mangelnde politische Unterstützung

---
[11] Paul Wolfowitz, Deputy Secretary of Defense, Prepared Statement for the Senate Armed Services Committee Hearing On Military Transformation, In: *United States Department of Defense,* Washington, D.C., April 9, 2002.
[12] Caspar Weinberger war Verteidigungsminister unter der Administration Ronald Reagan.

zurückzuführen war. Zugrunde lag die politische Fehleinschätzung, dass der Krieg mit der Beseitigung der politischen Führung beendet würde. Eine transformierte Kriegsführung verfolgte ein traditionelles politisches Ziel.

Wegen der geringen Truppenstärke gab es immer wieder Probleme mit dem Nachschub und der Logistik. Der so genannte „Rollende Start" (*rolling start*) war vielfach eine Rechtfertigung dafür, dass nicht genügend Truppen verfügbar waren. Die kleinen Einheiten konnten sich rasch fortbewegen und ließen dadurch den irakischen Truppen kaum Zeit, sich zu formieren und wieder neu zu formieren. Die Raumüberwindung durch Geschwindigkeit ließ jedoch vieles unerledigt. Es war kein wirklicher Raumgewinn, weil er nicht gesichert wurde. Widerstandsnester blieben unberücksichtigt; der Angriffssturm blies einfach über sie hinweg. Die Geschwindigkeit verschob viele Kampfhandlungen lediglich auf später. Strategische Ziele wurden erreicht, ohne dass taktische oder operationelle Zwischenschritte gemacht worden waren, die in der konventionellen Kriegführung Voraussetzung für die Erreichung strategischer Ziele gewesen wären. Das ist eine Umdrehung des Clausewitzschen Prinzip, wonach die taktischen Schritte, die Streitkräfte in Aktion, die Mittel zur Erreichung des strategischen Zieles sind. Das strategische Ziel des Krieges wurde unter Vernachlässigung der Taktik angestrebt. Das Kriegsziel wurde am 1. Mai 2003 mit der Erfolgsmeldung des Präsidenten *mission accomplished* auf dem Flugzeugträger *Abraham Lincoln* für erreicht erklärt. Operationelle und taktische Aufgaben mussten danach nachgeholt werden.

Geschwindigkeit erfordert Leichtigkeit. Schwere Panzerung verlangsamt die Geschwindigkeit. Dieses Prinzip hatte für die erste Phase des Krieges Gültigkeit. Als sich der Krieg nach dem Sturz des Diktators verlangsamte, die Zeit keine Rolle mehr spielte und gegen Aufständische nur mehr um Raum ohne Zeit gekämpft wurde, wurde Panzerung wieder notwendig, war aber nur unzureichend vorhanden. Als Donald Rumsfeld bei seinem Besuch in Bagdad im Dezember 2004 von einem Soldaten daraufhin angesprochen wurde, wehrte er rechtfertigend ab: „Ihr habt mit der Armee zu kämpfen, die ihr habt!" Rumsfeld wollte nicht wahrhaben, dass sich der Charakter des Krieges gewandelt hatte. Die Soldaten kämpften mit einer Armee, die vielleicht für die erste Phase zweckmäßig war, nicht mehr aber für einen asymmetrischen Krieg, der der reinen Raumsicherung (insbesondere von Städten) dient. Elemente des traditionellen Krieges wurden plötzlich wieder notwendig.

Leichtigkeit erhöht also die Verwundbarkeit. Ein Mittel, um diese zu reduzieren, ohne Geschwindigkeit zu verlieren, ist der Kampf aus der Entfernung. Dieser wird durch Präzisionswaffen möglich. Kampf aus der Entfernung bedeutet aber auch Vernichtung und nicht Eindämmung, Zurückdrängung, Entwaffnung, Vertreibung oder Gefangennahme. Die Schläge müssen tödlich sein. Ein Beispiel sind die „Todeszwinger" (*kill boxes*), in die Iraker gedrängt und dann vernichtet wurden.

Es stellte sich heraus, dass Präzisionswaffen sowie auch schwere Waffen für den Städtekampf nicht geeignet waren, weil sie nicht präzise genug sind. Hier gibt es nur zwei traditionelle Alternativen: Häuserkampf oder flächendeckende Zerstörung. Die Einnahme von Falluja im Dezember 2004 war eine Kombination von beiden (Tabelle 1).

Im Februar 2003 hatte Paul Wolfowitz, der stellvertretende Verteidigungsminister, vor dem Kongress erklärt, dass im September 2003 im Irak nur mehr 40.000 Soldaten vonnöten sein würden.[13] Zu Jahresbeginn 2005 wird klar, dass es auf nicht absehbare Zeit etwa

---

[13] Paul Wolfowitz, der stellvertretende Verteidigungsminister, vor dem Kongress im Februar 2003, zitiert nach: Fareed Zakaria, What We Should Do Now, *Newsweek*, August 24, 2003.

140.000 sein werden, wenn auch immer wieder Reduktionen angekündigt werden.[14] Politische Fehleinschätzung und militärisch einseitige Kriegführung sind Ursache dieser Fehlkalkulation.

Tabelle 1: Vor- und Nachteile von Reformmaßnahmen

Reform	Vorteil	Nachteil
Leichtigkeit	Schnelligkeit	Verwundbarkeit
Geschwindigkeit	Rasche Raumüberwindung	Keine Raumsicherung
Schwere Panzerung	Geringere Verwundbarkeit	Langsamkeit
Präzisionswaffen	Einsatz aus der Entfernung Geringe Kollateralschäden	Ungeeignet im Städtekampf
Entfernung	Geringe Verwundbarkeit	Vernichtung meist einzige Option

Die anhaltende Widerstandsbewegung im Irak zeigt aber auch die Schwächen der Streitkräftetransformation der USA. Die Aufständischen greifen die Koalitionsstreitkräfte nicht direkt an, sondern zivile Einrichtungen wie das UN-Hauptquartier. Sie töten Zivilisten, neu ausgebildete irakische Sicherheitskräfte und einzelne US-Soldaten. Damit wird der lebensnotwendige Aufbau einer zivilen Infrastruktur erfolgreich unterlaufen. Den Streitkräften soll die Kontrolle über den Krieg entzogen werden. Die Transformation des Militärs zielt u.a. darauf ab, die eigenen Opferzahlen möglichst gering zu halten und gerade dadurch wird jeder Gefallene ein Misserfolg der eigenen Strategie und Technologien und ein Erfolg für die Aufständischen.[15]

5 Overstuffed oder overstretched?

Von den knapp 500.000 dienstpflichtigen Soldaten der US-Armee sind etwa zwei Drittel in 120 Ländern stationiert (150.000 im Irak, 100.000 in Europa, 100.000 in Asien, 30.000 in Kuwait, 10.000 in Afghanistan, 5.000 auf dem Balkan u. a.). Von 33 Kampfbrigaden der *Army* sind mehr als die Hälfte im Irak. Hier werden zunehmend mehr Soldaten gebraucht, „zeitweise", wie das Pentagon betont. Plötzlich waren die Streitkräfte nicht mehr aufgebläht (*overstuffed*), sondern ausgezehrt (*streched thin* oder *overstreched*). Diese Gegenüberstellung ist jedoch irreführend. Es geht nicht nur um zuviel oder zuwenig, es geht um zuviel oder zuwenig von *bestimmten* Streitkräften. Von konventionellem Gerät ist zuviel vorhan-

---

[14] Laut der US *Army* sollen bis 2006 120.000 Soldaten stationiert bleiben.
[15] Mikkel Vedby Rasmussen, *The Revolution in Military Affairs and the Boomerang Effect*, Danish Institute for International Studies, DIIS Report 6/2004.

den, von Soldaten eines transformierten Militärs, das einen Abnützungskrieg führt, zu wenig. Von den 800.000 Bodentruppen der *Army, Reserve, National Guard* und *Marine Corps* sind weniger als 180.000 kampftauglich, zieht man das Personal der Systemerhalter in den Kommandozentralen, der Logistik und Ausbildung, in der Beschaffung usw. ab.[16] Von den 200.000 Reservisten stehen nicht einmal mehr 40.000 zur Verfügung. Von den 15 Brigaden der Nationalgarde sind 14 im Einsatz oder bereiten sich darauf vor.

Verschiedene Gegenmaßnahmen werden überlegt. Rumsfeld machte einen neuen Versuch, schweres Gerät loszuwerden. 2003 gelang es ihm, nach monatelangem politischem Kampf das Artilleriegeschütz *Crusader* aus dem Programm zu nehmen. Im März 2004 wurde das 40 Mrd. Dollar teure Programm des *Comanche Helicopters* gestrichen. Im Vorschlag für das Budget 2006 sind weitere Umstrukturierungen und Einsparungen bei Gerät vorgesehen. Der Schwerpunkt soll nun vermehrt auf schnell verlegbare und schlagkräftige, modulartig organisierte Truppen mit flexibler Größe gelegt werden. Bei hochtechnisierten Lufteinheiten soll reduziert werden. Die Reduktionen und Umstrukturierungen sind jedoch halbherzig und die Ausgaben werden in den meisten Fällen lediglich aufgeschoben:[17]

- Ende Dezember 2004 gab das Pentagon bekannt, dass es die Anzahl des *F/A-22 Raptor* stark reduzieren will. 1985, zum Höhepunkt des Kalten Krieges, waren 750 Stück dieses Kampfflugzeuges mit dem angeblichen Stückpreis von 35 Mio. Dollar vom Pentagon gefordert worden. Die Produktion wird nun erst 2008 eingestellt, nachdem das Pentagon 180 Stück, von dem nun ein Stück 258 Mio. Dollar kostet, gekauft haben wird. Weiterhin sind 5 Mrd. Dollar für den *Joint Strike Fighter* vorgesehen. Dieser soll zunehmend den *F-16* und den *A-10* der Luftstreitkräfte, den *AV-8B* der Marine und der *F/A-18* der Seestreitkräfte und Marine ersetzen.
- Ein anderes Beispiel sind die 30 Unterseeboote der *Virginiaklasse*, die 60 Mrd. Dollar kosten und von denen in den nächsten sechs Jahren statt zwei nur eines jährlich gekauft werden sollen.
- Die Anzahl des senkrechtstartenden Flugzeugs *V-22 Osprey*, das bei Tests extrem fehleranfällig war, soll zwar reduziert werden, was jedoch den Stückpreis auf 100 Mio. Dollar hochtreibt. *V-22 Osprey* war von George H.W. Bush gestrichen, von Bill Clinton jedoch wieder auf das Programm gesetzt worden. Ein nächster Präsident könnte also leicht wieder die Reduktionen rückgängig machen.
- Es werden weniger von dem Zerstörer *DD(X)* und den *LPD-17*-Amphibienschiffen angekauft. Einer der 12 Flugzeugträger der Seestreitkräfte (*John F. Kennedy*) wird außer Dienst gestellt. In andere Schiffe einer neuen Generation wird ungekürzt investiert: in den Flugzeugträger *CVN-21* mit größerer Landefläche, aber geringerer Besatzung mit 565 Mio. Dollar sowie in das schnelle und wendige Kampfschiff *Littoral Combat Ship* mit *Stealth*-Technik mit 613 Mio. Dollar Kosten.
- Die Ausgaben des bei Tests bisher nicht erfolgreichen Raketenabwehrsystems sollen in den nächsten sechs Jahren um 5 Mrd. Dollar gekürzt werden, ohne die Gesamtkos-

---

[16] Edward Luttwak, Governing Against Type, *New York Times*, November 28, 2004.
[17] U.S. Department of Defense, *Fiscal Year 2006 Budget (FY06)*, Transmitted to Congress on February 2, 2005. Covers the fiscal year beginning October 1, 2005; U.S. Department of Defense, *Defense Department Fiscal Year 2006 Budget Briefing*, February 7, 2005; Lawrence J. Korb, The Pentagon's New Math, *New York Times*, January 11, 2005; Max Boot, The Struggle to Transform the Military, *Foreign Affairs*, March/April 2005, 103-118.

ten des Systems zu senken. Im Budget des Pentagons für 2006 sind 7,8 Mrd. Dollar für Entwicklung, Tests und Stationierung vorgesehen.
- Die Einsparungen, die ersten seit dem 11. September 2001, sollen eine Reduktion des veranschlagten Verteidigungsbudgets in den nächsten sechs Jahren von knapp 60 Mrd. Dollar bringen. Davon sind die Kriegskosten im Irak und in Afghanistan nicht betroffen. Das Verteidigungsbudget insgesamt wird jedoch sogar bis 2011 auf 502 Mrd. Dollar jährlich wachsen. Die Einsparungen werden erst gegen Ende des Jahrzehnts wirksam. Zwischen 2006 und 2011 wird das Pentagon 2,5 Bio. Dollar ausgeben.
- Aus den Umstrukturierungsplänen geht diesmal die *Army* mit 5 Mrd. Dollar Erhöhung ihres Budgets jährlich als Gewinner hervor. Im Rahmen der Modernisierung werden die Kampfbrigaden der Einsatztruppe von derzeit 33 auf 43 erhöht, die der Reserve auf 34. Die *Army* reduziert die Anzahl der Artillerie- und Luftverteidigungseinheiten, während Transport- und Militärpolizeieinheiten hinzugefügt werden.

Ein Mittel, die knappen Personalressourcen auszugleichen, besteht in der Verlängerung der Dienstpflicht. Präsidentschaftskandidat John F. Kerry hatte im Wahlkampf 2004 davor gewarnt, dass ein Präsident Bush wegen der Truppenknappheit im Irak eine versteckte oder offene Wehrpflicht wieder einführen will, was 70 Prozent der Amerikaner, für die der Irak das wichtigste Thema war, dazu veranlasste, bei der Wahl für Kerry zu stimmen. Ob eine Wehrpflicht formal wieder eingeführt wird, bleibt offen. Eine Maßnahme wurde jedoch wieder aktiviert, die so etwas wie eine versteckte Wehrpflicht darstellt. Die *stopp loss order* ermöglicht es, Soldaten bis zum Ende ihrer vertraglichen Verpflichtungen im Ausland zu belassen und darüber hinaus noch 90 Tage nach der Heimkehr zum Verbleib in der Armee zu verpflichten. Davon sind bisher mehr als 10.000 Soldaten betroffen. Der übliche Auslandseinsatz beträgt etwa sechs Monate. Reservisten sollen über die derzeitige Begrenzung von 24 Monaten hinaus einberufen werden können. Als weitere Maßnahme hat die *Army* die Altersgrenze für die Nationalgarde und Reservisten von 34 auf 39 Jahre erhöht. Das Problem wird sich weiter verschärfen, da die Hälfte der im Irak stationierten Soldaten angegeben haben, dass sie sich nicht wieder verpflichten werden.

Die Anzahl der Eingezogenen von 500.000 auf 600.000 aufzustocken wird überlegt, was jedoch mit Karriereanreizen und Solderhöhungen verbunden sein muss, soll eine offene Wehrpflicht vermieden werden. Sicher sein dürfte die Erhöhung um 40.000 Soldaten bis 2007. Vorzug dürfte der *Army* gegenüber *Navy* und *Air Force* gegeben werden, da bei ihr der größte Mangel an Personal herrscht. Dieses Niveau ist zwar immer noch niedriger als in den achtziger Jahren, aber damals verließ man sich auf eine konventionelle Armee ohne Transformationsanspruch.

Weitere Maßnahmen sind der Abzug von 30.000 bis 40.000 Mann militärischem Personal aus Deutschland und 15.000 bis 20.000 aus Asien. Der Abzug stellt keine Bestrafungsaktion Deutschlands wegen seiner mangelnden militärischen Unterstützung des Irakkrieges dar, sondern hat rein militärische Gründe.

6 Verfehltes Nation-Building

Im Gegensatz zu Rumsfelds Konzept der *minimal force* hatte General Eric Shinseki bereits vor dem Dilemma im Irakkrieg vorgeschlagen, dass „einige hunderttausend Soldaten" für einen derartigen Krieg notwendig sein würden. Sein Vertrag wurde nicht mehr verlängert. Rumsfelds Transformation ließ zwei Dimensionen unberücksichtigt: erstens, dass sich eine schnelle Eroberung oder Befreiung in eine Besetzung mit fortwährendem Widerstand verwandeln kann; zweitens, dass mit Befreiung und Besetzung Wiederaufbau oder *nation-building* notwendig wird.[18] Aus politisch-ideologischen Gründen hatte man angenommen, dass keine oder kaum Besetzung notwendig sein wird und dass der Wiederaufbau von den Irakern selbst übernommen würde. Bereits vor ihrem Amtsantritt im Jahr 2001 hatten der spätere Präsident und seine künftige Sicherheitsberaterin klar gemacht, dass das amerikanische Militär für den Kampf und nicht für Wiederaufbau zuständig sei.[19]

Der pensionierte General Anthony Zinni hat die Notwendigkeit von *nation-building* und dessen Unterschied zur Transformation des Militärs erkannt und betont:

> When the Pentagon talks about the 'transformation' of the military services, the implication is that transforming means becoming faster, lighter, more precise and efficient. But given what is going on in the world today, transformation should rather focus on better preparing and training U.S. forces for peacekeeping and nation-building duties.[20]

Die Transformation des Militärs vergrößerte zunehmend den Abstand zum *nation-building*. Sie orientiert sich am oberen Ende des Konfliktspektrums, der *high-intensity, high-speed* und *high-technnology* Kriegführung. Das ist jedoch nur eine kleine Phase des Konfliktspektrums. Die Phasen der Stabilisierung und des Wiederaufbaus gehören aber ebenso dazu.[21] Sie erfordern aber im Vergleich zu einem traditionellen und transformierten Militär unterschiedlich ausgebildete Sicherheitskräfte und anderes Gerät. Aufgaben zur Sicherung von zivilen Einrichtungen sind ebenso erforderlich wie militärisches Personal mit zivilen Qualifikationen, wie die Übernahme von Polizeiaufgaben, Sprachkenntnisse, handwerkliche und diplomatische Fähigkeiten, juristische Kenntnisse usw. Soldaten sind die ersten, die in einer Nach-Konfliktphase verfügbar sind, noch bevor ausgebildete zivile Kräfte die notwendigen Aufgaben übernehmen können. Schwere Artillerie, eine große Anzahl von Kampfpanzern sind für Stabilisierungs- und friedenserhaltende Maßnahmen genau so wenig erforderlich wie Kampfflugzeuge mit kurzer Reichweite und Präzisionswaffen. Moderne Führungs-, Kommunikations- und Aufklärungssysteme sind für *nation-building* Operationen allerdings ebenso notwendig wie für Kampfeinsätze am oberen Spektrum.

Stabilisierungs- und Wiederaufbauaufgaben sind viel personalintensiver als ein *high-tech* Krieg. Gewissermaßen sind sie eine Umdrehung der Rumsfeldschen Militärtransformation, die die Anzahl des militärischen Personals auf ein Minimum reduzieren will. Der Trend, mehr in Gerät zu investieren als in Personal, war in den amerikanischen Streitkräften schon immer stärker als in den meisten europäischen. Gerade 4,6 Prozent der US Streitkräfte sind Infanterie, davon 51.000 Personen in der *Army* und 20.000 im *Marine Corps*. Während der Anteil der Personalausgaben in den USA bei 35 Prozent liegt, ist er in Deutschland

---

[18] Die *Reserve* und *National Guard* nehmen diese Aufgaben teilweise, aber ungenügend, wahr.
[19] Damals befürchteten die Europäer, dass sich die USA aus dem Balkan zurückziehen würden. Doch US-Außenminister Powell verkündete, dass man den Balkan nur gemeinsam verlassen werde, da man die Operation auch gemeinsam begonnen hatte.
[20] Zitiert nach Christina M. Schweiss, *Challenging US Hegemony: The European Union's Comparative Advantage in Nation-Building and Democratization,* Paper Presented at the Annual Conference of the International Studies Association, Montreal, Quebec, Canada, March 17-29, 2004, 22.
[21] Diese können auch vor dem Ausbruch eines gewaltsamen Konfliktes eingesetzt werden.

und Frankreich mit 60 und in Italien mit 75 Prozent vergleichsweise hoch. In den USA wurde der Unterschied zwischen Kampf- und Friedensoperationen traditionell kaum wahrgenommen.[22] Es galt das Prinzip: *a good soldier is also a good peace-keeper*. Lediglich der erste Verteidigungsminister der Administration Clinton, Les Aspen, versuchte spezielles Training für unterschiedliche Friedenseinsätze durchzusetzen. Verteidigungsminister Rumsfeld ließ hingegen im Frühjahr 2003 das *Peacekeeping Institute* beim U.S. Army War College in Carlisle Barracks, Pennsylvania, schließen und benannte das *Office of Peacekeeping and Humanitarian Operations* in seiner eigenen Abteilung in *Office of Stability Operations* um. Das Institut wurde zwar unter dem Namen *U.S. Army Peacekeeping and Stability Operations Institute* wiederbelebt, fristet seither aber ein stiefmütterliches Dasein.

James Dobbins von der RAND Corporation kritisierte vor dem *Committee on Foreign Relations* des Senats, dass es, verglichen zu den steigenden Investitionen und dramatischen Verbesserungen in der Kriegsführung im letzten Jahrzehnt, „keinen vergleichbaren Anstieg in der Fähigkeit der US-Streitkräfte oder zivilen Organisationen bei Post-Konflikt Stabilisierung- und Wiederaufbau-Operationen gegeben" hatte.[23]

Abbildung 1: Stabilisierungs- und Wiederaufbauoperationen des Militärs

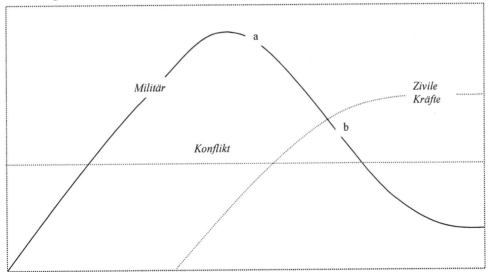

Es geht gerade um den Bereich, in dem das Militär, das den Konflikt befriedet hat, mit Sicherungs-, friedenserhaltenden und Wiederaufbauarbeiten beginnen muss, bevor zivile Kräfte funktionsfähig sind und derartige Aufgaben vom Militär übernehmen können (in der Grafik die Linie a - b). Die Tragik im Irak ist, dass dieser Punkt in weite Ferne gerückt ist. Ein erfolgreiches *nation-building* ist die beste *exit strategy*.

---

[22] Das gilt selbst für Militärwissenschaftler außerhalb des Pentagons wie Michael O'Hanlon, The Need to Increase the Size of the Deployable Army, *Parameters,* Autumn 2004, 4-17.
[23] James Dobbins, Next Steps in Iraq and Beyond, Testimony presented before the Committee on Foreign Relations, *United States Senate,* on September 23, 2003, RAND, 3.

7 USA – EU: Qualifizierte Arbeitsteilung

Wegen der politischen Ablehnung und der mangelnden militärischen Vorbereitung auf das *nation-building* auf Seiten der USA übernahmen europäische Staaten einen Großteil der friedenserhaltenden Maßnahmen. Die etwa 7.000 Soldaten der International *Security Assistance Force* (ISAF) kommen fast vollständig aus europäischen und einigen asiatischen Ländern.[24] Während die USA im Kosovokrieg 1999 mehr als 80 Prozent der Kampfaufgaben übernahm (Einsatzflüge, Aufklärungs-, Kommunikations-, und Informationssysteme), stellen die Europäer mehr als 80 Prozent der Stabilisierungstruppe KFOR. In Bosnien hat die Europäische Union im Dezember 2004 die SFOR von der NATO übernommen und in die EUFOR übergeführt. Die NATO behält ein Verbindungsbüro mit einer kleinen US - Präsenz.

Es scheint sich eine vernünftige Arbeitsteilung zwischen den USA und Europa herauszubilden: Die USA führen den modernen Krieg und die Europäer übernehmen die Friedensaufgaben. In vieler Hinsicht spiegelt eine derartige Arbeitsteilung sowohl die politischen Präferenzen wie auch die reale Situation wider.

Abbildung 2:   Qualifizierte Arbeitsteilung

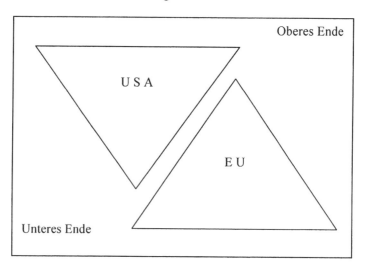

Allerdings zeigt gerade das Beispiel Irak, dass hier weder die politischen noch die militärischen Voraussetzungen für eine derartige amerikanisch-europäische Arbeitsteilung vorhanden sind. Einmal weigern sich viele Europäer wegen verfehlter Koalitionsbildung und fehlender klarer UN-Autorisierung des Krieges, insbesondere die französische und deutsche Regierung, auch stabilisierende und friedenssichernde Aufgaben zu übernehmen, die über das Training irakischer Sicherheitskräfte hinausgehen. Zum anderen ist die militärische Lage so prekär, dass solche Aufgaben nur gleichzeitig mit der andauernden Aufstandsbekämpfung durchzuführen sind. Aber auch die Europäer werden sich nicht immer auf die

---

[24] 2005 wurden zwei US-Provincial Reconstruction Teams (PRT) in Herat und Farah der NATO zugewiesen.

USA verlassen können, wenn es zur Bewältigung von Konflikten am oberen Spektrum etwa am Balkan oder auch in Afrika kommt. Europa darf also diese Fähigkeiten nicht verlieren, wobei das Schwergewicht jedoch auf das mittlere und untere Spektrum, wie Stabilisierung, Friedenssicherung und –erhaltung und Wiederaufbau, gelegt werden sollte. Gleichzeitig müssen die USA als einzige Supermacht der Welt ihr Schwergewicht wohl weiterhin auf die Fähigkeit legen, einen *high-intensity* Krieg zu führen. Allerdings wäre es notwendig, dass sich die US-Armee besser auf mittlere und untere Konfliktebenen, den in nächster Zukunft weitaus häufigsten Konflikttyp – und der nicht nur militärische, sondern auch polizeiliche und zivile Fähigkeiten erfordert –, vorbereitet.[25]

Bei gemeinsamen Operationen der USA und der Europäischen Union ist geteiltes Risiko, aber auch eine jeweilige Beteiligung an den Entscheidungen erforderlich. Sinnvoll wäre daher eine „qualifizierte Arbeitsteilung" (Grafik 2) mit teilweise gemeinsamen Kommandostrukturen für bestimmte Operationen,[26] wobei sich die USA auf das obere Konfliktspektrum und die EU auf das mittlere und untere konzentrieren, die Kapazität für eine beschränkte Beteiligung an den jeweilig anderen Ebenen aber erhalten bleibt.

8 Nuclear Posture Review und National Security Strategy: capabilities-based und präemptiv

Zwei Rahmenbedingungen[27] für die Transformation des US Militärs müssen noch erwähnt werden. Es sind dies die *Nuclear Posture Review* (NPR)[28] des Pentagon vom Januar und die *National Security Strategy (NSS)*[29] des Präsidenten vom September 2002. Beide sind unabhängig von einander und der Militärreform, ergeben aber zusammen mit ihr bestimmte neue Konstellationen. Die NPR ist zwar als neue Nuklearstrategie konzipiert, entscheidend für die Transformation des Militärs ist jedoch die Bedrohungsanalyse. Sie nimmt nicht mehr wie im Kalten Krieg existierende Bedrohungen bestimmter Staaten (*threat-based*) zur Grundlage, sondern lässt eine weite Bandbreite von Möglichkeiten zu, für die ausreichend Kapazitäten (*capabilities-based*) entwickelt werden sollen. Nukleare und konventionelle Reaktionsfähigkeiten für alle denkbaren Anlassfälle müssen vorhanden sein. Waffensysteme – nuklear wie konventionell – müssen kleiner und durchschlagskräftiger werden.[30] Abschreckung ist nur mehr eine von vielen Strategien. Dadurch wird eine drastische

---

[25] F. Stephen Larrabee/John Gordon IV/Peter A. Wilson, The Right Stuff: Defense Planning Challenges for a New Century, *The National Interest*, Fall 2004.
[26] Heinz Gärtner, After 9/11 and the Wars in Afghanistan and Iraq, in: Heinz Gärtner/Ian Cuthbertson (eds.), *European Security and Transatlantic Relations after September 11 and the Iraq War*, Palgrave-MacMillan: Houndmills, 2005; NATO, Europe, the US and Qualified Division of Labour, in: *World Defence Systems*, The International Review of Defence Acquisition Issues, 7 (2), Autumn 2004.
[27] Heinz Gärtner, Präemption, Nuklearstrategie, Nationbuilding und die Transformation der amerikanischen Streitkräfte, in: Erich Reiter (Hg.), *Jahrbuch für Internationale Sicherheitspolitik 2003*, E:S. Mittler & Sohn GmbH: Hamburg/Berlin/Bonn, 2004, 421-440.
[28] *United States Department of Defense*, Special Briefing on the Nuclear Posture Review: News Transcript, January 9, 2002.
[29] The National Security Strategy of the United States of America, Washington, D.C., September 2002.
[30] In den Medien wurde das Schlaglicht lediglich auf die Forschung und Entwicklung von kleinen panzerbrechenden Nuklearwaffen (*mini-nukes*) geworfen. Für 2005 hat der Kongress die Forschungsgelder von 27 Mio. Dollar gestrichen, 18 Mio. Dollar davon tauchten im Budget 2006 wieder auf. Gleichzeitig wurde aber an einer neuen Generation von robusteren, verlässlicheren und langlebigeren Nuklearwaffen gearbeitet, wofür bisher aber lediglich 9 Mio. Dollar für Forschung ausgegeben wurde. *New York Times*, February 7, 2005.

Reduzierung der strategischen Nuklearwaffen möglich, wie sie im SORT (*Strategic Offensiv Weapons Reduction Treaty*) oder Moskauer Vertrag von 2002 angestrebt wird. Gleichzeitig wird der *Anti Ballistic Missile* (ABM)-Vertrag, der als Teil des nuklearen Abschreckungssystems die Zweitschlagsfähigkeit erhalten sollte und 2002 im Einvernehmen mit Russland aufgekündigt wurde, verworfen. Raketenabwehr (*Missile Defense*) soll möglich sein. Durch diese Kombination entsteht eine neue Triade, die die alte Triade, bestehend aus Land-, See- und Luftstreitkräfte, ablösen soll. Sie besteht laut NPR aus nuklearen und nicht-nuklearen Waffen, einem Raketenabwehrsystem und aus einer Infrastruktur von Führungs-, Kommunikations- und Aufklärungssystemen. Die Transformationsstrategie des Pentagon beansprucht, im gesamten Spektrum der Kriegsführung überlegen zu sein (*full-spectrum dominance*).[31] Der Ansatz der NPR, Fähigkeiten für alle Anlassfälle zu entwickeln, ist mit diesem Anspruch kompatibel. Er ist dem Anspruch nach aber auch grenzenlos in dem Sinne, dass die Anzahl der Anlassfälle nach oben offen ist. Auf tragische Weise hat Osama Bin Laden am 11. September 2001 die Grenzen dieses Ansatzes sichtbar gemacht. Ebenso unterlaufen die Aufständischen im Irak tagtäglich diesen Anspruch.[32]

Das am meisten diskutierte Element der NSS ist das der Präemption oder des Präventivkrieges.[33] Es gibt eine umfassende völkerrechtliche Diskussion darüber, inwieweit Präemption mit der individuellen und kollektiven Selbstverteidigung in Art. 51 der UN-Charta vereinbar ist.[34] Weitgehende Einigkeit besteht, dass die Abwehr eines unmittelbar bevorstehenden Angriffes einen Akt der Selbstverteidigung darstellt. Militärstrategisch und – taktisch ist Präemption keine Neuigkeit. Königin Elisabeth vernichtete die spanische Armada 1588 vor deren Angriff auf England. Preußen griff 1756 die sich formierende Koalition von Österreich, England, Russland und Frankreich an. Mittlerweile klassisches Beispiel ist Israels Angriff auf Ägyptens herannahende arabische Armeen von 1967. Die USA bereiteten 1962 einen Schlag auf die als bedrohlich empfundenen Raketenstellungen auf Kuba vor und zogen einen Ring mit Schlachtschiffen um die Insel.

Anders verhält es sich mit Interventionen in Ländern, von denen keine unmittelbare Gefahr ausgeht, wo aber künftige Bedrohungen vermutet werden. Die USA haben im 20. Jahrhundert unzählige Male gegen europäische oder kommunistische Einmischung in Lateinamerika interveniert, obwohl die damit verbundene Bedrohung der USA zumeist stark überschätzt wurde. Die Irakintervention von 2003 fällt wohl auch in diese Kategorie. Als Reaktion auf den Bericht des US-Hauptwaffeninspektors Charles A. Duelfer im Oktober 2004, wonach keine Massenvernichtungswaffen im Irak gefunden wurden, wohl aber die Absicht bestanden hätte, solche zu produzieren, sagte der Präsident, dass letztere für den Waffengang ausgereicht hätte. Damit wird Präemption noch einmal weiter nach vorne verlagert: Nicht reale Bedrohung oder auch bestimmte Fähigkeiten sind notwendig, sondern Absichten genügten bereits. Eine Reaktion auf angenommene Absichten ist komplementär

---

[31] *Quadrennial Defense Review Report*, September 30, 2001, Washington DC: Department of Defense, 2001, 29.
[32] Mikkel Vedby Rasmussen, *The Revolution in Military Affairs and the Boomerang Effect*, Danish Institute for International Studies, DIIS Report 6/2004.
[33] In der akademischen Diskussion werden diese Begrifflichkeiten unterschieden: Präemption ist militärisches Handeln, um unmittelbar bevorstehende Gefahren zu bekämpfen, wenn ein Akteur glaubt, zu antizipieren, was ein anderer Akteur beabsichtigt zu tun. Präventivkrieg ist eine bewusste Entscheidung eines Akteurs, militärische Gewalt anzuwenden, wenn er glaubt, militärisch überlegen zu sein und/oder sich strategische Vorteile davon verspricht. In der NSS werden sie aber gleichwertig verwendet.
[34] Stellvertretend sei hier nur erwähnt: Anthony Clark Arend, International Law and the Preemptive Use of Military Force, *Washington Quartely*, Spring 2003, 89-103.

mit der Transformationsdynamik und der NPR, die sich an allen denkbaren Absichten von allen denkbaren Feinden orientiert.

Ein Panel, das im November 2004 einen vom Generalsekretär der Vereinten Nationen in Auftrag gegebenen Bericht zur Reform der Vereinten Nationen präsentierte,[35] erkannte das neue Bedrohungsumfeld an, das durch den internationalen Terrorismus entstanden ist. Terrorismus könne eine „antizipatorische Selbstverteidigung" notwendig machen, wenn auch keine unmittelbare Bedrohung erkennbar ist. Dennoch, so der Bericht, müsse in diesem Fall der UN-Sicherheitsrat eine militärische Operation autorisieren. Militärisches Handeln kann nach Ansicht der UN-Kommission auch nur erfolgen, wenn die Gefahr bedrohlich ist; wenn es einen ausreichenden Grund gibt; als letztes Mittel, wenn andere Optionen erschöpft sind und das nicht unverhältnismäßig eingesetzt werden darf; und wenn eine Nicht-Intervention katastrophale Konsequenzen hätte.

Tabelle 2: Transformation des Militärs: Nuclear Posture Review und Präemption

	Nuclear Posture Review (capabilities-based)	**National Security Strategy (preemption)**
Transformation des Militärs	Fähigkeiten für das gesamte Spektrum der Anlassfälle	Erleichterung von Präemption durch rasche Verlegungsfähigkeit und Einsatz aus Distanz
	Defizit: unvorbereitet auf 9/11, den asymmetrischen Krieg im Irak und *nation-building*	Defizit: hohe Verwundbarkeit und daher Zwang zur Präemption

Ein transformiertes Militär ist zur Präemption besser geeignet als ein traditionelles. So sollen zum Beispiel schnelle kleine Boote Transporte mit Massenvernichtungswaffen abfangen. Dazu haben die USA die *Proliferation Security Initiative* (PSI) ins Leben gerufen. Sie soll verhindern, dass entsprechende Waffen in die Hände von terroristischen Gruppen oder Schurkenstaaten fallen. Ein transformiertes Militär kann Truppen schnell verlegen und aus der Entfernung zuschlagen. Entsprechend der NPR soll es auch auf derartige Anlassfälle vorbereitet sein. Es gibt gewissermaßen sogar einen Zwang zur Präemption. Das transformierte Militär ist leicht gepanzert und daher verwundbar (Tabelle 2). Es muss handeln, bevor es angegriffen wird. Schnelle Prävention ohne darauf folgendes *nation-building* kann sich jedoch als Bumerang erweisen, wie das Beispiel Irak zeigt.

---

[35] *Report of the High-level Panel on Threats,* Challenges and Change, A More Secure World: Our Shared Responsibility (commissioned by UN Secretary General Kofi Annan), United Nations, December 2004, 49/164.

9 Schlussfolgerungen

Die Architekten der Transformation des US-Militärs erheben den Anspruch, dass die reformierten Streitkräfte das „gesamte Spektrum" der modernen Kriegführung abdecken. Kleinere, schnellere und mobilere Einheiten mit Präzisionswaffen sollen die langsamen, schwerfälligen und stark gepanzerten Armeen des Kalten Krieges ablösen. Das Konzept entspricht dem neuen Bedrohungsumfeld, das keine großen feindlichen Armeen mehr kennt, sondern Terrorismus, zerfallene Staaten und Massenvernichtungswaffen. Fast jedem Vorteil der transformierten Kriegsführung steht ein Nachteil gegenüber. Leichtigkeit und Schnelligkeit bedingen Verwundbarkeit; rasche Raumüberwindung lässt vieles unerledigt; Kampf aus der Entfernung ersetzt nicht den Kampf aus der Nähe.

Die politische Fehleinschätzung im Irak, aber auch die Selbstüberschätzung der Planer und Architekten des transformierten Militärs (sprich des Verteidigungsministers), dass mit erfolgreicher Invasion auch der Krieg zu Ende sei und der Wiederaufbau von den Irakern selbst übernommen würde, ließen auch die Schwächen der Militärtransformation deutlich werden: mangelnde Fähigkeit im kaum von der Stelle kommenden asymmetrischen Abnützungskrieg und keine ausreichende Vorbereitung auf *nation-building*. Das „volle Spektrum" der Kriegsführung wies große Lücken auf. Die von der NPR geforderte Bedrohungsanalyse, die sich an umfassenden Fähigkeiten und nicht an existierenden Bedrohungen orientiert, beansprucht, alle Anlassfälle in Betracht zu ziehen. Sie ließ aber Naheliegendes außer Acht. Militärische Präemption vernachlässigt Folgeprobleme. Die USA können diese nicht in ihrer Gesamtheit den Europäern überlassen, genau so wenig wie die EU die gesamte transformierte Kriegsführung den USA überantworten kann. Eine qualifizierte Arbeitsteilung ist erforderlich.

Mit immer höherer Transformationsentwicklung und gleichzeitiger Verstrickung in einen Abnützungskrieg entfernt sich Militär von Politik und damit vom Clausewitzschen Verständnis vom Krieg als Mittel und nicht als Ziel. Hier gibt es Parallelen des Kriegs im Irak zum Vietnamkrieg. In beiden Kriegen gab es eine schrittweise militärische Eskalation. In Vietnam wurde nach jeder militärischen Eskalation das Ende des Krieges versprochen, wie der damalige Verteidigungsminister McNamara in seinen Erinnerungen[36] schreibt. Im April 2003 plante das Pentagon das Ende der Besetzung des Iraks für Dezember 2004. Dieser Monat brachte aber eine weitere Eskalationsstufe mit blutigen Anschlägen. Obwohl 2004 durchschnittlich 1.000 bis 3.000 Aufständische im Irak verhaftet oder getötet wurden, vervierfachte sich ihre Zahl im selben Zeitraum auf über 20.000. Nach dem Vietnamkrieg gab es nach zehn Jahren mehr als 50.000 tote Amerikaner, im Irak ist die Opferzahl trotz der Transformation, die versucht, Opfer zu vermeiden, nach den ersten zwei Kriegsjahren auf ca. 1.500 gestiegen; es stehen im Vergleich zu Vietnam mit ca. 150.000 Soldaten bisher allerdings auch nur etwa ein Drittel der Soldaten im Irak. Gerade dies ist aber Rumsfelds Konzept der *minimal force*, das durch eine offenbar notwendig gewordene Erhöhung der Anzahl der Truppen untergraben würde. Der Krieg im Irak kostet mit ca. 300 Mrd. Dollar jetzt schon fast halb soviel wie der gesamte Vietnamkrieg. Zunehmende Opferzahlen und die (versteckte) Einführung der Wehrpflicht können zu einer neuen Antikriegsbewegung führen. Politik muss wieder die Führungsrolle übernehmen und das transformierte Militär als ein Mittel einsetzen und nicht umgekehrt das Militär die Politik als Legitimation zur transformierten Kriegführung.

---

[36] Robert S. McNamara, *Vietnam: Das Trauma einer Weltmacht,* München, 1997.

Die Richtlinien, die der Verteidigungsminister Mitte März 2005 in einem nicht veröffentlichten Dokument präsentierte,[37] deuten jedoch auf eine noch stärkere und auch politischere Rolle des Verteidigungsministeriums und der Streitkräfte hin. Sie sollen aktiv die Welt verändern, anstatt auf konkrete Bedrohungen (zum Beispiel: Nordkorea greift Südkorea, China Taiwan an) zu reagieren. Diese Veränderung beruht auf der Erkenntnis, dass eine komplexe Militärmaschinerie an sich nicht geeignet ist, Terrorismus und die Proliferation von gefährlichen Materialien und Waffen zu verhindern. Die Streitkräfte sollen sich auf vier Schwerpunkte konzentrieren:

- Mit gefährdeten Staaten sollen Koalitionen eingegangen werden, um deren innere terroristische Gefahr zu bekämpfen.
- Zur Verteidigung des eigenen Territoriums sollen weltweit offensive Operationen gegen Gruppen durchgeführt werden, die terroristische Angriffe planen.
- Die militärischen Optionen von aufstrebenden Mächten, wie China und Russland, sollen beeinflusst und beschränkt werden.
- Präventive Maßnahmen sollen Massenvernichtungswaffen aus den Händen feindlicher Staaten und Terroristen fernhalten.

Die militärische Konsequenz dieser Ziele ist, dass sich die Streitkräfte sowohl auf eine traditionelle Auseinandersetzung mit großen Staaten als auch auf die Bekämpfung von Aufständischen in weit entfernten Schauplätzen vorbereiten sollen. Das *Marine Corps* ist derzeit am besten auf diese Erfordernisse vorbereitet, die Kampfjets der *Air Force* sind dazu am wenigsten geeignet. Mit diesen neuen globalen Aufgaben entwickeln die Streitkräfte eine eigenständige Alternative zur Politik und verstehen sich daher immer weniger als deren Instrument.

---

[37] Teile des Dokuments wurden dem Wall Street Journal, March 11, 2005, bekannt.

Europäische Streitkräfte in ökonomischer Perspektive

Jürgen Schnell

Die Frage nach europäischen Streitkräften in ökonomischer Perspektive umfasst zwei unterschiedliche Aspekte. Dies ist zum einen die ökonomische Perspektive Europas, aus der sich Folgerungen für das Dispositiv europäischer Streitkräfte ergeben. Zum anderen geht es um den Aspekt möglicher Effizienz- und Rationalisierungsgewinne.

1 Die ökonomische Perspektive Europas

Die ökonomische Perspektive Europas ist in eine Reihe von allgemeinen Entwicklungstendenzen im internationalen System eingefügt. Dazu zählen zunächst das anhaltende Wachstum der Weltbevölkerung und die Dynamik demografischer Entwicklungen. Gegenwärtig leben etwa 6,4 Milliarden Menschen auf der Welt. Diese Zahl wird voraussichtlich bis 2025 auf 7,9 Milliarden, bis 2050 auf über 9 Milliarden ansteigen. Infolge der regional sehr unterschiedlichen Geburtenrate werden sich die regionalen Anteile an der Weltbevölkerung erheblich verschieben. Der Anteil der Europäer (EU-Staaten), der zurzeit bei 7,2 % liegt, wird in den kommenden Dekaden auf etwa 5 % sinken. Weit mehr als die Hälfte der Weltbevölkerung wird in Asien leben. Wichtige Einzeltendenzen sind regional gegenläufige Verschiebungen im Altersaufbau sowie die global zunehmende Verstädterung. Während der Anteil der über 60-Jährigen in den europäischen Industrieländern erheblich steigt, wächst in anderen Regionen und insbesondere in den Entwicklungsländern der Anteil der jüngeren Altersgruppen. In Afrika, Asien und Lateinamerika werden absehbar mehr als 1 Milliarde Menschen zusätzliche Arbeitsplätze suchen. Der Trend zu Megastädten mit mehr als 10 Millionen Einwohnern hält an, wobei diese Städte weit überwiegend im küstennahen Bereich liegen.

Insgesamt lassen die demografischen Entwicklungstendenzen erhebliche Gewichtsverlagerungen im internationalen System erwarten. Das demografische Gewicht Europas wird geringer. Ohne ein Zusammenwachsen würden die europäischen Staaten von ihren demografischen Anteilen her eine marginale Rolle spielen. Vor allem wegen des raschen Wachstums und des strukturellen Wandels der Weltbevölkerung ist eine Verschärfung sozialer, ökonomischer und ökologischer Probleme absehbar.

Das globale Wachstum der Weltwirtschaft ist – ähnlich wie das Wachstum der Weltbevölkerung – durch inhomogene Tendenzen gekennzeichnet. Beim Welt-Bruttosozialprodukt liegt der Anteil der Europäer bei etwa 30 %. In der Perspektive der kommenden Jahrzehnte wird dieser Anteil auf unter 25 % absinken. Die globalen Entwicklungslinien des Welt-BSP lassen auch zukünftig eine triadische Struktur der Weltwirtschaft erwarten, bei der 70 % auf die Regionen Nordamerika, die EU und die asiatische Region entfallen. Innerhalb dieser Struktur sinken jedoch der europäische und nordamerikanische Anteil, während der asiatische Anteil steigt.

Die globalen Trends im Wachstum der Weltwirtschaft sind auf das Engste mit einem erheblichen Strukturwandel der Weltwirtschaft verbunden, dessen wesentliches Kennzeichen die Zunahme grenzüberschreitender ökonomischer Transaktionen und Verflechtungen bei starker Verkürzung der raum-zeitlichen Zusammenhänge ist. Dieser Prozess der Globalisierung hat sich seit den 1980er Jahren erheblich beschleunigt und wird auf absehbare Zeit die Entwicklung des internationalen Systems und dabei auch die ökonomische Perspektive Europas maßgeblich beeinflussen.

Zu den generellen Folgen dieses Prozesses gehört eine Zunahme der Interdependenzen und damit zugleich auch eine zunehmende Empfindlichkeit und Verwundbarkeit der nationalen Volkswirtschaften gegenüber Störungen im wirtschaftlichen System. Nicht zuletzt deswegen gehört es zu den vorrangigen Strategien der Nationalstaaten, regionale wirtschaftliche Zusammenschlüsse zu bilden. Dies führt insgesamt zu einem Aufstieg wirtschaftlicher Großregionen. Die EU-Staaten stehen beispielhaft für diese Strategie. Dennoch bleibt es bei zunehmenden wechselseitigen Abhängigkeiten, die umso größer sind, je stärker der ökonomische Verflechtungsgrad mit anderen Regionen ist.

Im Vergleich der Regionen weist die EU als Ganzes einen hohen Verflechtungsgrad auf. Im Welthandel als Wachstumsmotor nehmen die Europäer eine Spitzenstellung ein. Der Anteil der EU-Staaten an dem seit den 1970er Jahren rasch und stetig ansteigenden Welthandel liegt bei fünfzig Prozent. Mehr als ein Drittel der Exporte und Importe der EU-Staaten entfällt auf den Warenhandel mit anderen Regionen. Mindestens gleich bedeutsam ist die Intensivierung der globalen Finanzverflechtungen. So haben sich die weltweit erfassten Kapitalströme in dem Zeitraum von 1975 bis 2000 verdreißigfacht. Begleitet wird dies von einem starken Anstieg der Direktinvestitionen der Industrienationen, die ihre ausländischen Direktinvestitionen in den 1990er Jahren etwa verdoppelt haben. Zunehmend operieren europäische Unternehmen als multinationale Unternehmen und *Global Player* auf den internationalen Märkten. Bei wichtigen und kritischen Rohstoffen – wie etwa bei den Energieträgern Erdöl und Erdgas, aber auch bei bestimmten Mineralien – ist die EU vom Import dieser Rohstoffe abhängig.

Zu erwarten ist, dass diese beispielhaft angeführten Trends sich verstärken. Es gehört daher zu den elementaren ökonomischen Interessen der Europäer, die Weltmärkte offen zu halten und den Zufluss strategisch wichtiger Rohstoffe zu sichern. Für eine positive ökonomische Perspektive Europas ist dies eine wesentliche Voraussetzung, die nur über eine hinreichende Stabilität im internationalen System erreicht werden kann, in deren Rahmen sich der rasche Strukturwandel der Weltwirtschaft vollzieht. Diese notwendige hinreichende Stabilität wird durch zahlreiche konfliktträchtige Entwicklungslinien gefährdet. So umfasst die Globalisierung als Ganzes zwei gegenläufige Tendenzen. Einerseits verstärken sich globale Vernetzungen, Vereinheitlichungen und wechselseitige Abhängigkeiten, andererseits wachsen im gleichen Ausmaß Tendenzen zur Regionalisierung, Differenzierung und Fragmentierung. Der Wettbewerb wird zunehmend globalisiert und insgesamt härter.

Kontrovers werden die Wohlstandswirkungen der Globalisierung diskutiert. Vorherrschend wird die Ansicht vertreten, dass sich das weltweite Wohlstandsgefälle zwischen den reichen und armen Ländern in den letzten Jahrzehnten nicht verringert, sondern eher vergrößert hat. Einkommen und Vermögen auf der Erde sind zunehmend ungleich verteilt. Der Gesamttrend spricht nicht für eine durchgreifende positive Änderung des Armutsanteils in der Weltbevölkerung. Auch in der Perspektive der nächsten Jahrzehnte wird der Anteil der Weltbevölkerung, der von weniger als zwei US-Dollar pro Tag lebt, bei über einem Drittel liegen. Die Europäer gehören zu den Reichen der Weltgesellschaft. Ihr Bruttoinlandsprodukt pro Kopf ist mehr als fünfmal so groß wie der entsprechende Wert für die Weltbevölkerung insgesamt. Weltweit hat sich die Arbeitslosigkeit zu einem der größten wirtschafts- und sozialpolitischen Probleme entwickelt. Nach Schätzungen der Internationalen Arbeitsorganisationen (ILO) sind über 25 % aller erwerbsfähigen Menschen auf der Erde erwerbslos oder unterbeschäftigt. Selbst wenn die zukünftige globale Wohlstandsentwicklung eher positiv eingeschätzt wird, so führen doch die ökonomische Globalisierung sowie die Verschärfung des Wettbewerbs zu einer neuen Gruppierung von Gewinnern und – zumindest relativen – Verlierern. Das Reaktionsmuster der Verlierer ist ungewiss. Häufige Folgen sind ideologische Radikalisierungen und zunehmende Gewaltbereitschaft, die die Empfindlichkeit moderner Gesellschaften nutzen wird.

Die demografischen und ökonomischen Entwicklungslinien, in die die ökonomische Perspektive Europas eingefügt ist, verknüpfen sich mit übergreifenden Trends, die ebenfalls erhebliche Konfliktpotentiale enthalten. Zu ihnen zählt absehbar eine Verschärfung der ökologischen Probleme. Auch wenn in den letzen Jahrzehnten zahlreiche positive Ansätze zur Lösung dieser Probleme entwickelt wurden, sind doch die Aussichten auf eine global wirksame Umsetzung wegen der demografischen und ökonomischen Wandlungsprozesse sowie der Verschärfung des globalen Wettbewerbs eher skeptisch zu beurteilen. In der Gesamttendenz ist der Bestand an natürlichen Ressourcen zunehmend gefährdet. Bei einer Reihe von Rohstoffen – wie etwa bei Erdöl und Wasser – zeichnen sich kritische Verknappungen ab, deren Konfliktpotentiale durch unterschiedliche regionale Verteilungen erhöht werden. Ein Anstieg ressourcenbedingter geopolitischer Konflikte ist deshalb wahrscheinlich.

Große demografische und ökonomische Wandlungsprozesse haben in der menschlichen Geschichte regelmäßig zu einem Anstieg gewaltsamer Konflikte geführt. Auch wenn dies keine Gesetzmäßigkeit bildet, so ist dies doch in der Perspektive der kommenden Jahrzehnte zu erwarten. Dabei ändern sich die Formen und Mittel gewaltsamer Konfliktaustragungen. Ihre Erscheinungsformen reichen von Terrorismus und archaischen Typen des *Warlord*-Krieges bis hin zum *High-Tech*-Krieg – meist in unterschiedlichen Kombinationen. Für global vernetzte und hoch entwickelte Volkswirtschaften stellt jede dieser Erscheinungsformen ein hohes ökonomisches Gefährdungspotential dar.

Die Folgerungen für die Europäer sind nahe liegend. Als einer der Hauptakteure der Weltwirtschaft muss Europa von seiner ökonomischen Perspektive her seine Außen- und Sicherheitspolitik global ausrichten und fähig sein, in dieser Dimension seine ökonomischen Interessen wahrzunehmen und Einfluss auszuüben. Auch wenn die dazu erforderliche Strategie kooperativ ausgerichtet ist und vor allem auf eine Stärkung übernationaler Regime setzt, so erfordert dies doch militärische Fähigkeiten, die dieser Dimension entsprechen. Die ökonomische Perspektive Europas gehört deshalb zur Ratio europäisch konzipierter Streitkräfte mit einem Potential, das auch in der globalen Dimension durch die Projektion von Kampfkraft stabilisierend wirken kann. Dies bedeutet, dass europäische Streitkräfte in wesentlichen Teilen als Interventionsstreitkräfte auszulegen sind. Neben einer angemessenen Größenordnung erfordert dies vor allem eine weitreichende Führungs- und Aufklärungsfähigkeit, strategische Mobilität sowie rasch verfügbare und durchhaltefähige Einsatzkräfte.

Eine weitere Folgerung ergibt sich aus der großen und zunehmenden Bedeutung ökonomischer Konfliktursachen und Verwundbarkeit, die insbesondere die äußere und innere

Stabilität hoch entwickelter und vernetzter Wirtschaftsräume wie die der EU gefährden. Weit stärker als bisher ist deshalb die Analyse ökonomischer Zusammenhänge und Gefährdungspotentiale in die sicherheitspolitische Lagebeurteilung einzubeziehen. Es genügt nicht, dies nationalen Ministerien zu überlassen, bei denen überdies die Zusammenarbeit auf dem Gebiet der Sicherheitspolitik nicht selten durch Ressortegoismen oder aufgespaltene Zuständigkeiten beeinträchtigt wird und innenpolitische Gesichtspunkte dominieren.

Dies spricht dafür, auf der sicherheitspolitischen Ebene der EU ein Analysezentrum einzurichten, das nicht nur laufend die ökonomischen Risikopotentiale beurteilt, sondern zugleich ökonomisch orientierte Strategien der Konfliktverhütung und Krisenbewältigung entwickelt und wirtschaftspolitische Maßnahmen bei kurzfristig auftretenden Krisen empfiehlt. Es wäre ein schwerwiegender Fehler, sich institutionell auf politische und militärische Einrichtungen zu beschränken. Wirtschafts- und finanzpolitische Maßnahmen im Vorfeld von Krisen – gestützt auf militärische Fähigkeiten – sind oft kostenwirksamer als der Einsatz der Streitkräfte selbst und die anschließende ökonomische Stabilisierung der Region. Die intensive Einbeziehung ökonomischer Kompetenz ist deshalb ein zwingendes Gebot sicherheitspolitischer Rationalität. Insgesamt erfordert die ökonomische Perspektive Europas eine global ausgerichtete Gesamtstrategie, die politische, ökonomische und militärische Einzelstrategien konsistent verbindet und dies auch institutionell verankert.

2 Mögliche Effizienz- und Rationalisierungsgewinne durch europäische Streitkräfte

2.1 Effizienzmessung

Unter Effizienz wird allgemein das Verhältnis von Wirksamkeit zu den aufgewandten Mitteln verstanden. Entsprechend sind Effizienzgewinne positive Veränderungen in diesem Verhältnis. Grundsätzlich ist die Messung der Effizienz von Streitkräften methodisch nicht unproblematisch. Das plakative *Value for money* ist sicherlich eine allgemeine Leitlinie, erfordert aber doch Konkretisierungen, die sehr unterschiedlich vorgenommen werden können.

Abbildung 1: Streitkräfte als System

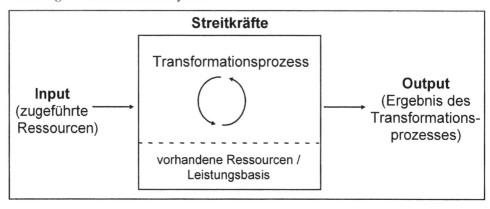

Wählt man den systemorientierten Ansatz – wie ihn Abb. 1 veranschaulicht –, dann ist auf der *Output*-Seite zunächst zu klären, wie der Wert zu messen ist, den die Streitkräfte für das Erreichen übergeordneter politischer Ziele beitragen. Derartige übergeordnete Ziele könnten zum Beispiel Sicherheit und Stabilität oder – in einem enger gefassten Verständnis – Konfliktverhütung und Krisenbewältigung sein. Über diese Ziele gibt es in den europäischen Staaten weitgehend Konsens. Dennoch zeigen die politischen Debatten, dass die Beiträge, die Streitkräfte hier leisten können, sehr unterschiedlich bewertet werden können. Eine konsistente, stabile und gemeinsam akzeptierte Messgröße für das, was als „Wert" der Streitkräfte anzusetzen ist, wird sich deshalb kaum finden lassen.

Der Ausweg aus dieser Messproblematik besteht in Demokratien im Wesentlichen aus zwei meist miteinander kombinierten Verfahren. Das erste Verfahren folgt dem demokratischen Grundverständnis. Es akzeptiert verschiedene gesellschaftliche Gruppen und bringt deren Ratio in den gesellschaftlichen Willensbildungsprozess ein. Den „Wert" von Streitkräften bestimmen insofern die Bürger selbst. Zum Ausdruck kommt dieser Wert in den streitkräftebezogenen Entscheidungen der von ihnen gewählten Vertreter im Parlament und in der Regierung. Das zweite Verfahren bestimmt die Praxis der Streitkräfteplanung: Es arbeitet mit unterschiedlichen, aber leichter erfassbaren Größen, die den allgemein formulierten politischen Auftrag der Streitkräfte in quantitative Größen umsetzen und diese dann für die Messung des Outputs nutzt. Beispielhaft hierfür ist der fähigkeitsorientierte Ansatz, der bei der Reform der Bundeswehr gewählt wurde. Als wesentliche generelle Messgröße wurde die Fähigkeit zugrunde gelegt, bestimmte näher definierte Operationen durchführen zu können. Einen ähnlichen Ansatz wählten auch die USA, wenn von ihren Streitkräften die generelle Fähigkeit gefordert wurde, „two major regional conflicts nearly simultanously" führen zu können. Messprobleme treten auch auf der *Input*-Seite auf, bei der je nach Betrachtungsweise unterschiedliche absolute und relative Größen für die Verteidigungsausgaben sowie auch für die verursachten volkswirtschaftlichen und gesellschaftlichen Kosten einbezogen werden können.

Für die Abschätzung von Effizienzgewinnen durch integrierte europäische Streitkräfte gibt es deshalb kein Analysemuster, das nicht kritikanfällig wäre. Andererseits wäre ein Verzicht auf Messgrößen zugleich ein Verzicht auf die Gestaltung von Streitkräften nach ökonomischen Prinzipien. Vom Methodischen her kann deshalb der Ansatz im Popper'schen Verständnis nur in einem transparenten diskursiven Vorgehen bestehen, das zu begründeten Vermutungen und Hypothesen führt.

2.2 Wesentliche Einflussgrößen auf mögliche Effizienzgewinne

Zu den wichtigsten Einflussgrößen möglicher Effizienzgewinne durch die Zusammenfassung von Streitkräften zählt der Integrationsgrad. Ähnlich wie in der Wirtschaft wird dieser Integrationsgrad vorrangig durch die Zentralisierung von Planungs- und Steuerungskompetenzen bestimmt. Grundsätzlich gilt, dass die möglichen Effizienzgewinne umso größer sind, je höher in diesem Verständnis der Integrationsgrad ist. Entsprechend würden einheitlich und zentral konzipierte europäische Streitkräfte den größten Effizienzgewinn erwarten lassen. Umgekehrt wären rein national konzipierte Streitkräfte in der europäischen Perspektive mit hohen Effizienzverlusten verbunden. Zwischen diesen beiden Eckpunkten bewegt sich der Integrationsgrad.

Der gegenwärtige Integrationsgrad der europäischen Streitkräfte ist in der ökonomischen Perspektive als eher gering einzuschätzen. Die Planungs- und Steuerungskompetenz für die Streitkräfte liegt bei den Nationen, die ihre Streitkräfte vorrangig nach ihrer nationalen Interessenlage gestalten. Im Wesentlichen unverändert sind die nationalen Streitkräfte so konzipiert, dass sie alle wesentlichen funktionalen Aufgabenbereiche eigenständig wahrnehmen können.

Integrierende Elemente zeigen sich vornehmlich in drei Bereichen. Bei der nationalen Streitkräfteplanung werden in zunehmenden Maß europäische Bündnisvorgaben auf der Grundlage von nationalen Verpflichtungen einbezogen. Das Fähigkeitsprofil der jeweiligen nationalen Streitkräfte ist insofern eine Kombination aus den angestrebten nationalen und spezifischen, vom Bündnis geforderten Fähigkeiten, die modulartig bereitstellbar sind. Integrativ wirken ebenfalls die Schaffung multinationaler europäischer Großverbände auf der Korpsebene mit integrierten Stäben sowie der Aufbau koordinierender Organisationselemente auf der europäischen Ebene. Hierzu zählt insbesondere die vor kurzem geschaffene European Defence Agency. Schließlich gibt es die seit langem praktizierte, Rationalisierungen anstrebende Zusammenarbeit in funktionalen Teilbereichen wie etwa im Beschaffungswesen, in der Logistik oder in Ausbildungsbereichen.

In der politischen Dimension sind diese integrativen Elemente zweifellos von sehr wesentlicher Bedeutung, in der ökonomischen Perspektive allerdings weit weniger befriedigend. Grund hierfür ist die bereits erwähnte fehlende zentralisierte Planungs- und Steuerungskompetenz auf der europäischen Ebene. Ressourcenbereitstellung, Ressourcenverwendung und im Wesentlichen auch das Fähigkeitsprofil sind zusammen mit der Entscheidung über den Einsatz der Streitkräfte Teil der nationalen Souveränität. Der von den einzelnen Nationen angestrebte Integrationsgrad wird im Wesentlichen von dem nationalen politischen Interesse am Bündnis und möglichen Rationalisierungen bestimmt, ohne dass dabei das Grundprinzip des souveränen Nationalstaates aufgegeben wird. Das Ausmaß möglicher Effizienzgewinne wird daher letzten Endes – und dies ist keine neue Erkenntnis – von dem politischen Willen und der Bereitschaft der europäischen Nationen bestimmt, Dispositionsrechte über Ressourcen und Fähigkeiten an zentrale europäische Instanzen zu übertragen. Unter diesem Gesichtspunkt lässt sich das Modell einer umfassenden Integration von unterschiedlichen Modellen der Teilintegration unterscheiden.

2.3 Umfassende Integration

Dem Modell einer umfassenden Integration legt die Vision der „Vereinigten Staaten von Europa" zugrunde, die über voll integrierte Streitkräfte nach dem Muster der USA verfügen. Auch wenn ein solches Modell eher utopischen Charakter haben dürfte, so erlaubt es doch die Diskussion einiger Effizienzüberlegungen. Diese lassen sich zunächst generell auf den Status im internationalen System beziehen. Auch wenn dieser Status von vielen Faktoren abhängt, so sind doch Bevölkerung, wirtschaftliche Leistungsfähigkeit und militärische Leistungsfähigkeit als wesentliche Machtbasen von vorrangiger Bedeutung.

Europäische Streitkräfte in ökonomischer Perspektive 163

Abbildung 2: Vergleich militärökonomischer Kennzahlen

	(1) Bevölkerung [Mio.]	(2) BIP* [Mrd. US-$]	(3) BIP* pro Kopf [US-$]	(4) präsenter SK-Umfang [Tsd.]	(5) Soldaten je 10.000 Einwohner	(6) Verteidigungsausgaben [Mrd. US-$]	(7) Anteil der Verteidigungsausgaben am BIP
EU / NATO-Europa (ohne Türkei)	444,8	10.861	24.418	2.076	47	207,0	1,90%
USA	292,3	10.923	37.369	1.496	51	383,7	3,50%

	(8) Verteidigungsausgaben pro Kopf [US-$]	Verteidigungsinvestive Ausgaben (*Capital Expenditures*)			Ausgaben für Forschung, Entwicklung und Beschaffung (*Major Equipment Expenditures*)		
		(9) Höhe [Mrd. US-$]	(10) Anteil an Verteidigungsausgaben	(11) Anteil am BIP	(12) Höhe [Mrd. US-$]	(13) Anteil an Verteidigungsausgaben	(14) je Soldat [US-$]
EU / NATO-Europa (ohne Türkei)	465	43,9	21,20%	0,40%	37,7	18,20%	18.160
USA	1.313	112,0	29,20%	1,03%	105,9	27,60%	70.789

* Die Zahlen legen Wechselkursparitäten zugrunde. In Kaufkraftparitäten ist das BIP der Europäer größer als das der USA.
Quellen: unterschiedliche, vorwiegend NATO-Quellen und eigene Berechnungen, Bezugsjahr der Daten 2003.

Vergleicht man unter diesem Gesichtspunkt Europa mit den USA, so könnte von der Bevölkerungszahl und der wirtschaftlichen Leistungsfähigkeit her der Status der „Vereinigten Staaten von Europa" im internationalen System demjenigen der USA vergleichbar sein (Abb. 2, Spalte 1 und 2). Dies trifft jedoch nicht für die militärische Leistungsfähigkeit zu. Bliebe es bei den gegenwärtigen Dispositiven und Strukturen der nationalen Streitkräfte in Europa, so würde die Summe ihrer Fähigkeiten keinesfalls an die militärische Leistungsfähigkeit der USA heranreichen. Ein vergleichbarer Status mit der entsprechenden Effizienz des politischen Handels ist für die Europäer nur über die Neugestaltung ihrer Streitkräfte als militärisches Instrument ihrer Außen- und Sicherheitspolitik erreichbar.

Dies berührt die Effizienz europäischer Streitkräfte im engeren Sinne. Die Europäer geben etwa 207 Mrd. $US für ihre Verteidigung aus und betreiben damit Streitkräfte in einem präsenten Umfang von ca. 2,1 Mio. Soldaten. Im Vergleich dazu liegen die Verteidigungsausgaben der USA bei 380 Mrd. $US und der Personalumfang bei 1,5 Mio. Soldaten (Abb. 2, Spalte 4 und 6). Wollten die Europäer militärische Fähigkeiten erreichen, die denen der USA vergleichbar wären, dann würde dies auf der Ressourcenseite eine Strategie erfordern, die mehrere Komponenten umfasst. Zu reduzieren wäre zunächst der Personalumfang um 600.000 auf 1,5 Mio. Soldaten. Damit wäre ein Absenken der Ausgaben für den Betrieb der Streitkräfte sowie für die militärische Infrastruktur in der Größenordnung von bis zu 20 Mrd. $US verbunden.

Diese Mittel wären in den investiven Bereich umzuschichten und dort insbesondere für militärische Beschaffung sowie für Forschung und Entwicklung vorzusehen. Die Zahlen in Abb. 2, Spalte 9 bis 14, verdeutlichen den Hauptmangel in der Ressourcensteuerung der Europäer. Sie geben zuviel für den Betrieb ihrer Streitkräfte und entsprechend zuwenig für die Modernisierung der Ausrüstung aus. Der Anteil der investiven Ausgaben (*Capital Expenditures*) an den Verteidigungsausgaben liegt erheblich unter demjenigen der USA. Gleiches gilt für die spezifischen Ausgabenanteile, die auf die Forschung, Entwicklung und Beschaffung großer Ausrüstungsvorhaben (*Major Equipment Expenditures*) entfallen. Wegen des zusätzlich zu berücksichtigenden größeren Streitkräfteumfangs der Europäer führt dies im Ergebnis dazu, dass die USA für eine moderne Ausrüstung je Soldat nahezu viermal so viel wie die Europäer ausgeben (Abb. 2, Sp. 14). Neben der Höhe der Verteidigungsausgaben liegen hier die wesentlichen Gründe für die hohe militärtechnologische Überlegenheit der USA als Basis ihrer militärischen Leistungsfähigkeit. Eine Umschichtung der europäischen Verteidigungsausgaben hätte deshalb eine starke Effizienz steigernde Wirkung.

In der gegenwärtigen sicherheitspolitischen Lage und ihrer absehbaren Entwicklung sind Wehrpflichtstreitkräfte aus ökonomischer Sicht weniger effizient als Freiwilligenstreitkräfte. Von daher sollte eine Reduzierung des europäischen Streitkräfteumfangs vorrangig bei dem Wehrpflichtigenanteil vorgenommen werden. Die nationalen Anteile an integrierten europäischen Streitkräften können unter unterschiedlichen Gesichtspunkten diskutiert werden. Nahe liegend sind Umfänge, die den Bevölkerungsanteilen entsprechen und insbesondere bei Auslandseinsätzen zur Konfliktverhütung und Krisenbewältigung eine faire Risiko- und Lastenteilung gewährleisten. Legt man dem Muster der USA folgend integrierte europäische Streitkräfte in einem Umfang von 1,5 Millionen Freiwilligen zugrunde, so würde dies für die Bundeswehr einen präsenten Streitkräfteumfang von etwa 280.000 Soldaten (Freiwilligen) bedeuten.

Zu den Wirkungen einer personellen Reduzierung des gegenwärtigen Gesamtumfangs der europäischen Streitkräfte und einer Umschichtung der Verteidigungsausgaben zählen auch volkswirtschaftliche Effekte. Das freigesetzte Personal würde weit überwiegend in den volkswirtschaftlichen Prozess der Produktion von zivilen Gütern und Dienstleistungen eingesetzt werden können. Hinzu kommen Wachstumseffekte infolge der Umschichtung von staatlichen Konsumausgaben in investive Ausgaben. Multiplikatoreffekte verstärken diese Wirkungen und führten zu einer keineswegs unbeachtlichen Erhöhung des Bruttosozialproduktes. Über Einkommens- und Steuerwirkungen würde dies *ceteris paribus* mittelbar auch die staatlichen Einnahmen erhöhen. Sofern der politische Wille vorliegt, könnten diese Mehreinnahmen zur Erhöhung der Verteidigungsausgaben genutzt werden, ohne dass Umschichtungen im staatlichen Gesamthaushalt zu Lasten anderer staatlicher Aufgabenfelder führen würden.

Anzunehmen ist dennoch, dass die Europäer auch unter Einbeziehung dieser volkswirtschaftlichen Effekte ihre Verteidigungsausgaben erhöhen müssten, wenn sie eine militärische Leistungsfähigkeit erreichen wollten, die derjenigen der USA entspräche. Ohne Einbeziehung der volkswirtschaftlichen Effekte wären aus den gegenwärtigen staatlichen Haushalten der Europäer für die Verteidigung zusätzlich etwa 175 Mrd. $US – also etwa 1,6 % ihres BIP – bereitzustellen, um die Höhe der Verteidigungsausgaben der USA zu erreichen. Dies würde dann zu einer etwa gleich großen Verteidigungsquote führen, wobei jedoch die Verteidigungsausgaben pro Kopf der Bevölkerung (863 $US pro Kopf statt 465 $US pro Kopf) immer noch deutlich unter der entsprechenden Zahl der USA (1.313 $US pro Kopf) lägen.

Eine quantitative Abschätzung der Effizienz ist – wie dargestellt – methodisch problematisch. Wesentliche Größe ist hier die Einschätzung, um wieviel größer die militärischen Fähigkeiten der USA im Vergleich zu den gegenwärtigen Fähigkeiten der europäischen Streitkräfte vor dem Hintergrund der sicherheitspolitischen Lage und ihrer Erfordernisse anzusetzen sind. Die Formulierung „um ein Mehrfaches" müsste dann durch einen entsprechenden Faktor konkretisiert werden. Variiert man diesen Faktor zwischen zwei und fünf, so erzielen die USA mit ihren Verteidigungsausgaben eine Effizienz, die um ca. 10 % (Faktor 2) bis ca. 170 % (Faktor 5) höher ist als die von den Europäern erreichte Effizienz ihrer Verteidigungsausgaben. Nimmt man aus dieser Bandbreite einen mittleren Wert (Faktor 3,5), so kann vermutet werden, dass die USA mit ihren Verteidigungsausgaben im Vergleich mit den Europäern eine etwa doppelt so hohe Effizienz erreichen. Die gegenwärtigen Dispositive, Strukturen und Ressourcensteuerung der europäischen Streitkräfte sind daher aus ökonomischer Sicht wenig effizient. Zu vermuten ist aufgrund dieser Überlegungen ebenfalls, dass integrierte europäische Streitkräfte, die insgesamt lediglich die gegenwärtigen militärischen Fähigkeiten der Europäer aufweisen sollten, einen weit geringeren Ressourcenaufwand erforderten. Bliebe es bei der gegenwärtigen, aber in der Ausgabenschichtung veränderten Höhe der europäischen Verteidigungsausgaben, so könnte die Ressourceneffizienz an diejenigen der USA herangeführt werden. Die militärische Leistungsfähigkeit der USA wäre damit allerdings nicht erreichbar.

Zusammenfassend ist zu vermuten, dass mit dem Modell umfassend integrierter Streitkräfte der „Vereinigten Staaten von Europa" sehr hohe Effizienzgewinne verbunden wären. Bei einem Mehraufwand, der in der Größenordnung von 1,6 % ihres Bruttosozialproduktes läge, könnten die Europäer in der ökonomischen Perspektive einen Rang und militärischen Status im internationalen System erreichen, der mit den USA vergleichbar wäre. Dabei lägen die Verteidigungsausgaben pro Kopf sowie der Anteil der Soldaten an der Gesamtbevölkerung immer noch deutlich unter den errechneten Kennzahlen der USA.

Die bisherigen Überlegungen legten zur Diskussion möglicher Effizienzgewinne das Modell eigenständiger, umfassend integrierter europäischer Streitkräfte zugrunde. Wird bei diesen Überlegungen das NATO-Bündnis als Ganzes einbezogen, so muss die dazu bisher gewählte ökonomische Perspektive relativiert und um die politische Dimension erweitert werden. In der politischen Dimension ist mit dem skizzierten Modell das Risiko einer Schwächung des transatlantischen Zusammenhalts verbunden. Dies dürfte allerdings prinzipiell der Preis für eine europäische Außen- und Sicherheitspolitik sein, die ihre globalen Interessen eigenständig und notfalls auch ohne die militärische Unterstützung der USA wahrnehmen will.

In der ökonomischen Perspektive zeigen sich ähnliche Probleme. Sofern die Europäer umfassend eigenständige und mit denen der USA vergleichbare militärische Fähigkeiten entwickeln, würden aus der Sicht der NATO zahlreiche Fähigkeiten dupliziert. Die Ressourceneffizienz der NATO als Ganzes würde sinken. Bliebe es allerdings dabei – und dies ist zu erwarten –, dass die USA ihre nationalen Interessen notfalls auch ohne NATO-Verbündete militärisch allein durchsetzen wollen, so sind gewisse Duplizierungen von Fähigkeiten grundsätzlich unvermeidbar, sofern die Europäer in gleicher Weise eigenständig und militärisch unabhängig von den USA handeln wollten. Allerdings ließen sich die dann eintretenden Effizienzverluste mildern. Wesentliche Strategien wären dabei begrenzte Aufgabenteilungen – etwa bei den Konfliktpräventionen und der Aufklärung – sowie die Beibehaltung des Prinzips *separable, but not separate*, das jedoch im Einzelnen neu auszugestalten wäre. Für eine Förderung des transatlantischen Zusammenhalts wäre es aus ökonomischer Sicht wichtig, im militärischen und technologischen Fähigkeitsprofil der Europäer insbesondere solche Module zu entwickeln und auszubauen, die aus der Sicht des Bündnispartners USA besonders wertvoll sind und über die sie nicht oder nur begrenzt verfügen.

2.4 Teilintegrierte Modelle und Modulkonzepte

Allgemeines Kennzeichen teilintegrierter Modelle und Modulkonzepte ist, dass die europäischen Streitkräfte nicht von einer zentralen europäischen Instanz gestaltet und gesteuert werden, sondern die Nationen grundsätzlich ihr Dispositionsrecht behalten. Basis europäischer Streitkräftedispositive sind entsprechend nationale Verpflichtungen, die im gemeinsamen europäischen Interesse übernommen werden. Mit der stärkeren Herausbildung gemeinsamer europäischer Interessen, Institutionen und Identitäten wächst diese Bereitschaft. Ausdruck hierfür sind die bereits erwähnten integrativen Elemente, zu denen als wichtige Entscheidung der letzten Jahre insbesondere die *European Headline Goals* und das Aufstellen einer europäischen Eingreiftruppe gehören.

Dies ist zugleich der Weg, auf dem die Europäer in einem Prozess von Einzelschritten ihre an den Zielen der Europäischen Sicherheits- und Verteidigungspolitik (ESVP) ausgerichtete militärische Leistungsfähigkeit verbessern werden. Wesentliche Prinzipien werden dabei der stufenweise Ausbau integrativer Elemente und des Modulkonzepts sein, bei dem die Europäer Teile ihrer nationalen militärischen Fähigkeiten zugleich für den Einsatz gemeinsam gebildeter und europäisch geführter Großverbände vorsehen.

Auch wenn in der ökonomischen Perspektive dies nicht zu dem Effizienzgewinn führen kann, wie es bei einer umfassenden Integration zu erwarten ist, so sind unter diesem Gesichtspunkt doch deutliche Verbesserungen erreichbar. Auf mögliche Perspektiven, Strategien und Ansatzpunkte, die fortzuführen oder aufzugreifen sind, soll im Folgenden kurz eingegangen werden. Grundlage bildet dabei das in Abb. 3 dargestellte Modell funktionaler Aufgabenbereiche in Streitkräften, das – in vereinfachter Weise – die Dimensionen Funktionen, Teilstreitkräfte und hierarchische Ebene einbezieht. Integrationsschritte bedeuten in dieser Sicht die zunehmende Verknüpfung der Elemente auf den verschiedenen Dimensionen, nach denen die Streitkräfte der Europäer gegenwärtig strukturiert sind.

Abbildung 3: Funktionale Aufgabenbereiche in Streitkräften

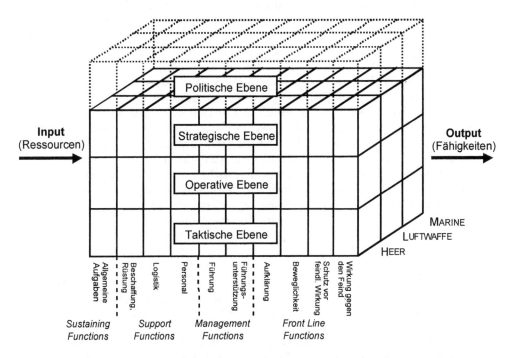

In einer ganzheitlichen Betrachtung wäre es aus ökonomischer Sicht zunächst vorrangig, sich evolutionär einem europäischen Streitkräftemanagement aus einer Hand zu nähern, das Fähigkeits- und Ressourcenentscheidungen zusammenführt und integriert. Auszubauen ist deshalb das System europäischer Streitkräfteplanung, dessen leitendes Ziel die ganzheitliche Verbesserung der Effizienz ist und mit dessen Hilfe es möglich ist, die Ressourcen dorthin zu lenken, wo ihre Beiträge zum Erreichen der sicherheitspolitischen Ziele der Europäer am größten sind. Zu etablieren wäre deshalb auf der politischen und militärpolitischen Ebene ein strategisches Management mit einem entsprechenden Organisationselement, das unter Nutzung professioneller Methoden für Effizienzgewinne und Rationalisierungen zuständig ist. Zu seinen Kernaufgaben gehörte das strategische *Controlling*, mit dem durch die Wahrnehmung von Planungs-, Steuerungs- und Überwachungsfunktionen die für strategische Entscheidungen notwendigen Informationen bereitgestellt werden. Das Selbstverständnis sollte das eines Kompetenzzentrums für Ressourceneffizienz sein und dem eines Integrierten Konzernmanagements ähneln.

Auch wenn die Entscheidungen selbst das Vorrecht der europäischen Bündnismitglieder bleiben, so könnten doch von einem solchen Kompetenzzentrum starke Impulse für Effizienz steigernde Maßnahmen ausgehen. Unterstützt werden könnte dies durch periodische Gutachten eines unabhängigen Sachverständigenrates. Die Bündelung von Sachkompetenz auf der europäischen Ebene dürfte zugleich die Bereitschaft steigern, nationale Planungs- und Dispositionsrechte schrittweise auf die europäische Ebene zu verlagern. In einer ganzheitlichen Betrachtung sind die Fähigkeits- und Ressourcenseite stets zugleich und zusammen einzubeziehen. Dies gilt auch für die Schritte auf dem Weg zu integrierten europäischen Streitkräften.

Auf der Fähigkeitsseite wären stufenweise die Fähigkeiten weiter auszubauen, die zu Konfliktverhütung und Krisenbewältigung in der globalen Dimension erforderlich sind. Im Wesentlichen bedeutet dies die Erweiterung und stärkere Ausdifferenzierung der Module, die die Bündnismitglieder für europäische Streitkräfte zur Verfügung stellen oder gemeinsam aufbauen. Vom Methodischen her geht es hier um die intensivierte Identifizierung, Priorisierung und Beseitigung von Fähigkeitsdefiziten sowie dem Ausbau von möglichen Überlegenheitsvorteilen auf der Grundlage von Stärken-Schwächen-Analysen und *Gap*-Analysen. Wie bereits herausgestellt, sollten hier diejenigen Module besonders gewichtet werden, die für die USA und die NATO als Ganzes von hohem komplementären Wert sind.

Angestrebte Fähigkeiten bilden die Grundlage für die Bereitstellung der erforderlichen Ressourcen und ihrer Verwendung. Idealtypisch wäre hierzu ein europäischer Verteidigungshaushalt erforderlich, über den gemeinsam entschieden wird. Wie bei den Fähigkeiten kann auf dem Weg dorthin nur evolutionär und schrittweise vorangegangen werden. Weit vorrangig wäre hier zunächst eine Erhöhung der verteidigungsinvestiven Ausgaben und es wäre schon viel erreicht, wenn sich die europäischen Bündnismitglieder auf feste Zielgrößen verpflichteten. Eine derartige Zielgröße könnte etwa der Anteil der verteidigungsinvestiven Ausgaben am BIP sein, der von gegenwärtig etwa 0,4 % stufenweise auf bis zu 1,0 % anzuheben wäre und damit die Größenordnung der USA erreichen würde. Dieser für die Modernisierung der europäischen Streitkräfte besonders wichtige Schritt könnte dann auf weitere Teile und Strukturen der europäischen Verteidigungsausgaben ausgeweitet werden und sich so einer ganzheitlichen Ressourcenstrategie annähern.

Auf dem Weg zu europäischen Streitkräften wäre zugleich über neue Formen und Strategien der Finanzierung nachzudenken, die vor allem für eine rasche Anschubfinanzierung zu nutzen wären. Vorstellbar sind hier etwa Kreditaufnahmen im Vorgriff auf bzw. im Zusammenhang mit Rationalisierungen und Privatisierungen, Leasing oder auch die feste Zuordnung bestimmter Einnahmequellen für die europäischen Verteidigungsausgaben. Insgesamt sollte angestrebt werden, die traditionelle Form der nationalen Budgetierungen um flexible Finanzierungsinstrumente zu erweitern, die zumindest in einem begrenzten Umfang ein unternehmerisches Finanzmanagement ermöglichen. Auch dies gehört zu den Chancen einer Europäisierung der Streitkräfte.

Zur schrittweisen Verbesserung der ökonomischen Effizienz gehören neben dem ganzheitlichen Ansatz Einzelstrategien zur Verbesserung der Wirtschaftlichkeit in den verschiedenen Aufgabenfeldern der europäischen Streitkräfte, wie sie Abb. 3 vereinfacht veranschaulicht. Im Wesentlichen handelt es sich um spezifische Rationalisierungsstrategien, die in Abhängigkeit von den jeweiligen Aufgabenbereichen festzulegen sind und mit denen in der Perspektive europäischer Streitkräfte erhebliche Kostensenkungs- und Rationalisierungspotentiale erschlossen werden könnten.

Zu den wichtigen Einzelstrategien gehören partielle Integration, Pool-Bildung und Arbeitsteilung in Kombination mit querschnittlichen Strategien wie etwa Substitutionsstrategien, Standardisierung, Interne Optimierungen, *Benchmarking* und *Outsourcing*. Die Rationalisierung von zusammenwachsenden Streitkräften kann hier auf ein reiches Repertoire an Instrumenten zurückgreifen, das sich in der Wirtschaft insbesondere bei *Joint Ventures*, strategischen Allianzen und Unternehmenszusammenschlüssen bewährt hat oder im Rahmen des so genannten *New Public Management* entwickelt wird. Wesentlich wäre auch hier, dass die möglichen Rationalisierungsstrategien konsequent und systematisch in den einzelnen Aufgabenbereichen der drei Dimensionen geprüft, umgesetzt und zentral koordiniert werden.

Sicherlich trifft zu, dass bereits gegenwärtig Rationalisierungsstrategien genutzt werden. Dies gilt insbesondere für die europäische Rüstungszusammenarbeit. In der Perspektive europäischer Streitkräfte sollte nun die Chance genutzt werden, dies stufenweise auf alle Aufgabenbereiche auszuweiten und zu intensivieren, aber auch kritisch zu prüfen. Ein europäischer Streitkräfte-Aktionismus, der möglicherweise mehr Bürokratie und weniger schlankes effizientes Management schafft, muss durch gegensteuernde Maßnahmen von Anfang an vermieden werden. Zu einem einzurichtenden Kompetenzzentrum und *Controlling* gehören deshalb auch eine Kontrolle der organisatorischen Effizienz und die Prüfung von Einzelprojekten, die im Wesentlichen auf der Grundlage von Prozessanalysen und Kosten-Leistungs-Rechnungen zu erfolgen hätten. Dieses Grundinstrumentarium, mit dem zugleich die Kosten- und Werttreiber zu ermitteln sind, ist ebenfalls heranzuziehen, wenn zu entscheiden ist, welche Einzelstrategie oder Strategiekombination für das jeweilige zu verknüpfende Aufgabenfeld den größten Effizienzgewinn erwarten lässt.

Eine Abschätzung möglicher Kostensenkungen durch das Zusammenwachsen der europäischen Streitkräfte und die Nutzung von Rationalisierungsstrategien ist grundsätzlich problematisch, da hierzu eine Reihe von Annahmen zu treffen wären. Als grober Anhalt erscheint ein Einsparvolumen von 10 % bis 15 % bei den Betriebsausgaben als nicht unrealistisch. Dies wären bei den gegenwärtigen Ausgaben der Europäer für den Betrieb ihrer Streitkräfte eine Größenordnung von etwa 15 Mrd. $US, die zur Verstärkung der investiven Ausgaben zu nutzen wären.

3 Zusammenfassung und Ausblick

Die ökonomische Perspektive Europas erfordert eine Neuausrichtung der europäischen Streitkräfte. Als einer der Hauptakteure der Weltwirtschaft braucht Europa militärische Fähigkeiten, die auch in der globalen Dimension stabilisierend wirken können. Dies ist nur über ein Zusammenwachsen und eine stufenweise Integration der europäischen Streitkräfte möglich.

Die militärische Effizienz der Europäer ist aus ökonomischer Sicht unbefriedigend. In der gegenwärtigen und absehbaren sicherheitspolitischen Lage stehen die Höhe und Verwendung ihrer Verteidigungsausgaben nicht in einer angemessenen Relation zu den damit erreichten und bzw. erforderlichen Fähigkeiten. Zur Umsteuerung der europäischen Streitkräfte ist ein ganzheitlicher Ansatz erforderlich, dessen wesentliches Ziel zunächst die

Modernisierung und damit die deutliche Erhöhung der investiven Ausgaben sein muss. Hierzu sollten feste Zielvorgaben vereinbart werden. Mit dem Zusammenwachsen der europäischen Streitkräfte sind erhebliche Rationalisierungschancen verbunden, die durch die konsequente und professionelle Nutzung von unterschiedlichen Rationalisierungsstrategien zu nutzen sind. Die damit erzielbaren Einsparungen beim Betrieb erlauben Umschichtungen und eine Erhöhung der investiven Ausgaben, die allerdings nicht ausreichen, um sich der militärischen Leistungsfähigkeit der USA zu nähern. Dazu wäre eine Erhöhung der europäischen Verteidigungsausgaben notwendig.

Der Gefahr einer Schwächung des transatlantischen Zusammenhalts durch eigenständige europäische Streitkräfte kann auch durch ökonomische Strategien entgegengewirkt werden, die gezielt einzubeziehen sind. Insgesamt sprechen sowohl die ökonomische Perspektive Europas als auch mögliche Effizienz- und Rationalisierungsgewinne dafür, auf dem Weg zu integrierten europäischen Streitkräften als Instrument einer Europäischen Sicherheits- und Verteidigungspolitik voranzugehen.

III. Wirtschaftsbeziehungen

Die transatlantischen Wirtschaftsbeziehungen: Ein Pfeiler in der Krise?

Ulf Gartzke

1 Einführung

Das Ende des Kalten Krieges und der Wegfall des gemeinsamen Feindes „Warschauer Pakt" markierte eine fundamentale Wende im transatlantischen Verhältnis. Bis zum Fall der Berliner Mauer besaß die Verteidigung der gemeinsamen Sicherheitsinteressen – vor allem im Rahmen der NATO – höchste Priorität. Handels- und Wirtschaftsthemen hingegen spielten nur eine zweitrangige Rolle. Potentielle wirtschaftliche Interessenskonflikte zwischen Europa und Amerika wurden den gemeinsamen sicherheitspolitischen Interessen und Erfordernissen untergeordnet. Mit dem Fall der Berliner Mauer begann jedoch die Auflösung dieser geostrategischen Schicksalsgemeinschaft. Europa und Amerika bekamen plötzlich mehr Freiräume, um ihre wirtschaftlichen Interessen zu entwickeln. Man erkannte nun im Gegenüber plötzlich auch einen Konkurrenten bei der wirtschaftlichen Erschließung neuer Märkte. Die Globalisierung gewann an Fahrt.

Diese Aufwertung wirtschaftspolitischer Interessen wurde begleitet von politischen Differenzen im transatlantischen Verhältnis. Gerade die Rolle Amerikas in der Welt war und ist umstritten. Europa verfolgt das Ziel, die Supermacht USA dauerhaft in multilaterale Institutionen wie etwa die UN einzubinden. Washington behält sich jedoch vor, gegebenenfalls auch im Alleingang bzw. im Rahmen von *coalitions of the willing* und ohne formale Absegnung durch multilaterale Institutionen zu handeln, um die eigenen Interessen zu verteidigen – auch militärisch. Dieser unilateralistische Trend Amerikas hat sich durch die Ereignisse des 11. Septembers weiter verstärkt. Darüber hinaus lassen sich auch zunehmend fundamentale Unterschiede in den Wertvorstellungen von Europäern und Amerikanern beobachten. Diese leiten sich auch aus der unterschiedlichen Bedeutung von Religion in Politik und Gesellschaft in den USA und Europa ab.[1]

2 Die Bedeutung der transatlantischen Wirtschaftsbeziehungen

Europa und Amerika unterhalten die größten und wichtigsten Wirtschaftsbeziehungen der Welt. Beide Wirtschaftsräume zusammen vereinen rund 40 Prozent der gesamten Weltwirtschaftsleistung und über ein Drittel des Welthandels auf sich. Die USA haben etwa 293 Millionen Einwohner und erzielten im Jahr 2003 ein Bruttoinlandsprodukt (BIP) von umge-

---

Dieser Beitrag gibt ausschließlich die persönliche Meinung des Verfassers wieder.
[1] Auf die Frage „Ist Gott persönlich wichtig für Sie?" antworteten im Rahmen einer kürzlich durchgeführten Umfrage 83% der Amerikaner, aber nur 39% der Europäer mit „Ja". Siehe Transkript des Konferenzanrufs „The Transatlantic Rift" am 12. Juni 2003, Oxford Analytica, S. 12.

rechnet rund 9.728 Milliarden Euro.² Die 15 Mitgliedstaaten der „alten" EU zählten demgegenüber 378 Millionen Einwohner und kamen 2003 auf ein BIP von rund 9.312 Milliarden Euro. Seit der Osterweiterung am 1. Mai 2004 hat die EU nunmehr 25 Mitgliedsstaaten mit 450 Millionen Einwohnern und ein BIP von insgesamt 9.754 Milliarden Dollar.

Die wirtschaftliche Verflechtung zwischen den USA und der EU hat sich seit dem Ende des Kalten Krieges dramatisch ausgeweitet. Dies betrifft zuerst einmal den transatlantischen Handel mit Waren und Dienstleistungen, der sich zwischen 1990 und 2000 von 273 Milliarden Dollar auf 557 Milliarden Dollar mehr als verdoppelte. Hierbei ist jedoch zu beachten, dass das relative Gewicht der transatlantischen Handelsbeziehungen im Vergleich zum gesamten Welthandel während dieses Zeitraums in etwa konstant geblieben ist. So betrug der Anteil von Importen aus der EU am Gesamtimportvolumen der USA im Jahr 1990 22 Prozent und im Jahr 2000 21 Prozent. Der Anteil von Importen aus den USA an den Gesamtimporten der EU betrug 16 Prozent im Jahr 1990 und 17 Prozent im Jahr 2000.³

Der weitaus wichtigere Indikator für die wachsende Bedeutung und Vertiefung der transatlantischen Wirtschaftsbeziehungen ist der enorme Anstieg der ausländischen Direktinvestitionen (ADI)[4] europäischer Firmen in den USA und umgekehrt. Im Jahr 2002 betrug der Wert aller gegenseitigen transatlantischen Direktinvestitionen über 1.539 Milliarden Euro. Diese enorme Summe setzt sich aus 889 Milliarden Euro Direktinvestitionen von EU-Firmen in den USA und 650 Milliarden Euro Investitionen amerikanischer Firmen in der EU zusammen.[5] Deutsche Direktinvestitionen in den USA beliefen sich Ende 2001 insgesamt auf schätzungsweise 286 Milliarden Dollar.[6] Im Vergleich dazu betrug der Gesamtwert amerikanischer Direktinvestitionen in Europa im Jahr 1950 nur 1,7 Milliarden Dollar.[7] Vor allem die große Welle von transatlantischen Firmenfusionen und Übernahmen (*mergers and acquisitions*, M&A) seit Beginn der neunziger Jahre hat wesentlich zur gestiegenen wirtschaftlichen Verflechtung der beiden Kontinente beigetragen. Beispiele hierfür sind die Fusion von Chrysler und Daimler-Benz, der Kauf der amerikanischen Ölfirma Amoco durch BP, die Übernahme des Verlagshauses Random House durch Bertelsmann oder auch der Kauf von VoiceStream durch die Deutsche Telekom. Allein zwischen 1998 und 2000 investierten europäische Firmen insgesamt fast 600 Milliarden Dollar in die Übernahme amerikanischer Firmen.[8]

Über 4,4 Millionen Amerikaner werden direkt von amerikanischen Tochtergesellschaften europäischer Unternehmen beschäftigt. Umgekehrt stehen rund 4,1 Millionen Europäer – davon allein in Deutschland mehr als 400.000 Beschäftigte – bei amerikani-

---

[2] Durch die in letzter Zeit zu beobachtende starke Aufwertung des Euro vis-à-vis dem US-Dollar ist das amerikanische BIP auf Euro-Basis umgerechnet relativ gering.
[3] Gary C. Hufbauer und Frederic Neumann: „US-EU Trade and Investment: An American Perspective", Institute for International Economics, Washington DC, April 2002, S. 2. Website: www.iie.com.
[4] Ausländische Direktinvestitionen haben das Ziel der Ausübung unternehmerischer Kontrolle über ein ausländisches Unternehmen, z. B. im Rahmen von Firmenübernahmen, Gründung von *Joint Ventures* etc. Demgegenüber dienen sogenannte Portfolioinvestitionen nur dem Zweck der Vermögensanlage und der Erzielung einer Rendite auf dem Unternehmensbesitz.
[5] Quelle: Eurostat. Siehe auch „Factsheet EU-US bilateral economic relations": http://europa.eu.int/comm/external_relations/us/sum06_04/fact/econ.pdf.
[6] The Economist Intelligence Unit: „Germany Country Profile 2003", London, 2003, S. 55. Website: www.eiu.com.
[7] Joseph Quinlan: „Drifting Apart or Growing Together? The Primacy of the Transatlantic Economy"; Johns Hopkins University, Center for Transatlantic Relations, Washington DC, 2003, S. 7.
[8] Joseph Quinlan: S. 16.

schen Tochtergesellschaften in Europa in Lohn und Brot.[9] Zwar ging der transatlantische M&A Boom im Zuge von Rezession und Börsenflaute während 2001/2002 zwischenzeitlich stark zurück. Doch spätestens seit dem Jahr 2003 haben die transatlantischen Direktinvestitionen wieder an Fahrt gewonnen. Trotz transatlantischer politischer Differenzen in der Irak-Frage tätigten US-Unternehmen 2003 in Europa Direktinvestitionen im Wert von über 87 Milliarden Dollar, eine Steigerung von 30,5 Prozent im Vergleich zum Vorjahr. Knapp ein Drittel der amerikanischen Direktinvestitionen – etwa 25,4 Milliarden Dollar – entfielen dabei auf Großbritannien. Deutschland erhielt demgegenüber rund 7 Milliarden Dollar; davon allein 5,7 Milliarden Dollar für die Übernahme des Kosmetikkonzerns Wella durch Procter & Gamble. Umgekehrt tätigten Unternehmen aus der EU im Jahr 2003 36,9 Milliarden Dollar an Direktinvestitionen in den USA, ein Anstieg von über 40 Prozent im Vergleich zu 2002.[10]

Durch den deutlichen Anstieg der transatlantischen Direktinvestitionen hat auch die wirtschaftliche Bedeutung so genannter *foreign affiliate sales* – d.h. Umsätze, die von europäischen bzw. amerikanischen Tochterunternehmen direkt auf dem jeweils anderen Kontinent erzielt werden (und deshalb gar nicht bzw. nur teilweise in den Außenhandelsstatistiken auftauchen) – im Vergleich zum traditionellen, grenzüberschreitenden Handel zwischen Amerika und Europa stark zugenommen. Im Jahr 2001 (das letzte Jahr für das bislang relevante Daten verfügbar sind) betrug das Volumen der transatlantischen *foreign affiliate sales* insgesamt 2.800 Milliarden Dollar – mehr als fünfmal soviel wie die 549 Milliarden Dollar an „traditionellem" transatlantischem Handel in Waren und Dienstleistungen in dem Jahr.[11] Schätzungen gehen davon aus, dass die transatlantischen Wirtschaftsbeziehungen im Jahr 2001 insgesamt ein Volumen von rund 2.500 Milliarden Dollar hatten und Arbeitsplätze für 12 Millionen Menschen auf beiden Seiten des Atlantiks sicherten. Diese Zahlen berücksichtigen den gesamten Waren- und Dienstleistungsaustausch zwischen Amerika und Europa plus die jeweiligen transatlantischen *foreign affiliate sales* (minus die geschätzte Doppelzählung von *foreign affiliate sales* und Im- bzw. Exporten in den jeweiligen Außenhandelstatistiken).[12]

Ein wichtiger Grund für den enormen Anstieg der gegenseitigen transatlantischen Direktinvestitionen ist das Bestreben, unternehmerische Risikofaktoren wie Währungsschwankungen oder Handelskonflikte (Strafzölle, Handelsboykotte etc.) zu minimieren. Darüber hinaus können sich Unternehmen durch ausländische Direktinvestitionen im jeweiligen Gastland auch besser als lokale Firma bzw. lokale Marke präsentieren – ein immer wichtigerer Erfolgsfaktor für global operierende Unternehmen, die zunehmend zur Zielscheibe von Globalisierungsgegnern werden.[13]

In diesem Zusammenhang ist es wichtig, darauf hinzuweisen, dass sich das relative weltwirtschaftliche Gewicht Europas – und damit auch die Bedeutung der transatlantischen Wirtschaftsbeziehungen – in den kommenden Jahrzehnten sowohl aufgrund negativer demographischer Entwicklungen als auch wegen des zu erwartenden rapiden Wirtschaftswachstums im asiatisch-pazifischen Raum voraussichtlich gravierend verringern wird. In

---

[9] Joseph Quinlan: S. 4.
[10] Daniel S. Hamilton und Joseph P. Quinlan: „Partners in Prosperity: The Changing Geography of the Transatlantic Community", Center for Transatlantic Relations, Johns Hopkins University, 2004, Washington, DC, S.13-15.
[11] Hamilton und Quinlan: S. 21-22.
[12] Hamilton und Quinlan: S. 21.
[13] „Getting Globalization Right: Meeting the Challenge of the Century"; Global Economics Paper 95, Goldman Sachs, New York, 23. Juli 2003, S. 10-12.

den vergangenen zehn Jahren lag die durchschnittliche BIP-Wachstumsrate der USA sowie der zwölf Länder der Euro-Zone bei 3,0 Prozent bzw. 2,1 Prozent. Dieses nicht unerhebliche *growth gap* zwischen Europa und Amerika auf der gesamtwirtschaftlichen Ebene ist jedoch viel kleiner wenn man die Pro-Kopf BIP-Wachstumsrate der letzten zehn Jahre vergleicht: 1,8 Prozent in den USA vs. 1,7 Prozent in der Euro-Zone. Mit anderen Worten: Die Tatsache, dass die USA im Vergleich zu den meisten europäischen Volkswirtschaften ein deutlich höheres Wirtschaftswachstum genießt, hängt nicht nur mit den längeren amerikanischen Arbeitszeiten sowie der höheren Arbeitsproduktivität zusammen, sondern ist auch auf das schnellere Bevölkerungswachstum in Amerika zurückzuführen.[14]

Gemäß einer im Mai 2003 vom französischen Ifri-Institut[15] veröffentlichten Studie könnte sich Europas Anteil an der Weltwirtschaft bis zum Jahr 2050 von derzeit rund 22 Prozent auf nur 12 Prozent verringern. Grund hierfür ist vor allem der starke Rückgang der aktiven EU-Bevölkerung, die der Studie zufolge zwischen 2000 und 2050 von 331 Millionen auf 243 Millionen Arbeitnehmer schrumpfen wird. Darüber hinaus besteht die Gefahr, dass Europa in den Bereichen technologischer Innovationen sowie Akkumulation von Investitionskapital gegenüber den USA und Asien – hier vor allem China und Indien – den Anschluss verliert. Das relative wirtschaftliche Gewicht der USA wird demgegenüber mit einem knapp 25-prozentigen Anteil an der gesamten Weltwirtschaftsleistung nahezu konstant gesehen, während China mit den USA gleichzieht.

Eine von der Investmentbank *Goldman Sachs* veröffentlichte Studie zu den wirtschaftlichen Entwicklungschancen der BRIC-Staaten (Brasilien, Russland, Indien und China) kommt zu dem Schluss, dass diese vier Länder in weniger als 40 Jahren das gesamtwirtschaftliche Gewicht der Gruppe der G6-Staaten (USA, Japan, Deutschland, Großbritannien, Frankreich und Italien) übertreffen werden.[16] Die politischen Konsequenzen einer solchen wirtschaftlichen Kräfteverschiebung wären enorm.

3 Konfliktpunkte in den transatlantischen Wirtschaftsbeziehungen

Vor dem Hintergrund der rapiden Expansion der transatlantischen Wirtschaftsbeziehungen sowie der zunehmenden geopolitischen Entfremdung zwischen Europa und Amerika ist es zunächst wichtig hervorzuheben, dass der weitaus größte Teil der wechselseitigen Handels- und Investitionsbeziehungen bislang reibungslos funktioniert. Schätzungen gehen davon aus, dass sich die in Form von Sanktionen und WTO-Klagen manifestierten transatlantischen Handelsdifferenzen nur auf etwa ein bis zwei Prozent des gesamten Handelsvolumens belaufen. Von diesen handelspolitischen Differenzen abgesehen, scheinen sich die transatlantischen Wirtschaftsbeziehungen im Großen und Ganzen jedoch *de facto* zu einem einheitlichen, integrierten Wirtschaftsmarkt zu entwickeln. So werden nach Implementierung aller bereits in der GATT[17] Uruguay-Runde vereinbarten Liberalisierungsmaßnahmen fast 50 Prozent des transatlantischen Handelsvolumens gänzlich von Zöllen befreit sein.

---

[14] W. Bowman Cutter und Paula Stern: „The Transatlantic Economy in 2020: A Partnership for the Future?", Policy Paper, The Atlantic Council of the United States, Washington, DC, November 2004.
[15] *Institut français des relations internationales*; Website: www.ifri.org.
[16] „Dreaming with BRICs: The Path to 2050", Global Economics Paper 99, Goldman Sachs, New York, 1. Oktober 2003, S. 2.
[17] GATT: *General Agreement on Tariffs and Trade*; von 1947 bis 1994 Vorläufer der WTO, die am 1. Januar 1995 das GATT abgelöst hat.

Alle EU-Exporte in die USA werden dann – im Handelsvolumen gewichteten Durchschnitt[18] – mit nur knapp zwei Prozent Zöllen belastet sein. Die Zölle auf amerikanische Exporte in die EU werden im Durchschnitt nur rund 1,8 Prozent betragen. Zum Vergleich: In der Zeit nach dem zweiten Weltkrieg beliefen sich die amerikanischen Zölle auf europäische Exporte auf über 40 Prozent![19]

Die bestehenden Konfliktpunkte in den transatlantischen Wirtschaftsbeziehungen erscheinen in diesem Zusammenhang umso bedeutsamer, als der Löwenanteil des Handels- und Investitionsgeschäfts davon bislang noch unberührt blieb. Grundsätzlich lassen sich die Handelskonflikte der EU und den USA in drei Kategorien einteilen:

3.1 Marktzugangskonflikte und Protektionismus

Marktzugang und Protektionismus sind das klassische handelspolitische Konfliktfeld. Im Kern geht es darum, dass der freie Austausch von Waren und Dienstleistungen durch Zölle und nicht-tarifäre Handelsbarrieren behindert bzw. eingeschränkt werden soll. Diese protektionistischen Maßnahmen werden von den jeweiligen Staaten mit unterschiedlichen Argumenten gerechtfertigt, etwa um gegen illegale Billigimporte aus dem Ausland vorzugehen („Anti-Dumping Maßnahmen"). Der so genannte „Bananenstreit" fiel in diese Kategorie: der Konflikt um die EU-Bestimmungen für Bananenimporte. Diese legten fest, dass Bananenproduzenten aus AKP-Unterzeichnerstaaten[20] bevorzugter Zugang zum europäischen Markt eingeräumt wurde. In der Folge kam es zu amerikanischen Protesten, die schließlich in eine Handelsauseinandersetzung mündeten. Während der offizielle Bananenstreit zwischen der EU und den USA bei der WTO bereits im Jahre 2001 zugunsten Amerikas beigelegt werden konnte, wird dieser Konflikt nun auf privatwirtschaftlicher Ebene weiter geführt. So hat die in der amerikanischen Politik besonders gut vernetzte Bananenfirma *Chiquita Brands International* die EU-Kommission auf Schadensersatz in Millionenhöhe verklagt.

Einer der bedeutendsten transatlantischen Handelskonflikte in jüngster Zeit betrifft die Stahlindustrie. Hier verhängte U.S.-Präsident George W. Bush im März 2002 für einen Zeitraum von drei Jahren Anti-Dumping-Zölle in Höhe von bis zu 30 Prozent. Sie betreffen Stahlimporte im Wert von rund acht Milliarden Dollar.[21] Während Kanada, Mexiko und andere Freihandelspartner der USA von diesen Strafzöllen ausgenommen wurden, sind Stahlproduzenten aus der EU, Südkorea, Japan, Russland etc. davon unmittelbar betroffen.[22] Einer entsprechenden EU-Klage gegen diese Stahlzölle wurde im Mai 2003 seitens der WTO in erster Instanz stattgegeben. Die WTO-Berufungskommission bestätigte im

---

[18] *average trade-weighted tariffs.*
[19] John Hancock und William B.P. Robson: „Building New Bridges: The Case for Strengthening Transatlantic Economic Ties"; British-North American Committee, Toronto, Mai 2003, p. 5.
[20] Afrika-Karibik-Pazifik Staaten.
[21] Gemäß dem im Jahr 2000 verabschiedeten *Byrd Amendment* können die durch die Strafzölle erzielten staatlichen Einnahmen zumindest teilweise direkt an die betroffenen klageführenden Unternehmen, z.B. in der Stahlbranche, ausgezahlt werden. Abgesehen von der Frage, ob das *Byrd Amendment* einer WTO-regelwidrigen Unternehmenssubventionierung gleichkommt, kritisiert die EU, dass durch diesen finanziellen Kompensationsmechanismus Firmen geradezu ermutigt werden, bestehende handelspolitische Dispute zu eskalieren.
[22] Die Bush-Administration hatte von Beginn der jüngsten Stahlzölle mehr als 50 Prozent der europäischen Stahlexporte in die USA von den Zöllen ausgenommen. Ungeachtet dessen besteht die EU-Kommission auf der völligen Aufhebung dieser Stahlzölle für alle betroffenen Länder.

November 2003 das Urteil der ersten Instanz und eröffnete dadurch der EU die Möglichkeit, Strafzölle in Höhe von bis zu 2,2 Milliarden Dollar zu verhängen. Um den Druck auf die amerikanische Regierung zu verstärken, ließ die EU durchblicken, dass diese Strafzölle vor allem auf die Produkte solcher Bundesstaaten konzentriert würden, die für die folgende Präsidentschaftswahl 2004 von besonderer Bedeutung waren: Orangensaft aus Florida, *Harley-Davidson* Motorräder aus Wisconsin, Textilien aus North und South Dakota. Am 4. Dezember 2003 beschloss U.S. Präsident Bush die vorzeitige Aufhebung der Strafzölle. Ein möglicher Handelskrieg konnte dadurch in letzter Minute verhindert werden.

3.2 Industriepolitische Handelskonflikte

Die Gemeinsame Agrarpolitik der Europäischen Gemeinschaft – basierend auf massiven Subventionen für die Produktion und den Export von Agrarprodukten – ist seit über 40 Jahren der wohl wichtigste industriepolitische Zankapfel in den Beziehungen Europas zu den USA und vielen anderen (Entwicklungs-)Ländern der Welt. Bereits 1988 scheiterten beim GATT-Gipfel in Montréal (vergleichbar dem jüngsten WTO-Treffen in Cancún) die Verhandlungen am Widerstand zahlreicher lateinamerikanischer Länder gegen die massiven Agrarsubventionen in Europa und den USA. Obwohl die EU und die USA im August 2003 im Vorfeld der gescheiterten WTO-Verhandlungen in Cancún einen gemeinsamen Vorschlag zur Reform ihrer Agrarpolitik einbrachten und prinzipiell darin übereinkamen, eines Tages die Subventionen für Agrarprodukte von „besonderem Interesse" für Entwicklungsländer ganz abzuschaffen, blieb dieser Vorschlag doch zu vage und verlief sich in Allgemeinheiten. Einzig konkret war die Bereitschaft, direkte Subventionen an einheimische Bauern in der EU und den USA auf jeweils maximal fünf Prozent des Gesamtwertes der jährlichen Agrarproduktion zu beschränken. Die Agrarpolitik der Europäer ist im Vergleich zu den Amerikanern ungleich protektionistischer ausgerichtet. So werden selbst nach Umsetzung aller Vereinbarungen der GATT Uruguay-Runde die Zölle auf Agrarimporte in die EU im Durchschnitt 75 Prozent, bei Importen in die USA aber „nur" rund 30 Prozent betragen. Darüber hinaus befreit die EU jedoch die Importe bestimmter Agrarprodukte aus den AKP-Staaten ganz von Zöllen (siehe oben), was aber wichtige Agrarexporteure aus Ländern wie Argentinien, Brasilien, Australien, Kanada, Neuseeland und nicht zuletzt die USA benachteiligt. Da die neun Jahre alte so genannte „WTO-Friedensklausel" – derzufolge WTO-Mitglieder vereinbart hatten, sich nicht wegen ihrer jeweiligen Agrarsubventionen zu verklagen – zum 31. Dezember 2003 auslief, sind in Zukunft verstärkte juristische Auseinandersetzungen in diesem Bereich zu erwarten.

Ein weiterer, seit 1998 bei der WTO anhängiger transatlantischer Wirtschaftskonflikt betrifft die im Rahmen der *Foreign Sales Corporation* (FSC) bzw. des ETI-Regimes (*Extraterritorial Income*) gewährten Steuervorteile von 15 bis 30 Prozent auf die Exporterlöse amerikanischer Unternehmen wie z.B. *Boeing* oder *Microsoft*. Die WTO hat im Mai 2003 entschieden, dass das FSC/ETI-Regime eine illegale Exportsubventionierung darstellt und der EU das Recht gegeben, ab dem 1. März 2004 Strafzölle auf amerikanische Exporte nach Europa im Wert von über vier Milliarden Dollar zu erheben. Die zunächst am 1. März 2004 in Kraft getretenen Strafzölle betrafen vornehmlich US-Exporte von Schmuck, Stahl, Textilien und Agrarprodukten. Die USA hatten ihren Unternehmen mit dem FSC-Programm jahrelang Steuerfreiheit auf 15 bis 30 Prozent ihrer Exporterlöse gewährt, sofern sie über eine Niederlassung im Ausland verfügten. Es wird geschätzt, dass US-Unternehmen allein im Jahr 2004 dadurch rund fünf Milliarden Dollar an Steuern einsparten. Beide Seiten haben indes Interesse an einer Kompromisslösung signalisiert, z.B. die Einführung einer mehrjährigen Übergangfrist zur Abschaffung der amerikanischen Exportsubventionen. Vor allem europäische Wirtschaftsverbände befürchten, dass die Eskalation dieses Streits schnell zur massiven Verschlechterung der transatlantischen Wirtschaftsbeziehungen führen könnte und drängen deshalb die EU-Kommission in dieser Frage zu mehr Flexibilität. US-Präsident Bush unterzeichnete ein neues Unternehmensteuergesetz, in dem mehrere Steuerschlupflöcher geschlossen wurden, welche nach Ansicht der WTO illegal waren. Ende 2004 kündigte die EU daraufhin an, ihre Strafzölle auf Waren aus den USA ab dem 1. Januar 2005 vorübergehend auszusetzen. Die WTO wird nun prüfen, ob das neue Gesetz aus Washington mit den Welthandelsregeln vereinbar ist.

3.3 Ideologische Handelskonflikte

Diese dritte Kategorie transatlantischer Wirtschaftskonflikte ist am schwierigsten zu lösen, gründen sie doch häufig auf tief in der breiten Öffentlichkeit verwurzelten unterschiedlichen Auffassungen über den Nutzen und die Risiken von hormonbehandeltem Fleisch und gentechnisch verändertem Saatgut, dem Stellenwert von privatem Datenschutz oder dem außenpolitischem Umgang mit „Schurkenstaaten" wie Iran oder Libyen. Ironischerweise hat gerade die seit den neunziger Jahren einsetzende rapide Vertiefung der wirtschaftlichen Integration zwischen Amerika und Europa zunehmend diese neuen, häufig gesellschaftspolitisch bedingten Handelskonflikte provoziert. Einer der erbittertsten ideologischen Handelskonflikte betrifft das 1989 von der Europäischen Gemeinschaft verhängte Verbot der Herstellung und des Imports von hormonbehandeltem Rindfleisch. Grund hierfür sind europäische Sorgen hinsichtlich potentieller Gesundheitsrisiken durch Wachstumshormone. Die wirtschaftliche Bedeutung dieses Importverbots ist vergleichsweise gering, gehen dadurch doch pro Jahr nur etwa 100-200 Millionen Dollar an amerikanischen Fleischexporten „verloren" – weniger als 0,1 Prozent von Amerikas jährlichen Gesamtexporten in die EU. Obwohl die WTO bereits 1998 entschied, dass dieses EU-Importverbot wissenschaftlich unbegründet und deshalb illegal sei, haben sich die EU-Mitglieder bisher aufgrund des starken öffentlichen Drucks geweigert, diese WTO-Entscheidung umzusetzen. Die USA verhängten daraufhin 1999 im Gegenzug Strafzölle in Höhe von 100 Prozent auf EU-Agrarprodukte im Wert von rund 116 Millionen Dollar. Europäische Vermittlungsvorschläge, z.B. die Erhöhung der EU-Importquote für hormonfreies Rindfleisch aus den USA, wurden von der amerikanischen Agrarindustrie als unzureichend zurückgewiesen. Im September 2003 veröffentlichte die EU eine neue Richtlinie zu hormonbehandeltem Fleisch, die nach Brüssels Ansicht auf einer wissenschaftlich soliden Risikoeinschätzung basiert und dadurch mit dem WTO-Urteil von 1998 konform ist. Die USA haben jedoch ihre Sanktionen auf EU-Agrarprodukte weiterhin aufrechterhalten. Basierend auf neuen wissenschaftlichen Erkenntnissen hinsichtlich der Gesundheitsgefährdung bestimmter Wachstumshormone hat die EU im Januar 2005 die WTO ersucht, ein neues *Dispute Settlement Panel* zur Lösung des transatlantischen Hormon-Streits zu bilden. Weder Europäer noch Amerikaner scheinen derzeit in diesem emotional aufgeheizten Streit politischen Spielraum für eine gütliche Einigung zu besitzen.

Ähnliche transatlantische Differenzen liegen auch dem Streit über gentechnisch verändertes Saatgut zugrunde. Während die Amerikaner auf die große Bedeutung von Gentechnologie zur Erhöhung und Optimierung der weltweiten Agrarproduktion hinweisen, stehen europäische Verbraucher der Gentechnik hingegen sehr skeptisch gegenüber. Obwohl gentechnisch veränderte Produkte – im Gegensatz zu Wachstumshormonen – in Europa formal nicht verboten sind, hat die EU aufgrund des starken Drucks der Öffentlichkeit seit fünf Jahren ein Moratorium für den Anbau und den Import solcher Agrarprodukte verhängt. Es ist unwahrscheinlich, dass dieser ideologisch bedingte Streit durch ein WTO-Schlichtungsverfahren beigelegt werden kann. Schließlich geht es bei der Auseinandersetzung weniger um wissenschaftlich fundierte Argumente – fast alle Experten sind sich hinsichtlich des positiven Potentials von gentechnisch verändertem Saatgut einig – sondern häufig um irrationale Angstparolen, die bei der breiten Bevölkerung in Europa auf fruchtbaren Boden fallen.

Eine weitere Kategorie ideologischer Konflikte im transatlantischen Verhältnis betrifft die unterschiedlichen Auffassungen über den Einsatz wirtschaftlicher Instrumente als Druckmittel gegen „Schurkenstaaten" wie z.B. Iran oder Libyen. Vor allem in den neunziger Jahren verabschiedete der amerikanische Kongress eine Reihe von Sanktionsgesetzen mit extraterritorialem Charakter, so z.B. 1996 den *Iran-Libya-Sanctions Act*, der allen *ausländischen* Unternehmen, die mehr als 20 Millionen Dollar in die Ölindustrie dieser beiden Länder investieren, mit Sanktionen droht. Obwohl die Clinton-Administration die Verhängung von Sanktionen aufgrund dieses Beschlusses blockiert hat, zeigen sich hierbei dennoch klare ideologische Differenzen zwischen Amerikanern und Europäern. Es geht um das Spannungsverhältnis von Konfrontation und Kooperation im Umgang mit solchen Staaten, die als Sponsoren des internationalen Terrorismus gelten und die aktiv versuchen, atomare, biologische oder chemische Massenvernichtungswaffen zu erlangen. Die Terroranschläge des 11. September 2001 haben die unterschiedlichen Bedrohungswahrnehmungen von Amerikanern und Europäern weiter akzentuiert.

4 Potentielle Strategien zur Verbesserung der transatlantischen Wirtschaftsbeziehungen

4.1 Verstärkte transatlantische Kooperation innerhalb der WTO

Die verstärkte Zusammenarbeit zwischen Europa und Amerika im Rahmen der WTO wird häufig als das wichtigste Mittel zur Verbesserung der transatlantischen Wirtschaftsbeziehungen angesehen. Der rechtlich verbindliche WTO-Schlichtungsmechanismus (*Dispute Settlement Understanding*) bietet einen einzigartigen – wenngleich nicht immer effektiven – Rahmen zur Lösung (transatlantischer) Handelskonflikte. Seit Gründung der WTO Anfang Januar 1995 wurden durch die EU und die USA bis Ende Dezember 2002 insgesamt 51 Klagen gegeneinander eingeleitet. Das entspricht einem Anteil von rund 18,3 Prozent der in diesem Zeitraum insgesamt angestrengten Klagen; eine vergleichsweise geringe Zahl wenn man in Betracht zieht, dass die USA und die EU knapp 40 Prozent der weltweiten Wirtschaftsleistung sowie rund ein Drittel des gesamten Welthandels auf sich vereinen. In der überwiegenden Mehrzahl der Fälle haben die Parteien den WTO-Urteilsspruch akzeptiert bzw. ihre Auseinandersetzung vorher einvernehmlich geregelt. In mehreren WTO-

Streitigkeiten haben die Europäer und Amerikaner jedoch die Entscheidungen der WTO nicht akzeptiert bzw. ignoriert.[23] Für eine weitere Stärkung der WTO ist es jedoch unerlässlich, dass WTO-Entscheidungen von allen beteiligten Parteien voll akzeptiert werden. In der Vergangenheit haben aber sowohl die USA als auch die EU bei der WTO Klagen aus innenpolitischen Motiven eingereicht – oder um auf anderen Konfliktfeldern weiteren Druck ausüben zu können. Deshalb sollten in Zukunft gerade ideologische Handelskonflikte, bei denen jeweils beide Streitparteien die innenpolitischen Konsequenzen einer negativen WTO-Entscheidung fürchten müssen, verstärkt im Rahmen bilateraler Verhandlungen und erst später innerhalb des regulären WTO-Prozesses behandelt werden.

Grundsätzlich bietet die WTO ihren derzeit 148 Mitgliedsstaaten eine weltweite, multilaterale Verhandlungsplattform für Handelsliberalisierungsrunden. Gerade aus Sicht europäischer und amerikanischer Unternehmen wurden mit dem WTO-Gipfel vom 10.-14. September 2003 im mexikanischen Cancún hohe Erwartungen verknüpft. Umso größer fiel die Enttäuschung aus, nachdem die Gespräche aufgrund fundamentaler Differenzen zwischen Industrie- und Entwicklungsländern scheiterten. Kernpunkt der Auseinandersetzungen waren die massiven Agrarsubventionen der Industrieländer, denen die Entwicklungsländer mit Forderungen nach einer grundlegenden Liberalisierung und Marktöffnung entgegentraten. Es konnte keine Einigung auf diesen Gebieten erzielt werden, so dass die Entwicklungsländer im Gegenzug die Aufnahme verbindlicher Maßnahmen zum Schutz ausländischer Direktinvestitionen, der Gewährleistung effektiver Wettbewerbspolitik, der Transparenz und Offenheit von Regierungsaufträgen sowie der Vereinfachung von Import- und Zollprozeduren (*trade facilitation*) – die so genannten „Singapur-Themen" – in das formale WTO-Regelwerk verhinderten. Zyniker behaupten nun, das Scheitern der Cancún-Verhandlungen aufgrund der Singapur-Themen sei nur ein Vorwand der westlichen Industrieländer gewesen, um von der Inflexibilität hinsichtlich ihrer Agrarsubventionen abzulenken.

Das Scheitern des Cancún-Gipfels machte es unmöglich, die im November 2001 in Katar gestartete WTO Doha-Runde wie ursprünglich geplant bis zum 31. Dezember 2004 erfolgreich abzuschließen. Die Doha-Runde konzentriert sich vornehmlich auf Handelsliberalisierungen in den drei Hauptbereichen Agrarprodukte, Dienstleistungen sowie Zölle auf Industrieprodukte. Kritiker machten dann auch vor allem die „mittelalterlichen" WTO-Arbeitsprozeduren für das Scheitern der Verhandlungen in Cancún verantwortlich.[24] Schließlich müssen alle WTO-Entscheidungen im Konsens getroffen werden, d.h. jeder Mitgliedsstaat verfügt theoretisch über ein Vetorecht. Darüber hinaus sind die Handlungsmöglichkeiten des WTO-Generaldirektors im Vergleich zu seinen Kollegen beim Internationalen Währungsfond oder der Weltbank stark eingeschränkt. Insbesondere die Entwicklungsländer befürchten, dass eine Stärkung des WTO-Generaldirektors ihre Verhandlungsposition bei zukünftigen WTO-Runden einschränken könnte. Der amerikanische Wahlkampf im Jahr 2004 machte es darüber für US-Präsident Bush innenpolitisch unmöglich, substantielle Handelsliberalisierungsabkommen im Rahmen der WTO abzuschließen. Insbesondere in den USA ist seit geraumer Zeit eine politisch einflussreiche protektionistische Gegenbewegung festzustellen, die vor allem mit dem massiven Verlust von Arbeits-

---

[23] Dies betrifft u.a. das EU-Importverbot für hormonbehandeltes Rindfleisch, die amerikanischen Steuerbegünstigungen von Exporterlösen (*Foreign Sales Corporations* bzw. *Extraterritorial Income Regime*) sowie die amerikanischen Strafzölle auf Stahlimporte aus bestimmten Ländern, darunter der EU.
[24] Reaktion von EU Handelskommissar Pascal Lamy nach dem Ende des WTO-Gipfels in Cancún.

plätzen im produzierenden Gewerbe aufgrund von *Outsourcing* bzw. *Offshoring* in Billiglohnländer wie China, Indien, Mexiko, etc. zusammenhängt. Obwohl es keine offizielle Frist für die Beendigung der Doha-Runde gibt, wird weithin erwartet dass US-Präsident Bush spätestens im Jahr 2006 einen Durchbruch in den WTO-Verhandlungen erreichen will. Dies hängt vor allem damit zusammen, dass 2007 die ihm vom amerikanischen Kongress erteilte so genannte *Trade Promotion Authority* (TPA) zum vereinfachten Abschluss internationaler Handelsabkommen ausläuft.

Das der WTO-Doha-Runde und der GATT Uruguay-Runde zugrunde liegende Prinzip des *single undertaking* – gemäß dem alle WTO-Mitglieder den gleichen Regeln unterworfen sind – wurde durch das Scheitern von Cancún klar in Frage gestellt. Deshalb überrascht es nicht, dass zahlreiche Beobachter nun eine Abkehr vom handelspolitischen Multilateralismus zugunsten von bilateralen bzw. regionalen Handelsabkommen erwarten. Dieser Trend ist jedoch nicht neu. Allein seit Beginn der Doha-Runde im November 2001 wurden weltweit bereits Verhandlungen über rund 230 bilaterale und regionale Handelsabkommen abgeschlossen bzw. neu aufgenommen. Insbesondere die USA und die EU haben sich in den letzten Jahren verstärkt zum Zentrum für solche „exklusiven" Handelsabkommen entwickelt. Die USA versuchen die NAFTA-Freihandelszone mit Kanada und Mexiko in eine FTAA (*Free Trade Area of the Americas*) unter Einbindung aller Länder aus Mittel- und Südamerika sowie der Karibik (mit Ausnahme des kommunistischen Kubas) auszudehnen. Ende Mai 2004 schlossen die USA bereits mit El Salvador, Guatemala, Honduras, Nicaragua und Costa Rica das *Central American Free Trade Agreement* (CAFTA) ab. Der amerikanische Kongress wird 2005 über die Ratifizierung von CAFTA entscheiden. Daneben haben die USA in 2003 und 2004 bilaterale Freihandelsabkommen mit Chile, Singapur, Jordanien, Bahrain, Australien und Marokko abgeschlossen und befinden sich derzeit in bilateralen Verhandlungen mit anderen Ländern weltweit. Die Tatsache, dass selbst die drei NAFTA-Mitgliedsstaaten USA, Kanada, Mexiko – die größte Freihandelszone der Welt – häufig untereinander auf die Streitschlichtungsmechanismen der WTO zurückgreifen, belegt vor diesem Hintergrund jedoch klar die Vorteile des multilateralen WTO-Systems.

Die Europäische Union – selbst eine Freihandelszone – versucht demgegenüber bis zum Jahr 2010 eine Euro-Mediterrane Freihandelszone mit den nordafrikanischen Nachbarländern im Mittelmeerraum zu etablieren. Darüber hinaus gibt es derzeit EU-Handelsinitiativen mit den Mercosur-Staaten (Argentinien, Brasilien, Paraguay und Uruguay), die langfristig zu einem *Southern Transatlantic Free-Trade Area* (TAFTA South) führen könnten. Hintergrund ist hierbei wohl auch der Versuch, den wirtschaftlichen Einfluss der USA in Südamerika zu konterkarieren. Die Herausbildung antagonistischer regionaler Wirtschafts- und Handelsblöcke – *Fortress America* vs. *Fortress Europe* – zählt in diesem Zusammenhang zu dem politisch-wirtschaftlichen *worst case* Szenario der zukünftigen transatlantischen Beziehungen.

4.2 Schaffung einer Transatlantic Free Trade Area (TAFTA)

Angesichts der durch den jüngsten Cancún-Gipfel bestätigten inneren Probleme des multilateralen WTO-Handelssystems werden immer wieder Forderungen nach der Schaffung einer transatlantischen Freihandelszone TAFTA laut. Die TAFTA würde die drei Mitgliedsstaaten der NAFTA (USA, Kanada und Mexiko) und die EU-Mitgliedsstaaten umfassen. Prinzipiell sind Verhandlungen über den Abbau von Handelsbarrieren innerhalb einer kleineren, politisch-wirtschaftlich relativ homogenen Gruppe natürlich eher von Erfolg gekrönt als im Rahmen der großen WTO. Darüber hinaus wäre die TAFTA – so wie jede andere Freihandelszone auch – mit den bestehenden WTO-Regeln kompatibel, sofern sie sowohl Artikel 24 des GATT und Artikel 5 des GATS (*General Agreement on Trade in Services*) erfüllen. Diese besagen, dass ein Freihandelsabkommen den gesamten Handel zwischen den beteiligten Vertragsparteien liberalisieren muss (*substantially all trade*) und zu keinen neuen Handelsrestriktionen für Importe aus Drittländern führen darf.

Dennoch ist nicht klar, ob bestehende transatlantische Differenzen, z.B. bei Agrarsubventionen, im Rahmen einer TAFTA leichter zu lösen wären als innerhalb der WTO. Schließlich bleiben beispielsweise die objektiven Interessensgegensätze zwischen dem weltweit größten Agrarexporteur (USA) und dem weltweit größten Agrarsubventionierer (EU) weiterhin bestehen. Das Ausklammern schwieriger Bereiche wie z.B. Agrarsubventionen aus der TAFTA würde wiederum den WTO-Erfordernissen hinsichtlich der Liberalisierung des gesamten Handels zuwiderlaufen. Ein weiteres Argument gegen die TAFTA betrifft das politische Signal, das ein solches Abkommen an den Rest der Welt senden würde. Selbst wenn die TAFTA mit bestehenden WTO-Regeln kompatibel wäre, würden sich dennoch viele andere Länder der Welt diskriminiert fühlen und könnten im Gegenzug eigene Initiativen zur Bildung von pan-asiatischen oder pan-südamerikanischen Handelsblöcken forcieren.

Auch aus rein ökonomischen Überlegungen heraus wäre die TAFTA nicht unbedingt von Vorteil. Denn es ist zu befürchten, dass die exklusive Liberalisierung des transatlantischen Handels wettbewerbsfähige Produzenten aus Drittländern vom europäischen bzw. nordamerikanischen Markt ausschließen könnte (*trade diversion effects*). Als die Idee einer TAFTA 1995-1996 vom damaligen deutschen Außenminister Klaus Kinkel und einigen anderen europäischen Politikern lanciert wurde, fiel die Reaktion der deutschen Industrie genau aus diesem Grund eher zurückhaltend aus. Eine im Jahr 1996 vom BDI in Auftrag gegebene TAFTA-Studie der Universität Köln warnte daher auch vor diesem negativen Effekt auf Produzenten aus Drittländern, der auch wirtschaftliche Vergeltungsmassnahmen gegen europäische und amerikanische Unternehmen nach sich ziehen könnte. In den letzten Jahren ist die Debatte über die mögliche Schaffung einer TAFTA wieder abgeflaut, da die WTO weiterhin als bestes Vehikel zur breitenwirksamen Liberalisierung des internationalen Handels betrachtet wurde.

4.3 Abschluss eines offenen, plurilateralen transatlantischen Handelsabkommens

Im Gegensatz zur TAFTA wäre ein solches plurilaterales Abkommen nicht geographisch beschränkt, sondern stünde prinzipiell allen WTO-Mitgliedern offen, die bereit sind, gemeinsam eine tiefere wirtschaftliche Integrationsstufe zu erreichen. Das bislang vorherrschende WTO Prinzip des *single undertaking* würde damit von einer *multi-speed* WTO abgelöst – ähnlich der Idee eines Europas der zwei Geschwindigkeiten. Es existieren mehrere Themengebiete, in denen eine Anzahl von (transatlantischen) WTO-Mitgliedern potentielle Fortschritte hin zu handelspolitischer Liberalisierung und wirtschaftlicher Konvergenz erzielen könnten:

- *Harmonisierung von unterschiedlichen nationalen Regulierungsvorschriften und Standards:* Unterschiedliche Bestimmungen für die Prüfung und Zertifizierung von Importprodukten sorgen im transatlantischen Verhältnis zunehmend für Auseinandersetzungen, interpretiert doch jede Seite diese Maßnahmen als eine verkappte Art von Protektionismus. Die Verabschiedung von *Mutual Recognition Agreements* (MRAs) über die wechselseitige Anerkennung der jeweiligen nationalen Standards und Zertifizierungen könnte einen wichtigen Beitrag zur Förderung des (transatlantischen) Handels leisten. Da unterschiedliche Zertifizierungs- und Sicherheitsstandards mitunter auf ideologischen Differenzen beruhen und in dem Zusammenhang auch von NGOs im Rahmen von Boykott-Kampagnen thematisiert werden, ist der Spielraum für transatlantische Harmonisierungen jedoch recht begrenzt.
- *Etablierung gemeinsamer Investitionsregeln:* Während diese so genannten „Singapur-Themen" gerade erst zum Scheitern der Cancún-Verhandlungen führten, gibt es doch eine Reihe von Industrie- und Entwicklungsländern, die ein starkes Interesse haben, neue Sektoren für ausländische Direktinvestitionen zu öffnen. Diese Staaten sind bereit, ausländischen Investoren die notwendigen gesetzlichen Garantien zum Schutz vor willkürlicher Enteignung etc. zu gewähren. Gerade für arme Entwicklungsländer bieten ausländische Direktinvestitionen mit ihren positiven *spill over* Effekten für die einheimische Wirtschaft häufig die beste Möglichkeit, um neue Technologien zu erlangen bzw. durch die Erhöhung des Ausbildungsniveaus das eigene Humankapital zu verbessern.
- *Harmonisierung der Kartell- und Wettbewerbspolitik:* Unterschiedliche Kriterien und Maßstäbe in den USA und der EU bei der kartellrechtlichen Prüfung von multinationalen Fusionen und Übernahmen (*General Electric/Honeywell*) bzw. von wettbewerbsverzerrenden Unternehmenspraktiken (*Microsoft*) haben in der Vergangenheit bereits mehrmals zu massiven transatlantischen politischen und wirtschaftlichen Auseinandersetzungen geführt. Insbesondere die Wettbewerbspolitik des früheren EU-Kommissar Mario Monti ist in der Vergangenheit bei mehreren Entscheidungen des Europäischen Gerichtshofs als willkürlich und intransparent kritisiert worden. Maßnahmen zur verbesserten transatlantischen Koordination der Kartell- und Wettbewerbspolitik, z.B. im Rahmen eines verbesserten internationalen Informationsaustauschs oder die eventuelle Harmonisierung der relevanten Regeln, könnten einen wichtigen Schritt hin zu einem weiter vertieften, integrierten transatlantischen Wirtschaftsraum sein.

5 Fazit

Die eingangs geschilderte umfangreiche Verflechtung der europäischen und amerikanischen Wirtschaftsräume – vor allem durch wechselseitige Direktinvestitionen von Unternehmen – legt den Schluss nahe, dass der Prozess geostrategischer Entfremdung keine signifikanten negativen Auswirkungen auf die transatlantischen Wirtschaftsbeziehungen haben wird. Natürlich stehen im Moment – unter dem Eindruck der andauernden Irakkrise – in der Medienberichterstattung die Spannungen im transatlantischen Verhältnis im Vordergrund. Auf beiden Seiten des Atlantiks laut gewordene Boykottaufrufe gegen amerikanische bzw. europäische Produkte haben darüber hinaus Befürchtungen geweckt, dass nunmehr auch die transatlantischen Wirtschaftsbeziehungen untergraben werden. Der wirtschaftliche Effekt dieser Boykottaufrufe ist jedoch marginal.

Trotz der zu beobachtenden geostrategischen Entfremdung zwischen Amerika und Europa steht außer Frage, dass gemeinsame transatlantische Werte wie Freiheit, Demokratie, Menschenrechte sowie das Prinzip der Marktwirtschaft weiterhin eine wichtige, identitätsstiftende Funktion übernehmen werden. Die Amerikaner mögen zwar – um einer vielzitierten Metapher zu folgen – vom kriegerischen Mars bzw. die Europäer von der lieblichen Venus stammen; dennoch agieren beide auf der Grundlage von Werten, die von Akteuren aus der muslimisch-arabischen Welt oder China nicht unbedingt geteilt werden. Die in den nächsten Jahrzehnten zu erwartende Verlagerung der weltwirtschaftlichen Wertschöpfungs- und Innovationskraft in Richtung Asien könnte in diesem Zusammenhang neue Impulse für eine Verstärkung der transatlantischen Kooperation in politischen und wirtschaftlichen Belangen geben.

Euro und Dollar: Partnerschaft auf Augenhöhe

Elke Thiel

1 Einführung: Mit dem Dollar auf Augenhöhe?

Die europäische Integration war stets auch mit der Erwartung verbunden, dass ein geeintes Europa in der Partnerschaft mit den Vereinigten Staaten seine Interessen und Positionen mit mehr Erfolg würde vertreten können. Was im Rahmen der Gemeinsamen Außen- und Sicherheitspolitik erst noch angestrebt wird, eine euro-atlantische Partnerschaft „auf Augenhöhe", hat sich in den transatlantischen Wirtschaftsbeziehungen schon herausgebildet.

Die wirtschaftliche Verflechtung zwischen den USA und der EU ist enger als mit allen anderen Regionen, und die Beziehungen sind relativ ausgeglichen. Die Hälfte aller Auslandsinvestitionen, die in den USA getätigt werden, kommt aus der EU; der Anteil amerikanischer Auslandsinvestitionen, der in die EU geht, ist etwa genau so hoch. Mehr als drei Millionen EU-Bürger arbeiten in amerikanischen Unternehmen; in den USA hat jeder zwölfte Beschäftigte einen europäischen Arbeitgeber.[1] Transatlantische Handelsstreitigkeiten hat und wird es immer wieder geben. Sie werden meist in letzter Minute abgewendet, wohl wissend, dass Strafmaßnahmen bei einem so hohen Grad der Interdependenz auf beiden Seiten erheblichen Schaden anrichten würden.[2]

Mit ihrem großen und attraktiven Binnenmarkt ist die Europäische Union ein anerkannter Akteur in der internationalen Handelspolitik, in der sich ohne die Einwilligung von USA *und* EU kaum etwas bewegt. In den Währungs- und Finanzbeziehungen wächst der EU durch den Euro ebenfalls eine globale Rolle zu. Sie verfügt über eine neue Weltwährung, die einmal eine ähnlich starke Verwendung finden könnte, wie der Dollar. Sie hat damit zugleich auch eine größere internationale Verantwortung zu tragen.

Am 1. Januar 1999 wurde der Euro eingeführt; zwölf Mitgliedstaaten der Europäischen Union haben inzwischen eine einheitliche Währung. Der Euro übernimmt die Rolle der D-Mark und des französischen Franc, die ebenfalls bereits internationale Währungsfunktionen hatten, und hat durch den größeren Wirtschafts-, Währungs- und Finanzraum der Eurozone mehr Entwicklungsmöglichkeiten. Es ist *nicht* zu erwarten, dass der Euro einmal den Dollar ablösen wird, so wie der Dollar seinerzeit an die Stelle des Pfund Sterling getreten ist. Mit vergleichbaren internationalen Anlagemöglichkeiten im europäischen Finanzmarkt dürfte der Euro jedoch zu einem stärkeren Konkurrenten für den Dollar werden, als es D-Mark und andere EU-Währungen sein konnten.

In der neuen Zwei-Währungskonstellation werden die Partner gleicher. Die Euro-Volkswirtschaften werden durch die Wachstumschancen des großen europäischen Wirtschafts- und Währungsraums unempfindlicher gegenüber Störungen, die von der amerika-

---

[1] Stefan Fröhlich, Die transatlantische Wirtschaftsgemeinschaft. In: Internationale Politik, 57(April 2002)4, S. 31-36 (35).
[2] Elke Thiel, Prospects for Economic Cooperation: Trade and Monetary Policy. In: Samuel Wells/Ludger Kühnhardt (eds.), The Crisis in Transatlantic Relations, ZEI (Zentrum für Europäische Integrationsforschung) Discussion Paper C143, Bonn 2005, S. 57-65.

nischen Wirtschaftsentwicklung und vom Dollar ausgehen. Die Euro-EU[3] gewinnt dadurch Handlungsspielräume für einen autonomen wirtschaftspolitischen Kurs, über die bislang nur die USA verfügten. Umgekehrt wird der amerikanische Handlungsspielraum dadurch eingeschränkt, dass die USA mehr Rücksicht auf die Außenbilanz und den Dollarkurs nehmen müssen, als sie es bisher gewohnt waren. Sie müssen unter Umständen mehr „bieten", um eine Abwanderung von Auslandskapital in den Euro zu unterbinden. Auch die Euro-EU kann den Wechselkurs und das außenwirtschaftliche Gleichgewicht nicht dauerhaft vernachlässigen. Für die Eurostaaten war das im Grunde jedoch schon immer so. Für die Vereinigten Staaten ist es eine ganz neue Situation. Sie verlieren Privilegien, die sie als das Land mit der größten internationalen Währung hatten.

Wie leicht zu sehen ist und noch ausgeführt wird, hat der Euro die Augenhöhe zum Dollar noch nicht erreicht. Er hat gegenüber dem Dollar zwei Handicaps: die geringere Strukturflexiblität und Wachstumsschwäche im Euroraum und die Schwierigkeit, „Euroland" zu identifizieren.[4] Der erste Punkt fällt besonders ins Gewicht, da die besseren amerikanischen Wachstumsergebnisse in den letzten Jahren den europäischen Reformbedarf geradezu demonstrieren. Trotz des großen Potentials ist der Euroraum immer noch in hohem Maße von der amerikanischen Konjunktur und vom Dollarkurs abhängig. Die Vervollständigung des europäischen Binnenmarktes, die fortschreitende Integration im europäischen Finanzmarkt und die in den Mitgliedstaaten eingeleiteten Strukturreformen sollen der Euro-EU zu einer neuen Wachstumsdynamik verhelfen. Dies mit nunmehr 25 Mitgliedstaaten zu erreichen, ist ein langwieriger Prozess, auch wenn es inzwischen einige Fortschritte gibt.

Das zweite Handicap liegt darin, dass der Euroraum aus zwölf einzelnen Volkswirtschaften besteht. Für die Märkte wird es dadurch schwieriger, ein Gesamtbild über die wirtschaftliche Entwicklung und die Wirtschaftspolitik im Euroraum zu gewinnen. Erklärungen des Europäischen Rates, die von den Mitgliedstaaten erst noch in die Tat umgesetzt werden müssen, können weniger überzeugen als die Ankündigungen wirtschaftspolitischer Aktionen seitens der amerikanischen Regierung. Die Folge ist, dass die Märkte ihr Augenmerk auf das richten, was in den USA geschieht. In internationalen Gremien tut sich die Eurogruppe noch schwer, mit einer Stimme zu sprechen, ganz zu schweigen von einem gemeinsamen Sitz in der Finanz-G-7 und im Internationalen Währungsfonds.

Der Euro hat Ansehen und Vertrauen gewonnen und wächst langsam in internationale Währungsfunktionen hinein, insbesondere in Europa. Vor seiner Einführung wurde unter Experten viel darüber spekuliert, welche Folgen der Euro für den Dollar und die USA haben könnte. Würde der Euro rasch zu einer internationalen Währung aufsteigen? In welchem Umfang könnten Dollarguthaben ausländischer Anleger in Euro umgewandelt werden? Würde es für die USA schwieriger werden, das anhaltend hohe Defizit in der Leistungsbilanz durch Kapitalzuflüsse aus dem Ausland zu decken?

Anders als in einigen dramatischen Szenarien befürchtet, hat die Einführung des Euro den Dollar bisher wenig tangiert. Es gibt bisher keine Hinweise dafür, dass in größerem Umfang Dollarguthaben in Euro umgeschichtet wurden. Dass der Aufstieg des Euro zu einer internationalen Währung langsam verläuft, liegt im Interesse der internationalen Währungsstabilität, im Eigeninteresse der Euro-EU und auch der USA. Es liegt in der Verantwortung der beiden Leitwährungsakteure, dafür zu sorgen, dass es zu keinen abrupten

---

[3] Der Terminus "Euro-EU" wird hier für die EU nach der Euro-Einführung verwendet.
[4] Vgl. auch Renate Ohr, Warum ist der Euro so schwach? In: HWWA-Wirtschaftsdienst, 81(2001)7, S. 371-373.

Bewegungen von der einen in die andere Währung kommt. Die zur Zeit von der amerikanischen Notenbank und Regierung tolerierte, wenn nicht erwünschte Dollar-Abwertung ist insofern nicht ohne Risiko. Sie könnte die hohen Dollarreserven in Ostasien ins Rollen bringen.

2 Der Euro als internationale Währung

2.1 Abstand zum Dollar und Umschichtungspotential

Die 1944 mit dem Abkommen von Bretton Woods geschaffene internationale Währungsordnung richtete sich am Dollar aus. Er ist auch heute noch die Währung, die am häufigsten in internationalen Funktionen Verwendung findet. Im Laufe der Jahrzehnte hat sich eine gewisse Diversifizierung zwischen dem Dollar und anderen größeren Währungen herausgebildet, in Europa insbesondere durch die D-Mark und in Ostasien durch den Yen. Das Pfund Sterling hat einen Teil seiner historisch begründeten internationalen Funktionen beibehalten, ebenso wie der französische Franc sowie in kleinerem Maße der niederländische Gulden. Keine dieser Währungen hatte jedoch das Potential, an den Dollar heranzureichen.

Mit der Einführung des Euro kündigte sich eine neue Konstellation an. Es entstand eine europäische Währung, von der erwartet wurde, dass sie die nationalen Währungen nicht nur einfach ersetzten, sondern als internationale Währung auch stärker in Bereiche vordringen könnte, die traditionell in der Hand des Dollar liegen. So verwundert es nicht, dass sich viele Experten mit der Frage befassten, was der Aufstieg des Euro zu einer globalen Währung für den Dollar bedeuten könnte. Es wurden Berechnungen darüber angestellt, welches Gewicht der Euro gegebenenfalls einmal erlangen würde. Grobe Anhaltspunkte hierfür liefert der Vergleich zwischen dem weltwirtschaftlichen Gewicht von USA und EU und der Verwendung des Dollar und der damaligen EU-Währungen in internationalen Funktionen.[5]

Die USA und die EU liegen mit Anteilen von rund 20% am Weltinlandsprodukt und von etwa 15% an den Weltexporten ziemlich gleichauf. In internationalen Währungsfunktionen ist der Dollar dagegen wesentlich stärker vertreten. Unter der Annahme, dass der Euro einmal eine Verbreitung finden wird, die dem weltwirtschaftlichen Gewicht der EU entspricht, errechnete sich ein erheblicher Nachholbedarf für den Euro. Da bei solchen Berechnungen mit Annahmen und Schätzungen gearbeitet werden muss, können sie jedoch nur Größenordnungen aufzeigen. Die Daten stammten zum Teil aus den frühen 90er Jahren, da keine aktuellen Erhebungen vorlagen. Zu berücksichtigen war außerdem, dass der Euro nach seiner Einführung für die Staaten der Eurozone zur Inlandswährung wurde. Seine Verwendung in internationalen Funktionen würde daher zunächst niedriger sein als die der EU-Währungen, die der Euro ablöste. Dieser EU-interne Effekt ließ den Nachholbedarf des Euro noch höher erscheinen.

Eine internationale Währung zeichnet sich dadurch aus, dass sie von Akteuren, die keine Währungsinländer sind, als offizielle Reserve- und private Anlagewährung, als Fakturierungswährung im Auslandsgeschäft und als Devisentransaktionswährung genutzt wird. Häufig werden internationale Währungen außerdem von dritten Ländern als Leitwährung

---

[5] Vgl. insb. Internationaler Währungsfonds, The EMU and the World Economy, in: World Economic Outlook, Oktober 1997, Washington, D.C. 1997, S. 51-77.

für die eigene Wechselkurspolitik gewählt. Die Verwendung in einer dieser Funktionen zieht meist die Verwendung in anderen Funktionen nach sich. Ist eine Währung für internationale Anleger attraktiv und leicht verfügbar, bietet sie sich zum Beispiel auch als Fakturierungs- und Transaktionswährung an. Ein Land, das seine Währung an eine bestimmte Leitwährung gebunden hat, wird auch einen größeren Teil der Devisenreserven in der Leitwährung halten.

In allen genannten Funktionen wird der Dollar stärker genutzt als es dem weltwirtschaftlichen Gewicht das USA entsprechen würde. Sein Anteil an den offiziellen Devisenreserven hat sich zwar seit den 70er Jahren langsam verringert, war aber Ende der 1990er Jahre mit knapp 64% immer noch relativ hoch. Auf die Währungen der späteren Eurostaaten entfielen etwa 16%, überwiegend D-Mark und Franc. Ausgewogener war damals bereits die Verwendung von Dollar und EU-Währungen im internationalen Finanzgeschäft. Von Mitte der 1980er bis Mitte der 1990er Jahre sank der Anteil des Dollar am Markt für internationale Anleihen von über 60 auf 43%. Die EU-Währungen waren mit gut 40% am internationalen Anleihemarkt beteiligt (ohne Pfund Sterling mit gut 31%).[6] Ähnlich das Bild bei den weltweiten Wertpapierbeständen der Banken: Der Anteil des Dollar lag bei rund 40%, der der EU-Währungen bei rund 37%.[7]

Schaltete man allerdings den EU-internen Effekt aus, lag der Anteil des Dollar an der gesamten internationalen Portfoliohaltung nach Schätzungen des Washingtoner *Institute for International Economics* bei 52%. Auf die EU-Währungen, das Pfund Sterling eingeschlossen, entfielen lediglich 26%. Unter der Annahme, dass sich der Anteil des Euro in den internationalen Portfolios und offiziellen Währungsreserven in etwa dem weltwirtschaftlichen Gewicht der EU annähern wird, wird in dieser Studie das Finanzvolumen, das vom Dollar in den Euro umgeschichtet werden könnte, in der Größenordnung von 600 bis 800 Mrd. Dollar oder 11-15% der gesamten internationalen Vermögensbestände und Devisenreserven geschätzt.[8]

Auch als Handelswährung ist die Position des Dollar relativ stark. Knapp die Hälfte der Weltexporte wurde in den 1990er Jahren in Dollar fakturiert. Die EU-Währungen waren vor der Euro-Einführung mit insgesamt 33% vertreten. Der europäische Anteil ist eher hoch gegriffen, da mit der Einführung des Euro der Handel zwischen den Eurostaaten in der neuen Inlandswährung abgewickelt wird. Die starke Stellung des Dollar als Fakturierungswährung beruht insbesondere darauf, dass bei fast allen internationalen Handelsgeschäften, die nicht in der Währung des Exporteurs oder des Importeurs getätigt werden, der Dollar eingeschaltet ist. Nach Schätzungen aus den 1990er Jahren wurden etwa 25% des Welthandels in Dollar fakturiert, *ohne dass* die USA selbst als Handelspartner beteiligt waren.[9] Das internationale Erdöl- und Rohstoffgeschäft läuft fast ausschließlich über den Dollar.

Bei Devisengeschäften wird oftmals eine dritte Währung als Medium zwischengeschaltet, um die Transaktion zu erleichtern. Ist die Drittwährung leicht verfügbar, können dadurch die Kosten insgesamt niedriger ausfallen als beim unmittelbaren Währungsumtausch. Der Dollar ist das am häufigsten benutzte Transaktionsmedium. Allerdings hat in

---

[6] OECD, Financial Market Trends, (November 1997) 68, S. 111.
[7] Europäische Kommission (Generaldirektion II), External Aspects of Economic and Monetary Union, Annex 2. (Euro Papers, Juli 1997, 1).
[8] C. Randall Henning, Cooperating with Europe's Monetary Union, Washinton, D.C. 1997 (Institute for International Economics, Policy Analyses in International Economics, Mai 1997).
[9] Patricia S. Pollard, The Role of the Euro as an International Currency, St. Louis 1997 (Federal Reserve Bank of St.Louis, Research Division Working Papers, 97-021A).

den 1990er Jahren auch die Verwendung von EU-Währungen in dieser Funktion zugenommen. Nach Berechnungen des Internationalen Währungsfonds wurden vor der Euro-Einführung in 35% aller Fälle EU-Währungen als Medium eingesetzt, auf den Dollar entfielen 41,5%. Die zunehmende Verwendung von EU-Währungen dürfte insbesondere darauf zurückzuführen sein, dass sie bei Umtauschgeschäften zwischen mittel- und osteuropäischen Währungen eingesetzt wurden.

2.2 Diversifizierungsprozesse: Kritisch ist der Zeitfaktor

Den zitierten Untersuchungen aus der Zeit vor dem Euro liegt die Annahme zugrunde, dass sich die Verwendung von Dollar und Euro in internationalen Währungsfunktionen in etwa dem weltwirtschaftlichen Gewicht der USA und der EU angleichen wird. Damit werden Größenordnungen abgesteckt. Wie sich die Märkte und Akteure tatsächlich verhalten werden, lässt sich nicht voraussagen. Der Trend zu einer Diversifizierung zwischen den Währungen, der sich schon vor der Euro-Einführung abzeichnete, dürfte sich fortsetzen. Plausibel ist auch, dass der Euro in stärkerem Maße international genutzt wird als die früheren EU-Währungen. Internationale Anleger handeln nach dem Prinzip der Risikostreuung, wenn sie die „neue" Währung in die Portefolios aufnehmen.

In welchem Umfang und vor allem in welchen Zeiträumen dies geschieht, ist ungewiss. Grundsätzlich wird man ein Beharrungsvermögen der Märkte beim Festhalten am Dollar unterstellen können. Die Verwendung des Dollar hat eine lange Tradition und hinter dem Dollar steht die Weltmacht USA. Solange die amerikanische Wirtschaft bessere Ergebnisse liefert als die Eurozone, gibt es auch in dieser Hinsicht keinen Grund, Dollarbestände in Euro umzuschichten. Die Anleger werden sich vermutlich damit begnügen, einen Teil ihrer neu erwirtschafteten Reserven in Euroanlagen zu investieren. Solche Überlegungen sprechen dafür, dass sich der Aufstieg des Euro zu einer internationalen Währung über einen längeren Zeitraum hinzieht.

Man könnte aber auch umgekehrt argumentieren: Die wirtschaftliche und politische Abhängigkeit von der amerikanischen Weltmacht hat vielfach zu Bestrebungen geführt, mit guten Beziehungen zur Europäischen Union eine Art „Gegengewicht" aufzubauen. In Ostasien wurde neben der APEC (*Asia-Pacific Economic Cooperation Forum*), ein durch amerikanische Initiative entstandenes wirtschaftliches Kooperationsforum für den asiatisch-pazifischen Raum, ASEM (*Asia Europe Meeting*), als Kooperationsrahmen für die Zusammenarbeit mit Europa geschaffen.

Für Lateinamerika ist die EU ein wichtiger Wirtschaftspartner. Parallel zu den Verhandlungen über eine All-Amerikanische Freihandelszone verhandeln die EU und Mercosur[10] über ein Handels- und Kooperationsabkommen. Mexiko, seit 1994 Mitglied der NAFTA (*North Atlantic Free Trade Agreement*), hat mit der EU ein Freihandelsabkommen abgeschlossen, das seit Juli 2000 in Kraft ist. Die Staaten des Mittleren Ostens wünschen ebenfalls eine stärkere Präsens der EU in der Region. Mit dem Euro bietet sich nun auch eine währungspolitische Alternative zum Dollar, die insbesondere in Zeiten wachsender Spannungen mit der amerikanischen Großmacht ergriffen werden könnte. Im Zuge einer

---

[10] Mercosur (Markt des Südens) ist eine Wirtschaftsvereinigung lateinamerikanischer Staaten, die die Europäische Wirtschaftsgemeinschaft zum Vorbild hat. Gründungsmitglieder sind Argentinien, Brasilien, Paraguay und Uruguay.

solchen Entwicklung könnte es sehr rasch zu erheblichen Umschichtungen vom Dollar in den Euro kommen.

Die kritische – aber unbekannte – Größe ist, wie schon gesagt, der Zeitfaktor. Das Vordringen des Euro in internationale Funktionen bedeutet, dass die Nachfrage nach Euro steigt, was in der Tendenz zu einer höheren Bewertung des Euro führt. Verläuft dieser Prozess in langsamen Bahnen, hält sich der Aufwertungseffekt in Grenzen. In den ersten Euro-Jahren wurde er durch andere Faktoren überlagert, die im Ergebnis zu einer Abwertung des Euro gegenüber dem Dollar führten. Würde der Aufstieg zu einer internationalen Währung sehr rasch erfolgen, wäre der Aufwertungsdruck auf den Euro dagegen ganz erheblich. Das Austauschverhältnis zum Dollar könnte sich weit von dem entfernen, was nach Maßgabe der jeweiligen Kosten und Preise angezeigt ist. Der Euro könnte auf eine Höhe ansteigen, bei der die europäische Exportwirtschaft kaum mehr wettbewerbsfähig wäre.

Die im Vorfeld des Euro durchgeführten Potentialberechnungen deuten an, welche Summen gegebenenfalls innerhalb kurzer Zeit vom Dollar zum Euro wechseln und das internationale Währungssystem in eine schwere Krise stürzen könnten. Es liegt daher im ureigenen Interesse der Eurostaaten und der Europäischen Union, das Vordringen des Euro nicht zu forcieren. Aber auch offizielle und private Anleger, die den Euroanteil in den Portefolios aufstocken wollen, müssen darauf achten, ihre Dollarbestände nicht zu entwerten, indem sie sie plötzlich auf den Markt werfen.

Der Euro hat seit seiner Einführung Vertrauen gewonnen. Er wurde von den Finanzmärkten akzeptiert.[11] Inzwischen werden 30 bis 40% des Geschäfts mit Anleihen und anderen Finanzinstrumenten in Euro durchgeführt. Der Marktanteil des Euro ist zwar immer noch niedriger als der des Dollar. Er ist aber höher als der der ehemaligen nationalen Währungen, insbesondere wenn man berücksichtigt, dass Finanzgeschäfte zwischen den Eurostaaten nunmehr in der gemeinsamen Währung abgewickelt werden. Rein rechnerisch war dadurch der Anteil des Euro unmittelbar nach der Euro-Einführung zunächst sogar niedriger als für die EU-Währungen, die durch den Euro abgelöst wurden. Dieser Effekt wurde dann jedoch sehr bald durch eine zunehmende Euroverwendung von externen Akteuren ausgeglichen. Ausländische Zentralbanken haben den Euro ebenfalls in ihre Währungsreserven aufgenommen. Der Anteil des Euro an den Weltwährungsreserven stieg von 11% im Jahr der Euro-Einführung bis auf 21% Ende 2003.[12] Auch hier wurde der EU-interne Effekt bereits durch einen Anstieg der Euroreserven außerhalb des Euroraums kompensiert.

Über die Fakturierung des Welthandels gibt es kaum verlässliche Zahlen. Die schon zitierten Untersuchungen stützen sich auf Schätzungen, die zum Teil auf den Beginn der 1990er Jahre zurückgehen. Ein wachsender Anteil des Außenhandels der Eurozone dürfte inzwischen in Euro fakturiert und abgewickelt werden. Aus einer Studie der Europäischen Zentralbank geht hervor, dass die drei großen Eurostaaten (Deutschland, Frankreich und Italien) 50-60% der Exporte und 40-50% der Importe in Euro tätigen. In Geschäften mit amerikanischen Unternehmen tun sich europäische Firmen jedoch bereits schwer, eine Fakturierung in Euro durchzusetzen.[13] In Bereichen, in denen der Dollar als Medium im Handel zwischen Drittländern fungiert, wird man ein starkes Beharrungsvermögen der Märkte unterstellen müssen, insbesondere im internationalen Erdöl- und Rohstoffgeschäft.

---

[11] Vgl. auch André Geis/ Arnaud Mehl/ Stefan Wredenborg, The International Role of the Euro. Evidence form Bonds Issued by Non-Euro Area Residents. European Central Bank, Occasional Paper (Juli 2004)18.
[12] International Monetary Fund, Annual Report, Washington, D.C. 2004.
[13] Kurt Viermetz, Die Großmacht bestimmt die Leitwährung. In: Süddeutsche Zeitung, 22. 2. 2005.

Die Rohstoffmärkte notieren vorwiegend in Dollar; aus historischen Gründen spielt außerdem noch das Pfund Sterling eine gewisse Rolle. Die Notierung in *nur einer* Währung erhöht die Preistransparenz und spart Transaktionskosten. Die Abwicklung von Rohstoffgeschäften erfordert liquide Geld- und Kapitalmärkte mit einer großen Spezialisierungstiefe, „die es in dieser Form nur in den Vereinigten Staaten, nämlich in der Wallstreet (zum Teil noch in der Londoner City) gibt".[14] Der europäische Finanzmarkt muss sich erst noch konsolidieren, um ähnliche Vorteile bieten zu können.

2.3 Überschussreserven in Ostasien

Besonders hohe Dollarreserven haben sich in Ostasien angesammelt. Sie wurden und werden von den dortigen Währungsbehörden aufgekauft, um eine Aufwertung der eigenen Währung zu unterbinden, und in amerikanischen Staatspapieren angelegt. Ostasiatische Staaten, darunter Japan, China und Südkorea, zählen zu den Hauptgläubigern der USA. Das starke Anschwellen der Dollarreserven in diesen Ländern ist eine Folge ihres Wechselkursregimes. China, das den Wechselkurs des Yuan fest an den Dollar gebunden hält, ist Spitzenreiter beim Aufkauf des Dollar. Die chinesischen Währungsreserven werden Ende 2004 auf 532 Milliarden Dollar geschätzt. Die Weigerung Chinas, eine Aufwertung des Yuan gegenüber dem Dollar zuzulassen, wirkt sich auch auf das Wechselkursverhalten anderer Länder der Region aus. Südkorea, Taiwan und auch Indien intervenieren ebenfalls regelmäßig an den Devisenmärkten. Indem sie den Dollar stützen, vermeiden sie zugleich eine Aufwertung gegenüber dem Yuan, die der Wettbewerbsfähigkeit ihrer Exporte auf dem chinesischen und ostasiatischen Markt schaden würde. Die japanischen Währungsreserven haben sich im Laufe des Jahres 2004 von 673 Milliarden Dollar auf 840 Milliarden Dollar erhöht.[15] Die amerikanische Regierung wünscht derzeit eine Dollarabwertung und drängt darauf, die Bindung asiatischer Währungen an den Dollar aufzugeben. Im Zuge einer solchen Entwicklung könnten einige Länder dazu übergehen, ihre Währung an einem Währungskorb mit den für sie wichtigsten Währungen auszurichten, wozu dann neben Dollar und Yen auch der Euro gehören würde. Dies würde eine Aufstockung der Euro-Reserven erfordern und mit sich bringen.

China hatte bereits vor der Euro-Einführung angekündigt, die neue Währung in größerem Umfang in die Reservehaltung aufzunehmen, sich dann aber zurückgehalten, als der Euro nach seiner Einführung gegenüber dem Dollar an Wert verlor. Nachdem der Euro Vertrauen gewonnen hat, scheint sich auch wieder eine größere Bereitschaft abzuzeichnen, „in den Euro zu gehen". Entsprechende Absichten werden von einer Reihe ostasiatischer Währungsbehörden berichtet. Die Devisenmärkte reagieren sehr sensibel auf solche Andeutungen, die den Dollar schwer belasten können. Ostasiatische Währungsbehörden waren daher umgehend um die Richtigstellung bemüht, dass sie keine Dollarbestände abstoßen, sondern nur „neue" Reserven in Euro bilden würden.[16]

Durch den starken Anstieg der Preise haben auch die Erdöl- und Erdgasexporteure derzeit große Dollarzuflüsse zu verzeichnen. Die russischen Währungsreserven waren Ende

---

[14] Kurt Viermetz, a.a.O.
[15] Benedikt Fehr, Die Notenbanken finanzieren Amerikas Leistungsbilanzdefizit. In: Frankfurter Allgemeine Zeitung, 4. 1. 2005.
[16] Asien bekennt sich zum Euro. Handelsblatt, 24. 2. 2005.

2004 auf 117 Milliarden angewachsen.[17] Die russische Zentralbank, die die faktische Anbindung des Rubels an den Dollarkurs schon 2004 aufgegeben hatte, gab im Februar 2005 bekannt, den Wechselkurs des Rubels künftig an einem Währungskorb zu orientieren, in dem der Dollar immer noch mit 90% und der Euro mit 10% vertreten sind. Der Anteil des Euro soll schrittweise angepasst werden. Russland verfügt über die sechsthöchsten Gold- und Devisenreserven der Welt, die größten außerhalb Asiens.[18] Mit der Änderung des Wechselkursregimes dürfte auch das Gewicht des Euro in der Reservehaltung der Zentralbank größer werden. Die reichen arabischen Ölstaaten haben hohe Dollarguthaben und laufen in einem Konflikt mit den Vereinigten Staaten Gefahr, dass diese dort eingefroren werden. Um dieses Risiko zu vermindern, könnten auch sie eine Aufstockung des Euroanteils an den Währungsreserven anstreben.

2.4 Europäische Leitwährung

Angelpunkt für eine internationale Rolle des Euro ist seine zunehmende Verwendung als europäische Währung. Für mittel- und osteuropäische Staaten, die gerade der Europäischen Union beigetreten sind, bzw. auf den Beitritt warten, erscheint es ganz natürlich, dass sie sich am Euro orientieren. Die Europäische Union ist für diese Länder der wichtigste Handelspartner und Geldgeber, und hier wird in Euro abgerechnet. Fast alle wollen ohnehin so bald wie möglich in die Wirtschafts- und Währungsunion (WWU) aufgenommen werden. Bevor sie den Euro selbst einführen können, sollen sie mindestens zwei Jahre im Europäischen Währungssystem (EWS II) den Wechselkurs an den Euro binden, wobei die eigene Währung nicht unter Abwertungsdruck geraten darf. So verlangen es die Maastricht-Kriterien. Es verwundert also nicht, dass der Dollar, der unmittelbar nach der Wende in vielen Transformationsländer bevorzugte Währung war, in den Beitrittsländern durch den Euro verdrängt wurde.

Die Länder des westlichen Balkans, die Partner im Stabilisierungs- und Assoziierungsprozess der EU sind und eine prinzipielle Beitrittsoption haben, verwenden ebenfalls den Euro. In Montenegro und Kosovo ist der Euro offizielle Inlandswährung. In anderen Balkanländern werden größere Geschäfte in Euro getätigt, der für die Bevölkerung zugleich auch ein Mittel der Wertaufbewahrung ist. Die Nutzung einer fremden Währung für solche Zwecke spiegelt allerdings auch das Misstrauen wider, das zurzeit noch gegenüber der eigenen Währung besteht.[19] Die nationalen Währungsbehörden orientieren sich bei der Modernisierung der geldpolitischen Instrumente und des privaten Bankensystems am System der EU. Für Länder wie Weißrussland oder die Ukraine wäre der Euro eine Alternative, um die wirtschaftliche Abhängigkeit von Russland und vom russischen Rubel zu reduzieren.

Die Entwicklung scheint dahin zu gehen, dass sich um die großen Währungen des internationalen Währungssystems Währungsräume bilden. Ähnlich wie der Dollarraum in der westlichen Hemisphäre entsteht in Europa ein Euro-Währungsraum. Der Euro hat außerdem in der ehemaligen Franc-Zone die Funktionen des französischen Franc übernommen.

---

[17] Benedikt Fehr, Die Notenbanken finanzieren Amerikas Leistungsbilanzdefizit. In: Frankfurter Allgemeine Zeitung, 4. 1. 2005.
[18] Doris Grass, Russland koppelt Rubelkurs künftig an den Dollar. In: Financial Times Deutschland, 7. 2. 2005.
[19] Vgl. auch Helmut Stix, Foreign Currency Demand Since 2002 – Evidence from Five Central and Eastern European Countries. In: CESifo Forum, 5(winter 2004)4, S. 19-24.

In Ostasien könnte der Yen einmal die Leitwährung für die Region werden. Dem steht allerdings noch entgegen, dass die japanische Währung mit Blick auf ihre Verfügbarkeit, die Zugänglichkeit des japanischen Finanzmarktes und die Vielfalt der Finanzierungsinstrumente hinter dem Dollar und dem Euro zurückbleibt. Wie schon gesagt, streben asiatische Währungsbehörden im Augenblick ein ausgewogenes Verhältnis in der Verwendung von Dollar und Euro an und nicht eine Ablösung des Dollar durch den Yen.

3 Zur Entwicklung des Euro-Dollar-Kurses

3.1 Märkte schauen nach USA

In den ersten beiden Jahren hatte der Euro gegenüber dem Dollar einen Wertverlust von bis zu 30% zu verzeichnen. Die schwache Euronotierung in der Anfangsphase kam für viele Beobachter überraschend und war mit den wirtschaftlichen Fundamentaldaten nicht zu erklären.[20] Die folgende These scheint die Situation jedoch ziemlich zutreffend zu beschreiben. Devisenmärkte werden nicht von „Fundamentalfakten" sondern vom „Glauben an Fakten" getrieben. Sie haben *beliefs* und nehmen vornehmlich nur solche *facts* wahr, die in ihr subjektives Bild passen."[21]

Auf die schwache Euronotierung angewandt heißt dies: Die Märkte trauten der amerikanischen Wirtschaft einfach mehr zu. Zunächst ließ sich die Entwicklung des Euro-Dollarkurses zwar noch mit dem amerikanischen Wachstumsvorsprung und dem höheren US-Zinsniveau begründen. Als dann jedoch die Konjunktur in den USA im Laufe des Jahres 2000 zurück ging, die *Federal Reserve* die Zinsen senkte und die Wachstumsprognosen für den Euroraum etwas günstiger ausfielen als für die USA, hätte die Umkehrung der Fundamentalfaktoren „Konjunktur und Zinsen" eigentlich bereits eine Trendwende für den Eurokurs einleiten müssen. Auch die höhere Preisstabilität im Euroraum und das im Vergleich zu den USA sehr geringe Leistungsbilanzdefizit der Eurozone sprachen für eine höhere Bewertung des Euro.[22] Die Märkte nahmen solche Meldungen kaum zur Kenntnis. Sie blieben in dem Glauben, dass die dynamische amerikanische Wirtschaft stets die besseren Problemlösungen haben würde.[23]

Die These, nach der sich die Märkte in erster Linie an der amerikanischen Entwicklung orientieren, wird auch durch die Trendwende im Euro-Dollarkurs unterstützt, die Anfang 2002 einsetzte. Seitdem steigt der Euro wieder an und hat bis März 2004 gegenüber dem Dollar um etwa 50% zugelegt. Zeitweise überschritt der Eurokurs die Marge von 1,30 Dollar, die Vertreter der europäischen Exportindustrie als Schmerzgrenze bezeichnen. Der Aufwertungstrend des Euro wurde jedoch nicht durch herausragend gute Wirtschaftsnachrichten aus dem Euroraum ausgelöst, sondern durch die zunehmende Sorge, institutionelle

---

[20] Vgl. Peter Bofinger, Die „normale Wissenschaft" und ihr Kampf mit der Euroschwäche. In: HWWA-Wirtschaftsdienst, 81(2001)7, S. 377-379.
[21] Paul De Grauwe, Exchange Rates in Search of Fundamentals: The Case of the Euro-Dollar Rate. In: International Finance, 3(November 2000)3, S. 329-356 (353f).
[22] Ohr, Warum ist der Euro so schwach? a.a.O. S. 371.
[23] Im Hinblick auf die schwache Euronotierung stellt De Grauwe fest: „This decline was mostly unrelated to observable news about the underlying fundamentals. I found that, at least if one is willing to look at *all* the news that these economic modells have identified as being of relevance, this news has been more favourable for Euroland than for the USA. De Grauwe, Exchange Rates in Search of Fundamentals, a.a.O., S. 354.

Anleger könnten aus dem Dollar aussteigen. Ursache für die starke Notierung des Euro ist mit anderen Worten die skeptische Beurteilung des Dollar in der Einschätzung der Märkte.

3.2 Ungenutzte europäische Wachstumschancen

Bisher ist es nicht gelungen, das Potential des europäischen Binnenmarktes mit einer einheitlichen Währung in eine größere wirtschaftliche Eigendynamik umzusetzen. Auch in den nach europäischen Maßstäben „guten" Wachstumsjahren 1999/2000 blieb die Zuwachsrate in der EU wie im Euroraum mit 3,4% merklich hinter den im vergleichbar großen amerikanischen Wirtschaftsraum erzielten fünf Prozent zurück. In der zweiten Hälfte 2000 ebbte die Konjunktur im Euroraum bereits wieder ab. Die Wachstumsprognosen wurden immer wieder nach unten korrigiert, insbesondere in Deutschland, dem größten Euroland. Großer Risikofaktor bleibt die amerikanische Konjunkturentwicklung. Trotz des großen Wirtschafts- und Währungsraums und der Osterweiterung der EU, die neue Möglichkeiten der Arbeitsteilung und damit zusätzliche Wachstumschancen bietet, scheint Europa nicht in der Lage zu sein, ein nachhaltiges, eigenständiges Wirtschaftswachstum hervor zu bringen. Das ehrgeizige Ziel der vom Europäischen Rat im März 2000 beschlossenen Lissabon-Strategie, die Europäische Union bis 2010 „zum wettbewerbsfähigsten und dynamischsten wissensbasierten Wirtschaftsraum der Welt" zu machen[24], dürfte unter den derzeitigen Bedingungen kaum noch zu erreichen sein.

Der Modernisierungsschub, den der Euro für die verkrusteten Wirtschaftsstrukturen zu bringen versprach, muss sich noch durchsetzen. Die Eurostaaten haben notwendige Strukturreformen eingeleitet, die sie nun zu Ende führen müssen. Der europäische Binnenmarkt, seit Januar 1992 in Kraft, ist noch unvollendet. Das geltende Binnenmarktrecht wird häufig nicht konsequent angewandt. Ermessensspielräume bei der gegenseitigen Anerkennung nationaler Rechtsvorschriften tragen dazu bei, dass sich Barrieren, die eigentlich abgebaut werden sollen, verfestigen.[25]

Die Europäische Kommission geht diesen Behinderungen nach. Im Rahmen von Aktionsplänen wird die Integration der bisher noch wenig liberalisierten Sektoren vorangetrieben, darunter die Dienstleistungsmärkte und die Netzwerkindustrie. Der Aufbau eines Rechtsrahmens für grenzüberschreitende Binnenmarkttransaktionen wird schrittweise vorangebracht. Der europäische Finanzraum hat durch den Euro an Qualität gewonnen. Aber auch nach der Euro-Einführung bestehen viele nationale Besonderheiten fort. Unterschiede in den einzelstaatlichen Rechts-, Steuer- und Regulierungssystemen hemmen die Integration und verhindern, dass sich der europäische Finanzmarkt in ähnlicher Weise vertiefen kann wie der innovative amerikanische Markt. Mit dem Aktionsplan für Finanzdienstleistungen sollen die Haupthindernisse für grenzüberschreitende Finanztransaktionen nunmehr bis Ende 2005 beseitigt werden.[26]

In den ersten Eurojahren profitierte der Euroraum von einem kräftigen amerikanischen Wirtschaftswachstum. Die niedrige Bewertung des Euro begünstigte den Export in die USA und half, den europäischen Konjunkturaufschwung in Gang zu halten. Die Aufwertung des

---

[24] Europäischer Rat in Lissabon, 24. März 2000, Schlußfolgerungen des Vorsitzes.
[25] Vgl. auch Rolf Caesar/ Hans-Eckart Scharrer (Hrsg.), Der unvollendete Binnenmarkt, Baden-Baden 2003.
[26] Vgl. auch Elke Thiel/ Barbara Böttcher/ Klaus-Günter Deutsch, Wachstum und Wohlstand in Europa – eine Agenda. Deutsche Bank Research, EU-Monitor (Okt. 2003)8.

Euro, die Unsicherheit über die amerikanische Wirtschaftentwicklung und den Dollarkurs sowie die fortschreitende US-Auslandsverschuldung lassen das Ausbleiben einer europäischen Wachstumsdynamik umso gravierender werden.

3.3 Das amerikanische Zwillingsdefizit

Die Auslandsschulden der USA liegen heute bereits bei einem Nettobetrag von 3.300 Milliarden Dollar; in der zweiten Amtszeit von Präsident Bush könnten sie bis auf 6.000 Milliarden Dollar ansteigen. Das Defizit im amerikanischen Bundeshaushalt wird im Wesentlichen durch Staatsanleihen finanziert, die von ausländischen Anlegern erworben werden. Der Kapitalzustrom aus dem Ausland deckt zugleich das Defizit in der amerikanischen Leistungsbilanz. Hierfür brauchen die USA einen jährlichen Kapitalimport in der Größenordnung von 350 Milliarden Dollar.

Dank guter Wirtschaftsaussichten ist es in den vergangenen Jahren relativ problemlos gelungen, das amerikanische Zwillingsdefizit – im Staatshaushalt und in der Leistungsbilanz – durch die Zufuhr von ausländischem Kapital zu finanzieren. Doch das Risiko steigt, je höher die beiden Defizite und die Gesamtverschuldung werden. Hinzu kommen die neuen Anlagemöglichkeiten, die der Euro bietet. Die Andeutung, die großen Gläubigerstaaten der USA könnten einen Teil ihrer Währungsreserven in Euro anlegen, reichte bereits, um den Dollar unter Druck zu setzen.

Ein relativ „schmerzloser" Weg, um das rasch anwachsende Defizit in der Leistungsbilanz unter Kontrolle zu bringen, ist für amerikanische Wirtschaftsexperten die Abwertung des Dollar.[27] Für die Bush Administration ist die niedrigere Bewertung des Dollar ein willkommenes Mittel, um den Export zu fördern und der Konjunktur neuen Auftrieb zu geben. Die Dollarabwertung wurde bisher überwiegend vom Euro und den Euro-Volkswirtschaften getragen. Fasst man alle für den amerikanischen Außenhandel relevanten Währungen in einem „Korb" zusammen, liegt der Aufwertungseffekt gegenüber dem Dollar seit Mitte 2002 nur bei insgesamt 15%, verglichen mit einer Euro-Aufwertung von 50% im gleichen Zeitraum.[28] Dies hängt, wie schon ausgeführt, damit zusammen, dass insbesondere ostasiatische Notenbanken eine Aufwertung ihrer Währung durch massive Devisenmarktinterventionen unterbunden haben. Da die größten Defizite in der US-Leistungsbilanz in Ostasien entstehen, wäre aber gerade eine Kursanpassung auf dieser Seite erforderlich.

Die Europäische Zentralbank hat bisher nicht interveniert, um der Aufwertung des Euro zu begegnen. Da der Wechselkurs jeweils zwei Währungen betrifft, müsste dies in Abstimmung mit der *US Federal Reserve* geschehen, wofür es derzeit keine Bereitschaft gibt. „Entlastung" für den Euro könnte aus Ostasien kommen. Japan scheint sich inzwischen nicht mehr so stark wie früher gegen eine Aufwertung des Yen zu stemmen. China könnte eine gewisse Aufwertung des Yuan zulassen, um protektionistischen Maßnahmen gegen chinesische Exporte in die USA entgegenzuwirken.

---

[27] C. Fred Bergsten/ John Williamson, Designing a Dollar Policy (Overview). Institute for International Economics, Washington D.C. 2004.
[28] The Revived Bretton Woods System: Alive and Well. Deutsche Bank, Global Markets Research, Dezember 2004.

Schwer kalkulierbar sind die Folgen, die die mit einer Aufgabe der einseitigen Anbindung an den Dollar verbundene Änderung des Wechselkursregimes für den Euro-Dollarkurs haben wird. Die Versicherung aus Ostasien, keine Dollarbestände in Euro umzuwechseln, mag beruhigen und liegt auch im Eigeninteresse der dortigen Währungsbehörden. Letztlich ist dies jedoch eine politische Entscheidung. Ein „Ausstieg" aus dem Dollar in nur einem Land könnte eine Kettenreaktion auslösen, die dann nur schwer zu stoppen wäre.

4 Die Eurogruppe in den internationalen Finanzinstitutionen

4.1 Zusammengesetztes Erscheinungsbild

In den internationalen Organisationen und Koordinierungsgremien ist das Erscheinungsbild der EU durch die Euro-Einführung noch komplizierter geworden. Dies hängt damit zusammen, dass die vertiefte Integration in der Währungsunion bisher keine Entsprechung in anderen Politikbereichen gefunden hat, und dass der Euro nicht von allen Mitgliedstaaten der EU eingeführt wurde. So muss man unterscheiden zwischen Bereichen, in denen die gesamte EU (mit allen Mitgliedstaaten) zuständig ist, Bereichen, die nur die Eurostaaten betreffen, und Bereichen, die in nationaler Zuständigkeit liegen.

Eine überzeugende Kompetenz, für den Euro zu sprechen, hat nur die Europäische Zentralbank. Sie hat einen Beobachterstatus beim Internationalen Währungsfonds und nimmt im Rahmen der EU-Delegation zusammen mit der Europäische Kommission auch an den für sie relevanten Arbeitsgruppensitzungen der OECD teil. Als eine mit der Euro-Einführung unmittelbar notwendig gewordene Anpassung wurde der Anteil von D-Mark und Franc im Währungskorb für das IWF-Sonderziehungsrecht am 1. Januar 1999 durch den Euro ersetzt.

Die Gruppe der Eurostaaten tritt nur dann gemeinsam auf, wenn auf internationaler Ebene Fragen behandelt werden, die ganz unmittelbar die Wirtschafts- und Währungsunion betreffen, im Wesentlichen die multilaterale Überwachung und Koordinierung der Wirtschaftspolitik und die Wechselkurspolitik. Sie wird in solchen Fällen im Internationalen Währungsfonds und in der Finanz-G-7 durch den Sprecher der Eurogruppe repräsentiert, d.h. durch den Finanzminister des Landes, das gerade in der Gruppe den Vorsitz hat. Die Mitgliedschaft im IWF bleibt bei den einzelnen Euro-Staaten. Sie nehmen dort auch Aufgaben wahr, die nicht als unmittelbar mit der WWU im Zusammenhang stehend eingeordnet werden. Die drei großen Eurostaaten, Deutschland, Frankreich und Italien haben einen Sitz in der Finanz-G-7, ebenso wie das Nicht-Euroland Großbritannien.

Die Modalitäten für die Außenvertretung der Eurogruppe wurden kurz vor der Einführung des Euro vom Europäischen Rat im Dezember 1998 in Wien festgelegt. Es war eine pragmatische Regelung, die die Kompetenzverteilung innerhalb der EU wie auch die äußeren Umstände berücksichtigen musste. Eine Mitgliedschaft in internationalen Organisationen, darunter IWF und OECD, ist bisher nur für Staaten möglich. Die Materie, die dort behandelt wird, geht über den eigentlichen Themenbereich der WWU hinaus. Einbezogen ist ein breites Spektrum institutioneller und ordnungspolitischer Fragen des internationalen Finanzsystems, für die die einzelnen Mitgliedstaaten zuständig sind.

4.2 Gemeinsame Eurositze

Mit dem Vertrag über die Europäische Verfassung hat sich ein Fenster geöffnet, das die Eurogruppe nutzen könnte, um sich innerhalb der EU und in internationalen Gremien mehr Gesicht und Gewicht zu verschaffen. Der in einem halbjährlichen Turnus wechselnde Vorsitz der Eurogruppe wird durch einen Euro-Präsidenten abgelöst, der für den Zeitraum von zweieinhalb Jahren gewählt wird. Präzisiert wird im Verfassungsvertrag außerdem, dass im Rat nur die Eurostaaten über gemeinsame Standpunkte und eine gemeinsame Vertretung in internationalen Finanzinstitutionen und Konferenzen abstimmen können. Hinzugekommen ist die Bestimmung, nach der die Eurostaaten außerdem auf Vorschlag der Kommission geeignete Maßnahmen annehmen können, um eine einheitliche Vertretung bei internationalen Konferenzen im Finanzbereich sicherzustellen. Mit dieser Formulierung deutet sich auch die Möglichkeit gemeinsamer Eurositze in internationalen Gremien an.[29]

Wenn die Eurostaaten dies wollen, ließe sich ein gemeinsamer Eurositz am ehesten bei den informellen G-7-Treffen der Finanzminister herstellen. Der in Zukunft gewählte Euro-Präsident könnte diesen Sitz zusammen mit dem Präsidenten der Europäischen Zentralbank und eventuell dem für Wirtschafts- und Währungsfragen zuständigen Mitglied der Europäischen Kommission einnehmen. Man wird allerdings nicht davon ausgehen können, dass der Eurositz zusätzlich zu den bereits bestehenden europäischen Sitzen entstehen kann. Dies dürften die nicht-europäischen G-7 Staaten, insbesondere die USA, kaum hinnehmen. Voraussetzung wäre daher die Bereitschaft von Deutschland, Frankreich und Italien auf ihren Sitz zu verzichten.

Nach der Satzung des Internationalen Währungsfonds können nur *Staaten* Mitglieder sein. Ein Eurositz würde somit eine Satzungsänderung erfordern. Deutschland und Frankreich gehören zusammen mit den USA, Großbritannien und Japan zu den großen Ländern, die im IWF-Exekutivrat einen eigenen Direktor stellen. Die übrigen Euro-Staaten sind verschiedenen regionalen Gruppen zugeteilt, die jeweils einen gemeinsamen Exekutiv-Direktor ernennen. Mit einem Eurositz müsste die gesamte IWF-Organisation umstrukturiert werden, einschließlich der Verteilung der Kapitalanteile (Quoten) und Stimmrechte. Zusammengerechnet haben die Eurostaaten derzeit mehr Stimmrechte als die Vereinigten Staaten, was bei einem gemeinsamen Eurositz von den USA sicher nicht hingenommen würde. Die USA haben in Verbindung mit der Euro-Einführung eine Zusammenfassung der europäischen G-7 Sitze befürwortet. Dass sie auch einen Eurositz im IWF unterstützen würden, ist nicht zu erkennen. Sie würden dadurch die herausgehobene Stellung verlieren, die sie als größtes Mitgliedsland im IWF haben.[30] Für die Eurostaaten wäre ein gemeinsamer IMF-Sitz mit neuen Souveränitätsverzichten verbunden, wofür es im Moment keine Bereitschaft zu geben scheint.

5 Unsichere Perspektiven

Der sich schon seit längerem abzeichnende Trend vom ehemals Dollar-dominierten internationalen Währungssystem zu einer multipolaren Struktur erhält durch den Euro neuen An-

---

[29] Vgl. Elke Thiel, Die Wirtschaftsordnungspolitik im Europäischen Verfassungsentwurf,. In: Integration, 26 (2003), 4, S. 527-535.
[30] Vgl. auch Josef W. Strobl, Europa muss mitreden dürfen, in: FAZ vom 3.6.1998, S. 9.

trieb. Ostasien könnte sich ebenfalls währungspolitisch stärker integrieren und zum dritten Pol in einer neuen multipolaren Währungskonstellation werden. Die Region steht mit diesem Vorhaben allerdings noch ganz am Anfang. Mit hohen Dollar-Währungsreserven, die gegebenenfalls in Euro umgeschichtet werden könnten, haben die Staaten Ostasiens jedoch in der sich herausbildenden Dollar-Euro-Beziehung eine Schlüsselposition.

Der Internationale Währungsfonds weist in seinem jüngsten Bericht auf die Risiken hin, die durch das wachsende Defizit in der amerikanischen Leistungsbilanz und die Anhäufung von Dollarbeständen in Ostasien entstanden sind. Das globale Wirtschaftswachstum hängt in hohem Maße von der Konjunkturentwicklung in den USA und in China ab. Wenn das Wachstum in diesen beiden Ländern erlahmt, ist von Europa und Japan kaum zu erwarten, dass sie der Weltwirtschaft neue Wachstumsanstöße vermitteln können.[31]

Mit einem für 2005 prognostizierten Wirtschaftswachstum von 3,6% für die USA und 1,6% für die EU hat der Dollar immer noch die besseren Karten. Die Finanzierung des amerikanischen Leistungsbilanzdefizits ist jedoch unsicher geworden. Die Bereitschaft des Auslandes, Dollarguthaben zu bilden, ist nicht unbegrenzt, zumal sich mit dem Euro die Möglichkeit anbietet, das Währungsrisiko besser zu streuen. Damit verstärkt sich der Druck, das anhaltend hohe und weiter ansteigende Defizit in der Leistungsbilanz unter Kontrolle zu bringen. Die Abwertung des Dollar ist für die USA ein willkommenes Mittel, um der amerikanischen Wirtschaft und dem Staatshaushalt einen „harten" Anpassungskurs zu ersparen.

Die Abwertung des Dollar wurde bisher in erster Linie vom Euro getragen und nähert sich für die europäischen Volkswirtschaften bereits der „Schmerzgrenze". In den USA werden die auch für sie mit der Dollarabwertung verbundenen Risiken weitgehend ignorieren. Größere Umschichtungen vom Dollar in den Euro, die ein Einschreiten auf amerikanischer Seite verlangt hätten, gab es nicht. Die USA wägen sich in der Sicherheit, dass ihre Gläubiger schon im eigenen Interesse ihre Dollarguthaben nicht auf den Markt werfen werden. Die Märkte reagieren auf diesbezügliche Anzeichen jedoch sehr sensibel und schon kleine Anlässe könnten zu unkontrollierten Kettenreaktionen führen. Niemand will und wagt über eine Dollarkrise zu spekulieren, von der alle hoffen, dass sie nicht kommt. Die Summen, die vom Dollar in den Euro fließen könnten, sind erheblich. Die USA könnten in so einem Fall auf europäische und internationale Kooperationsbereitschaft rechnen. In der neuen Konkurrenzsituation von Dollar und Euro dürfte es den USA jedoch weniger als früher gelingen, notwendige wirtschaftspolitische Anpassungsmaßnahmen hinauszuschieben.

Wie fast immer in der europäischen Integration bedarf es einer längeren Phase der inneren Konsolidierung, bevor die Europäische Union auch nach außen als handlungsfähiger Akteur auftreten kann. Die Eurostaaten haben große Anstrengungen unternommen, um den Euro zu bekommen, und werden es – hoffentlich – auch noch schaffen, die Reformen durchzuführen, die notwendig sind, um die Chancen des europäischen Binnen- und Finanzmarktes in eine größere Wirtschaftsdynamik umzumünzen. Falls die USA, mit eigenen Anpassungsproblemen, tatsächlich als Konjunkturmotor für Europa und die Weltwirtschaft ausfallen, gibt es für die Euro-EU gar keine andere Alternative.

Ein für zweieinhalb Jahre gewählter „Mister Euro" verschafft der Eurogruppe auch nach außen mehr Gesicht. Sein Gewicht in internationalen Verhandlungsforen wird davon

---

[31] Andrew Balls, IMF criticises rich and poor over failure to reduce imbalances. Financial Times, 14. 4. 2005, S. 4.

abhängen, wie viel Unterstützung er von den nationalen Regierungen erhält. Wie die politischen Aspekte der Euro-Außenbeziehungen mit der EU-Außenwirtschaftspolitik und der Gemeinsamen Außen- und Sicherheitspolitik abgestimmt werden sollen, ist auch im Europäischen Verfassungsvertrag nicht zu erkennen. Die Euro-EU hat eine gemeinsame Währung aber keine gemeinsame politische Autorität und wird insofern als Leitwährungsakteur nie ganz an die USA heranreichen können.

Die USA und EU auf Kollisionskurs? Neue Entwicklungen in den transatlantischen Handelsbeziehungen

Claudia Decker und Stormy Mildner

1 Einführung

Die Liste der transatlantischen Handelskonflikte ist lang und keineswegs neu. Sie reicht von klassischen Handelskonflikten in Sektoren wie Stahl, Landwirtschaft und der zivilen Luftfahrt (Airbus/Boeing) bis hin zu neuen, systemischen Konflikten wie gentechnisch veränderte Nahrungsmittel (*Genetically Modified Organisms*, GMOs) und unterschiedliche nationale Steuersysteme (*Foreign Sales Corporations*, FSCs). Im Jahr 2003 waren 16 transatlantische Handelskonflikte bei der WTO registriert; in zwölf Streitfällen trat die EU als Klägerin auf (u.a. Stahl und FSCs), in vier Fällen haben die USA Klage eingereicht (u.a. GMOs und Hormonfleisch). Gerade in der jüngsten Vergangenheit wurden die Handelsbeziehungen zwischen den USA und der EU erneut durch die drohende Eskalation einiger Konflikte überschattet: Zwar hat sich der FSC-Fall deutlich entschärft, doch drohte mit der gegenseitigen Klage vor der WTO eine Zuspitzung im Konflikt um Airbus/Boeing.

2 Konfliktursachen

Fünf grundlegende Ursachen können für die transatlantischen Handelskonflikte identifiziert werden. An erster Stelle ist der hohe Grad der wirtschaftlichen Verflechtung zu nennen. Die USA und die EU haben die weltweit größten bilateralen Handels- und Investitionsbeziehungen: Die USA sind der größte Handelspartner der EU; für die USA ist die EU der zweitgrößte Handelspartner nach Kanada und vor Mexiko. Im Jahr 2003 gingen rund 26% der Gesamtexporte der EU in die USA, 17% der Gesamtimporte der EU kamen aus den USA. Noch enger sind die Verflechtungen bei den ausländischen Direktinvestitionen (*Foreign Direct Investment*, FDI): Zwischen 1998 und 2001 waren ca. 61% der gesamten FDI-Zuflüsse in die EU US-amerikanischer Herkunft. Im gleichen Zeitraum flossen 52% der gesamten FDI-Exporte der EU in die USA. 2003 flossen annähernd 65% der gesamten ausländischen Direktinvestitionen der USA in die EU. Auch die Verflechtung der Arbeitsmärkte ist hoch: Beide Seiten beschäftigen gegenseitig etwa 3 Mio. Menschen.[1]

---

[1] Vgl. Europäische Kommission, *Bilateral Trade Relations USA*, in: http://europa.eu.int/comm/trade/issues/bilateral/countries/usa/index_en.htm.

Abbildung 1: EU-Güterhandel mit den USA

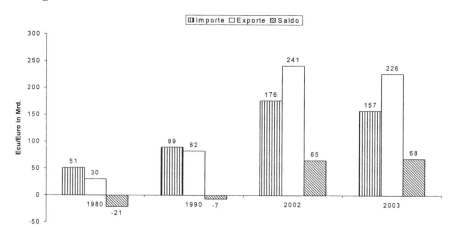

Quelle: EU, Trade Issues, http://europa.eu.int/comm/trade/issues/bilateral/index_en.htm

Einhergehend mit dem hohen Grad der wirtschaftlichen Verflechtung muss die fortschreitende Handelsliberalisierung als Ursache für Handelskonflikte genannt werden, durch die einerseits traditionelle Sektoren wie die Stahlindustrie verstärkt unter Wettbewerbsdruck geraten, so dass Länder immer wieder zu Schutzklauseln, Antidumping- oder Ausgleichszöllen greifen. Andererseits berührt die Handelsliberalisierung zunehmend regulative Bereiche wie Steuern, Pflanzen- und Tierschutz sowie den nationalen Verbraucher- und Gesundheitsschutz. Da hier unterschiedliche nationale Präferenzen und Rechtssysteme aufeinander prallen, ist das Konfliktpotenzial besonders hoch. Darüber hinaus spielen die unterschiedlichen Regulierungsansätze eine zentrale Rolle: Während die USA zumeist mit der Regulierung warten, bis sich ein Problem tatsächlich entfaltet hat, versucht die EU, ein potenzielles Problem bereits im Voraus zu kontrollieren und zu bewältigen.

Zusätzlich verstärkt wird die Problematik durch die Politisierung des Handels. Dieser ist seit den frühen 1990er Jahren zunehmend ins öffentliche Interesse gerückt, und immer mehr Gruppen (u.a. Gewerkschaften und Umweltgruppen) versuchen, auf die nationale Handelspolitik Einfluss zu nehmen. Da unter den wachsamen Augen der Interessengruppen die Verhandlungspartner kaum von ihren ursprünglichen Positionen abweichen, können Handelskonflikte leicht eskalieren. Gerade im Hinblick auf Standards und regulative Maßnahmen verstärkt daneben das mangelnde Vertrauen in die Intention der Handelspartner das Konfliktpotenzial: Während die EU z.B. bei den Exportrestriktionen von GMOs oder hormonbehandeltem Fleisch den Konsumentenschutz betont, vermuten die USA dahinter den Schutz des heimischen Agrarsektors.

Zu der steigenden Zahl ungelöster Handelskonflikte hat letztlich auch der WTO-Streitschlichtungsmechanismus (*Dispute Settlement Body*, DSB) beigetragen. Während der DSB im Gegensatz zur GATT-Streitschlichtung generell eine erhebliche Verbesserung darstellt, birgt er jedoch einige Probleme: Konflikte, die zuvor eher auf diplomatischem Verhandlungsweg gelöst wurden, werden jetzt auf einem legalistischen Weg behandelt. Dieser zum Teil recht rigide Streitschlichtungsprozess führt nicht immer zu einer schnelleren Lösung des Problems – gerade wenn es in regulativen Bereichen noch keine Präzedenzfälle oder WTO-Regeln gibt.

Folgeproblem der schwer lösbaren und langwierigen Handelskonflikte ist eine *tit-for-tat*-Dynamik: Um die Verhandlungsposition in einem bestehenden Handelskonflikt zu stärken, wird ein neuer Konflikt vor die WTO gebracht. Aufgrund dieser Vergeltungstechnik können Konflikte leicht von einem Bereich auf andere überschwappen: Nachdem z.B. die USA gegen die europäische Bananenmarktordnung und das Importverbot von hormonbehandeltem Fleisch vor der WTO klagten, brachte die EU die amerikanischen Steuererleichterungen (FSC/ETI) sowie die Schutzzölle auf Stahlimporte auf den Verhandlungstisch. Die USA antworteten wiederum mit einer Klage gegen die strengen Regeln der EU im Bereich der GMOs.

3 Spannungspotential traditioneller Handelskonflikte: Stahl, Byrd Amendment und Airbus/Boeing

3.1 Stahl

Als einer der langwierigsten Streitfälle im Industriegüterverkehr gehört der Stahlkonflikt zu den so genannten klassischen Handelskonflikten, bei denen es im Vergleich zu den systemischen Handelskonflikten nicht um nationale regulative Präferenzen, sondern um den Schutz der heimischen Industrie und die so genannten *at the border*-Maßnahmen wie Schutzzölle, Antidumpingmaßnahmen oder Ausgleichszölle geht.

Der Stahlkonflikt war ein Wiederaufflammen des bereits seit den 80er Jahren brodelnden Streits um Stahlsubventionen und Schutzmaßnahmen. Seit Mitte des Jahres 2001 drohte eine erneute Eskalation: Im Juni 2001 beantragte der US-Handelsbeauftragte (*United States Trade Representative*, USTR) Robert Zoellick bei der *International Trade Commission* (ITC) eine Sektion 201-Untersuchung (Schutzklausel) für 33 Produktlinien im Bereich Stahl, wobei geklärt werden sollte, ob die Einfuhr bestimmter Stahlprodukte in so erhöhtem Umfang stattgefunden habe, dass sie für den konkurrierenden heimischen Industriezweig eine „wesentliche Ursache ernsthafter Schädigung oder Bedrohung" darstellte. Im Dezember 2001 entschied die ITC, dass für 16 der Produktklassen diese Voraussetzungen erfüllt waren und empfahl temporäre Schutzzölle. Durch diese sollte der Stahlindustrie eine Atempause im internationalen Wettbewerb ermöglicht werden, um erforderliche Strukturanpassungen durchzuführen. Daraufhin gab Präsident Bush Anfang März 2002 die Einführung von Schutzzöllen bis zu 30% bekannt, die für drei Jahre gelten sollten und ca. 24% der Stahlimporte der USA betrafen. Nicht betroffen waren Importe aus Kanada, Mexiko, Israel und Jordanien. Weitere Ausnahmen wurden gewährt, wenn bestimmte Stahlprodukte nicht in der notwendigen Menge in den USA erhältlich waren und eine Ausnahme nicht die Gesamtwirkung der Schutzzölle unterminierte. Mit den Schutzzöllen löste Präsident Bush sein Wahlversprechen gegenüber den US-Stahlarbeitern ein. Daneben spielten die Kongresswahlen, die im Herbst 2002 stattfanden, und die Debatte um die *Trade Promotion Authority* (TPA) eine wichtige Rolle.

Die US-Schutzzölle stießen weltweit auf erhebliche Kritik. Besonders schnell reagierte die EU, da EU-Stahlexporte im Wert von rund 2,5 Mrd. US Dollar von den Maßnahmen betroffen waren. Daher führte sie noch Ende März temporäre Schutzmaßnahmen ein: Über-schritten die Importe bestimmter Stahlprodukte die durchschnittlichen Importe der letzten drei Jahre (1999-2001) um mehr als zehn Prozent, so wurden sie mit einem Zoll belastet, der zwischen 15% und 26% lag. Im September 2002 nahm die EU endgültige Schutzmaßnahmen gegenüber sieben Stahlkategorien an, bei denen ein Anstieg der Importe die Stahlindustrie der EU bedeutend geschädigt hatte.

Neben der Einführung von Schutzmaßnahmen beantragte die EU – u.a. zusammen mit Japan und Brasilien – im Mai 2002 die Einberufung eines Streitschlichtungsverfahrens bei der WTO. Die EU argumentierte, dass für ein 201-Verfahren sowohl der notwendige Importanstieg als auch die Ursächlichkeit der Importe für eine drohende Schädigung der Stahlindustrie in den USA fehlte. Zusätzlich seien die Maßnahmen in Verbindung mit den zahlreichen Antidumping- und Ausgleichszöllen überzogen. Ebenfalls im Mai 2002 drohte die EU mit Strafzöllen. Um eine weitere Eintrübung der transatlantischen Beziehungen zu vermeiden, legte die EU die Handelssanktionen im September 2002 allerdings vorerst auf Eis.

Im März 2003 erklärte die WTO die Schutzmaßnahmen der USA in allen Produktgruppen für WTO-widrig. Die WTO fand weder einen ausreichenden Beweis für einen „plötzlichen, scharfen und signifikanten Anstieg" der Stahleinfuhren in die USA noch für einen kausalen Zusammenhang zwischen den Problemen der Stahlindustrie und den Importen. Die Berufungsinstanz bestätigte das Urteil im November 2003. Die EU drohte daraufhin, ab Dezember Strafzölle bis zu 30% zu erheben, sollten die USA ihre Schutzzölle nicht abschaffen; die geplante Strafliste umfasste Güter im Wert von 2,2 Mrd. Dollar. Angesichts der drohenden Strafzölle schlugen einige US-Stahlproduzenten eine frühzeitige Abschaffung der Zölle bis September 2004 vor, wobei die Zölle bis Januar 2004 um ein Drittel und bis März 2004 um ein weiteres Drittel reduziert werden sollten. Die EU lehnte ein solches Verfahren mit Hinweis auf den WTO-Bescheid jedoch als unzureichend ab.

Aufgrund der drohenden Eskalation des Handelskonfliktes und des zweifelhaften Erfolgs der Schutzzölle lenkte Präsident Bush im Dezember 2003 ein und gab ihre vorzeitige Abschaffung bekannt. So war es trotz der mit den Schutzzöllen verbundenen Preiserhöhungen insbesondere bei zahlreichen integrierten Stahlproduzenten weiterhin zu beträchtlichen Verlusten gekommen. Problematisch waren auch die erheblichen Mehrkosten für das verarbeitende Gewerbe, die das *Institute for International Economics* auf 120 Mrd. US Dollar schätzte.[2]

Diese Entscheidung Bushs bedeutete eine erhebliche Entspannung im Streitfall. Langfristig ist dieser Konflikt jedoch nur gelöst, wenn die Strukturreformen der Stahlindustrie, der Konsolidierungsprozess und der Abbau von Überkapazitäten weiter vorangetrieben werden, um den Druck der Industrie auf Regierung und Kongress, Schutzmaßnahmen einzuführen, zu reduzieren.

---

[2] Vgl. United States Mission to the European Union, *Dossier: Steel*, in: http://www.useu.be/Categories/Trade/Steel/index.htm; „Bush Ends Steel Tariff, Averting Trade War", in: *International Herald Tribune*, 5.12.2003; „Sparks Fly Over Steel", in: *The Economist*, 15.11.03, S.59 f; Georg Koopmann, "Transatlantic Trade under Fire", in: *Intereconomics*, May/June 2002; Richard Senti, "Issues Surrounding the US-EU Steel Conflict", in: *Intereconomics*, May/June 2002.

3.2 Byrd-Amendment

Im Mittelpunkt eines weiteren Streitfalls steht das so genannte *Byrd-Amendment* der USA (benannt nach dem demokratischen Senator Robert Byrd aus West Virginia). Dieses Gesetz, dessen offizieller Name *Continued Dumping and Subsidy Offset Act* lautet, wurde im Oktober 2000 vom US-amerikanischen Senat verabschiedet und ist seit 2001 in Kraft. Es sieht vor, dass aus Antidumping- und Antisubventionsmaßnahmen resultierende Zolleinnahmen an die benachteiligten US-Unternehmen, die als erste das entsprechende Verfahren angestrengt haben, ausgezahlt werden. Diese Ausgleichszahlungen sollen es den Unternehmen erleichtern, bestimmte Kosten zu decken, die nach der Einführung der Antidumping- und Ausgleichszölle bei der Produktion der von den Maßnahmen betroffenen Waren auftreten. Im Rahmen dieser Gesetzgebung wurden im Jahr 2001 rund 230 Mio. US Dollar und 2002 über 300 Mio. US Dollar an US-Unternehmen ausgezahlt. In den meisten Fällen waren die Empfänger Hersteller von Stahl- und anderen Metallerzeugnissen sowie Unternehmen aus dem Lebensmittelsektor.

Die EU reichte daraufhin im Dezember 2000 zusammen mit Brasilien, Indien, Japan, Kanada, Mexiko und Südkorea u.a. Klage gegen das Byrd-Amendment ein; sechs weitere Staaten schlossen sich als Drittklägerparteien an, darunter Argentinien und China. Nach erfolglosen Konsultationen wurde Mitte 2001 ein Streitschlichtungspanel einberufen. Die WTO erklärte das Gesetz im September 2002 schließlich als regelwidrig, da es eine unzulässige indirekte Subvention an US-Unternehmen darstelle: Bei den Ausgleichszahlungen handele es sich um eine Maßnahme, die weit über die Erhebung von Antidumping- und Ausgleichszöllen hinausgehe und dem betroffenen US-Wirtschaftszweig einen unfairen Handelsvorteil verschaffe.

Trotz des WTO-Schiedsspruches zeigten sich die USA nicht bereit, das Gesetz aufzuheben und legten im Oktober 2002 Berufung ein. Im Januar 2003 bestätigte das WTO-Berufungsgremium erneut die Regelwidrigkeit des Gesetzes. Den USA wurde daraufhin eine Frist bis Ende Dezember 2003 eingeräumt, ihre Rechtsvorschriften mit dem WTO-Urteil in Einklang zu bringen. Nachdem die Frist ohne Änderungsversuche im Kongress verstrichen war, beantragte die EU Mitte Januar 2004 bei der WTO die Genehmigung zur Einführung von Strafzöllen auf US-Erzeugnisse. Dabei sollte sich die Höhe des Zolls nach der Summe bemessen, die im jeweils vorhergegangenen Jahr an US-Produzenten unter dem Byrd-Amendment ausgezahlt wurde.

Ende August 2004 genehmigte die WTO die Erhebung von Strafzöllen in Höhe von 72% der Summe, die innerhalb des laufenden Jahres unter dem Byrd-Amendment an die betroffenen Unternehmen weitergeleitet wurde. Mit Rücksicht auf die US-Präsidentschaftswahlen machten die Kläger jedoch zunächst keinen Gebrauch von der WTO-Entscheidung. Daraufhin diskutierte der Senat verstärkt über einen Reformvorschlag der demokratischen Senatorin Olympia Snowe (Maine), der eine Weiterleitung der eingenommenen Strafzölle an die Gemeinden anstatt an die betroffenen Unternehmen vorsah. Allerdings drückte die Mehrheit der Senatoren beider Parteien nach wie vor grundlegend ihre Unterstützung für das Gesetz aus.

Im November 2004 legten die Klägerstaaten der WTO schließlich eine Liste mit 78 potenziellen Produktgruppen vor und baten um eine Autorisierung, Strafzölle auf diese zu erheben. Eine Zuspitzung des Handelskonfliktes kann nun nur noch durch eine substantielle Änderung oder Aufhebung des Byrd-Amendments verhindert werden. Eine Abschaffung des Gesetzes durch den US-Kongress scheint jedoch recht unwahrscheinlich, da es weiterhin im Kongress von der Mehrheit unterstützt wird.[3]

3.3 Airbus/Boeing

Den zurzeit brisantesten Handelskonflikt zwischen USA und EU und gleichsam größte Herausforderung für den Streitschlichtungsmechanismus der WTO stellt der Streitfall über Subventionen der zivilen Luftfahrt dar. Auch diese Auseinandersetzung begleitet die transatlantischen Handelsbeziehungen seit den 70er Jahren: Bereits 1989 strengten die USA erstmals ein Verfahren vor dem GATT gegen die hohen Subventionen der am Airbus-Projekt teilnehmenden europäischen Staaten an.

Beide Flugzeughersteller – Boeing und Airbus – werden seit vielen Jahren von ihren jeweiligen Regierungen finanziell unterstützt. Während die EU-Kommission direkte Unterstützungszahlungen an Airbus in Form von vergünstigten Krediten leistet, unterstützt die US-Regierung Boeing durch indirekte Steuervergünstigungen und öffentliche Aufträge wie den Ankauf vom Militärflugzeugen. Ferner wird Boeing auch durch die erhebliche staatliche Unterstützung von Forschung im militärischen Luftfahrtbereich subventioniert.

Da Airbus Ende der 80er Jahre einen Weltmarktanteil von 30% erreicht hatte und somit zu einem ernst zunehmenden Konkurrenten geworden war, sahen die USA und EU ein bilaterales Abkommen als notwendig an. Zusätzlich waren für den Bereich der zivilen Luftfahrt einige zentrale Bestimmungen des GATT-Subventionsabkommens explizit ausgeschlossen. Auch das plurilaterale *Agreement on Trade in Civil Aircraft* war aufgrund seiner vage gehaltenen Formulierungen und Durchsetzungsprobleme nicht schlagkräftig. Als Folge einigten sich die EU und die USA 1992 im *US-EU Agreement on Large Civil Aircraft* darauf, ihre Subventionstätigkeit einzuschränken. Das Abkommen, das auf große Flugzeuge beschränkt war und nicht den Handel mit Motoren und Flugzeugtechnik umfasste, verbot Produktsubventionen; die EU erhielt im Gegenzug eine Ausnahmeregel für bereits ausbezahlte Subventionen (*Grandfathering Right*), sowie für bestehende Subventionszusagen für zukünftige Programme. Bei den Entwicklungssubventionen wurde vereinbart, dass 33% der Entwicklungskosten mit zinsgünstigen Krediten vom Staat finanziert werden konnten, die innerhalb von 17 Jahren zurückgezahlt werden mussten. Zusätzlich durften maximal 3% des jährlichen Umsatzes der Industrie als indirekte Subventionen fließen; diese mussten nicht zurückgezahlt werden. Nicht definiert wurde, was genau unter indirekten Subventionen zu verstehen war, so dass ein erheblicher Interpretationsspielraum offen blieb. Ferner verlangte das Abkommen Transparenz und Informationsaustausch. Somit wurde beiden Seiten – in einem eingeschränkten Rahmen – die Protektion ihres Luftfahrtsektors erlaubt. Gleichzeitig verzichteten die USA und die EU auf Klagen vor der WTO.

In den vergangenen Jahren galt das Abkommen von 1992 insbesondere in den USA als überholt, so dass seit Juni 2004 über eine Revision des Abkommens verhandelt wurde. Die USA forderten eine neue, beidseitige Vereinbarung zur Zivilluftfahrtindustrie, wobei sämtliche neuen Subventionen für die Hersteller unterbunden werden sollten. Im August 2004

---

[3] Vgl. EU-Kommission, *WTO Dispute settlement: Continued Dumping and Subsidy Offset Act of 2000*, in: http://trade-info.cec.eu.int/wtodispute/show.cfm?id=165&code=1; Europäische Kommission, *Report on United States Barriers to Trade and Investment* (Byrd Amendment), Brüssel, Dezember 2004, S.48/49; „US May Face New Punitive Tariffs", in: *The Wall Street Journal*, 1.9.2004.

begann der Konflikt an Schärfe zu gewinnen, als Präsident Bush die Airbus-Subventionen öffentlich als unfair bezeichnete und USTR Zoellick aufforderte „alle Möglichkeiten auszuschöpfen, um die Subventionen zu stoppen – notfalls auch mit einem Gang zur WTO".

Zwar bemühten sich nach Präsident Bushs Drohung Vertreter beider Seiten um eine Einigung. Als die Verhandlungen jedoch erfolglos blieben, kündigte Zoellick die alte Vereinbarung im September 2004 auf. Da der Streitfall aufgrund seiner Brisanz schnell Schlagzeilen machte und so die Aufmerksamkeit der breiten Öffentlichkeit erhielt, wurde er zu einem Wahlkampfthema – häufig in Zusammenhang mit der Arbeitsmarktfrage. Wahlkampfpolitisches Kalkül war Präsident Bushs harte Linie auch dahingehend, als dass er sich die Unterstützung bestimmter Bundesstaaten wie Washington und Pennsylvania sichern wollte.

Anfang Oktober 2004 reichten die USA schließlich Klage bei der WTO gegen die EU-Subventionen für Airbus ein. Laut Boeing habe Airbus seit seiner Gründung 1969 rund 15 Mrd. Dollar in Form von günstigeren Krediten erhalten. Zoellick kritisierte, dass die EU die Subventionen als notwendige Hilfe für eine Industrie in den Kinderschuhen (Erziehungszollargument) rechtfertigte; Airbus habe jedoch mittlerweile einen Weltmarktanteil von mehr als 50% und verkaufe mehr Zivilflugzeuge als Boeing. Bis Ende September 2004 habe Airbus 224 Maschinen ausgeliefert, Boeing nur 218.

Die EU hingegen betrachtet die Unterstützung von Airbus nicht als Subventionierung, sondern als Darlehen. Laut Airbus belaufe sich die Summe solcher Kredite nur auf insgesamt 4,3 Mrd. Euro. Dementsprechend antwortete die EU ihrerseits mit einer Klage vor der WTO gegen die indirekte Subventionierung von Boeing, die seit 1992 laut der EU 23 Mrd. Dollar betragen hätte; Geld für Forschung und Entwicklung seien über die NASA, das Verteidigungs- und das Handelsministerium an Boeing geflossen. EU-Kommissar Pascal Lamy kritisierte insbesondere die Subventionierung des Boeing-Flugzeugprojektes 7E7. Demnach habe der US-Bundesstaat Washington 3,2 Mrd. Dollar an Steuervergünstigungen gewährt, damit der neue Flugzeugtyp dort in die Endmontage geht. Auch andere Bundesstaaten hätten Steuervergünstigungen gewährt, darunter Kansas in der Höhe von rund 200 Mio. Dollar. Die USA argumentierten hingegen, dass es sich bei den reduzierten Körperschaftssteuern nicht um eine strafbare Subvention handele, weil Boeing nicht als einziger Konzern von ihnen profitiert habe. Auch sei diese Praxis der EU nicht fremd: So hätte die Stadt Hamburg Zahlungen in der Höhe von 800 Mio. US Dollar an Airbus geleistet.[4]

Mit der gegenseitigen Klage drohte ein bereits seit längerem schwelender Handelskonflikt zu eskalieren. Gerade aufgrund der wirtschaftlichen Bedeutung der Luftfahrtindustrie, ihrer politischen und strategischen Natur als auch der konzeptionellen Schwierigkeiten, wie Luftfahrtsubventionen gemessen und verglichen werden sollen, schien eine schnelle Lösung kaum möglich. Umso erstaunlicher war es, dass sich die USA und die EU im Januar 2005 darauf einigten, den Konflikt auf bilateraler Ebene zu lösen, mit dem Ziel, alle Luftfahrtsubventionen abzuschaffen. Gleichzeitig stimmten die beiden Verhandlungspartner überein, zunächst keinen WTO-Streitschlichtungsprozess zu beantragen.

---

[4] Vgl. United States Mission to the European Union, *Dossier: Large Civil Aircraft Subsidies*, in: http://www.useu.be/Categories/AircraftSubsidies/Index.htm; Office of the United States Trade Representative, *2004 Inventory of Foreign Trade Barriers*, Washington, DC, April 2004; Europäische Kommission, *Report on United States Barriers to Trade and Investment* (Aircraft and Aeroengines), Brüssel, Dezember 2004, S.59/60; Daniel Michaels, „Airbus Firms Up Plans To Fight Boeing 7E7 Jet", in: *The Wall Street Journal*, 30.9.2004.

4 Spannungspotential systemischer Handelskonflikte: GMOs und FSC

4.1 Gentechnisch veränderte Organismen

Weltweit nehmen die Handelskonflikte über Nahrungsmittelsicherheit zu. Diese spielt von Seiten der EU auch beim Konflikt um GMOs eine große Rolle. Gleichzeitig geht es jedoch auch um handfeste wirtschaftliche Interessen. So sind die USA der weltweit größte Produzent von gentechnisch verändertem Getreide; bereits heute enthalten rund 75% der Sojabohnen- und Baumwollernte in den USA sowie 35% des angebauten Mais genverändertes Material. Durch das Importverbot der EU entgeht den USA ein großer und wichtiger Markt. Zusätzlich befürchten sie, dass andere Länder dem Beispiel der EU folgen und ihrerseits strenge Regeln und Verbote für GMOs erlassen. So hatte beispielsweise Sambia im Oktober 2002 rund 26.000 Tonnen amerikanischer Lebensmittelhilfe zurückgewiesen, weil es sich um gentechnisch veränderten Mais handelte.

In der EU wird der Zulassungsprozess und die Verbreitung von gentechnisch verändertem Saatgut seit April 1990 von der Richtlinie 90/220/EG geregelt. Auf dieser Grundlage genehmigte die EU in den folgenden Jahren den Import von neun Getreideprodukten/Pflanzen, hauptsächlich Abwandlungen von Mais, Sojabohnen und Ölsaaten. Im Februar 1997 untersagte Österreich jedoch aufgrund von gesundheitlichen und umweltpolitischen Bedenken eine Maissorte, die bereits von der EU zugelassen worden war; die EU-Kommission ging nicht gegen diese Handlung vor. Daraufhin begannen zahlreiche EU-Mitgliedstaaten ebenfalls, bereits von der EU genehmigte Produkte zu verbieten, ohne dass die Kommission einschritt. Im gleichen Jahr (1997) verabschiedete die EU die Verordnung (EG) 258/97 über genveränderte Nahrungs- und Futtermittel (*Novel Food Regulation*). Diese Verordnung machte die Kennzeichnung von gentechnisch veränderten Lebensmitteln zur Pflicht, es fehlten jedoch Details bezüglich der Durchführung. Die USA forderten die Rücknahme dieser Regelung, da sie ihrer Meinung nach zu Produktdiskriminierung führte. Die Lage verschärfte sich weiter, als die EU ab Oktober 1998 keine weiteren gentechnisch veränderten Agrarprodukte mehr zuließ.

Im Oktober 2002 trat die Richtlinie 2001/18/EG in Kraft, die einen neuen ordnungsrechtlichen Rahmen für das Genehmigungsverfahren und die Verbreitung von gentechnisch veränderten Agrarprodukten und Lebensmitteln aufbauen sollte. Trotzdem beschloss die EU, weiterhin keine neuen GMOs zuzulassen, bis konkrete Vorschriften zur Kennzeichnungspflicht und Herkunftsnachweise in Kraft seien. Im Juli 2003 verschärfte das EU-Parlament schließlich die Kennzeichnungspflicht für gentechnisch veränderte Lebens- und Futtermittel: Alle Lebensmittel, die zu mehr als 0,9% aus GMOs bestehen, müssen künftig gekennzeichnet werden. Zusätzlich erfordert die neue Regelung, dass GMOs durch die gesamte Vermarktungskette zurückverfolgt werden können. Diese Bestimmungen traten im April 2004 in Kraft. Die EU betonte, dass die neuen Kennzeichnungs- und Herkunftsregeln das bisherige Verbot von GMOs ersetzen sollten. Die USA wandten jedoch ein, dass die Kennzeichnung Konsumenten abschrecken könnte, weil sie nicht bestehende Gesundheitsrisiken suggerierten.

Mitte Mai 2003 forderten die USA schließlich – zusammen mit Kanada und Argentinien – WTO-Konsultationen mit der EU über das Zulassungssystem von GMOs, da die neuen Regelungen das de facto Moratorium seit 1998 nicht aufhoben. Die Konsultationsphase verstrich ergebnislos, so dass die USA Mitte August 2003 die Einberufung eines

WTO-Panels forderten. Die EU-Kommission bedauerte die Entscheidung, da das eigene System „klar, transparent, vernünftig und nicht diskriminierend" sei.

Mitte November 2003 begann die EU-Kommission schließlich Gespräche über den Import von gentechnisch verändertem Mais. Aufgrund der Einwände zahlreicher Mitgliedstaaten verzichtete sie jedoch darauf, die Importgenehmigung zur Abstimmung zu bringen. Anfang Dezember sollte dann der EU-Lebensmittelausschuss über eine Vermarktungsgenehmigung entscheiden. Innerhalb der EU gibt es jedoch bis heute grundlegende Bedenken gegen GMOs, so dass nur sechs EU-Mitgliedsstaaten sich dafür aussprachen und eine qualifizierte Mehrheit nicht zustande kam. Im nächsten Schritt musste der EU-Ministerrat über die Zulassung entscheiden; als jedoch auch hier bei der Abstimmung im Dezember 2003 eine Pattsituation entstand, wurde die Entscheidung an die EU-Kommission zurückverwiesen. Diese genehmigte Mitte Mai 2004 zum ersten Mal seit 1998 die Vermarktung des gentechnisch veränderten Mais. Vermarktet werden muss der neue Genmais nach den im April 2004 in Kraft getretenen neuen Vorschriften über Kennzeichnung und Herkunftskontrolle. War der Genmais bislang nur zur Weiterverarbeitung zugelassen, kann er nun direkt als Lebensmittel verkauft werden. Die endgültige Entscheidung der WTO über das europäische Zulassungs- und Kennzeichnungssystem von GMOs steht jedoch noch aus. Eine mögliche Lösung des Konflikts liegt in einer nicht-diskriminierenden Kennzeichnung von GMOs, die auch von den USA anerkannt wird. Auf diese Weise kann das Importverbot aufgehoben werden und steht es dem europäischen Verbraucher weiterhin offen, sich gegen gentechnisch veränderte Nahrungsmittel zu entscheiden.[5]

4.2 Foreign Sales Corporations (FSCs)

Ebenfalls seit Jahren sind die Exportvergünstigungen für US-Unternehmen ein Streitthema zwischen den USA und der EU. Der Hintergrund des Streits liegt in den amerikanischen Steuererleichterungen, die ursprünglich die grundlegenden Unterschiede zwischen dem amerikanischen und europäischen Steuersystem ausgleichen sollten. Die meisten europäischen Länder verfolgen ein territoriales System, das nur im Inland erzielte Einkünfte besteuert. Zusätzlich werden Exporte von der Umsatzsteuer befreit, die auf inländische Verkäufe erhoben wird. Die USA besteuern hingegen Einkünfte amerikanischer Unternehmen, unabhängig davon, wo diese Einkünfte erzielt wurden (Welteinkommensprinzip).

Amerikanische Tochterunternehmen werden also zunächst nach den Sätzen des Sitzstaates (Belegenheitsstaat) besteuert. Wenn die im Ausland erzielten Einkünfte einer Tochtergesellschaft als Dividende in die USA zurückfließen, werden sie zusätzlich nach amerikanischem Recht versteuert. Dementsprechend kann es durch den konkurrierenden Zugriff zweier Staaten zu einer Doppelbesteuerung und zu Wettbewerbsverzerrungen kommen. Um dies zu vermeiden, erhalten Unternehmen für im Ausland gezahlte Steuern eine Gutschrift. Daneben sollen zahlreiche internationale Steuerabkommen eine unangemessene Doppelbesteuerung verhindern. Dennoch besteht aufgrund der *Subpart F-*

---

[5] Claudia Decker, *Handelskonflikte der USA mit der EU seit 1985: eine Studie des Reziprozitätsprinzips in der US-Außenhandelspolitik*, Berlin, 2002, S. 154-156; Office of the United States Trade Representative, *2004 Inventory of Foreign Trade Barriers*, Washington, DC, April 2004; Europäische Kommission, *WTO Dispute Settlement: Measures Affecting the Approval and Marketing of Biotech Products*, in: http://trade-info.cec.eu.int/ wtodispute/show.cfm?id=188&code=2.

Bestimmung (1962) des *US Internal Revenue Code* für US-Unternehmen weiterhin die Gefahr einer Doppelbesteuerung. Unter dieser Regelung werden Gewinne ausländischer, niedrig besteuerter Tochtergesellschaften der Muttergesellschaft zugerechnet (Prinzip der Hinzurechnungsbesteuerung), ohne dass diese an die Muttergesellschaft in den USA ausgeschüttet werden müssen. Dabei werden zwei Arten der Einkünfte der US-Besteuerung unterworfen: die „passiven" Einkünfte (Zinsen, Lizenzgebühren etc.) und einige „aktive" Einkünfte.

Um diesen Wettbewerbsnachteil durch die Subpart F-Regeln auszugleichen, gründeten die USA Anfang der 70er Jahre die so genannten *Domestic International Sales Corporations* (DISCs). Hierunter wurden in den USA ansässige Unternehmen steuerlich wie im Ausland ansässige Firmen behandelt, was in der Regel zu Steuererlassen auf Exporteinkommen führte. 1981 wurden die DISCs jedoch von einem GATT-Panel als unerlaubte Exportsubvention bewertet. Daraufhin änderten die USA ihre Steuergesetzgebung und riefen die *Foreign Sales Corporations* ins Leben. Diese sind von US-Konzernen in Steueroasen gegründete Auslandsgesellschaften, über die Exportgeschäfte steuerbegünstigt abgewickelt werden können. FSCs wurden ausdrücklich aus dem Anwendungsbereich der Subpart F-Regeln ausgenommen.

Im November 1997 reichte die EU eine Klage gegen die FSC-Bestimmungen bei der WTO ein, die diese im März 2000 als „illegale Exportsubvention" und somit als WTO-widrig erklärte. Daraufhin verabschiedete der US-Kongress im November 2000 den *FSC Repeal and Extraterritorial Income Exclusion Act of 2000* (ETI Act), der die vorherige Regelung ersetzen sollte. Während das Gesetz formell die FSCs abschaffte, wurden gleichzeitig neue Regelungen geschaffen, die eine ähnliche Steuerprivilegierung vorsahen (ETI). Allerdings versuchte man, die bisherige Exportspezifität der Steuerbegünstigungen zu beseitigen, indem nun neben Exporteinkünften auch die Einkünfte von im Ausland produzierenden US-Unternehmen freigestellt werden konnten. Für Steuererlasse qualifizierten weiterhin nur Einkünfte, wenn mindestens 50% des Marktwerts in den USA erwirtschaftet wurden. Wenig später zog die EU erneut vor die WTO, die im Januar 2002 entschied, dass auch die neue Regelung gegen WTO-Regeln verstoße. Als bis zum Mai 2003 keine Änderungen in Sicht waren, setzte die EU schließlich den USA eine erste Frist zur Umsetzung des Urteils bis zum Herbst 2003, die bis März 2004 verlängert wurde.

Zu diesem Zeitpunkt lagen dem Kongress bereits zwei Vorschläge vor: Der Haushaltsausschuss des Repräsentantenhauses (*House Ways and Means Committee*) hatte Ende Oktober 2003 einen Gesetzentwurf verabschiedet, der vorsah, die ETI-Regelung bis 2007 stufenweise zu reduzieren und danach abzuschaffen. Als Ausgleich sollte die Körperschaftssteuer für amerikanische Produzenten und kleinere Unternehmen von 35% auf 32% gesenkt werden. Zugleich sollten ausländischen Tochtergesellschaften von US-Unternehmen Steuererleichterungen eingeräumt und die Abschreibungsmöglichkeiten insgesamt erhöht werden. Einige Passagen dieser so genannten *Thomas Bill* wurden jedoch vom Repräsentantenhaus abgelehnt, und sie unterschied sich auch deutlich von dem Gesetzentwurf des Finanzausschusses des Senats. Dieser hatte Anfang Oktober 2003 dem vom Vorsitzenden republikanischen Senator Charles Grassley (Iowa) vorgeschlagenen Gesetzentwurf zugestimmt, der vorsah, alle amerikanischen Unternehmen, die in den USA produzieren, steuerlich zu entlasten. Daneben sollte es bei der internationalen Besteuerung unter *Subpart F* Steuererleichterungen geben. Ein umstrittener Punkt sah zusätzlich vor, die Besteuerung von Dividenden aus ausländischen Quellen für ein Jahr von 35% auf 5,25% herabzusetzen.

Da sich der Kongress zunächst auf kein gemeinsames Gesetz einigen konnte, erhob die EU-Kommission ab März 2004 Strafzölle auf ausgewählte Produkte in Höhe von 5% des Importwerts. Zusätzlich sollten die Strafzölle bis zum März 2005 monatlich um 1% steigen, bis sie 17% bzw. 614 Mio. Euro ausmachen. Insgesamt hatte die EU-Kommission von der WTO die Genehmigung erhalten, Strafzölle von 4 Mrd. Dollar zu erheben. EU-Kommissar Lamy betonte in diesem Zusammenhang, dass die Erhebung von Strafzöllen gegen die USA ein Zeichen setzen solle, dass WTO-Regeln und Urteile eingehalten werden müssen.

Eine erste Annäherung zwischen EU und USA im Steuerstreit fand statt, als im Mai bzw. im Juni 2004 die jeweiligen Entwürfe im Senat und Repräsentantenhaus angenommen wurden. Da die beiden Gesetzesentwürfe nach wie vor in zahlreichen Punkten voneinander abwichen, wurde zunächst ein Vermittlungsausschuss einberufen, um die substantiellen Unterschiede auszuräumen. Anfang Oktober einigte man sich schließlich auf eine Aufhebung der Exportsteuergesetzgebung sowie eine umfassende Reform der Unternehmenssteuern, die Mitte Oktober vom Kongress verabschiedet wurde. Präsident Bush unterzeichnete das Gesetz Ende Oktober. Diese Änderung sollte zum 1. Januar 2005 in Kraft treten.

Das neue Gesetz gewährt im Auslandsgeschäft tätigen US-Unternehmen Steuererleichterungen in der Höhe von insgesamt 138 Mrd. Dollar über die nächsten zehn Jahre. Des Weiteren sollen bisherige Lücken und Missbrauchmöglichkeiten der Steuergesetzgebung geschlossen werden. Ferner sollen multinationale Unternehmen durch eine einjährige Steuererleichterung dazu bewegt werden, ihre Gewinne in die USA zurückzuführen. Auch wird die Körperschaftssteuer für inländische Produzenten von 35% auf 32% gesenkt. Letztlich ist das US-Finanzministerium verpflichtet, Studien zur Effektivität des neuen Gesetzes, insbesondere über die Wirksamkeit der Rückführung von Auslandsgewinnen, durchzuführen.

Am 25. Oktober 2004 gab die EU-Kommission dementsprechend bekannt, die Strafzölle auf US-Güter ab dem 1. Januar 2005 vorübergehend aufzuheben. Da sie allerdings bezweifelte, dass das neue Steuergesetz allen Bedingungen der WTO-Entscheidung von 2002 entspricht, kündigte sie an, zur Überprüfung des Gesetzes erneut vor der WTO zu klagen. Demnach behält sie sich auch vor, die Strafzölle gegebenenfalls wieder einzuführen. Besonders kritisch wird die zweijährige Übergangszeit gesehen, in der US-Exporteure weiterhin FSC/ETI-Vorteile von mehr als 4 Mrd. (2005) bzw. 3 Mrd. US-Dollar (2006) erhalten. Ferner wurde beanstandet, dass gemäß der *Grandfathering Clause* allen Exporteuren, die sich vor September 2003 vertraglich gebunden haben, weiterhin unbegrenzt FSC/ETI-Vorteile zur Verfügung stehen werden. Als größten Nutznießer zählte die EU Boeing, das über den Zeitraum 1992 bis 2003 mehr als 1,6 Mrd. US Dollar erhalten habe.

Lamy sprach in Brüssel von einer „sehr guten Nachricht für den Multilateralismus, für Rechtssicherheit und für die WTO". Die Aufhebung der EU-Strafzölle stellt eine deutliche Entschärfung eines der schwerwiegendsten Handelskonflikte in den transatlantischen Beziehungen dar. Ob dies jedoch von Dauer sein wird, hängt letztlich von der Bewertung des neuen Gesetzes ab, aber auch von der Entwicklung in anderen Streitfällen, wie dem Airbus/Boeing-Fall.[6]

---

[6] Vgl. Europäische Kommission, *WTO Dispute Settlement: Tax Treatment for „Foreign Sales Corporations"*, in: http://trade-info.cec.eu.int/wtodispute/show.cfm?id=152&code=1; Europäische Kommission, *Report on United States Barriers to Trade and Investment* (Foreign Sales Corporations), Brüssel, Dezember 2004, S.56/57; United

5 Handlungsnotwendigkeiten

Sind die transatlantischen Handelsbeziehungen grundlegend gestört? Wohl kaum, denn rund 99% des transatlantischen Handels laufen störungsfrei ab, schwerwiegende Handelskonflikte wie Stahl oder FSCs wurden gelöst und auch in anderen Bereichen fand eine grundlegende Annäherung statt. Dennoch darf die negative Wirkung dieser Konflikte – insbesondere der Airbus/Boeing-Fall – auf die transatlantischen Beziehungen insgesamt und auch auf die WTO nicht unterschätzt werden. Gerade aufgrund der Gefahr, dass durch die *tit-for-tat*-Dynamik Konflikte auf immer mehr Wirtschaftsbereiche übergreifen, entstehen Planungsunsicherheiten und schwerwiegende Vertrauensverluste in die Wirtschaftspolitik des Handelspartners, die das Investitionsklima nachhaltig stören können. Ein weiteres Problem besteht darin, dass die WTO bei Missachtung eines Panelentscheids dem geschädigten Staat erlaubt, Strafzölle zu erheben. Dies kann zu einem steigenden Protektionismus im transatlantischen Handel führen, der für beide Seiten negative wirtschaftliche Auswirkungen hätte. So haben die europäischen Strafzölle im FSC-Fall auch der eigenen Wirtschaft grundlegend geschadet. Letztlich führen die Handelskonflikte vor allem im US-Kongress zu einer generellen Ablehnung weiterer Handelsliberalisierungen. Dies erschwert auch die Zusammenarbeit zwischen EU und USA im Rahmen der WTO, die für einen erfolgreichen Abschluss der Doha Entwicklungsrunde notwendig ist. Daneben wird durch die Eskalation von Handelskonflikten die Glaubwürdigkeit der WTO insgesamt und als effektives Streitschlichtungsinstrument nachhaltig geschädigt. Auch auf politischer Ebene haben Handelskonflikte den transatlantischen Beziehungen erheblichen Schaden zugefügt und setzen die bereits durch die Irakfrage strapazierten politischen Beziehungen weiter unter Druck.

Angesichts der negativen Auswirkungen der Handelskonflikte müssen die Bemühungen zur Vermeidung und Beilegung von Handelsstreitigkeiten erheblich intensiviert werden. Zwar können Konflikte wohl nie ganz vermieden werden, doch gibt es zahlreiche Instrumente und Strategien, um das Klima in den transatlantischen Handelsbeziehungen zu verbessern – sowohl durch eine bessere Prävention als auch eine schnellere und effizientere Beilegung bestehender Handelskonflikte. Hier sind vier zentrale Punkte zu nennen:

- *Erstens* muss das institutionelle Gerüst der bilateralen Beziehungen weiter ausgebaut werden, darunter v.a. die Neue Transatlantische Agenda (*New Transatlantic Agenda*, NTA) und die Transatlantische Wirtschaftspartnerschaft (*Transatlantic Economic Partnership*, TEP). Innerhalb der TEP sollte die Konvergenz und gegenseitige Anerkennung von Standards stärker gefördert werden. Daneben muss auch der Frühwarnmechanismus intensiver genutzt werden, mit dem Ziel, Handelsstreitigkeiten bereits im Frühstadium zu erkennen und gegebenenfalls zu lösen. Zusätzlich müssen gemäß den Zielen der *Positive Economic Agenda* (PEA) verstärkt gemeinsame Kooperationsinteressen identifiziert werden, um eine positive Verhandlungsdynamik zu schaffen.
- *Zweitens* muss dieser *top-down*-Ansatz durch einen Dialog zwischen den betroffenen Interessengruppen (*bottom-up*-Ansatz) ergänzt werden. Durch die Intensivierung der bestehenden transatlantischen Dialoge (Wirtschaft, Verbraucher, Umwelt, Arbeit)

States Mission to the European Union, *Dossier: Foreign Sales Corporations*, in: http://www.useu.be/Categories/ FSC/Index.htm; „FSC-Regelung abgeschafft", in: *Washington News* DIHK / BDI, 28.10.2004; John Hulsman, "How to Improve US-EU Trade Relations", in: *The Heritage Foundation Backgrounder*, Nr. 1499, Okt. 2001.

können gerade Konflikte wie in der Biotechnologie, die auf grundsätzlich unterschiedlichen Risikobewertungen beruhen, früher erkannt und behandelt werden. Insbesondere müssen die bestehenden Bemühungen zur Wiederbelebung des *Transatlantic Business Dialogue* (TABD) fortgeführt werden. Neue Initiativen aus der Wirtschaft, die in der Vergangenheit zu Abkommen wie dem *Information Technology Agreement* geführt haben, sind dringend notwendig.

- *Drittens* muss neben diesem institutionalisierten Dialog auch der informelle Dialog zwischen den handelspolitischen Entscheidungsträgern gestärkt werden, um das Verständnis und Vertrauen füreinander zu erhöhen. In diesem Rahmen wäre auch eine Vertiefung des Dialogs zwischen dem US-Kongress und dem Europäischen Parlament ein wichtiges Instrument der Konfliktvorbeugung.
- *Viertens* sollten sich beide Seiten zur Beilegung bereits bestehender Konflikte stärker um eine bilaterale Lösung bemühen, bevor sie eine Klage bei der WTO einreichen. Gerade bei Handelskonflikten in sensiblen regulativen Bereichen kann der verrechtlichte Streitschlichtungsmechanismus der WTO kaum zu einer Lösung führen. Auch während des Streitschlichtungsverfahrens sollte eine bilaterale, diplomatische Einigung im Vordergrund stehen. Kommt es zu keiner vorzeitigen Einigung, muss das WTO-Urteil zügig umgesetzt werden, um die Einführung von Strafzöllen und eine Eskalation des Konflikts zu vermeiden.

6   Ein Blick in die Zukunft

Wird der Atlantik breiter? Welche Handelspolitik ist in der zweiten Amtszeit von Präsident Bush zu erwarten? Mit wesentlichen Änderungen der US-Handelspolitik ist nicht zu rechnen. Bush – klarer Befürworter des Freihandels – wird auch in Zukunft sowohl die Doha-Runde der WTO als auch den Abschluss neuer regionaler Freihandelsabkommen, darunter insbesondere mit den lateinamerikanischen Staaten, unterstützen. Hinsichtlich des hohen Handelsbilanzdefizits ist zu erwarten, dass Bush auf eine stärkere Marktöffnung für US-Produkte drängen wird; weniger wahrscheinlich ist eine Abschottung des US-Marktes, um über sinkende Importe die Handelsbilanz zu verbessern. Dementsprechend kommt Bush die derzeitige Entwicklung des Dollars entgegen, die die Wettbewerbsfähigkeit der US-Exporteure deutlich stärkt. Präsident Bushs handelspolitische Schlagkraft hängt dabei grundlegend von der Verlängerung der *Trade Promotion Authority* (ehemals *Fast Track*) ab, die am 30. Juni 2005 ausläuft. Allerdings stehen hier seine Chancen erheblich besser als noch im Jahr 2002, da sich die Mehrheitsverhältnisse im Senat und Repräsentantenhaus deutlich zugunsten der Republikaner verschoben haben.

Nach wie vor werfen die zahlreichen transatlantischen Handelskonflikte, insbesondere Airbus/Boeing, einen Schatten auf die Handelspolitik Bushs. Auch wird seine Handelspolitik maßgeblich vom Wirtschaftswachstum und der Arbeitsmarktentwicklung in den USA abhängen: Sind diese eher negativ, steigt die Gefahr protektionistischer Maßnahmen für bestimmte Sektoren – insbesondere arbeitsintensive Bereiche wie Stahl und Textilien – erheblich. Dass Bush nicht vor temporären protektionistischen Maßnahmen zurückschreckt, haben die Schutzzölle für Stahl und die *Farm Bill* in seiner ersten Amtsperiode gezeigt.

Assessing Proposals for a Transatlantic Free Trade Area

Rolf J. Langhammer, Daniel Piazolo und Horst Siebert

1 Introduction

Institutionalizing economic relations between the EU and the US has been on the political agenda for many years. In recent years, however, there has been a shift from the traditional trade policy focus to issues of securing market access and harmonizing trade-related domestic policies. In February 2002, for instance, the EU commissioner for transportation, Loyola de Palacio, proposed the creation of a transatlantic air space. In November 2001, the German noble laureate in economics, Reinhard Selten, stated that a common transatlantic currency is "by all means possible".[1] Large transatlantic mergers as between Daimler Benz and Chrysler underline that transatlantic cooperation in competition policies is an issue of growing importance.

The academic discussion on institutionalization of transatlantic economic relations has centred primarily on the merits of a free trade area between the EU and the US.[2] This article resumes the traditional debate on the effects of such an area and departs from recent policy initiatives in transatlantic relations during the nineties (Section 2). These initiatives have been accompanied by important changes in EU and US policies towards bilateral and regional trade relations. These changes will be introduced in Section 3. Section 4 discusses the potential benefits which may arise from TAFTA (Transatlantic Free Trade Area) while Section 5 addresses its costs both internally as well as externally for third parties. Section 6 stylizes alternatives to a rigid institutionalized FTA (Free Trade Area) without forgoing its benefits. Section 7 concludes on the results.

Dieser Beitrag erschien zuerst in Aussenwirtschaft, 57 (2), 2002, S. 161-185. Abdruck mit freundlicher Genehmigung der Redaktion und der Autoren.

[1] R. Selten stated «Es ist durchaus im Bereich des Möglichen, dass es zu einer transatlantischen Währungsreform kommt, der Euro irgendwann mit dem Dollar zusammengeführt wird», Der Handel (2001): Interview "Transatlantische Währung möglich", 1.11.2001, Frankfurt am Main.

[2] cf. Siebert, Horst/ Langhammer, Rolf J./ Piazolo, Daniel (1996): The Transatlantic Free Trade Area. Fuelling Trade Discrimination or Global Liberalization? Journal of World Trade, Vol. 30, No. 3, p. 45–61; Wolfe, Robert (1996): Vers l'ALETA? Le Libre-Echange Transatlantique et la Politique Etrangere Canadienne; in: Etudes internationales, Instiïut Quebecois des Hautes Etudes Internationales, Université Laval, Vol. 27, No. 2, p. 353–380; Donges, Jürgen B./ Freytag, Andreas/ Zimmermann, Ralf (1997): TAFTA: Assuring Its Compatibility with Global Free Trade. The World Economy, Vol. 20 No. 5, p. 567–583; Lübcke, Britta/ Piazolo, Daniel (1998): Die dynamischen Auswirkungen einer Nordatlantischen Wirtschaftsgemeinschaft (NATEC). Homo Oeconomicus, Vol.15, No. 2, p.195–216; Hindley, Brian (1999): New Institutions for Transatlantic Trade? In: International Affairs, Vol. 75, p. 45–60; Schott, Jeffrey J./ Oegg, Barbara (2001): Europe and the Americas: Toward a TAFTA-South? The World Economy, Vol. 24, No. 6, p. 745–755; Siebert, Horst (2002): The World Economy, London: Routledge, 2nd edition.

2 Transatlantic Economic Cooperation since the Madrid Summit

As a result of the 1990 Transatlantic Declaration, EU-US economic summits were introduced to give bilateral relations a new momentum. Each of these summits addressed a special aspect of cooperation. At the EU-US summit of December 1995 in Madrid, the EU and the US formally approved the New Transatlantic Agenda (NTA) and a Joint EU-US Action Plan for implementation. Apart from economic and trade issues, the NTA included a wide range of commitments to cooperate in areas such as foreign and security policy, international crime, drug trafficking preventions, migration, environment and health. With the NTA, the EU and the US tried to establish an institutionalized forum for transatlantic cooperation and to increase the scope for joint action without moving toward institutionalized regional integration. At the EU-US Summit of May 1997 in The Hague, the Agreement on Customs Cooperation and Mutual Assistance in Customs Matters was signed and in December 1997 the Science and Technology Agreement was endorsed, which extends and strengthens the conduct of co-operative activities between EU scientific institutions and a range of US government research agencies. One year later in May 1998 in London, the Transatlantic Economic Partnership (TEP) was created, which seeks to improve the economic relationship between the EU and the US as well as to create an open and more accessible world trading system. In the same year, the European Commission and the US Administration accepted the TEP Action Plan that identified areas for common actions of bilateral as well as multilateral concerns. Apart from a comprehensive TEP Steering Group, specialized working groups focusing on specific issues of the TEP Action Plan (like the TEP Working Groups on Technical Barriers to Trade, Biotechnology, or Food Safety) were set up. The TEP Steering Group provides also the forum for the recommendations of the transatlantic dialogues, i.e. the Transatlantic Business Dialogue, the Transatlantic Environment Dialogue, the Transatlantic Consumers Dialogue, the Transatlantic Labor Dialogue, the Legislators' Business Dialogue and the Transatlantic Development Dialogue.

In June 1998, also the EU-US Agreement on the application of positive comity principles in the enforcement of competition laws was signed, and in December 1998 the EU-US Agreement on Mutual Recognition became effective covering specific goods areas like pharmaceuticals, medical devices, telecom equipment, electromagnetic compatibility, electric safety and recreational craft. At the EU-US Summit of June 1999 in Bonn, both sides committed themselves to a "full and equal partnership" in economic, political and security affairs, which was seen as further advancement since the NTA document. The EU-US Veterinary Equivalence Agreement was signed in July 1999 and aims at facilitating trade in live animals and animal products. At the EU-US Summit of May 2000 in Lisbon, the Consultative Forum on Biotechnology was established to improve the communication and understanding on the various concerns involved in biotechnology. Furthermore, progress on the so called "Safe Harbor Principles" for the adequate protection of personal data transfers was made. At the EU-US Summit of June 2001 in Göteborg, the shared commitment for a new round of multilateral trade negotiations at the WTO Ministerial Meeting in Doha was emphasized as well as the need to promote the digital economy and to make its benefits available to all citizens. In February 2002, the Spanish government holding the EU presidency at that time, initiated a call for a study of the benefits of lower transatlantic trade barriers.

Such regularity in bilateral cooperation could suggest a détente in transatlantic trade policy disputes which in the past rattled the multilateral trading system again and again. However, this has not been the case. Disputes on banana trade, trade in hormone-treated beef and genetically modified organisms, tax privileges of Foreign Sales Corporations, and on safe-guard tariffs imposed against US steel imports, to name only few of them, have figured prominently in the WTO dispute settlement mechanism and sometimes remained unresolved throughout the entire procedure. Both actors report permanently on barriers to the partner country's market[3] and exchange views how to settle disputes bilaterally as well as multilaterally. Interestingly, many of these disputes do not cover border measures but trade-related domestic policies. Hence, they would not necessarily vanish if an "old age" free trade area (FTA) would be established. Instead, to be meaningful, a "new age" FTA would have to include harmonization of trade-related domestic policies.[4]

3 Policy Shifts in EU and US Regionalism

In the nineties, both parties have changed their policies toward regionalism significantly. First, the EU announced to convert non-reciprocal preferential agreements into reciprocal FTAs in order to comply with WTO commitments of tighter discipline enforced against invoking GATT Art. XXIV. Regionally, such conversion refers to bilateral agreements with the Mediterranean countries and with the so-called Lomé group of African, Caribbean and Pacific (ACP) countries. Furthermore, as in Central Europe where in addition to the Europe Agreements with the EU a FTA was formed between the accession candidates under EU initiative, the EU encourages the formation of regional groupings among Mediterranean countries on the one hand and ACP countries on the other hand. Such groupings will erode the hub-and-spoke character of former bilateral agreements which gave the EU as the hub privileged access to all "spokes" while denying the spokes privileged access to each other markets.

Second, the EU has negotiated and concluded FTAs with countries outside Europe such as the Latin American integration scheme Mercosur and with Mexico. Given that these countries will never be eligible for EU membership, the EU expands reciprocal agreements beyond the European region where such agreements could be understood and legitimized as pre-accession "training" stages. Instead, agreements with Latin American countries can be explained by "level playing field" motives, i.e. to match the US initiatives "to go regional" with these countries. It is evident that the EU move towards regional and bilateral agreements with Latin American countries erodes US preference margins and thus faces concerns in the US. However, it is argued that EU FTAs with Latin American countries strengthen the reform momentum in these countries and their international competitiveness and thus will also be beneficial for US traders and investors.[5]

The US policy shifts have been even more profound. Since the foundation of NAFTA, the US has increasingly deviated from its traditional post-war multilateral course and pro-

---

[3] In July 2001, the EU Commission issued the 17th annual report on US barriers to trade and investment and the US Trade Representative in his annual report lists EU barriers, respectively.
[4] See for such "new age" agreement the recent case of a bilateral FTA between Japan and Singapore, Hertel, Thomas/ Walmsley, Terrie/ Hakura, Ken (2001): Dynamic Effects at the "New Age" Free Trade Agreement between Japan and Singapore. Journal of Economic Integration, Vol.16, No. 4, p. 446–484.
[5] Schott/ Oegg (2001): Europe and the Americas: Toward a TAFTA-South? The World Economy.

moted regional agreements. The year 2001 was a watershed in this respect when the US President in his annual trade policy agenda declared EU regionalism as a benchmark to be followed by the US. In the same year, the hemispheric endeavour of a Free Trade Agreement of the Americas (FTAA) linking all Latin and North American countries and hence avoiding the hub-and-spoke-syndrome was launched under US initiative. Agreements with Jordan and Asian countries are under way while the US support for the multilateral system remains ambiguous as indicated by the difficulties in achieving congressional endorsement of a WTO negotiation mandate for the US President.

The move toward regionalism in US policies may have received indirect support by the apparent stagnation of a "third way" between regionalism and multilateralism which was promoted by the US, i.e., the so-called "open regionalism" in the Asia-Pacific Economic Cooperation APEC. APEC which comprises all neighbouring countries of the Pacific rim aims at a free trade area in 2020 at the latest and is a regionally concerted nonbinding peer-driven approach toward free trade within an area which except for the EU would include all major trading partners in the world.[6] As concessions are non-binding and open to all non-APEC countries which adhere to the APEC approach, APEC is similar to conditional MFN treatment. Consequently, APEC is not notified under GATT Art. XXIV.

To sum up, the US and EU have not only converged in terms of the general thrust of their trade policies, both now "going" more regional. They have also used trade policies to penetrate in each others economic backyard, the EU in Latin America and the US in the Mashreq area. Such expansion may open new areas of conflict but may also extend overlapping interests beyond the direct transatlantic trade and capital flows. The banana conflict between two basically non-banana producing areas indicates that both trade and investment interests of the two actors go far beyond their own territories. Via globalization of capital markets, almost each third country issue in trade policies automatically involves vested interests of the EU or US private sector. This has to be taken into consideration when focusing the negotiation issues between the EU and the US on the narrow aspect of direct bilateral interactions.

4 Stylised effects of TAFTA

Minimising discrimination against third countries at a given level of efficiency gains from forming a FTA is a yardstick which regional arrangements have to satisfy when compared to multilateral arrangements. The Vinerian customs union theory has provided the workhorse to specify the criteria when referring to trade creation as welfare enhancing effects of integration deepening and trade diversion as welfare decreasing effects of discrimination against third countries.

---

[6] Langhammer, Rolf J. (1999): Regional Integration APEC Style: Lessons from Regional Integration EU Style. ASEAN Economic Bulletin, Vol. 16, No.1, p.1–17.

4.1 Trade creation exceeding trade diversion?

As a rule of thumb, the welfare-enhancing effect of efficiency gains inside the union (often referred to as a result of trade creation) is expected to exceed welfare-decreasing discrimination outside the union (referred to as trade diversion)

- the larger the initial share of the member countries in world trade
- and the larger the initial share of intra-regional trade in the total trade of the member countries.

These two criteria can be applied to TAFTA. The EU and the US are the leading individual players of world trade closely followed by Japan. However, this ranking does not indicate an overwhelmingly dominant position in world trade. In 1999, the two actors accounted for 34 per cent of world total exports (including commodities) and 39 per cent of world manufactured exports (Table 1). Hence, more than 60 per cent of world trade (excluding intra-EU trade) cannot be attributed to them but to trading partners basically in Asia and other countries of the Western hemisphere. Whether TAFTA meets the first criterion is particularly questionable due to the observation that the trend since 1980 has been either stagnating (total trade) or declining (manufactures). This is most visible in manufactured exports where trade policies are especially relevant because of higher trade barriers than for commodities. While the share of the US in world manufactured exports remained more or less constant, that of the EU declined visibly due to both slower economic growth and inward orientation. With more dynamic trading partners outside TAFTA than inside, the risk of sizable discrimination effects cannot be ignored.

Table 1: EU and U.S. Shares in World Exports[a], 1980-1999 (percentage)

	Total trade		Manufactures	
	EU	United States	EU	United States
1980	18.9	13.4	29.3	17.8
1990	20.6	14.5	24.8	16.1
1996	20.1	14.7	23.3	16.1
1997	19.6	15.5	22.7	17.3
1998	20.3	15.5	23.0	17.3
1999	19.3	15.2	21.7	17.1

[a] excluding intra-EU trade
Source: UN, Monthly Bulletin of Statistics, February, May issues, monthly.

As concerns the second criterion, the magnitude of intra-area trade, similar conclusions can be drawn as to the first one (Table 2). Both the US and the EU largely trade with other countries and again the overall trend in intra-"TAFTA"-trade has been declining, especially in manufactures, with the exception of the importance of the US market for EU manufactures.

Table 2: Intra-TAFTA Trade Shares[a], 1980-1999 (percentage)

	U.S. Share in				EU Share in			
	Extra-EU Exports		*Extra-EU Imports*		*U.S. Exports*		*U.S. Imports*	
	Total	Manufac-tures	Total	Manufac-tures	Total	Manufac-tures	Total	Manufac-tures
1980	12.7	13.0	16.1	28.4	26.7	25.4	16.1	26.5
1990	18.1	18.8	17.5	22.2	24.9	26.1	20.1	22.5
1996	18.0	19.0	18.1	21.6	20.6	21.0	18.1	20.2
1997	19.4	20.4	19.0	23.3	20.6	21.0	18.5	20.7
1998	21.1	22.5	19.3	23.0	22.2	22.6	19.5	21.5
1999	23.0	24.4	19.1	22.7	22.2	23.2	18.9	20.8

[a] excluding intra-EU trade.
Source: UN, Monthly Bulletin of Statistics, February, Mai issues, monthly.

Merging the two criteria yields that in 1999 only about 9 per cent of world manufactured exports was due to US exports to the EU and EU exports to the US (after 8 per cent in 1980). While this may signal a still untapped potential for trade expansion between the two areas, it mainly suggests that trade diversion effects of bilateral trade liberalization to the disadvantage of more dynamic trading partners outside TAFTA can be substantial.

4.2 Quid pro quo-investment as a shelter against a fortress TAFTA?

Unlike in trade, EU-US foreign direct investment flows are substantial in both directions. The EU as well as the US are for one another the most important hosts for investment activity partly because the Asian markets (including Japan) have only recently started to liberalize FDI inflows. By end-1999, 46 per cent of the US FDI stock was located in the EU-15 compared to 43 per cent in 1990 (see Figure 1). In manufactures, almost half of total US FDI was located in the EU by end of the last decade. A particularly attractive sector for US FDI in Europe was the service sector after being liberalized in the context of the EU 1992 programme to complete the single market. While in 1980 only 30 per cent of total US FDI in services were in Europe, this figure had risen to almost half some twenty years later.

The other direction of investment flows is likewise substantial. In 1998, almost 49 per cent of total extra-EU FDI assets were held in the US. For the period 1992–98, this amounted on average to more than 51 per cent.[7] In terms of FDI outward flows, the US has become even more attractive during the nineties. From 1992 to 1999, the share of the US in total extra-EU FDI outward flows rose from 39 per cent to 69 per cent with annual average growth rates of almost 60 per cent (see Figure 2).

---

[7] Eurostat (2001): European Union Foreign Direct Investment Yearbook 2000, Luxemburg, p. 23.

Figure 1: EU Share in US FDI Stock by Sector, 1980–1999 (in per cent)

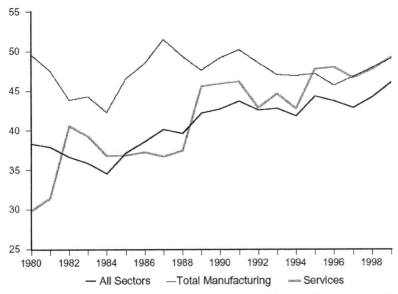

— All Sectors   —Total Manufacturing   ━━ Services

Source: U.S. Department of Commerce, Survey of Current Business, various issues.

Figure 2: US Share in Total Extra-EU-15 FDI Outward Flows, 1992–1999 (in per cent)

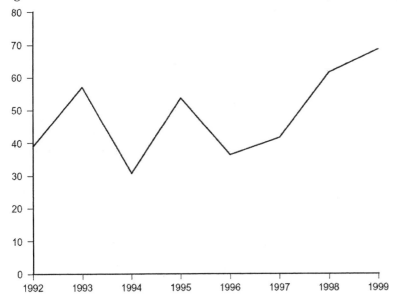

Source: Eurostat (2001): European Union Foreign Direct Investment Yearbook 2000, Luxemburg.

Overall, the outstanding characteristic of the EU-US economic relations is the mutual interlinkage through FDI.[8] Companies from both regions have considerable assets in the other region's market and are therefore strongly inclined to maintain well functioning transatlantic trade links in the absence of TAFTA. In this respect, foreign risk capital can act as *quid pro quo*-investment, i.e. to diffuse protectionist threats by taking influence on the formulation of trade policies in the host country.[9] It seems largely due to the intensity of bilateral investment ties that serious trade policy conflicts in the past could always be finally settled without escalating into a trade war.

The central role of transatlantic FDI can be substantiated at the firm level, too, by consulting the DOME Database on Mergers in Europe. DOME consists of all merger cases between 1990 and the end of 1999 that were examined by the European Commission and therefore provides a good base to examine transatlantic activates in more detail.[10] Table 3 gives a detailed classification of all investigated merger cases by the European Commission (column 1) by providing the number of merger cases that involve only EU countries (column 2), EU and Non-EU countries (column 3) or only Non-EU countries (column 4). Furthermore, Table 3 gives the number of transatlantic merger cases (column 5) and their share in total (column 6) and in all the cases involving EU and Non-EU countries (column 7). During the period 1990 to 1999, the transatlantic activities accounted on average for 12.8 percent of all merger inquiries and for 58.2 percent of the inquiries involving EU and Non-EU countries. This underlines that for extra-EU activities of EU companies, the US is by far the most decisive country. From 1990 (with 33.3 percent of all cases involving EU and Non-EU countries) to 1999 (with 66.2 percent of all these cases) the US gained considerable importance. Consequently, increasing transatlantic activities of companies lead to further economic and institutional interdependencies of the countries – even without the fixed setting of a TAFTA.

4.3 Does imperfect competition wipe out concerns about TAFTA?

The EU and the US share similarities in their income stage, levels of technology, and in the availability of capital and skilled labor. In a gravity model context, these similarities stand for "mass" and facilitate bilateral trade flows, in contrast to "distance" as the trade-impeding factor. Yet, it is less the volume that matters here but the composition of trade. Similarities in factor endowment and high income levels suggest intra-industry trade based on imperfect competition to be dominant rather than inter-industry trade. Intra-industry trade is based on economies of scale as well as variety of preferences on the demand side and allows countries to benefit from larger markets and to consume a greater variety of goods. Under such conditions, the traditional trade creation and trade diversion debate based on perfect competition loses some of its relevance. What could make a high share of intra-industry trade an asset in this context is that it is much less vulnerable to protectionism than inter-industry trade. Political opposition against liberalization is diffused if freeing

---

[8] This implies a new channel of interdependence in the business cycle.
[9] Bhagwati, Jagdish/ Dinopoulos, Elias/Wong, Karyin (1992): Quid Pro Ouo Foreign Investment, American Economic Review, Vol. 82, No. 2, p.186-190.
[10] DOME (Database on Mergers in Europe) (2002): available under: http:// www.uni-kiel.de/ifw/forschung/fo1.htm; Hammermann, Felix/ Kleinert, Jörn (2001): Die DOME-Fusionsdatenbank. Die Weltwirtschaft, No. 4, p. 405–414.

trade leads to expansion of both exports and imports in the same sector. Opposition against trade concessions on the import side can be contained if liberalization promises to stimulate own exports from this sector, too. Both *quid pro quo*-investment and intra-industry trade can stimulate the formation of a TAFTA but they can also protect transatlantic economic relations against a possible failure of an institutionalized free trade area. Liberalization is furthermore facilitated if the degree of openness between the members of a free trade arrangement is similar. Such openness can be approximated by the contribution of external imports to total domestic supply (apparent consumption). In the US and EU, this contribution was fairly similar during the eighties and early nineties.[11]

Table 3: Significance of Transatlantic Merger Cases for European Companies

Year	1	2	3	4	5	6	7
	Overall number of merger Cases	Number of purely intra-EU merger cases	Number of merger cases involving EU and non EU countries	Number of merger cases involving only non EU countries	Number of transatlantic merger cases	Share of transatlantic merger cases in total	Share of transatlantic merger cases in all cases involving EU and non EU countries
	I	II	III	IV	V	VII	IX
1990	11	5	3	3	1	9.1	33.3
1991	95	63	22	10	13	13.7	59.1
1992	82	62	17	3	10	12.2	58.8
1993	71	51	13	7	7	9.9	53.9
1994	133	101	21	11	13	9.8	61.9
1995	149	95	41	13	16	10.7	39.0
1996	176	125	36	15	22	12.5	61.1
1997	236	159	54	23	29	12.3	53.7
1998	295	197	60	38	39	13.2	65.0
1999	278	187	68	33	45	16.2	66.2
Sum	1526	1045	335	156	195	12.8	58.2

Sources: DOME (Database on Mergers in Europe) (2002): available under: http://www.uni-kiel.de/ifw/forschung/fo1.htm; Hammermann, Felix/ Kleinert, Jörn (2001): Die DOME-Fusionsdatenbank. Die Weltwirtschaft, No. 4, p. 405–414; own calculations.

---

[11] Siebert/ Langhammer/ Piazolo (1996): The Transatlantic Free Trade Area, p. 60.

4.4 Are fears about discrimination effects against third countries overrated?

The concept of "New Regionalism"[12] defends its positive assessment toward regional or bilateral trade agreements by pointing to the endogeneity of regionalism: It is derived from successful multilateral liberalization, since a multilateral dismantling of border barriers is expected to favour trade with closer partners relative to trade with more remote partners anyway. In this realm, trade diversion effects would not play a major role since trade barriers vis-à-vis third countries had already been cut multilaterally thus leaving preference margins of intra-area trade at a low level.

The EU and the US seem to meet such preconditions. After the Uruguay Round, their average bound industrial tariffs are among the lowest of all WTO member states, i.e., 4.1 per cent and 3.9 per cent, respectively. All tariff lines are bound and the share of tariff lines with peak tariffs (above 15 per cent) is low as well (3.5 per cent and 1.5 per cent, respectively.[13] Thus, cutting the remaining tariffs completely should neither result in major revenue losses nor be strongly opposed by affected industries. The former is relevant in the US because under US law such losses have to be compensated for by other revenues.

However, average tariffs and the focus on industrial tariffs conceal remnants of highly protected activities. Tariff escalation still exists in both industry and agriculture areas thus discriminating against finished goods industries and particularly against labor-intensive suppliers from the developing world, for instance in apparel items and specific processed food products. And even after the full implementation of the Uruguay Round, the estimates of the simple average MFN tariff rates for agriculture (excluding fish) are 9 per cent for the US and 20 per cent for the EU.[14] Estimates on the share of producer subsidies in producer's gross receipts arrive at rates of almost 50 per cent in the EU and about half of that in the US. They indicate how widely the agricultural sector is still decoupled from market forces. It is very likely that under these conditions TAFTA would concede agriculture the same special status different from that for industrial products as it was conceded in the EEC after 1957.

It is obvious that the dismantling of remaining low average tariffs in bilateral trade parallel to the implementation of the Uruguay Round implies small preference margins compared to MFN treatment. Static trade effects would be small, too. Schott estimates that the total elimination of tariffs on bilateral trade would increase US exports to the EU by about 10.8 per cent and EU exports to the US by 6.3 per cent.[15] This would be equivalent to an increase of total US trade of only 2.3 per cent (1993 figures) or 0.2 per cent of US GDP. For the EU, such static effects would be even lower (1.1 per cent and 0.1 per cent). Even if one takes into consideration that neither non-tariff barriers nor dynamic effects are taken into account, it is suggestive to argue that intra-TAFTA tariff liberalization confined to merchandise trade is unlikely to have a strong effect on changes in national income of the two trading partners. Nor can large trade diverting effects be expected to emerge from tariff

---

[12] Ethier, Wilfred (1998): The New Regionalism. The Economic Journal, Vol.108, July, p. 1149–1161.
[13] WTO (2001): Market Access: Unfinished Business. Post-Uruguay Round Inventory and Issues, Special Studies, Vol. 6, Geneva, April, Table II.2.
[14] Finger, J. Michael/ Ingco, Merlinda D./ Reincke, Ulrich (1996): The Uruguay Round. Statistics on Tariff Concessions Given and Received, World Bank, Washington D.C., p. 52.
[15] Schott, Jeffrey J. (1995): Reflections on TAFTA. Mimeo, Institute for International Economics, Washington, D.C., September 1995, p. 6.

dismantling only. Yet, this analysis neglects potential investment-creating effects of TAFTA as well as its incentives for product innovation derived from the strong intra-industry component in bilateral trade.

5 The Costs of TAFTA

The preceding section has presented some arguments against the view that founding TAFTA as a traditional free trade area would be a sea change compared to the pre-TAFTA period. Nevertheless, costs, both for the partners as well as for the rest of the world, should not be ignored. In fact, TAFTA would have a number of important internal and external consequences.

5.1 The Domestic Dimension of TAFTA

The basic domestic dimension of TAFTA consists of submitting all sectors and industries to the GATT discipline demanded in GATT Art. XXIV. This article requires including "substantially all trade" in intra-FTA trade liberalization. It is known that neither in the GATT period nor during the early years of the WTO, could this discipline be enforced. Most FTAs regardless of whether they can be labelled "old" or "new" still exclude "sensitive" sectors, above all agriculture.[16] As a result, unequal treatment of sectors within a FTA distorts allocation decisions, supports costly excess capacities in protected industries and sectors and encourages the emergence of rent-seeking activities beyond national boundaries.

Within TAFTA, agriculture, which is protected in both partner areas but considerably more in the EU, would be a showcase as can be witnessed by a number of empirical estimates. In his "1994 National Trade Estimate Report on Foreign Trade Barriers", the US Trade Representative claims that the elimination of the entire EU agricultural support system including variable levies, price supports and export subsidies would increase US exports to all EU markets between $4 billion and $5 billion while decreasing US imports about $2 billion.[17]

How far-reaching the liberalization of agricultural policies in the EU would be in terms of world welfare gains, is suggested by general equilibrium models. They yield that about half of all welfare gains arising from worldwide liberalization of the agricultural sector can be attributed to EU reforms of the Common Agricultural Policy (CAP) and that more than half of the entire effects of EU trade liberalization accrue to the reforms in the EU agricultural sector.[18] Corresponding effects of liberalizing the US agricultural sector are much lower. Recent studies by the OECD Secretariat suggest declining levels of producer

---

[16] Langhammer, Rolf J./ Wößmann, Ludger (2002): Erscheinungsformen regionaler Integrationsabkommen im weltwirtschaftlichen Ordnungsrahmen: Defizite und Dynamik, in: Schüller, Alfred/ Thieme Hans J. (eds.), Ordnungsprobleme der Weltwirtschaft, Lucius & Lucius, p. 373-397.
[17] United States Trade Representative (USTR) (1994): 1994 National Trade Estimate Report on Foreign Trade Barriers. Washington. D.C., p. 73.
[18] Harrison, Glenn W./ Rutherford, Thomas F./ Tarr, David (1996): Quantifying the Uruguay Round; in: Will, Martin/ Winters, L. Alan (Eds.), The Uruguay Round and the Developing Countries, Cambridge: CUP, p. 216–252.

support and protection in the EU and the US relative to the benchmark years 1986–1988.[19] Yet, it is also noted that this has primarily been due to international price and exchange rate movements rather than agricultural policy changes.

The unbroken political attitude toward subsidization of the agricultural sector, the rising importance of so-called non-trade concerns in agriculture like food security, health, environmental protection, social stability in rural areas and animal protection as new cases for subsidization, and, finally, the still unsettled fundamentally different views in the EU and the USA on the use of biotechnological innovations in agricultural production are powerful barriers against liberalizing transatlantic trade in agriculture. It is therefore very unlikely that both partners would agree to treat agriculture in TAFTA in the same way as manufactures and to submit it to the "substantially-all-trade" criterion. What has failed in WTO dispute settlement procedures between the EU and the US cannot be easily solved within TAFTA. The agricultural sector is the most important stumbling bloc in a TAFTA which would meet the "substantially-all-trade" criterion. Yet, it is not the only one. Other sensitive sectors which have been partly subject to bilateral disputes in the GATT/WTO in the past comprise steel, textiles, services, aviation, the defence industry and e-commerce.

More details on controversial issues can be collected from the list of barriers compiled by the US Trade Representative about the EU trade barriers and by the EU Commission about US barriers.[20] In March 2002, the US decided to introduce protective tariffs for at least three years for steel and steel products. The tariffs of between 15 and 30 percent affect all imports except for the NAFTA partner countries Mexico and Canada and from countries under a special status, i.e. Russia, Turkey, Brazil and Argentina. The US tariffs will directly affect about half of EU steel exports to the US and thus provoke a new dispute settlement case under WTO rules.

---

[19] OECD (2001): Agricultural Policies in OECD Countries. Monitoring and Evaluation 2001. Highlights, Paris: OECD, p. 14.

[20] The National Trade Estimate Report on Foreign Trade Barriers by the US Trade Representative (United States Trade Representative (USTR) (2001): 2001 National Trade Estimate Report on Foreign Trade Barriers. Washington, D.C. Available under: http://www.ustr.gov/html/2001_contents.html) charges the EU with protectionist trade barriers or behavior in the following areas:
- The regime for the importation, sale, and distribution of bananas.
- The regime for the importation of meat products from hormone treated cattle.
- The market access for pharmaceuticals.
- The approval process for genetically modified products.
- Intellectual property protection.
- Measures affecting the grant of copyrights.
- The protection of trademarks and geographical indications for agricultural products and foodstuffs.
- The requirements for hush kitted and recertified aircrafts.
- Government procurement that discriminates against non-EU bids.
- Export subsidies and government support for Airbus and Airbus suppliers.
- The EU television broadcast requirement favoring European origin programs.

On the other side, the EU Commission (European Commission (2002): Market Access Sectoral and Trade Barriers Database: United States – General Features of Trade Policy. Brussels. Available under: http://mkaccdb.eu.int/mkdb/mkdb.pl) complains about a number of US trade impediments, like:
- Excessive registration, documentation and invoice requirements for importers by the US customs authorities.
- Establishment of excessive user fees for formerly free service on the arrival of merchandise, vessels etc.
- "Buy-American" requirements of government procurement.
- Import restrictions or requirements concerning tuna-fishing, shrimps and dairy products.
- Government support for aircraft production and shipbuilding.
- Export subsidies for agricultural and fisheries product.
- Tax codes that discriminate against foreign companies.

5.2 The External Dimension of TAFTA

The overall economic effects of transatlantic liberalization can be examined by applying computable general equilibrium models. This has been done by Baldwin and Francois, who compare various degrees of transatlantic and multilateral liberalization schemes.[21] Three simulations examine the effects of transatlantic liberalization for the involved partners and the rest of the world, whereas two further simulations analyze the consequences of multilateral efforts. The contents of these five simulation experiments are given in Table 4.

Table 4: Simulations of Transatlantic and Multilateral Liberalization and their Contents

Simulation	Contents
Simulation 1 *Limited preferential agreement*	Elimination of industrial tariffs between TAFTA partners
Simulation 2 *Extended preferential agreement*	Elimination of industrial tariffs between TAFTA partners Elimination of agricultural protection between TAFTA partners Elimination of remaining non tariffs barriers between TAFTA partners
Simulation 3 *Transatlantic Economic Space*	Elimination of industrial tariffs between TAFTA partners Elimination of agricultural protection between TAFTA partners Elimination of remaining non-tariffs-barriers between TAFTA partners Standards harmonization, leading to a 10% reduction in the level of trading costs for TAFTA partners Deepening of Procurement Agreement, to cover 50% of procurement
Simulation 4 *OECD-wide multilateral liberalization*	50% reduction in industrial protection on a most-favored-nation basis by OECD 50% reduction in agricultural protection on a most-favored-nation basis by OECD Further 20% reduction in agricultural production support by OECD Standards harmonization, leading to a 10% reduction in level of trading costs for TAFTA partners Deepening of Procurement Agreement, to cover 50% of procurement
Simulation 5 *World-wide liberalization*	Like simulation 4, but with whole world undertaking most-favored-nation liberalization of 50%

Sources: Baldwin/ Francois (1996): Transatlantic Free Trade; Baldwin/ Francois (1997): Preferential Trade Liberalization in the North Atlantic.

The Baldwin and Francois approach uses the GTAP database and features 23 sectors and 10 regions. It is important to note that transatlantic liberalization measures include not only the EU and the US, but also corresponding steps by the two additional NAFTA members Mexico and Canada. The simulation results can be condensed into two main conclusions (cf. Table 5):

---

[21] Baldwin, Richard E./ Francois, Joseph (1996): Transatlantic Free Trade: A Quantitative Assessment, mimeo; Baldwin, Richard E./ Francois, Joseph (1997): Preferential Trade Liberalization in the North Atlantic, Discussion Paper No.1611, CEPR – Centre for Economic Policy Research, London.

1. Negative effects from transatlantic liberalization for third countries do exist, but they are small.
2. Multilateral liberalization efforts entail far more income gains than transatlantic schemes for the TAFTA partners (by factor 10) and substantial positive effects for the rest of the world.

The insights of these simulation exercises underline the superiority of a multilateral approach: If economic gains are the target of liberalization initiatives of the transatlantic partners, the approach should be multilateral, not bilateral.

Table 5: Income Effects from Transatlantic Liberalization[a]

	EU-15		NAFTA		Rest of the World[b]	
	Change of GDP in billions of US dollar[c]	In percent of GDP	Change of GDP in billions of US dollar[c]	In percent of GDP	Change of GDP in billions of US dollar[c]	In percent of GDP
1. Limited preferential agreement	1.9	0.0	5.4	0.1	−1.1	−0.0
2. Extended preferential agreement	16.9	0.3	17.8	0.3	0.4	0.0
3. Economic space	19.1	0.3	19.8	0.3	−5.3	−0.1
4. OECD-wide liberalization	222.1	3.3	93.4	1.5	144.4	1.9
5. World-wide liberalization	221.7	3.3	90.1	1.5	368.3	4.8

[a] Based on simulations in computable general equilibrium models.
[b] Sum or weighted average of the eight other regions of the model.
[c] In 1992 US Dollar.
Sources: Baldwin/ Francois (1996): Transatlantic Free Trade; Baldwin/ Francois (1997): Preferential Trade Liberalization in the North Atlantic; own calculations.

Discrimination of third countries
The discrimination issue is of critical importance when assessing the compliance of TAFTA with the WTO requirements. As discussed above, preferential tariff margins matter less since they are going to be eroded with ongoing multilateral tariff dismantling. Instead, for non-TAFTA countries, the non-application of MFN principles regarding the compliance with TAFTA rules, norms and regulations deserves more attention. TAFTA would probably set common rules for many trade-related policy areas, including the rights of establishment of companies, capital mobility, environmental standards, and perhaps even for

competition policies and investment codes. Given TAFTA's economic weight and scale economies of rules, TAFTA rules would become globally dominant and binding.[22] How such rules would be developed, either by *ex ante* harmonization or by mutual recognition (*ex post* harmonization), would be essential for third countries. The latter procedure would give them options to either comply with the EU or the US rules as each of them would give them access to the entire TAFTA market. The former procedure, however, could deteriorate conditions of access to one of the two individual markets, if the common standard would either be identical with the former US or EU standard or, more realistically, an average of the two. Net changes in access conditions would be ambiguous depending on changes in conditions of access to the other market. Again, the EU Single Market completion provides showcases for this problem. In principle, the EU Treaty offers both options but in practice has given priority to *ex ante* harmonization. As a result, regulations concerning the environment, for instance, became very much stricter in lower-income member states relative to pre-1992 and made access to these markets more costly for non-member states.

In collective bargaining, non-TAFTA countries could therefore understand TAFTA as a signal that the world's richest countries are more concerned in jointly discriminating against the rest of the world than in opening their markets to countries with less demanding regulations and standards. There is the danger that TAFTA would be seen as an only slightly modified form of the rich man's club, which for a long time was a label for the GATT.

Free trade arrangements with third countries
The EU operates a most complex and extensive system of preferential trading agreement with other countries. It spans the entire spectrum of preferential trade agreements from free trade areas via customs unions, non-reciprocal agreements to unilateral trade concessions for developing countries (Generalised System of Preferences). The year 2000 Trade Policy Review Report of the WTO on the EU notes that exclusively MFN treatment applies only to imports from eight WTO members.[23] One of them is the US so that the group of WTO members subject to MFN treatment would shrink further. Similarly, the US has free trade agreements with Canada and Mexico apart from "hub-and-spoke" agreements with few other countries.

Under these conditions, TAFTA would have to handle not only the policy framework for direct current account transactions, but take into account incentives for indirect "circumvention" trade, which is also called trade deflection. Trade deflection occurs if external tariffs of FTA partners differ from each other to the extent that imports into the FTA country with the lowest external tariff before shipment to the destination country with a higher external tariff are profitable. For instance, TAFTA would have to fix conditions for Canadian exports to the EU, which as a direct trade flow would not be eligible for duty-free treatment but could indirectly benefit from TAFTA via exports to the US under the Canadian-US Free Trade Agreement before being shipped to the EU. To discourage trade deflection, TAFTA needs a complex rule of origin procedure to guarantee that intra-TAFTA trade is treated more favourable than trade between a TAFTA member country with its "hub-and-

---

[22] An analogy of this issue can be found in the completion of the European Single Market in 1992. Negative effects for companies from neighbouring EFTA countries were basically found in excluding them from the application of EU-wide regulations which were relevant for companies.
[23] WTO (2000): Trade Policy Review, European Union, Vol. 1, Geneva, November, p. 29.

spoke" partner country. With increasing globalization of production and markets, this could fuel trade policy disputes and lead to high transaction costs in order to separate beneficiaries from non-beneficiaries. In contrast to a customs union with a common external tariff, rules of origin in a free trade area are much more susceptible to abuse for protectionist purposes.[24]

Consequences for the multilateral trading process
Consequences for the multilateral trading process depend very much on the choice of the bilateral arrangement between the US and its spokes on the one hand and the EU and its spokes on the other hand. Either a Transatlantic Customs Union TACU or the automatic extension of all rights from bilateral agreements between one TAFTA member country and third parties to TAFTA in total (the TAFTA-South approach) could be instrumental to prevent a further policy-induced segmentation of markets. TACU would be more consistent with GATT Art. XXIV but would require a uniform level of protection against third countries in such highly disputed sectors like services and agriculture. Ideally, such level should approximate the lower one of the two national levels in order to comply with the prescription that third parties' rights under the WTO should not be nullified or impaired due to the formation of a customs union.[25]

Nevertheless, the formation of TAFTA would constitute the strongest building block towards regionalism and thus the most serious challenge to the multilateral approach of trade liberalization. Given the economic leverage of the two partners, third countries would have to accept the outcome of bilateral intra-TAFTA negotiations as binding for the rest of the world. Negotiations under the WTO framework would become widely obsolete. Furthermore, given historical experiences of successful lobbying in both areas for special sectoral privileges, it is very likely that TAFTA would not cover all sectors. Hence, both sectoral incompleteness and regional limitation would bend WTO rules and undermine the multilateral process.

6 Three Alternatives to TAFTA on the Multilateral Level

6.1 The Conventional Way: Subordination to the WTO

The easiest way to strengthen the multilateral system is to support the start of a new multilateral liberalization round which was endorsed by WTO member states in November 2001 in Doha/Qatar. Clear signals of support would also be the postponement for all bilateral and regional agreements which are in the making, the speedy settlement of bilateral trade disputes, a strong engagement of the US President for receiving a negotiation mandate from Congress and the unconditional implementation of all commitments which were taken in the Uruguay Round including agriculture, services and textiles. By early 2002, however, there is little evidence that the conventional way to trade liberalization is the politically preferred one. Neither are bilateral or regional negotiations stalled nor are bilateral disputes

---

[24] Krüger, Anne O. (1995): Free Trade Agreements Versus Customs Unions. National Bureau of Economic Research Working Paper 5084, Cambridge, MA.
[25] Bhagwati, Jagdish (1991): The World Trading System at Risk. New York: Harvester Wheatsheaf, p. 77.

settled. To the contrary, new serious conflicts as in steel trade seem to emerge. Finally, the implementation of Uruguay Round commitments is sluggish and characterized by trials to find loopholes in the legal documents.

6.2 The Unconventional Way: Liberalization à la Carte

When the authors addressed the issue of TAFTA for the first time[26] they were fairly optimistic that a US-EU specific transatlantic liberalization initiative TALI could be based on the objective to act as a spear-head for the implementation for the Uruguay Round. Six years of experience with the implementation record, however, do not give rise to optimism. The two parties refused to accept this role and instead became victims of a quagmire of delays, disputes and mutual dissatisfaction. More modesty seems at stake. Such a minimum approach could comprise initiatives to so-called trade facilitation which includes, for instance, the streamlining of customs declaration procedures or the facilitation of preinspection procedures. Bilateral working groups could work out common proposals and open them to third parties within the multilateral trading order. The two parties could also set the pace for new issues, which came up only after the Uruguay Round such as rules for trading in electronic media, a WTO-consistent application of the so-called precautionary principle as well as the identification of hitherto nontransparent trading costs. To concentrate aspects of trade facilitation on new issues instead of the old ones, carries an important advantage. The new issues are not yet blocked by vested interests; hence, they give the two parties a chance to act as forerunners.

6.3 The Controversial Way: Moving Towards Open Regionalism

For the time being, it seems unrealistic to expect a breakthrough in the so-called open regionalism of APEC which basically is a regionally concerted approach to conditional MFN. Heterogeneity and diverging interests are seemingly too large to be reconcilable even within a wide framework and a long time horizon until the year 2020. Instead, the concept of open regionalism seems to be more promising in the transatlantic arena where the principle of conditional MFN treatment can be more easily extended to the trading partners of the US and EU, especially, if these partners are already linked to one of the two areas through bilateral agreements. The underlying idea is to commit the countries to the principle of MFN treatment and to induce them by facilitating the access to the two transatlantic markets. As an example, the free trade agreement of the Americas would be more acceptable and appealing to Latin American countries if any concessions negotiated between the North and the Latin American countries would be offered to the EU provided that the EU would follow suit by opening its market. In doing so, EU-US trade cooperation could still be called a regional initiative like TALI but would loose its negative momentum as a "lock-out mechanism" against third countries.

---

[26] Siebert/ Langhammer/ Piazolo (1996): The Transatlantic Free Trade Area.

7 Conclusions

By the beginning of the new century, both the US and the EU seem to pay lip services to the multilateral system, while intensifying their bilateral negotiations with third countries. This approach is highly vulnerable to raising transaction costs for countries which are excluded from these negotiations. The idea of a Transatlantic Free Trade Area is open to similar concerns. In this paper, we have shown that the disadvantages of TAFTA to the multilateral system are substantial and that much more flexible and open approaches to transatlantic trade liberalization promise better results both for the partners as well as the rest of the world. Regrettably, however, neither the EU nor the US seems prepared to act jointly as pace setters for the liberalization of either old or new issues. In this respect, the old regionalism still seems to be unbeaten. TAFTA with its inherent lock-out characteristics would be a further step towards closed regionalism. Instead, there is more to be gained in terms of world welfare, if the approach of conditional MFN treatment which seems to have failed in the Asia-Pacific Rim because of excessive heterogeneity would be taken more seriously in the North Atlantic Rim. This approval would place the US and the EU jointly in the driver's seat of a multilateral liberalization convoy.

Konflikt statt Kooperation? Die transatlantischen Umweltbeziehungen

Alexander Ochs und Marcus Schaper

1 Einführung

Mit dem Ausstieg der USA aus dem Kyoto-Protokoll gerieten die transatlantischen Differenzen im Umweltbereich in die Schlagzeilen. Klimapolitik wird seither häufig an vorderer Stelle genannt, wenn es um das Auseinanderdriften der traditionellen Partner geht. Dabei sind Meinungsunterschiede zwischen Europa und den USA in der Umweltpolitik alles andere als neu. Viele dieser Konflikte bleiben einer breiteren Öffentlichkeit jedoch verborgen, da sie technische Fragen betreffen und auf der wenig prominent besetzten, administrativen Arbeitsebene ausgetragen werden.

Dieses Kapitel bespricht drei neuere Beispiele transatlantischer Umweltpolitik. Der internationale Klimaschutz, Umweltstandards für Exportkreditagenturen sowie die Regulierung gentechnisch veränderter Organismen (*genetically modified organisms* - GMOs) haben sich allesamt als wichtige und äußerst konfliktträchtige Themen im transatlantischen Verhältnis herausgestellt. Dies ist zuvorderst darauf zurückzuführen, dass es sich bei ihnen nicht mehr um den klassischen Naturschutz der Anfangszeit der Umweltpolitik handelt, sondern um politische Querschnittsaufgaben im Rahmen wirtschaftlicher Globalisierung mit enormem Einfluss auf andere Politikbereiche. Es geht um sensible Kosten-Nutzen-Abschätzungen und Absprachen unterschiedlicher Ressorts der Innen- und Außenpolitik. In der Klimapolitik etwa muss es in erster Linie um den Schutz des Ökosystems Erde gehen. Zugleich jedoch ist Klimapolitik auch Energie-, Transport-, Infrastruktur-, Industrie- und Wirtschaftspolitik; der Klimawandel stellt essentielle Fragen nach dem Verhältnis der Länder des Südens und Nordens, der Generationengerechtigkeit und der Zukunft des kapitalistischen Wirtschaftssystems. Internationale Umweltstandards für Exportkreditagenturen wiederum erlauben den Eingang der Ökologie in internationale Investitionsentscheidungen; obendrein dienen sie aber auch dazu, faire Konkurrenzbedingungen herzustellen. Die Regulierung von GMOs schließlich versucht, Risiken dieser neuen Technologie für Mensch und Umwelt zu minimieren; gleichzeitig aber können diese Regeln auch als nicht-tarifäre Handelshemmnisse wirken.

Die ausgewählten Beispiele geben nur einen begrenzten Einblick in die Gesamtheit transatlantischer umweltpolitischer Beziehungen. Sie sind aber geradezu musterhaft für die unterschiedliche Dynamik bestimmter Verhandlungsabläufe. Internationale Umweltstandards für Exportkreditagenturen beruhen auf einer amerikanischen Initiative. Deren Ergebnis kommt einer Internationalisierung US-amerikanischer Gesetzgebung gleich, die im OECD-Rahmen vereinbart wurde und für andere Industriestaaten große Anpassungskosten bedeutete. Veränderte Vorzeichen in der GMO-Politik: Hier haben sich die Europäer früh auf eine gemeinsame Regulierung geeinigt, die heute de facto einen globalen Standard setzt – dem sich die USA allerdings mit der Begründung widersetzen, er entspreche nicht ihrer nationalen Regulierung und behindere amerikanische Exporte. Diesen beiden Beispielen alternierender Führungsrollen steht der vielleicht interessanteste und lehrreichste dritte Fall gegenüber: die Klimapolitik. Nachdem sich die Regimebildung im Rahmen der Vereinten Nationen lange Zeit auf die Vereinigten Staaten konzentrierte, die die Rolle eines zögerlichen Führers einnahmen, lernten die Europäer im Laufe der Verhandlungen zunehmend, mit einer Stimme zu sprechen. Nach Präsident Bushs Absage an Kyoto übernahm die EU schließlich auch in diesem Bereich eine globale Führungsrolle.

Wenn die transatlantische Führungsposition nicht mehr automatisch und exklusiv den USA zufällt, stellt sich die Frage, unter welchen Umständen welcher der transatlantischen Partner Initiative zeigt und ein Umweltproblem international thematisiert. Zunächst bespricht dieser Beitrag daher Bedingungen und Bedeutung der Einnahme einer Führungsrolle in den transatlantischen Umweltbeziehungen. Die Rollenverteilung zwischen USA und EU wird nachfolgend anhand von drei Fallbeispielen verdeutlicht. Abschließend wird deren Bedeutung für die Zukunft des transatlantischen Verhältnisses im Umweltbereich skizziert.

2 Zur Führungsrolle in der transatlantischen Umweltpolitik

> Is the EU primarily a weak actor that takes in dominant global rules and retransmits them down to national polities in a coordinated fashion? Or does the EU have a will and power of its own?[1]

In den „Kinderjahren" der Umweltpolitik haben US-Amerikaner und (West-)Europäer häufig gemeinsame Positionen bezogen. In den letzten beiden Jahrzehnten jedoch dominierten eher Meinungsunterschiede das umweltpolitische Verhältnis. Tabelle 1 bietet einen Überblick über Umweltthemen mit transatlantischem Konfliktpotential und die Rollenverteilung beider Akteure.

Die Vereinigten Staaten können von allen Ländern historisch die meisten umweltpolitischen Initiativen vorweisen, sowohl innen- wie auch außenpolitisch. Der *National Environmental Policy Act* (NEPA) von 1969 diente weltweit und gerade in Europa als Anstoßgeber und Vorbild der Umweltgesetzgebung. Auch in einzelnen umweltpolitischen Feldern importierten die europäischen Staaten amerikanische Regeln, etwa bei der Regulierung von Autoabgasen, die in den USA bereits seit 1974 Katalysatoren vorschrieb. Während einige dieser umweltpolitischen Regulierungen also von europäischen Staaten nachgeahmt wurden, haben die USA andere nationale Standards bewusst internationalisiert.

Die Führungsstellung der USA in der Umweltpolitik war in den 1970er Jahren am deutlichsten. Seit Beginn der Reagan-Administration ist die amerikanische Rolle in der internationalen Umweltpolitik jedoch wesentlich ambivalenter: Einer Führungsposition etwa in der Ozonpolitik steht die des Bremsers beim Schutz der Ozeane, der Biodiversität oder des Weltklimas entgegen. Wie die *Clean Air Act Ammendments* von 1990 oder die hier besprochenen Umweltstandards für Exportkreditagenturen zeigen, sind die USA durchaus weiterhin umweltpolitisch aktiv. Inzwischen ist jedoch die EU[2] in vielen Berei-

---

[1] Tiberghien, Yves/ Starrs, Sean (2004): The EU as Global Trouble-Maker in Chief: A Political Analysis of EU Regulation and EU Global Leadership in the Field of Genetically Modified Organisms. Paper presented at the 2004 Conference of Europeanists, organized by the Council of European Studies (CES). Chicago. 3. März 2004: 2.
[2] Wir behandeln in diesem Beitrag die USA und die EU umweltaußenpolitisch als funktionell äquivalent. Das stellt zwar eine grobe Vereinfachung des politischen Geschehens dar; wir werden dem supranationalen Charakter der

chen innenpolitisch innovativer geworden. Und sie initiiert und beeinflusst auch internationale Umweltpolitik in immer stärkerem Maße.[3]

Die Rolle des Initiators scheint in der internationalen Umweltpolitik nicht unerheblich. Wer zuerst kommt, der kann ein Thema mit Probleminterpretationen und Lösungsvorschlägen besetzen. Kritik und Alternativvorschläge anderer Akteure müssen sich dann an diesen bereits artikulierten Lösungsansätzen orientieren und ihrerseits messen lassen. In der Vergangenheit haben die USA in transatlantischen Verhandlungen meist eine bestimmende Rolle eingenommen, weil sie ihre Interessen klar artikulieren konnten. Die Europäer hingegen formulierten ihre Position häufig erst in Reaktion auf die amerikanische Initiative. Dies hatte zur Folge, dass die USA Agenda, Timing und Ergebnisse der Verhandlungen dominierten, während die EU bzw. ihre Mitgliedsstaaten amerikanische Initiativen bestenfalls modifizieren konnten.

Noch dominanter können die USA handeln, wenn sich die europäische Reaktion auf eine amerikanische Initiative zersplittert darstellt – wenn also eine eigentlich „europäische" Position gar nicht bezogen wird. Dies ist vor allem dann der Fall, wenn die EU-Kommission aufgrund der Uneinigkeit der Mitgliedsstaaten oder mangels Zuständigkeit nicht in deren Auftrag verhandeln kann. In diesen Fällen können die Vereinigten Staaten nach dem Prinzip *divide et rege* Ad-hoc-Koalitionen mit einzelnen europäischen Ländern bilden und potentiellen konzertierten Widerstand gegen amerikanische Initiativen aushebeln. Ein klares Beispiel für eine derartige Verhandlungsdynamik sind die unten näher diskutierten transatlantischen Harmonisierungsbemühungen für Umweltstandards in den Exportkreditagenturen.

Viele umweltpolitische Verhandlungen haben in der Vergangenheit einen solchen Verlauf genommen. Aber die transatlantische Dynamik scheint sich allmählich zu ändern. Die EU wird zunehmend aktiver und scheut notfalls transatlantischen Streit über ihr wichtige Themen nicht. Umwelt scheint sich damit als ein wichtiger Bereich neben der Handelspolitik zu etablieren, in dem sich die Europäer selbstbewusst und auf gleicher Augenhöhe den USA verständlich machen. Beim unten besprochenen Fall der Regulierung von GMOs etwa findet sich die USA auf der Seite der Reagierenden. Die EU verfügte früh über strenge Regeln, und diese sind inzwischen de facto zu einem globalen Standard mutiert. Bislang war die USA nicht in der Lage, europäische GMO-Regulierungen so zu beeinflussen, dass sie mit ihren eigenen nationalen Regeln kompatibel gewesen wären.

EU aber gerecht, wenn wir die Koalitionsbildung unter Mitgliedsstaaten als eine nötige Vorbedingung für internationale EU-Initiativen definieren.

[3] Jonathan Wiener erkennt lediglich eine Hybridisierung der transatlantischen Rollenverteilung in der Umweltpolitik, während andere Autoren von einer Umkehr der Rollenverteilung hin zu Europa als Führer und Initiator sprechen. Siehe: Wiener, Jonathan B. (2004): Convergence, Divergence, and Complexity in US and European Risk and Regulation. In: Vig, Norman J./ Faure, Michael (2004): Green Giants? Environmental Policies of the United States and the European Union: 73-109. Einen guten Überblick über regulative Innovationen bieten: Vig, Norman J./ Faure, Michael (2004): Green Giants? Environmental Policies of the United States and the European Union. Cambridge, Mass.: MIT Press sowie Schreurs, Miranda (2002): Environmental Politics in Japan, Germany, and the United States. Cambridge: Cambridge University Press. Für eine umfassende Diskussion transatlantischer Umweltpolitik siehe: Schreurs, Miranda/ Selin, Henrik/ VanDeveer, Stacy D. (Hrsg.) (forthcoming): Enlarging Transatlantic Relations.

Tabelle 1: Ausgewählte umweltpolitische Probleme mit transatlantischem Konfliktpotential

Problembereich	Zeitrahmen	Initiator	Führungsrolle	Art	Besonderheiten
Hohe See	1982: UN-Konvention zum *Law of the Sea*		USA u.a.	Internationale Vereinbarung; in Kraft; von den USA nicht ratifiziert	Erträge unterseeischen Bergbaus sollen Entwicklungsländern zu Gute kommen
Schutz der Ozonschicht	1985: Wiener Konvention zum Schutz der Ozonschicht 1987: Montreal Protokoll	1978: US-Bann für FKWs in Spraydosen	Erst USA, Europa seit den 1990ern	Internationale Vereinbarung; in Kraft	Initiative der Toronto-Gruppe (USA u.a.); später favorisierte Europa stärkere Reduktionen
Artenschutz	1973: CITES	1969: *US Endangered Species Act* 1987: USA u.a. erbitten Expertenkommission	USA	Internationale Vereinbarung; in Kraft	
	1992: Biodiversitätskonvention	Europa		Internationale Vereinbarung; in Kraft; von den USA nicht ratifiziert	Nach UN-Arbeitsgruppenempfehlung formuliert
	1999: Cartegena-Protokoll		Europa	Internationale Vereinbarung; in Kraft; von den USA nicht ratifiziert	Vorsorgeprinzip ähnlich europäischer Gesetzgebung
Lebensmittelsicherheit	1985: EU-Bann für Rinderhormone	EU		EG-Regulierung; 1996: WTO-Entscheidung gegen EU, von EU ignoriert	Basiert auf Vorsorgeprinzip; WTO hält SPS-Vereinbarung Vorsorgeprinzip für inkompatibel
	1994: SPS-Vereinbarung	USA		Internationale Vereinbarung; in Kraft	Risikoabschätzung kompatibel mit US-Gesetzgebung; weniger kompatibel mit Vorsorgeprinzip
Giftmüll	1989: Baseler Konvention	UNEP	Afrikanische Staaten	Internationale Vereinbarung; in Kraft; von den USA nicht ratifiziert	Definition von Giftmüll nicht mit US-Regeln kompatibel
Chemikaliensicherheit	1998: Rotterdamer Konvention	1976: *US Toxic Substances Act*	Kanada, Schweden	Internationale Vereinbarung; von den USA nicht ratifiziert	USA wollten mehr Chemikalien ausklammern
	2001: Sockholmer Konvention (POPs)			Internationale Vereinbarung; von den USA nicht ratifiziert	
	2001: EU-Regulierungsvorhaben *REACH*	EU		Vorgesehene EU-Regulierung; in Verhandlung	Vehemente amerikanische Lobbyarbeit gegen *REACH* in Europa

Elizabeth DeSombre kommt in ihren beiden Fallstudien zum Schutz von Delphinen beim Thunfischfang sowie Schildkröten bei der Shrimpfischerei zu dem Ergebnis, dass dem nationalen Anteil – in diesen Fällen der USA – an einem bestimmten Gütermarkt starke Vorhersagekraft für den Erfolg von Internationalisierungsbemühungen beigemessen werden kann. Wenn der amerikanische Markt für ein bestimmtes Konsumgut von großer Bedeutung ist, können nationale US-Standards zur internationalen Norm werden, weil die USA nicht-konformen Produkten den Marktzutritt verwehren.[4] Dieses Argument scheint auch auf die Regulierung von GMOs zuzutreffen: Die europäischen Regeln sind aufgrund der gewichtigen Marktstellung der EU und insbesondere ihrer Bedeutung als Lebensmittelimporteur für viele Länder zum Standard geworden. DeSombre argumentiert weiter, dass eine amerikanische Initiative der Internationalisierung nationaler Umweltpolitik dann zu erwarten sei, wenn Umweltschützer und Industrie sich zu einer Koalition zusammenfinden.[5] Dies sei wahrscheinlich, wenn die USA strenge nationale Regeln haben, deren Internationalisierung sowohl dem Umweltschutz anderswo dient als auch dazu beiträgt, Wettbewerbsnachteile amerikanischer Unternehmen auszugleichen.

DeSombres Modell ist hilfreich bei der Identifizierung der Bedingungen, unter denen die USA nationales, bestimmte Konsumgüter betreffendes, Umweltrecht zu internationalisieren suchen; es lässt sich – wie im Falle der GMOs – auch auf europäische Initiativen mit ähnlicher Interessenlage übertragen. Allerdings ist bei europäischen Initiativen nicht allein die Koalitionsbildung zwischen Industrie und Umweltschützern entscheidend, sondern zuvorderst (oder darauf aufbauend) Einigkeit unter den einzelnen europäischen Staaten. DeSombres Analyse scheint jedoch wenig hilfreich, wenn es um breiter angelegte Umweltregime geht, die sich nicht auf die umweltgerechte Bereitstellung einzelner Konsumgüter beziehen. In der internationalen Klimapolitik oder bei den Umweltstandards für Exportkreditagenturen etwa konnten weder die USA noch die EU auf die Macht ihrer Märkte im Falle eines Scheiterns der Verhandlungen vertrauen. Erfolg war nur auf dem Weg politischer Verhandlungen erreichbar.

Unter welchen Bedingungen ist die Regierung eines Landes in der Lage, die Rolle des Initiators eines Umweltabkommens auszufüllen? Für die USA etwa scheint diese Frage nicht leicht zu beantworten. Peter Haas beobachtet:

> [The United States] is widely admired for its record of introducing some of the world's strongest domestic environmental standards, which are emulated abroad, including path-breaking environmental reporting standards and environmental impact assessment requirements for public projects. Yet the US record of foreign environmental policy since 1972 is erratic; seemingly unrelated to administration.[6]

Haas führt seine Beobachtung auf die themenspezifische Konstellation einer ganzen Reihe von Faktoren zurück:

> [...] bureaucratic discretion and inertia, scientific consensus, avoiding heavy economic burdens on the US economy from compliance, domestic industries' opposition to expensive pollution

---

[4] DeSombre, Elizabeth R. (2000): Domestic Sources of International Environmental Policy: Industry, Environmentalists, and U.S. Power. Cambridge, Mass.: MIT Press: 247.
[5] Ibid.
[6] Haas, Peter M. (2003): Environment Multilateralism and the United States. Amherst, MA: University of Massachusetts.

control regulation, and organized public concern amplified by NGOs. When consensus exists and executive branch bodies enjoy some discretion then the US is likely to be a leader. When consensus is absent, economic costs are heavy, and industry opposition is powerful than the US will be a laggard.[7]

Haas' Argumentation zufolge ist die Frage, wer die Führung in der Verhandlung eines Umweltthemas übernimmt, weniger die Konsequenz daraus, welche Seite „grüner" ist; sie hängt vielmehr von den spezifischen Charakteristika des jeweiligen Politikproblems und der Konstellation der relevanten Akteure auf nationaler Ebene ab. In der Tat konnte sich jeweils der Initiator in zwei der unten besprochenen Beispiele bereits von Beginn der transatlantischen Auseinandersetzungen an auf starke heimische Koalitionen stützen. Die amerikanische Initiative zur Reform der Exportkreditagenturen wurde von Industrie und Umweltschützern unterstützt. Gleichfalls repräsentierte die EU-Kommission in den GMO-Verhandlungen ein mit einer Stimme sprechendes Europa.

Allerdings reicht es nicht aus, ein Thema als Erster zu besetzen. Wie die Klimapolitik zeigt, kann sich der Einfluss eines Akteurs im Laufe von Verhandlungen dramatisch ändern und das Rollenspiel wechseln. Die anfängliche amerikanische Führungsposition in der Klimapolitik – ohnehin eher eine Position ohne den Willen zu großen Taten – bekam ihren ersten deutlichen Dämpfer, als die *Byrd-Hagel* Resolution des amerikanischen Senats das Verhandlungsmandat der US-Delegation in Kyoto nachhaltig schwächte. Das Beispiel Kyoto zeigt zugleich, wie eine Partei im Verlauf von Verhandlungen kontinuierlich an Führungsstärke gewinnen kann. So hat sich die gemeinsame europäische Position erst im Zuge der Verhandlungen gefestigt. Nach dem Rückzug der US-Regierung aus dem Protokoll war die EU zur Überraschung vieler in der Lage, die wichtigsten Akteure an Bord zu bringen und damit das Klimaregime zu retten.

3 Drei Fallbeispiele

3.1 Umweltstandards für Exportkreditagenturen

Exportkreditagenturen sind Organisationen, die im staatlichen Auftrag und vom Staat unterstützt, Exporte in risikoreiche Märkte fördern, indem sie die Finanzierung risikoreicher Geschäfte ermöglichen. Sie bieten ihre Finanzierungshilfen an, wenn die Risikostruktur eines Exportgeschäfts die Kreditvergabe für nicht-staatliche Finanziers unattraktiv erscheinen lässt. Einige Exportkreditagenturen bieten als staatliche Banken direkte Finanzierungen an, andere federn als Versicherer die Risiken dieser Geschäfte ab und ermöglichen somit Zugang zu Finanzierung durch Geschäftsbanken. Einige Exportkreditagenturen wie die US-amerikanische *Export-Import Bank* sind als staatliche Agenturen aufgestellt. Andere Staaten beauftragen Mandatare mit der Durchführung dieses Geschäfts, wie etwa im Falle der deutschen Hermes Bürgschaften, die ein privates Konsortium von Euler-Hermes und *PriceWaterhouseCoopers* im Auftrag des Bundes verwaltet.

In Deutschland unterstützen die Hermes Deckungen ungefähr 3% des gesamten Ausfuhrvolumens. Bei den deutschen Exporten in Entwicklungs- und Schwellenländer schlagen sie mit einem gedeckten Anteil von etwa 20% nicht unbedeutend zu Buche. Besonders bei

---
[7] Ibid.

der Finanzierung großer Infrastrukturprojekte in diesen Ländern spielen sie für europäische Staaten wie für die USA eine beachtliche Rolle. Die Finanzierung solcher Projekte ist oft durch hohe politische und kommerzielle Risiken gekennzeichnet. Aufgrund ihrer langen Laufzeiten ist ihre Finanzierung auf dem freien Markt häufig nicht zu wettbewerbsgerechten Konditionen verfügbar.

Zugleich haben große Infrastrukturprojekte oft beträchtliche Auswirkungen auf die Umwelt. Der umstrittene Drei-Schluchten-Damm in der Volksrepublik China ist hier ein gutes Beispiel. Dieses Projekt konnte nur mit Unterstützung mehrerer europäischer Exportkreditagenturen realisiert werden. Die amerikanische *Export-Import Bank* hingegen versagte dem Dammbau ihre Förderung, da das Projekt ihren Umweltverträglichkeitsanforderungen nicht gerecht wurde.

1995 traten die Umweltstandards für die *Export-Import Bank* aufgrund eines bereits drei Jahre zuvor gefällten Beschlusses des amerikanischen Kongresses in Kraft. Mit diesen unilateralen Standards erlitten amerikanische Exporteure insofern einen Wettbewerbsnachteil, als dass ihre Exporte nun nur noch unterstützt werden konnten, wenn die Projekte, für die sie bestimmt waren, einer Umweltverträglichkeitsprüfung standhielten. Seit Mitte der 1990er Jahre haben sich die USA deshalb bemüht, eine internationale Vereinbarung herbeizuführen, die ähnliche Umweltstandards auch für die Exportkreditagenturen anderer Länder festschreibt.

3.1.1 Verhandlungen im Rahmen der OECD

Umweltstandards für Exportkreditagenturen sind ein aufschlussreiches Beispiel für die erfolgreiche Internationalisierung US-amerikanischer Regulierungspolitik. Zunächst thematisierte die USA die Frage der Harmonisierung der Umweltauflagen für Exportkreditagenturen lediglich in technischen Ausschüssen der OECD. 1997 wurde sie auf dem G7 Gipfel in Denver erstmals auf Kabinettsebene besprochen. Ein Jahr später schließlich wurde die Exportkreditgruppe der OECD damit beauftragt, eine Vereinbarung für Umweltstandards und Umweltverträglichkeitsprüfungen auszuhandeln. Es dauerte bis 2001, dass diese Verhandlungen zu einer ersten *Draft Recommendation on Common Approaches on Environment and Officially Supported Export Credits* (oder kurz: *Common Approaches)* führte. Diese Empfehlung wurde von allen Mitgliedern der Exportkreditgruppe mit Ausnahme der USA und der Türkei unterstützt und von den Befürwortern auf freiwilliger Basis ab 2002 implementiert. Die USA verweigerten den *Common Approaches* ihre Zustimmung, da sie ihren Anforderungen in Bezug auf Verbindlichkeit der Standards und Transparenz des Evaluierungsprozesses nicht gerecht wurden. Im Herbst 2003 standen die *Common Approaches* zur Revision an. Die Mitglieder der Exportkreditgruppe verhandelten eine überarbeitete Version, die vom Rat der OECD im Dezember 2003 verabschiedet wurde. Seit dem 1. Januar 2004 legt diese aktuelle Version der *Common Approaches* international akzeptierte Umweltstandards für von Exportkreditagenturen geförderte Projekte nieder. Die nächste Revision soll 2006 erfolgen.[8]

---

[8] Für eine detaillierte Diskussion der transatlantischen Verhandlungen über Umweltstandards für Exportkreditagenturen siehe: Schaper, Marcus (2004): Export Promotion, Trade, and the Environment: Negotiating Environmental Standards for Export Credit Agencies across the Atlantic. Paper presented at the Berlin Conference on the

Europäische Staaten verhandelten die *Common Approaches* unabhängig voneinander und weitgehend unkoordiniert. Meinungsverschiedenheiten unter den Europäern wurden von der amerikanischen Delegation dazu genutzt, einzelne Staaten auf ihre Seite zu ziehen. Das Resultat ist ein Abkommen amerikanischen Zuschnitts, obwohl die strategische Position aller europäischen Staaten bei Eintritt in die Verhandlungen nicht hätte besser sein können: Europäische Firmen hatten gegenüber amerikanischen ohne das Abkommen einen Wettbewerbsvorteil.

Im Kern betrafen die Verhandlungen zwei ineinander verschränkte Themen: (i) Mindeststandards für die Evaluierung von Projekten und (ii) die Veröffentlichung der Umweltverträglichkeitsprüfungen vor Gewährung der staatlichen Unterstützung. Bei den Mindeststandards ging es um die Etablierung von verbindlichen Kriterien und Verfahren, mit denen die Umweltverträglichkeit von Projekten beurteilt würde. Beim zweiten Themenkomplex, der Veröffentlichung der Prüfungen, waren die Staaten vor der erfolgreichen Vereinbarung von 2003 höchst unterschiedlich verfahren: Nur einige Staaten gewährten der Öffentlichkeit Einsichtnahme in die Ergebnisse und/oder konsultierten Nichtregierungsorganisationen im Evaluierungsverfahren (so z.B. die US *Export-Import Bank*); andere Exportkreditagenturen (unter ihnen die meisten europäischen Agenturen) veröffentlichten die Prüfungen (soweit diese überhaupt erforderlich waren) aufgrund der Geschäftsgeheimnisse ihrer Klienten nicht.

Die Verhandlungen wurden auch von dem Druck beeinflusst, den NGOs auf die Parteien auszuüben versuchten. Eine Reihe zivilgesellschaftlicher Organisationen hatte eine umwelt- und entwicklungspolitische Reformierung der Exportkreditagenturen bereits seit den frühen 1980er Jahren verlangt. Die nationalen amerikanischen Umweltstandards und die schweizerischen Konsultationen mit zivilgesellschaftlichen Akteuren etwa sind Erfolge dieser frühen NGO-Kampagnen. Ende der 1990er Jahre hatte sich dann aus der Weltbankreformkampagne ein Bündnis von NGOs entwickelt, das sich auch der Reform von Exportkreditagenturen widmete. Diese Organisationen haben die Verhandlungen in der OECD sowohl auf nationaler als auch auf internationaler Ebene begleitet. In Paris antichambrierten sie im Sekretariat der OECD-Exportkreditgruppe und wurden in Konsultationen der Gruppe einbezogen. Auf nationaler Ebene übte das Bündnis Druck auf die Regierungen aus, die sich der amerikanischen Initiative am meisten zu widersetzen versuchten. Mit Erfolg: Die Formulierung nationaler Umweltstandards in mehreren europäischen Staaten Ende der 1990er Jahre ist auf die Kombination von Lobbyarbeit der NGOs und amerikanischen Druck auf internationaler Ebene zurückzuführen.

Die neuen nationalen Standards unterschieden sich teilweise deutlich im Hinblick auf ihre Tragweite und Verbindlichkeit. Dies bot den NGOs Gelegenheit, Staaten einander gegenüber „bloßzustellen". Sie taten dies im Einklang mit den USA, die die europäischen Unterschiede ebenfalls für die Durchsetzung ihrer Position in den Verhandlungen ausnutzten. Während etwa Deutschland sowohl verbindliche Standards als auch Transparenz in den Deckungsentescheidungen lange Zeit ablehnte, waren Großbritannien und Frankreich amerikanischen Vorschlägen gegenüber aufgeschlossener. Die französische Agentur *Coface* hatte bereits seit 2000 recht fortschrittliche Umweltstandards auferlegt bekommen, womit für Frankreich ein Anreiz bestand, internationale Mindeststandards zu etablieren.

Human Dimensions of Global Environmental Change "Greening of Policies - Policy Integration and Interlinkages". Berlin. 4. Dezember 2004.

Britische Unterhändler „kooperierten" mit ihren amerikanischen Kollegen insofern, als sie deren Vorschläge in die Verhandlungen einbrachten. Dieses Vorgehen erhöhte die Chance der Akzeptanz bei den europäischen Kollegen – als originär amerikanische Vorlagen wären sie weniger Erfolg versprechend gewesen. Die britische Unterstützung lässt sich unter anderem mit dem Geschäftsportfolio der britischen Agentur *Export Credit Guarantee Department* (ECGD) erklären: Ein Gutteil des von der britischen Exportkreditagentur unterstützten Geschäfts entfällt auf kommerzielle Flugzeuge und Rüstungsgüter, auf die die *Common Approaches* keine Anwendung finden. Die Auseinandersetzung um Transparenz betreffend mussten Klienten des ECGD ohnehin aufgrund nationaler Regelungen Umweltinformationen veröffentlichen.

3.1.2 Bewertung des Verhandlungsergebnisses

Zu Beginn der Verhandlungen war Deutschland noch erfolgreich gewesen, Koalitionen gegen amerikanische Vorschläge zu organisieren. Nun jedoch konnten amerikanische Unterhändler mit britischer und französischer Unterstützung in der Exportkreditgruppe eine stärkere Position aufbauen. Im Herbst 2003 war die amerikanische Strategie des *divide et rege* schließlich erfolgreich: Die im Dezember des Jahres verabschiedeten *Common Approaches* beinhalteten sowohl Umweltstandards als auch Transparenzregeln. Staaten, die in Opposition zur amerikanischen Initiative standen, konnten etwas Flexibilität in der Handhabung der Regeln aushandeln und sich somit einige Schlupflöcher schaffen, aber im Großen und Ganzen ist die Übereinkunft nach amerikanischem Muster gestrickt. Die Verhandlungsergebnisse, sowohl hinsichtlich der Standards als auch mit Blick auf Transparenzregelungen, erforderten umfassende Anpassungen auf Seiten der meisten europäischen Staaten – bei nur unerheblichen Änderungen für die amerikanische *Export-Import Bank*.

Trotz der offenkundig einseitigen Kosten-Nutzen-Verteilung setzten sich die Vereinigten Staaten mit ihrer Vorlage weitgehend durch. Diese Ausbeute ist Folge einer klugen Verhandlungsstrategie der USA auf der einen und der Uneinigkeit unter den europäischen Staaten auf der anderen Seite. Die europäischen Staaten schafften es nicht, eine Koalition gegen die amerikanische Initiative zu bilden, obwohl eine solche Strategie den europäischen Staaten insgesamt mehr genutzt hätte. Ein Scheitern der Verhandlungen hätte schließlich dazu geführt, dass Wettbewerbsnachteile amerikanischer Unternehmen fortbestanden und die Europäer Anpassungskosten vermieden hätten.

3.2 Regulierung gentechnisch veränderter Organismen

Die EU hat bei der Entwicklung von Regeln für die Zulassung, Kennzeichnung und Freisetzung von GMOs eine Führungsrolle übernommen. Die europäischen Regeln stehen jedoch im Widerspruch zur amerikanischen Gesetzgebung, die GMOs als äquivalent mit konventionellen Sorten behandelt und somit keine speziellen Regeln für GMOs kennt. Diese regulativen Unterschiede und ihre Effekte auf den Handel mit Lebensmitteln, die GMOs enthalten, haben das Thema an durchaus prominenter Stelle auf die transatlantische Agenda gebracht. Für die EU geht es bei diesem Konflikt primär um Lebensmittelsicherheit und Verbraucherschutz; die USA hingegen interpretieren die europäischen Regeln als unilateralen Protektionismus. Für sie steht die Sicherheit von GMOs außer Frage.

Der transatlantische Konflikt ist im Licht der folgenden Zahlen wenig überraschend: Die USA sind der weltgrößte Produzent gentechnisch veränderter landwirtschaftlicher Produkte. Sie stellen 66% der global mit transgenen Sorten bewirtschafteten Fläche, gefolgt von Argentinien (23%), Kanada (6%) und China (4%). Der verbleibende Anteil von 1% entfällt auf den Rest der Welt – einschließlich der EU.[9]

3.2.1 Europäische und US-amerikanische GMO-Regulierung

Die europäische GMO Politik war anfangs wenig einheitlich. In den 1980er Jahren beschränkte sich die Politik der EU-Kommission weitgehend darauf, die entstehende europäische GMO Industrie zu fördern, während Regulierung kaum stattfand. Zwischen 1991 und 1998 erteilte die EU insgesamt 18 GMO Sorten die Zulassung – darunter der umstrittenen Maissorte Novatis Bt-11, die zum offenen Bruch zwischen der Kommission und eher GMO-skeptischen Mitgliedsstaaten führte. Erst seit 1997 verstärkte die Kommission ihre Regulierungsbemühungen im Dialog mit den Mitgliedsstaaten. Das Zulassungsmoratorium für neue transgene Sorten von 1998 war Teil eines Burgfriedens zwischen Kommission und Mitgliedsstaaten und ermöglichte die Definition von einheitlichen europäischen Regeln für GMOs, denen das Vorsorgeprinzip zu Grunde gelegt wurde. Das Moratorium ermöglichte somit eine einheitliche und klar artikulierte europäische Position.[10]

Die meisten Länder regulieren GMOs mit speziell für diese geschaffenen Regelwerken. Die USA und Australien bilden hier Ausnahmen. Sie behandeln GMOs im Rahmen von bereits zuvor etablierten Regeln für konventionelle Sorten. Außerdem bauen die meisten Staaten ihre Regulierung auf der Annahme auf, dass GMOs möglicherweise Risiken bergen, die vor ihrer Zulassung ausgeräumt werden müssen. Im regulativen System der USA hingegen dominiert die Grundannahme, dass GMOs so lange keine Gefahren bergen, als nicht das Gegenteil bewiesen werden kann. In seinem Vergleich der GMO-Regulierung in 16 Staaten kommt Vicente Paolo B. Yu III zu dem Ergebnis, dass nur die USA diese Kombination von etablierten Regeln mit der Annahme der Gefahrfreiheit anwenden.[11] Neben ihrem strengen, im Vorsorgeprinzip begründeten Zulassungsprozess, verlangt die EU, dass Lebensmittel, die GMOs enthalten, entsprechend gekennzeichnet werden. In den USA gibt es lediglich freiwillige, nicht-staatliche Zertifizierungsprogramme für *gentechnikfreie* Lebensmittel. Die Pflichtkennzeichnung gentechnisch veränderter Lebensmittel wird als Handelshemmnis abgelehnt.

3.2.2 Die Internationalisierung der EU-Bestimmungen

Bereits kurz nach der Vereinheitlichung der europäischen GMO-Position gelang es der Union 1999, das Vorsorgeprinzip im Cartegena-Protokoll zu internationalisieren. Durch

---

[9] Tiberghien/ Starrs: The EU as Global Trouble-Maker in Chief: 5.
[10] Vgl. Ibid.
[11] Yu III, Vicente Paolo B. (2001): Compatibility of GMO Import Regulations with WTO Rules. In: Brown Weiss, Edith/ Jackson, John H. (2001): Reconciling Environment and Trade. 575-672: 586-92.

dieses Protokoll ist das Prinzip, seit dem Maastrichter Vertrag ein Kernelement europäischer Umweltpolitik, für die GMO-Politik international institutionalisiert worden.

Allerdings regelt das Cartegena-Protokoll primär den grenzüberschreitenden Verkehr lebender GMOs zum Schutz der natürlichen Artenvielfalt. Für das Verbringen lebender GMOs schreibt das Protokoll die *Advanced Informed Agreement Procedure* vor. Ihr zufolge muss der Empfängerstaat dem Import zustimmen, bevor die Organismen geliefert werden dürfen. Dies betrifft also hauptsächlich genverändertes Saatgut, Pflanzen und Tiere und nur indirekt solche GMOs, die zum direkten Konsum oder zur weiteren Verarbeitung bestimmt sind. Damit ist das Cartegena-Protokoll nicht direkt auf Lebensmittelstandards anwendbar, aber es wird trotzdem als eine erfolgreiche Internationalisierung europäischer Regeln beurteilt. In der Auseinandersetzung über GMOs vor der WTO (s.u.) bemüht sich die EU, die Cartegena-Regeln als geltendes internationales Umweltrecht in die Streitschlichtung mit einzubeziehen. Am Beispiel von Getreide wird leicht klar, wie eng Regeln für lebende GMOs mit denen für GMO-Lebensmittel verbunden sind: Körner, die ursprünglich zum Konsum bestimmt waren, können ausgesät werden, sich im Feld verbreiten und dadurch konventionelle Ernten verunreinigen.[12]

3.2.3 Der transatlantische Konflikt

Die USA haben das Cartegena-Protokoll nicht ratifiziert und sehen das Vorsorgeprinzip in Konflikt mit dem WTO SPS-Abkommen (*Sanitary and Phytosanitary Measures*), das Handelsbeschränkungen zum Schutz der Gesundheit nur zulässt, wenn diese wissenschaftlich begründet sind. Sowohl EU als auch USA haben diese WTO-Vereinbarung ratifiziert. Selbst die SPS-Vereinbarung enthält zwar eine abgeschwächte Variante des Vorsorgeprinzips, der entsprechende Artikel 5(7) erlaubt allerdings vorsorgende Handelsbeschränkungen nur unter sehr bestimmten Bedingungen und nur auf vorübergehender Basis.[13]

Das Ergebnis der EU-Regulierung ist ein Satz von Regeln, der mit der US-amerikanischen Problembehandlung nicht kompatibel ist. Darauf aufbauend hat sich mit Cartegena ein internationales Regime gebildet, das eher dem europäischen Vorsorgeprinzip als der amerikanischen Risikobewertung entspricht. Doch dieser transatlantische Konflikt hat auch eine globale Dimension: Staaten in Afrika und anderswo haben ähnlich restriktive Regeln wie die der EU etabliert, um sicherzustellen, dass ihre konventionellen Sorten frei von GMOs bleiben und weiterhin in die EU exportiert werden können. Dies hat sogar dazu geführt, dass afrikanische Staaten US-amerikanische Nahrungsmittelhilfe abgelehnt haben, bei der die USA nicht garantieren konnten und wollten, dass sie frei von GMOs war.

Die forsche GMO Politik der EU bot den USA wenig Möglichkeit, einen inzwischen beinahe global wirksamen Standard zu vermeiden. USA und EU haben in beständigen Diskussionen über die europäische GMO-Regulierung gestanden, einschließlich der Etablierung eines EU-US Biotechnologie-Forums, das im Dezember 2000 einen gemeinsamen

---

[12] Ein Report der *North American Commission for Environmental Cooperation* des nordamerikanischen Freihandelabkommens NAFTA beispielsweise deckt einen solchen Fall auf. Ihm zufolge wurden Anteile genveränderter US-amerikanischer Sorten in konventionellen mexikanischen Ernten gefunden, obwohl diese in Mexiko nicht zugelassen sind. CEC Report on GM Maize in Mexico Sparks Controversy. (2004): In: Bridges Trade BioRes 4. 21. 19. November 2004.

[13] Bernasconi-Osterwalder, Nathalie (2001): The Cartegena Protocol on Biosafety: A Multilateral Approach to Regulate GMOs. In: Brown Weiss, Edith/ Jackson, John H. (2001). 689-721: 707.

Report zum Thema verabschiedet hat, und einer Biotechnologiearbeitsgruppe im Rahmen des *Transatlantic Economic Partnership* (TEP) Programms.[14] Trotzdem hatten die transatlantischen Diskussionen und die versuchte Druckausübung der USA wenig Einfluss auf das Zustandekommen der europäischen Regulierung.[15] Dies führte schließlich zur amerikanischen Entscheidung, die WTO in der Sache anzurufen. Der Gang zur WTO ist eine letzte Option in regulativen Konflikten – ein Gang, den die transatlantischen Partner bisher äußerst sparsam beschritten haben, in der Befürchtung, dass unliebsame WTO-Entscheidungen und deren eventuelle Nichtbeachtung die Legitimität von WTO-Streitschlichtungen untergraben könnten. Diese wiederum waren aber bei Handelskonflikten der Vergangenheit mit anderen Parteien sehr hilfreich.[16]

Die anstehende WTO-Entscheidung wird nicht nur zukünftige GMO-Regulierung formen, sondern auch das Verhältnis zwischen dem internationalen Handelsregime und umweltpolitischer Regulierung neu definieren – gleich, welche Seite gewinnt. Zum Zeitpunkt der Schlussredaktion dieses Artikels kann über das Ergebnis der Streitschlichtung, die für Juni 2005 erwartet wird, nur spekuliert werden. Der Abschlussbericht ist bereits zweimal verschoben worden (von September 2004 auf März 2005 und nun auf Juni 2005), um weitere Experten anzuhören. Einige Beobachter haben dies als ein Zeichen für den Einfluss der europäischen Stellungnahmen zum Thema interpretiert. Darin hat die EU argumentiert, dass die SPS-Vereinbarung für die Komplexität von GMOs zu eng ausgelegt sei.

GMOs sind ein gutes Beispiel für die erfolgreiche Internationalisierung europäischer Regulierung. Die EU-Kommission hat die Interessen der Mitgliedsstaaten gebündelt und kohärent nach außen vertreten. Auf diese Weise hatten die USA wenig Einfluss auf die Entwicklung der europäischen Regeln und ihre erfolgreiche Internationalisierung.

3.3 Klimapolitik

Zweifelsohne kam dem Klimawandel in der internationalen Umweltpolitik der letzten fünfzehn Jahre die größte Aufmerksamkeit zu.[17] Zurückzuführen ist dies ist in erster Linie auf das Ausmaß der ökologischen Bedrohung und die Dimension der politischen Herausforderung. Der Klimawandel wird durch das Freisetzen bestimmter chemischer Verbindungen bei einer Reihe grundlegender menschlicher Aktivitäten hervorgerufen. Vor allem beim Verbrennen fossiler Brennstoffe zur Energiegewinnung und in der Landwirtschaft entstehen sogenannte Treibhausgase (THGs), die den natürlichen Treibhauseffekt der Erde verstärken

---

[14] Pollack, Mark A. (2003): The Political Economy of Transatlantic Trade Disputes. In: Petersmann, Ernst-Ulrich/ Pollack, Mark A. (2003): Transatlantic Economic Disputes: The EU, the US, and the WTO. 65-118: 77.

[15] Mark Pollack zufolge ist dies nicht überraschend: "transatlantic regulatory disputes can be more bitter and intractable than traditional trade disputes, in so far as both sides believe that they are 'doing the right thing'." Ibid.: 71.

[16] Beim Streit um Rinderhormone etwa zeigte sich, wie wenig die Streitschlichtung der WTO ausrichten kann, wenn grundlegende und in nationalen Regulationen niedergelegte Positionen einer der transatlantischen Partner auf dem Spiel stehen. Die EU nahm lieber amerikanische Strafzölle in Kauf, als ihre Gesetzgebung an den Richterspruch der WTO anzupassen.

[17] Dieser Abschnitt folgt in Teilen Ochs, Alexander/ Sprinz, Detlef (2005): Europa Riding the Hegemon? Transatlantic Climate Policy. In: Bobrow, Davis/ Keller, William: Challenges to U.S. Policy Preferences: Strategies of Resistance and Modification (Arbeitstitel, erscheint voraussichtlich Ende 2005) sowie Busby, Joshua/ Alexander Ochs (2005): From Mars and Venus Down to Earth: Understanding the Transatlantic Climate Divide. In: David Michel: Climate Policy for the 21st Century, The Brookings Institution: Washington D.C. 2005.

und auf diese Weise zur Erwärmung des Planeten beitragen.[18] In letzter Zeit haben prominente Kommentatoren den Klimawandel als das größte Problem dieses Jahrhunderts bezeichnet.[19]

3.3.1 Das UN-Klimaregime

Obwohl bereits Ende des 19. Jahrhunderts auf mögliche negative Folgen bestimmter Emissionen durch den Menschen hingewiesen wurde, kam dem Thema bis in die späten 1970er Jahre kaum politische Aufmerksamkeit zu. Trotz weiterer hochrangiger Konferenzen und alarmierender Einschätzungen vor allem amerikanischer Wissenschaftler kam es erst 1988 zur Gründung des *Intergovernmental Panel on Climate Change*. Mit dem IPCC wurde ein wissenschaftliches Beratungsgremium geschaffen, das seitdem im Auftrag der Vereinten Nationen regelmäßig den gegenwärtigen Stand der Klimaforschung zusammenfasst und erläutert. Bereits der erste IPCC-Report von 1990 hatte großen Anteil daran, dass sich die UN-Generalversammlung schließlich auf Verhandlungen über einen Weltklimavertrag einigte.

Rechtzeitig zur UN-Konferenz zu Umwelt und Entwicklung, die 1992 in Rio de Janeiro stattfand, wurde eine Klimarahmenkonvention (UN *Framework Convention on Climate Change*, UNFCCC) entworfen, die bereits auf dem „Erdgipfel" von 154 Staaten (plus der Europäischen Gemeinschaft) unterzeichnet wurde. Sie trat am 21. März 1994 in Kraft. Mit mehr als 190 Vertragsparteien ist sie heute nahezu weltweit gültig.[20] Der Vertrag legt in erster Linie die Grundlagen künftiger Klimapolitik fest. Als Ziel aller Anstrengungen fordert Artikel 2, UNFCCC eine Stabilisierung der Treibhausgase in der Atmosphäre auf einem Niveau, das eine „gefährliche" menschliche Beeinflussung des Klimasystems verhindert. Auf weitere Maßnahmen wollte man sich auf Folgekonferenzen (*Conference of the Parties*, COP) einigen. Seit der ersten COP von 1995 finden diese Treffen jährlich statt.

Auf COP-1 wurde mit dem so genannten „Berliner Mandat" entschieden, Verhandlungen für ein Zusatzprotokoll aufzunehmen, das konkrete und rechtlich verbindliche THG-Reduzierungen für Industrieländer beinhalten sollte. Im Dezember 1997 wurde dieses Ziel schließlich mit der einstimmigen Annahme des Kyoto-Protokolls erreicht. Dieses verpflichtet die Industriestaaten, ihre gemeinsamen THG-Emissionen gemäß individueller Reduktionsziele für jedes Land um insgesamt 5,2 % abzubauen.[21] Allerdings konnten sich die Vertragsparteien erst Ende 2001 auf die Details der Implementierung einigen. Nach drei weiteren Jahren der Unsicherheit trat das Kyoto-Protokoll am 16. Februar 2005 schließlich

---

[18] Die UN schätzt den Temperaturanstieg innerhalb dieses Jahrhunderts auf 1,4-5,8 °C. Eine gute Einführung in die Thematik bietet Climate Change Information Sheet (2002). UNEP and UNFCCC, im Internet unter http://unfccc.int/files/essential_background/application/pdf/infokit_02_en.pdf.
[19] Klima als größtes Problem dieses Jahrhunderts haben bezeichnet: Kofi Annan, Tony Blair, Hans Blix, Mikhail Gorbachev, Klaus Töpfer. Der Chefwissenschaftler der britischen Regierung sorgte für Aufsehen, als er den Klimawandel als potentiell ernstere Gefahr bezeichnete als den Terrorismus. King, Sir David A. (2004): Climate Change Science: Adapt, Mitigate, or Ignore? In: Science. 303. 2004.
[20] United Nations Framework Convention on Climate Change. Status of Ratification (2004). UNFCCC. 24. Mai 2004. Der UNFCCC Vertragstext und das Kyoto-Protokoll sind unter http://unfccc.int einsehbar.
[21] Die 15 damaligen Mitglieder der EU und einige andere europäische Länder akzeptierten ein Reduktionsziel von 8% für ihre durchschnittlichen Emissionen in den Jahren 2008-12 gegenüber dem Referenzjahr 1990; die USA verpflichteten sich auf 7%, Japan auf 6%. Die Russische Föderation muss ihre 1990er Emissionen stabilisieren, Norwegen und Australien wurde ein Zuwachs um 1% bzw. 8% erlaubt. Näheres unter http://unfccc.int.

in Kraft. Nachdem die USA Anfang 2001 aus dem Protokoll ausgestiegen waren, bedurfte es der Ratifizierung Russlands, um die Voraussetzungen des Inkrafttretens zu erreichen: Dazu mussten 55 oder mehr Staaten ratifizieren, die im Referenzjahr 1990 für mindestens 55 Prozent der Emissionen der Industrieländer verantwortlich zeichneten.

3.3.2 Amerikanische und europäische Positionen

USA und EU sind Mitglieder der UNFCCC und haben beide großen Einfluss auf den Vertrag genommen. Die Vereinigten Staaten wurden allerdings von Anbeginn der Verhandlungen an für ihre zögerliche Haltung kritisiert und als Hauptverantwortliche eines möglichen Nichtzustandekommens der Konvention ausgemacht. Nichtsdestotrotz konzentrierte sich ein Gutteil der Anstrengungen darauf, die USA an Bord zu bringen. Zu wichtig erschien die Teilnahme des größten THG-Emittenten der Welt. Abgesehen von ihrer ökologischen Bedeutung wurden die USA auch als potentielle Führungsmacht bei der Entwicklung von Technologien zur Emissionsreduzierung gesehen.[22]

Zwei hauptsächliche Konfliktlinien lassen sich bereits in den Verhandlungen zur UNFCCC ausmachen, die auch in der weiteren Ausarbeitung des Klimaregimes bestimmend blieben: Die eine verlief zwischen den Industriestaaten – hier insbesondere den USA – und den Entwicklungsländern; eine zweite innerhalb der Industrieländer – insbesondere zwischen EU und USA. Was die Kontroverse mit den Entwicklungsländern anbelangt, so war es vor allem die US-Delegation, die sich sowohl gegen einen globalen Fonds zum Schutz des Klimas als auch gegen verbindliche Zusagen hinsichtlich eines Finanz- und Technologietransfers in die Entwicklungsländer wehrte. Noch dominierender war jedoch der Disput innerhalb der Industriestaaten. Im Gegensatz zu den meisten europäischen Staaten lehnten die USA konkrete Ziele und Zeitpläne der Emissionseindämmung vehement ab.

Auch im weiteren Regimebildungsprozess vertraten US-amerikanische und europäische Regierungen äußerst unterschiedliche Positionen:[23] Erstens betrachtete die EU die Ergebnisse des IPCC stets als wissenschaftlichen Leitfaden ihrer Politik und im Sinne des „Vorsorgeprinzips" als Beleg für die Dringlichkeit zum Handeln. Die USA hingegen stellten vermeintliche Defizite der Berichte heraus und forderten mehr wissenschaftliche Sicherheit als Voraussetzung politischer Maßnahmen. Zweitens haben die USA stets anspruchslosere und unverbindliche Reduktionsziele gefordert, während die Europäer für ambitioniertere und verbindliche Ziele plädierten. Drittens unterstützte die EU die Anwendung des so genannten Prinzips der „gemeinsamen, aber differenzierten Verantwortung" der Staaten. Diese Grundregel, bereits in der UNFCCC niedergelegt, besagt, dass alle Länder in einer gemeinsamen Verantwortung für das Klimaproblem stehen, die Industrieländer allerdings bei den Reduzierungen mit gutem Beispiel vorangehen sollen. Im Widerspruch dazu drängten die USA von Anfang an auf die Einbeziehung zumindest der großen Entwicklungsländer in verbindliche Verpflichtungen.

---

[22] Im Jahr 2000 waren amerikanische Emissionen für mehr als ein Fünftel (20,6 %) der globalen Ausstöße verantwortlich. Der Anteil der USA ist damit etwa ein Drittel höher als der des zweitgrößten Emittenten, der Volksrepublik China (14,8 %) und des dritten, der erweiterten EU-25 (14,0 %) Vgl. Baumert, Kevin/ Pershing, Jonathan (2004): Climate Data: Insights and Observations. Pew Center on Global Climate Change. Dezember 2004.
[23] Eine ausführlichere Diskussion bietet Ochs/ Sprinz: Europa Riding the Hegemon?

Die EU hat sich im Hinblick auf alle drei Punkte im Wesentlichen durchgesetzt. Der IPCC gilt den meisten Staaten weiterhin als letztinstanzliche wissenschaftliche Autorität der Klimapolitik. Das Kyoto-Protokoll beinhaltet verbindliche Ziele, und diese gelten lediglich für die Industriestaaten. Schwieriger wird die Einschätzung allerdings hinsichtlich der im Regime verankerten Instrumente. Hier favorisierten die Europäer lange Zeit die direkte administrative Regulierung von Haushalten und Industrie und verpönten den Emissionshandel als „Ablasshandel". Doch die USA setzten sich mit ihrer Forderung nach maximaler Flexibilität in der Wahl der Instrumente durch. Erst seit den späten 1990er Jahren nahm die EU den Emissionshandel als eine Schlüsselstrategie ihrer Klimapolitik an. Mit der Implementierung des EU-15 Emissionshandelssystems im Januar 2005 wurde die Union die erste Kyoto-Vertragspartei mit einem derartigen, legal verbindlichen Mechanismus.

3.3.3 Die europäische Führungsrolle

Gegen eine Haltung weitgehender Verweigerung auf Seiten der USA gelang es den Europäern letztlich, die internationale Klimapolitik in zunehmendem Maße zu dominieren und das Kyoto-Protokoll zu retten. Es gibt drei spezifische Daten, mit denen sich diese Erfolgsgeschichte verbinden lässt:

Am 11. Dezember 1997 konnte bis zum offiziellen Verhandlungsende in Kyoto keine Einigung erzielt werden. Doch trotz weithin vernehmbaren Streits zwischen den europäischen Delegationen (und versuchter Druckausübung der USA auf diese) konnte die EU-Forderung nach verbindlichen, ambitionierten Zielen für die Industrieländer schließlich durchgesetzt und eine weitere Abschwächung der Verpflichtungen durch die amerikanische Delegation verhindert werden. Darüber hinaus übernahm die EU die ihr aus Kyoto entstehenden THG-Reduzierungsverpflichtungen als sogenanntes *Bubble*, d.h. sie ist seither als eine Einheit für die Erfüllung ihrer Obligationen verantwortlich. Intern richtete sie einen Verteilungsmechanismus ein, der unterschiedliche Reduzierungsquoten für ihre Mitglieder vorsieht. In der Konsequenz gewann die EU enorm an Autorität für die Klimapolitik ihrer Mitgliedsstaaten.

Das zweite Datum, das die Europäische Erfolgsgeschichte markiert, ist das offizielle Ausscheiden der USA aus Kyoto Ende März 2001. Die USA waren bisher immer als unabdinglich für die Ausarbeitung eines effektiven internationalen Klimavertrags angesehen worden. Viele glauben, dass Bush Kyoto mit seiner Ablehnung tatsächlich den endgültigen Garaus machen wollte. Die amerikanische Erklärung im Frühjahr 2001 ("Kyoto is dead") spricht diesbezüglich eine klare Sprache.[24]

Zumindest stellte sich nun die dringende Frage, wer die internationale Klimapolitik in Zukunft anführen solle. Die EU akzeptierte schließlich diese Herausforderung. Sie realisierte, dass sie eine mehr nach außen und nach vorne gewandte Strategie benötigte und mehr in globale Diplomatie investieren musste, statt sich ständig mit sich selbst zu beschäftigen. Von diesem Moment an schaffte die Union nicht nur eine größere interne Politikkohäsion,

---

[24] Vgl. Grubb, Michael (2001): The UK and European Union: Britannia Waives the Rules? In: Sprinz, Detlef: Climate Change After Marrakech: The Role of Europe in the Global Arena. (German Foreign Policy in Dialogue - A Quarterly E-Newsletter on German Foreign Policy. 18.12.2001): 9-12 und Shah, Saeed (2004). US States Defy Bush with Carbon Trading Plan. The Independent, 12. November 2004.

sondern bereitete sich als einheitlicher Akteur auf die anstehenden Verhandlungen vor.[25] Zur großen Überraschung vieler überstanden die anstehenden COP-Verhandlungen nicht nur den Ausstieg der USA, sondern resultierten mit der Vereinbarung von Marrakech im November 2001 in den lange gesuchten Umsetzungsregeln zum Protokolltext.

Am wichtigsten war jedoch, dass es der EU schließlich gelang, Russland an Bord der Unternehmung Kyoto zu bekommen. Die EU scheute in ihrer Rettungsaktion nicht davor zurück, Russland und anderen prinzipiell ratifizierungswilligen Ländern großzügige Anrechnung für die Sequestrierung (also der Bindung) von Emissionen durch Wälder und andere Arten so genannter Senken zuzusichern. Sie hielt den Druck auf Russland kontinuierlich hoch und bot 2004 Kooperationen im Energiebereich sowie Unterstützung für Russlands WTO-Beitritt als „Verhandlungschips" an.[26] Letztlich waren diese Konzessionen erfolgreich. Am 16. Februar 2005 feierte die EU mit ihren Klimaverbündeten das Inkrafttreten des Kyoto-Protokolls – dieser Tag ist das dritte wichtige Datum.

3.3.4 Transatlantischer und inneramerikanischer Dissens

Die Klimapolitik ist eines der umstrittensten Themen im transatlantischen Verhältnis. Seit Präsident George W. Bush im Frühjahr 2001 den Ausstieg seines Landes aus dem Kyoto-Protokoll verkündete, hat das Thema geradezu symbolischen Charakter für das Auseinanderdriften beider Akteure. In der Empörung über Bushs Entscheidung wird allerdings häufig übersehen, dass das Kyoto-Protokoll auch in den Jahren zuvor nie eine echte Chance auf Ratifizierung im amerikanischen Senat hatte. Im Gegensatz zur EU bzw. ihren Mitgliedsstaaten fehlt in den USA der nationale Konsens für mehr Klimaschutz.[27]

In beiden Clinton-Administrationen wurde die Klimapolitik eines zumindest rhetorisch ambitionierten Weißen Hauses beständig vom Kongress blockiert. So bestimmte etwa der Senat bereits ein halbes Jahr vor der Kyoto-Konferenz in der so genannten *Byrd-Hagel* Resolution einstimmig die Bedingungen, die ein Klimavertrag erfüllen müsse, um von ihm ratifiziert zu werden.[28] Die Clinton-Administration musste daraufhin ihre Verhandlungsposition wesentlich abschwächen. Wiederholt verdächtigte der Kongress den Präsidenten, Kyoto durch die Hintertür einführen zu wollen.[29] Auf den folgenden COPs veranstalteten Delegierte des Kongresses Pressekonferenzen als Gegenkundgebungen zu Verlautbarungen der Exekutive. Die Folge war, dass Clinton das Protokoll dem Senat nie zur Ratifikation zuleitete.

Mit dem Amtsantritt George W. Bushs wechselte die klimapolitische Initiative in die Legislative – alle größeren Unternehmungen scheiterten aber bisher sowohl am Widerstand innerhalb der gesetzgebenden Kammern als auch an der deutlichen Opposition des Präsi-

---

[25] Grubb: The UK and European Union: Britannia Waives the Rules?
[26] Vgl. Ochs/ Sprinz: Europa Riding the Hegemon?
[27] Busby/ Ochs: From Mars and Venus Down to Earth.
[28] Insbesondere sollten die USA sich keinem Vertrag anschließen, der a) keine Verpflichtungen für Entwicklungsländer beinhalte, oder b) eine Gefahr für die amerikanische Wirtschaft darstelle. Vgl. US Senate (1997). Resolution Expressing the Sense of the Senate Regarding the Conditions for the United States Becoming a Signatory to Any International Agreement on Greenhouse Gas Emissions under the United Nations Framework Convention on Climate Change. 105th Congress, 1st Session, S. RES. 98.
[29] Um nur ein eindrucksvolles Beispiel zu geben: Congress Resolution 4194 verbot für das anstehende Fiskaljahr 1999 ausdrücklich jegliche Maßnahme, die auf die Erreichung der Kyoto-Vereinbarungen abzielte. Darüber hinaus verbot sie öffentlich finanzierte Aufklärungskampagnen zum Thema Klimawandel.

denten. Dessen lang angekündigte Alternative zum Kyoto-Protokoll, die *Global Climate Change Initiative*, ist international als wenig überzeugend aufgenommen worden. Der Plan, angekündigt als Rückkehr in die Führungsverantwortung, strebt eine Reduzierung der Treibhausgas*intensität* der US-Wirtschaft (also der THG-Emissionen im Verhältnis zum Bruttosozialprodukt) bis 2012 um 18% an. Diese ambitioniert anmutende Zahl ist allerdings lediglich die Festschreibung des ohnehin stattfindenden Dekarbonisierungstrends der amerikanischen Wirtschaft. Die *Gesamtemissionen* der USA, so wird erwartet, werden im selben Zeitraum um weitere 12% steigen – um dann mehr als 30% über den Zielen zu liegen, denen Clinton einst im Kyoto-Protokoll zugestimmt hatte.[30] Für die Europäer war der Bush-Plan umso enttäuschender, als Christie Todd Whitman, Leiterin der amerikanischen Umweltbehörde EPA, ihren europäischen Partnern noch kurz zuvor versichert hatte, der Präsident werde sein Wahlversprechen wahr machen und verbindliche Ziele für CO2 Emissionen von Kraftwerken auflegen.[31]

Insgesamt haben fünfzehn Jahre nationaler amerikanischer Klimapolitik wenig mehr erreicht als einige Forschungs- und Technologieprogramme. International finden sich die Vereinigten Staaten heute klimapolitisch isoliert vom Rest der Welt wieder. Sie sind, neben Australien, Liechtenstein und Monaco, der einzige Industriestaat, der Kyoto nicht ratifiziert hat. Interessanterweise ist dem Regierungsstillstand, der die USA in diesem Politikbereich von Anfang an charakterisierte, der europäische Einigungsprozess in der Klimapolitik diametral entgegengesetzt. Die EU hat es beim Thema Klima geschafft, die Interessen ihrer Mitgliedsstaaten zu bündeln und diese Voraussetzung für die Ausübung einer internationalen Führungsrolle zu nutzen. Die meisten Experten sind sich einig, dass das Resultat der gemeinsamen Anstrengung, das Kyoto-Protokoll, das wichtigste internationale Umweltregime ist. Genau so klar ist jedoch, dass es lediglich ein erster, kleiner Schritt auf einem langen Weg ist, der erst verhältnismäßig spät zeigen wird, ob das Klimasystem der Erde vor einem „gefährlichen" Wandel bewahrt werden kann.

4 Gleichberechtigte Partner mit Führungsqualität?

Dieses Kapitel beschäftigte sich mit drei sehr unterschiedlichen Fällen transatlantischer Umweltpolitik. Sie unterscheiden sich wesentlich durch die Rolle, die die Europäische Union und die USA in den Verhandlungen spielten. Internationale Umweltstandards für Exportkreditagenturen beruhen auf US-amerikanischer, die Normsetzung für GMOs auf EU-Initiative. In beiden Fällen wurden aus den Initiatoren Anführer, die den derzeitigen Status Quo maßgeblich bestimmten. In der internationalen Klimapolitik hingegen haben die Europäer die Führung erst eindeutig übernommen, als die USA aus dem Kyoto-Protokoll ausgeschieden waren. Dann jedoch ermöglichten sie zur Überraschung vieler das Inkrafttreten des Vertrages.

Inwieweit sich eine Seite erfolgreich in die Verhandlungen einbringen kann, ist erheblich von den Präferenzen ihrer innenpolitischen Akteure abhängig. Andere Autoren haben nationale Koalitionen zwischen Umweltschützern und Industrie als wichtige Voraussetzung für internationale Führungsstärke ausgemacht. Die oben besprochenen Beispiele zeigen,

---

[30] z.B. Pew Center on Global Climate Change (2002): Analysis of President Bush's Climate Change Plan.
[31] Semple, Robert B. Jr (2005): Christie Whitman Rides to the Defense of Her Grand Old Party. NYT online, 1. Februar 2005.

dass dem politischen Konsens zwischen Legislative und Exekutive auf amerikanischer und unter den EU-Mitgliedsstaaten auf europäischer Seite ebenfalls großes Augenmerk gebührt.

In der Vergangenheit erreichten die Vereinigten Staaten häufig eine Internationalisierung nationaler Umweltstandards trotz hoher Anpassungskosten für einige europäische Staaten. Dies kann in erster Linie darauf zurückgeführt werden, dass der Versuch der Bildung einer „europäischen Position" oft verspätet und erst in Reaktion auf die amerikanische Initiative unternommen wurde – und dass dieser Versuch häufig scheiterte. Diese Situation wiederum gab den USA Gelegenheit, einzelne europäische Staaten auf ihre Seite zu ziehen und dadurch starken und einstimmigen europäischen Widerspruch zu vermeiden.

Klimapolitik und GMOs bilden für die EU wichtige Lehrbeispiele, wie sie im Falle des Ausbleibens amerikanischer Führung den internationalen Regimebildungsprozess anführen kann. Diese (Selbst-)Bewusstseinsbildung darf auf Seiten der EU nicht dazu führen, sich absichtlich und von vornherein als „Herausforderer" der USA zu positionieren. Gute und unterstützenswerte Initiativen entstehen auf beiden Seiten des Atlantiks. Innerhalb unserer Fallbeispiele haben wir bewusst auf eine qualitative Bewertung der jeweiligen Initiativen verzichtet. Zusammenfassend lässt sich aber nicht abstreiten, dass sich letztendlich die jeweils „grünere" Position, wenn auch mit Abstrichen, durchgesetzt hat. Das Exportkreditbeispiel und die Klimapolitik verdeutlichen zudem, dass eine Reihe von Herausforderungen nur auf kooperativer Basis gelöst werden können.

Das größte Hindernis für die Lösung amerikanisch-europäischer Konflikte ist der Mangel an Verständnis für divergierende Probleminterpretationen auf der jeweils anderen Seite des Atlantiks. Während etwa im europäischen Diskurs zum Klimawandel die Besorgnis um dessen Gefahren andere Aspekte deutlich dominierte, nahmen in den USA Wettbewerbsfragen, gerade gegenüber China als möglichem künftigen Rivalen, eine ebenfalls bedeutende Stellung ein. Die GMO-Debatte, in Europa klar vom Verbraucherschutz geprägt, war in den USA primär eine handelspolitische Auseinandersetzung. Bei den Umweltstandards für Exportkreditagenturen wiederum war die amerikanische Argumentation primär umweltpolitisch angelegt, während europäische Politiker gern auf mögliche negative Arbeitsplatzeffekte von Umweltstandards verwiesen. Es ist nicht überraschend, dass unterschiedliche nationale Diskurse auch zu unterschiedlichen Vorschlägen für internationale Lösungsstrategien führen. Allerdings müssten die Meinungsverschiedenheiten nicht unbedingt zum transatlantischen Konflikt eskalieren, wie das aufgrund kurzsichtiger, innenpolitischer Kalküle der Entscheidungsträger häufig geschieht.

Echte Lösungen zu komplex gelagerten Problemen – wie jenen, mit denen es die internationale Umweltpolitik gegenwärtig zu tun hat – lassen sich nur verhandeln, wenn die konkurrierenden Interpretationen und Ansätze der anderen Seite erkannt und akzeptiert werden. Nur unter dieser Voraussetzung lässt sich die Schnittmenge einvernehmlicher Lösungen für das jeweilige Politikproblem identifizieren. Stimuliert würde ein derartiges „kompromissbereites Aufeinanderzugehen" durch einen bewusst verstärkten transatlantischen Austausch, und zwar auf Ebene sowohl der bürokratischen Experten als auch der politischen, zivilgesellschaftlichen und wirtschaftlichen Entscheidungsträger, angeleitet vom Wissen um die Vorteile der Kooperation für beide Seiten.[32]

---

[32] In der Klimapolitik sind vielversprechende Initiativen in dieser Richtung gestartet worden, etwa das transatlantische Projekt INTACT (www.intact-climate.org). Siehe dazu auch Ochs, Alexander/ Venturelli, Aldo (Hrsg.) (2004): Towards a Transatlantic Consensus on Climate Change. Loveno: Villa Vigoni.

IV. Innere Sicherheit und Terrorismusbekämpfung

Homeland Security: American and European Responses to September 11

Anja Dalgaard-Nielsen

1 Introduction

Although America traditionally saw itself as protected by vast oceans and weak or friendly neighbors, the attacks of September 11 2001 catapulted her policy-makers into a new area of security concerns: how best to protect an open, complex, and interdependent society from large-scale terrorism? Internationally, the US went on the offensive. Its declared war on those who wittingly harbor terrorists caused the downfall of the Afghan Taliban regime and the regime of Saddam Hussein in Iraq. Domestically, the US embarked on a broad effort to enhance the protection of its homeland. This effort included measures within the field of intelligence and justice, border security, infrastructure protection, measures to prevent or protect against chemical, biological, radiological and nuclear threats (CBRN threats), and an improved emergency management system. With the greatest government restructuring in more than fifty years, the domestic efforts were given an institutional anchor in a new Department of Homeland Security.

The European reaction to September 11 was more measured. After a brief period of complete sympathy with the US, the notion emerged that the US was overreacting. Differences over the appropriateness of a military response to international terrorism and the US policy in Iraq caused one of the worst transatlantic rifts in recent memory. Less noticed were the differences in the domestic response to September 11 on the two sides of the Atlantic. A number of European countries already had experience of domestic terrorism and measures in place to combat it within the areas of intelligence, justice and law enforcement – the traditional field of counter-terrorism. Most of these countries reacted to September 11 by strengthening these existing instruments. However, there were no bureaucratic adjustments comparable to that undertaken in the US, and vulnerability reduction and protection against catastrophic terrorism were granted relatively low priority.

This chapter describes the domestic response to September 11 in the US and Europe respectively. It argues why the American approach to homeland security ought to be of interest to Europeans and discusses why and how Europe should organize its own efforts to protect civil populations against the new terror.

2 The US Response to September 11: Homeland Security

The US was not completely unacquainted with terrorism at home when the 9/11 hijackers caused the most deadly terrorist incident in history. In 1993 the nephew of the mastermind

---

Parts of this chapter have appeared earlier in Jess Pilegaard (ed.) *The Politics of European Security*, Danish Institute for International Studies, 2004.

behind the September 11 plot – Yosef Ramzi – parked a van loaded with explosives in the garage below the World Trade Center. The attack failed to topple the towers, but caused a dozen casualties. In 1995 terrorism struck again, this time in Oklahoma City. A massive car bomb set off by a Timothy McVeigh, a white suprematist, reduced the federal offices in Oklahoma City to rubble.

Still, the illusion of a secure homeland was not decisively discarded until the fatal attacks of September 11. Thus, US policy-makers had to develop national instruments to protect the homeland virtually from scratch. Under strong popular pressure to respond they acted quickly. The dust had barely settled before a White House Office of Homeland Security was up and running, charged with coordinating the overall national response. The appointment of Pennsylvania Governor Tom Ridge – a widely respected former Congressman and long-standing friend of President George W. Bush – to head the new Office won broad applause. The Office immediately identified four priority areas, informed by the vulnerabilities exposed by the attacks of September 11 and the anthrax letters of the fall 2001: better prepared first responders, improved capabilities to deal with a bio-attack, enhanced border security, and improved sharing of intelligence between different federal agencies.[1]

Meanwhile, think tank reports were published, legislation introduced, budgets increased. The Federal Aviation Administration took action to strengthen airport security; the FBI was re-oriented to focus on prevention rather than investigation; the Department of Defense restored defense of the homeland as its main priority; and the Department of Health and Human Services boosted its nascent bio-terror research programs.

Discussions about overall strategy remained on the margins for a while. Priority was given to instant vulnerability reduction and, despite the efforts of the White House Office for Homeland Security, different federal agencies each acted within their area of responsibility, giving the American response a rather inchoate character.[2] Despite a general perception of urgency and Tom Ridge's close ties with President Bush, efforts to enhance the protection of US borders by integrating the US Coast Guard, Customs and the border enforcement functions of the Immigration and Naturalization Service foundered on bureaucratic resistance. An attempt to induce improved sharing of intelligence between various federal agencies also created limited results. Various government agencies still keep around a dozen separate terrorist watch lists using different standards and different software.[3]

The proposal to create a new Department of Homeland Security, put forward in May 2002, and President Bush's *National Strategy for Homeland Security*, presented the following month, aimed to introduce more coherence. The strategy outlined the triple goal of preventing attacks, reducing vulnerability and minimizing damage from such attacks as do occur. To that end it called for upgraded and tightly integrated efforts in six critical mission areas – intelligence and warning, border and transportation security, domestic counter-

---

[1] White House Executive Order 13228, www.whitehouse.gov/news/relaease/2001/10/20011008-2.html.

[2] *Defending the American Homeland*, Washington, D.C.: The Heritage Foundation, 2002; Michael E. O'Hanlon, Peter R. Orszag, Ivo H. Daalder, I. M. Destler, David Gunter, Robert E. Litan and James Steinberg, *Protecting the American Homeland: A Preliminary Analysis*, Washington, D.C.: Brookings Institution Press, 2002; *Protecting America's Freedom in the Information Age*, New York: The Markle Foundation, 2002.

[3] Edward Alden, 'US yet to consolidate terrorist watch lists,' *Financial Times*, July 15, 2003; Dan Eggen and John Mintz, 'Homeland Security Won't Have Diet of Raw Intelligence,' *Washington Post*, December 6, 2002; John Mintz, "DHS Blamed for Failure to Combine Watch Lists," *Washington Post*, October 2, 2004, p. A2.

terror and law enforcement, protection of critical infrastructure, protection against CBRN threats, and emergency preparedness and response.[4]

The increased sharing of intelligence between police, customs and immigration authorities would make it more difficult for known or potential terrorists to enter the US. Stronger domestic counter-terrorism measures, the fusion of intelligence from a greater number of different sources, and enhanced analytic capabilities would increase the chance of interdicting attacks. Tightened standards for port security, increased resources for the US Coast Guard, and physical inspection of more of the containers crossing US borders would make the smuggling of dangerous materials that could be used in a terrorist attack more difficult. Inside the US, particularly vulnerable or attractive targets, such as nuclear and chemical plants, symbolic buildings and monuments and important government installations should be hardened or physically protected. Critical physical and cyber infrastructure was to be mapped in order to devise better ways of protecting it and, since the ownership of much of this infrastructure was in private hands, new strategies for public–private cooperation were to be devised. Finally, the training, equipment and inter-operability of first responders were to be upgraded and an extensive information campaign introduced to educate and inform the public about how to react in the case of different forms of attack.

To ensure the implementation of this vast program and coordinate its various elements, a new Department of Homeland Security, combining units from more than twenty federal agencies, was set up, and Governor Tom Ridge appointed as its Secretary. By March 2003 most of the agencies concerned had joined this Department, creating an almost 190,000-strong bureaucracy with a yearly budget of more than $40 billion. Despite this consolidation, a number of crucial homeland security functions remained outside the new department. Local and state governments continue to play key roles in the areas of health, police work and emergency response. Moreover, several different federal agencies remain involved, such as the CIA, the Department of Justice, the FBI, the Department of Health and Human Services, and the Department of Energy. Finally, the private sector is an important player in areas like infra-structure protection and transportation security. The Department of Homeland Security functions as the key point of contact for state and local-level actors as well as the private sector. The White House Office of Homeland Security has been established as a policy-planning and cross-governmental coordination unit at the federal level.

3 Homeland Security Abroad

Most of the activities of the new US Department of Homeland Security have focused on the domestic situation. Yet, based on a philosophy of the need to push the perimeter of defense as far out as possible, the Department and other federal agencies have initiated international cooperation in a number of areas. The FBI and the Department of Homeland Security have pushed for international cooperation in the areas of law enforcement and intelligence. The number of judicial attachés at American representations abroad has been increased, the FBI and Europol have entered into a number of liaison agreements. The US Coast Guard is involved in training personnel responsible for border security in a number of European

---

[4] *National Strategy for Homeland Security*, Office of Homeland Security, Washington D.C., July 2002, pp. vii-x and p. 3. See also David McIntyre, *A Quick Look at the Proposed Department of Homeland Security*, Anser Summary and Analysis, Anser Institute for Homeland Security, November 2002.

countries. Moreover, in order to enhance border security without placing undue obstacles in the way of international trade, the US and Canada have entered into so-called 'smart border' agreements. The program, which it is planned to extend to Mexico in the near future, entails a voluntary expanded security screening of persons, transporters and companies, who are then permitted to jump the normal inspection line at the border.

The US has also pushed for enhanced maritime and harbor security within the International Maritime Organization (IMO), and for tighter air transportation security and higher standards for travel documents within the International Civil Aviation Organization (ICAO). The Container Security Initiative (CSI) entails agreements between American authorities and the harbor authorities of the twenty largest export harbors in Europe and Asia to permit American inspectors to pre-screen shipping containers destined for the US. The Department of Homeland Security has also announced its intention to promote cooperative research programs with American allies in order to develop better homeland security technologies, such as improved censors for the detection of dangerous materials and early warning in case of an attack. Finally, cross-border cooperation between the US, Canada, and Mexico in the area of emergency preparedness and crisis reaction has been initiated to permit an effective response and mutual assistance in the case of an attack spilling over the border.

Not all international initiatives have been uncontroversial. When US authorities demanded that European airlines hand over the so-called Passenger Name Records (PNR) of passengers flying to US destinations, the European Parliament and civil liberties organizations in Europe protested that this violated European privacy laws. Moreover, a demand to place armed air marshals on certain transatlantic flights prompted objections from a number of European pilot associations, claiming that arms on board flights were all but safe. The CSI also experienced a difficult birth, as the US initially had overlooked the competence of the European Union in this area, and entered into bilateral agreements directly with a number of member states – agreements later disputed by the EU.

4 A Layered Defense

American homeland security spans a vast area. As shown above, it covers multiple societal sectors, numerous professions and many levels of government. Despite the creation of an organizational anchor in the form of the Department of Homeland Security and the attempt to formulate a national strategy for homeland security, the challenge of creating a coherent and integrated response remains substantial. Yet, this seemingly amorphous response reflects the challenge: everything is a potential target, and numerous objects can function as potential weapons. The attacker, moreover, operates anonymously, frequently from within the society being targeted.

The various American initiatives can be regarded as a homeland defense in more layers consisting of the measures described above. Defense starts on the international level, with various multilateral and bilateral agreements. It continues at US borders, with reinforced patrolling, upgraded technology etc. Behind the borders, domestic counter-terrorism and protective measures in the area of infrastructure and transportation constitutes a third layer. Finally, the defense is rounded off with a coordinated emergency preparedness and response system. Lacking simple and foolproof solution to the challenge posed by the new terror, this layered defense, it is hoped, should increase the chances of interdicting attacks before they can be carried out, while improving the resilience of American society if attacks are not interdicted.

5 Europe's Response to September 11: Counter-terrorism

In Europe, the attacks of September 11 prompted a somewhat different reaction. When the hijacked aircraft hit their targets in New York and Washington, individual European countries were well positioned to respond in the areas of intelligence, law enforcement, and justice – the traditional fields of counter-terrorism. Cooperation between secret services and police agencies inside individual European countries had improved during the 1970s, 1980s, and 1990s, as waves of terrorism hit France, Germany, Italy, Spain and Britain. A number of countries thus already had experience of terrorism and measures in place to counter it. Most reacted to September 11 by strengthening existing counter-terrorism instruments further.

Legislation expanding the powers of the intelligence agencies, police authorities and prosecutor's offices was passed by national parliaments at extraordinary speed. Additional funding was provided for these agencies, and a number of countries that had not had special anti-terror legislation prior to September 11 enacted such laws.[5] At the European level, the 1990 Schengen Agreement and the cooperation in Justice and Home Affairs introduced with the 1991 Maastricht Treaty provided a framework in which legal and police cooperation between national authorities was already taking place. The attacks on the US added further impetus to this nascent cooperation in the field of internal security.[6]

Thus, within a few months of September 11, the Council had agreed a common European definition of terrorism, the harmonization of penalties for terrorist crimes, a common arrest warrant, and provisions for the freezing or seizure of terrorist assets.[7] Moreover, a common European list of organizations and persons linked to terrorist activities was established; a new agency, Eurojust, composed of high level magistrates and prosecutors, was created to assist in investigating cross-border crimes; and a counter-terrorism unit was established within Europol, the European Police Office in The Hague.[8]

The efforts to reduce societal vulnerabilities and strengthen protective capabilities were, in contrast, significantly weaker and less focused. It was indicative of the difference

---

[5] Oliver Lepsius, 'The Relationship Between Security and Civil Liberties in the Federal Republic of Germany after September 11,' in *Fighting Terror: How September 11 is Transforming German-American Relations*, Baltimore, American Institute for Contemporary German Studies, 2002, p. 85; Erik van de Linde, Kevin O'Brien, Gustav Lindstrom, Stephan de Spiegeleire, and Han de Vries, *Quick Scan of Post-9/11 National Counter-terrorism Policy-making and Implementation in Selected European countries*, Leiden: RAND Europe, 2002, pp. 4-6; Jeremy Shapiro and Benedicte Suzan, 'The French Experience of Counter-terrorism,' *Survival*, Vol. 45, No. 1, Spring 2003, pp. 75-7.
[6] Malcolm Anderson and Joanna Arp, Changing Perceptions of Security and Their Implications for EU Justice and Home Affairs Cooperation, CEPS Policy Brief No. 26, October 2002, pp. 3-4; Monica den Boer, 9/11 and the Europeanization of Anti-Terrorism Policy: A Critical Assessment, Notre Europe, Policy Papers No. 6, September 2003, p. 5; Adam Townsend, Guarding Europe, Centre for European Reform, Working Paper, May 2003, p. 39.
[7] European Union Council Decision 2002/475/JI; Council Document 14867/1/01REV 1.
[8] Declaration by the Heads of State and Government of the European Union and the President of the Commission, Brussels, 19 October 2001, SN 4296/2/01; 'Eurojust: Helping the EU's Legal Systems to Combat Cross-border Crime', Justice and Home Affairs, Brussels, December 14, 2003 www.europa.eu.int/comm/justice_home/news/laecken_council/en/eurojust_en.htm.

in priority granted to counter-terrorism and protective measures that the first five of seven priorities identified in the *EU Plan of Action on Combating Terrorism* of September 2001 related to creating or strengthening instruments and cooperation within the spheres of intelligence, police and justice. Only one – air transport security – was protective in nature. The final priority related to strengthening the integration of counter-terrorism efforts within the Union's Common Foreign and Security Policy (CFSP).[9]

Eventually, it was decided to establish a communication network for the exchange of urgent information about chemical, biological, radiological or nuclear threats. Furthermore, towards the end of 2002 the Council approved a program to improve the Union's ability to support member states' efforts in the area of civil protection. It recommended a variety of initiatives, such as stronger risk-analysis capabilities, measures to protect vulnerable infrastructure, better monitoring arrangements for the rapid detection of CBRN attacks, improved stocks of vaccines, and reinforced research and development activities. However, since the task of civil protection remained within the area of competence of member states, the program had no legal implications and the Union provided no funding to promote its implementation.[10] A Council proposal to name a "European Civil Protection Coordinator" and create a "Civil Protection Agency" – initiatives that might have upgraded Europe's protective efforts – found limited resonance. Though some countries were interested in creating a coordinator with political weight and an agenda setting role, most apparently preferred a narrow focus on the technical and operational aspects of civil protection.[11]

Individual European countries did strengthen their protective capabilities to different extents. Some increased funding for emergency preparedness agencies, established bioterror research centers, and verified or increased national stockpiles of vaccines. But responsibility for the various protective initiatives remained scattered among different cabinet-level ministries and services, such as health, energy, commerce, transportation and research.[12] The inter-ministerial bodies and committees charged with coordinating the overall national efforts against terrorism continued to be dominated by the traditional counter-terrorism ministries, justice, interior and defense.[13] In other words, the overall coordination of various protective measures was less well institutionalized than coordination of the traditional counter-terrorism efforts – the offensive side of homeland security.

---

[9] Conclusion and Plan of Action of the Extraordinary European Council Meeting on 21 September 2001, SN 140/01, pp. 1-3; Council Document 12608/02. See also *A Secure Europe in a Better World*, European Council, Thessaloniki, June 20, 2003, pp. 10-11. The plan has later been developed and expanded. The most recent version is the EU Plan of Action on Combating Terrorism, June 15th, 2004. See Council Document 10586/04.

[10] Council Document 13941/1/02; Council Document 15861/02.

[11] Author's interview with Danish and European officials, Copenhagen July 2003 and Brussels July 2003; William New, "Europeans Question U.S. Approach To Homeland Security,' *National Journal of Technology*, November 14, 2002.

[12] 'Deutschland wappnet sich gegen Pockenviren,' *Financial Times Deutschland*, 14 February, 2003; John Eldridge, 'Weapons of Mass Destruction: Controlling the Hype,' *Homeland Security and Resilience Monitor*, April 2003, Vol. 2, No. 3, p. 11; 'France ill-equipped for bioterror attacks: report,' *Reuters*, July 9, 2003; Jonas Holmgren and Jan Softa, *Functional Security: A comparative Analysis of the Nordic States' Political Agenda in the Fields of Critical Infrastructure, IT Security, NBC Issues and Terrorism*, The Swedish Institute of International Affairs, Stockholm 2002, p. 101; Oliver Lepsius, 'The Relationship Between Security and Civil Liberties in the Federal Republic of Germany after September 11,' in *Fighting Terror: How September 11 is Transforming German-American Relations*, Baltimore, American Institute for Contemporary German Studies, 2002, pp. 63-4.

[13] Holmgren and Softa, ibid., pp. 15, 35, 41; van de Linde et al., ibid., pp. 55 and 63; Harald Müller, 'Terrorism, Proliferation: A European Threat Assessment,' *Chaillot Paper*, No. 58, March 2003, Paris: Institute for Security Studies, European Union.

6 Reacting to Madrid

On March 11, 2004 Al-Qaeda sympathizers carried out simultaneous attacks on packed commuter trains during the morning rush hour in Madrid – attacks that placed renewed pressure on EU leaders to act. A so-called solidarity clause contained in the EU's draft constitution was passed immediately, stipulating that EU members should come to each other's aid in the case of a terrorist attack or natural disaster, using all available civil and military means. EU leaders also declared their resolve to reinforce intelligence sharing, step up their efforts against terrorist financing, and reinforce border and transportation security in Europe. The latter would entail a harmonization of procedures and equipment, as well as a greater focus on security in controlling the flow of persons and goods into the Union.[14] Finally, a new position as anti-terrorism coordinator was created within the Council Secretariat and a former Dutch deputy interior minister, Gjis de Vries, was appointed as the first office-holder. The anti-terrorism coordinator was tasked with developing an overview of all the instruments at the EU's disposition in the effort against terrorism to promote effective implementation, coordination, and follow-up on Council decisions.[15]

The appointment of a coordinator has the potential to enhance Europe's homeland security efforts. However, in contrast to the American Secretary of Homeland Security the EU coordinator has neither line authority over relevant EU or member state agencies, nor a significant budget to promote harmonization of policies, procedures, standards, and equipment, which currently vary widely across member states. Civil protection remains an area of member state competence. For those homeland security related tasks where the Union has competence, responsibilities are scattered between several different EU Directorate-Generals (DG), such as DG Environment, DG Transportation, and DG Science and Technology.[16]

By agreeing on a solidarity clause and appointing an EU anti-terrorism coordinator, EU leaders are signaling that Europe takes the new terror seriously and is determined to defend itself against it.[17] Moreover, the EU *is* displaying a dawning interest in the protective side of homeland security. Within the EU Action Plan for Combating Terrorism initiatives to establish an overview over member states structures and assets have been announced, a regulation on ship and port facility security has been adopted, and efforts to establish an overview of threats to critical infrastructure are supposed to be completed by the end of 2004, and the program to improve the Union's ability to support member states' efforts in the area of civil protection (the counter CBRN program) is being updated. Yet, as argued above, creating capabilities to improve homeland security in the EU is still proceeding slowly and a number of member states have not adhered to the implementation deadlines set in the Action Plan.[18]

---

[14] CONV 820/03, Article I-42, Draft Constitution of the European Convention, available on http://european-convention.eu.int/doc_register.asp?lang=EN&Content=DOC.
[15] European Council, Declaration on Combating Terrorism, Brussels, March 25, 2004.
[16] Anja Dalgaard-Nielsen, A European Department of Homeland Security? Organizing to protect Europeans against Large-Scale Terrorism, DIIS Research Brief no. 32, 2003.
[17] Lisbet Zilmer-Johns, 2004, *EU og terror*, DIIS Report No. 1.
[18] EU Plan of Action on Combating Terrorism, Council Document 10586/04; Council of the European Union, 2608th Council Meeting, General Affairs and External Affairs, 12767/04 (Presse 275), p. 8.

7 The State of European Defenses

In sum, the European responses to September 11 and March 11 were concentrated within the areas of intelligence, justice and law enforcement. Enhanced powers given to national intelligence agencies and police forces were supplemented by reinforced procedures for European counter-terrorism cooperation. The efforts were provided with an institutional anchor in the Council and the Directorate-General for Justice and Home Affairs.

European protective efforts, in contrast, still consist of a patchwork of point solutions contributed by the Union, member states and individual ministries, agencies and services within the latter. Currently Europe operates with fewer layers of defense against large-scale terrorism than the US. The US approach to homeland security is far from unproblematic and European counter-terrorism efforts anything but negligible. But whereas Europe's earlier experience with terrorism is a valuable asset from which the US could learn, it might also pose a certain danger – the danger of relying on old solutions to address problems that require new responses.

National intelligence services and police forces may suffice in dealing with the old form of limited terrorist violence as experienced by Europe in the 1970s and 1980s. Nationally organized emergence response systems might have been appropriate to deal with the consequences of attacks. But, as September 11 made clear, terrorists no longer operate under self-imposed limits as to the number of civilian casualties they are willing to inflict, and increasingly they operate across borders. High body counts have apparently become an end in itself. Combined with the continued democratization of technology and the proliferation of weapons of mass destruction, this lends new poignancy to an old problem.[19] The shock of September 11 forced American policy-makers to look at the problem of terrorism and societal vulnerabilities with fresh eyes. Arguably, the attempt to formulate a national homeland security strategy and coordinate the actions of individual states is relevant to the Europe as well.

8 Europe's Vulnerability

The attacks in Madrid in March 2004 confirmed what we already knew from intelligence, arrests and interrogations, namely that Europe should not consider itself immune to the new terror. The continent served as a logistical base for the September 11 attackers and had itself been the target of a number of foiled plots. The US embassy in Paris, the Christmas market in Strasbourg, a US base in Belgium and US military facilities in Great Britain were among the planned targets of terrorist groups located in London, Rotterdam and Frankfurt. There is no doubt that cells sympathizing with Al-Qaeda are active in Europe.[20]

Moreover, Europe shares many of America's vulnerabilities, with its long, porous borders, open societies, population and asset concentrations, a plethora of potential soft targets, and dependence on critical infrastructure, which again depends on networked IT systems.

---

[19] Thomas Homer-Dixon, 'The Rise of Complex Terrorism,' *Foreign Policy*, January/February 2002, p. 53; Brian Michael Jenkins, *Countering al Qaeda*, Santa Monica: Rand, 2002, p. 28; Philip C. Wilcox, 'The Terror', in Robert B. Silvers and Barbara Epstein (eds.), *Striking Terror: America's New War*, New York: New York Book Review, 2002, p. 6.

[20] Non-confidential report on the terrorism situation and trends in Europe, EU TE-SAT 14280/2/02, pp. 19-27.

Even assuming that the US remains first in the line of terrorist fire when it comes to catastrophic attacks, there are a number of scenarios in which a strike against the US would hit Europe almost immediately. An undetected biological attack on a major US airport could hit Europe within seven hours – the time it takes an aircraft to cross the Atlantic. A cyber attack on computer networks in either Europe or the US would also hit both almost simultaneously. The US and Europe are also linked by various transportation, trade and financial networks, meaning that an attack on either side of the Atlantic would inevitably reverberate on the other side as well. Large-scale terrorist violence in Europe is not a distant prospect but a realistic possibility. Therefore, Europe ought to take an interest in current US efforts within the area of protection and the reduction of vulnerability.

9 A European Homeland?

Arguably it makes no sense to talk about a European homeland. As opposed to the states in the US Federation, Europe's nation states retain sovereignty in a number of key areas, such as intelligence, defense, police, health and civil protection. From a formal or strictly judicial point of view, there is no European homeland. Yet, although the European Union does not have at its disposal all the political instruments it needs to conduct an effective broad-based homeland security strategy, it certainly makes sense to talk about one European homeland in a functional sense: The vulnerability of individual European countries make them so interdependent that none of them can effectively protect their citizens on their own. Bio, nuclear or cyber terror against one European country is likely to hit numerous Europeans from different countries. A chemical or radiological attack on a European capital might have consequences for several countries in the region. Even conventional attacks are likely to cause ripple effects far from their target in today's increasingly complex and interdependent societies.

Within the Schengen area, terrorists as well as law-abiding citizens can move freely. There is no systematic control of who and what crosses the internal borders. Ultimately this means that EU citizens only enjoy the security afforded by the country with the lowest standards of law enforcement, border control, and protection of dangerous materials, such as radioactive waste, which could be used in a terror attack. Moreover, as the creation of a free internal European market proceeds, competitive pressure on providers of, for example, energy or transportation services would, in the absence of agreed common and legally binding security standards, result in the lowest common denominator. It is worth considering passing common and binding standards in the areas of biopreparedness, infrastructure protection and cyber security in order to protect civil populations effectively.

The total elimination of the terrorist risk is impossible, and even a reduction of risk along US lines will certainly turn out to be very expensive. Moreover, there are limits to what the European Union can and should do. Intelligence and defense are likely to remain member-state prerogatives, and a common EU police force is still a distant prospect. Issues of legitimacy and accountability regarding EU homeland security activities also remain to be addressed.[21] Nevertheless, effective and cost-efficient homeland security would clearly require close European cooperation.

---

[21] 'Action against terrorism must not undermine human rights, say High Commissioner for Human Rights, Council of Europe and OSCE,' Press Release, Geneva/Strasbourg/Warsaw, November 29, 2001, available on

10 Organizational Streamlining

Obtaining an overview of the functions and responsibilities of homeland security in Europe today represents a significant challenge. A vast diversity of national bureaucratic set-ups combine with several directorate-generals and numerous committees, networks and agencies at the EU level. For example, as many as thirteen different working parties and committees with various institutional affiliations were involved in the drafting of the Union's program for protection against CBRN threats. A variety of different networks and expert groups were also engaged, spanning the fields of civil protection, health and pharmaceuticals, animal, plant and food safety, energy, transportation, the environment and telecommunications. In the aftermath of September 11, officials maintained that coordination between the relevant agencies was reasonably good, at least at the national level, but they also noted that it depended a great deal on the sense of urgency that prevailed in that period.[22]

Currently, the Council assisted by the anti-terrorism coordinator, Gijs de Vries, and the Commission are responsible for coordinating instruments and initiatives within their respective areas of competence. But arguably, the sheer complexity of the field and the variety of actors, institutions and organizations involved mean that effective coordination will require some bureaucratic consolidation, as well as the full-time attention of an organization dedicated to the purpose. Moreover, in times of relative quiet on the terrorism front, top politicians will naturally turn their attention to other pressing problems. Meanwhile, it is unlikely that bureaucracies that have been created for different purposes and have their own priorities and allegiances will keep concentrating on homeland protection and coordination with the various other relevant agencies at the local, national, European and international levels.

11 A Directorate-General for Homeland Protection or a Stronger Anti-terrorism Coordinator?

One possible solution would be to create a European directorate-general for homeland protection. Such an organization would differ from the US Department of Homeland Security by focusing mainly on protection – the area where European efforts are most seriously lacking – instead of on both counter-terrorism and protection, like the US Department of Homeland Security. In the efforts to secure the European homeland, it would thus complement and liaise closely with the Justice and Home Affairs Council and the Directorate-General for Justice and Home Affairs, without either merging with them or swallowing up their own functions.

The EU has already the competence to issue standards in a number of critical homeland-security areas, such as food safety, transportation and nuclear safety. In many instances, it would thus be a question of upgrading the importance of defense against

---

www.unog.ch; *Terrorism and Human Rights*, Commissioner of the Council of the Baltic Sea States, Working Paper, March 2003, p. 12; Jonathan B. Tucker, 'Strategies for Countering Terrorism: Lessons from the Israeli Experience,' *The Journal of Homeland Security*, March 2003, p. 3; Jeremy Shapiro and Benedicte Suzan, 'The French Experience of Counter-terrorism,' *Survival*, Vol. 45, No. 1, Spring 2003, p. 77.

[22] van de Linde, et al., p. 6.

terrorism in terms of how current responsibilities are exercised. This could be achieved by transferring units responsible for food safety, communicable and emerging diseases, air and maritime security, and nuclear safety respectively from the Directorate-Generals for the Environment, Health and Consumer Protection, and Energy and Transportation to a new directorate-general for homeland protection.[23]

The creation of a new directorate would ensure a streamlining and upgrade of Europe's protective efforts. However, it might also lead to new problems. Preventing and defending against terrorism will remain a cross-governmental challenge requiring the close cooperation of numerous agencies and levels of government. Core competencies within the area of intelligence, law enforcement, and defense would remain at the level of the member states. No institutional consolidation could possibly unify all homeland security related tasks. New and partly artificial institutional dividing lines would arise.

An alternative solution to creating a directorate-general would be to strengthen the position of Gijs de Vries – the EU anti-terrorism coordinator. In order to permit the coordinator to provide the Council with solid advice about how to prioritize, coordinate, and implement the various parts of the EU's very comprehensive Plan of Action on Combating Terrorism, he would have to be provided with a larger staff and an analytical capability. Moreover, the coordinator currently has to rely solely on good will and persuasion when dealing with other parts of the EU bureaucracy and with member states. Experience from the US, however, indicates the difficulty in making agencies and departments created for different purposes give priority to security issues.[24] A greater say in the Commission and a budget to promote the harmonization of standards within the EU in the area of civil and infrastructure protection would provide the anti-terrorism coordinator with stronger instruments to upgrade Europe's security without necessarily removing core competencies in the area of civil protection from the member states.

Whether the EU settles for a new directorate-general, a stronger anti-terrorism coordinator, or a combination of the two, the result could hardly fail to improve on current levels of preparedness and resilience. Sustained attention and better coordination should result. Moreover, the creation of a directorate-general or a stronger anti-terrorism coordinator would also further the potential for effective international coordination of vulnerability reduction and protection. Whereas international partners and private-sector actors currently have to find their way around a vast diversity of frequently very complex national and EU-level institutional arrangements, a directorate-general or a strong coordinator with a staff, an analytical capability, and a budget would provide an easily identifiable and dedicated interlocutor in Brussels.

12 Conclusion

On the domestic front, the US and Europe reacted differently to the new terror. Whereas the US embarked on a broad effort covering counter-terrorism, systematic vulnerability reduction and the development of protective capabilities, European efforts were concentrated

---

[23] For instruments and legislation in the area of nuclear safety and security, cyber security, maritime safety, air safety and threats to health, see the EU's official web-sites.
[24] U.S. General Accounting Office, Continuity of Operations. Improved Planning Needed to Ensure Delivery of Essential Government Services, Washington D.C., February 2004, GAO-04-160.

mainly in the area of counter-terrorism, relying on intelligence services, law-enforcement and justice. These European instruments remain indispensable in dealing with the new terror. However, arguably they do not suffice – and unless we brace ourselves for an Orwellian world of surveillance and control, intelligence agencies will never be able to interdict all attacks. Some will inevitably happen. Therefore, it is crucial to upgrade Europe's protective efforts and create a defense in more layers.

Certainly, the intellectual, organizational and practical challenges posed by homeland security are daunting. There are numerous potential targets, the attacker operates anonymously, is willing to die for the sake of harming others, and has more and more destructive weapons at his disposal. Thus, inevitably, the efforts to provide protection against large-scale and complex terrorism will involve a substantial measure of learning by doing, and inevitably most policy-initiatives and bureaucratic constructions will have to be re-adjusted along the way.

Re-organizing for European homeland protection and transferring new competencies to the EU level are not ultimate answers to the question of how to protect Europe's civil populations effectively. However, these measures would, as a starting point, provide for a more rational and effective way of approaching the problem, and make sure that the issue does not slide down or off the political agenda in times of relative quiet.

Terrorbekämpfung und Bürgerrechte in den USA nach dem 11. September 2001

Georg Schild

[W]hen we allow fundamental freedoms to be sacrificed in the name of real or perceived exigency, we invariably come to regret it.
Richter Thurgood Marshall, Minderheitenvotum im Fall Sinner vs. Railway Labor Executives' Association, 1989

It is 'obvious and unarguable' that no governmental interest is more compelling than the security of the Nation.
Richter Clarence Thomas, Minderheitenvotum im Verfahren Hamdi vs. Rumsfeld, 2004

1 Einführung

Die Anschläge vom 11. September 2001 auf das New Yorker World Trade Center und das Pentagon in Washington haben Amerika verändert. Aus einem Land, das vor allem anderen auf seine Tradition der Freiheit und Bürgerrechte stolz war, ist ein Staat geworden, in dem die Regierung zur Abwehr terroristischer Bedrohungen neue Vollmachten zur Telefonüberwachung, zur geheimen Durchsuchung von Wohnungen und zur Inhaftierung von Terrorverdächtigen erhalten hat. Präsident George W. Bush, der sich in den ersten Monaten seiner Amtszeit wenig mit dem Problem des Terrorismus beschäftigt hatte, wurde seit Herbst 2001 nicht müde, die Gefahren des Terrorismus für die freie Welt zu betonen. Im November 2002 erklärte er, „[f]or terrorists and terrorist states, every free nation is a potential target."[1] Die Bush-Administration sah im Terrorismus seither die mit Abstand größte Bedrohung für Amerika und definierte sich als Regierung, die dieser Gefahr entschieden entgegen trat: „The U.S. government has no more important mission than protecting the homeland from future terrorist attacks,"[2] so Bush im Juli 2002. Im September des gleichen Jahres wiederholte er: „The gravest danger our Nation faces lies at the crossroads of radicalism and technology. ... History will judge harshly those who saw this coming danger but failed to act." Unmittelbar nach seiner Wiederwahl im November 2004 versprach Bush, den Kampf gegen den Terror mit jedem Mittel zu führen, das dem Land zur Verfügung stehe. Die Administration verhielt sich damit, so der Rechtswissenschafter und Terrorismusexperte Philip B. Heymann, als ob die USA den gleichen

---
[1] New York Times, 21. November 2002, S. A19; National Strategy to Combat Weapons of Mass Destruction, Washington, D.C., December 2002. Zum Problem der Vernachlässigung der Terrorismusgefahr durch Bush vor dem 11. September, vgl. Thomas Powers, Secret Intelligence and the "War on Terror", New York Review of Books 51, 16. Dezember 2004 sowie Richard A. Clarke, Against All Enemies: Inside America's War on Terror, New York 2004, S. 230-31. Clarke beschreibt darin, wie Bushs Nationale Sicherheitsberaterin Condoleezza Rice vor dem 11. September 2001 die Anti-Terrorarbeit des Nationalen Sicherheitsrates (NSC) heruntertstufte.
[2] Office of Homeland Security, National Strategy for Homeland Security, Juli 2002.

Bedrohungen ihrer Unabhängigkeit und Sicherheit ausgesetzt seien wie während des Zweiten Weltkriegs: „It [US-Regierung] challenged boldly, if not brashly, traditional assumptions about our democratic freedoms and the role of judicial review in guaranteeing them."[3] Im Zielkonflikt zwischen bürgerlichen Freiheiten und Schutz vor äußeren Bedrohungen als Ziele staatlicher Politik markieren die Gesetze, die in den Monaten nach den Anschlägen vom September 2001 verabschiedet worden waren – der *USA Patriot Act* und der *Homeland Security Act* – sowie die Art und Weise, wie mit verdächtigen Amerikanern und Ausländern umgegangen wurde, eine deutliche Stärkung der Sicherheitsinteressen.

2 Asymmetrischer Konflikt und Kriegsverständnis

Um die Reaktion der amerikanischen Regierung auf die Anschläge vom 11. September zu verstehen, bedarf es einiger Vorüberlegungen über Terrorismus als asymmetrischen Konflikt. Im Verlauf des 20. Jahrhunderts waren eine Reihe westlicher Industriestaaten mit dem Phänomen des Terrorismus konfrontiert. Bei allen Unterschieden der Ziele und Vorgehensweisen der Irischen Republikanischen Armee, der deutschen Roten Armee Fraktion, der italienischen Roten Brigaden, der baskischen ETA und dem derzeitigen islamistischen Terror bestehen jedoch einige wichtige Gemeinsamkeiten. Es handelt sich in allen Fällen um so genannte asymmetrische Konflikte. Terrororganisationen fühlen sich an keine Regeln zum Schutz Unbeteiligter gebunden und setzen jedes ihnen zur Verfügung stehende Mittel – Banküberfälle, Entführungen, Mord- und Selbstmordattentate u.a. – ein, um ihr Ziel zu erreichen. Eine Veröffentlichung des amerikanischen *Office of Homeland Security* macht diese Vorstellung der Terroristen als unberechenbarer und gefährlicher Gegner deutlich: „Terrorists are strategic actors. They choose their targets deliberately based on the weaknesses they observe in our defenses and our preparedness. We must defend ourselves against a wide range of means and methods of attack. Our enemies are working to obtain chemical, biological, radiological, and nuclear weapons for the purpose of wreaking unprecedented damage on America."[4]

Terroristen wollen den angegriffenen Staat zu einer Überreaktion zwingen, die dann vermeintlich beweisen würde, dass das ursprüngliche Bild des repressiven, bestimmte politische und Glaubensrichtungen verfolgenden Landes zutrifft. Jeder Staat, der sich der terroristischen Bedrohung ausgesetzt sieht, muss in der Reaktion mithin eine Gratwanderung vornehmen und Schutz vor Terrorakten garantieren, ohne in die Falle der Überreaktion zu treten.

Die Vereinigten Staaten sind in ihrer Geschichte von höchst unterschiedlichen Formen politischer und terroristischer Gewalt betroffen gewesen:

- Seit dem späten 19. Jahrhundert terrorisierten weiße Anhänger des Ku Klux Klan im Süden systematisch alle Schwarzen, die Bürgerrechte wie das Wahlrecht in Anspruch nehmen wollten.
- Mit Abraham Lincoln, William McKinley, James A. Garfield und John F. Kennedy erlagen innerhalb von 100 Jahren vier Präsidenten der Kugel eines Attentäters. Dazu kamen fehlgeschlagene Attentate auf Franklin D. Roosevelt und Ronald Reagan.

---

[3] Philip B. Heyman, Terrorism, Freedom and Security: Winning Without War, Cambridge 2003, S. 13.
[4] Office of Homeland Security, National Strategy for Homeland Security, Juli 2002.

- In den achtziger und frühen neunziger Jahren hat der *Unabomber* Theodore Kaczynski Briefbomben an Journalisten, Schriftsteller und Universitätsdozenten verschickt.
- Im Februar 1993 sollte eine Explosion in der Tiefgarage des World Trade Centers die Zwillingstürme zum Einsturz bringen.
- Im April 1995 verübten Timothy McVeigh und Terry Nichols einen Anschlag auf das Alfred P. Murrah Bundesgebäude in Oklahoma City, bei dem 169 Menschen ums Leben kamen. Dieser bis dahin folgenschwerste Anschlag in der Geschichte der USA war rechtsextremistischen Ursprungs. McVeigh wurde hingerichtet, Nichols zu lebenslanger Haft verurteilt.
- In den Jahren 1998 bis 2001 kam es zu Angriffen auf US-amerikanische Truppen in Afrika und der Golfregion. Unter anderem waren die US-Botschaften in Nairobi und Daressalaam sowie die *USS Cole* im Hafen von Aden, Jemen und eine Unterkunft für amerikanische Soldaten in Saudi Arabien betroffen.
- In den Jahren 2001 und 2002 wurden in Florida und Washington Briefe mit Anthraxerregern geöffnet, die zu Todesfällen und zur Evakuierung des amerikanischen Kongressgebäudes führten.

Im Unterschied zur Reaktion der Clinton-Administration auf die Anschläge von New York und Oklahoma City 1993 und 1995 sah die Bush-Administration in den Ereignissen vom 11. September 2001 keine (bloßen) Verbrechen, sondern eine politische und militärische Herausforderung. Zum Verständnis der unter Bush gewählten Anti-Terror-Maßnahmen muss auf das Ausmaß der Anschläge verwiesen werden. Einen Terrorakt mit 3.000 Toten hatte es zuvor weder in Amerika noch in Europa gegeben. Die Art des Anschlages, Verkehrsflugzeuge auf Hochhäuser und Verwaltungsgebäude stürzen zu lassen, bedeutete, dass eine möglichst hohe Zahl an Toten bewusst angestrebt wurde. Es hieß auch, dass die Terroristen auf typische Elemente des amerikanischen Lebens – die Benutzung von Massenverkehrsmitteln und das Leben in einer dicht bevölkerten Großstadt – zielten.

Durch die hohe Zahl an intendierten Opfern einer Gesellschaft, die darauf nicht vorbereitet war, und durch die Bereitschaft der Terroristen, dabei ihr eigenes Leben einzusetzen, ist eine neue Qualität der Bedrohung entstanden, auf die Polizei und Geheimdienste nur schwer reagieren können. Die liberalen Demokratien des Westens stehen einem Gegner gegenüber, mit dem nicht verhandelt werden dürfe, der nicht abgeschreckt werden könne und der nicht gewinnen müsse, um dem Westen eine Niederlage beizubringen, so der Politikwissenschaftler Michael Ignatieff. Da Täter und Sympathisanten zumeist aus dem Umfeld radikaler, zum Teil arabisch sprechender Islamisten stammen, fällt dem amerikanischen Staat (wie europäischen Regierungen) die Infiltration potenzieller Terrorgruppen außerordentlich schwer. Damit stellt sich gleichzeitig die Frage der Loyalität der eigenen Bürger bzw. der in Amerika lebenden Fremden – darunter etwa 8,5 Millionen illegale Einwanderer – dem Land und seiner gesellschaftlichen Ordnung gegenüber (*sleeper cells*). Das Beispiel der Taliban in Afghanistan hat außerdem gezeigt, dass sich religiös motivierte Terrororganisationen auf staatliche Strukturen in einigen islamischen Staaten stützen können.[5]

In amerikanischen Sicherheitskreisen wird ausführlich über das Gefahrenpotenzial weiterer Anschläge diskutiert. Dem Kreis um Mohamed Atta war gelungen, zeitgleich vier Flugzeuge zu entführen und sie zielgerichtet als Waffe einzusetzen. Wer zu solchen logistischen Leistun-

---

[5] Michael Ignatieff, The Lesser Evil: Political Ethics in an Age of Terror, Princeton 2004, S. 152-53.

gen in der Lage ist, mag noch gefährlichere Anschläge mit atomaren, biologischen oder chemischen Massenvernichtungswaffen ersinnen. Drei Szenarien werden derzeit befürchtet.

- Erstens könnte es zu einer Wiederholung der Anschläge vom 11. September kommen. Aus diesem Grunde wurden Sicherheitsmaßnahmen auf Flughäfen enorm verstärkt, Reisende werden durchsucht. Das Mitführen von Waffen aller Art ist auf Flügen untersagt.
- Zweitens könnte es erneut zu Anschlägen mit Anthraxerregern oder Giftgas kommen, die sich bereits zuvor um die Jahreswende 2001/2002 in Washington und Florida bzw. 1995 in Tokio ereignet haben. Die Herstellung, Trocknung und Aufbereitung von Anthraxerregern als Aerosol sind komplizierte Prozesse, die auf profunde naturwissenschaftliche Fachkenntnisse der Urheber hinweisen. Obwohl die Zahl der zur Herstellung dieser Erreger fähigen Wissenschaftler und Labors überschaubar ist, ist es der amerikanischen Polizei bisher nicht gelungen, den oder die Täter zu ermitteln. Das Freisetzen von Giftgasen in einer U-Bahn ist hingegen ein vergleichsweise leichtes Unterfangen und im Vorfeld kaum zu kontrollieren.
- Ein drittes Szenario sieht einen radiologischer Angriff mit einer „schmutzigen Bombe" (*dirty bomb*) voraus, bei der ein konventioneller Sprengsatz dazu dient, radioaktives Material – etwa eine Neutronenquelle aus einem nuklearmedizinischen Gerät oder Bestandteile abgebrannter Brennelemente aus einem Kernkraftwerk – über ein großes Areal zu verteilen. Eine solche Bombe ist relativ leicht (auch im Ausland) herzustellen und würde bei der Detonation in einer großen Stadt wie New York, Boston oder San Francisco – wohin sie mit z.B. einem Überseecontainer gebracht werden könnte – zu kaum vorstellbarem ökonomischem und politischem Chaos führen, obwohl nur wenige Menschen unmittelbar getötet oder verletzt würden.[6]

Der innen- und außenpolitischen amerikanischen Reaktion auf die Terroranschläge vom 11. September lag die Vorstellung eines unberechenbaren asymmetrischen Konfliktes zu Grunde. Terroristen würden sich in ihrem Bestreben, Amerika zu schädigen, an keine Regeln gebunden fühlen. Um effektiv darauf reagieren zu können, musste sich der Staat militärisch und politisch zur Wehr setzen. Die Kriege in Afghanistan Ende 2001 und die Invasion des Irak im Jahre 2003 wurden von der Bush-Administration als Teil des Kampfes gegen den Terrorismus betrachtet. In Afghanistan sollte das Taliban-Regime beseitigt werden, das islamischen Terroristen Schutz geboten hatte. Der irakische Präsident Saddam Hussein wurde beschuldigt, Massenvernichtungswaffen herzustellen, die er Terroristen zur Verfügung stellen könnte. Innenpolitisch ging es der Administration darum, ein Regelwerk zu errichten, das größtmögliche Freiheiten bei der Verfolgung der Verdächtigen ermögliche. Das Ziel der Gesetzgebung nach dem 11. September war, „[to] strengthen the government's legal hand against terrorists."[7] Präsident George W. Bush erklärte unmittelbar nach den Anschlägen den nationalen Notstand und unterzeichnete eine Resolution des Kongresses, die ihn autorisierte, alle Maßnahmen zu ergreifen, die geeignet seien, weitere terroristische Angriffe zu verhindern.

Die Administration sah im Verständnis des Terrorismus als *Krieg* gegen Amerika die einzige Möglichkeit, dem Land adäquaten Schutz zu bieten. Der *Progress Report* des Weißen

---

[6] Bob Woodward, Plan of Attack, New York 2004, S. 45-47; Stephen Flynn, America the Vulnerable, New York 2004; Ignatieff, Lesser Evil, S. 150-52.
[7] Robert O'Harrow, Jr., Six Weeks in Autumn, Washington Post Magazine, 27. Oktober 2002, S. 6.

Hauses zum globalen Krieg gegen den Terrorismus vom September 2003 macht dies beispielhaft deutlich: „The terrorist attacks of September 11, 2001, were acts of war against the United States of America, its allies, friends, and against the very idea of civilized society." Die Kriegsrhetorik erinnert die Öffentlichkeit ständig an die Bedrohung des Landes und erteilt der Politik Vollmachten zur Bekämpfung der terroristischen Angreifer. Entsprechend definiert die vom Weißen Haus im Februar 2003 veröffentlichte *National Strategy for Combating Terrorism* das Ziel der Regierung:

> The United States is engaged in a comprehensive effort to protect and defend the homeland and defeat terrorism. Using all instruments of national power, the United States and its partners are attacking terrorists both at home and abroad, denying terrorists sanctuary and sponsorship, disrupting the financing of terror, and building and maintaining a united global front against terrorism. With the help of our friends and allies, we have eliminated Afghanistan as a safe haven for al-Qaida and disrupted terrorist cells around the world. Iraq is now the central front for the war on terror. While the United States and its partners have defeated Saddam Hussein's regime of terror, enemies of freedom – both members of the old regime and foreign terrorists who have come to Iraq – are making a desperate stance to reclaim this liberated nation for tyranny. They will be defeated. In the past, terrorists have cited Beirut and Somalia as examples of America fleeing from challenge when harmed. In this, the President has affirmed, they are mistaken. We are resolved to win the global war on terrorism.[8]

Das strategische Ziel der Administration ist es dabei, weitere Anschläge zu verhindern, Amerikas Verwundbarkeit gegenüber terroristischen Aktivitäten zu verringern und die Folgen von möglichen Angriffen zu minimieren.

Getragen von der Kriegsrhetorik kam es in den Tagen nach dem 11. September zu einer Verhaftungswelle, von der bis Anfang November 2001 über 1.100 Personen – soweit bekannt zumeist männliche Staatsbürger Ägyptens, Pakistans und Saudi Arabiens im Alter von zwanzig bis vierzig Jahren – betroffen waren, denen keine konkreten Tatvorwürfe im Zusammenhang mit den Ereignissen des 11. September 2001 gemacht wurden.[9] Gegen mehrere Hundert von ihnen wurden Abschiebungsverfahren wegen Verletzung der US-Einwanderungsbestimmungen eröffnet; gegen etwa einhundert Inhaftierte wurde Anklage wegen anderer krimineller Delikte erhoben. Darüber hinaus ist eine unbekannte Anzahl an Personen auf unbestimmte Zeit als *material witnesses* inhaftiert worden.[10] Diese Inhaftierungswelle, die es in einem solchen Ausmaß seit dem Ende des Zweiten Weltkrieges nicht mehr gegeben hatte,[11] verlief unter größter Geheimhaltung. Staatsanwälte und Verteidiger wurden zur Verschwiegenheit verpflichtet (*gag order*). Auch vier Jahre nach den Anschlägen ist das Thema der monatelangen Inhaftierung

---

[8] White House Progress Report on the Global War on Terrorism, Washington, D.C., 2003.
[9] Neil A. Lewis, Court Overturns Limits on Wiretaps to Combat Terror, New York Times, 19. November 2002, S. A1, 18; Nancy Chang, Silencing Political Dissent, New York 2002, S. 69; Jeffrey Rosen, The Naked Crowd: Reclaiming Security and Freedom in an Anxious Age, New York 2004, S. 22.
[10] Steve Fainaru und Margot Williams, Material Witness Law Has Many in Limbo, Washington Post, 24. November 2002, S. A1, 12.
[11] Der *Emergency Detention Act* aus dem Jahr 1950 sah die Errichtung von sechs Internierungslagern in den USA vor, in denen im Fall eines Krieges, eines Aufstandes oder eines „nationalen Sicherheitsnotstandes" zwischen zwölf und 15.000 Personen auf Anweisung des Justizministers inhaftiert werden konnten. Diese Bestimmung wurde jedoch niemals angewandt. Vgl. Cornelius P. Cotter und Malcolm Smith, An American Paradox: The Emergency Detention Act of 1950, Journal of Politics 19 (1957), 1, S. 20-33.

dieser Personen erst vereinzelt journalistisch aufgearbeitet worden. Das FBI verweigert Auskünfte über die Anzahl der Inhaftierten und macht keine Angaben über ihre Namen.[12]

Am 13. November 2001 unterzeichnete Bush eine Anordnung, nach der amerikanische Militärtribunale Ausländer anklagen und verurteilen können, denen Mitgliedschaft in einer terroristischen Organisation vorgeworfen wird. Eine normale Beweiswürdigung findet nicht statt, das Verfahren ist nicht öffentlich, die (Militär-)Richter müssen nicht einstimmig entscheiden und es ist keine Berufung und keine Überprüfung des Urteils durch zivile Gerichte möglich.[13]

Während sich die erwähnten Verhaftungen noch unter dem Eindruck des Schocks der Ereignisse des 11. September ereigneten, sucht die Administration seither nach juristischen Begründungen für eine Verschärfung des Strafrechts für Terrorverdächtige. Um die Jahreswende 2004/5 sind Memoranden der Bush-Administration aus den Jahren 2002 bis 2004 bekannt geworden, in denen Mitgliedern der Al Qaida-Terrororganisation der Schutz der Genfer Konvention vorenthalten werden sollte. In einem Memorandum vom 9. Januar 2002 schrieb der Stellvertretende Justizminister John Yoo an das Verteidigungsministerium, dass die Terroristen, die nicht wie reguläre Kombattanten kämpften, nicht unter dem Schutz der Genfer Konvention zur Behandlung von Kriegsgefangenen ständen: „We conclude that theses treaties [Genfer Konvention, G.S.] do not protect members of the al Qaeda organization, which as a non-State actor cannot be a party to the international agreements governing war." Am 25. Januar bekräftigte der Rechtsberater des Weißen Hauses, Alberto R. Gonzales, diese Rechtsauffassung und ebnete damit den Weg für eine Direktive des Präsidenten vom 7. Februar 2002. Darin machte sich Bush die Auffassung Yoos und Gonzales' zu Eigen und erklärte, dass Al Qaida-Mitglieder weder in Afghanistan, noch an anderer Stelle der Welt unter den Schutz der Genfer Konvention fielen.[14]

Im August 2002 legte das Justizministerium ein Memorandum vor, in dem Folter eng definiert wurde als Schmerz „of such an intensity akin to that which accompanies serious physical injury such as death or organ failure" und nach dem Bush Folter zum Schutz der nationalen Sicherheit anordnen könne. Kritiker warfen der Bush-Administration vor, dass sie mit der Diskussion über die Genfer Konvention und neuen Folterbestimmungen für den Missbrauch der Gefangenen im Abu Ghraib-Gefängnis in Baghdad verantwortlich sei.[15]

In der amerikanischen Publizistik gehen einige Stimmen noch wesentlich weiter und fordern, die Rechte von Beschuldigten drastisch einzuschränken. Der Journalist und Rechtswissen-

---

[12] Philip B. Heymann, Civil Liberties and Human Rights in the Aftermath of September 11, Harvard Journal on Law and Public Policy 25 (2002), S. 441-42; Heymann, Terrorism, Freedom and Security, S. 91; Matthew Brzezinski, Hady Hassan Omar's Detention, New York Times Magazine, 27. Oktober 2002, S. 50-5.

[13] Military Order of November 13, 2001: Detention, Treatment, and Trial of Certain Non-Citizens in the War Against Terrorism, 66 Fed. Reg. 57.833 (November 16, 2001). „The individual shall not be privileged to seek any remedy or maintain any proceeding, directly or indirectly, or to have any such remedy or proceeding sought on the individual's behalf, in (i) any court of the United States, or any State thereof, (ii) any court of any foreign nation, or (iii) any international tribunal." Sean Murphy, Terrorist Attacks on World Trade Center and Pentagon, American Journal of International Law 96 (2002), S. 253-55; Heymann, Civil Liberties and Human Rights, S. 452; Heyman, Terrorism, Freedom, and Security, S. 93.

[14] John Yoo, Memorandum for William J. Haynes II, Dept. of Defense, Application of Treaties and Laws to al Qaeda and Taliban Detainees, 9. Januar 2002; Memorandum des Weißen Hauses, Humane Treatment of al Qaeda and Taliban Detainees, 7. Februar 2002.

[15] David Johnston und Neil A. Lewis, Bush's Counsel Sought Ruling About Torture, New York Times, 5. Januar 2005. Das Justizministerium zog die Folterdefinition des Memorandums vom August 2002 Ende des Jahres 2004 offiziell zurück.

schaftler Stuart Taylor sprach sich dafür aus, Terrorverdächtigen das Recht zu schweigen abzuerkennen, das der *Supreme Court* in der *Miranda*-Entscheidung des Jahres 1966 („You have the right to remain silent ...") allen Beschuldigten zugebilligt hatte: „The most persuasive interpretation of the Constitution and the Supreme Courts precedents is that agents and police are free to interrogate any suspect without Miranda warnings; to spurn requests for a lawyer; to press hard for answers; and – at least in a terrorism investigation – perhaps even to use hours of interrogation, verbal abuse, isolation, blindfolds, polygraph tests, death-penalty threats, and other forms of psychological coercion short of torture or physical brutality. Maybe even truth serum."[16] Taylor warnt zwar, dass eine solche Befragung mit begleitender Bedrohung eine spätere Verurteilung des Verdächtigen erschweren würde, weil ihm ein Rechtsbeistand versagt worden war. Doch in der Abwägung der Rechtsgüter sei dies in Ausnahmefällen hinzunehmen.

Die Bush-Administration ist von solchen Überlegungen derzeit noch weit entfernt. Es ist ihr jedoch innerhalb weniger Monate gelungen, eine neue Freiheitsdefinition in Amerika zu etablieren, in der Freiheit nicht im Sinne von Bürgerrechten und als Freiheit vom Staat aufgefasst wird, sondern wie unter dem Eindruck des Kalten Krieges in den fünfziger Jahren vor allem unter dem Aspekt der nationalen Sicherheit verstanden wird. Die Bevölkerung war nach dem 11. September 2001 bereit, bürgerliche Freiheitsrechte zu Gunsten einer Stärkung der Bundesregierung aufzugeben. In einer Meinungsumfrage vom September 2002 erklärten zwei Drittel aller Amerikaner, dass sie nicht glaubten, dass die Regierung die verfassungsmäßigen Rechte der Bürger beeinträchtige. Auf die Frage „Was ist wichtiger, dass das FBI terroristische Bedrohungen untersucht, auch wenn dies Eingriffe in die Privatsphäre bedeutet, oder dass das FBI die Privatsphäre der Bürger schützt, auch wenn dies die Fähigkeit der Polizei beeinträchtigt, terroristische Bedrohungen zu identifizieren?", antworteten fast achtzig Prozent, dass die Untersuchung der Bedrohungen wichtiger sei. Die öffentliche Unterstützung lässt jedoch nach, wenn es um Fragen nach konkreten Einschränkungen von persönlichen Rechten geht. So lehnen fast sechzig Prozent der Befragten ab, dass die Regierung den gesamten Postverkehr überwachen kann, drei Viertel der Bürger lehnen eine allgemeine Telefonüberwachung ab.[17]

Der Krieg gegen den Terrorismus innerhalb der USA besteht aus mehreren Elementen wie verbesserten Geheimdienstinformationen, Sicherheit der Grenzen, unmittelbarer terroristischer Gefahrenabwehr und *counterterrorism*, Schutz der Infrastruktur sowie Notfallvorsorge. Zwei neue Sicherheitsgesetze stehen im Mittelpunkt der Reformtätigkeit. Dazu kommt eine Reihe von Maßnahmen wie die Inhaftierung von Bürgern, die die Administration unilateral vorgenommen hat.

3 USA Patriot Act

Nur sechs Wochen nach den Anschlägen vom 11. September unterzeichnete Präsident George Bush den *USA Partiot Act*, ein 400 Seiten umfassendes komplexes Gesetzeswerk, das Verschärfungen im Bereich der inneren Sicherheit und Einschränkungen der Bürgerrechte vorsah, deren Ausmaß allmählich sichtbar wird.[18] Der Entwurf des Gesetzes wurde am 5. Oktober 2001

---

[16] Stuart Taylor, Rights, Liberties, and Security: Recalibrating the Balance after September 11, The Brookings Review 21 (2003), 1, S. 25-31.
[17] ABC News, 5.-8. September 2002, nationaljournal.com.
[18] Robin Meja, More Surveillance on the Way, The Nation, 30. Oktober 2002.

in den Senat eingebracht und bereits am 11. Oktober mit 98 zu einer Stimme – des Senators Russell Feingolds aus Wisconsin – verabschiedet. Am Tag nach der Verabschiedung im Senat wurde ein entsprechender Entwurf ins Abgeordnetenhaus eingebracht und noch am gleichen Tag mit 357 zu 66 Stimmen angenommen. Das normale Gesetzgebungsverfahren, das Anhörungen von Betroffenen und Interessenverbänden vorsieht, war aus Zeitgründen umgangen worden. Am 26. Oktober 2001 unterzeichnete Präsident Bush das Gesetz.[19]

Der *Uniting and Strengthening America by Providing Appropriate Tools Required to Intercept and Obstruct Terrorism (USA Patriot) Act* des Jahres 2001 soll den Kampf gegen den Terrorismus effektiver gestalten, indem Bestimmungen, die im Kampf gegen die Rauschgiftkriminalität und das organisierte Verbrechen entwickelt worden waren, auf Terrorverdächtige angewandt werden können. Das betrifft vor allem das Abhören (*electronic surveillance*) von Telefonen und Internetkommunikation. Dazu kommt ein erleichterter Informationsaustausch zwischen Polizei und Geheimdiensten. Folgende Bestimmungen des *Patriot Act* sind von zentraler Bedeutung:

Section 213 - Geheime Durchsuchungen (Authority for delaying notice of the execution of a warrant)[20]

Die ständige Rechtsprechung des Obersten Gerichtshofes zum Vierten Verfassungszusatz gegen ungerechtfertigte Durchsuchungen (*unreasonable searches and seizures*) verlangte bisher, dass eine solche Aktion nur auf Grundlage einer richerlichen Anordnung (*warrant*) durchgeführt werden konnte. Die betroffene Person war zuvor von der Durchsuchungsanordnung zu benachrichtigen. Dieses *knock and announce*-Prinzip wurde durch *sneak and peek* abgelöst. Benachrichtigungen über einen richterlichen Durchsuchungsbeschluss müssen bei Vorliegen eines begründeten Verdachts (*reasonable cause*) nicht mehr mitgeteilt werden, um den Verdächtigen nicht zu warnen bzw. können im nachhinein erfolgen.[21]

Bürgerrechtler haben diese Bestimmung kritisiert, weil sich ein Betroffener nicht länger im Vorfeld einer Durchsuchung wehren könne (weil er nichts davon erfahre) und den Umfang der Durchsuchung nicht begrenzen könne. Auf Anfrage des Rechtsausschusses des Abgeordnetenhauses erklärte das Justizministerium im April 2003, dass bis dahin 47 geheime Durchsuchungsbeschlüsse und 248 Anträge auf spätere Informationen über Durchsuchungen gestellt worden seien.

Section 215 - Zugang zu persönlichen Daten (Access to records)

Bereits vor der Verabschiedung des *Patriot Act* erlaubten Gerichte die Weitergabe von persönlichen Informationen von Banken, Schulen und anderen Dritten an die Polizei. Aber die betroffene Person war über die Weitergabe der Informationen zu informieren und konnte sie vor Gericht anfechten. Der *Patriot Act* macht die Sammlung von Informationen über einzelne Bür-

---

[19] New York Times, 30. November 2002, S. A10. Ein Kritiker der Lockerung dieser Bestimmungen ist Morton Halperin vom *Council on Foreign Relations*, dessen Telefon illegal abgehört worden ist, als er in der Nixon-Administration arbeitete. Protecting Constitutional Freedoms in the Face of Terrorism: Hearings Before the Subcommittee on the Constitution, Federalism, and Property Rights of the Senate Committee on the Judiciary, 107. Kongress, 3. Oktober 2001; USA Patriot Act, Harvard Journal on Legislation, 39 (2002), S. 442.
[20] Die folgenden Ausführungen zum *Patriot Act* stützen sich u.a. auf „The USA Patriot Act: A Century Foundation Guide to the Issues", New York 2004, S. 12-29.
[21] Rosen, Naked Crowd, S. 137.

ger für die Regierung einfacher. Alle Informationen müssen den Strafverfolgungsbehörden zugeleitet werden, solange es sich um eine Untersuchung zur Abwehr terroristischer Gefahren handelt. Auskunftspflichtig sind nicht länger nur Banken und Schulen. Auch bei Betrieben, Krankenkassen und Bibliotheken können Daten erfragt werden. Diese Institutionen unterliegen ihrerseits einer Schweigepflicht (*gag order*). Sie dürfen den betroffenen Personen nicht mitteilen, dass Informationen über sie weitergegeben worden sind.

In der amerikanischen Öffentlichkeit ist besonders die Bestimmung zur Weitergabe von Nutzungsdaten öffentlicher Bibliotheksdaten auf Kritik gestoßen, weil die Gefahr von Missverständnissen und Missbrauch bestehe. Macht sich ein Leser in den Augen der Polizei verdächtig, der eine Biographie über bin Laden oder eine Anleitung zum Fliegen eines Flugzeuges ausleiht? Nach bisher zur Verfügung stehenden Informationen aus dem Jahr 2003 hat das Justizministerium die Bibliotheksvorschriften der *Section 215* noch nicht angewandt.[22]

Section 216 - Neue Grundlagen zur Überwachung des Telefonverkehrs und des Internets (Modification of authorities relating to use of pen registers and trap and trace devices)

Bisher gab es zwei Arten der Telefonüberwachung in den Vereinigten Staaten. Eine Überwachung des Inhaltes von Telefongesprächen (Mitschnitt des Telefonats), die von Gerichten nur restriktiv genehmigt wurde. Wesentlich häufiger war eine bloße Registrierung eingehender und gewählter Telefonnummern (*pen register*). Der *Patriot Act* wendet die Bestimmungen des *pen register* analog auf das Internet an. Es darf aufgezeichnet werden, welche Seite im Internet aufgerufen, welche Datei heruntergeladen und mit welcher E-Mail-Adresse Kontakt aufgenommen wurde. Kritiker beklagen, dass eine Aufzeichnung aller aufgerufenen Internetseiten viel weitergehender sei als die Auflistung einer Telefonnummer. Sie komme der Aufzeichnung eines Gesprächs gleich.[23]

Eine weitere Änderung betrifft die räumliche Geltung der Telefonüberwachung. Ursprünglich galt sie für einen bestimmten Telefonanschluss. Das sei in Zeiten gestiegener Mobilität und Handykommunikation nicht mehr zeitgemäß, so die Regierung. Ein Antrag auf Telefonüberwachung erstreckt sich jetzt auf jedes vom Verdächtigen benutzte Telefon (*roving wiretaps*).

Die Erweiterung der Befugnisse der Regierung im Bereich der Telefon- und E-Mail-Überwachung stellt einen signifikanten Meinungsumschwung in der amerikanischen Diskussion zum Thema Schutz der Privatsphäre vor elektronischem Ausspähen durch den Staat und durch Privatunternehmen dar. Vor dem 11. September galt der Schutz dieser Privatsphäre als große verfassungsrechtliche Herausforderung. Der Chefrichter des Obersten Gerichtshofs, William H. Rehnquist, hatte noch im Frühjahr 2001 gerügt, dass der Bürger in der unangenehmen Situation

---

[22] Washington Post, 19. September 2003, S. A2, New York Times, 19. September 2003, S. A20. Für den ehemaligen CIA-Mitarbeiter Richard Clarke ist die Bestimmung über die Weitergabe von Bibliotheksdaten ein Beispiel für die politische Unbeholfenheit des Justizministeriums unter Minister John Ashcroft. Zu einer Zeit, in der das Land das Vertrauen der Bürger benötige, um weitreichende Sicherheitsgesetze durchzusetzen, führe er einen privaten Kleinkrieg mit Amerikas Bibliothekaren über Ausleihdaten. Die Wahrscheinlichkeit, dass solche Informationen jemals benötigt werden, sei verschwindend gering, so Clarke. „The Battle with the Librarians ... make[s] it very difficult to gain consensus to do the things that are needed to improve security, because trust in government's sensitivity to civil liberties is eroded." Clarke, Against All Enemies, S. 257.

[23] *Section 216 des USA Patriot Acts* erscheint als überfällige Gesetzesgrundlage für das seit längerem existierende FBI-System *carnivore*, das bereits heute den gesamten E-Mail-Verkehr Verdächtiger auf bestimmte Codeworte hin untersucht und alle Namen und Adressen von Personen notiert, mit denen Nachrichten ausgetauscht werden. John Schwartz, Privacy Debate Focuses on F.B.I. Use of an Internet Wiretap, New York Times, 13. Oktober 2001, S. B6.

sei, dass er im normalen Internetverkehr und bei Telefonate per Handy nicht wisse, ob und wer seine E-Mails mitlesen und seine Telefonate mithören könne: „Technology now permits millions of important and confidential conversations to occur through a vast system of electronic networks. These advances, however, raise significant privacy concerns. We are placed in the uncomfortable position of not knowing who might have access to our personal and business e-mails, our medical and financial records, or our cordless and cellular telephone conversations."[24] Heute macht sich die Regierung diese Überwachungsmöglichkeiten im Kampf gegen den Terrorismus zu Nutze.

Section 218 - Ausdehnung des Einflussbereichs des Foreign Intelligence Surveillance Acts (FISA) (Foreign intelligence information)

Die Überwachung von Gegnern des Vietnamkrieges und von Bürgerrechtlern durch das FBI in den fünfziger und sechziger Jahren führte nach dem erzwungenen Ende der Nixon-Administration 1974 zu einer Gegenbewegung. Der Kongress verbot mit der Verabschiedung des *Foreign Intelligence Surveillance Acts* (FISA) 1978 Telefonüberwachungen und andere Durchsuchungen ohne richterliche Anordnung. Seither konnten Überwachungen von Telefonanschlüssen nur in Fällen angeordnet werden, in denen die Bekämpfung ausländischer Geheimdienstaktivitäten das Ziel war. Eine solche Unterscheidung zwischen Überwachungen einheimischer und ausländischer Verdächtiger habe im Kalten Krieg Sinn gemacht, so die Bush-Administration, sie sei jedoch im Zeitalter des staatenlosen islamistischen Fundamentalismus, der sich auch auf Sympathisanten in den USA stützen könne, nicht länger zu akzeptieren. Nach *Section 218* des *Partiot Act* ist es ausreichend, wenn bereits ein „signifikanter Zweck" (*significant purpose*) der Überwachung die Sammlung ausländischer Geheimdienstinformationen ist. Im Jahre 2002 stimmte der für die Telefonüberwachung zuständige geheim tagende *Foreign Intelligende Surveillance Court of Review* (FISC) allen 1.228 Anträgen des Justizministeriums auf Telefonüberwachung zu. 2003 war die Zahl der Anträge bereits auf 1.727 angestiegen.[25]

Kritiker befürchten, dass diese Bestimmung unter dem Deckmantel der Suche nach Geheimdienstinformationen der Sammlung von Informationen für normale Kriminalfälle dient. *Section 218* könne sich damit als Hebel erweisen, die Bestimmungen des Vierten Verfassungszusatzes vor unzulässigen Durchsuchungen in Fällen außer Kraft zu setzen, in denen es der Regierung nicht gelingt, ausreichende Hinweise für ein Verbrechen vorzulegen. *Section 218* erleichtert darüber hinaus den Informationsaustausch zwischen unterschiedlichen Regierungsstellen. Die Barrieren zwischen Polizei, Geheimdiensten und dem Militär sind gefallen, die ebenfalls in den späten siebziger Jahren errichtet worden waren. Der FISC entschied im Jahr 2002, dass der *Patriot Act* keine Mauer zwischen Polizei- und Strafverfolgungsbehörden sowie den Geheimdiensten bei der Terrorbekämpfung dulde: „Effective counterintelligence, as we have learned, requires the wholehearted cooperation of all the government's personnel who can be brought to one task. ... A standard which punishes such cooperation could well be thought dangerous to national security."[26]

---

[24] Adam Liptak, In the Name of Security, Privacy for Me, Not Thee, New York Times, 24. November 2002, S. Wk1.
[25] William Wechsler, Law in Order: Reconstructing U.S. National Security, The National Interest, Frühjahr 2002, S. 17-8; USA Patriot Act, Century Foundation Guide, S. 12.
[26] Zit. nach New York Times, 19. November 2002, S. A18.

Section 411 - Verschärfte Einreisebestimmungen (Definitions relating to terrorism)

Der *Patriot Act* verschärfte die Bestimmungen, unter denen Ausländer unter dem Verdacht der Unterstützung terroristischer Aktivität abgeschoben werden können. „Terroristische Organisationen" sind solche, die vom Außenministerium entsprechend klassifiziert werden. Der Begriff „Unterstützung" ist sehr weit gefasst und schließt neben materieller Unterstützung die Ermutigung (*encouragement*) zu Anschlägen mit ein. Die Unkenntnis, dass es sich bei einer unterstützten Organisation um eine terroristische Organisation handelt, wird nicht schuldmindernd anerkannt. Offensichtlich sollte eine besonders weite Bestimmung formuliert werden, um eine rechtliche Handhabe gegen verdächtige Ausländer zu schaffen.

Section 412 - Unbestimmte Inhaftierung von verdächtigen Ausländern (Mandatory detention of suspected terrorists)

Als weitere Verschärfung bisheriger Bestimmungen besitzt das Justizministerium die Möglichkeit, Inhaftierungen von Ausländern unter der Maßgabe anzuordnen, dass sie die nationale Sicherheit bedrohen. Ausländer können zunächst für sieben Tage ohne Anklageerhebung inhaftiert werden. Danach ist eine Anklageerhebung oder eine Abschiebung vorgeschrieben. Falls sich jedoch kein Aufnahmeland findet, ist eine unbegrenzte Inhaftierung ohne Gerichtsverfahren möglich.

Section 505 - Nationale Sicherheitsbriefe (Miscellaneous national security authorities)

Bereits vor Verabschiedung des *Patriot Acts* konnte das FBI Banken, Sparkassen und Telefongesellschaften gegen Vorlage eines Nationalen Sicherheitsbriefs (*national security letter*) dazu verpflichten, Daten über Dritte herauszugeben. Voraussetzung dafür war, dass die entsprechende Person vermeintlicher Agent einer ausländischen Macht sei. Diese Einschränkung ist gefallen. Es reicht nun der Nachweis, dass die Information wichtig sei für eine Geheimdienstüberwachung. Diese Überwachung beschränkt sich nicht mehr nur auf Banken und Telefongesellschaften. Auch die Post, Autovermietungen, Reisebüros usw. sind zur Herausgabe entsprechender Informationen verpflichtet. Über den Umfang, in dem Nationale Sicherheitsbriefe ausgestellt worden sind, sind nur vage Angaben möglich, weil sich die Regierung auf Geheimhaltung beruft. Ein Gerichtsverfahren der *American Civil Liberties Union* (ACLU) gemäß dem *Freedom of Information Act* (FOIA) hat zur Vorlage einer fünfseitigen Auflistung von nationalen Sicherheitsbriefen für den Zeitraum vom 26. Oktober 2001 bis Januar 2003 geführt. Da die Liste jedoch komplett geschwärzt war, kann über einzelne Überwachungen gemäß *Section 505* keine Auskunft gegeben werden. Nach derzeitiger Rechtslage laufen die Bestimmungen der nationalen Sicherheitsbriefe im Rahmen der *sunset provisions* im Jahr 2005 aus.

Section 802 - Nationaler Terrorismus (Definition of domestic terrorism)

Ein neuer Straftatbestand des *domestic terrorism* wurde geschaffen. Darunter versteht das Gesetz „acts dangerous to human life that are a violation of the criminal laws of the United States", die die Regierung durch Drohung und Zwang zu bestimmten Handlungen zwingen sollten und sich auf dem Territorium der USA ereignen.

Kritiker halten diese Tatbestandsbeschreibung für zu vage. Ziviler Ungehorsam und andere Formen des konfrontativen Protestes könnten unter Terrorismusverdacht geraten. Soweit bekannt, sind die Bestimmungen der *Section 802* bisher noch nicht angewandt worden. Auch diese Bestimmung läuft voraussichtlich 2005 aus.

4 Homeland Security Act

Der *Patriot Act* schuf die Rechtsgrundlage für eine intensivere Überwachung von Verdächtigen und gab den Strafverfolgungsbehörden die Möglichkeit, Ausländer unter dem Verdacht der Unterstützung des Terrorismus zu inhaftieren und abzuschieben. Flankiert wurden diese Bestimmungen durch eine Reorganisation der Sicherheits- und Geheimdienste. Im Herbst 2002 verabschiedeten beide Häuser des Kongresses das Gesetz zur Schaffung eines Heimatschutzministeriums (*Department of Homeland Security*), der weitreichendsten Reorganisation der Exekutive seit Schaffung des Verteidigungsministeriums nach Ende des Zweiten Weltkrieges. In dem neuen Ministerium, das über mehr als 180.000 Mitarbeiter verfügt, wurden alle für den Bereich der inneren Sicherheit relevanten Institutionen zusammengefasst, darunter die Einwanderungsbehörde INS (*Immigration and Naturalization Service*), der für den Personenschutz verantwortliche Geheimdienst (*Secret Service*), die Zollbehörde, der Grenzschutz (*Border Patrol*) und die Küstenwache.[27] Ausgenommen von dieser Reorganisation sind nur die Bundespolizei FBI und der Geheimdienst CIA. Deren Aufgaben werden im *Department of Homeland Security* jedoch zum Teil dupliziert, indem das Ministerium eine eigene Geheimdienstabteilung erhält, die einmal nach dem Vorbild des britischen MI-5 zu einem Inlandsgeheimdienst ausgebaut werden kann. Im Dezember 2004 schließlich wurden die zahlreichen zivilen und militärischen Geheimdienste unter einem Dach vereinigt.

Der Aufbau und die Arbeitsweise des *Department of Homeland Security* sind von Kritikern der Administration und aus Reihen der US-Geheimdienste für unzureichend oder gar fehlgeleitet erklärt worden. So betonen einige Kritiker, dass es innerhalb des FBI vor dem 11. September 2001 Hinweise auf Terroranschläge gegeben habe. Nicht die Kommunikation zwischen den Sicherheitsbehörden sei das Problem, sondern der Informationsaustausch innerhalb einer großen Institution. Die Unterordnung aller behördlichen Funktionen unter den Sicherheitsaspekt lässt außerdem befürchten, dass andere Aufgaben vernachlässigt werden. So war die Einwanderungsbehörde bisher vornehmlich eine Dienstleistungsinstitution für Personen, die Aufenthaltsgenehmigungen beantragen wollen. Es steht zu befürchten, dass INS als Teil des Heimatschutzministeriums andere Aufgaben wie die Verfolgung illegaler Immigranten in den Vordergrund stellen wird.

Der ehemalige Mitarbeiter der CIA und des *National Security Council* (NSC) Richard A. Clarke, der früh vor der Al Qaida-Organisation warnte und den Krieg gegen den Irak als irrelevant für den Krieg gegen den Terror ablehnte, widmet dem Aufbau des Heimatschutzministeriums ein ganzes Kapitel in seinem Buch „Against All Enemies". Clarke kommt zu dem Schluss, dass das Ministerium zu groß, zu unüberschaubar und damit wenig handlungsfähig sei. Der ehemalige Minister Tom Ridge sei alles andere als ein mächtiger Koordinator der Terrorabwehr gewesen. Im Gegenteil habe er jede wichtige Entscheidung vom Stabschef des Weißen Hauses,

---

[27] David Johnston, Administration Begins to Rewrite the Decades-Old Restrictions on Spying, New York Times, 30. November 2002, S. A1, 10.

Andrew Card, absegnen lassen müssen.[28] Zu Verwirrung der Bevölkerung trug vor allem das vom Ministerium eingeführte Farbmarkierungssystem bei, das den Grad der Terrorbedrohung anzeigen soll. Kaum jemand wisse, wie er sich bei einer Änderung der Warnstufe verhalten solle. Jede Verschärfung der Warnstufe führe nur kurzzeitig zu einer Änderung des Verhaltens, weil ansonsten normales gesellschaftliches Leben – Besuche von Massenveranstaltungen, Fahrten mit öffentlichen Verkehrsmitteln usw. – erschwert werde.

Sind die von der Bush-Administration und dem Kongress verabschiedeten Gesetzesverschärfungen geeignet, die Terrorgefahr auf Dauer zu beseitigen? Der Präsident spricht von Erfolgen bei der Terrorbekämpfung und verweist darauf, dass das Justizministerium bereits über 260 Personen angeklagt und 140 Verurteilungen erreicht habe. Außerdem seien Terrorzellen in den Städten Buffalo, Seattle, Portland, Detroit, Tampa sowie im Staat North Carolina ausgehoben worden. Im Zuge dieser Ermittlungen seien 200 Millionen Dollar sichergestellt worden. Nur wenige Verurteilungen bezogen sich jedoch auf den Straftatbestand des „Terrorismus". Häufig stellte sich im Zuge der Ermittlungen gegen Einwanderer aus arabischen Staaten heraus, dass sie andere Vergehen etwa gegen Einreisebestimmungen begangen hatten. Ein Kritiker wie Jonathan Raban bemängelt denn auch, dass der Krieg gegen den Terror in Amerika bisher ein großer Fehlschlag gewesen sei: „In its present form, the war on terror is a cripplingly expensive, meagerly productive effort to locate, catch, and kill bad guys around the globe." Auch Heimatschutzminister Tom Ridge war in seinem Urteil über den Erfolg des Antiterrorkampfes vorsichtiger als Bush. In der Fernsehsendung „Washington Week" erklärte er am 3. Dezember 2004: „ ... can I tell you today, there are X number of [terrorist] incidents we were able to thwart and prevent? Cannot."[29]

5 Die Inhaftierung amerikanischer Staatsbürger ohne Gerichtsverfahren

Der *Patriot Act* und der *Homeland Security Act* reorganisierten und stärkten die Überwachungs- und Zugriffsmöglichkeiten der Strafverfolgungsbehörden in Fällen mit Terrorismusverdacht. Zahlreiche Bestimmungen dieser Gesetze wandten sich explizit nur gegen Ausländer. Keines der Gesetze autorisiert eine dauerhafte Inhaftierung eines amerikanischen Staatsbürgers ohne formelle Anklageerhebung. Doch zwei solcher Fälle existieren, die Inhaftierung Jasser Esam Hamdis und Jose Padillas, und stellen den verfassungsrechtlich umstrittensten Aspekt des Krieges gegen den Terrorismus dar.[30]

Hamdi, ein im US-Bundesstaat Louisiana geborener Amerikaner saudi-arabischer Herkunft, war von US-Truppen Ende November 2001 während des Kampfes gegen die Taliban gefasst worden. Er wurde zunächst auf dem US-Militärstützpunkt Guantanamo auf Kuba gemeinsam mit etwa 600 weiteren in Afghanistan festgenommenen Ausländern inhaftiert, bis seine amerikanische Staatsbürgerschaft zweifelsfrei feststand. Daraufhin wurde er auf eine Militärbasis in Norfolk, Virginia, später auf ein Schiff im Hafen von Charleston, South Caroli-

---

[28] Clarke, Against All Enemies, S. 248-9.
[29] Progress Report on the Global War on Terrorism, Washington, D.C., 2003; Jonathan Raban, The Truth About Terrorism, New York Review of Books, 13. Januar 2005.
[30] Amy Goldstein, A Deliberate Strategy of Disruption, Washington Post, 4. November 2001, S. A1; Benjamin Weiser, Ex-Suspect Expects Deportation, New York Times, 19. September 2002, S. A19; Katherine Q. Seele, Court to Hear Arguments in Groundbreaking Case of U.S. Citizen Seized With Taliban, New York Times, 28. Oktober 2002, S. A13.

na, verlegt. Mitte Oktober 2004 wurde Hamdi aus der Haft entlassen und nach Saudi Arabien ausgeflogen.

Die amerikanische Regierung betrachtete Hamdi in den knapp drei Jahren seiner Inhaftierung nicht als Kriegsgefangenen, dem die Rechte gemäß der Genfer Konvention von 1949 zustehen, sondern als Mitglied einer kriminellen Organisation, als „feindlichen Kämpfer" (*unlawful enemy combatant*) – ein in seiner rechtlichen Definition und Konsequenz höchst umstrittener Begriff[31] – und nahm mit dieser Begründung das Recht in Anspruch, ihn ohne Gerichtsverhandlung, ohne Rechtsbeistand und ohne dass ein Richter die Vorwürfe gegen ihn prüfen konnte bis zum Ende des Krieges (gegen den Terrorismus) inhaftiert zu halten. Hamdi betonte hingegen, dass ihn eine Inhaftierung ohne Anklageerhebung des Schutzes des fünften und 14. Verfassungszusatzes beraube. Das Vierte US-Berufungsgericht mit Sitz in Richmond, Virginia, gab der Regierung im Juli 2002 Recht und entschied, dass die herausragenden Interessen des Staates eine fortgesetzte Inhaftierung rechtfertigten. Rechtsgrundlage dafür seien die Bestimmungen zu Kriegsermächtigungen der Artikel 1 und 2 der Verfassung: „The federal courts have many strengths, but the conduct of combat operations has been left to others. The executive is best prepared to exercise the military judgment attending the capture of alleged combatants."[32]

Hamdi legte Berufung vor dem Obersten Gerichtshof in Washington ein. Der *Supreme Court* hat während nationaler Krisen des 20. Jahrhunderts wie dem Ersten und Zweiten Weltkrieg und dem Kalten Krieg traditionell die Position der Regierung unterstützt und Freiheitsrechte zu Gunsten einer Stärkung des Staates zurückgenommen. Die wohl bekanntesten Beispiele für diese Tendenz waren Urteile, die die Meinungsäußerungsfreiheit einschränkten und die Internierung japanischer Staatsbürger während des Zweiten Weltkrieges sanktionierten. Nach dem Ende der unmittelbaren Bedrohungen kehrte das Gericht regelmäßig wieder zu einer die individuellen Freiheitsrechte betonenden Rechtsprechung zurück.

Der Fall Hamdi war aus verfassungsrechtlicher Sicht bedeutsam, weil die denkbar umfassendste Einschränkung der Freiheitsrechte – eine dauerhafte Inhaftierung ohne die Gewährung eines Rechtbeistandes – mit einem höchst unspezifischen Krisenverständnis begründet wurde. Ist der Kampf gegen den Terrorismus mit der Bedrohung der amerikanischen Sicherheitsinteressen durch Japan und Deutschland nach 1941 gleichzusetzen? Wie lange wird der Krieg gegen den Terrorismus dauern? Wie wird sich ein Sieg manifestieren? Und wer wird das Ende des Krieges verkünden? Auf keine dieser Fragen gibt es bisher befriedigende Antworten. Vor diesem Hintergrund entschied der *Supreme Court* in Hamdis Berufungsverfahren im Juni 2004, dass ein beschuldigter *enemy combatant* die Möglichkeit haben müsse, die Tatsachenfeststellung, die zu seiner Inhaftierung geführt habe, von „neutraler Stelle" überprüfen zu lassen: „[A]lthough Congress authorized the detention of combatants in the narrow circumstances alle-

---

[31] Die Administration legt den *enemy combatant*-Status so aus, dass Personen auf Anweisung des Justizministeriums ohne ein weiteres formelles Verfahren festgehalten werden können. Kritiker weisen darauf hin, dass eine solche Auslegung ohne Vorbild sei. So sei der *emeny combatant*-Status im Zweiten Weltkrieg von Militärgerichten verhängt worden. Zur Position der Bush-Administration vgl. Jeremy Rabkin, After Guantanamo: The War Over the Geneva Convention, The National Interest, Sommer 2002, S. 15-26. In Hamdi vs. Rumsfeld erklärte der Supreme Court am 28. Juni 2004, dass zunächst untere Gerichte das Rechtsinstitut *enemy combat*-Status definieren müssten: „Here the basis asserted for detention by the military is that Hamdi was carrying a weapon against American troops on a foreign battlefield; that is, that he was an enemy combatant. The legal category of enemy combatant has not been elaborated upon in great detail. The permissible bounds of the category will be defined by the lower courts as subsequent cases are presented to them."
[32] Hamdi vs. Rumsfeld, US Court of Appeals for the Fourth Circuit, 12. Juli 2002, zit. nach Ignatieff, Lesser Evil, S. 39.

ged in this case, due process demands that a citizen held in the United States as an enemy combatant be given a meaningful opportunity to contest the factual basis for that detention before a neutral decisionmaker." Die Entscheidung des Gerichts hat offensichtlichen Kompromisscharakter. Die Inhaftierung von *enemy combatants* wird nicht grundsätzlich ausgeschlossen, aber der Regierung soll auch keine Blankovollmacht zur Inhaftierung von US-Bürgern erteilt werden. „The Government maintains that no explicit congressional authorization is required, because the Executive possesses plenary authority to detain pursuant to Article II of the Constitution. We do not reach the question whether Article II provides such authority, however, because we agree with the Government's alternative position, that Congress has in fact authorized Hamdi's detention, through the AUMF [Congressional Authorization for Use of Military Force]."[33] Das Gericht umging damit die entscheidende Frage, ob die Inhaftierung aus verfassungsrechtlichen Gründen erlaubt war, weil sie durch eine Autorisierung des Kongresses erlaubt sei.

Zwei liberale Richter, David Souter und Ruth Bader Ginsburg, gingen einen Schritt weiter und erklärten die Inhaftierung Hamdis für unzulässig, weil eine solche Autorisierung vom Kongress nicht explizit erteilt worden sei. Auch hierbei handelt sich nicht um eine verfassungsrechtliche Argumentation: „The Government has failed to demonstrate that the Force Resolution authorizes the detention complained of here even on the facts the Government claims. If the Government raises nothing further than the record now shows, the Non-Detention Act entitles Hamdi to be released."

Die Gegenposition wurde vom konservativen Richter Clarence Thomas eingenommen. Er erklärte, dass die Regierung gemäß der Autorisierung durch den Kongress das Recht habe, Personen zu inhaftieren, und dass es nicht Aufgabe der Gerichte sein könne, darüber zu befinden: „This detention [of Hamdi, G.S] falls squarely within the Federal Government's war powers, and we lack the expertise and capacity to second-guess that decision." Thomas beruft sich dabei auf Präzedenzfälle wie den Bürgerkrieg und die Weltkriege, während derer die Gerichte den Kompetenzbereich der Regierung ausdehnten. „Accordingly, I conclude that the Government's detention of Hamdi as an enemy combatant does not violate the Constitution. By detaining Hamdi, the President, in the prosecution of a war and authorized by Congress, has acted well within his authority. Hamdi thereby received all the process to which he was due under the circumstances. I therefore believe that this is no occasion to balance the competing interests, as the plurality unconvincingly attempts to do."[34]

Während Hamdis Unterstützung für die Taliban plausibel erschien, sind die Hinweise auf Padillas Verbrechen weniger deutlich. Der gebürtige New Yorker wurde am 8. Mai 2002 auf dem Flughafen von Chicago unter dem Verdacht festgenommen, einen „radiologischen Anschlag" innerhalb der USA vorbereitet zu haben. Er soll geplant haben, eine konventionelle Bombe mit gestohlenem radioaktiven Material aus Kliniken und Kraftwerken zu ummanteln und durch eine Explosion in der Atmosphäre freizusetzen. Padilla wird seitdem auf einem US-Kriegsschiff im Hafen von Charleston, South Carolina, inhaftiert gehalten.[35] Im Juni 2004 erklärte der *Supreme Court*, dass Padillas Einspruch vor einem New Yorker Gericht gegen seine

---

[33] Die *Authorization for Use of Military Force* (AUMF), 115 Stat. 224, ermächtigt den Präsidenten, „to use all necessary and appropriate force against those nations, organizations, or persons he determines planned, authorized, committed, or aided the terrorist attacks."

[34] Richter Clarence Thomas, Minderheitsvotum zu Hamdi vs. Rumsfeld, 28. Juni 2004.

[35] Seele, Court to Hear Arguments, New York Times, 28. Oktober 2002, S. A13; Siobhan Gorman, Power to the Government, National Journal, 27. Juli 2002, online-Ausgabe.

Inhaftierung in South Carolina zurückzuweisen sei, weil New Yorker Gerichte nicht für ihn zuständig seien.

6 Die politische Auseinandersetzung um den Kampf gegen den Terrorismus

Die Bush-Administration, die im Kampf gegen den Terrorismus ihre derzeit wichtigste politische Aufgabe erblickt, lässt in öffentlichen Verlautbarungen keinen Zweifel an der Wirksamkeit und Rechtmäßigkeit der ergriffenen Maßnahmen aufkommen. In seiner *State of the Union Address* erklärte der Präsident am 20. Januar 2004: „[W]e must continue to give our homeland security and law enforcement personnel every tool they need to defend us. And one of those essential tools is the Patriot Act, which allows federal law enforcement to better share information, to track terrorists, to disrupt their cells, and to seize their assets. For years, we have used similar provisions to catch embezzlers and drug traffickers. If these methods are good for hunting criminals, they are even more important for hunting terrorists." In einer Anhörung vor dem Rechtskomitee des Senats rechtfertigte Justizminister John Ashcroft die Maßnahmen der Regierung als sorgfältig abgewogen: „The Department of Justice has sought to prevent terrorism with reason, careful balance and excruciating attention to detail. Some of our critics, I regret to say, have shown less affection for detail. ... Our efforts have been carefully crafted to avoid infringing on constitutional rights while saving American lives. We have engaged in a deliberate campaign of arrest and detention of law breakers. All persons being detained have the right to contact their families. Out of respect for their privacy, and concern for saving lives, we will not publicize the names of those detained."[36] Auf die Frage, wo die Grenze einer akzeptablen Einschränkung von persönlicher Freiheit im Kampf gegen den Terrorismus liege, antwortete ein hochrangiges Mitglied des US-Justizministeriums in der Zeitschrift *National Journal* ebenfalls mit dem Hinweis auf die Verteidigung der Freiheit: „What we're trying to do is to protect liberty; that is a clear demarcation. ... At the same time, we will do everything in our power to provide security."[37]

Das Verständnis der Bush-Administration des Kampfes gegen den Terrorismus als Krieg, der im Ausland mit militärischer Gewalt und im Inland mit Erweiterungen der Befugnisse der Exekutive geführt werden müsse, hat in den USA jedoch nicht nur Zustimmung gefunden. Außenpolitische und Geheimdienstexperten wie der ehemalige Abteilungsleiter der CIA, Michael Scheurer, halten Amerikas Kampf gegen den Terrorismus für fehlgeleitet, weil er nicht versuche, die Ursachen des Terrorismus zu beseitigen. Da man mit einem Kriegsgegner keine politischen oder religiösen Debatten führt, macht es die Kriegsrhetorik Amerikanern innerhalb und außerhalb der Administration unmöglich, eine inhaltliche Auseinandersetzung über den Islam als Religion zu führen bzw. die Meinung islamischer Kritiker an der Politik des Westens wahrzunehmen. Durch seine Abhängigkeit vom Öl aus dem Persischen Golf binde sich Amerika politisch an diese Region, unterstütze die dortigen undemokratischen Strukturen und biete den Terroristen damit ein Ziel. „For cheap, easily accessible oil, Washington and the West have supported the Muslim tyrannies bin Laden and other Islamists seek to destroy." Der Fokus auf bin Laden als vermeintlichem Organisator des Bösen gegen Amerika verschleiere das wahre

---

[36] Testimony of Attorney General John Ashcroft Before the Senate Committee on the Judiciary, 6. Dezember 2001, U.S. Detention of Aliens, S. 474-75.
[37] Gorman, Power to the Government.

Ausmaß der Antipathie, die Moslems gegen die USA hegten: „The war bin Laden is waging has everything to do with the tenets of the Islamic religion. He could not have his current – and increasing – level of success if Muslims did not believe their faith, brethren, resources, and lands to be under attack by the United States and, more generally, the West. Indeed, the United States, and its policies and actions, are bin Laden's only indispensible allies."[38]

Der zweite Kritikpunkt betrifft die innenpolitische Komponente des Kampfes gegen den Terrorismus. Das Ziel der amerikanischen Strafverfolgungsbehörden kann es nicht nur sein, den Terrorismus zu beseitigen, sondern dies in einer Art und Weise zu tun, die mit den demokratischen und freiheitlichen Grundwerten des Staates vereinbar ist. In zahlreichen von der Bush-Administration angeordneten Maßnahmen sehen Beobachter Probleme, weil die vorherrschende Kriegsrhetorik mit deutlichen Einschnitten von Grundrechten einhergeht. Zwar waren bisher nur einige überschaubare Gruppen wie Ausländer und Moslems von solchen Einschränkungen betroffen, die über keine effektive Lobby in Amerika verfügen, aber in der Rechtswissenschaft gelten sie als Präzedenzfälle. So mahnen die Terrorismusexperten Philip Heyman und Michael Ignatieff an, dass die Regierung sicher zu stellen habe, dass sie in ihren Antiterrormaßnahmen das Vertrauen der Bevölkerung nicht verliert: „We have to maintain trust in – and avoid fear of – our government for all significant parts of the population." Der Terrorismus zwinge die USA, neu über „Freiheit" nachzudenken. „When we are confronted with terrorist violence, we cannot allow the claims of national security to trump the claims of liberty, since what we are trying to defend is our continued existence as a free people."[39]

Russell Feingold, der einzige amerikanische Senator, der gegen den *USA Patriot Act* gestimmt hat, begründete seine Ablehnung des Gesetzes mit dem Hinweis, dass zu viele Freiheitsrechte beschnitten würden: „There is no doubt that if we lived in a police state, it would be easier to catch terrorists. If we lived in a country where the police were allowed to search your home at any time for any reason; if we lived in a country where the government was entitled to open your mail, eavesdrop on your phone conversations, or intercept your e-mail communications ... the government would probably discover and arrest more terrorists, or would-be terrorists... But that would not be a country in which we would want to live."[40] Senator John Kerry erklärte während der zweiten Fernsehdebatte mit Präsident Bush am 8. Oktober 2004: „A whole bunch of folks in America are concerned about the way the Patriot Act has been applied. I believe in the Patriot Act. We need the things in it that coordinate the F.B.I. and the C.I.A. We need to be stronger on terrorism. But you know, what we also need to do as Americans is never let the terrorists change the Constitution of the United States in a way that disadvantages our rights." Ausländische Beobachter sind in ihrer Kritik an den amerikanischen Sicherheitsgesetzen gewöhnlich noch deutlicher. So lobte das britische Nachrichtenmagazin *The Economist* im März 2003 die Regierung Südafrikas dafür, dass Nelson Mandela während seiner fast dreißigjährigen Internierung Zugang zu Anwälten genossen habe, während die USA heute Jose Padilla den Zugang zu Rechtsbeistand verweigerten.[41]

Mit dem *USA Patriot Act* und dem *Homeland Security Act* wurden im Inland neue Überwachungsstrukturen und Handlungsermächtigungen für die Strafverfolgungsbehörden geschaf-

---

[38] Anonymous [Michael Scheurer], Imperial Hubris: Why the West Is Losing the War on Terror, Washington, D.C., 2004, S. xi, 12-5. Scheurer kritisiert außerdem führende amerikanische evangelikale Geistliche wie Jerry Falwell, Pat Robertson und Franklin Graham für ihre islamfeindlichen Äußerungen.
[39] Heyman, Terrorism, Freedom and Security, S. 14; Ignatieff, Lesser Evil, S. 145.
[40] Russell Feingold, Rede vor dem Senat, 11. Oktober 2001, on-line press release.
[41] Heading in the Wrong Direction, The Economist, 6. März 2003.

fen. Was sich in der politischen Debatte Amerikas jedoch erst langsam entwickelt, sind Kriterien für die Überwachung der Bürger. So könnte die Administration zwei höchst unterschiedliche Wege beschreiten. Sie könnte einen als potenziell verdächtig eingeschätzten Personenkreis – Moslems, männlich, 20 bis 40 Jahre alt – intensiv observieren. Einige wenige Personen würden viel Freiheit aufgeben, gleichzeitig müssten die meisten Bürger keine bedeutenden Einschränkungen hinnehmen. Viele Terrorismusexperten befürworten dieses Vorgehen: „Even if it is unfair to suspect any randomly chosen member of the group, it might be effective to concentrate the attention we give to the problem of suicide bombers on all members of the group ... [E]fficiency ... may dictate concentrating on limited sub-categories of the population, even with the knowledge that the number of false positives will vastly exceed the number of legitimate suspects."[42]

Dieser Ansatz erscheint in der Tat vielversprechend, doch wären die Kosten nach Ansicht von Kritikern außerordentlich hoch. Ähnlich den Katholiken in Nordirland und den Arabern in Israel könnte sich eine nicht unerhebliche Bevölkerungsgruppe in den USA als außerhalb der Gesellschaft stehend betrachten und zunehmend radikalisieren.[43] Ein Alternativvorschlag, der an die Grenzen des amerikanischen Freiheitsverständnisses stoßen würde, ist die Einführung eines Personalausweises. Er würde die Identifikation von Personen erleichtern, das Untertauchen im Land erschweren und das Fälschen von Dokumenten weitgehend unmöglich machen. Der liberale Rechtswissenschaftler Alan M. Dershowitz schrieb einen Monat nach den Anschlägen von New York und Washington, dass es besser sei, wenn jeder Bürger ein wenig Freiheit abgeben würde, als wenn wenige Bürger viel Freiheit verlieren würden: „From a civil liberties perspective, I prefer a system that takes a little bit of freedom from all to one that takes a great deal of freedom and dignity from the few – especially since those few are usually from a racially or ethnically disfavored group. A national ID card would be much more effective in preventing terrorism than profiling millions of men simply because of their appearance."[44] Derzeit hat die Administration noch keiner der beiden Vorstellungen Vorrang eingeräumt und verbindet statt dessen Elemente beider Prinzipen. So werden Flugreisende nach bestimmten Kriterien für genauere Inspektionen ausgewählt, während (möglicherweise in Zukunft) die E-Mail-Kommunikation jedes Bürgers durch Filterprogramme der Regierung laufen wird.

7 Politik im Zielkonflikt zwischen Terrorismusbekämpfung und Freiheit

Knapp vier Jahre nach den Anschlägen vom 11. September besteht Einigkeit in den USA, dass die Bevölkerung vor weiteren Terroranschlägen geschützt werden müsse. Doch die Art, wie die Bush-Administration dieses Ziel durch eine Erweiterung der Befugnisse der Strafverfolgungsbehörden anstrebt, hat Kritik höchst unterschiedlicher politischer Gruppierungen hervorgerufen. Amerikas Konservative, die sich seit jeher als staatsfern definiert haben und persönliche Freiheitsrechte betonen, lehnen einen zu großen Staat – insbesondere hohe Steuerquoten und finanzielle Umverteilungsprogramme – strikt ab. In ihren Augen entwickeln sich die USA derzeit unter dem Deckmantel des Kampfes gegen den Terrorismus zu einem Überwachungs- und Reglementierungsstaat. „Bush [and] Ashcroft [Justizminister John Ashcroft] run roughshod

---

[42] Heymann, Terrorism, Freedom, and Security, S. 100.
[43] Heymann, Civil Liberties and Human Rights, S. 446.
[44] Alan M. Dershowitz, Why Fear National ID Cards?, New York Times, 13. Oktober 2001, S. A23.

over Bill of Rights," so eine Studie des Washingtoner *Cato Institute* aus dem Jahre 2002. Auch Paul Weyrich, ein führender konservativer Intellektueller, vermutete, dass es der Regierung nicht auf die Bekämpfung des Terrorismus ankäme, sondern dass sie die bestehende Notlage ausnutzen wollte, um den staatlichen Einflussbereich auf alle Ebenen der Gesellschaft auszuweiten.[45] Eine zweite Gruppierung, die den Sicherheitsgesetzen kritisch gegenüber steht, sind fundamentalistische evangelikale Christen in den USA. Sie fürchten, dass der Staat eine Kontrolle über Religionen anstrebt und lehnen eine Reihe von Vorschlägen zur Bekämpfung des Terrorismus wie die Einführung eines Personalausweises (*national ID card*) strikt ab.[46] Die dritte Gruppe, die die Sicherheitsgesetze kritisch begleitet, sind liberale und Bürgerrechtsorganisationen wie die *American Civil Liberties Union* (ACLU). Sie erinnern an die Verfolgung Andersdenkender in der Frühphase des Kalten Krieges und während des Vietnamkrieges und fürchten Exzesse der Sicherheitsorgane wie die Überwachung Martin Luther King, Jrs. durch das FBI in den Tagen Direktor J. Edgar Hoovers.[47]

Im Sommer 2004 hat sich auch der Oberste Gerichtshof zu inhaftierten amerikanischen Staatsbürgern ohne formelle Anklageerhebung und zur Behandlung der ausländischen Gefangenen auf Guantanamo mit Urteilen zu Wort gemeldet, die ein allmähliches Unbehagen der Richter vor einer zu großen Machtfülle der Regierung erkennen lassen. In bisherigen Entscheidungen hat das Gericht jedoch technische Details der Inhaftierungen in den Mittelpunkt gestellt und damit bewusst die grundsätzliche Verfassungsmäßigkeit der Internierungen offen gelassen. Dieses Vorgehen ist einerseits Hinweis darauf, dass es den neun Richtern derzeit schwer fällt, in zentralen Bürgerrechtsfragen zu übereinstimmenden Urteilen zu kommen. Die Minderheitenvoten in den Urteilen zu inhaftierten US-Bürgern bestätigen dieses Bild. Gleichzeitig lassen die bisher ergangenen Urteile dem Gericht vielfältige Möglichkeit offen, später auf vermeintliche Fehlentwicklungen im Kampf gegen den Terrorismus durch eine Anerkennung bzw. Zurückweisung der neuen Befugnisse der Administration zu reagieren.

Präsident Bush hat dem Terrorismus unmittelbar nach dem 11. September den Krieg erklärt und damit die Bereitschaft und Entschiedenheit seiner Administration unterstrichen, diese Gefahr von Amerika abzuwenden. Gleichzeitig beansprucht der Präsident Legitimation für sein Handeln aus dem Moment der Gefahrenabwehr heraus. Die Kriegsrhetorik verstellt jedoch den Blick darauf, dass sich der gegenwärtige Feind Amerikas deutlich von dem in traditionellen Kriegen unterscheidet. Die Bevölkerung erwartet wie 1945 und wie in den Kriegen gegen den Irak 1991 und 2003 einen klaren und nachprüfbaren Sieg. Den wird die Regierung jedoch gegen den Terrorismus nie mit letzter Gewissheit verkünden können. Damit dient der Krieg gegen den Terror nicht nur der Legitimation der Regierung, er stellt auch ein Rechtfertigungsdilemma dar. Langfristig sind Einschränkungen persönlicher Freiheitsrechte als kriegsbedingte Maßnahmen nur zu vertreten, wenn sie als notwendiger und Erfolg versprechender Bestandteil im Kampf gegen den Terror präsentiert werden können. Wenn Erfolge ausbleiben, könnten die neuen Sicherheitsgesetze kritisch hinterfragt werden. Amerika, das sich nach dem 11. September verändert hat, hat bis heute noch keine dauerhaft tragfähige Balance zwischen den widerstrebenden Zielen Freiheit und Sicherheit gefunden.

---

[45] Zitiert nach For Whom the Liberty Bell tolls, The Economist, 29. August 2002; Rosen, Naked Crowd, New York 2004, S. 131-57.
[46] Evangelikale Christen sehen in Personalausweisen einen Hinweis auf das bevorstehende Ende der Welt, wie es in der Offenbarung des Johannes Kap. 13, Verse 16 und 17 angekündigt ist. Sie setzen die dort angekündigten „Zeichen an der rechten Hand oder Stirn" mit dem Ausweis gleich, vgl. Rosen, Naked Crowd, S. 134-38.
[47] Georg Schild, Bürgerrechte in Zeiten der Bedrohung, Der Staat 42 (2003), S. 329-54.

Anti-Terrorismusgesetze und Freiheitsrechte nach dem 11. September: Großbritannien, Frankreich und Deutschland im Vergleich

Dirk Haubrich

1 Einführung

Kurz nach den Terroranschlägen auf die USA im September 2001 begannen demokratische Staaten weltweit, Anti-Terrorismusgesetze mit dem ausgewiesenen Ziel einzuführen, sich gegen ähnliche Ereignisse in ihren eigenen Territorien zu schützen. Beschränkungen der individuellen Versammlungs-, Religions-, und Redefreiheit sowie des Schutzes der Privatsphäre ließen in der Öffentlichkeit schon bald den Verdacht aufkommen, dass Regierungen die angstüllte Stimmung unter Bürgern ausnutzten, um übermäßig autoritäre Gesetze einzuführen. Während Regierungen die Maßnahmen als notwendiges Mittel rechtfertigten, um staatliche Fähigkeiten im Bereich Anti-Terrorismus und Sicherheit auszubauen, und sie zuweilen Kritiker der Gesetzgebungen mit Terrorismusunterstützern gleichsetzten,[1] sahen Menschenrechtsorganisationen in den Gesetzen eine gefährliche Einschränkung des Schutzes der Menschenrechte.[2] Untersuchungen zu diesen zwei entgegengesetzten Gesichtspunkten wurden bislang nur sehr eingeschränkt unternommen, so dass bisher ungeklärt bleibt, welches Gleichgewicht zwischen Sicherheit und demokratischer Freiheit mit diesen Gesetzen wirklich erreicht worden ist. Ziel dieses Beitrags ist es, durch eine vergleichende Analyse der Gesetzgebung dreier europäischer Staaten auf diese Frage einzugehen.

Zu diesem Zweck rechtfertigen wir in Abschnitt 2 die Wahl der Länder Frankreich, Großbritannien und Deutschland für unsere vergleichende Untersuchung. Abschnitt 3 erläutert die Gesetzgebungsprozesse, welche zur Verabschiedung der entsprechenden Gesetzestexte führten. Den Mittelpunkt unseres Vorhabens stellt Abschnitt 4 dar, in dem die Anti-Terrorismusgesetze der drei Länder hinsichtlich ihrer Auswirkungen auf acht Kategorien von Freiheitsrechten verglichen werden. Abschnitt 5 fasst die Ergebnisse tabellarisch zusammen und führt die freiheitsrechtlich besonders bedenklichen Bestimmungen auf, wäh-

---

Dies ist eine gekürzte, überarbeitete und übersetzte Version eines Aufsatzes, der ursprünglich erschienen ist als: D. Haubrich (2003), „September 11, Anti-Terror Laws and Civil Liberties: Britain, France and Germany Compared", *Government and Opposition* 38(1), pp. 3-28. Der Autor bedankt sich bei Craig Barker, Richard Bellamy, Michael Moran und einem anonymen Gutachter für hilfreiche Anmerkungen zu einer früheren Version des Aufsatzes. Die Arbeit profitierte zudem von mehreren Vorträgen einer Konferenz zum Thema „Terrorism and the Liberal Conscience" am All Souls College, Oxford University im Juni 2002. Der Autor bedankt sich ebenfalls beim Veranstalter und den Teilnehmern der GSEIS Seminarserie an der Universität Reading für die ursprüngliche Idee, die zu diesem Arbeit führte.

[1] *Le Nouvel Observateur*, 'Securité les réactions', (30. Oktober 2001), www.nouvelobs.com; *Der Spiegel*, 'Otto-Katalog versandfertig', (14. Dezember 2001), www.spiegel.de.

[2] Human Rights Watch (HRW), 'Opportunism in the face of tragedy', (2002), www.hrw.org/campaigns/september11/opportunismwatch.htm.

rend Abschnitt 6 drei Hypothesen entwickelt, welche die aufgedeckten Unterschiede zwischen den Ländern erklären.

2 Warum Großbritannien, Frankreich und Deutschland als Vergleich?

Trotz der unvermeidlichen Unterschiede, wenn Systeme des Zivilrechts mit denen des Gewohnheitsrechts verglichen werden, sind Großbritannien, Frankreich und Deutschland in drei Aspekten ausreichend ähnlich, um ihre Auswahl für diese Untersuchung nahe zu legen. Zum einen haben sich ihre Gesetze aus einem bewährten politischen Konsens liberaler und demokratischer Überlieferungen entwickelt, welche das Individuum vor ungerechtfertigter Einmischung durch den Staat schützt. Es gibt eine erkennbare Kontinuität in der Entwicklung der Konzeption von politischer Freiheit, eventuell unterbrochen durch eine denkwürdige, aber vorübergehende Phase des Absolutismus im siebzehnten und achtzehnten Jahrhundert.[3]

Von den Auseinandersetzungen zu den Grenzen heiliger und säkularer Autorität im Mittelalter, den Debatten zur Staatstheorie während der Aufklärung bis hin zu den komplizierten Rechtssystemen moderner Gesellschaften trugen Denker aller drei Länder maßgeblich zu dieser Entwicklung bei. Der in Deutschland von Althusius entwickelte Konsens zwischen Herrscher und Untertan, Webers autonomes Individuum als maßgeblich handelndes Subjekt und Kants freier und vernunftfähiger Mensch; das in Frankreich durch Diderot, Voltaire und Rousseau entstandene Verständnis vom Individuum, das sich jeglicher politischen Autorität versagt; die in Großbritannien von Locke angeregte Unveräußerlichkeit individueller Rechte, Paines Konzeption der Natur und der Grenzen politischer Macht sowie Mills Verständnis von Unabhängigkeit als selbstbezogene Wahl ohne innere oder äußere Beschränkungen: Sie alle errichteten ihre Theorien auf dem Grundsatz der Dualität von Subjekt und Objekt, vom Individuum als Gegensatz zu Staat und Gesellschaft. Sie trugen maßgeblich zur Einbeziehung von Idealen wie Rede- und Pressefreiheit in die jeweiligen nationalen Rechtstexte bei.

Zweitens hatten alle drei Staaten ihren jeweiligen ‚Anteil' an der Planung und Ausführung der Anschläge des 11. September, wodurch ähnliche Sorgen über potentielle Schwächen in der bereits vorhandenen Anti-Terrorismusgesetzgebung entstanden. Schon bald traten bedeutende Verbindungen zu den Anschlägen in Amerika zutage. Im Fall Großbritanniens flogen elf der neunzehn Terroristen, die der Planung und Ausführung der Anschläge verdächtigt wurden, von den Londoner Flughäfen Heathrow und Gatwick zu ihren vorläufigen amerikanischen Bestimmungsorten. Für die meisten dieser Personen konnte nicht ermittelt werden, ob sie dies nur als Transitpassagiere taten oder ob sie zuvor längerfristig auf britischem Territorium verweilten.

Ähnliches gilt für Frankreich, wo Sicherheitskräfte in den Wochen nach dem 11. September elf Personen im Zusammenhang mit den Anschlägen verhafteten.[4] Berichten über einen vereitelten Selbstmordanschlag gegen die amerikanische Botschaft in Paris folgten

---

[3] A. Carlyle, *Political Liberty*, Oxford University Press, 1941; R. Bellamy, *Liberalism and Modern Society*, London: Polity, 1994; C. Palley, *The United Kingdom and Human Rights*, The Hamlyn Lectures 42nd series, London: Stevens, 1991.

[4] *CBS*, 'US Readies for Covert War', (25. September 2001), www.kyw.com/now/story/0,1597,310701-412,00.shtml.

Reportagen über den Franzosen Zacarias Moussaoui, der im August 2002 vom FBI als möglicher zwanzigster Entführer festgenommen wurde. Ein Land, welches mehr als einem Drittel der moslemischen Bevölkerung Europas ein Zuhause bietet, ist unweigerlich eine fruchtbare Brutstätte für religiösen Extremismus: Eine aufgebrachte, entfremdete Bevölkerung mehrheitlich eingewanderter Jugendlicher lebt in deprimierenden Vorstädten französischer Großstädte, wo sich eine Verbrechensrate etabliert hat, die fünfzigmal höher ist als der landesweite Durchschnitt. Die Verbindung zwischen jenen Vorstädten und dem afghanischen Terrornetzwerk Osama bin Ladens kamen über Algerien zustande, wo die berüchtigte algerische Terrorsplittergruppe, die Bewaffnete Islamische Gruppe (GIA), von Männern gegründet wurden, die als Freiwillige neben Bin Laden in Afghanistans antisowjetischem *Jihad* gekämpft hatten. Als dieser Krieg mit dem sowjetischen Abzug endete, zogen die Männer nach Frankreich um und begannen, eine neue Generation von Terroristen zu rekrutieren.

Die Spuren der Terroristen auf deutschem Boden waren nicht weniger bedeutend. Mohammed Atta, verdächtigt, die Angriffe geleitet zu haben und das erste Flugzeug in das World Trade Center geflogen zu haben, hatte von 1992 bis Mai 1999 in Deutschland gelebt. Während dieser Zeitspanne hatte Atta – oder El-Amir, wie er in seiner Heimatstadt Hamburg genannt wurde – an der örtlichen Universität studiert, um mit Auszeichnung einen akademischen Grad in Raumplanung zu erhalten. Nach allem was bekannt ist, hat er Deutschland irgendwann im Laufe des Jahres 1999 verlassen, um sich einem Terroristentrainingslager in Afghanistan anzuschließen. Seine Spur wird nochmals im Juli 2000 aufgenommen, als er sich zusammen mit zwei weiteren Hamburger Studenten, Siad Jarrah und Marwan Al-Shhehi, für drei Monate in einer privaten Flugschule in Florida einschreibt. Dort würden die drei die Sachkenntnisse und Fertigkeiten erlangen, die sie mehr als ein Jahr später benötigten, um die entführten Verkehrsflugzeuge in ihre Ziele in den Städten New York, Washington und Pittsburgh zu fliegen. Abgesehen von diesen Selbstmordattentätern haben Strafverfolgungsbehörden in Deutschland und den Vereinigten Staaten weitere Terroristenverbindungen ausgemacht und internationale Haftbefehle wegen terroristischer Verschwörung gegen drei weitere ehemalige Einwohner Hamburgs erlassen: besagter Bahaji, Ramzi Binalshibh sowie Zakariya Essabar.[5]

Die dritte Ähnlichkeit zwischen den drei Ländern besteht darin, dass sowohl Großbritannien, Frankreich als auch Deutschland die einzigen europäischen Staaten sind, die es unter die ersten Fünf in einer Schandliste brachten, welche von mehreren nichtstaatlichen, dem Schutz von Menschenrechten verpflichteten Organisationen veröffentlicht wurde. *Human Rights Watch* (HRW), *Reporter Sans Frontières* (RSF) und die Internationale Föderation für Menschenrechte (FIDH) vergaben Plätze zwei, vier und fünf an Großbritannien, Frankreich bzw. Deutschland und erachteten folglich nur die Anti-Terrorgesetze Kanadas (Platz drei) und der USA (Platz eins) als restriktiver hinsichtlich der Einschränkung bürgerlicher Freiheiten.[6] Die in den drei Staaten eingeführten Gesetze wurden als unwirksame, autoritäre und internationalen Vereinbarungen zum Schutz von Menschenrechten widerlaufende Maßnahmen beschrieben.[7] Wie zuvor erwähnt, ist es eines der Ziele dieses Beitrags,

---

[5] *Der Spiegel*, 'Organisationsbasis Hamburg', (24. Oktober 2001), www.spiegel.de.
[6] *Le Nouvel Observateur*, 'Etranger, le 11 septembre, côté liberticide', (15. Januar 2002), www.nouvelobs.com; Die Internetseiten der drei Organisationen befinden sich unter www.rsf.fr; www.hrw.org und www.fidh.org.
[7] *Le Nouvel Observateur*, 'La Riposte contre le terrorisme', (21. Januar 2002), www.nouvelobs.com.

auf diese Behauptungen einzugehen. Ein Blick auf die Entstehung dieser Gesetze ist ein nützlicher Ausgangspunkt für dieses Vorhaben.

3   Eilsache Gesetzgebungsprozess

In der Zeit unmittelbarer nach den Anschlägen war die plötzliche und umtriebige Geschäftigkeit staatlicher Stellen in den drei Ländern nicht nur auf Polizeiuntersuchungen und Notsitzungen der Kabinette beschränkt. Die Legislativen als gesetzgebende Körperschaften – alarmiert durch die Möglichkeit weiterer, unmittelbar folgender Angriffe auf ihre eigenen Territorien und bedrängt durch ungeduldige Exekutiven – vergeudeten keine Zeit, die als notwendig erachteten Änderungen in ihre nationalen Gesetze einzubringen. Ein bemerkenswerter Aspekt dieser Gesetze ist zweifelsohne die Geschwindigkeit, mit der sie durch die nationalen Gesetzgebungsverfahren getrieben wurden. Dies sind Prozeduren, die gewöhnlich – und sicherlich bei Gesetzesvorlagen, welche die Einschränkung bürgerlicher Freiheiten mit sich bringen könnten – jahrelange Verhandlungen zwischen verschiedenen Interessengruppen, politischen Parteien und Fachausschüssen beinhalten.

Nach einer stürmischen Passage durchs britische Parlament, in welcher die Regierung den Parlamentariern lediglich sechzehn Stunden innerhalb von drei Tagen für die Diskussion der Notmaßnahme zugestand, absolvierte das *2001 Anti-Terrorism, Crime and Security Emergency* Gesetz am 13. Dezember das britische Gesetzgebungsverfahren. Die Königliche Zustimmung, durch welche das Gesetz wirksam wird, erfolgte bereits am folgenden Tag. Zu diesem Zeitpunkt war kaum ein Monat vergangen, seit der Gesetzentwurf der gesetzgebenden Körperschaft vorgelegt worden war. Selbst dem Oberhaus wurden nur neun Tage gegeben, um die Vorlage zu begutachten.[8] Obwohl die parlamentarischen Diskussionen zu Modifizierungen in der Formulierung einiger Bestimmungen im Regierungsentwurf führten (welche sich unter anderem auf die Kontrollbefugnisse des Parlaments bei Strafsachen in sekundären Gesetzgebungsverfahren, die Einstufung der Anstiftung zu religiösem Hass als strafbare Handlung sowie die Verfahrensregeln zur Einbehaltung von Kommunikationsdaten bezogen),[9] hatten sowohl die beiden Kammern als auch die fünf parlamentarischen Ausschüsse, die sich zu dem Gesetzentwurf äußerten, nur wenig Gelegenheit, die Substanz des Textes zu verändern. Sie kritisierten vor allem die beträchtliche Distanz einiger Maßnahmen vom ‚Notfall', auf den die Exekutive mit ihrer Maßnahme zu reagieren vorgab.[10]

Die Geschwindigkeit und Hast waren allerdings nicht beispiellos. Die zwei vorherigen Anti-Terrorismusgesetze – der *1989 Prevention of Terrorism (Temporary Provisions) Act* und der *1996 Prevention of Terrorism (Additional Powers) Act* – waren ebenso eiligst durch die Gesetzgebungsverfahren geschoben worden. Und dennoch, während die zwei Vorgänger jeweils nur elf bzw. sieben Paragraphen beinhalteten, umfasste das Gesetz des Jahres 2001 insgesamt 129 Paragraphen, die der detaillierten Untersuchung durch das Parlament bedurft hätten.

---

[8] Home Office, 'Anti-Terrorism, Crime and Security Bill - Passage through Parliament', (24. Februar 2002), www.homeoffice.gov.uk/oicd/antiterrorism/bill_through_parliament.htm.
[9] Joint Committee on Human Rights (2002), 'Anti-terrorism, Crime and Security Bill: Further Report', House of Lords (2001-02) 51, House of Commons (2001-02) 420, § 24.; Her Majesty's Stationary Office (HMSO), 'Anti-terrorism, Crime and Security Act 2001', § 103, http://www.legislation.hmso.gov.uk/acts/acts2001/20010024.htm.
[10] Joint Committee on Human Rights (2002), 'Anti-terrorism, Crime and Security Bill: Further Report', House of Lords (2001-02) 51, House of Commons (2001-02) 420, § 2.

Der gesetzgeberische Prozess in Deutschland erfuhr eine ähnliche Dringlichkeit, wo mit unvergleichlicher Hast und ohne substanzielle Diskussion zahlreiche Änderungen im deutschen Recht durch beide Kammern des Parlaments gebracht wurden. Während die zwei Koalitionspartner der Regierung zwei Wochen benötigten, um sich auf eine Version zu einigen, die für beide Seiten annehmbar war, hatte das eigentliche Parlament nur ein paar Tage Zeit, um diesen Vorschlag zu hinterfragen und Modifizierungen vorzunehmen. Am 14. Dezember 2001 wurde das ‚Sicherheitspaket II' mit überwältigender Mehrheit von Stimmen aller fünf Parteien angenommen. Weniger als eine Woche später, am 20. Dezember, wurde das Paket auch vom Bundesrat verabschiedet, der zweiten Kammer des deutschen föderalen Systems, welchem es noch gelang, ein weitgehend missachtetes, 65-seitiges Dokument mit seinen eigenen Vorschlägen zu erstellen.[11] Das in der Geschichte der deutschen Republik weitgefassteste bürgerliche Freiheiten betreffende Gesetzespaket beinhaltete Änderungen in 17 vorhandenen Gesetzen und fünf Verordnungen. Insgesamt wurden Sicherheitsbedingungen in etwa 100 Gesetzen geändert.[12]

In Frankreich beschloss die Regierung eine Reihe von außergewöhnlichen Sicherheitsmaßnahmen, die als Teil des *Loi de la Sécurité Quotidienne* in mehrere rechtliche Bestimmungen der französischen Verfassung eingreift. Nach nur zwei Wochen Beratung verabschiedete das Parlament am 31. Oktober 2001 das Anti-Terrorismusgesetz. Frankreich war somit der erste Staat, der seine gesetzlichen Modifizierungen einführte. Und als Anerkennung der „außergewöhnlichen Verhältnisse", die zu den Gesetzen führten, war es auch der einzige Staat, der ein automatisches Ende der Maßnahmen am 31. Dezember 2003 vorsah.[13] Das britische Gesetz läuft nicht automatisch aus, sondern sieht eine juristische Überprüfung der Wirkung des Gesetzes durch die Gerichte vor, die noch vor dem 31. Dezember 2003 stattfinden soll.[14] Die deutsche Gesetzgebung hat ebenfalls eine zeitliche Beschränkung, aber sie trifft nur auf Teile der Bestimmungen zu (auf jene, die sich auf die Befugnisse der Geheimdienste beziehen; siehe unten für Details) und ist auf das spätere Datum 11. Januar 2007 terminiert.[15]

4 Die Ergebnisse

Im Folgenden präsentieren wir die Untersuchungsergebnisse, gruppiert in acht Kategorien bürgerlicher Freiheiten, die durch die in den drei Staaten vorgenommenen rechtlichen Maßnahmen betroffen wurden. Diese Kategorien sollten allerdings weder als homogene noch sich zwangsläufig gegenseitig ausschließende Gattungen an Rechten, Grundsätzen oder Garantien verstanden werden. Es handelt sich vielmehr um eine Vielzahl von Belangen hinsichtlich des Einflusses von Regierungsmacht auf die individuelle Freiheit, besonders hinsichtlich, erstens, bestimmter Freiheiten, welche hier als Handlungen zu verstehen sind, die Personen durchzuführen wünschen und Staaten nicht einzuschränken haben, und,

---

[11] Deutscher Bundesrat, ‚Entwurf eines Gesetzes zur Bekämpfung des internationalen Terrorismus – Empfehlungen der Ausschüsse', (30. November 2001), Drucksache 920/1/01, www.elektronische-demokratie.de.
[12] Bundesgesetzblatt, ‚Gesetz zur Bekämpfung des internationalen Terrorismus (Terrorismusbekämpfungsgesetz)', 1 (3), S. 361-95, 2002, www.elektronische-demokratie.de.
[13] Journal Officiel, *Loi 2001-1062 relative à la Sécurité Quotidienne*, 266 (2001), S. 18215, www.legifrance.gouv.fr/html/frame_lois_reglt.htm, § 22.
[14] Anti-terrorism, Crime and Security Act 2001, § 122 (s. Fußnote 9).
[15] Gesetz zur Bekämpfung des internationalen Terrorismus, § 22 (s. Fußnote 12)..

zweitens, gewisser Verfahrensrechte und Befugnisse, die Personen haben sollten, sobald der Staat gegen sie vorgeht.[16] Sofern nicht anders erläutert, beziehen sich die Angaben auf Paragraphen in den offiziellen Gesetzesveröffentlichungen, das heißt im Falle Frankreichs auf das *Journal Officiel*, für Deutschland ist es das Bundesgesetzblatt und für Großbritannien ist es die Bekanntgabe durch *Her Majesty's Stationary Office* (HMSO).[17]

4.1 Schutz der Privatsphäre und informationelle Selbstbestimmung

Das bürgerliche Recht auf Privatsphäre und informationelle Selbstbestimmung bezieht sich auf das individuelle Recht auf Schutz gegen das Eindringen in die private Lebenssphäre und gegen den unerlaubten Erwerb oder die Veröffentlichung persönlicher und vertraulicher Daten und Informationen.[18] Dies gilt sowohl für Privatleute als auch für Personen, die in bestimmten Berufsfeldern wie den Medien beschäftigt sind. So ist das Recht auf die Vertraulichkeit der Identität von Informanten sowie des Inhalts der Information eine entscheidende Säule einer freien Presse und ist durch den gleichnamigen Grundsatz geschützt. Können Privatsphäre und informationelle Selbstbestimmung nicht sichergestellt werden, ist eine freie Presse ein unwahrscheinliches Ideal.

In allen drei Staaten fielen die meisten der eingeführten Rechtsbestimmungen in diese Kategorie der Freiheitsrechte. In Frankreich legt der Paragraph 29 des Anti-Terrorismusgesetzes fest, dass Internet-Provider Adressdetails ihrer Kunden für zwölf Monate vorhalten müssen. Die Strafverfolgungsbehörden können ohne vorherige Erlaubnis eines Richters verlangen, dass sie Decodierungsschlüssel preisgeben, so dass digitale Daten dechiffriert und zu Informationen weiterverarbeitet werden können (§ 30). Zudem wird die landesweite Datenbank mit genetischen Informationen nun nicht nur Sexualstraftaten oder Morde aufnehmen, sondern auf kleinere Verbrechen wie Diebstahl erweitert (§ 56). Bankkonten von verdächtigten Terroristen dürfen überwacht werden, und Banken und Steuerbehörden müssen alle dafür erforderlichen Daten zur Verfügung stellen (§ 59). All dies kann ohne Kenntnis der durch die Maßnahmen betroffenen Person erfolgen.

Das Gleiche gilt für Deutschland, wo die Polizei nun auf Bankkonten, Daten der Luftfahrtgesellschaften sowie der Post zugreifen kann. Internetdienstanbieter und Telefongesellschaften müssen Verbindungsdaten nun für sechs Monate vorhalten. Obwohl diese Gesetzesvorschläge fast fünf Jahre auf dem Tisch lagen, wurde vor dem 11. September ihre Umsetzung wegen Problemen mit der Vertraulichkeit von Konsumentendaten sowie den Kosten, welche kleinere Internetdienstanbieter durch die Installation entsprechender Kontrollsysteme zu tragen haben, verhindert. Die Kontrolle von Fernmeldeverbindungen war per richterlichem Beschluss bereits seit vielen Jahren legal. Die neue Gesetzgebung hat das Ziel, diesen Prozess zu automatisieren und die Kosten für die Überwachung vom Staat auf die Dienstleister abzuwälzen. Angestellte von sicherheitsrelevanten Installationen wie Wasserversorgung, Postdienste, Energieanbieter, Telekommunikationsunternehmen, Bahnverkehr, Radio, Fernsehen und Regierungsbehörden können nun ausführlichen Sicherheitskontrollen unterworfen werden. Zudem ist nun der sogenannte *IMSI Catcher* legalisiert, ein

---

[16] Für eine Ausdifferenzierung des Begriffs der Bürgerfreiheiten (*civil liberties*) und des weiter gefassten Begriffs der Menschenrechte (*human rights*), vgl. K. Ewing and C. Gearty, *The Struggle for Civil Liberties: Political Freedom and the Rule of Law in Britain*, Oxford University Press, 2000, S. 1-34.
[17] S. Fußnoten 9, 12, 14.
[18] R. Stone, *Civil Liberties and Human Rights*, London: Blackstone, 2000, S. 378.

tragbares elektronisches Gerät, welches die Übertragungsstation eines Mobilfunknetzes emuliert und so die Identifizierung aller Mobiltelefone innerhalb eines 200-Meter-Radius erlaubt (§ 1). Vor den Anschlägen am 11. September hatte das Parlament mehrere Versuche zurückgewiesen, dieses Gerät zu legalisieren.[19]

In Großbritannien müssen Internet-Provider und Telefonunternehmen Verbindungsdaten für zwei Jahre vorhalten, obwohl der Inhalt solcher Kommunikationen von dieser Bedingung ausdrücklich ausgeschlossen ist (§§ 102-107). Zudem müssen Spediteure und Transporteure Informationen über Fracht und Passagiere vorhalten und sie Vollzugsbehörden zur Verfügung stellen (§§ 87, 119). Regierungsbehörden, einschließlich Steuerämtern, haben nun die Erlaubnis, Geheimdiensten und der Polizei jedwede Information zur Verfügung zu stellen, die diesen bei ihren Untersuchungen hilft (§ 17). Die Kontenüberwachung ermöglicht der Polizei, bis zu 90 Tage rückwirkend Konteninformationen von Finanzdienstleistern abzurufen (Schedule 2, Teil 1). Es ist nun zudem ein Vergehen, wenn Dienstleister es versäumen, Kenntnisse oder Verdachtsmomente hinsichtlich der etwaigen Finanzierung terroristischer Aktivitäten anzugeben. Paragraph 61 verpflichtet Betriebsleiter von Laboratorien, die Pathogene und toxische Substanzen verarbeiten, Vollzugsbehörden über Personen in Kenntnis zu setzen, die regelmäßigen Zugang zu ihren Einrichtungen haben.

4.2 Freiheit der Person

Einer der Eckpunkte einer freien Gesellschaft ist die Befugnis ihrer Bürger, sich in ihr frei zu bewegen, ohne staatlichen Institutionen darüber Rechenschaft ablegen zu müssen bzw. willkürlicher Konfrontation oder Verhaftung durch diese ausgesetzt zu sein. In dieser Kategorie führte die französische Regierung mit Abstand die meisten Änderungen ein, von denen bei weitem nicht alle als eindeutige Anti-Terrormaßnahmen identifizierbar sind. Paragraph 48 erlaubt nun weitreichendere Kontroll- und Überwachungsbefugnisse von Personen, welche die Bahnverbindung nach Großbritannien durch den Kanaltunnel benutzen. Im Falle terroristischer Untersuchungen und nach Veranlassung durch einen Staatsanwalt können nun Autos angehalten und nach verdächtigten Gegenständen durchsucht werden (§ 23). Bisher war die Kontrolle von Autos der Polizei untersagt. Die Verordnungen erlauben auch die Inspektion von Personen und Taschen sowie eingeschränkte Befragungen an Orten wie Flughäfen und Zollstellen (§ 25), Stadien, Lagerhallen und anderen öffentlichen Plätzen (§ 14). Diese Befugnisse und Privilegien sind nicht nur auf die Landes- und Bundespolizei beschränkt, sondern gelten auch für die nationale Eisenbahn sowie private Sicherheitsunternehmen (§ 63). Letzteren wird auch erlaubt, während der Ausübung ihrer Tätigkeiten Waffen zu tragen (§ 68). Zudem wird der Gendarmerie während ihrer Untersuchungen ermöglicht, nächtliche Inspektionen von Abstellräumen und Garagen vorzunehmen. Bisher mussten sie bis sechs Uhr morgens warten.

Weniger offensichtlich ist die Verbindung zum Terrorismus bei den gesetzlichen Vorgaben, dass alle Motorräder offiziell anzumelden sind (§ 19), dass Geschwindigkeitsübertretungen von mehr als 40 km/h zum Einzug von Führerscheinen führen (§ 20) und dass demjenigen eine Inhaftierung von bis zu sechs Monaten droht, der ein Auto fährt und ohne gültige Fahrerlaubnis angetroffen wird (§ 50). Gemäß Paragraph 52 können, wenn vom

---

[19] *Der Spiegel*, 'Handy, Internet und Telebanking im Visier', (19. Oktober 2001), www.spiegel.de.

Eigentümer beantragt, Personen, die den Zugang zu privatem Eigentum blockieren, zur Wiederherstellung von Frieden und Ordnung gewaltsam entfernt werden. Das öffentliche Aufführen von Musik ist nun an noch strengere Bedingungen geknüpft und setzt die Erlaubnis der örtlichen Behörden voraus (§ 5).

Im Vergleich hierzu sind die durch die britischen Gesetze in dieser Kategorie erreichten Auswirkungen subtiler, aber dennoch beachtenswert. Paragraph 94 gibt der Polizei die Befugnis, von Personen jedwede Kleidungsstücke zu entfernen, die sie zum Verbergen ihrer Identität benutzen könnten. Diese Maßnahmen sind anwendbar, sobald die Gründe „zweckdienlich" sind, womit eine Anwendung auf geringfügige Straftaten verhindert werden soll. Des Weiteren können Durchsuchungsbefehle erlassen werden, wenn die Aufbewahrung gefährlicher Substanzen an bestimmten Orten vermutet wird (§ 66). Und ähnlich dem französischen Recht sind polizeiliche Befugnisse über die eigentlichen Polizeikräfte hinaus erweitert worden: Die Zuständigkeiten der britischen Transportpolizei (BTP) beinhalten nun dieselben Privilegien wie die der ordentlichen Polizei (§ 100). Von der Auferlegung einer strikteren Kontrolle an sicherheitsempfindlichen Orten wie Flughäfen abgesehen (§ 19), wurden im deutschen Recht keine Änderungen vorgenommen, welche die Freiheit der Person beschränken würden.

4.3 Meinungsfreiheit

Meinungsfreiheit bezieht sich auf die Möglichkeit für Personen oder Gruppen von Personen, eine bestimmte Idee oder Ansicht durch direkte Rede, Bücher, Artikel, Druckschriften, Zeitungen oder Rundfunksendungen öffentlich zu vertreten und zu fördern. Im britischen Gesetz stellen diesbezüglich die Paragraphen 37 bis 41 die hetzerische Beleidigung von Religionen unter größere gesetzliche Strafe, und zwar auch über jenes Maß hinaus, das vorherige Gesetze im Zusammenhang mit dem Religions- und Territorialkonflikt in Nordirland bereits festgesetzt hatten. Die Bestimmungen erweitern die rassistisch motivierten Straftaten der Körperverletzung, Erregung öffentlichen Ärgernisses, krimineller Beschädigung und der Belästigung, um nun auch durch religiösen Hass hervorgerufene Verbrechen einzubeziehen. Um aufgrund dieser Bestimmungen belangt werden zu können, muss ein Täter bedrohliche oder beleidigende Worte verwenden oder entsprechendes Verhalten an den Tag legen.

Das französische Gesetz etablierte eine Bedingung, die nur geringfügig in diese Kategorie fällt und einmal mehr einen nur unerheblichen Zusammenhang mit dem Terrorismus aufweist: Paragraph 53 erlaubt die Beschlagnahmung jedweder Stereoverstärker für bis zu sechs Monate, sollte während einer privaten Feier oder vergleichbarer Vorfälle der öffentliche Frieden beeinträchtigt worden sein. In Deutschland wurden keine die Redefreiheit beschränkenden Bestimmungen erlassen.

4.4 Privateigentum

Inhaltlich verbunden mit dem obigen Recht auf Privatsphäre ist das Recht auf Privateigentum. Die Verteidigung des Eigentums wird gewöhnlich mit der Begründung gerechtfertigt, dass Personen ein Recht auf privaten Raum haben. In Großbritannien ermöglichen diesbezüglich die Paragraphen 1, 4 und 5 nun die Konfiszierung und das Einfrieren jedweden Besitzes, einschließlich des Vermögens und Bargeldes, welcher „für terroristische Zwecke verwendet werden könnte". Im Gegensatz zu früheren Gesetzen lässt sich diese Bestimmung nun bereits am Anfang einer Untersuchung anwenden, und nicht erst, wenn ein Verdächtiger angeklagt ist. Das Einfrieren unterliegt dabei der Überprüfung durch das Finanzministerium, ist der fortlaufenden Billigung durch das Parlament unterworfen und läuft automatisch zwei Jahre, nachdem es ausgesprochen wurde, aus (§§ 7 u. 8).

Im deutschen Gesetzestext sind keine Bestimmungen bezüglich des Privateigentums enthalten. Gleiches gilt für das französische Gesetz, vorausgesetzt dass weitere dem Terrorismus nur scheinbar zurechenbare Bestimmungen außer Acht gelassen werden: Paragraph 45 bürdet Eigentümern von Haustieren striktere Regeln auf und erlaubt die Tötung der Tiere, sollten sie eine Bedrohung für die Öffentlichkeit darstellen.

4.5 Freizügigkeit (Asyl/Einwanderung)

Das hier analysierte Recht bezieht sich auf die Freiheit, ein Staatsgebiet zu betreten, es zu verlassen und dort gegebenenfalls auch zu bleiben. Der Fokus liegt hierbei nicht auf dem allgemeinen Wohnrecht, welches durch keines der nationalen Gesetze berührt wurde, sondern auf der Einwanderungskontrolle und den Asylverfahren. In Großbritannien erlauben Paragraphen 21 bis 32 nun die Verhaftung von Terrorismusverdächtigten ohne Gerichtsverhandlung, sollte die Ausweisung in ihr Heimatland zeitweilig nicht möglich sein. Dies ist zum Beispiel der Fall, wenn der Betroffene nach Ausweisung dem Risiko einer Behandlung (z.B. Folter) ausgesetzt ist, die dem Artikel 3 der Europäischen Menschenrechtskonvention (EMRK) widerspricht. Diese Bestimmung kann nur auf Personen angewendet werden, die der Einwanderungsaufsicht unterliegen und bezieht sich folglich nicht auf britische Bürger.

Den von dieser Bestimmung betroffenen Personen wird selbst die gerichtliche Überprüfung durch die *Special Immigrations Appeal Commission* (SIAC) versagt. Die Bestimmungen müssen im März 2003 durch das Parlament überprüft werden, ein Prozess, der dann jährlich wiederholt wird. Anderenfalls werden sie unwirksam und im November 2006 dann vollständig auslaufen (§ 29). Fingerabdrücke aller Asylsuchenden können nun für zehn Jahre einbehalten werden, unabhängig davon, ob die Betroffenen terroristischer Verbrechen verdächtigt werden (§ 36).

Deutsches Recht erlaubt die Zurückweisung von Personen, die per Visum oder Asylantrag Zugang zum Staat erbitten, nicht nur wenn der Antragsteller der Unterstützung oder Mitgliedschaft in einer terroristischen Organisation verdächtigt wird, sondern auch wenn er öffentlich mit Gewaltanwendung droht (§ 11). Während der Verdacht der Gewalt folglich bereits ausreicht, um einem Ausländer den Zutritt zu verweigern, können Personen, die bereits im Besitz eines früher ausgegebenen Visums sind, nur ausgewiesen werden, wenn ein die Staatssicherheit bedrohendes Verbrechen tatsächlich begangen wurde. Das Gesetz erlaubt nun auch strengere Standards bei der Identifizierung aller Personen, die sich um ein Visum bemühen, einschließlich Fingerabdrücken und Stimmenaufnahmen. Anders als in Großbritannien bezieht sich diese Regel nicht nur auf Asylbewerber, sondern auf alle Personen, die sich um ein Visum bemühen. Persönliche Details, einschließlich freiwillig zur Verfügung gestellter Daten über den religiösen Glauben, können an Geheimdienste und

Strafverfolgungsbehörden weitergeleiteten werden (§§ 11, 12). Alle diesbezüglich einbehaltenen Informationen und Daten können für zehn Jahre gespeichert werden. Die lang erwartete Überholung des deutschen Einwanderungsgesetzes, welche kurz vor den Anschlägen des 11. September vom Parlament verabschiedet werden sollte, wurde vorläufig ausgesetzt, aus Furcht, dass die vorgesehenen liberaleren Richtlinien zu leicht von Terroristen missbraucht werden könnten. In Frankreich, einem Land, welches fünf Millionen Moslems ein Zuhause bietet, ist keine Einschränkung des Einwanderungs- oder Asylrechts vorgesehen.

4.6 Zuständigkeit der Geheimdienste

Sicherheitsdienste sind erforderlich, um ein Land vor äußeren Feinden und innerem Umsturz zu schützen. Daher muss ihnen erlaubt sein, verdeckt und in Geheimhaltung zu operieren. Im Gegensatz zu polizeilichen Aufgaben wird ihnen genehmigt, Informationen über Personen und Organisationen zu sammeln, welche gewaltbereit sind oder extreme Ansichten vertreten, ohne dass dies den betroffenen Personen mitgeteilt werden müsste. Da sie in ihren Aktivitäten weder kontrollierbar noch der Öffentlichkeit gegenüber verantwortlich sind, sind Beschränkungen der Zuständigkeit der Geheimdienste folglich ein wichtiger Eckpunkt des Schutzes bürgerlicher Freiheiten. Zum einen ist es entscheidend, dass eine akkurate Unterscheidung zwischen umstürzlerischen Handlungen und legitimem zivilen Ungehorsam getroffen wird und dass, zweitens, Handlungen, welche die Einbeziehung der Geheimdienste nicht erfordern, tatsächlich im Zuständigkeitsbereich der öffentlich verantwortlichen Polizei verbleiben.

In Deutschland erlauben die Anti-Terrorismusgesetze nun dem Bundesgrenzschutz (BGS), Flugzeuge zu begleiten, die den deutschen Luftraum durchqueren (§ 6). Eine neue Spezialeinheit mit mehr als einhundert solcher *Sky-Marshals* soll eingerichtet werden. Dem Bundesnachrichtendienst (BND) und dem Militärischen Abschirmdienst (MAD), welche sich bisher nur mit Zielen im Ausland beschäftigten, wird jetzt erlaubt, auch gegen Verdächtige auf deutschem Staatsgebiet vorzugehen (§§ 2-3). Die erlaubten Mittel entsprechen denen der Polizei (siehe auch Abschnitt 4.1 ‚Privatsphäre' oben). Die Zusammenarbeit mit der den Ländern unterstellten Polizei ist ebenfalls erlaubt, ein Vorgang, der die bisherige föderale Unterscheidung zwischen Länder- und Bundespolizei untergräbt. Das Bundeskriminalamt (BKA) als Strafverfolgungsbehörde hat gleichfalls erweiterte Machtbefugnisse und Mandate erhalten, einschließlich des unmittelbaren Zugriffs auf regionale Informationen ohne vorherige Zustimmung der Landeskriminalämter (§ 10).

In Großbritannien erlauben die Paragraphen 98 bis 101 der Gesetzgebung der Militärpolizei (MOD), außerhalb ihrer vormals eingeschränkten Zuständigkeit zu wirken. So ist es ihr nun erlaubt, auch außerhalb von Verteidigungsanlagen tätig zu werden; sie ist nur der Regierung gegenüber verantwortlich und arbeitet außerhalb der Zuständigkeit der polizeilichen Beschwerdestelle und -kommission. Sie kann nun mit der Polizei zusammenarbeiten und hat zudem all deren Befugnisse und Privilegien. Keinerlei Bestimmung dieser Art wurde in den französischen Rechtstext eingebracht.

4.7 Persönliche Identifizierung

Hinsichtlich der persönlichen Freiheit formal weniger relevant, jedoch in einigen Ländern emotional sehr beladen, ist die Verpflichtung von Bürgern, einen Personalausweis tragen zu müssen. Entgegen allgemeiner Einschätzung ist ein Ausweis kein rechtlich relevantes Dokument, sondern bloß ein glaubhafter Beweis der Staatsbürgerschaft und Identifizierung. Regierungsbehörden können einen Beweis der Staatsbürgerschaft und Identität verlangen, können aber nichts gegen Personen unternehmen, die das erforderliche Dokument nicht vorlegen. Diese Bewertung trifft auch auf Reisepässe zu.[20] So steht seit Mitte der 90er Jahre in Deutschland das Versäumnis, einen Personalausweis mit sich zu führen, unter Androhung einer Geldbuße von 30 Euro. Eine darüber hinausgehende rechtliche Relevanz hat das Dokument jedoch nicht. Sowohl in Deutschland als auch in Frankreich sind Ausweise seit vielen Jahren ein Teil des täglichen Lebens, während es in Großbritannien hauptsächlich aus freiheitsrechtlichen Gründen noch zu keiner landesweiten Einführung eines entsprechenden Dokuments gekommen ist.

Während das französische Parlament keine Notwendigkeit sah, vorhandene Regelungen abzuändern, entschieden sich die deutschen Gesetzgeber in den Paragraphen 7 und 11, biometrische Daten für alle neu ausgegebenen Ausweise und Pässe verbindlich zu machen. Biometrik beinhaltet die Abtastung von Fingerabdrücken, Netzhaut oder Gesichtsstrukturen durch einen Computer und die Speicherung der so ermittelten Daten auf einem Chip oder einer Karte. Bis zu drei verschiedene Eigenschaften dieser Art können gespeichert werden. Nach einer technischen Durchführbarkeitsanalyse soll das deutsche Parlament entscheiden, welcher der drei biometrischen Optionen verwendet werden soll.

In Großbritannien wurde die Einführung eines Ausweises nach erhitzter Debatte im Sommer 2002 vorläufig von der Tagesordnung genommen. Während dieser Beitrag geschrieben wird, ist Biometrik jedoch weiterhin für britische Pässe im Gespräch. Und auch Personalausweise scheinen durch die Hintertür wieder als ‚Berechtigungskarten' eingeführt werden zu können.[21]

4.8 Verschiedenes

Diese letzte Kategorie beabsichtigt, alle weiteren freiheitsrechtlich relevanten Bestimmungen zusammenzufassen, die in die drei Gesetzestexte eingebracht wurden, jedoch nicht zwangsläufig eine weitere Kategorie bürgerlicher Freiheiten darstellen. Die im französischen Gesetz anzutreffenden Bestimmungen betreffen die Lizenzregulierungen und den Verkauf von Feuerwaffen. Nach Paragraphen 4 bis 7 ist die Eröffnung, der Verkauf und das Schließen eines Waffengeschäftes nun an strengere Voraussetzungen gebunden und unterliegt zudem der Erlaubniserteilung der zuständigen Ortsbehörden. Der Verkauf von Waffen an Minderjährige ist nun ein schwerer Gesetzesverstoß und wird mit bis zu fünf Jahren Haft bestraft. Des Weiteren dürfen Jagdwaffen nicht länger per Katalog erworben werden (§ 10). Schließlich sieht Paragraph 58 den Aufbau eines nationalen Polizeiforschungsinstituts vor. Es berichtet direkt an den Innenminister, vereinigt bereits vorhandene, im Land verstreute Laboratorien, und hat die Aufgabe, Straftaten bakteriologischer und toxikologischer Art zu

---

[20] G. Robertson, *Freedom, the Individual and the Law*, London: Penguin, 1993, S. 418.
[21] *The Observer*, 'Rebellion over plans for ID card', (30. Juni 2002).

untersuchen und staatliche Verfolgungsbehörden mit den Untersuchungsergebnissen zu versorgen.

In Deutschland ist die einzig bedeutende zusätzliche Bestimmung des Anti-Terrorismusgesetzes die Aufhebung des sogenannten ‚Religionsprivilegs', nach welchem die Mitgliedschaft in einer religiösen Organisation den Befugnissen der staatlichen Behörden Grenzen setzen kann (§ 9). Organisationen wie der Kölner ‚Kalifat-Staat', welche die Staatsanwaltschaft als aggressiv, antidemokratisch und antisemitisch eingestuft hatte, könnten infolgedessen nun verboten werden.

Das britische Gesetz hingegen kennzeichnet eine ganze Reihe von verschiedenen zusätzlichen Bestimmungen. So straffen die Paragraphen 76 bis 81 die Regulierung nuklearer Sicherheit, Paragraphen 81 bis 87 tun das gleiche für die Flughafensicherheit und Paragraphen 43 bis 57 stärken die Gesetze, die sich auf chemische, biologische oder nukleare Waffen beziehen. Paragraphen 108 bis 110 verbieten die Bestechung ausländischer Diplomaten und Beamten und Paragraph 114 stellt es unter Strafe, Fehlalarme auszulösen, wodurch Personen absichtlich im Glauben gelassen werden, dass ein Gegenstand eine schädliche Substanz enthalten könnte, die menschliches Leben gefährden könnte.

5 Zusammenfassung der Ergebnisse

Tabelle 1 fasst die Ergebnisse unserer Analyse zusammen. Ein Blick darauf liefert ein scheinbar klares Bild: Großbritannien führt das Feld an, mit einem Gesetz, das nicht ausläuft und durch welches sieben der acht Kategorien betroffen sind. Es folgt Deutschland mit fünf von acht Kategorien und einem Gesetz, das sehr spät und nur hinsichtlich der die geheimdienstlichen Befugnisse betreffenden Bestimmungen ausläuft. Das Feld wird abgeschlossen durch Frankreich, mit der Punktzahl drei von acht und einem Gesetz, das in vollem Umfang nach zwei Jahren auslaufen soll.

Tabelle 1: Einschränkungen bürgerlicher Freiheiten durch Anti-Terrorismusgesetze nach dem 11. September 2001

	Frankreich	Deutschland	Großbritannien
Einreichung Gesetz bei Legislative	16.10.2001	15.11.2001	12.11.2001
Verabschiedung Gesetz in Legislative	31.10.2001	20.12.2001	13.12.2001
Auslaufen des Gesetzes	31.12.2003	11.01.2007*	nicht limitiert
1. Privatsphäre / inf. Selbstbestimmung	✓	✓	✓
2. Freiheit der Person	✓	–	✓
3. Meinungsfreiheit	–	–	✓
4. Privateigentum	–	–	✓
5. Freizügigkeit (Migration/Asyl)	–	✓	✓
6. Zuständigkeit der Geheimdienste	–	✓	✓
7. Persönliche Identifizierung	–	✓	–
8. Verschiedenes	✓	✓	✓

* trifft nur auf Teile des Gesetzes zu

Einige Relativierungen sind jedoch angebracht, die zwar die Rangordnung selbst nicht in Frage stellt, aber eine Fehlinterpretation der Tabelle vermeiden. Zum einen handelt es sich bei dieser Untersuchung nur um eine Momentaufnahme. Es kann hier nicht darauf eingegangen werden, in welchem Umfang bereits vor dem 11. September die Gesetze der drei Länder bürgerliche Freiheiten eingeschränkt hatten. Eine vergleichende Untersuchung dieser Art würde den Rahmen dieses Beitrages sprengen. Zum anderen sind zwar einige Einwände in allen drei Saaten gleichsam angebracht, wie zum Beispiel das Vorhalten und Abrufen von Kommunikationsdaten sowie der Ausbau genetischer Datenbanken, doch gibt es in jedem Land spezifische Probleme, deren Gewichtigkeit herausgestellt werden sollte.

Im Falle Großbritanniens gibt es drei Punkte, die hervorgehoben werden müssen. Erstens musste Großbritannien, damit das Gesetz die staatlichen Gesetzgebungsprozesse absolvieren konnte und zudem die Verpflichtungen zwischenstaatlicher Menschenrechtskonventionen eingehalten wurden, den öffentlichen Notstand (*Public Emergency*) oder Kriegszustand ausrufen. Nur so war es der Regierung möglich, von den Bestimmungen des Artikels 5 der Europäischen Menschenrechtskonvention (EMRK) ausgenommen zu werden, welches die Inhaftierung ohne Gerichtsverhandlung verbietet. Eine solche Ausnahme ist nach Artikel 15 EMRK im Falle eines Krieges oder anderer öffentlicher Notfälle erlaubt.[22] Die britische Regierung sah sich zu diesem *opting-out* gezwungen, damit eine der nationalen gesetzlichen Bestimmungen, nämlich die Inhaftierung von des Terrorismus verdächtigten Flüchtlingen ohne Gerichtsverhandlung, die Konvention nicht verletzt.

Die EMRK definiert einen öffentlichen Notfall als eine Situation, welche die Integrität eines Staates bedroht und als solche eine nur unwesentlich geringere Gefahr als ein umfassender Kriegszustand, eine Revolution oder ein Bürgerkrieg darstellt. Mit der Abweichung von Artikel 5 EMRK erklärte die britische Regierung einen Notzustand trotz wiederholter Bestätigungen durch Politiker, dass dies eben nicht der Fall sei und es keinerlei Anzeichen einer unmittelbaren Bedrohung für die britische Bevölkerung gäbe. Von 41 Staaten, welche die Konventionen unterzeichnet hatten, war das Vereinigte Königreich das einzige Land, das es als notwendig erachtete, von der EMRK abzuweichen. Zweifelsohne stellt die Inhaftierung von Personen ohne Beweise und ohne Gerichtsverhandlung den in dieser Untersuchung bemerkenswertesten Verstoß gegen bürgerliche Freiheiten dar. Dies sind Befugnisse, die in Friedenszeiten für Großbritannien beispiellos sind.

Der zweite Punkt betrifft die Ausweitung polizeilicher Befugnisse auf Geheimdienste. Die Entscheidung, ob eine Handlung als subversiv oder umstürzlerisch zu gelten hat, die ein Eingreifen dieser Dienste erfordern würde, ist nicht länger, wie in anderen Demokratien üblich, der Kontrolle durch parlamentarische Gremien wie den sogenannten *Select Committees* unterworfen.[23] Was im Interesse der Staatssicherheit erforderlich ist, bleibt eine den Geheimdiensten und der Regierung vorbehaltene Entscheidung. Der Vorhang der Verschwiegenheit, den dieses Staatsorgan umgibt, ist durch die neuen, im 2001er Gesetz eingeführten Maßnahmen nochmals verstärkt worden. Und selbstverständlich sind sie nicht alle völlig neu. Über einige der Maßnahmen war im britischen Innenministerium schon seit geraumer Zeit nachgedacht worden; sie wurden jedoch in parlamentarischen Anhörungen wiederholt als zu weitreichend zurückgewiesen und warteten seit mehreren Jahren auf eine

---

[22] Anti-terrorism, Crime and Security Act 2001, § 33 (s. Fußnote 9); Council of Europe, 'Article 5 of the European Convention on Human Rights', Human Rights Files 12, Strasbourg: Council of Europe Publishing and Documentation Services, 1994, S. 83.
[23] G. Robertson, *Freedom, The Individual and the Law*, S. 184.

geeignete gesetzgeberische Gelegenheit. Drittens ist das Einfrieren von Bankkonten und Vermögen verdächtigter Terroristen jetzt bereits zu Beginn einer Untersuchung und nicht erst im Stadium der Anklage möglich. Je nach Vermögensverhältnissen könnten Verdächtige folglich daran gehindert werden, durch Zugriff auf ihr Vermögen ihre prozessrechtliche Verteidigung zu finanzieren.

In Deutschland sind andere Probleme von Belang. Zum einen ist nun der so genannte *IMSI Catcher* legalisiert, ein Gerät, das innerhalb eines Radius von 200 Metern die Übertragungsstation eines Mobilfunknetzes emuliert. Der Apparat kann nicht nur eingesetzt werden, um mobil telefonierende Terroristen mittels der jedem Mobilgerät eindeutig zuordenbaren IMSI Nummer zu identifizieren und deren Kommunikation zu überwachen, sondern ist auch geeignet, alle Teilnehmer einer gewaltsamen politischen Demonstration zu identifizieren. Nur nachfolgende und akribische Untersuchungen könnten zwischen unschuldigen und kriminellen Demonstrationsteilnehmern unterscheiden. Da dies aufgrund Personalmangels fast nie ausgeführt werden dürfte, bleiben alle den Telefonen zuordenbaren Adressdetails in den Polizeidatenbanken vorgehalten und stehen für zukünftige Untersuchungen weiterhin zur Verfügung. Das rechtstaatliche Prinzip der Unschuldsvermutung für alle sich innerhalb dieses 200-Meter-Radius befindlichen Personen wird somit durch einen ‚Generalverdacht' ersetzt. Dies stellt eine bemerkenswerte Umkehrung eines bedeutenden staatsrechtlichen Grundsatzes dar.

Ein zweiter Punkt ist, dass die Anti-Terrorismusgesetzgebung unverhältnismäßig mehr in die Freiheitsrechte von Nichtbürgern eingreift als in diejenigen von Bürgern. Da es bislang keine Anzeichen gibt, dass die Bedrohung durch Ausländer größer ist als die durch deutsche Staatsangehörige (einige der verdächtigten Attentäter des 11. September waren zwar arabischen Ursprungs, besaßen aber die deutsche Staatsbürgerschaft), ist die im Rechtstext implizierte Unterstellung, dass dem doch so sei, eine Verletzung des rechtsstaatlichen Prinzips der Gleichbehandlung vor dem Gesetz.

Der beunruhigendste Aspekt der französischen Gesetzgebung besteht darin, dass trotz des im Vergleich zu den zwei anderen Ländern bescheidenen Ausmaßes an betroffenen Freiheiten nun die Durchsuchung von Bürgen ohne richterliche Befugnis erlaubt ist, und dass solche Maßnahmen auch von privaten, der Öffentlichkeit nicht direkt verantwortlichen Sicherheitsunternehmen durchgeführt werden können. Die eingeführten Modifizierungen bestätigen bzw. erweitern den bereits vorhandenen ‚Sammelplatz-Charakter' des französischen Strafrechts: Die einfache Erklärung, dass ein Verdächtiger an einer terroristischen Handlung beteiligt sein könnte, erlaubt es der französischen Polizei, jedwede Verdächtige anzuhalten und festzunehmen, wie entfernt und indirekt deren Handlung als Unterstützung terroristischer Aktivitäten auch interpretiert werden könnten. Darüber hinaus zeigt das Gesetz einen beträchtlichen Grad an Opportunismus hinsichtlich des Einführens von Bestimmungen, die in keinerlei Beziehung zu einer terroristischen Bedrohung stehen, sondern lediglich das Ziel verfolgen, zivilen Ungehorsam und politische Opposition zu zügeln. Diese Entwicklungen werden jedoch teilweise ausgeglichen durch den automatischen Ablauf der Gesetze Ende 2003 sowie den fehlenden Beschränkungen in den Kategorien Meinungsfreiheit, Privateigentum und Freizügigkeit/Asyl, eine Beobachtung, welche die lange Koexistenz der Französischen Republik mit dem Islam widerspiegelt.

6 Drei vorläufige Hypothesen

Hinsichtlich des Umfangs und Grades der freiheitsrechtlichen Einschränkungen stellen die gesetzlichen Bestimmungen des britischen Anti-Terrorismusgesetzes den außerordentlichsten Fall der drei analysierten Staaten dar. Was könnte dieses ungleiche Ergebnis erklären? Warum sticht Großbritannien hervor? Eine vergleichende Studie mit einer derart kleinen (*small-n*) Auswahl sich ähnelnder Fallbeispiele (*similar cases*) muss sich sicherlich davor hüten, voreilig Theorien zu entwickeln: Es gibt zu viele nicht-identifizierte Faktoren, welche die verschiedenen Beobachtungsergebnisse verursacht haben könnten. Dennoch lassen sich einige vorläufige erklärende Hypothesen erstellen, von denen sich drei besonders aufdrängen.

Zum einen sahen sich die gesetzgebenden Institutionen der drei Staaten nach den Angriffen auf Amerika unterschiedlichen Bedrohungsniveaus ausgesetzt. Großbritanniens *special relationship* mit den Vereinigten Staaten, seine vorangegangene und fortlaufende Unterstützung der militärischen Operationen Amerikas in der arabischen Welt sowie die kulturelle und gesetzliche Verwandtschaft zum Hegemon ließen es in den Augen der Regierung und des Parlaments in Großbritannien als wahrscheinlich erscheinen, dass das Land Ziel weiterer Terrorangriffe sein könnte. Die Regierung Deutschlands, mit ihrer in auswärtigen Angelegenheiten entschieden neutralen und – aufgrund ihres vier Jahrzehnte halbsouveränen Status – größtenteils nichtmilitaristischen Position, wird sich viel weniger bedroht gefühlt haben. Und dennoch: Die große Anzahl türkischer Staatsangehörigen unter der in Deutschland lebenden Bevölkerung sowie die Kenntnis, eines der liberaleren Asylgesetze auf dem europäischen Kontinent zu besitzen, wird die deutsche Legislative überzeugt haben, dass das Gesetz doch ausreichend restriktiv sein muss, um ähnliche Begebenheiten auf deutschem Boden zu vermeiden.

Die französische Regierung wiederum hatte sicherlich die geringsten Sorgen, dass die Angriffe Auswirkungen auf ihrem eigenen Territorium haben könnten. Seit dem Ende des Zweiten Weltkriegs ist die französische Regierung Europas ausgesprochenster Kritiker und Gegner des Hegemonieanspruchs der USA in politischen, wirtschaftlichen und kulturellen Belangen. Seien es der Widerwille des Landes, den US-geleiteten NATO-Befehlstrukturen zu gehorchen, die amerikanischen Unterhaltungsprodukten auferlegten Beschränkungen oder die verschiedenen, über die Welthandelsorganisation WTO als Schiedsrichter ausgetragenen Handelsdispute: Frankreich hat es nie vermieden, sich einer wahrgenommenen US-Überlegenheit entgegenzusetzen und war immer in der vordersten Reihe antiamerikanischer Gefühle in Europa zu finden.[24] Wird die Bedeutung der größtenteils naturalisierten Bevölkerung moslemischen Glaubens in Frankreich mitberücksichtigt, wird der Widerwille, allzu aggressiv gegen die eigene Bevölkerung vorzugehen, durchaus verständlich.

Als zweiten erklärenden Faktor nennen wir Großbritanniens gesetzgeberische Erfahrung mit politischem Terrorismus, hervorgerufen vor allem durch den Religions- und Territorialstreit in Nordirland. Seit Anfang des 19. Jahrhunderts wurde eine lange Liste von Gesetzen verabschiedet, die besondere Bestimmungen und Befugnisse für das Leben in Nordirland festlegten, wie den Aufbau einer Anti-Terror-Spezialeinheit der Polizei, die Suspendierung von *Habeas Corpus*, besondere Befugnisse für die Verhaftung und Durchsuchung von Personen sowie die Beschränkung des Schweigerechts während polizeilicher

---

[24] S. Fabbrini, 'The Domestic Sources of European Anti-Americanism', *Government and Opposition*, 37 (1) (2002), S. 3-14.

Untersuchungen. Die Notbestimmungen des *Prevention of Terrorism Act 1974* konsolidierten dann die verschiedenen Gesetze und etablierten zudem besondere Polizeivollmachten bei der Verfolgung von des Terrorismus verdächtigten Personen. Wie das Gesetz des Jahres 2001 wurde auch der Gesetzentwurf im Jahre 1974 mit großer Dringlichkeit durch das Parlament ‚getrieben': Der Gesetzentwurf der Regierung absolvierte den Gesetzgebungsprozess ohne Widerspruch innerhalb eines Tages und erhielt Königliche Zustimmung nur 48 Stunden später.[25] Und genauso wie die Anschläge des 11. September den Grund für die Dringlichkeit des 2001er Gesetzes darstellten, war auch der unmittelbare Zusammenhang des 1974er Gesetzes ein Terroranschlag: Der Bombenanschlag auf eine Bar in Birmingham im November 1974, der 21 Menschen tötete und mehr als 180 verletzte. Entgegen der ursprünglichen Absicht, diese Maßnahmen nur auf Zeit zu implementieren, wurden die meisten Bestimmungen des 1974er Gesetzes niemals aufgehoben und gelten somit auch heute noch, obgleich überarbeitet durch weitere, in den Jahren 1976, 1984, 1989, 1996 und 2000 erlassene Gesetze. Damit wurde Terrorismus als ein permanenter Bestanteil des gesellschaftlichen und politisches Lebens des Landes akzeptiert, als ein ewiges Problem, dem man, wenn überhaupt, nur mittels spezieller Gesetze, verdeckt arbeitender Geheimdienste und polizeilicher Expertise beikommen kann.

In diesem historischen Zusammenhang erscheinen die gesetzlichen Bestimmungen des Jahres 2001 eher als eine nahtlose (wenngleich nicht unbeachtliche) Erweiterung einer langen Kette zuvor erlassener Anti-Terrormaßnahmen. Jene Gesetze sollten ursprünglich den Nordirland-Konflikt bewältigen helfen, wurden jedoch bald auch auf andere Formen des Terrorismus erweitert. Wie es das *Joint Committee on Human Rights* des britischen Parlaments treffend ausdrückte: Bereits vor dem Anti-Terrorismusgesetz des Jahres 2001 „verfügte das Vereinigte Königreich über das weitreichendste und drakonischste Arsenal an Anti-Terrorismusmaßnahmen in Europa."[26]

Als dritten erklärenden Faktor schlagen wir die in den drei Staaten unterschiedliche Machtbalance zwischen der exekutiven, legislativen und der über die bürgerlichen Freiheiten wachenden judikativen Gewalt vor. Weithin bekannt ist, dass die richterliche Gewalt besonders schwach in Großbritannien ausgeprägt ist, wo der Grundsatz der ‚parlamentarischen Souveränität' sicherstellt, dass, um mit den Worten Diceys zu sprechen, „das Gesetz keine Person oder Institution als dem Parlament übergeordnet anerkennt" und somit verhindert, dass durch das Parlament erlassene Gesetze durch andere Organe widerrufen werden können.[27] Die Gerichte haben daher nur eingeschränkte Möglichkeiten und Befugnisse, die Verfassungsmäßigkeit von verabschiedeten Gesetzen zu überprüfen und kein Parlament ist durch bestehende Gesetze verpflichtet. Die souveräne Stellung des repräsentativ gewählten Parlaments ist fundamentaler Bestandteil der liberal-demokratischen Verfassung Großbritanniens wie auch die absehbare Konsequenz der ungeschriebenen Manifestierung einer solchen Verfassung. Denn die Schriftsetzung einer Verfassung impliziert, dass die Volksvertretung sie nicht, oder nur in außergewöhnlichen Umständen, widerrufen kann. Die fehlende Schriftsetzung der Verfassung erlaubt es, die bürgerliche Freiheiten schützenden Gesetze ebenso leicht abzuändern wie die Gesetze des gewöhnlichen Landbesitzes. Sie werden auch nur negativ gewährt: Rechte werden in der Verfassung den Bürgern nicht

---

[25] E. Shorts and C. de Than, *Human Rights Law in the UK*, London: Sweet and Maxwell, 2001, S. 701.
[26] Joint Committee on Human Rights (2002), 'Anti-terrorism, Crime and Security Bill: Further Report', House of Lords (2001-02) 37, House of Commons (2001-02) 372, § 30.
[27] A. Dicey, *An Introduction to the Study of the Law of the Constitution*, London: MacMillan, 1959, S. 39-40.

wirklich zugeschrieben, sondern lediglich nicht vorenthalten. Bürger können alles tun, was per Gesetz nicht ausdrücklich verboten wird. Die Freiheiten sind somit nur *residual*, also das ‚was übrig bleibt'. Je mehr es einer Regierung erlaubt ist, in die Belange der Gesellschaft zu intervenieren, desto eher ist das britische Gewohnheitsrecht nicht mehr als eine brüchige Verteidigung eines solchen Restes. Wenngleich eine umfangreiche Analyse aus Platzgründen hier nicht vorgenommen werden kann, lässt sich diese Bewertung auch nach Berücksichtigung des im Jahr 2000 in Kraft getretenen *Human Rights Act* aufrechterhalten, der in Großbritannien erstmals die bürgerlichen Rechte und Freiheiten der Europäischen Menschenrechtskonvention verankerte.[28]

Parlamentarische Souveränität ist in Frankreich und Deutschland ein wesentlich eingeschränkteres Prinzip, da in beiden Staaten schriftliche Verfassungen bereits in den Jahren 1958 bzw. 1949 eingeführt wurden. Jedwede von den Parlamenten verabschiedete Gesetzgebung muss mit ihnen übereinstimmen. Um festzustellen, ob dem auch so ist, kann ein Gesetz in Frankreich im Formulierungsstadium an den Verfassungsrat und in Deutschland nach Verabschiedung an das Verfassungsgericht verwiesen werden. Die meisten bürgerlichen Freiheitsrechte sind in Deutschland Teil der ersten zwanzig Verfassungsartikel, welche durch das Parlament nicht verändert werden können.[29] Sie haben nicht nur einen negativen oder ‚restlichen' Charakter, sondern sind ausdrücklich aufgeführt, um Prinzipien wie Presse- und Meinungsfreiheit zu gewährleisten. Sie dienen somit als Grundlage, um erlassene Gesetze nach Prüfung gegebenenfalls als verfassungswidrig zu deklarieren. Im Falle Frankreichs werden bürgerliche Rechte in der Einleitung sowie der Menschenrechtserklärung des Jahres 1789 festgesetzt, die beide einen Teil der Verfassung bilden. Die Möglichkeit zur Änderung der Verfassungen ist ebenfalls gegeben und erfordert eine Mehrheit in beiden Parlamentskammern, und zwar drei Fünftel in Frankreich bzw. zwei Drittel in Deutschland. Bei der Verabschiedung der Anti-Terrorismusgesetze sahen die Regierungen beider Staaten jedoch davon ab, die für solche Vorhaben vorgesehenen Prozesse in Gang zu setzen. Im Gegensatz zu Großbritannien wurde auch die mögliche Ausrufung eines ‚Notzustands' oder ‚Verteidigungsfalls' vermieden.

Der britische Grundsatz der parlamentarischen Souveränität und die Flexibilität, mit der sich das Recht der politischen Wirklichkeit annähern lässt, scheint somit ein kostspieliges Unterfangen zu sein. Die britische Regierung greift in demokratische Grundsätze ein, wann immer die Umstände richtig bzw. ‚recht' sind. Denn nicht nur fehlt der britischen Demokratie die formalisierte Kontrolle der Exekutive durch eine schriftliche Verfassung; die gewöhnlichen (und üblicherweise weniger greifbaren) *politischen* Kontrollen waren im Herbst 2001 ebenfalls deaktiviert: In der weit verbreiteten Furcht vor weiteren Anschlägen übte die Exekutive ihren sonst üblichen Sinn für Selbstbeschränkung nicht aus. Dieselbe Furcht ließ auch die Verhandlungsmacht außerparlamentarischer, sich Bürgerrechten widmender Interessengruppen ermatten, welche gewöhnlich einen weiteren politischen Kontrollpunkt der britischen Demokratie darstellen. In Anbetracht des zweiten Erdrutschsiegs der britischen Labour Party im Frühsommer desselben Jahres war es für die Regierung auch weniger als erhofft erforderlich, etwaige Belange der Oppositionspartei zu beachten. Die zunehmende Marginalisierung eigener *Backbench*-Politiker, also der Opposition innerhalb der eigenen Regierungspartei, und der abnehmende Einfluss des Unterhauses auf die Exe-

---

[28] R. Gordon/ T. Ward, *Judicial Review and the Human Rights Act*, London: Cavendish, 2000, S. 233; N. Whitty, T. Murphy/ S. Livingstone, *Civil Liberties Law: The Human Rights Act Era*, London: Butterworths, 2001, S. 23.
[29] D. Conradt, *The German Polity*, New York: Longman, 1978, S. 215.

kutive im Allgemeinen untergrub jedweden rudimentären Willen, den Großbritanniens politische Institutionen gehabt haben könnten, sich der Regierung zu widersetzen. Letztlich würde auch die nächste Wahl soweit in der Zukunft stattfinden, dass ein ‚Abstrafen' der Regierung durch die Wählerschaft aufgrund der eingeführten Gesetze nicht zu befürchten war.

Zusammenfassend schlagen wir also vor, dass die außergewöhnliche Kongregation in Großbritannien aus öffentlicher Furcht, wahrgenommener Bedrohung innerhalb der Regierung, der langjährigen Erfahrung mit Terrorismus und gesetzlichen Gegenmaßnahmen, Zeitdruck, einer strukturell schwachen Judikative, einer kläglichen Opposition, einer neuerlich siegreichen Wahlentscheidung zugunsten der bestehenden Regierung sowie unentschlossener außerparlamentarischer Interessengruppen es der Exekutiven ermöglichten, die ungeschriebenen Kontrollen und Gegengewichte im britischen politischen System zu umgehen und einen zusätzlichen Eintrag in Großbritanniens bereits umfassender Liste von freiheitsbeschränkenden Gesetzen hinzuzufügen. Dass Politiker der Labour Party mit liberalen Zeugnissen solche Maßnahmen verteidigt bzw. verabschiedet haben zeigt, welch fragilen Schutz bürgerliche Freiheiten in Großbritannien genießen.

Freiheit, Sicherheit und Terror: Die Rechtslage in Deutschland

Oliver Lepsius

1 Die qualitativ neue Bedrohung als Rechtsproblem

Schon einen Tag nach den Anschlägen vom 11. September 2001 forderte Bundesinnenminister Otto Schily (SPD) ein neues Sicherheitskonzept. Unverzüglich wurden daraufhin die bestehenden Sicherheitsvorkehrungen überprüft. Das Ergebnis der Überprüfung: Zwei Gesetzesvorhaben, die als so genannte „Sicherheitspakete" oder „Anti-Terrorpakete" die Vorschriften in zahlreichen Gesetzen änderten und ihnen neue anfügten. Diese Sicherheitsgesetze enthalten viele Eingriffe in die Grund- und Freiheitsrechte. Das Gesetzgebungsverfahren musste daher auch die Frage des Verhältnisses zwischen Sicherheit und Freiheitsrechten aufwerfen und eine Abwägung zwischen individuellen Grundrechten und kollektiver Sicherheit vornehmen. Nicht erst seit dem 11. September ist dies ein Rechtsproblem. Das Datum des 11. September mag politisch einschneidend wirken, in der Rechtsentwicklung der Bundesrepublik Deutschland, zumal in der Stellung der individuellen Freiheitsrechte, ist dieses Datum keine Zäsur. Wesentliche Grundentscheidungen zur Sicherheitsfrage wurden schon in den 1970er Jahren getroffen. Als Reaktion auf den Terrorismus der „RAF" mit seinem Höhepunkt im Herbst 1977 ergingen viele freiheitsbeschränkende Gesetze, die eine intensive Debatte über das zulässige Maß an Freiheitsbeschränkungen zugunsten der Sicherheit zur Folge hatten.[1] Prinzipielle Abwägungen wurden vom Gesetzgeber damals getroffen und durch das Bundesverfassungsgericht überprüft.[2] Mit anderen Worten: Die Grundprobleme der Grundrechtseingriffe der Terrorismus-Maßnahmegesetze wurden schon in den 1970er Jahren behandelt.

Das darauf folgende Jahrzehnt zeichnet sich durch die Debatte um ein „Grundrecht auf Sicherheit" aus.[3] Wurde Sicherheit in den 1970er Jahren noch als antagonistisches Ziel zu

---

Dieser Beitrag erschien zuerst in Leviathan, 32 (1), März 2004, S. 64-88. Veröffentlichung mit freundlicher Genehmigung der Leviathan-Redaktion und des Autors.

[1] Zu dieser Entwicklung vgl. etwa Rudolf Wassermann (Hg.), *Terrorismus contra Rechtsstaat*, 1976; Hans-Jochen Vogel, Strafverfahrensrecht und Terrorismus – eine Bilanz, in: *Neue Juristische Wochenschrift* 1978, S. 2117ff.; Uwe Berlit/Horst Dreier, Die legislative Auseinandersetzung mit dem Terrorismus, in: F. Sacke/H. Seinert (Hg.), *Protest und Reaktion*, 1984, S. 226ff.; Werner Klughardt, *Die Gesetzgebung zur Bekämpfung des Terrorismus aus strafrechtlich-soziologischer Sicht*, 1984; Hans-Peter Bull (Hg.), *Sicherheit durch Gesetz?* 1987; Martina Junker, *Analyse und Kritik der strafverfahrensrechtlichen Terrorismusgesetzgebung*, 1996.

[2] BVerfGE 46, 1 v. 4.10.1977 (Kontaktsperre, keine einstweilige Anordnung); BVerfGE 46, 160 v. 16.10.1977 (Entführung Schleyer); BVerfGE 49, 24 v. 1.8.1978 (Kontaktsperregesetz); BVerfGE 65, 1 v. 15.12.1983 (Volkszählung).

[3] Josef Isensee, *Das Grundrecht auf Sicherheit*, Berlin 1983; ders., Gemeinwohl und Staatsaufgaben im Verfassungsstaat, in: J. Isensee/P. Kirchhof (Hg.), *Handbuch des Staatsrechts der Bundesrepublik Deutschland, Band III*, 1988, § 59; Gerhard Robbers, *Sicherheit als Menschenrecht*, 1987; Christoph Gusy, Grundpflichten und Grundgesetz, in: *Juristenzeitung* 1982, S. 657ff.; ders., Rechtsgüterschutz als Staatsaufgabe – Verfassungsfragen der „Staatsaufgabe Sicherheit", in: *Die Öffentliche Verwaltung* 1996, S. 573ff. Kritisch zum „Grundrecht auf Sicherheit" als einer „politischen Kunstfigur" auch Peter-Alexis Albrecht, Die vergessene Freiheit, in: *Kritische Viertel-*

den Freiheitsrechten aufgefasst, wandelte sich dieses Verständnis in den 1980er Jahren zu einem Verhältnis der Gleichberechtigung. Sicherheit wurde als Grundrecht tituliert und zu einer Staatsaufgabe erklärt.[4] Nicht zuletzt aufgrund der antagonistischen Perspektive im Jahrzehnt zuvor fand sie nun eine gleichgeordnete, wenn nicht gar übergeordnete verfassungsrechtliche Rechtfertigung. Und auch in den 1990er Jahren kam es im Gefolge des Abbaus der Grenzkontrollen in der Europäischen Union aufgrund des Schengener Abkommens zu einer Debatte über die veränderte Sicherheitslage, der abermals mit neuen gesetzlichen Befugnissen Rechnung getragen wurde. Grenzkontrollen wurden funktional ins Landesinnere verlagert und mit erhöhtem Sicherheitsbedarf gegenüber grenzüberschreitender Kriminalität gerechtfertigt.[5]

In Politik und Öffentlichkeit bestand im Herbst 2001 kein Zweifel, dass auf die Terroranschläge mit gesetzlichen Maßnahmen unverzüglich reagiert werden müsse. Dahinter stand die allgemein geteilte Vorstellung, dass in der bisherigen Rechtslage erhebliche Mängel und Defizite bestünden. Die suggestive Macht der Eindrücke des 11. Septembers kanalisierte die politische Willensbildung und ersetzte sie durch einen Aktionismus, in welchem dem Zeitfaktor große Bedeutung zukam. Ob überhaupt gesetzlicher Regelungsbedarf bestehe, stand außer Frage. Und die Frage des „Wie" des Handelns wurde durch die schnelle Präsentation der beiden „Sicherheitspakete" aus dem Bundesinnenministerium vorgegeben. Eine Bestandsaufnahme, mit welchen Maßnahmen die Anschläge möglicherweise hätten verhindert werden können und welche gesetzlichen Änderungen dafür nötig wären, wurde schon aus Zeitgründen nicht vorgenommen.

Die Reaktion des Gesetzgebers ist durch die Ereignisse zwar ausgelöst, aber nicht im Einzelnen motiviert worden. Die Anschläge wurden nicht als Taten einzelner Terroristen behandelt, sondern als ein entindividualisiertes Phänomen gewertet, als eine neue Form der terroristischen Bedrohung. Nicht von individuellen Tätern schien die Bedrohung auszugehen, sondern von einer allgemeinen Entwicklung in einer globalisierten Welt, in der einzelne Personen austauschbare Erfüllungsgehilfen anderer Mächte sind, die im Hintergrund die Fäden ziehen und sich sogar des Schutzes anderer Staaten sicher sein können. Nicht auf die konkreten Handlungen und Taten des 11. September beziehen sich die gesetzlichen Regelungen, sondern auf eine dahinter vermutete allgemein-diffuse Bedrohungslage durch einen allgegenwärtigen islamistischen Terror. Nur diese Perspektive erklärt, warum Gesetzesänderungen für unvermeidlich gehalten wurden, ehe überhaupt die Terroranschläge in einen Zusammenhang mit einem möglichen Fehlverhalten deutscher Behörden gebracht werden konnten.

Die „Sicherheitspakete" sind daher keine Reaktion auf den 11. September, sondern Ausdruck eines symbolischen Aktionismus. Nicht die tatsächliche Bedrohung motivierte

---

Jahresschrift für Gesetzgebung 2003, S. 125, 128f.; Jutta Limbach, *Ist die kollektive Sicherheit der Feind der individuellen Freiheit?* Festvortrag zum 53. Deutschen Anwaltstag in München, 2002, S. 5.

[4] Maßgeblich dafür war auch, dass der Sicherheitsbegriff auf technische Risiken (Kernkraft) und Umweltschutz erweitert wurde. Vgl. zu dieser Entwicklung („Staatsaufgabe Umweltschutz") Oliver Lepsius, *Besitz und Sachherrschaft im öffentlichen Recht*, 2002, S. 420ff. m.w.N.

[5] Vgl. Christoph Gusy, Vom Polizeirecht zum Sicherheitsrecht, in: *Staatswissenschaft und Staatspraxis* 5 (1994), S. 187ff.; Christoph Möllers, Polizeikontrollen ohne Gefahrenverdacht, in: *Neue Zeitschrift für Verwaltungsrecht* 2000, S. 382ff.; Volkmar Götz, Die Entwicklung des Polizei- und Ordnungsrechts (1994-1997), in: *Neue Zeitschrift für Verwaltungsrecht* 1998, S. 679ff.; Hans Lisken, „Verdachts- und ereignisunabhängige Personenkontrollen zur Bekämpfung der grenzüberschreitenden Kriminalität"? in: *Neue Zeitschrift für Verwaltungsrecht* 1998, S. 22ff.; ders., Jedermann als Betroffener, in: H. Bäumler/H.-W. Arens (Hg.), *Polizei und Datenschutz – Neupositionierung im Zeichen der Informationsgesellschaft*, 1999, S. 32.

den Gesetzgeber, sondern die Vorstellung von einer neuen, unbekannten diffusen Gefahr. Deutlich wird dies zum Beispiel in der Begründung, die der Bundesinnenminister im Deutschen Bundestag für das so genannte „zweite Sicherheitspaket" gab:

> Wir müssen uns bewusst sein, was da angegriffen worden ist: New York ist die internationalste Stadt der Welt. Dort ist der Sitz der Vereinten Nationen. Unter den Opfern waren Menschen aus mehr als 80 Nationen dieser Welt. New York, ein Symbol für den Freiheitswillen dieser Welt, für die Demokratie in dieser Welt, war der Zielpunkt. Viele Menschen, die unter der Terrorherrschaft der Nazis oder unter der Terrorherrschaft anderer totalitärer Systeme verfolgt waren, haben in New York Zuflucht gesucht. Das ist in das Geschichtsbewusstsein der Menschheit tief eingegraben. Deshalb hat es auch diese große Bedeutung.[6]

In dieser Äußerung wird deutlich: Als gefährdetes Rechtsgut wurde die Freiheit im Allgemeinen, die Demokratie im Allgemeinen und das „Bewusstsein der westlichen Welt" gesehen. Der Gesetzgeber reagierte auf die Bedrohung der Wertordnung der westlichen Welt.

Diese Wahrnehmung der Ereignisse ist für die Erklärung der rechtlichen Reaktion mitentscheidend. Zum einen erklärt sie, warum eine nähere Willensbildung über das „Ob" des gesetzlichen Handelns entfiel und über das „Wie" nur unter größtem Zeitdruck zustande kam. Zum anderen erklärt sie, in welcher sonderbaren Weise bei den Maßnahmen auf Grund- und Freiheitsrechte Rücksicht bzw. nicht Rücksicht genommen wurde. Wichtig ist: Die Bedrohung wurde nicht bestimmten Tätern individuell zugerechnet, sondern als Ausdruck einer neuen Gefahr empfunden, die nicht von Tätern, sondern von einem unfassbaren Netzwerk des Terrors ausgeht. Der Terrorismus wurde nicht als Ergebnis individueller Handlungen, sondern als Resultat kollektiver bösartiger Strukturen gewertet. In der Abkehr von einer individuell zurechenbaren Täterschaft wurde das prinzipiell Neue gesucht, das dann die rechtliche Abwägung von Sicherheit und Freiheit bestimmte. Der Gesetzentwurf der Regierungskoalition resümiert entsprechend, niemand könne ausschließen, dass nicht auch Deutschland zum Ziel solcher Attacken werde.[7]

Diese Wahrnehmung ist insofern überraschend, als Terrorismus für die Bundesrepublik und für Europa insgesamt kein neues Phänomen ist. Die europäische Öffentlichkeit hat sich an die seit Jahrzehnten anhaltenden terroristischen Anschläge in Nordirland und im Baskenland fast schon gewöhnt. Dass Terrorismus in bestimmten Gebieten der Europäischen Union zum Alltag gehört, war und ist eine Erfahrungstatsache, die in der Öffentlichkeit keinen besonderen Handlungsdruck erzeugt. Diese Konflikte vermochten als regionale Auseinandersetzungen keine besondere Aufmerksamkeit zu erregen. Im Unterschied dazu wurde in den Anschlägen vom 11. September eine nicht mehr regionale, sondern weltweite Bedrohung gesehen. Auch im Vergleich zum Terrorismus der „Roten Armee Fraktion" in den siebziger Jahren wurde eine neue Qualität ausgemacht: Die damaligen Anschläge ließen sich einem bestimmten Personenkreis zuordnen. Die Gefahren gingen von bestimmten, namentlich bekannten Tätern und ihrem begrenzten Umfeld aus. Der Terrorismus ließ sich individualisieren. Alles dies schien nun anders. Die zwar ebenfalls namentlich rasch be-

---

[6] Otto Schily, Bundesminister des Inneren, Deutscher Bundestag – 14. Wahlperiode, 209. Sitzung, *BT-Plenarprotokoll* 14/209, S. 20758 (B). Vgl. auch Herta Däubler-Gmelin, Bundesministerin der Justiz, Deutscher Bundestag, 14. Wahlperiode, 192. Sitzung, *BT-Plenarprotokoll* 14/192 S. 18698(D) – 18699(B): Der Terrorismus richte sich nicht nur gegen die Vereinigten Staaten, sondern gegen alle offenen Gesellschaften.
[7] BT-Drs. 14/7386 (neu), S. 35 – Entwurf der Fraktionen SPD und BÜNDNIS 90/DIE GRÜNEN eines Gesetzes zur Bekämpfung des internationalen Terrorismus (Terrorismusbekämpfungsgesetz) v. 8.11.2001.

kannt gewordenen Täter galten als ausführende Organe eines dahinterstehenden Netzwerks des Terrors. Nicht mehr einzelne Personen, sondern unpersönliche Netzwerke und Organisationen, die sich in einer diffusen Sphäre des islamistischen Extremismus bewegen, erscheinen seither als Gefahrenquelle.

Worin also liegt die neue Qualität der Anschläge, wenn es die drohenden Rechtsgutverletzungen nicht sein können? Als neuartig gelten zwei Umstände: Zum einen die Auflösung eines örtlichen Zusammenhangs und zum anderen die Auflösung der individuellen Zurechenbarkeit. Der Terrorismus der „Netzwerke" war entindividualisiert und entregionalisiert. Die Bedrohung erschien global, und sie ließ sich nicht mehr auf einzelne Akteuren eingrenzen. Nur auf der Basis dieser grundsätzlichen Wahrnehmung lässt sich heute nachvollziehen, warum von einer qualitativ neuen Bedrohungslage geredet wurde und warum alsbald bestimmte rechtliche Maßnahmen ergriffen wurden.

2 Die Maßnahmen der beiden „Sicherheitspakete" im Einzelnen

2.1 Das „erste Sicherheitspaket"

Das „erste Sicherheitspaket" wurde bereits acht Tage nach den Anschlägen vom Bundeskabinett beschlossen (am 19.11.2001). Es enthielt drei Punkte, die in drei Stufen verwirklicht wurden:

§ 129a des Strafgesetzbuchs, der die Bildung terroristischer Vereinigungen unter Strafe stellt, wurde durch einen § 129b StGB ergänzt, der das Verbot auf ausländische Organisationen ausweitet und selbst Sympathieerklärungen unter Strafe stellt.[8] Damit soll eine Strafbarkeitslücke geschlossen werden, denn §§ 129, 129a StGB sind nur auf Vereinigungen anwendbar, die zumindest in Form einer Teilorganisation im Bundesgebiet bestehen.[9] Sind Mitglieder einer ausländischen kriminellen Vereinigung im Inland tätig, machen sie sich nur unter dieser einschränkenden Bedingung strafbar.[10] § 129a StGB war als Reaktion auf den Terrorismus der RAF in den siebziger Jahren in das StGB aufgenommen worden. Er schützt die öffentliche Sicherheit und die staatliche Ordnung durch eine Vorverlagerung des Strafschutzes in das Vorbereitungsstadium. Die Vorschrift war in den letzten Jahren nicht unumstritten; die Bundestagsfraktionen von Bündnis 90/Die Grünen[11] und der PDS[12] verlangten ihre Streichung.

Die Einführung des § 129b StGB lässt sich aber nur bedingt den Anschlägen des 11. September zurechnen. Denn im Dezember 1998 hatten sich die Mitgliedstaaten der Europäischen Union schon verpflichtet, die Beteiligung an einer kriminellen Vereinigung in ihrem Hoheitsgebiet strafrechtlich zu ahnden, unabhängig von dem Ort, an dem die Vereinigung ihre Operationsbasis hat oder ihre strafbaren Tätigkeiten ausübt.[13] Die Regelung ist daher in

---

[8] Vgl. Gesetzentwurf der Bundesregierung, Entwurf eines Strafrechtsänderungsgesetzes - § 129b StGB, BT-Drs. 14/7025 v. 4.10.2001; § 129b wurde eingefügt durch Art. I des 34. StRÄndG v. 22.8.2002 (BGBl. I S. 3390).
[9] BGHSt 30, 328 (329f.).
[10] BT-Drs. 14/7025, 6.
[11] BT-Drs. 13/9460 v. 11.12.1997. Vgl. auch Rupert v. Plottnitz, § 129a StGB: Ein Symbol als ewiger Hoffnungsträger, in: *Zeitschrift für Rechtspolitik* 2002, S. 351.
[12] BT-Drs. 14/5832 v. 5.4.2001.
[13] Vgl. Begründung, BT-Drs. 14/7025, 6.

erster Linie durch die Bekämpfung des grenzüberschreitenden, regionalen Terrorismus in Europa (z. B. Baskenland) motiviert.

Gegenstand des „ersten Sicherheitspakets" war ferner die Streichung des Religionsprivilegs im Vereinsrecht.[14] Nach § 3 des Vereinsgesetzes können Vereine verboten werden, wenn ihre Zwecke den Strafgesetzen zuwiderlaufen oder sich gegen die verfassungsmäßige Ordnung oder den Gedanken der Völkerverständigung richten. Die Vorschrift setzt den Gesetzesvorbehalt der grundgesetzlichen Vereinigungsfreiheit, Art. 9 Abs. 2 GG, um. Das Vereinsgesetz, und damit der Verbotstatbestand findet aber nach § 2 Abs. 2 Nr. 3 des Vereinsgesetzes auf Religionsgemeinschaften und Vereinigungen, die sich die gemeinschaftliche Pflege einer Weltanschauung zur Aufgabe machen, keine Anwendung. Erst die Streichung des Religionsprivilegs ermöglicht das Verbot extremistischer Religionsgemeinschaften („Kalifatstaat"). Doch auch diese Maßnahme wurde nicht erst durch den 11. September ausgelöst, sondern stand bereits vorher aufgrund konkreter Einzelfälle in der Bundesrepublik zur Debatte, in denen Vereinigungen die Religionsausübung als Deckmantel für extremistische Ziele missbrauchten. Die Abschaffung des Religionsprivilegs trat am 8.12.2001 in Kraft.[15]

Daneben enthielt das „erste Sicherheitspaket" die Ankündigung, die Flugsicherheit durch eine Sicherheitsüberprüfung aller Flughafenmitarbeiter zu erhöhen. Die rechtliche Umsetzung war erst Gegenstand des „zweiten Sicherheitspakets". Die Maßnahmen des „ersten Sicherheitspakets" stehen daher nur in einem zeitlichen und politischen, nicht aber sachlichen Zusammenhang mit den Anschlägen vom 11. September.

2.2 Das „zweite Sicherheitspaket"

Weitergehende Regelungen enthielt das „zweite Sicherheitspaket".[16] Hierbei handelte es sich um ein Artikelgesetz, mit dem zahlreiche Vorschriften in unterschiedlichen Gesetzen geändert und angefügt wurden. Die parlamentarische Beratung und Abstimmung erfolgte im Unterschied zum ersten Sicherheitspaket aber nur über einen Gesetzentwurf, nämlich das Artikelgesetz, das wiederum die einzelnen Bundesgesetze änderte. Nahezu 100 Vorschriften in 17 Gesetzen und 5 Rechtsverordnungen waren von Änderungen durch das Artikelgesetz betroffen. Die Bezeichnung „Paket" war daher zutreffend. Mit dem zweiten Sicherheits- oder „Anti-Terrorpaket" sollten die Konsequenzen aus einer Bedrohung durch den weltweiten islamistischen Terror gezogen werden. Ziel des Gesetzes war die Früherkennung durch die Sicherheitsorgane. Während beim „ersten Sicherheitspaket" der Schwerpunkt auf repressiven Maßnahmen lag, bezweckte das „zweite Sicherheitspaket" präventiven Schutz. Der Bundestag verabschiedete das Gesetz unter großem Zeitdruck nach

---

[14] Gesetzentwurf der Bundesregierung – Entwurf eines ersten Gesetzes zur Änderung des Vereinsgesetzes, BT-Drs. 14/7026 v. 4.10.2001. Dazu Bodo Pieroth/Thorsten Kingreen, Das Verbot von Religions- und Weltanschauungsgemeinschaften, in: *Neue Zeitschrift für Verwaltungsrecht* 2001, S. 841; Ralf Poscher, Vereinsverbote gegen Religionsgemeinschaften, in: *Kritische Vierteljahresschrift für Gesetzgebung* 2002, S. 298; Lothar Michael, Verbote von Religionsgemeinschaften, in: *Juristenzeitung* 2002, S. 492.
[15] BGBl. I 2001, 3319.
[16] Gesetzentwurf der Fraktionen SPD und BÜNDNIS 90/DIE GRÜNEN – Entwurf eines Gesetzes zur Bekämpfung des internationalen Terrorismus (Terrorismusbekämpfungsgesetz), BT-Drs. 14/7386 (neu) v. 8.11.2001.

nur einstündiger zweiter und dritter Lesung am 14.12.2001, der Bundesrat stimmte am 20.12.2001 zu. Am 1.1.2002 trat es in Kraft.[17]

Den Schwerpunkt der Neuregelungen bilden erweiterte Aufgaben und neue Befugnisse der Sicherheitsbehörden (Bundesamt für Verfassungsschutz, Militärischer Abschirmdienst, Bundesnachrichtendienst und Bundeskriminalamt). Zudem wird der Datenaustausch zwischen den Behörden erleichtert. Intensive Neuregelungen betreffen das Ausländerrecht und Asylverfahrensrecht.[18] Die Einreise terroristischer Straftäter nach Deutschland soll durch identitätssichernde Maßnahmen im Visumverfahren verhindert, die Grenzkontrollmöglichkeiten verbessert, sowie der Einsatz bewaffneter Flugbegleiter des Bundesgrenzschutzes in deutschen Luftfahrzeugen ermöglicht werden. Daneben trifft das Gesetz Vorkehrungen, um die Sicherheitsüberprüfung von Mitarbeitern in lebens- oder verteidigungswichtigen Einrichtungen zu ermöglichen, biometrische Merkmale in die Personaldokumente zur Identitätssicherung aufzunehmen und die Technik der Rasterfahndung durch die Einbeziehung von bestimmten Sozialdaten wirkungsvoller zu gestalten. Die Regelungen, welche die Aufgaben und Befugnisse der Sicherheitsbehörden betreffen, sind auf fünf Jahre befristet worden. Sie treten am 31.12.2006 außer Kraft, wenn sie nicht gesetzlich verlängert werden.

3 Grundgesetzliche Mittel der Freiheitsschutzes

Die neuen gesetzlichen Regelungen wirken sich auf die individuellen Freiheitsrechte vielfältig aus. In welcher Weise stoßen sie an verfassungsrechtliche Grenzen? Bevor auf die gesetzlichen Neuregelungen – also die Neuformulierungen der Sicherheitsinteressen – eingegangen werden soll, muss kurz die Stellung und das Gewicht der verfassungsrechtlich garantierten Freiheitsräume erläutert werden. Auf dieser Basis kann danach das Verhältnis von Freiheit und Sicherheit näher untersucht werden.

3.1 Die Autonomie des Menschen

Die individuelle Freiheit ist ein verfassungsrechtlich eminent hohes Gut. Die verfassungsrechtliche Ordnung dient der Autonomie des Individuums; sie setzt sie zudem voraus, indem sie den Menschen zum Legitimationssubjekt der Verfassung erklärt. Grundgesetzlicher Freiheitsschutz bezweckt damit nicht nur Individualschutz, sondern ist auch ein Gebot der demokratischen Verfassungsordnung, die freie Menschen zur demokratischen Konstituierung des Gemeinwesens braucht. Individueller Freiheitsschutz dient daher nicht nur der

---

[17] BGBl. I 2002, 361. Dazu Martin Nolte, Die Anti-Terror-Pakete im Lichte des Verfassungsrechts, in: *Deutsches Verwaltungsblatt* 2002, S. 573; Susanne Rublack, Terrorismusbekämpfungsgesetz: Neue Befugnisse für die Sichertheitsbehörden, in: *Datenschutz und Datensicherheit* 2002, S. 202; Erhard Denninger, Freiheit durch Sicherheit? Anmerkungen zum Terrorismusbekämpfungsgesetz, *Strafverteidiger* 2002, S. 96; Manfred Baldus, Präventive Wohnraumüberwachung durch Verfassungsschutzbehörden der Länder, in: *Neue Zeitschrift für Verwaltungsrecht* 2003, S. 1289. [*Nachtrag*: Inzwischen liegt ein weiterer Gesetzentwurf der Bundesregierung zur Neuregelung von Luftsicherheitsaufgaben dem Deutschen Bundestag vor, vgl. BT-Drs. 15/2361 v. 14.1.2004. Die Bundesregierung will in einem einheitlichen Luftsicherheitsgesetz die Vorschriften für einen Schutz des Luftverkehrs gegen Flugzeugentführungen und Sabotageakte zusammenfassen und u.a. die Amtshilfe der Streitkräfte regeln. Das Luftsicherheitsgesetz ist am 15.1.2005 in Kraft getreten (BGBl. I S. 789.]
[18] Vgl. Dominik Bender, „Verpolizeilichung" des Ausländerrechts? Die ausländerrechtlichen Maßnahmen des Gesetzgebers nach dem 11. September 2001, in: *Kritische Justiz* 2003, S. 130.

individuellen Entfaltung, sondern gleichermaßen den Mitwirkungsrechten in der Demokratie und damit auch einer pluralen und offenen Gesellschaftsordnung. Das Grundgesetz schützt die Autonomie des Menschen daher nicht nur aus Respekt vor seiner Individualität, sondern auch als Voraussetzung eines demokratischen Gemeinwesens und als verfassungsrechtliches Legitimationssubjekt. Diese Zentralität des Menschen als Ausgangspunkt wie als Ziel und Zurechnungspunkt der Rechtsordnung wird durch den Menschenwürdesatz im ersten Artikel des Grundgesetzes ausgedrückt. Auf diese grundsätzlichen Aspekte hinzuweisen ist hier deshalb geboten, weil nicht zuletzt durch Sicherheitsgesetze seit einiger Zeit schon ein Prozess in Gang gekommen ist, der die prinzipielle Stellung des Menschen in der Verfassungsordnung modifiziert. Im Einzelnen wird darauf noch zurückzukommen sein.

3.2 Grundrechte

Das Grundgesetz schützt die individuelle Freiheit an erster Stelle durch die Grundrechte, die einen lückenlosen Freiheitsschutz des Individuums bezwecken. Für den Bereich der Sicherheitsgesetze besonders relevant sind die Grundrechte des Art. 10 GG (Post- und Fernmeldegeheimnis), Art. 2 Abs. 1 GG (allgemeine Handlungsfreiheit) sowie das gleichfalls unter Art. 2 GG fallende, vom Bundesverfassungsgericht ausgeformte Grundrecht auf informationelle Selbstbestimmung, ferner Art. 16a GG (Asylrecht).

Das Grundgesetz lässt grundsätzlich Eingriffe in die Grundrechte zu, wenn diese verfassungsrechtlich gerechtfertigt werden können.[19] Die Grundrechte stehen unter einem Gesetzesvorbehalt, so dass der Gesetzgeber die Exekutive und Judikative mit dem Mittel des Gesetzes zu Grundrechtseingriffen ermächtigen kann. Deren verfassungsrechtliche Rechtfertigung hängt vor allem davon ab, ob sie zur Erreichung des Zwecks geeignet, erforderlich und verhältnismäßig sind. Der Zweck muss legitim sein und einem Rechtsgut dienen, das mindestens gleichrangig zum im konkreten Fall betroffenen Grundrecht ist. Für bestimmte Grundrechte setzt das Grundgesetz höhere Rechtfertigungshürden (qualifizierte Gesetzesvorbehalte). Die verfassungsrechtliche Rechtfertigung von Grundrechtseingriffen hängt daher nicht selten von einer Rechtsgüterabwägung ab, in der das Freiheitsrecht eines Individuums mit dem kollidierenden Freiheitsrecht eines anderen Individuums abgewogen werden muss und die Abwägung zu einem schonenden Ausgleich zwischen den betroffenen Grundrechtspositionen führen soll. Neben kollidierenden Grundrechten können sich Grundrechtseingriffe zur Rechtfertigung auch auf überragend wichtige Gemeinschaftsgüter stützen, die nicht notwendig grundrechtlich verankert sein müssen. Hier ist im Einzelnen umstritten, ob auch grundgesetzliche Kompetenzvorschriften oder die Funktionsfähigkeit staatlicher Einrichtungen und Organe zur Rechtfertigung von Grundrechtseingriffen dienen können.[20] Klar ist jedenfalls, dass die abwägungserheblichen Rechtsgüter Verfassungsrang

---

[19] Dazu im Überblick B. Pieroth/B. Schlink, *Grundrechte Staatsrecht II*, 16. Aufl. 2000, § 6; Peter Lerche, Grundrechtsschranken, in: J. Isensee/P. Kirchhof (Hg.), *Handbuch des Staatsrechts*, Band V, 1992, § 122; Konrad Hesse, *Grundzüge des Verfassungsrechts der Bundesrepublik Deutschland*, 20. Aufl. 1995, § 10.
[20] Zugelassen durch BVerfGE 69, 1; dagegen Sondervotum der Richter Mahrenholz und Böckenförde, BVerfGE 69, 57 (64): „Werden als Gegenpositionen der Abwägung dabei Kompetenzbestimmungen oder Organisationsregelungen herangezogen, die materiell überhöht werden, kann nahezu jede Grundrechtsbeschränkung im Wege der Verfassungsinterpretation legitimiert werden."

haben müssen, innerhalb der Verfassung aber nicht selbst grundrechtlichen Schutz zu genießen brauchen.[21]

Der Schutz der individuellen Freiheitsrechte wird daher im Ergebnis maßgeblich durch die Frage beeinflusst, welche Rechtfertigungshürden das Grundgesetz für den Grundrechtseingriff selbst aufstellt und welche Wertigkeit das demgegenüber abgewogene andere Schutzgut hat. Die deutsche Grundrechtsdogmatik hat eine höchst ausdifferenzierte Eingriffs- und Schrankendogmatik entwickelt, die zu einem insgesamt hochwertigen und effektiven Grundrechtsschutz geführt hat. Man kann jedenfalls nicht sagen, dass prinzipiell Gemeinschaftsgüter gegenüber individuellen Freiheitsrechten den Vorrang genössen.

3.3 Rechtsschutz

Ein weiteres Instrument des Freiheitsschutzes ist die Rechtsschutzgewähr des Art. 19 Abs. 4 GG. Sie gehört zwar systematisch zu den Grundrechten, verdient hier aber auch im Hinblick auf die im „zweiten Sicherheitspaket" getroffenen Regelungen gesonderte Erwähnung. Nach Art. 19 Abs. 4 GG steht jedermann der Rechtsweg zu den Gerichten offen, der durch die öffentliche Gewalt in seinen Rechten verletzt wird.[22] Eine wichtige Ausnahme davon macht das Grundgesetz für bestimmte Eingriffe in das Post- und Fernmeldegeheimnis (Art. 19 Abs. 4 Satz 3 GG, Art. 10 Abs. 2 Satz 2 GG).[23]

Dient der Grundrechtseingriff dem Schutz der freiheitlichen demokratischen Grundordnung oder dem Bestand oder der Sicherung des Bundes oder eines Landes, kann das ermächtigende Gesetz bestimmen, dass an die Stelle des Rechtsweges zu den Gerichten die Nachprüfung durch ein parlamentarisches Kontrollgremium tritt. Typischerweise wird gerade in den Aufgabenfeldern der Nachrichtendienste die gerichtliche Überprüfung durch spezielle parlamentarische Kontrollorgane ersetzt. Zudem brauchen die Grundrechtseingriffe dem Betroffenen nicht mitgeteilt zu werden; er erfährt unter Umständen nichts davon, dass sein Telefonverkehr abgehört wurde und kann daher auch keine Überprüfung einleiten.[24] Die parlamentarische Kontrollkommission, die aufgrund des Art. 10 Abs. 2 Satz 2 GG eingerichtet worden ist, nimmt die Kontrollrechte daher stellvertretend sowohl für das Gericht, als auch für den Betroffenen wahr; sie soll die Kontrolle bei gleichzeitiger Geheimhaltung sicherstellen.

---

[21] BVerfGE 28, 243 (260): „Nur kollidierende Grundrechte Dritter und andere mit Verfassungsrang ausgestattete Rechtswerte sind mit Rücksicht auf die Einheit der Verfassung und die von ihr geschützte Wertordnung ausnahmsweise imstande, auch uneinschränkbare Grundrechte in einzelnen Beziehungen zu begrenzen. Dabei auftretende Konflikte lassen sich nur lösen, indem ermittelt wird, welche Verfassungsbestimmung für die konkret zu entscheidende Frage das höhere Gewicht hat. Die schwächere Norm darf nur soweit zurückgedrängt werden, wie das logisch und systematisch zwingend erscheint; ihr sachlicher Gehalt muss in jedem Fall respektiert werden."
[22] Ausführlich Eberhard Schmidt-Aßmann, Kommentierung von Art. 19 Abs. 4 GG, in: *Maunz/Dürig Grundgesetz*, 42. Lfg. 2003.
[23] Dazu im Überblick Christoph Gusy, Kommentierung von Art. 10 Grundgesetz, Rdnr. 92-99, in: H. v. Mangoldt/F. Klein/C. Starck (Hg.), *Grundgesetz*, Band I, 4. Aufl. 1999.
[24] Dazu BVerfGE 100, 313 (361, 364): Art. 10 GG vermittle einen Anspruch auf Kenntnis von den Abhörmaßnahmen als Erfordernis effektiven Grundrechtsschutzes. Dieser verenge sich nicht sogleich auf den gerichtlichen Rechtsschutz des Art. 19 Abs. 4 GG. Auch die Mitteilungspflicht unterliege dem Gesetzesvorbehalt des Art. 10 Abs. 2 Satz 2 GG.

3.4 Gewaltenteilung

Das Grundgesetz schützt die Freiheit des Individuums in erster Linie durch die Grundrechte, daneben auch mittelbar durch die horizontale und vertikale Gewaltenteilung, also die Teilung der Gewalten auf der Bundesebene einerseits und zwischen Bund und Ländern andererseits. Im Unterschied zu anderen Föderativsystemen (USA) ist der Vollzug des Bundesrechts prinzipiell Sache der Länder. Die Exekutive ist auf der Bundesebene auf die Regierungsfunktionen beschränkt. Eine Bundesverwaltung ist daneben nur in wenigen, im Grundgesetz ausdrücklich geregelten Ausnahmefällen zulässig. Der Aufteilung der öffentlichen Gewalt auf Bund und Länder kommt mittelbar eine Freiheit sichernde Wirkung zu. Dadurch soll verhindert werden, dass Zuständigkeiten und Kompetenzen auf einer Ebene konzentriert werden.

Ein Ausdruck dieser Freiheitssicherung ist die Trennung zwischen den Nachrichtendiensten einerseits und den Strafverfolgungsbehörden andererseits. Strafverfolgung und Gefahrenabwehr sind Sache der Länder; dem Bund ist diese Kompetenz grundgesetzlich verwehrt. In Art. 73 Abs. 1 Nr. 10, 87 Abs. 1 Satz 2 GG erhält der Bund nur die Kompetenz, die Zusammenarbeit des Bundes und der Länder auf dem Gebiete der Kriminalpolizei und des Verfassungsschutzes zu regeln.

Die Trennung von Nachrichtendiensten und Strafverfolgung ist nicht nur organisatorisch zu verstehen, sondern schließt aus, dass die Verfassungsschutzämter polizeiliche Befugnisse haben.[25] Dadurch soll vermieden werden, dass durch eine Zentralisation und Kumulation von Eingriffsbefugnissen beim Bund in die Landeszuständigkeit der allgemeinen Gefahrenabwehr und Strafverfolgung übergegriffen wird. Ein „Reichssicherheitshauptamt" wird verfassungsrechtlich verhindert. Auch das Bundesverfassungsgericht hat ausgesprochen, dass Zentralstellen für Zwecke des Verfassungsschutzes oder des Nachrichtendienstes nicht mit der Vollzugspolizei zusammengelegt werden dürfen.[26] Hinter diesem Trennungsgebot stehen nach dem Bundesverfassungsgericht Überlegungen des Rechtsstaatsprinzips und des Bundesstaatsprinzips sowie der Schutz der Grundrechte.[27]

Der Freiheitsschutz wird vom Grundgesetz insgesamt also durch Sicherungen materiellrechtlicher Art (Grundrechte), verfahrensrechtlicher Art (Rechtsschutz) und organisations- und kompetenzrechtlicher Art (bundesstaatliche begrenzte Kompetenzordnung, Gewaltenteilung) vorgenommen. Zudem stellt es den Menschen als Ziel und Ausgangspunkt der Rechtsordnung ins Zentrum. Seiner Autonomie und Freiheit ist der Verfassungsstaat des Grundgesetzes verpflichtet.

---

[25] Erhard Denninger, Die Trennung von Verfassungsschutz und Polizei, in: *Zeitschrift für Rechtspolitik*, 1981, S. 231ff.; Christoph Gusy, Das verfassungsrechtliche Gebot der Trennung von Polizei und Nachrichtendiensten, in: *Zeitschrift für Rechtspolitik* 1987, S. 45ff.
[26] BVerfGE 97, 198 (217).
[27] Neben BVerfGE 97, 198 auch schon BVerfGE 30, 1 (17ff.); 67, 157 (178ff., 181ff.) sowie BVerfGE 100, 313 (358ff.).

4 Freiheitsbeschränkungen durch das „Terrorismusbekämpfungsgesetz"

Das am 1. Januar 2002 in Kraft getretene Terrorismusbekämpfungsgesetz („zweites Sicherheitspaket") tangiert den Freiheitsschutz auf allen Ebenen erheblich.[28] Es trifft Regelungen, die schwerwiegende Grundrechtseingriffe auslösen, es betrifft den Rechtsschutz, und es verändert die organisatorischen und kompetenziellen Sicherungen. Am problematischsten sind die grundsätzlichen kognitiven Verschiebungen im Hinblick auf die Stellung des Individuums als autonomes freiheitliches Wesen.

4.1 Grundrechtseingriffe

Zahlreiche neue Grundrechtseingriffe wurden vorgesehen. So erhielten das Bundesamt für Verfassungsschutz (BfV) und der Bundesnachrichtendienst (BND) die Befugnis, Informationen bei Banken und Finanzunternehmen über Konten und Kontoinhaber einzuholen.[29] Sie dürfen auch Auskünfte von Post-, Telekommunikations- und Luftverkehrsunternehmen einholen, um Einblicke in die Geldflüsse, Kontobewegungen und Kommunikationswege zu nehmen. Nach der Neuregelung sind beispielsweise Banken und Luftfahrtgesellschaften unentgeltlich verpflichtet, dem BfV und BND detaillierte Auskünfte über ihre Kunden zu erteilen. Die betroffenen Kunden dürfen davon *nicht* unterrichtet werden, um die Ermittlungen nicht zu gefährden.

BfV und BND können Daten über Personen zum Einen in dem durch Art. 10 GG geschützten Bereich des Post- und Telekommunikationsverkehrs erheben, zum anderen auch in dem allgemeinen Freiheitsbereich, der durch Art. 2 Abs. 1 GG (allgemeine Handlungsfreiheit) geschützt wird. Trotz des Rechtes auf informationelle Selbstbestimmung können sie diese Daten auch speichern. Es werden also mehrere Grundrechtseingriffe ausgelöst, die der verfassungsrechtlichen Rechtfertigung bedürfen.

Ähnliche Grundrechtseingriffe enthalten die erweiterten Befugnisse des Militärischen Abschirmdienstes (MAD) und des Bundesnachrichtendienstes (BND), der für die Auslandsaufklärung zuständig ist. Dem MAD obliegt die Sammlung und Auswertung von Informationen über Angehörige der Bundeswehr und des Bundesverteidigungsministeriums unter dem Aspekt, ob sich diese Personen an Bestrebungen beteiligen, die sich gegen die Völkerverständigung und das friedliche Zusammenleben der Völker richten. Nach der Neuregelung darf auch der MAD Auskünfte bei Telekommunikations- und Telediensten einholen. Erneut ist das Grundrecht des Art. 10 GG (Post- und Fernmeldegeheimnis) betroffen. Dem BND werden dieselben Befugnisse eingeräumt wie dem BfV, um ihn in die Lage zu versetzen, den Kapitalverkehr von Personen, die im Ausland leben, über deutsche Konten aufzuklären. Die Freiheitseingriffe betreffen daher auch Ausländer, die gleichwohl (nach Art. 2 und 10 GG) Grundrechtsträger sind.

---

[28] Kritische Bestandsaufnahmen auch durch Thomas Groß, Terrorbekämpfung und Grundrechte. Zur Operationalisierung des Verhältnismäßigkeitsgrundsatzes, in: *Kritische Justiz* 2002, S. 1, 8ff., 16f.; Erhard Denninger, Freiheit durch Sicherheit, in: *Strafverteidiger* 2002, S. 96; Jutta Limbach, *Kollektive Sicherheit* (Fn. 3), S. 8-10; Burkhard Hirsch, Der attackierte Rechtsstaat. Bürgerrechte und „Innere Sicherheit" nach dem 11. September, in: *Vorgänge 159* (2002), S. 5; Heinz Düx, Globale Sicherheitsgesetze und weltweite Erosion von Grundrechten, in: *Zeitschrift für Rechtspolitik* 2003, S. 189.
[29] Terrorismusbekämpfungsgesetz, Art. 1 (BVerfSchG), Art. 2 (MADG); Art. 3 (BNDG); Art. 10 (BKAG).

4.2 Rechtsschutz

Die Geheimhaltung dieser gesammelten Daten führt über den Grundrechtseingriff hinaus zu einer Verkürzung des Rechtsschutzes nach Art. 19 Abs. 4 GG. Die Erhebung von Informationen und Daten aus dem Fernmeldebereich unterliegt aufgrund der Sonderregelung in Art. 10 Abs. 2 Satz 2 GG nicht der gerichtlichen Kontrolle, sondern einem Parlamentarischen Kontrollgremium und der „G 10-Kommission" (nach dem so genannten Artikel 10-Gesetz[30]). Das Parlamentarische Kontrollgremium wird über die Anordnung von Beschränkungen des Post- und Fernmeldegeheimnisses unterrichtet und muss dem Deutschen Bundestag jährlich einen Bericht über die Durchführung sowie über Art und Umfang der Maßnahmen erstatten. Beschränkungen internationaler Kommunikationsbeziehungen (beispielsweise automatisierte Telefonüberwachung mit Suchbegriffen) bedürfen der Zustimmung des Kontrollgremiums.

Daneben existiert die erwähnte G 10-Kommission. Sie besteht aus vier Abgeordneten, die vom Parlamentarischen Kontrollgremium gewählt werden, und entscheidet von Amts wegen oder auf Grund von Beschwerden über die Zulässigkeit und Notwendigkeit von Beschränkungen. Auch sie muss über die angeordneten Beschränkungen unterrichtet werden. Beide Gremien zusammen sollen eine unabhängige Überprüfung der Abhörmaßnahmen sicherstellen. Sie treten insofern an die Stelle der gerichtlichen Rechtsschutzgewähr. Doch diese Gewähr ist mit einem „aber" belastet. Da die Maßnahmen den Betroffenen aus Geheimhaltungsgründen nicht bekannt gegeben werden, bleibt die Kontrolle im Verborgenen; sie wird nur über die Berichtspflicht der Öffentlichkeit kundgetan. Die Kontrolle ist damit intern zwar auf den Einzelfall bezogen, nach außen hin aber anonymisiert und bietet der Öffentlichkeit nur ein abstraktes Gesamtbild der Maßnahmen. Die Kontrolle nach dem Artikel 10-Gesetz übernimmt daher Funktionen des Rechtsschutzes, modifiziert diesen aber nicht unerheblich. Insbesondere hat es der Betroffene, der nicht unterrichtet wird, nicht in der Hand, gegen Maßnahmen vorzugehen, von denen er nichts weiß, sondern muss auf die objektive Überprüfung der Kontrollgremien vertrauen.

Die erweiterten Befugnisse zur Informationsbeschaffung im Bereich des Fernemeldegeheimnisses beeinträchtigen den Betroffenen daher nicht nur materiell, sondern verändern auch seine Verfahrensrechte, insbesondere die Möglichkeit, Rechtsschutz zu erhalten. Ein sachlich begrenzter Regelungsbereich wird hier einem Sonderkontrollregime überantwortet und der regulären rechtsstaatlichen Kontrolle entzogen. Daher ist es wichtig, dass der Ausnahmebereich möglichst eng gefasst bleibt und an Voraussetzungen geknüpft wird, die präzise bestimmt werden.[31] Die Ausweitung der Befugnisse der Sicherheitsbehörden führt zu entsprechenden Einbußen beim gerichtlichen Rechtsschutz.

Wichtig ist zudem, dass für die Sicherheitsdienste eine Berichtspflicht an das Parlamentarische Kontrollgremium vorgesehen wird. Für die Ausübung seiner Kontrollkompetenzen ist dieses Gremium auf die Übermittlung der Daten und Tatsachen in allen einzelnen

---

[30] §§ 14, 15 des Gesetzes zur Beschränkung des Brief-, Post- und Fernmeldegeheimnisses, in der Fassung vom 26. Juni 2001, BGBl. I, S. 1254, ber. S. 2298. In der früheren Fassung des Gesetzes fanden sich die Bestimmungen in § 9. Zu der Kontrollregelung vgl. Christoph Gusy, Der Schutz vor Überwachungsmaßnahmen nach dem G-10, in: *Neue Juristische Wochenschrift* 1981, S. 1581ff.; Kay Waechter, Geheimdienstkontrolle – erfolglos, folgenlos, umsonst? in: *Jura* 1991, S. 520ff.
[31] Vgl. die restriktive Auslegung des Art. 10 Abs. 2 Satz 2 GG durch BVerfGE 30, 1 (17ff.), sowie zu Art. 8 EMRK, der das Recht auf Achtung des Privat- und Familienlebens schützt, das Urteil des EGMR, in: *Neue Juristische Wochenschrift* 1979, S. 1755.

Fällen angewiesen. Eine Unterrichtungspflicht wird im Terrorismusbekämpfungsgesetz aber nicht für alle Fälle vorgesehen.[32] Es existieren Bereiche, in denen die Überprüfung durch das Parlamentarische Kontrollgremium schon mangels Kenntnis der Tatsachen nicht erfolgen kann. Hier bleibt es allein bei der Kontrolle durch die G 10-Kommission. Hinter dem Ausschluss des Parlamentarischen Kontrollgremiums stehen offenbar Befürchtungen, dass Geheimnisse bei Parlamentariern nicht sicher sind. Eine rechtsstaatliche Kontrolle ist indes immer nur um den Preis eines gewissen Maßes an Öffentlichkeit zu gewährleisten. Die neuen Regelungen begründen daher einen von der Öffentlichkeit abgenabelten Bereich von Grundrechtseingriffen.

4.3 Gewaltenteilung und Behördenorganisation

Freiheitsbeeinträchtigungen werden auch durch organisatorische Neuregelungen und Kompetenzverschiebungen ausgelöst. Auch hier sind einige Einzelheiten erwähnenswert. Das Bundesamt für Verfassungsschutz (BfV) erhält die Aufgabe, auch solche Bestrebungen zu beobachten, die sich gegen den Gedanken der Völkerverständigung oder gegen das friedliche Zusammenleben der Völker richten. Bisher wurden die Aufgaben des BfV in § 3 des BVerfSchG durch einen spezifischen „Inlandsbezug" präzisiert. Die Neuregelung verzichtet auf den Inlandsbezug, wodurch die Aufgabenzuweisung an das BfV weit gefasst wird und Vorfeldermittlungen in unbestimmtem Ausmaß eröffnet werden. Die neue Aufgabenzuständigkeit und die neuen Eingriffsbefugnisse entwickeln das BfV zu einer eigenständigen Ermittlungsbehörde weiter.[33] Zwischen dem rein präventiven Charakter der Vorfeldmaßnahmen und repressiver Strafverfolgung wird immer weniger unterschieden. Die Sicherung individueller Rechte wird dadurch relativiert.

Der Freiheit sichernde Aspekt der Gewaltenteilung wird auch durch Neuregelungen des Sicherheitsüberprüfungsgesetzes (SÜG) aufgelöst.[34] Personen, die in lebens- und verteidigungswichtigen Einrichtungen tätig sind, werden sicherheitsüberprüft. Unter diese Überprüfung fallen künftig auch Mitarbeiter von Flughäfen, also das Personal in einem Bereich, der durch eine hohe Fluktuation der Arbeitnehmer bei oft geringer Qualifikation und Bezahlung gekennzeichnet ist. Bislang wurden nur Geheimnisträger sicherheitsüberprüft; die Überprüfung war ein Annex zu den speziellen bundesgesetzlichen Kompetenzen der Sicherheitsbehörden. Für die Neuausrichtung der Sicherheitsüberprüfung zu einem Instrument der präventiven Gefahrenabwehr fehlt dem Bund aber die Gesetzgebungskompetenz, da das Recht der allgemeinen Gefahrenabwehr Ländersache ist.

4.4 Die Entindividualisierung im Sicherheitsrecht

Schließlich wird durch die Neuregelungen noch in einem weiteren Bereich in die individuellen Freiheitsrechte eingegriffen. Nach dem bisherigen Polizei- und Sicherheitsrecht kann

---

[32] Vgl. §§ 8 Abs. 6, Abs. 8, § 9 Abs. 4 BVerfSchG.
[33] In dieselbe Rubrik gehören auch Kompetenzerweiterungen des Bundeskriminalamtes (BKA), dem eine originäre Ermittlungszuständigkeit für den Bereich der Datennetzkriminalität (Computersabotage § 303b StGB) eingeräumt wird. Bislang bezieht sich die Ermittlungszuständigkeit des BKA nur auf international organisierte Delikte, vgl. Terrorismusbekämpfungsgesetz, Art. 10 (BKAG).
[34] Terrorismusbekämpfungsgesetz, Art. 5 (SÜG).

präventiv nur verantwortlich sein, wer durch sein Verhalten eine Gefahr verursacht (oder die Sachherrschaft über eine Sache ausübt, von der eine Gefahr ausgeht). Polizeiliche Inanspruchnahme setzt eine Gefahr, zumindest den Verdacht einer Gefahr voraus. Mit Pflichten kann nur belegt werden, wer durch sein Verhalten Anlass für eine Abwehrmaßnahme gibt. Der Polizeipflichtige muss individualisierbar sein, er muss sich aus der Masse der Gesellschaft durch eigene Handlungen herausheben und einen Gefahrenverdacht auf sich gezogen haben. Nur dann kann ihm auch eine Handlungspflicht auferlegt werden. Andernfalls wäre er kein tauglicher Adressat für Sicherheitsmaßnahmen; denn wie soll er sich verhalten, wenn ihn keine bestimmte Fähigkeit zur Gefahrenabwehr gegenüber anderen Personen auszeichnet?

a. Verdachtlose Polizeikontrollen: In den letzten Jahren wurde dieser Grundsatz polizeirechtlicher Zurechnung zugunsten neuer Sicherheitsgesetze bereits dadurch relativiert, dass in den Polizeigesetzen verdachtlose Personenkontrollen eingeführt wurden (Schleierfahndung).[35] Danach kann jeder in Zügen, an Flughäfen, Bahnhöfen und teilweise einem 30km-Umkreis zu den Bundesgrenzen von der Landespolizei oder dem Bundesgrenzschutz kontrolliert und zur Identitätsfeststellung angehalten werden.
Mit diesen Bestimmungen reagierten die Gesetzgeber in Bund und Ländern auf die Öffnung der Grenzen (Schengen); man wollte den weitgehenden Fortfall der Grenzkontrollen durch erweiterte Kontrollbefugnisse im Landesinneren kompensieren. Die Polizeipflicht richtet sich hier an Individuen, und sie kann von ihnen auch leicht erfüllt werden, nämlich durch das Vorzeigen der Ausweispapiere. Gleichwohl liegt in den neuen Polizeibefugnissen ein Freiheitsproblem: Bei den verdachtlosen Polizeikontrollen wird das Individuum herangezogen, ohne durch eigenes Verhalten einen Anlass gegeben zu haben. Der Polizeipflichtige hat weder eine Gefahr verursacht, noch Anlass zu einem Gefahrenverdacht gegeben. Der Bürger kann auch keinen Gefahren abwehrenden Beitrag durch Abwesenheit leisten.[36] Denn seine Ab- oder Anwesenheit am Bahnhof oder 30km vor der Grenze ist als solche völlig ungefährlich. Zweck der neuen verdachtlosen Polizeikontrollen ist die Bekämpfung der grenzüberschreitenden Kriminalität. Die Bekämpfung einer diffusen kriminellen Umwelt wird gleichwohl auf Individuen bezogen, die zur Gefahrenabwehr nichts beitragen können. Nicht als Individuum ist der Einzelne hier auffällig und pflichtig, sondern als Teil der Gesellschaft, die sich ganz allgemein an bestimmten Orten oder in Grenznähe aufhält. Der Einzelne ist hier weder als Handlungs- noch als Zustandsstörer verantwortlich, sondern als Teil der Allgemeinheit. Im Polizeirecht waren solche Eingriffsbefugnisse bislang unbekannt.[37]

---

[35] Für den Bundesgrenzschutz beispielsweise in §§ 22 Abs. 1a, 23 Abs. 1 Nr. 2, 3 BGSG. Ähnliche Bestimmungen finden sich in den Polizeigesetzen der Bundesländer.
[36] Darin liegt der Unterschied zu den so genannten „gefährlichen Orten", etwa Treffpunkten der Drogenszene, an denen auch bisher schon Polizeikontrollen ohne individuell erregten Gefahrenverdacht möglich waren. Die Anwesenheit an jenen bestimmten Orten begründete den Gefahrenverdacht.
[37] Vgl. zu den neuen Kontrollbefugnissen kritisch Hans Lisken (Fn. 5); Christoph Möllers (Fn. 5). Die Verfassungsmäßigkeit der Gesetze wurde in den Ländern unterschiedlich beurteilt: Teilweise wurde sie verneint in Mecklenburg-Vorpommern, vgl. LVerfG M-V, in: *Deutsches Verwaltungsblatt* 2000, S. 262, dazu die Anmerkung von Christoph Möllers, in: *Thüringer Verwaltungsblätter* 2000, S. 41; bejaht hingegen in Bayern, vgl. BayVerfGH, in: *Bayerische Verwaltungsblätter* 2003, S. 560, dazu die Anmerkung von Hans-Detlef Horn *ebd.*, S. 545.

Dieselbe Regelungstechnik verdachtloser Kontrollen, die jeden Bürger ohne individuelles Zutun in seiner Freiheitsentfaltung betreffen, kam schon im „Verbrechensbekämpfungsgesetz" vom 28.10.1994 zum Einsatz.[38] Damals wurde der BND ermächtigt, den internationalen Funkfernmeldeverkehr ohne konkreten Verdacht zu überwachen, um die Planung und Ausführung bestimmter Straftaten rechtzeitig zu erkennen. Auch hier wurden verdachtlose Eingriffe gestattet. Eine Individualisierung der Daten sollte im Nachhinein durch bestimmte Suchbegriffe („Rasterfahndung") erfolgen. Ähnlich wie jetzt der Aufenthalt im Grenzbereich wurde damals schon die Benutzung des Telefons als ein grundsätzlich gefährliches Verhalten angesehen, das überwacht werden darf. In einer langen Entscheidung vom 14.7.1999 hat das Bundesverfassungsgericht die Möglichkeit solcher verdachtlosen Kontrollen nicht grundsätzlich ausgeschlossen, aber doch an erhebliche Voraussetzungen geknüpft. Weniger an die Erhebung, als vielmehr an die Verwendung der erhobenen Daten stellte das Gericht hohe Rechtfertigungsanforderungen.[39]

b. Biometrische Daten: Der Trend setzt sich im Terrorismusbekämpfungsgesetz mit erweiterten Befugnissen des Bundesgrenzschutzes fort.[40] Der Einsatzraum des BGS wird im Küstenbereich von 30 auf 50 km erweitert und zudem auf Flugzeuge ausgedehnt. BGS-Beamte können künftig als so genannte *Sky-Marshalls* an Bord deutscher Verkehrsflugzeuge eingesetzt werden. Sie dürfen dort auch die Ausweispapiere kontrollieren. In diesen Zusammenhang gehört auch die Absicht,[41] in die Pässe biometrische Merkmale (z. B. Fingerabdrücke, DNA-Daten) aufzunehmen und so zu verschlüsseln, dass die Angabe für den Passinhaber nicht verständlich ist. Damit soll die Fälschungssicherheit der Pässe erhöht und die Identifikation von Personen erleichtert werden.

Dieser Vorschlag wurde indes in der parlamentarischen Beratung aus dem Gesetzespaket herausgenommen und ist noch nicht verwirklicht. Nach dem Entwurf soll neben Lichtbild und Unterschrift ein weiteres biometrisches Merkmal in den Pass eingefügt werden dürfen. Die Einzelheiten bleiben einem besonderen Bundesgesetz vorbehalten. Bislang war die Erhebung biometrischer Daten eine erkennungsdienstliche Maßnahme im Rahmen der Strafverfolgung. Sie wurde durch einen individualisierbaren Handlungsbeitrag (Verdächtiger im Strafverfahren, wichtiger Zeuge) ausgelöst. An dieser Individualisierbarkeit hätte es nach der Neuregelung im Passgesetz gefehlt. Wenn sich jeder Deutsche biometrisch erfassen lassen muss, kommt dies einem Generalverdacht nahe. Der Einzelne wird wie schon bei den verdachtlosen Polizeikontrollen nicht als Individuum in Anspruch genommen, sondern als Teil einer schon abstrakt gefährlichen Gesellschaft. Menschliches Verhalten steht hier unter prinzipiellem Gefahrenverdacht, ohne dass der Einzelne durch sein Verhalten daran etwas ändern kann.

---

[38] BGBl. I, S. 3186. Dazu auch Jürgen Seifert, Die elektronische Aufklärung des Bundesnachrichtendienstes (BND), in: Bernd M. Kraske (Hg.), *Pflicht und Verantwortung. Festschrift Claus Arndt*, 2002, S. 175, 176ff.
[39] BVerfGE 100, 313 (358ff.), v. 14.7.1999. Dazu Claus Arndt, Zum Abhörurteil des BVerfG, in: *Neue Juristische Wochenschrift* 2000, S. 47; Bertold Huber, Post aus Pullach – Das G 10-Urteil des BVerfG, in: *Neue Zeitschrift für Verwaltungsrecht* 2000, S. 393.
[40] Terrorismusbekämpfungsgesetz, Art. 6 (BGSG).
[41] Terrorismusbekämpfungsgesetz, Art. 7 (PassG); Art. 8 (PersonalausweisG).

c. Rasterfahndung: Dasselbe Problem stellt sich abermals und sehr gravierend bei der Änderung des Sozialgesetzbuches (SGB X).[42] Sozialversicherungsträger sind seither verpflichtet, den Sicherheitsbehörden Informationen zu erteilen (soweit diese zur Durchführung einer nach Bundes- oder Landesrecht zulässigen Rasterfahndung erforderlich sind). Auch hier wird auf einzelne Personen nicht aufgrund eines individualisierbaren Verhaltens zurückgegriffen, sondern wegen der bloß datentechnischen Zugehörigkeit zu einer bestimmten gesellschaftlichen Gruppe – der Gruppe der Sozialversicherten. Einzelne Aspekte der neuen Rasterfahndung sind inzwischen von Gerichten überprüft worden.[43] So mussten etwa in Nordrhein-Westfalen die Einwohnermeldeämter, Universitäten, Fachhochschulen und das Ausländer-Zentralregister die Daten aller zwischen 1960 und 1983 geborenen männlichen Personen an das Düsseldorfer Polizeipräsidium weitergeben. Ein Generalverdacht, der sich auf eine bestimmte Staatsangehörigkeit oder Religion stützt, ist rechtswidrig.[44] Bei der Suche nach „Schläfern" islamistischer Terrororganisationen müssen die einer Rasterfahndung unterworfenen Personenkreise begrenzt und bestimmbar sein. Die Positivmerkmale müssen angemessen beschrieben werden. Es dürfen nur personenbezogene Daten von Staatsangehörigen eines verdächtigen Landes oder einer bestimmten Religion (in diesem Fall von Muslimen) weitergegeben werden, nicht aber solche von Deutschen, die weder Muslime noch in einem verdächtigen Staat geboren sind.[45]

d. Ausländerrecht: Weitere Änderungen erfolgten im Bereich des Vereinsrechtes und vor allem im Ausländer- und Asylverfahrensrecht. Das Ausländer- und Asylverfahrensrecht ist überhaupt jener Bereich, in dem quantitativ die meisten Änderungen vorgenommen wurden. Die Neuregelungen umfassen erweiterte Möglichkeiten der Identifikation, des Datenaustauschs, neue Versagungsgründe für die Aufenthaltsgenehmigung und neue Ausweisungsgründe. Die Maßnahmen sind rechtspolitisch teilweise schon länger in der Diskussion und stehen daher nicht unmittelbar im Zusammenhang mit den Anschlägen vom 11. September. Sie bedienen sich jedoch

---

[42] Terrorismusbekämpfungsgesetz, Art. 18.
[43] Aus der Rechtsprechung zur Rasterfahndung: OVG Bremen, in: *Neue Zeitschrift für Verwaltungsrecht* 2002, S. 1530; OVG Koblenz, in: *Neue Zeitschrift für Verwaltungsrecht* 2002, S. 1528; VG Hamburg, *Datenschutz und Datensicherheit* 2002, 370, VG Mainz, *Datenschutz und Datensicherheit* 2002, 303. Die Rechtsprechung kritisch analysierend Christoph Gusy, Rasterfahndung nach Polizeirecht? in: *Kritische Vierteljahresschrift für Gesetzgebung* 2002, S. 474; 479-481, 488-491: die ordentlichen Gerichte zeigen strengere Prüfungsstandards als die Verwaltungsgerichte, die bislang keine Maßnahme der Rasterfahndung beanstandet haben. Zur Bekämpfung gegenwärtiger Gefahren sei die Rasterfahndung ungeeignet. Positive Bewertung der eingriffsfreundlichen Rechtsprechung bei Winfried Bausback, Rasterfahndung als Mittel zur vorbeugenden Verbrechensbekämpfung, in: *Bayerische Verwaltungsblätter* 2002, S. 713, 717-722. Kritisch zur Ausweitung der Rasterfahndung auf die Gefahrenabwehr neben Gusy auch Rolf Gössner, Computergestützter Generalverdacht, in: *Vorgänge 159* (2002), S. 41, 42-47; Hans Lisken, Zur polizeilichen Rasterfahndung, in: *Neue Zeitschrift für Verwaltungsrecht* 2002, 490: „ultima ratio" (519) 2; Wilhelm Achelpöhler/Holger Niehaus, Rasterfahndung als Mittel zur Verhinderung von Anschlägen islamischer Terroristen in Deutschland, in: *Die Öffentliche Verwaltung* 2003, S. 49; positive Bewertung der Rasterfahndung für präventivpolizeiliche Zwecke hingegen bei Hans-Detlef Horn, Vorbeugende Rasterfahndung und informationelle Selbstbestimmung, in: *Die Öffentliche Verwaltung* 2003, S. 746, 752ff.
[44] LG Wiesbaden, *Datenschutz und Datensicherheit* 2002, S. 240; LG Berlin, *Datenschutz und Datensicherheit* 2002, S. 175.
[45] So OLG Düsseldorf, Beschlüsse v. 8.2.2002 – 3 Wx 351/01, 357/01, in: *Neue Zeitschrift für Verwaltungsrecht* 2002, S. 629, 631; andere Begründungen bei OLG Frankfurt, Beschluss v. 8.1.2002, 20 W 479/01, in: *Neue Zeitschrift für Verwaltungsrecht* 2002, S. 627; OLG Frankfurt, Beschluss v. 21.2.2002 – 20 W 55/02, in: *Neue Zeitschrift für Verwaltungsrecht* 2002, S. 626.

gleichfalls jener schon geschilderten Grundüberlegung, Verantwortlichkeiten zu entindividualiseren: Ausländer, die in die Bundesrepublik einreisen wollen, stehen unter dem Generalverdacht, gefährlich zu sein. Der Verdacht kann dann durch eine Sicherheitsüberprüfung für den Einzelfall ausgeschlossen werden.

5 Zur Entwicklung der Abwägung zwischen Freiheit und Sicherheit

Eingangs wurde gesagt, dass der 11. September als Ausdruck einer neuen qualitativen Dimension des Terrorismus wahrgenommen wurde, nämlich als entindividualisierter Terror globaler Netzwerke. Die Politik reagierte darauf mit zahlreichen Maßnahmen und umfangreichen neuen Freiheitseingriffen. Handelt es sich dabei bloß um eine quantitative Zunahme von Freiheitseingriffen oder zeichnet sich auch eine qualitative Veränderung im Verhältnis von Freiheit und Sicherheit ab? Anders gefragt: Spiegelt sich die neue Wahrnehmung des Terrorismus auch in einer gewandelten Justierung von Freiheit und Sicherheit wider?

5.1 *Entindividualisierung der Freiheit*

Der verfassungsrechtlich heikelste Aspekt ist die neue Form einer Entindividualisierung der Pflichtigkeit, die den einzelnen Menschen nicht mehr als Individuum, sondern als austauschbares Element einer gefährlichen Umwelt ansieht.[46] Der Einzelne wird nicht mehr als prinzipiell rechtstreuer Bürger wahrgenommen, sondern umgekehrt als potentielle Gefahr.[47] Dahinter verbirgt sich ein Perspektivwechsel im Menschenbild, der für die Neubestimmung und Rechtfertigung der neuen Sicherheitsbefugnisse ausschlaggebend ist. Dieses veränderte Menschenbild – der Mensch als austauschbares, entindividualisiertes Systemelement der Gesellschaft – lässt die grundrechtlichen Sicherungen leerlaufen und entzieht sich den verfassungsrechtlichen Kontrollmaßstäben.

Hier manifestiert sich eine grundsätzliche Veränderung im Verhältnis von Freiheit und Sicherheit. Während bei den ersten Terrorismus-Gesetzen aus den 1970er Jahren noch von einer individuellen Bedrohung ausgegangen wurde, so dass die Maßnahmen auf individuelle Personenkreise zugeschnitten werden konnten, hat sich die Verbindung von individualisierbarer Gefahr und individuell zurechenbaren Maßnahmen im Laufe der Zeit immer weiter verflüchtigt. Inzwischen hat weithin eine veränderte Wahrnehmung Platz gegriffen: Die Gefahr soll nicht mehr von einzelnen Tätern ausgehen, sondern von einer diffusen Bedrohungslage, die präventiv aufgeklärt werden muss.[48] Diese Entkopplung des Gefahrenbegriffs von individuellen Handlungen hat negative Rückwirkungen auf die Freiheit des

---

[46] Zu einer allgemeinen Entindividualisierung der Rechtsordnung, ausgelöst insbesondere durch neue Formen der Risikoprävention vgl. Oliver Lepsius, Risikosteuerung durch Verwaltungsrecht, in: *Veröffentlichungen der Vereinigung der Deutschen Staatsrechtslehrer* 63 (2004), S. 264, 283-290.

[47] Erhard Denninger, Freiheit durch Sicherheit, in: *Kritische Justiz* 2002, S. 467, 472, beschreibt diese allgemeine Entwicklung: „Weil das ‚Risiko' immer und überall existiert, wird es zur Normalität; die Nichtgefährlichkeit bildet dann die Ausnahme, die der Bürger für seine Person beweisen muss."

[48] Zum Verlust juristischer Kontrollmaßstäbe, der durch diffuse Bedrohungsszenarien ausgelöst wird, siehe Wolfgang Hoffmann-Riem, Freiheit und Sicherheit im Angesicht terroristischer Anschläge, in: *Zeitschrift für Rechtspolitik* 2002, S. 497.

Individuums.[49] Es sind nicht mehr individuelle Freiheitsrechte, die mit individuellen Grundrechtseingriffen in einen Ausgleich gebracht werden müssen, sondern es sind kollektive Sicherheitsinteressen, denen die kollektiven Rechte der Gesellschaft gegenüber stehen. Das Abwägungsverhältnis verschiebt sich von der Abwägung individueller, subjektivrechtlicher Rechtspositionen zu einer Abwägung von objektivrechtlichen Gesichtspunkten. An die Stelle individueller Rechtspositionen treten gesellschaftliche Belange.

Die Freiheit des Einzelnen wird in dieser Konstellation nicht mehr individuell geschützt, sondern nur noch als Reflex der Freiheit der Gesellschaft. Der Einzelne ist Teil der Gesellschaft und teilt ihren Freiheitsstatus. Da die Freiheit der Gesellschaft bedroht ist, muss er mögliche Einschränkungen seiner individuellen Freiheit hinnehmen, sofern sie dem Ziel der Sicherung der gesellschaftlichen Freiheit dienen. Der Freiheitsschutz ist dann aber kein prinzipieller Individualschutz mehr, sondern ein Gesellschaftsschutz, an dem das Individuum teilhaben kann. Seine spezifischen Individualinteressen, die womöglich gesellschaftlich nicht allgemein anerkannt sind, werden nicht mehr hinreichend geschützt. Die individuelle Freiheit wird zu einer Freiheit unter Gesellschaftsvorbehalt. Hier hat sich das Verhältnis von Sicherheit und Freiheit grundlegend geändert. Diese Änderung wurde jedoch nicht erst durch die Anschläge vom 11. September ausgelöst, sondern steht in einer Kontinuität, die durch die jüngsten Terrorakte nur beschleunigt, nicht aber verursacht wurde.

5.2 Schutzpflichten

Diese Umorientierung der Rechte vom Einzelnen auf die Gesellschaft, man kann sie auch als Entindividualisierung oder Kollektivierung der Rechte bezeichnen, und der damit einhergehende Verlust subjektiver Abwehrrechte zeigt sich auch bei der verfassungsrechtlichen Rechtfertigung von Grundrechtseingriffen. Wie oben knapp erläutert wurde,[50] unterliegen die Grundrechte Gesetzesvorbehalten, die Grundrechtseingriffe rechtfertigen können. Zur Rechtfertigung muss auf ein höherwertiges Rechtsgut zurückgegriffen werden; zudem darf der Eingriff nicht unverhältnismäßig sein. Die Rechtfertigung sicherheitsrechtlicher Grundrechtseingriffe hat sich seit den Terroristengesetzen der 1970er Jahre einer besonderen grundrechtstheoretischen Konstruktion bedient, nämlich der so genannten Schutzpflichten. 1975 hatte das Bundesverfassungsgericht im Ersten Abtreibungsurteil aus Art. 2 Abs. GG in Verbindung mit Art. 1 Abs. 1 Satz 2 GG eine umfassende, im Hinblick auf den Wert des Lebens besonders ernst zu nehmende Pflicht des Staates gefolgert, jedes menschliche Leben zu schützen, es vor allem vor rechtswidrigen Eingriffen zu bewahren.[51] Mit Hilfe der Schutzpflicht für das menschliche Leben konnte ein mit den individuellen Freiheitsrechten gleichrangiges Grundrecht in eine Rechtsgüterabwägung eingestellt werden. Grundrechtseingriffe konnten nun nicht mehr bloß mit kollidierenden Freiheitsinteres-

---

[49] Zur Veränderung und Auflösung des Gefahrenbegriffs und seinen Folgen: Oliver Lepsius, Risikosteuerung durch Verwaltungsrecht (Fn. 46), S. 264, 293f.; Dieter Kugelmann, Der polizeiliche Gefahrenbegriff in Gefahr? in: *Die Öffentliche Verwaltung* 2003, S. 781, 783ff.; Kay Waechter, Zur aktuellen Situation des Polizeirechts, in: *Juristenzeitung* 2002, S. 854, 855, 857f.; Hans-Heinrich Trute, Die Erosion des klassischen Polizeirechts durch die polizeiliche Informationsvorsorge, in: *Festschrift Jeand'heur*, 1999, S. 403, 406-412; Dieter Neumann, *Vorsorge und Verhältnismäßigkeit*, 1994, S. 18-30.
[50] Vgl. oben III. 2.
[51] BVerfGE 39, 1 (42).

sen gerechtfertigt werden, sondern auch über eine grundrechtliche Schutzdimension, die sich von den individuellen Freiheitsrechten entfernte und dem Staat zugute kam. Der Staat hatte nun eine aus den Grundrechten abgeleitete Pflicht, das Rechtsgut des Lebens zu schützen. Dadurch verwandelten sich die Grundrechte von individuellen Abwehrrechten in kollektive Leistungspflichten und wurden durch so genannte objektivrechtliche Funktionen ergänzt.[52] Mit Hilfe einer Argumentation über Schutzpflichten können nicht-individuelle Rechtsgüter in eine ranggleiche Abwägung mit individuellen Freiheitsrechten gestellt werden. Von dieser Rechtfertigungsmöglichkeit hat das Bundesverfassungsgericht beim Kontaktsperregesetz 1978 sogleich Gebrauch gemacht.[53] Der allgemein-abstrakte Schutz vor terroristischen Anschlägen konnte zur Rechtfertigung von individuell-konkreten Grundrechtseingriffen, hier in die strafprozessualen Rechte der Beschuldigten und ihrer Verteidiger, herangezogen werden. Die Schutzpflichten sind uminterpretiert worden und haben sich von ihrer subjektivrechtlichen Herkunft zu einem objektivrechtlichen Grundsatz gewandelt.[54]

Diese Entwicklung der Schutzpflichten ist für die erweiterte Rechtfertigung von Freiheitseingriffen von zentraler Bedeutung. Individuelle Freiheitsrechte drohen bei einer Rechtsgüterabwägung mit kollektiven, auf den Schutz des Lebens zurückführbaren Schutzpflichten zu unterliegen. Schutzpflichten führen zu einem prinzipiellen Ungleichgewicht bei der Rechtsgüterabwägung.[55] Dem kollektiven Schutzinteresse steht kein gleichermaßen kollektiv verankertes Abwehrrecht gegenüber. Da jedes individuelle Freiheitsrecht das Funktionieren der Rechtsordnung voraussetzt, also nicht rein negativ gedacht werden kann, sondern immer auch eine die Freiheit ausgestaltende und fördernde Wirkung der Gesetze voraussetzt, droht die Lehre von den Schutzpflichten die Freiheitsrechte einzuebnen. In eine Abwägung geraten nun positive und negative Freiheitskomponenten im Allgemeinen und nicht mehr subjektive Rechte. Schutzpflichten verlagern die Abwägung von individuellen Grundrechtspositionen auf verfassungsrechtliche Systementscheidungen. Die Abwägung wird dann nicht mehr zwischen individuell zurechenbaren Rechten vorgenommen, sondern zwischen öffentlichen Belangen. Mit Schutzpflichten geht daher nicht nur eine gewisse Entindividualisierung, sondern auch eine gewisse Entrechtlichung der Grundrechtsdogmatik einher.

---

[52] Vgl. Horst Dreier, *Dimensionen der Grundrechte. Von der Wertordnungsjudikatur zu den objektiv-rechtlichen Grundrechtsgehalten*, 1993; Ernst-Wolfgang Böckenförde, Grundrechte als Grundsatznormen, in: ders., *Staat, Verfassung, Demokratie*, 1991, S. 159ff.; David P. Currie, Positive und negative Grundrechte, in: *Archiv des öffentlichen Rechts* 111 (1986), S. 230ff.
[53] BVerfGE 49, 24 (53).
[54] Die Herleitung der Schutzpflichten hat zu einer langjährigen wissenschaftlichen Debatte geführt. Teils wird sie subjektivrechtlich begründet, teils objektivrechtlich. Vgl. Josef Isensee, das Grundrecht als Abwehrrecht und als staatliche Schutzpflicht, in: *Handbuch des Staatsrechts, Band V* (Fn. 19), § 111; Georg Hermes, *Das Grundrecht auf Schutz von Leben und Gesundheit*, 1987; Christoph Enders, Die Privatisierung des Öffentlichen durch die grundrechtlichen Schutzpflichten und seine Rekonstruktion aus der Lehre von den Staatszwecken, in: *Der Staat* 35 (1996), S. 351ff.; Rainer Wahl/Ivo Appel, Prävention und Vorsorge. Von der Staatsaufgabe zur rechtlichen Ausgestaltung, in: Rainer Wahl (Hg.), *Prävention und Vorsorge*, 1995, S. 1ff.; Peter Unruh, *Zur Dogmatik der grundrechtlichen Schutzpflichten*, 1996.
[55] Vgl. Peter Preu, Freiheitsgefährdung durch die Lehre von den grundrechtlichen Schutzpflichten, in: *Juristenzeitung* 1991, S. 265ff.

5.3 Die Abwägung öffentlicher Belange mit individuellen Rechten

Entrechtlichung und Entindividualisierung lassen sich beispielhaft an dem schon erwähnten neuen Urteil des Bundesverfassungsgerichts[56] zur Kontrolle des internationalen, nichtleitungsgebundenen Fernmeldeverkehrs verdeutlichen. Da dieses neue Urteil den augenblicklichen Stand der verfassungsrechtlichen Abwägung grundrechtlicher Freiheit mit internationalen Sicherheitsbelangen darstellt, und insofern auch die aktuelle Messlatte für die neuen Maßnahmen nach dem 11. September abgibt, soll hierauf kurz eingegangen werden.

Es unterliegt keinem Zweifel, dass die im „Verbrechensbekämpfungsgesetz" 1994 vorgesehenen neuen Befugnisse des BND Eingriffe in das Fernmeldegeheimnis darstellten. Nach der oben skizzierten Grundrechtsdogmatik lassen sie sich (über Art. 10 Abs. 2 Satz 2 GG) rechtfertigen, wenn die gesetzliche Regelung einen Zweck verfolgt, der einem höheren Rechtsgut dient und verhältnismäßig für die Erreichung dieses Zwecks ist. Während in früheren Jahren der rechtfertigende Zweck verfassungsrechtlich aufwendig begründet werden musste (über Grundrechte, Schutzpflichten, Kompetenzen), fehlt in der einschlägigen Entscheidung des Bundesverfassungsgerichts vom 14.7.1999 von einer Begründung des rechtfertigenden Zwecks jede Spur. Sicherheit scheint ein selbstevidenter öffentlicher Belang geworden zu sein, der keiner normativen verfassungsrechtlichen Herleitung mehr bedarf. Sie wird als legitimer Zweck vorausgesetzt.

Auf das Verhältnis von Freiheit und Sicherheit hat dies erhebliche Auswirkungen: Bei der gerichtlichen Abwägung stehen sich nun zwei ungleiche Güter gegenüber. Auf der einen Seite ein subjektives Recht, hier das Fernmeldegeheimnis, auf der anderen Seite ein objektiver Belang, der Schutz vor bewaffneten Angriffen oder internationalem Terrorismus. Die Abwägung von Freiheitsrechten sieht sich nun rechtlich nicht mehr begründungsbedürftigen Belangen gegenübergestellt. In der Entscheidung des Bundesverfassungsgerichts liest sich das folgendermaßen:

> In den neuen Überwachungsfeldern haben sich gesteigerte Gefahren wegen der Zunahme international organisierter Kriminalität, insbesondere im Bereich des illegalen Handels mit Kriegswaffen und Rauschgift oder der Geldwäsche, entwickelt. Auch wenn diese Aktivitäten einem bewaffneten Angriff an Gewicht nicht völlig gleichzustellen sind, werden die außen- und sicherheitspolitischen Interessen der Bundesrepublik dadurch jedenfalls in erheblichem Maße berührt. Gefahren in den bezeichneten Feldern sind auch nicht fernliegend. Im Bereich der Proliferation hat die Bundesregierung dafür hinreichende und allgemein bekannte Beispiele angeführt. Die Gefahren, die ihre Quelle durchweg im Ausland haben und mit Hilfe der Befugnisse erkannt werden sollen, sind von hohem Gewicht.[57]

Der rechtfertigende Zweck wird hier durch das Bundesverfassungsgericht rein faktisch begründet. Normative Verankerungen des Regelungszwecks scheinen dem Gericht offenbar entbehrlich. Der Abwägungsaspekt „Sicherheit" hat sich ins Tatsächliche verselbständigt, von einer „Abwägung" zweier Rechtsgüter kann nicht mehr gesprochen werden. Das Verhältnis von Sicherheit und Freiheit hat sich in eine Disproportionalität von Tatsachen und Normen verwandelt. Damit soll nicht gesagt werden, dass Sicherheitsbelange nicht auch normativ begründet werden könnten. Wenn jedoch eine nähere normative Herleitung unterbleibt, wird der Abwägungsbelang Sicherheit normativ unbegreifbar und damit auch nor-

---
[56] BVerfGE 100, 313, siehe oben IV. 4. (a).
[57] BVerfGE 100, 313 (382).

mativ unangreifbar. Sicherheitszwecke werden nicht mehr verfassungsrechtlicher normativer Rechtfertigung unterworfen, sondern als selbstverständlicher faktischer Belang in eine Abwägung eingestellt, in der die herkömmlichen verfassungsrechtlichen Abwägungsmaßstäbe nicht mehr funktionieren können. Fakten lassen sich nicht abwägen. Die verfassungsrechtliche Kontrolle muss sich zu einer verfassungspolitischen wandeln, weil die Kriterien statt auf rechtliche Maßstäben nun auf faktische Zustände abstellen.[58]

6 Ist Sicherheit ein abwägungsfähiges Rechtsgut?

Alle drei hier aufgezeigten Entwicklungen bei der Abwägung von Freiheit und Sicherheit zeigen in dieselbe Richtung. Die Abwägung ist einseitig geworden. Sicherheitsbelange pflegen gegenüber Freiheitsrechten privilegiert zu werden. Rechtlich wird dieses Ergebnis dadurch begünstigt, dass (1) entindividualisierte Pflichten begründet werden, die sich mit individuellen Freiheitsrechten schon nicht erfassen lassen, (2) Grundrechte über Schutzpflichten mit einer objektiven Komponente angereichert werden, in der individuelle Rechte hinter kollektivierten Rechten zurückbleiben und (3) auf die normative verfassungsrechtliche Begründung abwägungsrelevanter Sicherheitszwecke verzichtet wird. Die Abwägung zwischen Freiheit und Sicherheit geht zu Gunsten der Sicherheit aus, weil die individuellen Freiheitsrechte (1) gar keine abwägungserhebliche Rechtsposition mehr begründen, (2) mit Schutzpflichten egalisiert werden oder (3) in eine Disproportionalität faktischer Evidenz gegenüber normativer Geltung geraten.

Ein besonderes Problem bei der Abwägung von Sicherheit mit Freiheit liegt darin, dass das Gut Sicherheit im Unterschied zu den im Einzelnen präzisierten Freiheitsrechten diffus bleibt. Sicherheit stellt keine im eigentlichen Sinne abwägungsfähige Position dar. Sicherheit lässt sich nicht positiv, sondern nur negativ als Abwehr von Gefahren tatbestandlich definieren. Daher ist die Definition der Gefahr und die damit verbundene individuelle Zurechnung wichtig. Beim internationalen Terrorismus ist genau dieses aber nicht mehr möglich. Gefahren lassen sich nicht mehr tatbestandlich bestimmen und individualisieren, wenn sie von Staaten übergreifenden Organisationen und Netzwerken ausgehen. Sicherheit zielt nicht mehr auf Rechtssubjekte als Verpflichteten und auch auf der Berechtigtenseite wird Sicherheit subjektlos, wenn sie neuerdings, wie gezeigt, auf die Gesellschaft bezogen wird.

Wenn Sicherheit aber weder subjektive Rechtspflichten noch Berechtigungen vermittelt, ist sie letztlich kein Rechtsgut mehr. Sicherheit hat sich vom Rechtsgut zum Staatszweck und damit zu einem Ermächtigungsvehikel unbestimmter Größenordnung entwickelt. Dann aber kann sie als Element einer verfassungsrechtlichen Abwägung nicht mehr fungieren. Von einer Abwägung von Freiheit und Sicherheit wird daher in Zukunft wohl nicht mehr gesprochen werden können – die zitierte Entscheidung des Bundesverfassungsgerichts zeichnet diese Entwicklung vor. Es entsteht eine Ebenenverwechslung, in der subjektive Rechtsgüter und objektive Staatszwecke in eine scheinbare Kommensurabilität

---

[58] Vgl. BVerfGE 100, 313 (360, 372): Das Gericht überantwortet die rechtliche Konturierung der Sicherheit der gesetzgeberischen Gestaltung. Nach diesem Urteil darf der Gesetzgeber das verfassungsrechtliche Schutzgut je nach seiner Einschätzung der Bedrohungslage gesetzlich ausgestalten. Er ist darin durch die tatsächlichen internationalen Gefahren faktisch beschränkt, aber nicht mehr normativ durch die Verfassung. Das BVerfG gibt den Vorrang der Verfassung hier auf.

gebracht werden. Sicherheit hat eine Doppelnatur bekommen: Als ermächtigendes Ziel ist Sicherheit ein Staatszweck geworden und zugleich bezeichnet sie als jeweils definierter Rechtsbegriff ein Rechtsgut. Diese Doppelbedeutung muss strikt auseinander gehalten werden: Als positiver Staatszweck darf Sicherheit nicht mit dem negativen Rechtsgut der Gefahrenabwehr vertauscht werden. Sonst entstehen Ebenenverwechslungen, die entweder den Staat mit umfassenden Sicherheitsansprüchen überfordern oder das Versagen der Rechtsordnung indizieren.

Daher ist es wichtig, dass Sicherheit in der rechtspolitischen Diskussion wie in der verfassungsrechtlichen Argumentation nicht als Staatszweck verstanden wird. Sicherheit zum Ziel der Rechtsordnung zu erklären ist genauso plausibel, wie die Gerechtigkeit zu ihrem Ziel zu erklären. Genauso wie aber die Gerechtigkeit kein abwägungsfähiger Belang in der Rechtsordnung ist, kann es auch die Sicherheit nicht sein. Die Rechtsordnung insgesamt dient dem Ziel der Gerechtigkeit ebenso wie dem der Sicherheit. Sicherheit steht wie Gerechtigkeit als Rechtsidee über dem positiven Recht und darf deswegen nicht zum Argumentationstopos auf der Ebene des positiven Rechts werden. Sonst entsteht eine Schieflage, in der das positive Recht immer zugunsten der überpositiven Rechtsidee ausgehebelt werden kann. Will die Rechtsordnung die Idee der Sicherheit verwirklichen, muss sie diese auf der unteren Ebene näher definieren und bestimmen. Sicherheit ist nicht zuletzt Rechtssicherheit. Die Gefahren eines Vorgehens, das auf eine nähere Bestimmung von Sicherheit und Gefahr zugunsten diffuser Bedrohungslagen, Risiken und Netzwerke verzichtet, liegen daher sowohl im Freiheitsverlust des Individuums als auch im Verlust an rechtlicher Rationalität schlechthin.

Diese Entwicklung hat mit den Ereignissen vom 11. September nichts zu tun. Sie begann in den siebziger Jahren, hat allerdings in den letzten Jahren in einem Punkt eine neue Qualität erhalten. Diese liegt in der Entindividualisierung, mit der notgedrungen eine Entnormativierung einhergeht, die Gefahren der Entrechtlichung beschwört. Aus der Entwicklung der Abwägung von Freiheit und Sicherheit lässt sich die allgemeine Erkenntnis ableiten, dass die Rationalität des Rechts an die individuelle Rückbeziehung der Rechtspositionen gebunden ist. Wenn diese verloren geht, etwa weil sie prinzipiell unter einem Gesellschafts- oder Systemvorbehalt steht oder weil sie prinzipiell gegenüber Interessen wie Sicherheit unterliegt, droht der Verlust rechtlicher Maßstäbe. Das Verfassungsrecht ist dann auf das Nachzeichnen politischer Abwägungen beschränkt, für die es keine rechtlichen Maßstäbe mehr heranziehen kann. Der Freiheitsschutz des Individuums ließe sich dann nur noch mit politischen, nicht aber mit rechtlichen Mitteln durchsetzen.

Guarding Europe

Adam Townsend

1   Introduction

Many Europeans have a distorted image of what the European Union's justice and home affairs policies are all about. Some envisage that, in the near future, blue and gold police cars will speed about European streets, and the evening news will carry pictures of Europol detectives leading handcuffed suspects away to multinational jails. The truth is more prosaic: justice and home affairs remains a new policy area for the EU, and agencies like the police office Europol, the Council's Situation Centre (SITCEN) – a produce of intelligence assessments for the EU foreign policy chief – and the new border guard agency are struggling to find their feet. Many European politicians fret about terrorism and organised crime, but few back the idea that the EU should create its own intelligence service or that it should establish an independent federal police. It is, however, clear that the EU must do more to protect itself against terrorism and organised crime.

Most member-states have removed their internal border controls, creating a vast zone of free movement stretching from Greenland to Greece – known as the Schengen area or *Schengenland*.[1] Most of the new member-states are eager to become fully fledged Schengen members as soon as they can. The lack of internal border controls makes all the member-states more vulnerable to crime and terrorism for two reasons. First, much of the EU now relies only on *Schengenland's* external frontiers for border security. Second, organised crime and terrorist groups are free to roam across all the Schengen states, but police and other security forces cannot operate outside national and regional territories.

This paper addresses the problems posed by the existence of Schengen and the nature of organised crime and terrorism: what could member-states and the EU do to improve security within the area of free movement? The member-states have traditionally dealt with cross-border terrorism and crime by encouraging co-operation between their security services and police forces. For example, European police forces have exchanged information on suspects, and co-ordinated investigations and prosecutions for decades. The intelligence agencies have also routinely traded information and, occasionally, run joint operations. Since 2001, this co-operation has increased. Some government officials insist that domestic reforms of police and security forces, coupled with increased security co-operation between member-states, should be sufficient to police the Schengen area. However, this paper ar-

---

This is a revised and updated version of the working paper "Guarding Europe", which was published by the Centre for European Reform (CER) in London in May 2003. The author would like to thank the many officials and law enforcement officers from around the European Union and beyond who gave up their time and agreed to be interviewed during the researching of this paper. He especially likes to thank Daniel Keohane, Christian Moehlen and the various people outside the CER who commented on early drafts.

[1] Slovakia, Czech Republic, Poland, Malta, Lithuania, Latvia, Estonia, Slovenia, Hungary, apply the Schengen rules, but retain their border controls. Norway and Iceland – and, from 2005, Switzerland – are part of Schengen, but not members of the EU. The UK and Ireland are members of the EU, but not members of Schengen.

gues that co-operation between national agencies is not enough to guarantee Europe's internal security on its own.

Helmut Kohl, the former German chancellor, was the first European politician to call for the EU to have its own police force to deal specifically with cross-border crime. In 1999, Europol, the European police office, began work. The member-states granted Europol only limited powers. Even if the reforms proposed in the draft constitutional treaty are eventually passed, Europol would have no powers of arrest or investigation. More damagingly, even pro-European police officers hold it in low esteem. "We believe in the idea of it," says one senior French policeman, "but in practice we don't see much real value in it so far."

The Situation Centre, located in the Council buildings in Brussels, receives intelligence material from national security and intelligence services and produces its own assessments. SITCEN has worked hard to earn the respect of the national services upon which it relies, but it remains a centre of analysis of trends, rather than an agency which supports operations. Apart from internet access, it has no powers to take actions to gather its own intelligence.

On October 21, 2004, Member States approved the creation of the European Agency for the Management of Operational Cooperation at the External Borders: a border guard agency. The agency centralises various border guard co-operation activities that member-states and the European Commission had been carrying out over the past few years. However, the agency is a co-ordinator of technical assistance and national co-operation and a developer of standards. Its mission is not to guard the borders of the European Union.

A majority of member-states remain adamant that internal security is a matter of national sovereignty, and that powers should not be transferred to EU bodies. Some governments also fear that powerful EU security forces would not be sufficiently constrained, because the EU does not have an adequate legal framework to protect human rights and the rule of law.

The practical obstacles to running successful EU security forces are almost as daunting as the political objections to creating them. Many police officers and members of the intelligence community say that while EU-level security agencies make good sense theoretically, the substantial differences between national laws and enforcement practices make EU-level bodies unworkable. For example, member-states use very different combinations of customs services, immigration, police and military forces to guard their frontiers. French immigration officers carry guns and run undercover investigations, but their Swedish and UK counterparts are administrative officials, and have no police powers. In Spain, the paramilitary *Guardia Civil* has partial responsibility for patrolling the seas; in Greece the navy plays a significant role; the UK uses customs boats. It strikes many policemen as fanciful that these different organisations could work under a unified command structure, and with common powers.

However, the Schengen states can no longer refuse to strengthen the EU's role on the grounds that internal security powers are a purely national prerogative. When governments removed their internal border controls, the security of each state became a seamless part of the EU's security. Moreover, member-states need not fear the creation of powerful new police forces and spy agencies. Such bodies are simply not feasible; on security policy, as in foreign policy, the Union must walk for a long time before anyone is going to let it run.

The EU must find the means to improve its ability to tackle crime and terrorism, while accommodating member-states' fears about the loss of sovereignty.

This working paper argues that the Union should strengthen SITCEN, and take measures to enable it to be an operations centre for national security and intelligence services. In addition, member-states should create a European Security Council, with a wide membership of existing policy-making organs, to enable the EU to develop more coherent security policies. The EU's efforts to improve collaboration between national security forces must be founded on a common base: increasing trust between individual police and intelligence officers at the operational level. Member-state governments should gradually reduce the legal and practical barriers to co-operation – for example by providing clear legal protocols to cover information exchange and joint operations, and by ensuring that communications equipment and procedures are inter-operable. Governments and the European Union should expand existing exchange programmes, and should ensure that they send highly skilled officers as their representatives to the EU bodies such as the SITCEN, Europol and the border guard agency. And governments should continue to put relentless pressure on their police and security officers to work with one another.

2   The forces for change

EU member-states need to reform the way they handle internal security for two reasons. First, the member-states' police, intelligence and military forces are designed to deal with the threats of the Cold War era, not the problems caused by transnational crime and terrorism. Second, the EU is now more vulnerable to cross-border crime and terrorism because most member-states have removed internal border controls. EU governments designed their security operations to combat the threat of invasion from the communist bloc, and attacks by domestic terrorist groups, such as ETA, the IRA, the Red Army Faction and November 17. In the Cold War period, internal and external security agencies performed different tasks. Internal security forces concentrated on counter-espionage activities – catching spies and traitors – and thwarting domestic terrorists. The external intelligence agencies gathered information on other states' military and industrial strengths, troop deployments and internal political trends.

Governments also enforced a rigid separation between intelligence agencies and police forces. Police forces looked for evidence and followed strict procedures; governments gave intelligence agencies a freer hand. In the UK especially, cultural differences between the 'gentleman' spy, and the career 'bobby' reinforced this legal separation. To make matters worse, the police and intelligence agencies found it difficult to co-operate with one another owing to incompatible procedures and equipment. Police and intelligence agencies did co-operate across borders but in a very inconsistent manner. The intelligence agencies often preferred to work independently in third countries, even in allied states, rather than collaborate with local forces. When they did co-operate, they stuck firmly to traditional 'clubs'. The British, in particular, clung to their 'special relationship' with the US, and white Commonwealth countries such as Australia and New Zealand. The UK did liaise with French and German intelligence but it did not routinely exchange the most sensitive information.

West European police and customs forces were generally more willing to collaborate with neighbouring forces on individual cases than the external intelligence agencies. However, law enforcement services found it difficult to work together consistently because there was no framework of laws to give them clear and comprehensive powers to act on one another's territory. When they needed information from another country, most police officers preferred to deal informally with police officers they knew and trusted there. The absence of central computer databases and secure means of data transmission impeded the exchange of information, such as detailed lists of suspects, or summaries of ongoing investigations.

Governments also hindered cross-border co-operation by creating many different security bodies without co-ordinating their work satisfactorily. The UK, for example, has 43 regional police forces. France has a dozen different agencies working on intelligence gathering. Germany has always struggled to accommodate the *Länder's* many independent security and police forces within a centralised structure. Spain's *Guardia Civil* consistently overlaps with its various national, regional and municipal police forces. These security arrangements are ill-suited to fighting a transnational threat like al-Qaeda because they are too decentralised, poorly coordinated and unable to work effectively on a transnational basis. Its networked structure, its international range and the diversity of its activities distinguish al-Qaeda from European terrorist groups like the IRA, ETA or the Red Army. The al-Qaeda inner core appears to be a close group of individuals, but the group co-operates with or supports numerous affiliates spread across the globe.

The cells are loosely linked to the main leaders, but strong family-like ties bind the members of each individual cell, making them difficult to infiltrate. Al-Qaeda has almost certainly used the informal *hawala* money transfer networks, which operate outside the formal banking system and are difficult for Western security agencies to penetrate. Different security and police forces, anchored in their respective countries, detect the separate activities of different cells, but no one necessarily sees the links. Since the September 11 attacks, al-Qaeda has become even less of a central organising brain and more of a rallying idea. This transformation of the threat from al-Qaeda to al-Qaedism means the links between cells are often weaker than was the case prior to the worldwide assault on the group, making detection and investigation even harder.

Successful criminals have always been entrepreneurial. Now, changes in culture and new technologies and transport links make it easier for criminals to act on a global scale than ever before. Criminals are able to pick jurisdictions they perceive to have weak law enforcement, just as a multinational company might pick a country because it has weak labour laws. Two examples help illustrate the strategic approach and global nature of organised criminals.

In June 2004, Fijian police shut down a laboratory in the capital Suva capable of manufacturing up to $US 200 million-worth of methamphetamine a week. Two Malaysian nationals each owned 25 per cent of the joint-venture, and a Hong Kong national owned the remaining 50 per cent. One of the Malaysian men provided the chemistry expertise, the other Malaysian individual was responsible for setting up and managing the trafficking networks, and the Hong Kong national put up most of the finance. They had no prior connection with Fiji, but instead chose it because they believed law enforcement was weak, and because its air and sea connections with the US, New Zealand and Australia made it a useful hub.

"The Fijians watched them for 14 months without giving the game away," said a Western police officer who supported the investigation. Once the factory was operational, the criminals had trouble producing high-quality drugs and were forced to delay the first shipments. At the same time, the factory was sending a lot of potent chemicals straight into the public drains. "Everyone wanted to let a controlled delivery go through, to see where they intended to ship and who was involved with that. But the [Australian Federal Police] decided we should close the factory down because they were worried it was becoming an environmental hazard," a police officer who worked on the investigation told the author. When the law enforcement agencies did roll up the operation, they made simultaneous raids in Malaysia, Hong Kong and Fiji.

In July 2000, two part-time agents working for a UK Customs liaison officer based in the region paid a visit to a factory lying some 5000 meters above sea-level and only a few kilometres from the Chilean border. Temperatures in the remote south-west of Bolivia drop to minus 30 degrees Celsius at night, the roads are dirt tracks – in parts covered with snow and ice. The factory was producing sulphuric acid, a chemical drug traffickers require to convert coca leaves into cocaine. Trucks pulled up to the factory around the clock, either delivering raw materials from a mine some six hours drive away, or collecting the end product to take to Chile for export. The factory was powered by a geothermal generator which sent vast quantities of steam to shroud the area and added to the factory's sinister appearance. The agents pretended to be from a leading British business newspaper and conducted interviews with workers and managers at the plant, most of whom were quite homesick for their villages.

Two months later, the US Drug Enforcement Administration officers assisted the Bolivian anti-narcotics police in an operation to shut down the plant. The factory was owned by a Chilean corporation, and the ultimate beneficial owner of the Chilean corporation may have been a wanted European national. The company owners chose its location well: The factory was about a two-day drive over rough terrain from the nearest Bolivian policeman, but less than a one-day drive from the Chilean ports of Antofagasta and Iquique. In early 2005, a company applied for a license from the Bolivian government to restart production at the factory.

The creation of the Schengen area has made the EU more vulnerable to crime and terrorism. In the past, to supply more than one member-state, criminals needed to avoid multiple border controls. The removal of internal border controls means that traffickers need only avoid one set of controls to gain access to the entire area. Traffickers can land a shipment of cocaine in southern Spain, and, without the need to evade more border checks, ship it just as easily to Vienna or Helsinki as to Barcelona. Intelligence about Spanish drug seizures in the past three years indicates that traffickers may be doing just this.

Moreover, police and security services remain bound to national territory. Terrorists and criminals thus enjoy a distinct operational advantage over the EU's security forces. National police forces usually cannot follow a terrorist suspect across a border or intercept a criminal's mobile phone calls in another state.[2] Instead, the police must ask their counterparts to take responsibility for surveillance of the suspect. The procedures for formal co-operation are cumbersome and slow. By the time the neighbouring force is able to take action, the suspect has often moved on and the trail gone cold. Security forces can and do co-operate informally to try and reduce delays. For example, a French policeman will tele-

---

[2] The Schengen states have signed a network of bilateral agreements that allow neighbouring police forces to cross a border when they are in pursuit of a suspect. However, police forces cannot tap phones, question suspects and search offices in another country.

phone a German colleague for an 'off the record' briefing on a suspect, rather than channel a formal request through the liaison office. Nevertheless, the EU is vulnerable because national police forces cannot easily mount cross-border investigations, and have no way of ensuring that relevant intelligence gathered in other member-states is passed onto them.

In their planning, terrorist and criminal organisations can also take advantage of the lack of seamless policing within the EU. European intelligence agencies say al-Qaeda, and related organisations, had cells in – at least – Germany, Italy, the Netherlands, UK, Spain and France. If so, senior al-Qaeda leaders like Khalid Sheik Mohammed need only have risked passing through one set of border controls in order to visit all cells in the Schengen area. And by entering one Schengen state and then travelling overland, terrorists make it more difficult for security services to track them.

Recent arrests made across the EU indicate that terrorists are attempting to exploit the absence of internal borders. In September 2001, the Dutch police, working together with the Dutch intelligence agency AIVD (formerly the BVD), arrested several members of a terrorist cell in Rotterdam. The cell was part of a French-Dutch-Belgian network that was planning attacks on the US Embassy in Paris, and a US military base in Belgium.[3] On March 10, 2003, a Frankfurt court sentenced four Algerian men based in Frankfurt to 10-12 years in jail for plotting to set off a bomb in the Strasbourg Christmas market. The prosecutor dropped charges that the men belonged to a terrorist network because it would have required testimony from suspects in custody in France. Transporting the suspects from France would have been administratively difficult and time-consuming. A fifth member of the cell avoided arrest in Frankfurt and was subsequently apprehended by Spanish police in Alicante.[4] In April 2003, Italian authorities arrested "Daki", a Moroccan national for attempting to recruit people to fight in Iraq. They discovered, after the arrest, that Daki had previously been detained by German police, and that he had recently received instructions to move to France, because his handlers had learnt that the Italians were watching him.[5] The cases are a good example of the problems the EU faces in trying to regulate a borderless continent with 15 different national justice systems.

3 Internal security in the EU and the US

The EU needs to make reforms to its security framework at three different levels to combat terrorism and organised crime more effectively. At the national level, member-states must ensure their security forces are sharing information and working closely together. Globally, member-states must co-operate with governments around the world on counter-terrorist and crime reduction policies. Most member-states are already pursuing reforms along these lines. However, member-states have not resolved the question of what the EU can do to improve security. Logic suggests that if terrorists and criminals operate across internal borders, the member-states should create security forces which can operate smoothly across Europe to counter that threat. A comparison of the EU's current approach to security with the US helps show just how illogical the situation in the EU has become.

---

[3] Geneva Centre for the Democratic Control of Armed Forces, "Historical overview: National Security Service (BVD) to General Intelligence and Security Service (AIVD)", conference paper, October 2002.
[4] The New York Times, March 11, 2003.
[5] Daniel Keohane, *The EU and counter-terrorism*, CER, 2005, p 1.

The Schengen states make up a single area of movement, just like the United States. The two are similar in size, and both have long land borders. The US and the EU are the world's two most valuable markets for illegal drugs, and they are the most important destinations for human traffickers. Yet they deal with internal security quite differently. Many analysts suggest that the risk of further terrorist attacks in Europe is as great as in the US – and some even claim the EU runs a greater risk of terrorist attacks. They argue, for example, that the EU's large and only partly integrated Muslim population provides natural cover for extremist Islamic groups, and that it is a possible source of recruits and supporters. They also point to the EU's proximity to troubled areas like Chechnya, Algeria and the Balkans, which received up to 6.000 Arab fighters between 1992 and 1995 – some of whom married and stayed.[6] However, with the possible exception of North African groups, much of these analyses are hypotheses rather than predictions. For example, in three centuries of conflict, Chechen groups have shown no inclination to attack Western Europe, and remain totally focussed on pursuing political freedom for their lands. Shamil Basayev, a Chechen leader, reportedly said of Osama bin Laden: "I don't know him, but I would take his money."

3.1 The EU's 'inter-governmental' approach to internal security

The EU has attempted to deal with common security threats by encouraging the member-states' police and intelligence forces to cooperate more intensively than anywhere else in the world. Member-states have developed detailed rules and procedures to support co-operation. For example, Schengen states must apply a set of common rules to some aspects of border controls, such as a common list of countries whose nationals require visas to enter the Schengen area, and common procedures for refusing entry. The police, immigration and consular officials of the Schengen states draw upon a huge computer database with many millions of files on people and goods that might be a risk to the Schengen area.

To co-ordinate policy development and operations, the member-states have set up various fora in which the heads of security organisations can get together informally and co-ordinate their work. For example, the heads of the larger member-states' internal security agencies, including Britain, France and Germany, meet frequently in the 'Club of Berne' (a non-EU body). The EU has developed more sophisticated mechanisms for police co-operation. Europol, the EU police office, which has some powers to co-ordinate information exchanges and joint operations between the member-states, began operation in 1999.

Member-states have also developed bilateral or multilateral agreements on security co-operation outside the EU's framework. France and Germany have signed a comprehensive agreement covering customs and police co-operation. German and French police officers work together in single locations – called 'nodes' – to co-ordinate joint operations in an area that covers parts of both countries. For example, officers based in the Franco-German office in Offenburg co-ordinate cross-border operations such as surveillance on suspects who regularly cross the border. In late 2004, the Spanish and French governments an-

---

[6] Six Algerians with citizenship in various Balkans states were controversially arrested and shipped to Guantanamo Bay in 2002. The move was contentious because local courts had exonerated them of all charges.

nounced that they had established a "joint inquiry" corps, made up of police and prosecutors and focussed on ETA and Islamic extremist terrorism.

Sometimes such inter-governmental agreements grant particularly sweeping powers to another country's police forces. For instance, the German government has granted Swiss police officers permission to conduct undercover operations on German territory. In emergencies, the Swiss can do so without previously notifying the German police. In March 2003, the UK parliament was debating a bill that, if passed into law, would give foreign police and customs officers the ability to carry out surveillance inside the UK for up to five hours without notifying UK officials. The police forces of Northern Ireland and the Republic of Ireland recently signed a co-operation agreement with the aim of establishing 'a seamless security approach' across the whole island.[7] Regional-level agreements are especially important, because many policemen in the EU work for a regional authority, rather than national governments.

However, the inter-governmental nature of such co-operation entails serious practical, legal and political limitations. The powers and procedures for the Spanish-French joint inquiry corps remain unclear. And, inter-governmental agreements notwithstanding, most policemen and intelligence officers are extremely hesitant to work with outsiders. A detective could be investigating a case where a suspect regularly travels to another country. But if the investigator did not have a trusted counterpart in that country's police force, he may be prepared to forgo the possible benefit of tracking the suspect in that country in order to avoid involving strangers in the investigation. So co-operation can be patchy and inconsistent.

Conversely, different national security forces may be investigating the same transnational terrorist or criminal network, but may take decisions that adversely affect the investigation in another state. In late 2001, police and intelligence forces in France, Belgium and the Netherlands were investigating a series of related terrorist cells. After the attacks of September 11 in the US, the Dutch and Belgian police rushed to arrest the suspects in their territory. The French investigators are said to have been furious, because they wanted to keep monitoring the cells in France to gather more information about their intentions and connections to other groups.

Moreover, governments do not always agree on whether a person is a threat or not, or they may have different security priorities. For example, Italy was long frustrated by France's failure to extradite former Red Brigade terrorist Paolo Persichetti, who lived and worked in France throughout the 1990s before the government returned him to Italy in 2002. Equally, French police have long complained that British police were reluctant to take action against North Africans suspected of crimes in France.

Language differences also hinder co-operation between EU security forces. For example, a Europol officer related to the author how a national police force ignored a request for information, because it had been sent in English rather than their own language. A French Assistant-Commissioner of Police said: "We should be sending the best multilingual officers [to Europol], but instead, in some cases, we have sent people that do not speak English properly. This obviously makes it difficult for them to work with their non-French speaking colleagues." This problem is certainly not limited to France.

Member-states' security services also employ different kinds of equipment. As a result, incompatible computer systems, encryption standards and procedures hamper the rapid

---

[7] Irish Times, February 26, 2003.

exchange of information and the coordination of sensitive operations. Intelligence agencies are acutely aware that they are often well behind the private sector and even other parts of the public sector when it comes to using modern collaboration technologies. Such technology would make it much easier to share information with counterparts anywhere in the world.

Member-state internal security services have traditionally cooperated more fully than the external services. The UK's special relationship with the United States, Canada, Australia, and New Zealand sometimes makes it difficult for its external intelligence agencies, MI6 and GCHQ, to pursue close ties with its European counterparts. Intelligence sources say the focus on terrorism since the attacks of September 11 has led to improved co-operation between all European countries. However, as long as European governments maintain different international political objectives, rivalries between their intelligence communities are unlikely to fade away completely.

Despite pressure from politicians to co-operate, police and intelligence agencies are not obliged to pass on intelligence or to participate in a joint operation. Given national governments' wish to retain total control of internal security, this is understandable. But it is also a potent limitation on the EU's internal security. It means, for example, that there is no guarantee that any security force is compiling all the information on, say, a previously unknown terrorist group with cells in several EU cities. Some inter-agency protocols include a clause that puts a strong onus on the parties to pass on information that would be of interest to the other. But each agency is left to interpret the clause as it sees fit and there are no penalties for non-compliance.

When the member-states created the Schengen area, they effectively demoted the national security forces to a level equivalent to the state police in the United States. But there is no EU equivalent of the FBI to protect internal security and enforce federal law, no CIA fighting external threats, no US Coast Guard patrolling the territorial seas. And there is certainly nothing like the Department of Homeland Security, which encompasses many of the internal security bodies. For all the flaws of the American services, few people would argue that the United States would be safer with only state police forces.

The EU does not, in the short term, need such things as a European criminal code or agencies with the resources and powers of the FBI. But the EU does need an effective central body to analyse information from the widest possible sources. Without it, the Union is less able to identify threats that are spread across its internal borders. The following hypothetical example illustrates the problem:

> A terrorist organisation plans to plant a bomb at the Football World Cup Finals in Germany in 2006. The group assembles a team of willing individuals financed by funds collected in the Middle East and Asia and transferred from accounts in Tanzania, Malaysia and the United Arab Emirates to bank accounts in France and the UK. While in Spain, one of the would-be terrorists withdraws money from the two accounts using a credit card and delivers it in cash to members of the team residing in Greece and Germany. They use the funds to purchase bomb-making material in Belgium and the Netherlands using forged French driver's licenses. Some of the terrorists overstay student visas in the UK and France.

Member-state police forces would probably react in the following manner:

> Officers from the state or federal German security services photograph one terrorist's attempts to procure plans of a football stadium. The Dutch police note the sale of explosives to an unregistered dealer. Belgian customs officers record a suspicious import of restricted material from a Central Asian state, but they do not investigate what happened to it, and do not circulate the report. Spanish immigration issues a Schengen visa to one member of the group, unaware that person is on a French internal security watch list. The French and UK financial investigation units record a suspicious transaction reported by the bank that received the money sent from East Africa, the Middle East and Asia.

Without suitably empowered central bodies to put the pieces of information together – and co-ordinate further investigations – it is unlikely that any government or agency would recognise the threat in time to do something about it. Europol or the Council Situation Centre could, in theory, fulfil the role of assessing threats based on information from all the member-states. But Europol's charter does not compel member-states to pass it information and, in practice, member-states are reluctant to work through that body. And SITCEN is charged with doing more strategic rather than operational analyses. So, more than one year after the March 11 training bombings in Madrid, European governments are still facing the possibility that their inability to build real cross-border internal security capabilities could see them agonising over a future failure to prevent an attack on the scale of those of September 11, 2001.

3.2 US lessons from the September 11 attacks

In the aftermath of September 11, 2001, most Americans demanded to know why a combined intelligence budget of $US 27 billion and a policing budget of $US 50 billion had failed to prevent the attacks. A special Congressional committee launched a review while the Bush administration conducted its own inquiries.[8] The 9/11 Commission, a bipartisan inquiry with its own investigators and substantial resources, also conducted a far-reaching – and best-selling – inquiry. Their findings are a clear warning to the EU of the dangers of not centralising intelligence gathering effectively. They began with the question of who knew what and when.

- In 1995 Ramzi Yousef, the planner of the 1993 bombing of the World Trade Center, told Philippine authorities that he learned to fly at US flight schools and plotted to fly a plane into CIA headquarters.
- Intelligence from various sources during the summer of 2001 suggested that a major attack on US soil was imminent.
- Five of the attackers were on watch lists belonging to different federal agencies.
- Three attackers were on a CIA watch list but had nevertheless been granted visas to enter the US because the CIA did not share the information with the State Department or the Immigration and Nationalisation Service.
- Three of the attackers' visas had expired.

---

[8] US Senate Select Committee on Intelligence, "The intelligence community's knowledge of the September 11 hijackers prior to September 11, 2001", September 20, 2002.

- The FBI arrested Zacarias Moussaoui, the so-called 20th hijacker, on August 16, 2001 after his flight school told them Moussaoui wanted to learn how to fly a 747 – but not how to land it. In addition, he reportedly became agitated when questioned about his religious beliefs and whether he had travelled to Pakistan. Nevertheless, FBI headquarters blocked a request to search Moussaoui's computer because the relevant legislation required a connection to a "foreign power", and the only information they received came from France and connected him to Chechen rebel leader Ibn al Khattab. The field agent pushed hard for the warrant, at one point saying the agent was trying to "keep someone from taking a plane and crashing it into the World Trade Centre."
- Although the FBI notified the CIA of Moussaoui, neither agency notified the Counter-terrorism Security Group at the White House.

Unsurprisingly, the administration and the Congressional review concluded that the main intelligence and enforcement agencies were not sharing enough information, and that they often responded to common threats independently of one another. Partly this was because of practical barriers – for example, key computer databases were incompatible. But partly it was because cultural and legal barriers between the many agencies made consistent co-operation difficult. For example, laws restricted the extent to which the FBI could use intelligence gathered abroad by the CIA. Culturally, many senior managers prioritised protecting turf. The Senate Intelligence Committee asked the CIA why the Department of Energy was not brought in on one particular analysis of some aluminium tubes Iraq was thought to be importing to assist in the manufacture of nuclear reactors before the war: the CIA's centrifuge expert replied: "Because we funded it. It was our testing."[9]

Retired intelligence officials also said that the US had holes in its intelligence-gathering network. They cited Saudi Arabia, Sudan, Pakistan and Afghanistan as 'blind spots'.[10] The American aversion to upsetting the Saudi regime hampered intelligence-gathering there. In the vital case of Afghanistan, the CIA operated only through Pakistan's intelligence service, the ISI, so the CIA had few "assets" on the ground only twelve years after they had ended the largest operation in their history in that country.

The US administration was reluctant to co-operate at all with the governments of Afghanistan, Pakistan and Sudan. This hesitation stopped the desk officers and field agents at the CIA from establishing close ties with members of these regimes. In Afghanistan and Sudan, the CIA also lacked agents with the appropriate language skills and local knowledge.[11] Other commentators said that the US was handicapping itself by being squeamish about courting unsavoury but potentially useful informants.[12] They added that the US was obsessed with intelligence gathered by electronic means, and did not put enough emphasis on using agents to infiltrate terrorist groups or crime gangs.[13]

The Bush administration responded with a raft of reforms, the most notable of which was the creation of the Office for Homeland Security, with an annual budget of $US 30

---

[9] US Senate Select Committee on Intelligence, "The intelligence community's knowledge of the September 11 hijackers prior to September 11, 2001", September 20, 2002, p 108.
[10] The Observer, September 30, 2001.
[11] See Congressman Porter Goss, Chairman of the House Permanent Select Committee on Intelligence and ex-CIA officer in a PBS online interview, September 20, 2001 (http://www.pbs.org/wgbh/pages/frontline/shows/terrrorism/interviews/goss.html).
[12] Washington Times, October 8, 2002.
[13] Washington Times, January 24, 2003.

billion. The office unites 22 formerly separate agencies and 170.000 staff, including the department of immigration, the land border police, the US Customs Service and the US Coast Guard. However, it will be several years before the government can assess whether the new body is improving the security of the US, and some believe that institutional engineering is only a small part of the answer. "We don't need more bureaucracy," then Homeland Security Secretary Tom Ridge told Fox News. "We need more analysts, we need more Arabic-speaking analysts, and we need a lot more human intelligence."[14]

The US government also created a director of national intelligence to try to force more information sharing on the agencies, and specifically ordered the CIA to work much more closely with the FBI. President Bush, having decided to leave domestic intelligence work with the FBI rather than set up a British-style MI5, told the FBI's director, Robert Mueller, to give intelligence-gathering equal weight with collecting evidence for prosecutions in the courts. In response, the FBI has set up the Directorate of Intelligence, a "service within a service".

The administration has also made changes aimed at improving co-operation and information exchange between the main intelligence and enforcement agencies. For example, the administration created the Terrorist Threat Integration Center in early 2003, which is supposed "to merge and analyse all threat information in a single location."[15] The US has also moved to rebuild or strengthen links with security services in countries that they formerly kept at arms length, like Indonesia, Yemen and Pakistan.

While the US has moved to centralise and improve co-ordination between its security services, European police and intelligence agencies remain highly fragmented (see Table 1). The EU spends far less on security than the US. On intelligence gathering, the gap is enormous. Worse, because the member-states barely co-ordinate the overlapping networks of their intelligence agencies, Europe probably gets less value per euro from its spies than the US, even though the US spends much, much more. Countless national and regional police force and security agencies are spread across the member-states – Europol says it works with around 40 different European law enforcement bodies. These police and security services use incompatible equipment and procedures and work with different powers and legal restrictions. European governments cannot cross their fingers and hope that terrorists and criminals do not exploit the area of free movement. They must give themselves the best possible chance of identifying and responding to security risks.

4   Improving security within the EU

The proposals that follow aim to:

- Improve the EU's ability to identify and understand threats;
- Enable member-states to co-ordinate their response to terrorists and criminals; but
- Appreciate the limitations imposed by national sovereignty.

---

[14] Fox News, July 18-24, 2002.
[15] President Bush, "State of the Union address", January 28, 2003.

Table 1: US and EU intelligence and police capabilities

	United States	European Union
Population (millions)	284.8	382
Area (sq kms)	9,167	3,154
Capability		
Intelligence budgets (Euro billions)	25	6.5-8
Federal policing budget 2002 (Euro billions)	13.5	0.052 (Europol)
Total policing budget (Euro billions)	50	60
Terrorist arrests: 11/01-3/03 (includes Bosnia)	150	300-400
Positive cultural climate for inter-agency cooperation	◕ (3/4)	◔ (1/4)
Positive legal framework for inter-agency cooperation	◕ (3/4)	◔ (1/4)
Information technology is compatible	◕ (3/4)	○ (0)
Strong framework to manage inter-agency cooperation	◕ (3/4)	◔ (1/4)

Sources: Sourcebook of Criminal Justice Activities, 2001; Eurostat; Financial Times; The Economist; Centre for European Reform estimates.

The EU should strengthen the EU Council Situation Centre by increasing its resources and establishing a centre of operations where member-states' national services could co-ordinate joint operations. The EU also should create a new policy development body – an EU Security Council. A strengthened Situation Centre would improve the ability of the EU to identify and understand immediate threats as well as trends. A European Security Council would enable the EU to join up its currently fragmented security policy development process.

4.1 Strengthen the Situation Centre

The Situation Centre is housed in the Council secretariat and reports to Javier Solana, the EU's foreign policy chief. National experts from internal – since January 2005 – and external intelligence agencies provide assessments for Javier Solana based on information they receive from national services. The national services decide what information they wish to send to the Situation Centre. Most national services see the role of the Situation Centre as doing analyses of trends or strategic threats, the potential that the threat of North African terrorism will grow, rather than identifying immediate operational threats, the Italians and Germans are both tracking the same group and should immediately join up their operations.

Member States need to take measures to ensure that SITCEN is in a position to put together the elusive European-level jigsaw puzzles on immediate as well as strategic threats, and they should establish a SITCEN operations centre, where member-states could run joint operations. If SITCEN were able to identify situations where one or more member-states were tracking, for example, the same cross-border terrorist network, it could alert the member-states concerned to this fact and help check whether the threat, when seen from above, were greater than what the member-states' agencies were seeing at a national level.

Member-states should also create a base for joint operations conducted by member-states inside of SITCEN. This would require new premises and more resources. A true SITCEN operations centre would create a network of member-state intelligence officers who knew one another and were familiar with each other's procedures. The centre's charter should include appropriate legal provisions, for example governing information exchange and command and control protocols during joint operations. The Centre would also provide the practical tools to support joint operations – computer and communications equipment, secure translation facilities, common procedures, single contact points. Thus the SITCEN operations centre would represent a modest, albeit important, step beyond the existing co-operation between member-state security agencies.

Intelligence officers from member-states working in the SITCEN operations centre would form teams on a case-by-case basis. These teams would only share information as far as was strictly necessary to carry out their duties. Not all participating member-states would automatically get to see all intelligence. The larger member-states, which possess the best intelligence capabilities, would probably conduct most of the work. But member-states should find it easier to use the SITCEN to make general requests for information about terrorist suspects or organised criminal gangs, as well as to plan and undertake operations together.

Because the SITCEN would continue to have no independent intelligence-gathering powers, it would need guaranteed access to information held by the member-states. It is a weakness of inter-agency co-operation that intelligence agencies often fail to realise the importance of a piece of information unless it is combined with intelligence from other seemingly unconnected sources. National security forces should be compelled to pass the SITCEN any information relevant to its investigations.

There should be certain exceptions, however. National agencies should be permitted to withhold or alter information in order to protect their sources. Sometimes this might mean withholding original information and instead sending a sanitised version of the intelligence. For example, a well-placed German intelligence source may have recorded a meeting between terrorist leaders in which they discuss the location of terrorist cells within the EU.

German intelligence may share with the SITCEN only the general nature of the information, such as the location of possible terrorist cells, in order to avoid revealing that it had infiltrated the group. There could be situations where a case officer felt that sharing any information with the appropriate SITCEN task force would compromise the source. However, case officers should feel more comfortable sharing information with the delegated officers at the SITCEN than with foreign intelligence services because the SITCEN officer would be from their own service. They would be able to pass on information with strict instructions to their colleague within SITCEN about how it should be used.

The system would still be far from perfect. One national agency might not know information it possessed was relevant to the subject of the request – the FBI and CIA identified this as one cause of their failure to piece together the al-Qaeda hijackers' intentions before the September 11 attacks. Some might also argue that it would be impossible to define what was 'relevant'. However, intelligence and law enforcement agencies regularly send one another requests for information in which the sender must define the scope of the request and the recipients interpret it as best they can. As long as the member-states made sure their national agencies had a common understanding of the list of threats that the SITCEN taskforces should work on, as well as a means of communicating current persons or subjects of interest, national agencies should then be able to develop a sufficiently similar working understanding of what would constitute 'relevant' information.

Some member-states will undoubtedly object that the compulsory pooling of information infringes on national sovereignty. However, member-states would retain total freedom to respond to security risks as they saw fit. The SITCEN would have no independent operational powers and its officers would all be seconded from the national intelligence agencies. Member-states would also decide what threats the SITCEN should investigate. Moreover, member-state participation in the SITCEN should be voluntary. Each government could decide whether the potential intelligence gains from membership were outweighed by the perceived loss of national sovereignty.

National intelligence agencies could object that the SITCEN would be prone to leaking sensitive information. However, European intelligence agencies claim that they already routinely exchange information about threats with a European dimension, which entails the same risk of leaks. In fact, by providing a better regime for information exchange and joint task forces, the SITCEN could even reduce the risk of leaks. Finally, member-states could also restrict the scope of the beefed-up SITCEN's work until they grew more comfortable with it.

The beefed-up SITCEN would draw upon the strengths of the member-states' many intelligence-gathering resources. Member-states – especially the UK, Germany and France – have a diverse collection of intelligence 'assets', which are often complementary rather than overlapping. The UK has extensive networks of agents in key regions, as well as valuable intelligence-sharing partnerships with the US, Australia and New Zealand. France's North African networks have supplied intelligence that has led to the arrest of terrorist suspects in other member-states. Thus member-states could together greatly increase the EU's ability to detect and understand common threats. Additionally, the SITCEN could make recommendations on where countries could better deploy their assets by spotting overlaps or 'blind spots' in intelligence gathering.[16]

---

[16] See Charles Grant, "Intimate relations", CER, May 2000 – which made the case for an EU intelligence body.

However, member-states also have intelligence relationships with third countries. These partners might not want to pass on information if they suspected that it would become available to every member-state. In the short term, national agencies could build 'Chinese walls' – or internal divisions – to try to prevent privileged information becoming freely available. Member-states would also have to create a further exception to the rule that relevant information must be passed to the SITCEN to protect, where necessary, privileged information from third countries. In the longer term, the member-state intelligence agencies should work towards convincing third countries that it would be in their interest to work with the SITCEN. Currently, the US has a relationship with SITCEN, but shares nothing of interest with it.[17]

The EU would be unlikely to find the strengthening of SITCEN straightforward. Spies and policemen do not like passing information to strangers, or to multilateral bodies, and they detest EU bureaucracy. The SITCEN would, initially at least, represent all three. The cultural and legal differences between member-state intelligence agencies are likely to persist and could hinder the SITCEN's development. But, over time, the SITCEN would help to intensify cooperation between the national agencies and thereby make the EU a safer place and a better international partner in counter-terrorist and counter-organised crime work.

4.2 Member-states should create a European Security Council[18]

The EU, to make effective counter-terror policies, needs to be able to assess threats and develop and implement responses that draw upon the full range of tools available to it. Combatting terrorism means using law enforcement and intelligence agencies to analyse and disrupt terrorists. But it also entails using diplomacy to cajole other states into signing UN counter-terror treaties, giving assistance to strengthen police and militaries in developing countries, getting central banks to implement counter financing of terrorism regulations and impose them on national financial systems.

To do this better, the EU should create a European Security Council (ESC) to develop and co-ordinate security policy. The ESC would have two primary objectives. First, the ESC would have responsibility for advising the European Council on security policy – identifying and quantifying threats, and suggesting responses. For example, the ESC could take the lead role in drafting a comprehensive EU counter-terror strategy.

Second, the ESC would work to push through reforms to improve cross-border co-operation on the ground. ESC members could agree that the JHA (Justice and Home Affairs) Council should pass laws to make joint investigations and prosecutions easier. Finance ministers would be asked to allocate more money towards basic equipment that helps cross-border operations like computers and communications technology, and secure translation facilities. And ESC members could harangue defence ministers to retrain some of their special forces in counter-terrorism and crime.

The chairmanship of the ESC should alternate between the EU's High Representative for foreign policy and the chair of the JHA ministerial council. An alternating chair would

---

[17] Daniel Keohane, *The EU and counter-terrorism*, CER, 2005, p 15.
[18] Daniel Keohane and Adam Townsend, "A joined-up EU security policy", CER Bulletin, December 2003/January 2004.

guarantee that ESC members addressed the concerns of both internal and external security decision makers. The other permanent members of the ESC should include the counter-terrorism co-ordinator, the chief of the EU military committee, the director of Europol, the justice commissioner and the head of the EU's Situation Centre. The chairman could ask other officials to attend, such as national intelligence chiefs or the aid commissioner, when relevant. The ESC should meet at least monthly, and report to the European Council, the quarterly summits which bring together EU heads of government.

The ESC would need a small permanent staff comprised of people with a variety of security policy backgrounds. Some could come from foreign ministries, some from intelligence, others from law enforcement and the military. But all would remain in close contact with their national agencies. This arrangement would help to mix information sources, and gather advice from across the policy-maker spectrum. But the ESC would not employ 'eurospies' to gather intelligence and would rely on the EU's Situation Centre for information.

4.3 Governments must press their national intelligence and police forces to work with one another and with EU-level bodies

For complex terrorism and organised crime cases, serving and retired officers usually agree that they achieve the best results when the various intelligence, security and law enforcement bodies work closely together. For example, the UK Review of Intelligence on Weapons of Mass Destruction, lead by Lord Butler, said that the UK intelligence and security services did a good job in rolling up the AQ Khan nuclear proliferation network precisely because: "...most importantly of all, there was strong integration in the UK between all the agencies. A decision was taken early on that at working level all information, however sensitive, would be shared."[19] The UK has perhaps done the most to enhance collaboration, beginning the merger of parts of existing police and customs services into a new UK "federal" police. Member-state governments must continue to break down the barriers that block information sharing and joint operations between their national forces.

Europol and SITCEN have no powers to undertake investigations or gather intelligence independently. So far, member-states have been very reluctant to work with Europol. But neither Europol nor the SITCEN could provide useful analyses or help co-ordinate transnational operations without strong support from the member-states' security services. Europol could do more to win the trust of national police and intelligence officers. It could, for example, ensure a stronger culture of confidentiality and professionalism and maintain a low public profile. But ultimately national governments need to staff Europol, and the SITCEN, with respected, high-ranking officers, and then should also put more pressure on their police forces and intelligence agencies to share information with the EU bodies.

4.4 The Union should improve co-ordination between EU-level security bodies

Even after President Bush created the behemoth Department of Homeland Security, US analysts describe their Cold War era security framework as a 'stovepipe' design. Separate agencies were insulated from one another and protected their turf. The US intelligence

---

[19] UK Review of Intelligence on Weapons of Mass Destruction, UK House of Commons, July 2004, p 20.

world is still yet to receive its equivalent of the 1986 Goldwater-Nicols Defense Reform Act, which broke down the barriers between the army, navy and air force. EU institutions, despite being small and new, likewise too often operate as autonomous agencies and as the EU takes on more and more security jobs, it is proliferating agencies, committees and units.The EU should ensure that high levels of appropriate co-operation exist between SIT-CEN, Europol, as well the EU's fledgling military staff, the border guard agency, the EU cyber-security agency,[20] and so on.

4.5 Member-states must continue intensive co-operation with third countries

Politicians regularly stress the need for close co-operation between countries to combat transnational crime and terrorism. Both the member-states and the EU need to co-operate more closely with third countries. That means the EU may have to develop links with regimes which, in an ideal world, it would rather not deal with. For example, the powerful Egyptian state security service, Jihaz Amn al Daoula, and Pakistan's security service, the ISI, have strong intelligence-gathering abilities among groups and in areas where European intelligence agencies would be hard-pressed to cultivate human networks. The EU should also co-operate on security matters with countries like Libya, Sudan and Indonesia, which are sometimes home to Islamic extremist groups, but are not necessarily supporters of such groups – contrary to perceptions in some EU and US circles. In fact, Libya was the first country to ask Interpol to circulate an arrest warrant for Osama bin Laden, in the late 1990s.[21]

Many member-states have long-standing bilateral relationships with third countries. The EU should build on these relationships but improve co-ordination to minimise the overlap of resources. In this manner, the EU could enjoy a much broader intelligence-gathering network. And, by working together at the EU level, member-states can use all available resources to put diplomatic pressure on third countries to co-operate more on crime and terrorism. Apart from exchanging information, the Union should put pressure on third countries to sign extradition agreements, comply with United Nations conventions against terrorism, and strengthen their judiciaries and police forces.

4.6 What should be done about Europol?

After years of debate, member-states signed the Europol convention in 1995. National parliaments took a further three years to ratify the convention and Europol finally began operations in July 1999. However, national sensitivity about internal security meant governments spent a long time wrangling over safeguards in Europol's convention. An odd coalition of civil liberties groups, nationalist politicians and tabloid media lobbied hard against the creation of an effective body.

One senior policeman commented that Europol was "political window-dressing" – something that ministers could use to show the public they were getting tough on crime, but

---

[20] In February 2003 the council of telecommunications ministers approved a Commission proposal to found an agency to work on reducing the threat posed by computer hackers.
[21] http://www.interpol.int/public/Wanted/Notices/Data/1998/32/1998_20232.asp.

lacking any real powers or purpose. There are now signs that national police forces are slowly beginning to see Europol's potential. But to enable this, member-states will have to address several flaws:

- Member-states founded Europol using a convention outside the EU framework. Consequently, member-states are reluctant to reform Europol because national parliaments must ratify any changes to its charter, which takes a lot of political energy and time. This has made it difficult for Europol to evolve. The draft constitutional treaty proposed placing Europol inside the new EU treaty framework. Regardless of what happens to the constitutional treaty, member-states should press ahead and do this.
- Some member-states politicised Europol's management board by appointing bureaucrats rather than professional policemen to it. As a result, the management board is sometimes slow to make decisions: the bureaucrats are continually sending home to receive instructions from their home ministry or advice on technical policing questions.
- The management board is too closely involved in Europol's day-to-day activities. For example, Europol officers require the management board's approval every time they wish to create a new computer file on a person.
- Member-states wrote a limitation into Europol's charter that prevents it from exchanging information directly with national police officers. Ministers and police chiefs, uneasy about the 'interference of Brussels', wanted to see the information that was passing between national forces and Europol. Europol officers can only deal with police indirectly through a national liaison unit, which forwards on requests and replies. This painstaking process slows down information exchange and makes police officers cautious about sending on sensitive information.
- For the reasons above, and because it is a foreign body staffed by strangers, many national police officers do not trust Europol. This creates a vicious circle where Europol – starved of consistent information from the national police – is unable to make insightful analyses and thus national police officers do not see the value of it. If Europol could build trust and show that it could improve cross-border crime-fighting, national law enforcement officers would then send it more information, which Europol could use to make better analyses. This in turn would convince national forces of Europol's value. But member-states must put pressure on their police to share information with Europol, in order to create this virtuous circle.

4.7 Third-country liaison officers

Apart from their regular consular staff, many member-states have large numbers of police, customs and immigration liaison officers in their embassies and overseas representations around the globe. These officers co-ordinate technical assistance, information exchange and, occasionally, joint operations. In addition, consular staff process visa applications. Member-states should allow Europol, the border guard agency, and SITCEN to request information directly from these officers. This would create, at a stroke and for little cost, a vast two-way information network.

5 Conclusion

Even the most nationalistic politicians accept that member-states respond better to transnational threats like terrorism and organised crime when they co-ordinate the operations of their security forces. But the need for reform is more powerful than this logic alone. Without frontier controls, cross-border threats become common threats – which demand a common response beyond national police forces working together.

The lessons learned in the US following the September 11 attacks strongly suggest that member-states should create effective and permanent EU-level agencies. EU agencies would not only improve and intensify cooperation among the national law enforcement and intelligence services, but would also assess intelligence from across the Union and thus enable the EU to identify and understand its security risks better. National leaders must stop instinctively blocking proposals that appear to infringe on their sovereignty, and instead consider the benefits that effective EU agencies could make to their citizens' security. They should make clear to voters that future EU involvement in JHA, such as integrating national border police, is vital to the EU's long-term security and efficiency. Member-states would only need to take small steps at the EU level to produce a measurable improvement in security. They do not need to re-write the treaties and spend billions of euro. But the costs of failing to improve security are high. In early 2003, a senior official in the Spanish ministry of foreign affairs said to the author:

> I tell my colleagues across Europe, if we do not do these things [make Europol work, share terrorist information among ourselves, improve border controls] then, when something terrible happens, the people will turn to us and say: "Why didn't you stop this?" And what will we say then? What will be our excuse? That we didn't think of it? That we couldn't agree the details?

The Post 9/11 Partnership: Transatlantic Cooperation against Terrorism

David L. Aaron, Ann M. Beauchesne, Frances G. Burwell, C. Richard Nelson, K. Jack Riley und Brian Zimmer

1 September 11: The Transatlantic Challenge

On the afternoon of September 11, 2001, many Europeans watched their televisions in horror as the second plane flew into the World Trade Center in New York, and then, a few minutes later, another plane flew into the Pentagon in Washington. By the time casualty lists were finalized, between 80-90 Europeans would be among the dead. Many Europeans recognized very quickly that this was an assault not simply on the United States, but on the West and non-Islamic world, including themselves. Although several European countries already had extensive experience with terrorism, it was clear that this attack was of another magnitude, not only in terms of damage and casualties, but also in terms of the network and resources of the perpetrators. The sense of European involvement would be heightened as investigators learned that many of the September 11 hijackers had spent considerable time in Europe, especially in Germany. Clearly, this new type of terrorism could not be defeated or even controlled by the law enforcement resources of any single nation. An effective response would require new levels of cooperation both within the European Union and across the Atlantic – and, indeed, on a global level.

The European response to September 11 was immediate and backed by a public outpouring of support and sympathy. On September 12, NATO invoked Article 5 – the common defense clause – for the first time in its history. When the United States decided that the Taliban government in Afghanistan had been complicit in the attacks, European support for – and participation in – the U.S. military coalition that toppled that regime was widespread, eventually involving 70 countries in some way. Central to the European response was the remarkably speedy decision of the European Union, at a meeting of EU ministers of Interior and Justice on September 20, to adopt a series of law enforcement and judicial measures designed to facilitate cooperation against terrorism both within Europe and with the United States.

Over the next three years, the growing U.S.-EU cooperation in combating terrorism would come to be widely regarded as one of the true success stories of transatlantic relations. That cooperation would grow quickly, bringing together agencies and institutions in the United States and Europe that had never worked together before – and in some cases, had not even existed. At U.S.-EU summits, terrorism would become a primary topic and the subject of key declarations. At the June 2004 summit, the Declaration on Combating Terro-

---

This article first appeared as a Policy Paper published by the Atlantic Council of the United States, Washington, DC, in December 2004. Reprinted with the express written permission of the Atlantic Council.

rism laid out an ambitious agenda for cooperation in this area that was widely seen as reflecting the close and successful partnership built since September 2001.

During this same period, however, transatlantic relations in the broader diplomatic sphere were plagued by increasing levels of tension and mistrust, especially during the Iraq conflict and its aftermath. Among the European public, the strong feelings of sympathy and support for the United States almost totally disappeared.[1] The fight against terrorism was not immune to these tensions; in particular, it became clear that most Americans viewed terrorism as a far more urgent danger than did most Europeans, especially before the Madrid attacks in March 2004. The U.S. government was also much more willing to consider a military response as effective, while European leaders gave more emphasis to addressing the socio-economic roots of terrorism. Despite these differences, the United States and the EU, as well as individual European governments, continued to build cooperation against terrorism, and achieved steady progress in developing mechanisms for working together.

The question now before the United States and the European Union is how to build on this successful cooperation and ensure that it continues into the future. The first step is to review recent experience, particularly those cases where successful collaboration emerged on matters that initially created tensions, such as the Container Security Initiative and Passenger Name Records. But, assuming that the fight against terrorism is an effort that will challenge the United States and Europe for the next decade and beyond, it is also important to look forward. The initial round of anti-terrorist measures is now agreed upon, although practical questions of implementation still remain. If the campaign against terrorism is to become even more effective, transatlantic cooperation must move beyond these specific and limited areas where it exists today.

Building this enhanced level of cooperation will not be easy. Even the measures already in place have revealed some important distinctions between the United States and Europe. Most importantly, the U.S. government is able to make and enforce decisions affecting the entire country, while the EU institutions can make decisions only on some issues (although an increasing number of them) and must rely on the member states for implantation and enforcement. On a more specific level, different U.S. and European practices concerning individual privacy have become a potentially significant obstacle. The distinctions between intelligence material and information admissible in a criminal court vary both across the Atlantic and within Europe, adding another element of complexity. Some anti-terrorist measures could affect the competitiveness of those businesses and commercial facilities that use them, and more stringent measures in the future could lead to genuine restrictions on the flow of goods and services, and perhaps even to trade-based tensions between the United States and the EU.

Domestic considerations on both sides of the Atlantic are also likely to complicate future efforts to enhance cooperation. In the United States, the continuing pressure to develop more safeguards and revamp the intelligence community (especially following the publication of the 9/11 Commission report) will absorb much attention throughout the U.S. government. It may well exacerbate a focus on protecting the United States that has often

---

[1] According to the Pew Research Center for the People & the Press, U.S. favorability ratings have slipped significantly from summer 2002 to March 2004. In Britain, they have fallen from 75 to 58 percent; in Germany from 61 to 38 percent, and in France from 63 to 37 percent. See "A Year After Iraq War," released March 16, 2004, http://people-press.org.

exhibited slight regard for the external impact of U.S. policy, even on those who wish to collaborate.

In Europe, the recent inclusion of ten new member states (and the prospect of several more in the next decade) and the eventual extension of the Schengen area to these new members may not only make EU decision-making more cumbersome but also present challenges to the effective and safe regulation of EU borders.[2] An interim Schengen arrangement has been established with the new EU members that maintains the pre-enlargement borders until the new eastern perimeters have been strengthened. Both training of border guards and physical border measures are supported by the European Commission through a range of grants and loans. Until these measures are effective, however, some EU-15 member states have actually increased security on the border with the new member states.

Despite these difficulties, however, there remains a genuine need to deepen transatlantic cooperation, and the near future will bring opportunities to expand these joint efforts. As the European Union begins to harmonize the judicial systems of its member states, it may prove possible to build greater cooperation across the Atlantic in this area. There may also be more opportunities for collaboration between the private sector and governments across the Atlantic, as well as occasions to extend transatlantic cooperation in multilateral arenas, including the United Nations, OSCE, and the G-8, and to build collaboration between the EU and NATO.

Over the next decade, and perhaps much longer, the United States and Europe will continue to face the very real threat of large-scale terrorist attacks perpetrated by global organizations and networks. To date, they have taken the first steps against that threat by building a strong partnership using a range of resources and tools – law enforcement, judicial policy, trade and financial measures, border security, and transport and facilities protection. They have done so despite other tensions in the overall transatlantic relationship and very real differences in their approaches to the nature and causes of terrorism. They now face the task of deepening that partnership and constructing a truly comprehensive, joint anti-terrorist effort. This will be a severe challenge, but real progress in fighting terrorism will only happen with that stronger U.S.-EU partnership.

2 The Beginnings of Partnership

Transatlantic cooperation in fighting terrorism began immediately after September 11. Aside from the invocation of NATO's article 5, the common defense clause, most European allies quickly made clear their support for anticipated U.S. military operations in Afghanistan. As for the EU, from the beginning its efforts to strengthen its own ability to respond to this new threat was linked with the recognition that it was not only desirable, but essential, to cooperate with the United States. A joint U.S.-EU ministerial statement on combating terrorism was issued only nine days after the attacks, pledging a transatlantic partnership to "mount a comprehensive, systematic, and sustained effort to eliminate international terro-

---

[2] The Schengen Agreement (1985) and the Schengen Convention (1990) were incorporated into EU law in 1999 under the Amsterdam treaty. The Schengen accords created a single external frontier with a common set of border checks, while also eliminating checks at the internal borders of the signatory states. These currently include 13 EU member states (all but Ireland and the United Kingdom), plus Norway and Iceland. The ten new EU member states are expected to fulfill the Schengen requirements.

rism," while the first section of the European Council conclusions on September 21 was entitled "Solidarity and Cooperation with the United States."[3]

Simultaneously with these pledges to cooperate, the United States and the European Union embarked on intensive – but separate – efforts to strengthen their own internal capacities to prevent and respond to terrorism. During the next three years, they would both put in place new legislation, policies, and institutions. While in many cases, these new steps would provide the basis for transatlantic cooperation and offer opportunities for enhancing that effort, they also reflected the very different U.S. and EU perspectives on this issue, and occasionally led to misunderstanding and disagreements.

In the United States, the attacks in New York and Washington provided the impetus not only for the military response against al-Qaeda's base in Afghanistan and the Taliban regime, but also for new legislation designed to give the federal government the tools to prevent another such tragedy. The USA Patriot Act, signed into law on October 26, just six weeks after the attacks, allowed greater information sharing between U.S. intelligence and law enforcement officials; lifted some restrictions on government surveillance; expanded federal powers in regulating U.S. financial institutions and their dealings with foreign nationals; and created new crimes and penalties related to terrorist acts. The Homeland Security Act, passed a year later in November 2002, combined a number of existing government agencies – including the Immigration and Naturalization Service, the Coast Guard, and the Border Patrol, among others – into the new Department of Homeland Security, which was mandated to protect the nation from terrorist attacks and safeguard U.S. borders. This was one of the largest reorganizations of the U.S. government in many decades, and also involved the reordering of many agencies' priorities to put a new focus on homeland security. During the next two years, additional anti-terrorist legislation would be passed, including laws dealing with bioterrorism and border security.

Despite these reforms, there continued to be pressure to examine the background to the September 2001 attack so that similar events could be prevented. In November 2002, the U.S. government established an independent National Commission on Terrorist Attacks upon the United States, with a broad mandate to examine the attacks and the response to them. The Commission's report, issued in mid-2004, included an extensive list of recommendations, including stronger border controls and enhanced security for aviation and transportation networks. The Commission also recommended a further reorganization within the U.S. government, including the establishment of a National Counterterrorism Center and of a National Intelligence Director with oversight and budgetary authority over the entire U.S. intelligence community. The Commission also stressed the importance of collaborating with others, recommending that "The United States should engage other nations in developing a comprehensive coalition strategy against Islamicist terrorism."[4] As a result of the Commission report, another round of anti-terrorist legislation was debated in late 2004, resulting in some realignment of the U.S. intelligence agencies under a new national intelligence director.

---

[3] "Joint U.S.-EU Ministerial Statement on Combating Terrorism," September 20, 2001, issued during the visit to Washington of the EU High Commissioner for CFSP, Javier Solana, European Commissioner for External Relations Chris Patten, and Belgian Foreign Minister Louis Michel; and "Conclusions and Plan of Action of the Extraordinary European Council Meeting," September 21, 2001.
[4] The 9/11 Commission Report: Final Report of the National Commission on Terrorist Attacks upon the United States, July 2004.

Throughout this period, the primary emphasis in U.S. policy was on preventing another terrorist attack in the United States, rather than on cooperating with others around the world, including the European Union. The immense scale of the Homeland Security reorganization and the constant cascade of new legislation and regulations made it inevitable that U.S. policymakers would be focused domestically. But even as the U.S. administration sought to strengthen the tools available for protecting the United States, the new laws and regulations had consequences overseas. Moreover, as soon as it became clear that the perpetrators of 9/11 had planned part of their mission while resident in Germany, the U.S. government realized that cooperation with foreign law enforcement and intelligence agencies would be key in preventing further attacks.

In the European Union, the early response to September 11 also took the form of significant new legislation. For some time, the EU had been debating several measures to streamline law enforcement and judicial cooperation among the member states aimed not only at fighting terrorism, but also at stopping such crimes as trafficking in humans and the smuggling of illegal drugs and other goods. However, this effort had been plagued by a lack of urgency, and there had been little pressure to make decisions. That changed instantly on September 11, and when the European heads of state and government met on September 21, they approved a series of measures, including a common definition of terrorism; a common arrest warrant to replace extradition between member states; the strengthening of police cooperation, including establishing an anti-terrorist unit at Europol; guidelines for common sentencing of terrorists; enhancement of air transport security; and measures to address financial fraud and money laundering as sources of terrorist financing. Most of these measures were expected to become effective in January 2002, after adoption by the national parliaments. The European Council also stressed the importance of developing multilateral measures against terrorism, including effective implementation of existing conventions. Finally, the Council's conclusions called for further development of the Union's Common Foreign and Security Policy and European Security and Defense Policy, noting that the stabilization of regional conflicts and an "indepth political dialogue" with countries in such regions could help curtail the development of terrorism.

During 2002 and 2003, the European Union worked to make these commitments a reality by adopting a series of specific measures, including decisions on judicial procedures and sentencing guidelines for terrorist cases; the creation of a new institution – Eurojust – to help coordinate judicial cooperation in this area and others; mutual recognition of procedures for freezing assets in criminal cases; establishment of joint investigation teams; inclusion of anti-terrorism provisions in agreements with third countries; and others. In December 2003, the EU approved its first Security Strategy, with terrorism identified as the first of several "key threats" to Europe that required a serious foreign policy response.[5]

The terrorist attack in Madrid on March 11, 2004, produced a new level of urgency in the EU's efforts against terrorism. Meeting at the end of that same month, the European Council called for member states to treat a terrorist attack on one as an attack on all; and urged all member states to adopt any necessary measures required to implement existing EU legislation, including laws pertaining to the European arrest warrant, joint investigation teams, money laundering and confiscation of proceeds of crime; Eurojust, and other aspects of police and judicial cooperation. European leaders also identified new areas for further development of EU efforts against terrorism, including foreign policy actions, border

---

[5] "A Secure Europe in a Better World," adopted by the European Council on December 12, 2003.

controls, facilities and transport protection, financing of terrorism, and cooperation with third countries and multilateral institutions. Finally, they appointed Gijs de Vries as the EU Counter-Terrorism Coordinator, to "maintain an overview of all the instruments at the Union's disposal" in the fight against terrorism.[6]

Despite this new atmosphere of urgency, however, physical and operational progress in implementation of measures remained slow. A June 2004 report to the European Council reviewed the implementation of anti-terrorist measures in the member states and found some significant gaps. On the European arrest warrant, for example, despite an initial deadline of December 2003, Italy and Greece had not yet finished the process of transposing this to national legislation, while several of the new accession states were also lagging behind. Rates of implementation were even lower for other legislation. At the same meeting, however, the Council approved a revised and updated Plan of Action in fighting terrorism.[7]

Since September 2001, the EU – like the United States – has introduced significant new legislation while also restructuring and creating institutions to respond to the threat of global terrorism. Also as in the United States, the EU has set out to create a comprehensive response, adopting measures in law enforcement, judicial policy, facilities and transport protection, border security, foreign policy, and others. But the EU effort has differed from that of the United States in two key areas. First, its foreign policy approach has emphasized diplomatic tools, including the use of multilateral institutions – rather than military force – while also calling for development of a long-term strategy to address the causes of terrorism. This reflects not only a different EU perspective on terrorism, but also, of course, the differing capabilities of the United States and the EU. Second, the EU effort has been less about giving law enforcement and judicial authorities new powers, but rather about enhancing cooperation across member state boundaries. This effort has been complicated by the accession of ten new members, all of whom are obligated to adopt the new anti-terrorism legislation.

But if the legislative agendas have been largely separate, the anti-terrorist effort has also fostered the development of new institutional relationships across the Atlantic, spreading far beyond the traditional foreign policy players who were the initial instigators of this cooperation. Almost immediately after September 11, terrorism was elevated to a top priority in the many regular meetings held under the auspices of the U.S.-EU New Transatlantic Agenda.[8] By the May 2002 U.S.-EU summit, liaisons had been established between U.S. law enforcement agencies and Europol and Eurojust, an agreement on sharing some relevant law enforcement trend data had been reached, and there was greater cooperation in identifying terrorist organizations and freezing financial assets. The fight against terrorism was an even more prominent topic at the June 2003 U.S.-EU summit, with the communiqué claiming success in working together to identify and investigate terrorists, freeze their financial assets, and generally disrupt terrorist networks. That summit also saw the signing of the U.S.-EU agreements on mutual legal assistance and extradition, which provided for joint investigative teams, established conditions for sharing information in criminal matters, and expanded the possibility of extradition across a wide range of serious offences. Most

---

[6] European Council, "Declaration on Combating Terrorism," March 25, 2004.
[7] As of November 1, 2004, 23 member states had completed the legislation that would allow them to implement the arrest warrant, with only Italy still not in compliance.
[8] The New Transatlantic Agenda, initiated in 1995, established a series of meetings between the United States and the European Union ranging from working groups at the office director level to regular ministerials and summits.

recently, a highlight of the June 2004 U.S.-EU summit was the Declaration on Combating Terrorism, which outlined an ambitious agenda for the future, including working toward universal implementation of the UN Conventions on terrorism; numerous measures to eradicate terrorist financing; enhanced cooperation between law enforcement and judicial authorities; increased efforts aimed at protecting ports and other transports facilities, and at making borders more secure, as well as many other elements of a comprehensive anti-terrorist approach.

A key element in the development of U.S.-EU cooperation in this area was the construction of bridges between parties in the European Union and the U.S. government that had had minimal – if any – contact in the past. In September 2002, for example, Attorney General John Ashcroft became the first U.S. Attorney General to meet formally with his EU counterparts, the ministers of Interior and Justice (the JHA Council). Perhaps even more significantly, in April 2004, the Policy Dialogue on Border and Transport Security was established, bringing together relevant officials, especially from the U.S. Departments of Homeland Security, State, and Justice, along with representatives from the European Commission, the Council of Ministers, and the EU presidency, to discuss ways of improving security. Most recently, in September 2004, the U.S. Secretary of Homeland Security Tom Ridge met with European Commissioner Antonio Vitorino and representatives of the EU presidency. Later that same month, Attorney General Ashcroft met again with his European counterparts.

3 Resolving Transatlantic Differences

Despite the many positive statements and pledges of cooperation, and frequent meetings among officials from both sides of the Atlantic, the progress of U.S.-EU cooperation on combating terrorism has not always been smooth. Implementation of promises made has sometimes been tortuously slow. The mutual legal assistance and extradition treaties were still not in force one year after they were signed, as some EU member states had not yet completed implementing agreements with the United States, thus delaying ratification of the MLATs and extradition accords in the United States and in some member states. The sharing of information between U.S. and EU law enforcement and between U.S. and European intelligence services has always been problematic, and repeated pledges to overcome past reluctance has had only a limited effect.

Aside from these issues of implementation, there have also been some difficult disputes over specific matters. At times, these have seemed to threaten the overall atmosphere of cooperation, but there has usually been a shared determination to find some sort of resolution, even if only temporary. But these disputes have demonstrated just how difficult cooperation can be when it involves traditionally domestic matters, such as law enforcement, judicial policy, or even protection of transportation networks. The two most notable issues that have caused tensions in transatlantic cooperation against terrorism are the Container Security Initiative (CSI) and Passenger Name Records (PNR).

3.1 Container Security Initiative

The CSI, announced by the U.S. Customs Service (which later became part of the Department of Homeland Security) in January 2002, allowed containers that had been pre-screened at foreign ports to have priority in unloading at U.S. ports. The U.S. government soon began negotiations with countries with major ports over the required equipment and procedures, including the stationing of U.S. Customs officials at those ports. As these bilateral talks proceeded with EU member states (i.e., France for Le Havre, Netherlands for Rotterdam), the European Commission voiced objections, arguing that ports participating in CSI would have unfair competitive advantages over other ports; this would distort trade and was contrary to the EU Single Market. Moreover, since customs was a long-established area of EU competence, the member states had no authority to negotiate such deals individually. The United States countered that negotiating with the EU would have taken too long, especially in view of the urgency of the security situation. Furthermore, no limits had been placed on the number of ports; once the ports already dominating transatlantic commerce had CSI arrangements in place, the U.S. government would be willing to negotiate with other ports. Nevertheless, in January 2003, the Commission initiated legal action against member states participating in CSI, eventually including eight member states. A few months later, negotiations began between the U.S. Customs Service and the European Commission Directorate for Taxation and Customs Union. A new bilateral agreement was reached after only eight months and finalized in March 2004. The previous bilateral agreements between the United States and the EU member states were subsumed under this new arrangement, and implementation of the screening and inspection procedures began.

3.2 Passenger Name Records

The PNR dispute originated, like CSI, in a desire to enhance screening and make transport more secure, although this time it required information about airline passengers rather than shipping containers. Under the Aviation and Transportation Security Act of 2001, the U.S. government began to require airlines flying into the United States to provide certain information on all passengers before landing. The Advance Passenger Information System (APIS) collected information from each passenger's reservation (the PNR), including name, address, date of birth, payment details, etc. The information varied according to what was required by each reservation system. By supplying this information, however, European carriers allegedly put themselves in violation of the European Union's privacy directive, which maintains strict controls over how private companies may maintain and share information on individual customers. European companies thus faced either fines in the United States (and possible prohibition on entry) or fines in Europe.

After considerable difficulty, the DHS and the European Commission managed to reach an agreement in principle that allowed data to be collected without violating the privacy directive. The U.S. government undertook to delete certain information (meal choices, for example, could identify an individual's religion); to maintain the information only for three and a half years; to use the data only for certain specific purposes, including preventing terrorism; and to establish a channel between the EU privacy authorities and the DHS privacy office as a means of redress for EU citizens. Moreover, the agreement must be renegotiated after three and a half years. On the basis of this undertaking, the European Commission secured a ruling from the Article 31 Committee stating that this arrangement adequately protected the privacy of EU citizens. A formal agreement was signed in May 2004.

The story is not finished, however. The European Parliament has initiated a legal challenge with the European Court of Justice, claiming that the U.S. undertaking will not provide adequate protection for individual privacy and also that the European Commission was not competent to negotiate such an agreement without Parliamentary mandate. The Court has agreed to hear the case, but it is not expected to rule in the near future.

Three other disputes also demonstrate the difficulties in coordinating policies and regulations in order to fight terrorism, although none have achieved the visibility of CSI or PNR:

- *Skymarshals* – In late December 2003 (during the holiday flight season), the DHS proposed that airlines flying into the United States would be required to put armed law enforcement officers on specific flights identified as being at higher security risk. EU member states had maintained different practices regarding skymarshals, with some members already using them on some flights, while others had strict policies against any armed personnel on airlines. Initial European consternation at the proposal was compounded by the fact that most European governments heard about it first through press accounts and were unclear on the specifics of any new U.S. requirements. After consultations over the next month, most EU members were satisfied that they could meet the new conditions, either through skymarshals or enhanced security screening on the ground. Others, however, maintained that flights at such risk should be cancelled. Unlike the CSI case, the European Commission (which does not have clear jurisdiction in transport regulations) did not oppose bilateral arrangements between the United States and individual member states on this issue.
- *Biometric passports* – Under congressional mandate, the United States has required those visitors who enter the country with a visa to provide biometric identification data, either in the form of a passport containing such data or a thumbscan and photo upon entry (the US VISIT program). Initially, those entering the United States under the visa waiver program[9] were exempt from these requirements, but their countries faced a deadline of October 2004 by which they were to begin issuing biometric passports. Although the EU was willing to abide by this U.S. decision, most of the member states (as well as the United States itself) were technically unable to comply in time, and in July 2004, a one year extension was granted by Congress. Expectations are that the extension debate will have to be held again in 2005 before biometric passports are available in late 2005 or early 2006. In light of the lack of availability of biometric passports, the US VISIT program was extended to individuals from the visa waiver countries as of September 30, 2004. This was a politically sensitive decision, but intensive transatlantic consultations in advance appear to have mitigated any significant negative effects.
- *Hizbollah and the terrorist financing list* – Since September 2001, the United States and the EU have generally been in agreement on which groups should be designated as

---

[9] Of the 15 EU member states (prior to May 2004), all but Greece are in the visa waiver program, while among the new countries, only Slovenia is a participant.

terrorist organizations and be subject to financial sanctions. However, the EU and United States did differ over the status of Hamas and Hizbollah. Hamas is on both lists, but for some time the European Union differentiated between the military wing and the political wing. Currently Hizbollah is not on the EU list of terrorist organizations whose access to funds should be curtailed, while it is on the U.S. list.

These examples demonstrate that although the United States and the European Union have repeatedly emphasized – both in rhetoric and in agreements – their partnership in fighting terrorism, there are still many difficulties in making that partnership a reality. It is, of course, always a challenge for sovereign actors such as the United States and the EU to harmonize their policies, especially over such a broad array of issue areas and in the face of longstanding legal and regulatory practices. But these disagreements also result from distinctive transatlantic approaches to terrorism and very different domestic contexts.

It is often observed that Europeans are far less convinced about terrorism as a fundamental and global threat than are U.S. leaders and citizens. This, however, is far too simplistic an observation. Prior to September 2001, several European countries had firsthand experience with terrorism, albeit as a national or regional phenomenon, and were likely to be far more vigilant than was the United States. Since the 2001 attacks, European leaders have made clear repeatedly that the fight against global terrorism is a top priority. Indeed, in the EU's European Security Strategy, it is awarded the position of first, and most important, threat to Europe. Following the attacks in Madrid and the revelation that these were perpetrated by al-Qaeda, the importance of terrorism has escalated in European eyes. But European and U.S. approaches do differ in their judgment as to the most appropriate and effective response; and as to whether the overall strategy in responding to terrorism should be one of warfighting or risk management.

The initial U.S. response to September 11 was military in nature – the invasion of Afghanistan and the toppling of the Taliban. A more comprehensive approach involving law enforcement quickly developed, as demonstrated by the speedy passage of the USA Patriot Act, but responding to terrorism has continued to be a high-priority mission for the U.S. military. The emphasis on a military response has been reinforced by the war in Iraq, which has been justified in part as an element in the "war on terrorism."

In Europe, however, even the very notion of a "war on terrorism" is suspect, especially in Germany, where the connotation of a "war" on anything is hardly positive. Nevertheless, while most Europeans agreed that a military response was appropriate toward the Taliban, it was viewed as an exceptional circumstance, and the continuing U.S. emphasis on a military response has increasingly been seen as disproportionate. For most Europeans, the war in Iraq was a distraction from the focus on terrorism, and the insistence by the U.S. administration and a few European leaders that it was part of the struggle against terrorism only enhanced the general European skepticism. In sum, except for a precisely targeted strike against an identified terrorist hideout or training camp, most Europeans view a military response as neither appropriate nor effective.

In Europe, terrorism is first and foremost a crime, which can best be addressed by crime-fighting procedures and tools, rather than overt military methods. In addition to traditional law enforcement methods, a number of EU member states (including Britain, France, Spain, and Italy) have had special procedures for terrorist investigations and prosecutions, including permitting lengthy detentions. Responding to global terrorist networks requires greater emphasis on cross-border collaboration, especially in sharing information and collaborating on investigations and eventual prosecutions. Although some European counter-terrorist units and specialist police forces can certainly be considered para-military, the overall orientation is far more weighted toward law enforcement as the appropriate response to terrorism rather than action by military forces. One result of this difference in U.S. and European approaches has been a disconnect over the potential role of NATO in fighting terrorism. While some U.S. policymakers see the Alliance as having a role in helping coordinate military training and doctrines relevant for fighting terrorism, many Europeans greet such suggestions with skepticism ‑ not surprisingly given their doubt about a military response to terrorism generally.

Along with this emphasis on law enforcement, the European response to terrorism gives high priority to addressing the social, economic, and political circumstances that lead individuals to resort to such a strategy. EU declarations often note the importance of promoting conflict prevention in difficult regions and stability, including human rights and democracy, in third countries as an anti-terrorist strategy. While European policymakers frequently note the importance of addressing the context which contributed to terrorism, some go farther, suggesting to U.S. visitors that active engagement in building a lasting understanding between the parties of the Israeli-Palestinian conflict is part of that anti-terrorist effort.

In sum, many European experts would view terrorism as a risk that can be managed through a combination of law enforcement techniques, political negotiation, and selective (and limited) military action. Most U.S. political leaders have regarded terrorism as a topic of the utmost daily urgency since September 2001. The stated goal has been to eradicate terrorism, not manage it, and the threat of imminent danger – of being truly at war – has given rise to a willingness to bend the normal rules in order to protect the country. The difference between these strategies – warfighting vs. risk management – has had two important consequences. First, while many U.S. policymakers see detentions of foreign combatants and others at Guantanamo and elsewhere as justified given the wartime context within the United States, many European politicians and media have criticized the detentions. As a result, for a portion of the European public, Guantanamo has become a symbol of how the U.S. sense of urgency can contribute to unfortunate and extreme results. Second, the greater urgency on the U.S. side leads to more initiatives and proposals for action. This inevitably leads to a view of the United States as the constant demandeur, and one not always cognizant of the impact of its actions. Europe, which is struggling to implement those proposals already agreed, seems much more passive. In fact, Europe has introduced an impressive number of new initiatives since September 11, but most have created new intra-European measures and not been proposals for transatlantic cooperation.

The final – and major – element affecting the ability of the United States and Europe to cooperate on fighting terrorism is the very different domestic context that exists on each side of the Atlantic. In the United States, anti-terrorism has been a unifying priority in the domestic arena. The creation of the Department of Homeland Security has provided a focal point, and many other departments and agencies have made fighting terrorism a major part of their mission as well. Most states have appointed a homeland security coordinator and have begun to address this issue at the regional and local level. Within the European Union, however, combating terrorism is not such an overwhelming domestic priority. On the national level, many governments are focused on economic issues; others are concerned that a very overt emphasis on anti-terrorism might contribute to more tensions with Muslim immigrant communities. On the European level, the recent enlargement of the EU to 25 members and the negotiations and pending ratification of the new constitutional treaty have been center stage.

But aside from the issue of an overcrowded agenda, the European domestic context presents two other significant complications in waging a more effective campaign against terrorism. First, many of the specific measures involved straddle the dividing line between Community competence – those issues on which the EU has legal authority – and the purview of the member states. For example, the Container Security Initiative became problematic precisely because the U.S. government attempted to deal with the member states on an issue involving customs – an area viewed by the Commission as one of Community competence. Many questions of judicial precedent and criminal penalties, as well as law enforcement (such as skymarshals, for example) remain under the authority of the member states, and will remain so for the foreseeable future. As a result, very complicated procedures and information exchange arrangements have been required to deliver intra-EU cooperation while respecting member state differences. To complicate matters further, the boundary between Community and member state competences is shifting, and will shift even further if the proposed constitutional treaty enters into force.

The second complication stems from the fact that implementation of any specific measure is the responsibility of the member states, not the EU. It is as if the U.S. federal government passed legislation but then had to push each state to adopt a similar law and use local resources and personnel to implement it. Moreover, the EU has very few enforcement mechanisms: it can take a non-compliant member state to the European Court of Justice, but that can take years. Or it can "name and shame" member states, as it did in the June 2004 report tracking implementation of the European arrest warrant; a strategy that has had mixed results over the years. Thus, EU anti-terrorist policy is as much about cajoling and pressuring member states into cooperating on implementation as it is about reaching agreements with the United States.

To counter this problem, EU officials frequently urge U.S. policymakers to deal directly with the Union; not only is this more efficient than dealing with 25 member states, they claim, but it also will make the EU more credible to the member states and thus reinforce the ability of the EU to reach agreements with the United States and then enforce them. The reality is that the United States will need to deal with both the EU and the member states on most issues involving terrorism. Even when the EU itself has the authority to negotiate, actual implementation will depend on the member state. But dealing primarily with the member states – especially on issues where the Union has competence – will lead to difficulties, as in the CSI case.

Despite these distinctive approaches to terrorism and differing domestic contexts, the United States and the EU have managed to keep their disagreements from derailing the overall trend towards cooperation. Unlike many instances in the economic arena – bananas, GMOs, or corporate taxation, for example – disputes over CSI or PNR have been accompanied by pledges to reach a quick resolution and intensive negotiations have usually led to a solution. The fact that both the United States and the EU have kept the fight against terrorism as the main priority has allowed them to work together to find at least temporary solutions to the differences that have emerged.

In the future, however, resolving transatlantic differences may become even more difficult, especially as the campaign against terrorism stretches into a decade or more. In dealing with PNR, the United States and the European Union were able to find an ad hoc balance between individual privacy and airline security. That arrangement is now under challenge, and as more databases are integrated and available to more law enforcement and government personnel, this issue is likely to be even more hotly contested. Developing an understanding about the sharing of intelligence and law enforcement information will also become more urgent, along with the development of effective cooperation between law enforcement groups. And some issues – such as the legal treatment of accused terrorists and imposition of security measures on the movement of commerce – require changes in long-standing laws, regulations, and policies.

4 The Next Phase

In many ways, the past three years of transatlantic cooperation against terrorism should be viewed as an initial phase in a much longer and more significant effort. Attention must now turn to implementing the agreements that have been reached and ensuring that joint declarations and statements become much more than just words. And as demonstrated by the June 2004 summit declaration – which provides an ambitious laundry list of ideas – new proposals for cooperation will continually emerge. But as U.S.-EU collaboration is extended into more and more areas, it will bump up against established policies and practices and affect the interests of many different constituencies. The good news is that the United States and the EU have now established basic mechanisms for building cooperation through regular consultations, and have successfully concluded some basic agreements. This is a solid beginning, but there is much more still to be done to achieve a comprehensive and effective joint strategy against terrorism.

As the United States and the European Union move forward in this effort, the following areas will require serious attention. Few will be surprises; indeed, the U.S.-EU summit declaration identifies specific policy goals related to almost all of them. But those goals are far from accomplished, and officials from both sides of the Atlantic acknowledge that much hard work lies ahead. This report will consider the issues and challenges in each area that may hinder the building of effective U.S.-EU cooperation, but will also suggest some priorities and propose some specific recommendations for moving that cooperation forward into the future.

4.1 Information and Privacy

The tension between the need for comprehensive information about potentially suspect individuals and the obligation to protect individual privacy is one of the most difficult elements – but also one of the most important – to reconcile if the United States and European Union are to move forward in combating terrorism. However, "information" is a broad term, encompassing intelligence drawn from covert and other sources, often through methods not available to law enforcement; information gathered in law enforcement probes; and information collected through commercial and other private sector sources.

Much of the focus in fighting terrorism has been on the more effective use of intelligence information, especially among different agencies on each side of the Atlantic. In the United States, the 9/11 Commission has recommended a government-wide effort, including a major institutional restructuring, in order to achieve better integration and use of information. In Europe, the Joint Situation Centre (SITCEN) based within the Office of the High Representative for CFSP has been tasked with producing intelligence analyses based on information provided from across the Union. In addition, the top intelligence officials from all member states expect to meet regularly. However, it is far from clear whether these new steps in the United States and the EU will be sufficient to overcome the traditional reluctance of intelligence bodies to share information, even within one government, let alone with allies.

As for information derived from law enforcement efforts and private sector activities, officials on both sides of the Atlantic are well aware of the need for better information sharing and the development of more integrated databases. Reconciling these ambitions with the protection of individual privacy is only the most visible challenge. Efforts to make such information more useful against terrorism must also cope with technical and budgetary restraints and with the fact that any integrated database must serve multiple agencies and their disparate missions. In Europe, for example, there are currently separate databases on visa information, asylum, and customs, along with the very beginnings of an EU-wide law enforcement database. Combined, these could be a powerful anti-terrorist tool, but there are legitimate concerns about privacy, and the technical and political challenges in integrating these information systems would be significant.

A major effort is currently underway in the EU to adapt the Schengen Information System (SIS), a set of linked databases containing visa and other border-entry information maintained by all the Schengen treaty countries – a task that is made more complicated by the fact that Schengen and EU memberships are not entirely consistent. Although SIS does maintain a list of individuals who should be refused entry into the Schengen area, that list is not necessarily consistent with any terrorist watch list, nor do all EU members have access. Plans are underway to establish SIS II, which is intended to integrate the ten new EU member states. When SIS II becomes effective in 2006-2007, plans call for information to be centralized at the Union level, with the database managed by an EU agency. Simply constructing such a database will be complex enough. Building interoperability with other databases – such as a law-enforcement information system – will be an enormously complicated task.

In the United States, there has been an effort for some time to upgrade the information collected by airlines, as all parties acknowledge the insufficiencies of the PNR system. An upgrade to the initial Computer Assisted Passenger Pre-Screening (CAPPS) program, known as CAPPS II, was proposed but then abandoned in mid-2004 out of concerns that the information would be too extensive. Instead, the U.S. government has proposed a modified version, know as "Secure Flight" which is intended to allow U.S. government personnel, rather than airline employees, to screen passengers against various watch lists.

As these descriptions of reform efforts indicate, however, U.S. and European efforts in this area are moving forward with only limited serious consultation across the Atlantic. Both efforts are largely driven by domestic considerations, with the implications for transatlantic cooperation much less of a priority. This is perhaps most recently evident in the effort of the European Commission to develop legislation establishing privacy rules for government-held law enforcement data. Currently, member states have different rules for ensuring the protection of data held by police, which complicates information sharing and the provision of evidence across national boundaries. The Criminal Data Protection Initiative is intended to overcome these problems, but U.S. officials – who have not yet been consulted on the initiative – are concerned that it will create more difficulties for sharing information across the Atlantic, fearing a repeat of the experience with the EU Privacy Directive (which governs use of data collected by the private sector).

A key requirement for the next few years will be to bring the U.S. and EU efforts at integrating information and protecting privacy closer together. The alternative will be an ever-multiplying set of incompatible databases, including those from biometric visa data, PNR data, etc. Instead of the current situation of parallel but largely separate tracks, U.S. and EU efforts must be the subject of transatlantic consultations early in the development stage. Aside from responding to developments involving SIS II, criminal data protection, or "Secure Flight," the United States and the EU should:

- *Build on the experience of the PNR agreement by establishing general "rules of the road"* concerning at least three issues: time-frame and criteria for deleting information from a data-base; procedures for sharing information with third parties; and establishing appropriate redress for individuals who wish to challenge information about themselves. All of these issues arose during the PNR talks, but it is unclear how much of a precedent those negotiations established.
- *Develop procedures for the appropriate sharing of personal data between governments and the private sector.* This has proven to be an exceptionally difficult issue, in part because of the EU Privacy Directive's restrictions on commercial data protection and misapprehensions by EU officials that the U.S. government might sell data in the same way as U.S. companies. As in the case of SIS II, there is a move toward government control of such data for anti-terrorist purposes, but there will still be a need to access data in the private sector. Here the example of European banks participating in anti-money laundering schemes may be instructive: under specific guidelines, banks report suspicious transactions to a mixed private-sector and government board, which determines whether closer government involvement is warranted. In the case of those European companies that have signed up to the Safe Harbor accord, the national security exemption may offer a route to more flexible handling of personal data when terrorism is involved.[10]

4.2 Law Enforcement and Judicial Cooperation

The treaties on mutual legal assistance (MLATs) and extradition signed at the 2003 U.S.-EU summit are perhaps most indicative of the situation in this area: they offer the prospect of significantly enhanced cooperation in key areas, such as joint investigative teams, but have yet to be fully ratified. Officials in both Europe and the United States acknowledge the importance of collaboration in law enforcement and judicial policy, an area that encompasses sharing information among police forces, joint investigative teams, and compatible

---

[10] The Safe Harbor accord, concluded in 2000, established principles designed to ensure the protection of personal data when it is transferred from companies operating in the EU to those operating in the United States.

criminal statutes and court procedures (including rules of evidence). Given that terrorists increasingly operate in international networks, law enforcement authorities must also be able to coordinate across borders. But actual progress in building that cooperation has been excruciatingly slow.

Since September 2001, law enforcement authorities in the United States and Europe have been pushed to abandon their traditional local or national orientation, with only mixed results. As with information collection, the U.S. and European efforts have moved in parallel but largely separate tracks, with the emphasis on building collaboration within the United States and the European Union, rather than reaching out across the Atlantic. In the United States, the FBI has given increasing emphasis to an anti-terrorist mission; an evolution which has been reinforced by the recommendations of the 9/11 Commission. In the EU, there have been efforts to revitalize institutions – such as the Police Chiefs Task Force and Europol – intended to build intra-EU cooperation in law enforcement. Europol has been tasked with developing more comprehensive information sharing among member state police departments, including a database of criminal investigations. Although Europol does not conduct operations, new protocols to its charter, when ratified, would allow it request national investigations and participate in joint investigations. Eurojust, founded in 2002 and only recently operational, is comprised of top prosecutors and judges from each member state, many with extensive anti-terrorist experience. It is intended to facilitate the building of an effective network of national judicial authorities and prosecutors and eventually harmonizing judicial policy and practice across a wide range of cross-border crimes, including terrorism.

These efforts have been hindered, however, by persistent tensions over whether bilateral or multilateral arrangements are most effective, as well as shortages of understanding and resources. U.S. law enforcement has long had bilateral relationships with equivalent agencies in individual EU member states, for example, between U.S. Customs and Immigration and Naturalization Service officials, and more recently the Department of Justice Joint Terrorist Task Forces, and several national European police forces. Yet, U.S. agencies have been slow to recognize the admittedly creeping shift toward cross-border cooperation in the EU. The FBI, for example, has, until recently, shown little interest in maintaining regular contacts with Europol. It should be noted, however, that the move toward multilateralism is not universally accepted within Europe, with national law enforcement often reluctant to engage with Europol. U.S. officials thus encounter a rather schizophrenic Europe, in which they are encouraged to engage with EU institutions as a means both of efficiency and giving these organizations more credibility, but are also urged to maintain and even strengthen bilateral ties, on the grounds that EU cooperation is still weak (which it is).

These tensions over bilateral vs. multilateral approaches have been reinforced by a general lack of understanding among U.S. officials about European law enforcement traditions and procedures, as well as EU processes and institutions. The traditional U.S. legal attaché system has not been able to provide enough individuals with adequate training and knowledge to be effective liaisons in the evolving context of European law enforcement. The Department of Justice has not been able to provide regular liaison with Eurojust. On the European side, limitations in financial and personnel resources are hindering the development of more effective Europe-wide institutions and thus perpetuating the bilateral emphasis. Eurojust, for example, is limited in its activities by its very small staff, even for a new institution. Europol member states have been unable to agree on a new director since early in 2004, significantly handicapping that institution. Moreover, some member states do not take advantage of the experience of returning Europol liaison officers by giving them assignments that would spread that expertise throughout their forces, but instead give them "deadend" jobs that discourage others from seeking the liaison position.

These barriers to effective cooperation have been reinforced by a few high profile cases that have exacerbated transatlantic misunderstandings. Most prominent has been the case of Mounir al-Motassadeq, a Moroccan citizen arrested and tried in Germany on suspicion of involvement in the 9/11 attacks. His initial conviction was overturned because the United States refused to allow testimony from individuals who were under detention and could possibly provide evidence in his favor. When U.S. authorities eventually did provide summaries of interrogations of those individuals, the evidence seemed to preclude al-Motassadeq's involvement in the attacks – a development that did not boost U.S. credibility in this area.[11] European officials frequently mention unspecified arrests that have been made, sometimes at U.S behest, but that prove impossible to sustain because U.S. authorities will not or cannot provide information that qualifies as evidence in a European court. Similarly, U.S. officials sometimes complain that European officials release many suspected terrorists; a pattern that seems in part derived from a European practice of making preventive arrests.

Despite these differences, however, this is an auspicious time to push for greater transatlantic cooperation in law enforcement and judicial policy. The attack on Madrid has strengthened the connections between many European law enforcement agencies and demonstrated to everyone that a stronger "European-level" structure is essential. To reinforce this nascent trend, the United States and the EU should:

- *Bring the MLATs and extradition treaty into effect as soon as possible*, reconciling them with existing bilateral agreements. First, this will have the practical effect of providing a legal basis for joint investigative teams, sharing of evidentiary information, and other collaborative measures, as well as the transfer of accused terrorists to the relevant jurisdiction. Ratification will also help lessen the tensions over bilateral vs. multilateral efforts by providing a framework in which they can be integrated. Finally, aside from the practical implications, bringing the MLATs and extradition treaty into force will be an important symbol of the growing effectiveness of transatlantic cooperation.
- *Launch an on-going set of expert discussions on various law enforcement and judicial issues*, including sharing investigative and intelligence information, treatment of evidence, investigative and judicial procedures, etc. These will be useful in overcoming the inevitable questions that will arise in implementing the MLATs, but should also move collaboration even further forward. They could be reinforced by exchange programs among U.S. and EU law enforcement officials aimed at broadening their knowledge of criminal law and investigative methods on the other side of the Atlantic.
- *Re-engage with Europol.* In October 2004, Attorney General Ashcroft announced the re-appointment of an FBI liaison officer to Europol after that position had lapsed for some time (a liaison had been appointed immediately after September 2001, but had been withdrawn a few months later). This is a very positive step that now needs to be

---

[11] The retrial of al-Motassadeq was still underway in November 2004.

implemented with the appointment of an energetic individual knowledgeable about European law enforcement and the changes it is undergoing. Previous attempts to build ties with the FBI have been frustrated by Europol's non-operational mandate. If the new liaison does not find sufficient benefit in Europol's primary function of information collection, it may be that the FBI as a whole is not the most appropriate agency for this partnership. But these U.S. efforts will only be effective if European member states commit to making Europol a successful institution. Criticism of Europol as ineffective is rampant within Europe and there are shortcomings that need to be addressed. But the reluctance of police authorities to share information with Europol because it is ineffective has become a self-fulfilling prophecy.

- *Appoint a full-time liaison to Eurojust, as a way of supporting its very practical efforts to build cooperation among judicial authorities*; for the United States, this should entail the appointment of a full-time liaison in The Hague. This person should have a judicial or prosecutorial background and network, and should not be the same person appointed to Europol (that liaison should have expertise in police work). As a new institution, it is critical that Eurojust quickly develop credibility and this can best be done by active involvement by member states and the United States in its activities. Although Eurojust can only request (not mandate) investigations or information, it does have the opportunity to be effective by sharing appropriate information about investigations, illuminating obstacles to judicial cooperation, and identifying "best practices" in judicial practice as it relates to fighting terrorism and other cross-border crime.

- *Expand U.S.-EU cooperation into new areas of criminal investigation*. Both U.S. and European officials were very positive on the value of cooperation in addressing the issues of money laundering and terrorist-financing. Extending this effort into new areas – cybercrime, trafficking in humans and drugs, arms smuggling – will not only reinforce the practice of cooperation, but may also impede the terrorist networks which seem increasingly connected with these other cross-border crimes.

4.3 Borders and Infrastructure

Efforts to protect borders and key infrastructure, especially transportation facilities, have already caused controversy in the transatlantic relationship, specifically over the issues of biometric passports and screening of shipping containers. Despite these early difficulties, there has been a shared U.S.-EU understanding of the importance of protecting borders and infrastructure that has allowed resolutions – albeit sometimes only temporary ones – to be found fairly quickly. In the case of CSI, the disagreement was not over whether containers should be screened but how to do that without providing certain ports with unfair competitive advantages. As for biometric passports, the real victory was not the temporary accord currently in force, but the fact that all parties quickly agreed that biometric indicators should be included as soon as technically feasible. In fact, the experience of the past year indicates that enhanced security measures may also have benefits in other areas: container scanners installed at European ports in response to CSI have discovered so much smuggled merchandise (especially cigarettes) that the penalties and taxes have reportedly covered the costs of the scanners. Similarly, the U.S. requirement that Customs be informed of the contents of containers 24 hours before starting shipment to the United States has forced companies to tighten inventory control, with unexpected gains in efficiencies, according to some business representatives.

Most transatlantic cooperation on border security has so far been concerned with screening airline passengers and has focused on watch lists, passenger information, sky-marshals, and other similar efforts. Opportunities for collaboration in protecting land borders are likely to be somewhat limited, even though both the United States and the European Union have long land borders and difficulties with illegal immigration. For the most part, the United States and the EU are proceeding on parallel, if largely separate tracks in this area. For example, while the United States is working to strengthen the Border Patrol and methods of tracking visitors while on U.S. territory, the EU is considering a proposal to establish a system of European border guards, especially as the ten new members accede to the Schengen area in the next few years. Some member states have recently suggested establishing camps for potential immigrants in various North African countries, so that individuals could be screened before entering the Union. Even thought the United States and EU have given priority to tightening the security of their own borders and tracking those individuals who cross into their territory, they will still benefit from cooperation in this area. Specifically, as each develops watch lists and databases, it will be essential to develop methods of comparing information in a way that safeguards individual privacy. They will also benefit from comparing "best practices" in this area. In addition, enhanced cooperation against trafficking in humans and drugs can foster the type of joint activities (marine patrols, intelligence, etc.) that can in turn benefit anti-terrorist efforts.

The protection of infrastructure and transportation networks offers significant opportunities for U.S.-EU cooperation. All acknowledge the difficulty of protecting such infrastructure, which ranges from metropolitan transport systems used by millions of people each day – as in Madrid – to major ports and airports, and the ships and planes that transit through them. There is also a need to protect ships from piracy and other dangers as they cross the high seas with dangerous cargos, such as liquefied natural gas and various chemicals, which could conceivably be used to devastating effect if they fell into the wrong hands. Both the United States and the EU have taken a series of measures to protect transport infrastructure or networks, although much remains to be done. In some ways, the CSI dispute has proven to be a catalyst, bringing together agencies that would not have interacted before – such as the U.S. Coast Guard and the European Commission – and providing a focus on port security that has allowed some solid cooperation to develop. Eventually, the CSI program will be put in place at ports throughout the European Union, and the current EU program of aviation security inspectors will soon be expanded to port inspections. The U.S.-EU Policy Dialogue on Border and Transport Security brings together officials from the Department of Homeland Security and the European Commission, along with representatives of other agencies, to consider ways of collaborating in protecting territory and infrastructure. In September 2004, another positive step was taken in the announcement by Secretary Ridge that a Department of Homeland Security official will be posted to the U.S. Mission to the European Union.

These efforts have been hindered, however, by the very complexity of the challenge. In some cases, a particular threat can only be addressed effectively through a complex network of strategies. For example, the protection of civilian aircraft from MANPADS – man-portable air defense systems, i.e., shoulder-fired missiles – involves surveillance of the area surrounding an airport, international non-proliferation efforts, border security procedures designed to keep the manpad out of the country, and, finally, the possibility of air defense measures. Similarly, protecting "intermodal" transport systems – for example, containers that move via ship, train, and then truck – involves a multitude of different agencies and technical capabilities, even if no international borders are involved. Second, the involvement of multiple agencies and organizations can generate some unwelcome disputes. Recently, the U.S. Department of Energy has proposed a program for installing radiation detectors at various major ports in Europe. Despite the fact that CSI had just been resolved, the Energy Department's move at first seemed likely to repeat the mistake of pursuing negotiations with individual ports rather than through the Union, and has thus been the cause of some consternation among European officials. It has also highlighted the need for a "traffic cop" – perhaps the State Department – that can encourage U.S. agencies to learn from the experience of others.

Despite these challenges, however, the United States and the European Union are both strongly committed to making progress in this area. In the immediate future, they should especially focus their efforts on working together on some key priorities. In particular, they should:

- *Strengthen efforts to develop global standards for technologies and procedures that can be used worldwide.* For example, both the United States and the EU have signed on to the International Maritime Organization's International Ship and Port Facility Security Code (ISPC), which specifies a series of security measures that ports should enforce. Because U.S. and European ports dominate world shipping, denying entry to ships from ports that do not enforce the ISPC will provide a powerful incentive for ports around the world to upgrade their security.[12] Similarly, standards for other technologies, such as secure labels for containers, could be developed on a bilateral basis and then adopted by international standard-setting bodies.
- *Collaborate on research and development of technologies that will aid in preventing terrorism or ameliorating its effects.* The European Union has recently designated R&D funds specifically for development of technologies that might aid in the fight against terrorism, and the DHS supports similar efforts. These funds are intended to support a range of projects, from database design to the development of subway cars that are better able to withstand blasts, or even security systems for highrisk facilities. These funds will be more effective if those awarding them are aware of other innovation efforts underway on the other side of the Atlantic and can consider compatible – or at least not duplicative – projects when allocating their funds. Separate R&D efforts may lead to the development and adoption of incompatible technologies that hinder and frustrate transatlantic cooperation.
- *Reinforce joint efforts to strengthen port security and expand this to intermodal transport networks.* Much work has already been done in this area and despite the rough start over CSI, the will to cooperate seems very much in evidence. In the immediate future, the priorities will include: sharing best practices; joint training of inspectors, perhaps through exchange programs; and enhancing methods of identifying high-risk

---

[12] The EU legislation to enact the ISPC has not yet been finalized, but is expected to be in force soon. The U.S. Coast Guard will soon be required by law to ban all ships from U.S. ports unless they come from a port with the ISPC in effect.

vessels, especially among those who transit U.S. and EU ports without taking on or off-loading cargo. Addressing intermodal transport will be much more difficult and cooperation will be complicated by differences in U.S. and EU transport systems (in the United States, for example, containers move largely by rail, while trucks are more important in Europe). But transatlantic cooperation on technology, procedures, and intelligence could help make vital transport networks safer.

- *Engage the private sector more fully on both sides of the Atlantic.* Following the September 2001 attacks, the business community has put enormous efforts into preventive security measures, as well as back-up systems that can preserve vital records and systems in case prevention fails. But for many businesses, especially the small and medium enterprises for whom security may seem a questionable expense, guidance is required in terms of basic, cost-effective steps that can provide some element of protection and continuity. But the private sector is not merely the recipient of government advice and requirements – or even simply the recipient of funds to develop new anti-terrorism technologies. Especially in terms of protecting transport networks and key infrastructure, the private sector is clearly an essential partner. Even though ownership of major energy and transport facilities is often structured very differently in Europe and the United States (one EU official estimated that 80 percent of critical infrastructure in the United States is in private hands, and only 30 percent in Europe, with the rest owned by the state) the business community is usually involved as users, customers, or contractors, even when a facility is in state hands. Protecting major facilities such as ports will clearly depend on strong cooperation between the agency that manages the port and the many private sector customers who send their goods and ships through that facility. Private sector contributions to this effort may range from implementing and enforcing security measures to gathering information about suspicious movements, cargos, and companies. For all these reasons, government officials in both the United States and the EU need to consider how to work with the private sector most effectively, especially given the strong corporate links across the Atlantic and the interconnectedness of the two economies. The TransAtlantic Business Dialogue may be able to play an important role in creating a stronger dialogue between U.S. and European companies on this issue.

4.4 Beyond the U.S.-EU Partnership

While U.S.-EU cooperation in combating terrorism has been a real success story, that partnership alone will not be sufficient in eliminating, or even effectively managing, the threat that terrorism poses in Europe, the United States, or around the world. Even though much remains to be done in strengthening U.S.-EU bilateral efforts, it is also essential that the transatlantic partners take on a leadership role in the global fight against terrorism. This will not be easy. The last three years have seen stark differences between the United States and many European governments, including EU institutions, on relations with countries who are key to the global response to terrorism, especially in the broader Middle East. Although the United States and its allies have agreed on the outline of a program aimed at encouraging reform in that region, differences remain over the relative importance of economic reform and modernization versus political reform and democratization. The sharpest distinctions have emerged over the war in Iraq and the Israeli-Palestinian conflict and their impact on the struggle against terrorism.

Beyond these bilateral differences, two other factors discourage cooperation. First, U.S. credibility in many areas of the world is relatively low, with governments and populations suspicious that the emphasis on a military response in the U.S. fight against terrorism may be a cover for more aggressive ambitions. Some European officials note that occasionally European efforts can be more effective internationally if they are seen as independent of U.S. efforts. Second, however, Europe is far from unified on foreign policy matters, and competence is divided among the European institutions and the member states. European representation in international organizations varies, with the EU sometimes participating along side the member states and sometimes not involved at all.

If the United States and the EU are to exercise global leadership, they must reach out to others and convince them to take specific, sometimes difficult, steps against terrorism, despite serious political differences and even suspicion about U.S. and European motives. It will mean strengthening the mutual understanding and cooperation that already exists across the Atlantic on anti-terrorism so that approaches to third parties are not plagued by disunity and disagreements. In reaching out beyond their bilateral partnership, the United States and the European Union should:

- *Bring NATO into the transatlantic partnership aimed at fighting terrorism.* NATO was one of the very first institutions to declare itself part of the campaign against terrorism with its invocation of the collective defense clause on the day following the September 2001 attacks. But when the United States decided to run the campaign in Afghanistan as a coalition under U.S. command, NATO had only a very limited role until taking on the ISAF command in Afghanistan in August 2003. NATO's ability to cooperate with the EU in the anti-terrorism effort is now constrained by restrictions imposed by member states, some of whom seem concerned that NATO might eclipse the EU in this area, despite their very different talents and mandates. Those restrictions have even delayed the organization of a conference on counter-terrorism that was to be co-sponsored by NATO and the EU. Even once these specific differences are resolved, NATO's involvement will still be hampered by distinctly different U.S. and European views on the utility of military force in combating terrorism. But NATO does have some distinctive strengths that it could bring to bear if permitted to fully engage in the struggle against terrorism. NATO patrols in the eastern Mediterranean have interdicted shipments of contraband and generally made the shipping lanes safer from attack. There may also be other instances when quick strikes at terrorist training camps or other installations may be necessary, and the NATO Response Force is specifically designed for that type of operation. In case of an attack on Europe, NATO does have an integrated command structure that may facilitate a combined response to a rogue aircraft crossing European airspace, for example. Should an attack succeed, NATO's Euro-Atlantic Disaster Response Coordination Centre could assist in coordinating the consequence management effort. There are, of course, many aspects of combating terrorism that would gain little or nothing from the involvement of a military alliance, including most of the law enforcement and homeland security issues covered in this report. But engaging NATO more fully and appropriately will make the U.S.-EU partnership that much stronger and better prepared if circumstances arise in which a mili-

tary response is required, and it will remove an element of contention at the core of that partnership.
- *Assist third countries in combating terrorism.* The pledge to work together in helping other countries become effective partners in the campaign against terrorism was one of the highlights of the June 2004 U.S.-EU summit declaration. Yet, coupled with references to diminishing the underlying conditions that terrorists exploit by "promoting democracy, development, good governance, justice, increased trade, and freedom" and to "support the development of global strategies to promote increased tolerance in the world, including cross-cultural and inter-religious understanding," this pledge seemed both overly ambitious and vague. While acknowledging that terrorism is encouraged by inequalities and repression, an effective effort at coordinating foreign assistance programs must be more narrowly focused, especially if it is to overcome the bureaucratic, financial, and political obstacles that have frustrated previous efforts to coordinate U.S. and EU aid programs. Instead, these assistance efforts should focus on specific anti-terrorist measures, such as helping developing country ports meet the IMO's port security code or their airports to purchase and maintain appropriate security equipment and training. Indeed, if the United States and the EU intend to push for international adoption of standards for anti-terrorist measures, they must also help others meet those standards. Law enforcement training and consequence management preparation will also be valuable and will provide benefits generally in those societies, including after natural disasters. Other types of assistance aimed at generating political and economic reforms will be critical in the long-term, but the immediate focus of U.S.-EU coordination should be on building the capacity of third states to implement specific anti-terrorist measures and policies.
- *Cooperate fully in advancing anti-terrorist efforts in a range of international organizations, especially the United Nations and the G-8.* As mentioned above, the impact of transatlantic cooperation in developing standards for anti-terrorist measures could be multiplied by working with international bodies with mandates to apply these standards globally. The IMO's IPSC represents an example of guidelines, largely instigated by the United States, that are now central to the U.S.-EU discussion of port security and should be key in their assistance to third countries. Other, less technical, international organizations could also be key in the fight against terrorism. The Organization for Security and Cooperation in Europe, for example, could have an important role to play through its police training and anti-trafficking efforts. The United Nations and the G-8 have become particularly active in this area, and their efforts could reinforce transatlantic cooperation while also providing a platform for further U.S.-EU agreements to be extended to other members. At the United Nations, the Counter-Terrorism Committee (CTC) has been charged with overseeing members' implementation of resolution 1373. It has particularly sought to ensure that members have effective legislation, especially in the area of preventing financial support for terrorist groups. The CTC has recently gone through a revitalization, providing an opportune time for the United States and its European partners to use their experience in addressing these same issues to make the UN effort more effective.[13] The G-8 group of leading industrial

---

[13] The CTC membership consists of the 15 UN Security Council members, so the European Union as such is not represented. However, when there is a common EU position — as there is on terrorism — European Security Council members have generally adhered to the EU stance.

countries has also been increasing active in anti-terrorist efforts, although, given that its primary purpose is to meet in regular summits, it is not an institution with a capacity to execute or enforce any programs. Nevertheless, the decisions at the 2004 Sea Island Summit to launch an initiative to make air, land, and sea travel more secure and to undertake an effort to destroy excess MANPADS provide an indication of growing multilateral activity in this area. In addition, the G-8 ministers of justice and interior have issued recommendations to national governments on creating a legal framework to prevent terrorism, the use of special investigative techniques and national security intelligence information in terrorist cases, on border security and travel documents, and on building international capacity to fight cybercrime. The United States and the European Union should cooperate in ensuring that the fight against terrorism remains prominent on the UN and G-8 agendas, and that their recommendations are implemented as widely as possible.

5   Building a Public Constituency

If the United States and the European Union are to maintain and even expand their cooperation against terrorism, they must create a constituency for that effort both among the relevant professionals and the wider public. One of the biggest differences between the policy environment in the United States and that in the EU is the overwhelming priority of antiterrorism in the U.S. law enforcement, security, and judicial communities. In Europe, those countries with recent experience with terrorism are similarly motivated, albeit on a national level. But within the EU, the emphasis has been on building cooperation on law enforcement and judicial matters generally, and because of the prominence of the issue in Europe, illegal immigration is perhaps as much a law-enforcement priority as anti-terrorism. If strengthened, Europol and Eurojust could be key institutions in building truly pan-European law and judicial communities and creating a stronger focus on anti-terrorism. They could also, along with the Commission and other European institutions, help generate European initiatives that will redress the current policy imbalance in which the United States is almost always the one proposing new measures and the EU is responding. A strong anti-terrorism constituency within the relevant European professional communities will help ensure that transatlantic cooperation is based on an equal partnership.

The United States and the EU must also develop more effective outreach to their publics. The public is certainly aware of the importance of this issue, but they have little direct involvement in preventing or responding to terrorism. Thus, a key element of any outreach effort will be providing members of the public with information they can use in some way, so that they become active, constructive participants in combating terrorism. For example, U.S. and European practices in terms of alerts and alert levels are rather different, with many European law enforcement officials skeptical that the general, color-coded alerts issued in the United States do anything other than raise anxiety. Clearly there is a role for the public, both in observing suspicious behavior (abandoned briefcases, purchases of certain materials, etc.) and in being prepared to deal with the consequences of an attack. But there is a fine line between raising awareness and involving the public without causing undue alarm and anxiety. The United States and Europe can learn much from each other as they strive to achieve that balance.

Aside from creating national awareness of, and involvement in, anti-terrorist efforts, the United States and European Union must work together to build public understanding of the extent of cooperation, both across the Atlantic and increasingly, around the world. This is essential, first, to create a constituency for greater U.S.-EU cooperation in fighting terrorism. If the United States and the EU are to build on their successful collaboration to date – and perhaps put in place some of the steps recommended here – they will require a broader base of support for those efforts, both within government and among the public. Second, after the strains of the recent past, greater public understanding of one of the success stories may help demonstrate the value of such transatlantic collaboration more generally and invigorate efforts to cooperate in other areas.

V. Öffentliche Meinung, Medien und Public Diplomacy

Die öffentliche Meinung als Katalysator für transatlantische Kooperation und Konflikte

Alexander Höse und Kai Oppermann

1 Meinungen, Einstellungen und Werte

„Kaum ein anderer Begriff in den Sozialwissenschaften läßt sich so wenig eindeutig oder auch nur in einem Kernbereich übereinstimmend definieren wie jener der öffentlichen Meinung."[1] Die unüberschaubare Anzahl von Definitionen und Verwendungen des Begriffs kann an dieser Stelle nicht diskutiert werden.[2] Wir verstehen unter öffentlicher Meinung (*public opinion*) die Aggregation von individuellen Einstellungen und Meinungen zu Gegenständen, die von öffentlichem Interesse sind und politischen Entscheidungen unterliegen können. Diese Meinungen und Einstellungen können mittels repräsentativer Umfragen empirisch erhoben und gemessen werden. Die Begriffe Meinung und Einstellung werden häufig synonym verwendet, obwohl sie einen unterschiedlichen Gehalt haben. Hinzu tritt oft noch die bedeutungsgleiche Verwendung der Begriffe Einstellungen und Werte, die ebenso vielfältig definiert werden können wie jener der öffentlichen Meinung.[3]

Meinungen, Einstellungen und Werte stellen Dispositionen für Handlungen dar. Sie stehen in einem Verhältnis der Über- und Unterordnung: Werte bilden die Basis für Einstellungen, die wiederum die Grundlage für Meinungen darstellen. Ein Wert (*value*) kann verstanden werden als die dauerhafte Überzeugung, dass eine bestimmte Verhaltensweise oder ein bestimmter Zustand wünschenswerter ist als eine gegenteilige Verhaltensweise oder ein entgegengesetzter Zustand.[4] Werte sind also präskriptiv, indem sie beschreiben, was für einen selbst oder für andere, für die Gesellschaft als erstrebenswert gelten sollte. Sie dienen als Orientierung und Maßstab für das eigene Handeln sowie für die Evaluierung der Umwelt. Werte können sich zwar wandeln, sie sind aber vergleichsweise stabil und beständig. Nicht alle Werte besitzen die gleiche Bedeutung: Einige werden als besonders wichtig, andere als weniger wichtig erachtet. Auch können sich widersprechende Werte gleichzeitig Geltung beanspruchen. Nicht zuletzt sind Werte durch einen hohen Abstraktionsgrad ge-

---

Die Autoren danken Thomas Jäger, Anna Daun, Henrike Viehrig, John Akude und Christoph Hagen für wertvolle Anmerkungen und Kritik.
[1] Öffentliche Meinung, in: Dieter Nohlen/Rainer-Olaf Schultze/Suzanne S. Schüttemeyer, *Lexikon der Politik. Band 7: Politische Begriffe*, München: C.H. Beck, 1998, 433-434 (434).
[2] Vgl. die Sammlung von Definitionen in: Barbara A. Bardes, *Public Opinion. Measuring the American Mind*, Belmont, CA: Thomson/Wadsworth, 2002, 5-8; Elisabeth Noelle-Neumann, *Öffentliche Meinung. Die Entdeckung der Schweigespirale*, 4. Aufl., Frankfurt a.M./Berlin: Ullstein, 1996, 84-95; Hans Rattinger/Joachim Behnke/Christian Holst, *Außenpolitik und öffentliche Meinung in der Bundesrepublik. Ein Datenhandbuch zu Umfragen seit 1954*, Frankfurt a.M.: Peter Lang, 1995, 11-14.
[3] Vgl. die Diskussion in: Manfred Max Bergmann, A Theoretical Note on the Differences between Attitudes, Opinions, and Values, *Swiss Political Science Review*, 4 (2), 1998, 81-93.
[4] Hierzu und zum Folgenden Milton Rokeach, *The Nature of Human Values*, 1973, New York: The Free Press, 5-17; Shalom H. Schwartz/Wolfgang Bilsky, Toward a Universal Structure of Human Values, *Journal of Personality and Social Psychology*, 53 (3), 1987, 550-562 (551).

kennzeichnet: Sie beschreiben Verhaltens*weisen* und Idealzustände, nicht aber ein bestimmtes Verhalten in konkreten Situationen.[5]

Einstellungen (*attitudes*) unterscheiden sich von Werten hinsichtlich ihres Bezugsgegenstandes und ihrer Beständigkeit. Anders als Werte beziehen sich Einstellungen immer auf ein bestimmtes Objekt oder eine bestimmte Situation; sie richten sich auf Ziele, die unmittelbarer und konkreter sind als die Idealziele, die durch Werte beschrieben werden. Einstellungen können als Funktion von tieferliegenden Werten verstanden werden. Werte sind stabiler als Einstellungen, die sich leichter und schneller ändern können und die zahlreicher sind: Es wird geschätzt, dass eine Person nur über einige Dutzend Werte, aber Tausende von Einstellungen verfügt.[6] Meinungen schließlich können ins Unzählbare gehen. Sie gelten als oberflächlichste der drei genannten Handlungsdispositionen, da sie am wenigsten beständig sind. Ebenso wie Einstellungen bedürfen Meinungen immer eines bestimmtes Objekts oder einer bestimmten Situation, auf die sie sich beziehen. Trotz ihrer vergleichsweise hohen Labilität entstehen Meinungen nicht willkürlich oder zufällig, sie sind vielmehr der (verbale) Ausdruck von Einstellungen und dienen deshalb als vorherrschender Indikator für die Bestimmung von Einstellungen.

Abbildung 1: Meinungen, Einstellungen und Werte

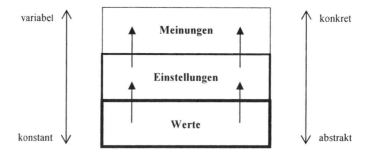

Die Unterschiede zwischen Werten, Einstellungen und Meinungen können anhand eines Beispiels aus dem Bereich der internationalen Politik veranschaulicht werden. Zur Kategorie der Werte zählen so genannte „Endwerte" (*terminal values*) wie „Gleichheit", „Freiheit" oder auch „eine friedliche Welt".[7] Menschen, die diese Werte teilen, können durchaus unterschiedlicher Ansicht darüber sein, wie sie am besten zu verwirklichen sind. Dies kann zu unterschiedlichen außenpolitischen Einstellungen führen: Während etwa die einen militärische Interventionen und Kriege im Allgemeinen (oder auch eine bestimmte Intervention oder einen bestimmten Krieg) als notwendiges Übel auf dem Weg zu einer friedlicheren Welt betrachten, lehnen andere diese(s) Mittel als kontraproduktiv ab. Die erste Gruppe

---

[5] Im Gegensatz zu Werten schreiben soziale Normen ein bestimmtes Verhalten in konkreten Situationen vor. Zudem sind Werte eher innerlich und persönlich, während soziale Normen äußerlich und konsensual sind, d.h. sie existieren dann, wenn eine Mehrheit sie teilt. Rokeach, *The Nature of Human Values*, 19.
[6] Ebd., 18.
[7] Ebd., 26-30.

wird oft mit dem Etikett der „Falken" (*hawks*) versehen, die zweite als „Tauben" (*doves*) bezeichnet. Beide geben vor, das Gleiche zu wollen: eine friedliche Welt. Innerhalb beider Gruppen können wiederum Meinungsunterschiede bestehen etwa hinsichtlich der Zweckmäßigkeit bestimmter politischer Initiativen oder militärischer Schritte zu einem gegebenen Zeitpunkt.

Wie dieses Beispiel und auch die obige Definition von Werten deutlich machen, werden Werte, Einstellungen und Meinungen häufig in Dichotomien gefasst. Dies erleichtert die Reduktion von Komplexität unter anderem bei der Messung der öffentlichen Meinung, die vor allem die beiden oberen Ebenen des in Abbildung 1 dargestellten Modells erfasst – also Einstellungen und Meinungen der Bevölkerung, nicht die ihnen zu Grunde liegenden Werte. Die Unterscheidung zwischen Einstellungen und Meinungen kann zum Verständnis der komplexen Beziehungen zwischen regierungsseitiger Außenpolitik, öffentlicher Meinung und den Medien beitragen, die sich vereinfacht in der Form einer Dreiecksbeziehung darstellen lassen.

Abbildung 2: Beziehungen zwischen Regierung, Medien und öffentlicher Meinung

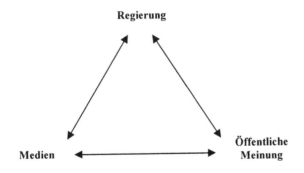

Dabei wird angenommen, dass sich alle drei Akteure wechselseitig beeinflussen. Weniger klar sind die Dominanzeffekte, die dabei auftreten: Es steht außer Frage, dass die öffentliche Meinung von den Medien und – zumeist über diese vermittelt – von der Regierung beeinflusst wird. Wir halten es für plausibel davon auszugehen, dass eine Regierung oder ein Medienakteur zwar in der Lage ist, die *Meinung* der Öffentlichkeit sowie die Salienz[8] existierender Meinungen zu einer bestimmten außenpolitischen Frage zu beeinflussen. Es liegt aber jenseits der Möglichkeiten einer Regierung oder eines Medienakteurs, die außenpolitischen *Einstellungen* der Bevölkerung zu verändern – jedenfalls in Abwesenheit eines externen Schocks, eines einschneidenden Ereignisses, das die Neudefinition der außenpolitischen Kultur eines Landes anstößt. Zudem können Regierungen und Medien nur dann Einfluss auf die Meinungsbildung nehmen, wenn sie an bereits in der Bevölkerung vorhandene Einstellungen anknüpfen. Dies bedeutet auch, dass *Public Diplomacy*, also die Versu-

---

[8] Salienz (*salience*) dient als Fachbegriff, der die Bedeutung, Dringlichkeit, Wichtigkeit oder Intensität eines Themas oder einer Meinung erfasst.

che von Regierungen, die öffentliche Meinung in anderen Ländern zu beeinflussen,[9] kurzfristig nur auf die Veränderung von Meinungen zielen kann. Erheblich aufwändiger und langwieriger gestaltet sich die Beeinflussung von Einstellungen, und einen Wertewandel in einer anderen Gesellschaft herbeizuführen, liegt in der Regel außerhalb externer Einflussmöglichkeiten.

Im Folgenden sollen zunächst einige wichtige außenpolitische Grundeinstellungen beiderseits des Atlantiks dargestellt werden, durch welche die öffentliche Meinung zu außenpolitischen Themen strukturiert wird. Anschließend werden wir aus liberaler Theorieperspektive begründen, warum die öffentliche Meinung in der Außenpolitik und in den Beziehungen zwischen Europa und den USA grundsätzlich als wichtige Einflussgröße zu betrachten ist. Es gilt jedoch die besonderen Bedingungen zu berücksichtigen, unter denen die öffentliche Meinung tatsächlich als Katalysator für Kooperation und Konflikt in den transatlantischen Beziehungen wirken kann. Zu diesem Zweck werden wir ein Analysekonzept vorschlagen und illustrativ auf zwei Problemfelder der transatlantischen Beziehungen anwenden.

2   Außenpolitische Grundeinstellungen in den USA und Europa

Die Öffentlichkeit verfügt über außenpolitische Grundeinstellungen (oder: Grundorientierungen), welche die öffentliche Meinungsbildung strukturieren. Die Gesamtheit der außenpolitischen Grundeinstellungen formt die „außenpolitischen Kultur"[10] eines Landes, die verstanden werden kann als „die Gesamtheit der historisch fundierten, [außen]politisch bedeutsamen, über die Zeit relativ stabilen Einstellungen und Verhaltensweisen"[11] einer staatlich verfassten Gesellschaft. Dominante Einstellungen können sich über die Zeit zu einer „verinnerlichten Staatsräson"[12] kombinieren und verdichten. Die Dimensionen und Ausprägungen außenpolitischer Grundeinstellungen vor allem in der amerikanischen Gesellschaft, aber auch in jener der Bundesrepublik Deutschland und anderer Staaten sind in zahlreichen Studien herausgearbeitet worden.[13] Für die amerikanische Außenpolitik sind vor allem drei Gegensatzpaare von Bedeutung:[14]

---

[9] Zu Konzept und Praxis der *Public Diplomacy* vgl. den Beitrag von Wolfgang Gerz sowie den Bericht „Finding America's Voice: A Strategy for Reinvigorating U.S. Public Diplomacy" des *Council on Foreign Relations* in diesem Band.
[10] In einer Engführung auf das Feld der Sicherheitspolitik arbeitet die außenpolitische Kulturforschung mit dem Konzept der „strategischen Kultur". Vgl. Kerry Longhurst, The Concept of Strategic Culture, in: Gerhard Kümmel/Andreas D. Prüfert (Hrsg.), *Military Sociology. The Richness of a Discipline*, Baden-Baden: Nomos, 2000, 301-310.
[11] Jürgen Bellers, *Politische Kultur und Außenpolitik im Vergleich*, München/Wien: Oldenbourg, 1999, 7.
[12] Hans Rattinger/Christian Holst, *Strukturen und Determinanten außen- und sicherheitspolitischer Einstellungen in der Bundesrepublik*, Bamberg, 1998, www.uni-bamberg.de/sowi/polsociology/forschung/publications/ausi.html, Text volume, 6.
[13] Vgl. beispielhaft für die Bundesrepublik Deutschland: ebd. sowie Gebhard Schweigler, *Grundlagen der außenpolitischen Orientierung der Bundesrepublik Deutschland. Rahmenbedingungen, Motive, Einstellungen*, Baden-Baden: Nomos, 1985. Für die USA: Donald M. Snow/Eugene Brown, *United States Foreign Policy. Politics beyond the Water's Edge*, 2. Aufl., Belmont, CA: Thomson/Wadsworth, 2000, 10-27; Eugene R. Wittkopf, *Faces of Internationalism. Public Opinion and American Foreign Policy*, Durham, NC: Duke University Press, 1990.
[14] Thomas Jäger, Ordnung, Bedrohung, Identität. Grundlagen außenpolitischer Strategien, in: Thomas Jäger/Alexander Höse/Kai Oppermann, *Die Sicherheitsstrategien Europas und der USA. Transatlantische Entwürfe für eine Weltordnungspolitik*, Baden-Baden: Nomos, 2005, 9-26 (19-22).

- Isolationismus vs. Internationalismus: bezieht sich auf den geographischen Raum außenpolitischen Handelns und das Ausmaß, in dem sich ein Land in der internationalen Politik – und das heißt vor allem für das Management internationaler Konflikte – engagieren soll.
- Unilateralismus vs. Multilateralismus: beschreibt den Modus außenpolitischen Handelns sowohl bei der Entscheidungsfindung wie bei der Implementierung der Entscheidungen. Multilaterales Handeln bezieht die Interessen anderer Staaten in die Entscheidungen ein und implementiert diese in Abstimmung mit anderen Staaten.[15]
- Idealismus vs. Realismus: bezieht sich auf die Ziele von Außenpolitik und die Vorstellung davon, wie (inter)nationale Sicherheit und Frieden hergestellt werden können. Während Idealisten eine „moralische" Außenpolitik bevorzugen und den Aufbau von Systemen kollektiver Sicherheit und die Verbreitung des demokratischen politischen Systems in den Vordergrund stellen, betonen Realisten den Primat des „nationalen Interesses" und die Bedeutung von – primär militärischer – Macht- bzw. Gegenmachtbildung.[16]

Entgegen einer auf beiden Seiten des Atlantiks weit verbreiteten Auffassung ist die amerikanische Öffentlichkeit auch seit dem Ende des Ost-West-Konflikts nicht mehrheitlich und auch nicht in zunehmendem Maße unilateralistisch und isolationistisch eingestellt[17] – im Gegenteil: Die außenpolitische Grundeinstellung der amerikanische Öffentlichkeit ist deutlich internationalistisch und multilateralistisch. Diese Einstellungen sind in der Bevölkerung der USA seit Jahrzehnten dominant, wenn auch in unterschiedlicher Stärke sowohl im historischen Längsschnitt wie im Vergleich der beiden Dimensionen. Die Terroranschläge vom 11. September 2001 haben daran wenig geändert, sie haben die vorherrschenden Einstellungen eher noch verstärkt. Rund drei Viertel der US-Bürger befürworten eine aktive Rolle ihres Landes in der Weltpolitik.[18] Die Isolationisten erreichten zwar in Umfragen Mitte der 1990er Jahre einen kurzzeitigen Hochstand von 40%, doch ihr Anteil ist seither auf rund 15% gesunken.

Allerdings ist auch weniger als die Hälfte der Amerikaner der Ansicht, dass den USA die *alleinige* Führungsrolle oder der *aktivste* Part in der Welt zukommen sollte. Die seit den 1950er Jahren vor allem im transatlantischen sicherheitspolitischen Diskurs immer wieder gestellte Forderung der USA nach mehr *burden sharing*, also mehr internationaler Lastenteilung, spiegelt diese Haltung wider. Die amerikanische Öffentlichkeit präferiert eine mul-

---

[15] Die Implementierung autonomer Entscheidungen bleibt unilaterales Handeln, „auch wenn andere Staaten sich der Handlung anschließen". Ebd., 20.
[16] In den Weltbildern des Idealismus und Realismus werden unterschiedliche Determinanten des Handelns von Akteuren im internationalen System identifiziert. Dies besagt weniger über die Wünschbarkeit bestimmter Ziele oder Endzustände als über die Einschätzung der Realisierbarkeit derselben.
[17] Steven Kull/I.M. Destler, *Misreading the Public. The Myth of a New Isolationism*, Washington, D.C.: The Brookings Institution Press, 1999.
[18] Hierzu und zum Folgenden: The Chicago Council on Foreign Relations/The German Marshall Fund of the United States, *Worldviews 2002. Key Findings: US 9/11 Report*, www.worldviews.org; The German Marshall Fund of the United States, *Transatlantic Trends 2003* und *2004*, www.transatlantictrends.org; The Gallup Organization, *Action or Isolation: Americans Ponder U.S. Role*, 25. Februar 2003, und *Americans Retain an "Internationalist" Perspective*, 1. März 2004, www.gallup.com; The Pew Research Center for the People and the Press, *America's New Internationalist Point of View*, 24. Oktober 2001, *Public More Internationalist than in 1990s*, 12. Dezember 2002, und *Foreign Policy Attitudes Now Driven by 9/11 and Iraq*, 18. August 2004, www.people-press.org.

tilaterale Außenpolitik: Über die Hälfte der Amerikaner möchte die Interessen der Verbündeten in der amerikanischen Außenpolitik berücksichtigt sehen, auch wenn dies bedeutet, dass die Vereinigten Staaten Abstriche an ihrer bevorzugten Politik machen müssen; nur ein Drittel ist der Auffassung, die US-Außenpolitik solle sich in erster Linie am nationalen Interesse der Vereinigten Staaten orientieren. Eine Ausnahme bildet der Kampf gegen den Terrorismus: Hier ist die Gruppe derer, welche die nationalen Interessen für wichtiger halten, größer als die Zahl derjenigen, die auch auf diesem Gebiet eine starke Berücksichtigung der Interessen der Verbündeten fordern.[19] Die Diskrepanz zwischen der multilateralistischen Einstellung der amerikanischen Wähler und der weithin konstatierten unilateralen Ausrichtung der US-Außenpolitik besonders unter Präsident George W. Bush, aber auch unter seinen Amtsvorgängern lässt sich unter anderem dadurch erklären, dass die Mehrheit der Amerikaner glaubt, ihre Landsleute würden eine unilaterale Außenpolitik bevorzugen.[20] Diese Fehlwahrnehmung, die unter anderem aus der überproportionalen Berichterstattung über unilaterale Maßnahmen und Ansichten in den amerikanischen Medien resultiert, erleichtert die innenpolitische Durchsetzung und Legitimierung unilateraler Außenpolitik.[21]

Weniger deutlich als in den ersten beiden Dichotomien ist die Ausprägung der außenpolitischen Einstellungen zwischen den Polen Idealismus und Realismus. Dies liegt zum einen an der Vieldeutigkeit der beiden Begriffe, deren Definition zudem den Rückgriff auf Konzepte erfordert, die sich wiederum einer allgemeingültigen Definition entziehen. Folglich sind beide Begriffe nur schwer zu operationalisieren und die Ausprägung zwischen Idealismus und Realismus nur schwer zu messen. Zum anderen scheint die Öffentlichkeit selbst ambivalent hinsichtlich der idealistischen und realistischen Komponenten der amerikanischen Außenpolitik. Nur ein Viertel der US-Bürger hält es für sehr wichtig, in der Außenpolitik „idealistisch" zu sein, aber 72% finden es sehr wichtig, in der Außenpolitik „moralischen Prinzipien zu folgen".[22] Dieser scheinbar widersprüchliche Befund lässt sich damit erklären, dass der Begriff „idealistisch" mit einer naiven Außenpolitik assoziiert wird, die von vornherein zum Scheitern verurteilt sei und für die Präsident Woodrow Wilson (1913-1921) bis heute sinnbildlich steht. Auf der anderen Seite zählt ein ausgesprochener Moralismus, ja ein moralischer Absolutismus seit jeher zum Kernbestand des amerikanischen Wertesystems, was sich auch auf außenpolitische Einstellungen überträgt.[23] Als George W. Bush den Krieg gegen den Terrorismus als Kampf zwischen Gut und Böse definierte und Nordkorea, Iran und Irak samt ihrer terroristischen Verbündeten als „Achse des Bösen" (*axis of evil*) bezeichnete, stieß er in Europa auf Unverständnis und Ablehnung. Er knüpfte mit seinen Äußerungen jedoch an eine lange amerikanische Tradition an, derzufolge die Opfer, die ein Krieg fordert, nur dann bereitwillig erbracht werden, wenn dieser einem moralisch einwandfreien Zweck dient.[24]

---

[19] Chicago Council on Foreign Relations/German Marshall Fund, Worldviews 2002. Key Findings: US 9/11 Report; Pew Research Center, America's New Internationalist Point of View und Foreign Policy Attitudes.
[20] Alexander Todorov/Anesu N. Mandisodza, Public Opinion and Foreign Policy. The Multilateral Public that Perceives Itself as Unilateral, *Public Opinion Quarterly*, 68 (3), 2004, 232-348.
[21] Ebd.
[22] Pew Research Center, *Foreign Policy Attitudes*.
[23] Seymour Martin Lipset, *American Exceptionalism. A Double-Edged Sword*, New York/London: W.W. Norton, 1996.
[24] Die Notwendigkeit einer moralischen Begründung trägt auch zur Erklärung der Ablehnung des Vietnamkrieges in den USA bei: Präsident Johnson hatte den Krieg nicht zum Kampf gegen das Böse schlechthin stilisiert, da er eine Wiederholung der antikommunistischen Hetze der McCarthy-Ära Anfang der 1950er Jahre befürchtete.

Moralische Außenpolitik und nationale Interessen schließen sich nicht notwendigerweise gegenseitig aus, denn ethische Grundsätze können in die gesellschaftliche Definition nationaler Interessen einfließen.[25] Auf der außenpolitischen Prioritätenliste der amerikanischen Öffentlichkeit rangieren Ziele, die als primär altruistisch eingestuft werden können (z.B. die Verbesserung der Lebensverhältnisse in anderen Ländern), meist hinter jenen Zielen, die unmittelbar der Sicherheit und dem Wohlstand der USA dienen (Terrorismusbekämpfung, Sicherung der Energiezufuhr etc.). Allerdings fällt auf, dass erstens die Bekämpfung des Welthungers von über 60% der Amerikaner in die höchste Prioritätenkategorie eingeordnet wird und zweitens die Wichtigkeit altruistischer Ziele ansonsten umso höher eingeschätzt wird, je konkreter sich eine Problemlage darstellt. So gibt zwar weniger als die Hälfte der Befragten dem abstrakten Ziel der Verbreitung und Verteidigung der Menschenrechte höchste Priorität, doch über drei Viertel befürworten den Einsatz der amerikanischen Streitkräfte, um einen Genozid oder eine Hungersnot in einem anderen Land zu verhindern.[26]

Das Kernanliegen einer idealistischen Außenpolitik, die Verbreitung der Demokratie, zählt nur für rund ein Drittel der amerikanischen Bevölkerung zu den wichtigsten außenpolitischen Zielen; hingegen zählt für zwei Drittel die Bewahrung der weltweiten militärischen Überlegenheit der USA zu den wichtigsten Zielen der Außenpolitik,[27] und über die Hälfte stimmt der These zu, dass Frieden am besten durch militärische Stärke bewahrt werden kann.[28] Die amerikanische Öffentlichkeit zeigt sich in diesem zentralen Punkt also eher realistisch als idealistisch. Andererseits wird die amerikanische außenpolitische Kultur von einem deutlichen humanitären und moralischen Impetus sowie einer traditionellen Abneigung gegen klassische Machtpolitik alt-europäischen Stils durchzogen. Die innenpolitische Durchsetzung amerikanischer Außenpolitik erfordert erfahrungsgemäß immer beide Elemente: Ebenso wenig wie sie ohne den Verweis auf das „nationale Interesse" der Vereinigten Staaten auskommt, kann die Regierung allein auf machtpolitische Argumente verweisen, um in der Öffentlichkeit Unterstützung für ihre Außenpolitik zu finden.

Neben den hier dargestellten Gegensatzpaaren lassen sich weitere außenpolitische Grundeinstellungen herausarbeiten, etwa hinsichtlich der bereits erwähnten Frage nach der Legitimität und Nützlichkeit der Anwendung militärischer Gewalt (Militarismus vs. Pazifismus) oder der relativen Bedeutung von *hard power* und *soft power*.[29] Unterschiedliche Einstellungen entlang dieser Dimensionen hängen eng mit realistischen bzw. idealistischen Grundeinstellungen zusammen und lassen sich recht deutlich an der parteipolitischen Gren-

---

[25] Zum Verhältnis zwischen nationalem Interesse und Moral in der amerikanischen Außenpolitik vgl. grundlegend Hans Morgenthau, *In Defense of the National Interest*, New York: Alfred A. Knopf, 1951. Zur jüngeren Debatte vgl. die einflussreichen Beiträge von Samuel S. Huntington, The Erosion of American National Interests, *Foreign Affairs*, 76 (5), 1997, 28-49; Joseph S. Nye, Redefining the National Interest, *Foreign Affairs*, 78 (4), 1999, 22-35; Condoleezza Rice, Promoting the National Interest, *Foreign Affairs*, 79 (1), 2000, 45-62.
[26] Chicago Council on Foreign Relations/German Marshall Fund, *Worldviews 2002. Key Findings: US 9/11 Report*.
[27] Ebd. sowie Pew Research Center, *Foreign Policy Attitudes*.
[28] German Marshall Fund, *Transatlantic Trends 2004*.
[29] Vgl. die Arbeiten von Joseph S. Nye zum Konzept der *soft power*.

ze zwischen Demokraten und Republikanern festmachen.[30] Ebenso gibt es seit jeher divergierende außenpolitische Einstellungen zwischen verschiedenen Regionen der USA.[31]

Dennoch kann von *einer* amerikanischen außenpolitischen Kultur und *einer* amerikanischen öffentlichen Meinung gesprochen werden. Dies ist in Bezug auf Europa nicht oder nur sehr eingeschränkt der Fall. Zwar lassen sich Ansätze der Entstehung einer europäischen Öffentlichkeit bzw. der Europäisierung nationaler Öffentlichkeiten beobachten,[32] doch gibt es keine nachhaltige europäische Diskussion über (außen)politisches Handeln. Öffentliche politische Kommunikation ist nach wie vor überwiegend national organisiert, ebenso wie nationale politische Kulturen fortbestehen.[33] Die außenpolitischen Grundeinstellungen in Europa weisen sowohl im innereuropäischen Vergleich als auch im Vergleich zu den USA viele Gemeinsamkeiten, aber auch wichtige Unterschiede auf. In vielen europäischen Ländern ist die Öffentlichkeit ebenso internationalistisch gesinnt wie in den USA; der Anteil derer, die eine aktive Rolle ihres Landes in der Weltpolitik begrüßen, liegt zwischen etwas mehr als 70% in Italien und fast 90% in Frankreich.[34] Eine starke Führungsrolle der EU in der Weltpolitik wird in diesen Ländern von fast ebenso großen Mehrheiten befürwortet; allerdings fällt in Großbritannien und der Slowakei die Zustimmung in dieser Frage deutlich ab. In allen Ländern ist zudem eine multilateralistische Grundeinstellung deutlich vorherrschend, doch bei der Frage, ob die Vereinten Nationen umgangen werden dürften, wenn die eigene Sicherheit bedroht ist, gehen die Meinungen auseinander: Vor allem in Großbritannien, den Niederlanden, Spanien und Portugal gleicht die Einstellung der Öffentlichkeiten eher jener in den USA, wo die Mehrheit einem solchen Vorgehen zustimmen kann.

Der transatlantische Vergleich zeigt auch, dass die Öffentlichkeit in den meisten europäischen Ländern nicht weniger zum Einsatz militärischer Gewalt bereit ist als die amerikanische Bevölkerung. Zwei Aspekte fallen jedoch auf: Zum einen ist die deutsche Öffentlichkeit vergleichsweise zurückhaltend bei der Befürwortung militärischer Einsätze; zum anderen sind die meisten Europäer noch bereitwilliger als die Amerikaner, ihre Streitkräfte vor allem für humanitäre und internationale Anliegen einzusetzen. Im Gegensatz zu den USA stößt die These, dass militärische Stärke das beste Mittel zur Bewahrung des Friedens sei, in Europa auf deutliche Ablehnung. Weniger ausgeprägt, aber doch messbar sind die Unterschiede auf beiden Seiten des Atlantiks hinsichtlich der relativen Bedeutung, die militärischer und wirtschaftlicher Macht in den internationalen Beziehungen beigemes-

---

[30] Vgl. Lee Feinstein/James M. Lindsay/Max Boot, *On Foreign Policy, Red and Blue Voters Are Worlds Apart. Commentary on the Council/Pew Poll*, 2004, www.cfr.org, sowie den Beitrag von Ronald Asmus, Philip P. Everts und Pierangelo Isernia in diesem Band.

[31] Peter Trubowitz, *Defining the National Interest. Conflict and Change in American Foreign Policy*, Chicago/London: The University of Chicago Press, 1998.

[32] Maurizio Bach (Hrsg.), *Die Europäisierung nationaler Gesellschaften*, Wiesbaden: VS Verlag für Sozialwissenschaften, 2001; Ruud Koopmans/Jessica Erbe, *Towards a European Public Sphere? Vertical and Horizontal Dimensions of Europeanised Political Communication*, Discussion Paper SP IV 2003-43, Wissenschaftszentrum Berlin für Sozialforschung (WZB), 2003.

[33] Jäger, Ordnung, Bedrohung, Identität, 21-22.

[34] Deutlich weniger sind es lediglich in der Slowakei. Zudem fällt auf, dass sich die öffentliche Meinung in der Türkei in vielen außenpolitischen Fragen von jener in den übrigen Ländern Europas stark unterscheidet; auf diesen Umstand wird bei den weiteren Ausführungen nicht mehr in allen Einzelfällen hingewiesen. Vgl. hierzu und zum Folgenden: German Marshall Fund, *Transatlantic Trends 2004*, mit Daten zu Frankreich, Deutschland, Großbritannien, Niederlande, Polen, Portugal, Spanien, Slowakei und Türkei für die Jahre 2002 bis 2004; Chicago Council on Foreign Relations/German Marshall Fund of the United States, *Worldviews 2002. European Public Opinion and Foreign Policy*, www.worldviews.org, für Frankreich, Deutschland, Großbritannien, Niederlande und Polen.

sen wird. Nur in den USA verneint mehr als ein Viertel der Bevölkerung die Frage, ob wirtschaftliche Macht wichtiger sei als militärische Macht. Diese Befunde legen die Vermutung nahe, dass die außenpolitische Grundeinstellung in der europäischen Bevölkerung stärker idealistische und weniger realistische Züge trägt als in der amerikanischen Öffentlichkeit.

Auf der Ebene der Einstellungen kann auch die Handlungsdisposition des Antiamerikanismus verortet werden. Ein zunehmender Antiamerikanismus wird nicht nur in der islamischen Welt, sondern in allen Weltregionen einschließlich Europa konstatiert.[35] Antiamerikanismus ist kein neues Phänomen, sondern so alt wie die amerikanische Nation selbst.[36] Der Begriff beschreibt ein tiefsitzendes Ressentiment gegenüber den Vereinigten Staaten und der amerikanischen Gesellschaft, das mit der Ablehnung ihrer sozialen, wirtschaftlichen und politischen Institutionen, Traditionen und Werte einhergeht – unabhängig davon, was der Träger dieser Einstellung tatsächlich über die Vereinigten Staaten weiß.[37] Die Abneigung richtet sich nicht in erster Linie gegen das, was Amerikaner und die Vereinigten Staaten *tun*, sondern gegen das, was sie *sind*.[38] Dieses Merkmal kann zur schwierigen Unterscheidung zwischen Antiamerikanismus und Amerikakritik herangezogen werden.[39] Von Antiamerikanismus kann dann gesprochen werden, wenn „Kritik verbunden wird mit der Aussage oder Suggestion, der Kritisierte erweise sich gerade in diesem kritisierten Aspekt als typischer Vertreter seiner Gruppe, zu deren Wesensmerkmalen jener Aspekt zähle und die sich darin von allen anderen Gruppen unterscheide."[40]

Die Quellen und Motive des europäischen Antiamerikanismus sind vielfältig und können sich von Land zu Land unterscheiden. Für Deutschland wurde unter anderem die These aufgestellt, Antiamerikanismus sei der Ausdruck traditioneller antiwestlicher, antiliberaler und antimodernistischer Einstellungen, die auf die Vereinigten Staaten projiziert wurden[41] – zumal nach dem Zweiten Weltkrieg, aus dem die Vereinigten Staaten als stärkste westliche Macht hervorgingen, aber auch schon zuvor, denn Amerika galt schon immer als Inbegriff der Moderne. Für Europa als Ganzes wird häufig festgestellt, dass sich Antiamerikanismus aus Neid auf die amerikanische Machtfülle speist.[42] Die „Kränkung des europäischen

---

[35] Andrew Kohut, *Anti-Americanism: Causes and Characteristics*, The Pew Research Center for the People and The Press, 10. Dezember 2003, www.people-press.org.
[36] Zur Geschichte des Antiamerikanismus in Deutschland vgl. Dan Diner, *Feindbild Amerika. Über die Beständigkeit eines Ressentiments*, München: Propyläen, 2002; Christian Schwaabe, *Antiamerikanismus. Wandlungen eines Feindbildes*, München: Wilhelm Fink Verlag, 2003.
[37] Paul Hollander, *Anti-Americanism: Critiques at Home and Abroad, 1965-1990*, New York: Oxford University Press, 1992, 339.
[38] Wie zahlreiche Autoren betonen, gleicht der Antiamerikanismus in seiner pauschalen Verurteilung nicht den Handlungen, sondern der Existenz und Eigenschaften einer Gruppe dem Antisemitismus. Zur Affinität von Antiamerikanismus und Antisemitismus vgl. Diner, *Feindbild Amerika*, 8; Andrei S. Markovits, *Amerika, dich haßt sich's besser. Antiamerikanismus und Antisemitismus in Europa*, Hamburg: KVV konkret, 2004, 173-216.
[39] Claus Leggewie, Renaissance des Antiamerikanismus? Zur Unterscheidung von Antiamerikanismus und Amerikakritik am Beginn des 21. Jahrhunderts, in: Rudolf von Thadden/Alexandre Escuider (Hrsg.), *Amerika und Europa: Venus und Mars? Das Bild Amerikas in Europa*, Göttingen: Wallstein Verlag, 2004, 105-115.
[40] Schwaabe, *Antiamerikanismus*, 210. Vgl. auch Gerd Langguth, der im Antiamerikanismus die „Methode des Herausgreifens eines einzelnen Aspekts und dessen Verallgemeinerung in verzerrender Absicht" erkennt: Gerd Langguth, Alte, neue Ressentiments: Habermas, die deutschen Intellektuellen und der Antiamerikanismus, *Internationale Politik*, 59 (2), 2004, 67-77 (68).
[41] Wilfried von Bredow/Thomas Jäger, Neue deutsche Außenpolitik. Nationale Interessen in internationalen Beziehungen, Opladen: Leske + Budrich, 1993, 116-120.
[42] Michael Curtis, Anti-Americanism in Europe, *American Foreign Policy Interests*, 26 (5), 2004, 367-384 (374-376); Jean-Francois Revel, Europe's Anti-American Obsession, *The American Enterprise*, December 2003, 18-25.

Selbstbewusstseins"⁴³ durch die Supermacht USA ist deshalb besonders groß, weil die amerikanische Macht als direkte Konsequenz europäischer Ohnmacht gilt und es die Europäer selbst sind, deren Nachfolge die USA als Zentrum der (westlichen) Welt angetreten haben. Das Argument der immer noch latenten Machtrivalität wird vor allem auf Frankreich übertragen, das seine Großmachtambitionen bis heute nicht abgelegt habe und durch den Glauben an seine *mission civilatrice* in einem besonderen Konkurrenzverhältnis zu den USA stünde, da beide Nationen von Kulturen mit universalistischem Anspruch geprägt seien, die als Modelle für den Rest der Welt gelten sollen.⁴⁴

Frankreich ist auch das europäische Land, in dem Antiamerikanismus öffentlich am stärksten präsent ist.⁴⁵ Er wird nicht nur von Kräften an den Rändern des politischen Spektrums, sondern auch von der Regierung politisch instrumentalisiert. Während des nationalen Referendums über den Vertrag von Maastricht im Jahr 1992 warb die französische Regierung für die Annahme des Vertrages mit einem Plakat, das einen amerikanischen Cowboy abbildet, der den Erdball zerdrückt. Der Plakatspruch lautete: *Faire l'Europe, c'est faire le poids* (etwa: Der Aufbau Europas verleiht uns Gewicht).⁴⁶ Der Antiamerikanismus erhält (nicht nur in Frankreich) die Funktion, zur europäischen Identitätsbildung beizutragen – in Abgrenzung zu Amerika, weil Identität stets partikular ist und sich nationale Identität nur im Gegensatz zu anderen Staaten definieren lässt. Die Demonstrationen in zahlreichen europäischen Städten gegen den Irakkrieg am 15. Februar 2003 wurden von Politikern und Intellektuellen zur Geburtsstunde einer europäischen Nation ausgerufen, die in klarer Opposition zu den Vereinigten Staaten stehen müsse.⁴⁷

Die antiamerikanische Stoßrichtung dieser Proklamationen stieß auf heftige Kritik,⁴⁸ und sie erwiesen sich bald als Wunschdenken – unter anderem deshalb, weil der Antiamerikanismus in der breiten Bevölkerung der europäischen Staaten bei weitem nicht so verbreitet ist wie unter den europäischen Eliten.⁴⁹ Antiamerikanismus ist schwerlich messbar, doch anhand verschiedener Indikatoren lässt sich seine Verbreitung und Intensität in etwa abschätzen. Vergleichsweise stark wird der Antiamerikanismus in den südeuropäischen Ländern eingeschätzt; in Frankreich und Italien lassen sich bis zu einem Drittel der Bevölkerung als antiamerikanisch einstufen.⁵⁰ In allen europäischen Ländern ist Antiamerikanismus sowohl bei der extremen Linken wie bei der extremen Rechten weit verbreitet, wobei der linke Antiamerikanismus eher politisch-ökonomisch, der rechte eher kulturell begründet ist.⁵¹ Die Auffassungen, ob es in den vergangenen Jahren tatsächlich zu einer Renaissance des Antiamerikanismus in Deutschland und in Europa gekommen ist, gehen auseinander.

---

⁴³ Langguth, Alte, neue Ressentiments, 75.
⁴⁴ Fouad Ajami, The Falseness of Anti-Americanism, *The American Enterprise*, December 2003, 22-23; Sergio Fabbrini, The Domestic Sources of European Anti-Americanism, *Government and Opposition*, 37 (1), 2002, 3-14 (4); Markovits, *Amerika*, 103-108.
⁴⁵ Ebd.
⁴⁶ Martin Walker, What Europeans Think of America, *World Policy Journal*, 17 (2), 2000, 26-38 (27).
⁴⁷ Dominique Strauss-Kahn, Die Geburt einer Nation, *Frankfurter Rundschau*, 11. März 2003; Jürgen Habermas/Jacques Derrida, Unsere Erneuerung. Nach dem Krieg: Die Wiedergeburt Europas, *Frankfurter Allgemeine Zeitung*, 31. Mai 2003.
⁴⁸ Zur Rezeption und Kritik des Habermas-Beitrages in Deutschland s. Langguth, Alte, neue Ressentiments.
⁴⁹ Markovits, *Amerika*, 52-54.
⁵⁰ Fabbrini, The Domestic Sources; National Committee on American Foreign Policy, *Roundtable on Anti-Americanism in Europe. Summary and Policy Recommendations*, 10. Mai 2004, 5 u. 15.
⁵¹ Fabbrini, The Domestic Sources; Markovits, *Amerika*, 55-58. Interessanterweise sind auch anti-europäische Einstellungen an beiden Rändern des politischen Spektrums besonders stark ausgeprägt.

Umfragewerte, die als Indikatoren für Antiamerikanismus dienen sollen, bringen sehr widersprüchliche Ergebnisse hervor.[52] Gerade bei einem emotional derart aufgeladenen Thema fließen die politischen Einstellungen der Analysten und Kommentatoren selbst in ihre Interpretationen ein. Viele halten einen konstatierten Anstieg des Antiamerikanismus für nichts anderes als einen „Anti-Bushismus", der sich primär gegen die derzeitige amerikanische Administration richtet. Zwar kann als gesichert gelten, dass nur eine Minderheit der europäischen Bevölkerungen antiamerikanisch eingestellt ist, doch können nationale Regierungen antiamerikanische Einstellungen aufgreifen, um diese Gruppe neben anderen in Mehrheitskoalitionen einzubauen, mit denen sich Wahlen und Referenden gewinnen lassen.

3 Öffentliche Meinung, Außenpolitik und transatlantische Beziehungen

Nationale Regierungen sind die Träger staatlicher Außenpolitik. Sie besitzen das legitime Monopol zur Vertretung eines Staates nach außen, das ihnen von der Gesellschaft auf Zeit übertragen wurde. Zwischenstaatliche Kooperation und Konflikte entstehen daher aus der Interaktion gouvernementaler Außenpolitiken auf internationaler Ebene. Allerdings muss die Analyse dieser Kooperations- und Konfliktbeziehungen zwischen Staaten unvollständig bleiben, wenn sie ausschließlich das Handeln von Regierungsakteuren auf internationaler Ebene in den Blick nimmt und damit einem Bild des Staates als monolithische Einheit verhaftet bleibt.

Aus der liberalen Theorieperspektive ist es gerade der innerstaatliche Kontext von Außenpolitik, der als wichtige Determinante zwischenstaatlicher Beziehungen zu berücksichtigen ist. Außenpolitik wird danach als Resultante eines *bottom-up* Prozesses gefasst, in dem die Präferenzen gesellschaftlicher Akteure den Ausgangspunkt für gouvernementales Außenverhalten markieren. Diese Präferenzen werden zur zentralen Erklärungsgröße staatlicher Außenpolitik.[53] Die innerstaatlich bedingten politischen Positionen verschiedener Regierungen auf internationaler Ebene können entweder in einem komplementären oder in einem konfliktiven Verhältnis zueinander stehen und damit als Katalysatoren sowohl für zwischenstaatliche Kooperation als auch für zwischenstaatliche Konflikte wirken. Sie beeinflussen insbesondere die Schärfe, in der sich die grundsätzlichen Kooperationsprobleme der wechselseitigen Kontrolle, der Sanktionierung von Regelverletzungen und der Verteilung von Kooperationsgewinnen im anarchischen internationalen System für einen konkreten intergouvernementalen Beziehungszusammenhang stellen.[54] Je nachdem, ob die jeweiligen gesellschaftlichen Präferenzen positiv oder negativ auf eine kooperative Gestal-

---

[52] So schwankt der Anteil der Deutschen, die angeben, dass sie die Amerikaner mögen, im Zeitraum von Juli bis September 2003 zwischen etwas mehr als einem Drittel und etwas weniger als zwei Drittel der Bevölkerung. Vgl. Elisabeth Noelle, Die Entfremdung. Deutschland und Amerika entfernen sich voneinander, *Frankfurter Allgemeine Zeitung*, 23. Juli 2003; Institut für praxisorientierte Sozialforschung Mannheim, *Transatlantische Beziehungen. Ergebnisse einer repräsentativen Umfrage im Auftrag des Bundesverbandes deutscher Banken*, November 2003, www.bdb.de. Laut der letztgenannten Studie geben 69% der Deutschen an, Antiamerikanismus sei in Deutschland nicht oder überhaupt nicht weit verbreitet, während 27% denken, er sei weit oder sehr weit verbreitet.
[53] Andrew Moravcsik, Taking Preferences Seriously: A Liberal Theory of International Politics, *International Organization*, 51 (4), 1997, 513-553. Eine ausführliche Darstellung des liberalen Ansatz der Außenpolitikanalyse findet sich in Thomas Jäger/Kai Oppermann, *Außenpolitikanalyse*, Baden-Baden: Nomos-Verlag, 2005, im Erscheinen.
[54] Bernhard Zangl, Politik auf zwei Ebenen. Hypothesen zur Bildung internationaler Regime, *Zeitschrift für Internationale Beziehungen*, 1, (2), 1994, 279-312.

tung dieser Beziehungen bezogen sind, mildern oder akzentuieren sie diese Kooperationsprobleme und beeinflussen damit das Muster von Konflikt und Kooperation auf zwischenstaatlicher Ebene.

In der Operationalisierung des liberalen Analyserahmens kann die öffentliche Meinung als Trägerin gesellschaftlicher Präferenzen modelliert und als Ausgangspunkt der *bottom-up* Konzeption des außenpolitischen Prozesses gesetzt werden.[55] Die Annahme eines ursächlichen Zusammenhangs zwischen öffentlicher Meinung und Außenpolitik ist jedoch weder voraussetzungsfrei noch unumstritten. Erstens ist ein solcher Nexus grundsätzlich nur unter den Bedingungen eines Herrschaftssystems plausibel, in dem Regierungshandeln wirkungsvoll an den Willen der Bevölkerung zurückgebunden und von einer mehrheitlichen Unterstützung in der Bevölkerung abhängig ist. Der empirische Anwendungsbereich, auf den die Annahme eines solchen Zusammenhangs sinnvoll bezogen werden kann, ist somit notwendig auf die Analyse von Außenpolitik in Demokratien beschränkt. In demokratischen Wahlen übertragen rationale Wähler demjenigen Wettbewerber die Regierungsgewalt, von dessen Angebot an politischen Inhalten sie den größten individuellen Nutzen erwarten. Die Erfolgsaussichten einer amtierenden Regierung bei Wahlen sind entscheidend davon abhängig, inwieweit sie sich mit ihren politischen Maßnahmen der abgelaufenen Legislaturperiode als Agent gesellschaftlicher Präferenzen beweisen konnte. Die Antizipation der *ex post*-Bewertung ihrer Regierungstätigkeit durch rationale Wähler setzt für Regierungen einen Anreiz, die Präferenzen und Forderungen ihrer gesellschaftlichen Prinzipale in politisches Handeln umzusetzen und stellt somit die zentrale theoretische Verbindung zwischen außenpolitischem Regierungshandeln und öffentlicher Meinung her.[56] Da die transatlantischen Beziehungen ausschließlich durch demokratische Regime konstituiert sind, ist die erste grundsätzliche Voraussetzung für den Einfluss der öffentlichen Meinung auf die Ausgestaltung dieser Beziehungen unzweifelhaft erfüllt.

Zweitens hat die Disziplin der Außenpolitikanalyse eine ursächliche Bedeutung der öffentlichen Meinung jedoch lange Zeit auch für die Außenpolitik demokratischer Systeme negiert. Bis in die späten 1960er Jahre dominierte in der politikwissenschaftlichen und publizistischen Debatte die Auffassung, dass die öffentliche Meinung grundsätzlich nicht fruchtbar als unabhängige Variable zur Erklärung von Außenpolitik zu konzipieren ist.[57] Die Einstellungen der Öffentlichkeit zu außenpolitischen Themen seien hochgradig volatil, in sich nicht kohärent und basierten auf einem sehr niedrigen Informationsniveau. Folglich unterlägen die außenpolitischen Präferenzen der Bevölkerung nahezu vollständig der Manipulation durch die politische Elite. In dieser Perspektive verläuft der kausale Wirkungszusammenhang zwischen öffentlicher Meinung und Außenpolitik entgegen der Annahme des liberalen Analysemodells nicht *bottom-up* von den Präferenzen der Öffentlichkeit hin zum

---

[55] Eine zweite Möglichkeit der Operationalisierung des liberalen Ansatzes besteht darin, den Einfluss von Interessengruppen als institutionalisierte Vertretungen organisierter Segmente einer Gesellschaft in das Zentrum der Analyse zu rücken. Vgl. Jäger/Oppermann, *Außenpolitikanalyse*.
[56] Anthony Downs, *Ökonomische Theorie der Demokratie*, Tübingen: J.C.B. Mohr (Paul Siebeck), 1968, 35-44; V. O. Key, *The Responsible Electorate. Rationality in Presidential Voting 1936-1960*, Cambridge, MA: The Belknap Press of Harvard University Press, 1966, 52-62.
[57] Diese Position wurde am prägnantesten von dem Politikwissenschaftler Gabriel Almond und dem Journalisten Walter Lippmann vertreten und firmiert daher allgemein unter der Bezeichnung „Almond-Lippmann-Konsensus". Vgl. Ole R. Holsti, Public Opinion and Foreign Policy: Challenges to the Almond-Lippmann Consensus, *International Studies Quarterly*, 36, 1992, 439-466.

außenpolitischen Handeln einer Regierung, sondern umgekehrt *top-down* von der regierungsseitigen Öffentlichkeitsarbeit zu den außenpolitischen Einstellungen der Öffentlichkeit. Ein unabhängiger Einfluss der öffentlichen Meinung auf Kooperation und Konflikt in den transatlantischen Beziehungen wäre nach einer solchen Konzeption nicht anzunehmen.[58]

Dieser Konsens geriet jedoch seit den 1970er Jahren und insbesondere unter dem Eindruck der wachsenden Ablehnung des Vietnam-Krieges in der amerikanischen Öffentlichkeit zunehmend in die Kritik. Verschiedene Studien kamen seither übereinstimmend zu dem Ergebnis, dass die Einstellungen der Bevölkerung zu außenpolitischen Themen weitaus stabiler und in geringerem Maße durch Steuerungsversuche der politischen Elite beeinflussbar sind als der „Almond-Lippmann-Konsensus" postuliert. Umschwünge in der öffentlichen Meinung sind demnach in der Regel weder Ergebnis regierungsseitiger Manipulation noch Ausdruck irrationaler Stimmungsschwankungen, sondern rationale Reaktionen auf Ereignisse der internationalen Politik und damit auf eine neue Informationsgrundlage der Meinungsbildung.[59]

Auch der Befund eines generell niedrigen Informationsniveaus der Öffentlichkeit über außenpolitische Themen und die daraus gefolgerte Irrelevanz der öffentlichen Meinung für staatliche Außenpolitik ist in mehrerer Hinsicht zu qualifizieren. Zwar ist die allgemeine empirische Beobachtung eines geringen Kenntnisstandes über die Details komplexer Problemstellungen der Außenpolitik für die breite Öffentlichkeit gut belegt und unstrittig. Die Schlussfolgerung, dass dieser geringe Informationsstand einen ursächlichen Einfluss der öffentlichen Meinung auf außenpolitisches Regierungshandeln ausschließt, geht jedoch fehl. Zum einen ist die Öffentlichkeit nicht als homogene Einheit zu betrachten, deren Mitglieder sich gleichermaßen durch außenpolitisches Desinteresse und ein niedriges Informationsniveau über außenpolitische Themen auszeichnen. Vielmehr können innerhalb der breiten Öffentlichkeit Untergruppen identifiziert werden, die politischen Themen insgesamt (*attentive public*) und außenpolitischen Fragestellungen im Besonderen (*issue public*) überdurchschnittliche Aufmerksamkeit widmen. Obwohl die Größe dieser Gruppen schwer zu quantifizieren ist und je nach Fragestellung und Kontext stark variiert, gehen Schätzungen für die USA und Europa davon aus, dass ca. 20-30% der Bevölkerung außenpolitisches Interesse zeigen und außenpolitische Entwicklungen verfolgen.[60] Gerade wenn außenpolitische Kontroversen in den Mittelpunkt der politischen Auseinandersetzung und des Medieninteresses rücken, kann der außenpolitisch interessierte und informierte Teil einer Bevölkerung weit über diese Größenordnung hinaus anwachsen. Insgesamt wurde zumindest für Westeuropa seit den 1980er Jahren ein zunehmendes öffentliches Interesse an außen- und sicherheitspolitischen Problemen registriert.[61] Gerade angesichts der besonderen Prominenz, die außenpolitische Problemkonstellationen wie die Bekämpfung des internati-

---

[58] Christoph Weller, Die öffentliche Meinung in der Außenpolitik: Eine konstruktivistische Perspektive, Wiesbaden: Westdeutscher Verlag, 2000, 103-106; Holsti, Public Opinion, 441-445.
[59] Benjamin I. Page/Robert Y. Shapiro, *The Rational Public. Fifty Years of Trends in Americans' Policy Preferences*, Chicago, IL: University of Chicago Press, 1992, 1-66; Bruce Russett, *Controlling the Sword. The Democratic Governance of National Security*, Cambridge, MA: Harvard University Press, 1990, 92-95.
[60] Christopher Hill, *The Changing Politics of Foreign Policy*, Houndmills, Basingstoke: Palgrave Macmillan, 2003, 262; Thomas Risse-Kappen, Public Opinion, Domestic Structure, and Foreign Policy in Liberal Democracies, *World Politics*, 43 (4), 1991, 479-512 (481-482).
[61] Harald Müller/Thomas Risse-Kappen, From the Outside in and the Inside out: International Relations, Domestic Policy and Foreign Policy, in: Valerie M. Hudson/David Skidmore (Hrsg.), *The Limits of State Autonomy: Societal Groups and Foreign Policy Formulation*, Boulder, CO: Westview, 1993, 25-48 (39).

onalen Terrorismus, der Umgang mit Schurkenstaaten oder die Eindämmung der Verbreitung von Massenvernichtungswaffen in jüngster Vergangenheit auf der transatlantischen Agenda gewonnen haben, dürfte sich dieser Trend beiderseits des Atlantik eher verstärkt als umgekehrt haben.

Zum anderen schließen geringe Kenntnisse über einen Sachverhalt nicht die Ausbildung einer Meinung zu diesem Sachverhalt aus. Eine außenpolitische Einstellung verliert nicht deswegen an politischer Bedeutung, weil sie auf unzulänglichen oder falschen Informationen beruht. Die Einflussmacht einer in Wahlen oder in einem Referendum ausgedrückten öffentlichen Unterstützung oder Ablehnung einer außenpolitischen Maßnahme auf den Entscheidungsprozess ist unabhängig von der Qualität der Information, die dieser Ablehnung oder Zustimmung zugrunde liegt.[62] Angesichts der Kosten und des zeitlichen wie kognitiven Aufwandes, die mit der Beschaffung und Verarbeitung von Informationen über außenpolitische Zusammenhänge verbunden sind, ist es für die meisten Individuen irrational, sich umfassendes Wissen über diese Zusammenhänge anzueignen. Vielmehr besteht ein starker Anreiz, bei der Meinungsbildung zu einer außenpolitischen Fragestellung kognitive Strategien zu verwenden, welche die Komplexität dieser Fragestellung und damit den Umfang der für die Meinungsbildung erforderlichen Informationen reduzieren.[63] Es ist Ausdruck einer solchen Strategie, dass die individuelle Meinungsbildung in der Bevölkerung zu außenpolitischen Fragen nicht auf einem umfassenden Wissen über die Details dieser Fragen beruht, sondern von wenigen allgemeinen und stabilen außenpolitischen Grundeinstellungen ausgeht. Zudem sind gerade schlecht informierte, in ihrer Meinungsbildung aber vollständig verfestigte Individuen der Beeinflussung durch regierungsseitige Informationspolitik nur schwer zugänglich.[64]

Im Ergebnis muss die *top-down* Perspektive des „Almond-Lippmann-Konsensus" auf die öffentliche Meinung als bloße Resultante politischer Elitensteuerung und damit als einflusslose Größe für außenpolitisches Regierungshandeln heute als überholt gelten. Gleichwohl wäre es ebenso eine unzulässige Vereinfachung, die reine *top-down* Betrachtung der öffentlichen Meinung durch eine reine *bottom-up* Betrachtung zu ersetzen. Die öffentliche Meinung und regierungsseitige Versuche ihrer Steuerung stehen in einem Verhältnis komplexer Wechselwirkungen (siehe Abb. 2). Weder ist die öffentliche Meinung vollständig hierarchisch gesteuert, noch ist sie vollständig resistent gegenüber Beeinflussungen durch die politische Elite. Ursache und Wirkung, unabhängige und abhängige Variable sind in dieser dynamischen Wechselbeziehung nicht trennscharf voneinander abzugrenzen.[65] Die nachfolgenden Ausführungen haben nicht den Anspruch, diese Problematik wechselseitiger Abhängigkeiten in der außenpolitischen Willensbildung der Öffentlichkeit auflösen zu können. Vielmehr sollen die Bedingungen herausgearbeitet werden, unter denen eine gegebene öffentliche Meinung als bedeutender Einflussfaktor auf staatli-

---

[62] Helen V. Milner, *Interests, Institutions, and Information: Domestic Politics and International Relations*, Princeton University Press, 1997, 239-240; Weller, *Die öffentliche Meinung*, 159.

[63] Downs, *Ökonomische Theorie*, 202-232. Da ein solcher Anreiz für Themen der Innenpolitik prinzipiell ebenso wie für Themen der Außenpolitik besteht, ist an dieser Stelle keine Sonderstellung der Außenpolitik anzunehmen, die auf ein besonders geringes Informationsniveau der öffentlichen Meinung schließen ließe. Vgl. Peter Gourevitch, Domestic Politics and International Relations, in: Walter Carlsnaes/Thomas Risse/Beth A. Simmons (Hrsg.), *Handbook of International Relations*, London: Sage, 2002, 309-328 (316).

[64] Holsti, *Public Opinion*, 447-450; Russett, *Controlling*, 110-118; James M. Druckman/Arthur Lupia, Preference Formation, *Annual Review of Political Science*, 3, 2000, 1-24 (14-15).

[65] Russett, *Controlling*, 106-110; W. Lance Bennett, The Media and Foreign Policy Progress, in: David A. Deese (Hrsg.), *The New Politics of American Foreign Policy*, New York: St. Martin's Press, 1994, 168-188 (183-185).

che Außenpolitik zu berücksichtigen ist und in den transatlantischen Beziehungen daher als Katalysator für Kooperation oder Konflikt wirken kann.

4 Kriterien für die außenpolitische Relevanz der öffentlichen Meinung

Die Relevanz der öffentlichen Meinung als Bestimmungsgröße von Außenpolitik ist abhängig von der Salienz einer außenpolitischen Fragestellung in der Öffentlichkeit, der inhaltlichen Ausrichtung der öffentlichen Meinung zu diesem Thema und den institutionalisierten Einflusschancen der Öffentlichkeit auf den außenpolitischen Entscheidungsprozess. Vermittelt über ihre Bedeutung für außenpolitisches Regierungshandeln bemessen sich auch die Auswirkungen der öffentlichen Meinung auf die transatlantischen Beziehungen nach der Ausprägung dieser drei Kriterien in den USA und in den Staaten der Europäischen Union.

Abbildung 3: Kriterien für die Relevanz der öffentlichen Meinung

Das bedeutendste dieser Kriterien ist die Salienz einer transatlantischen Problemstellung in der öffentlichen Meinung. Die Einstellungen der Bevölkerung zu einem Gegenstand der transatlantischen Agenda können nur dann Einfluss auf gouvernementale Außenpolitik gewinnen, wenn sie nicht latent bleiben, sondern aktiviert sind und damit zu einem Parameter des politischen Prozesses werden.[66] Eine solche Aktivierung der öffentlichen Meinung zu einem außenpolitischen Thema setzt voraus, dass dieses Thema in der Bevölkerung wahrgenommen wird. Je höhere Priorität einer außenpolitischen Fragestellung in der Bevölkerung beigemessen wird, desto leichter sind Einstellungen zu dieser Fragestellung aus

---

[66] Philip J. Powlick/Andrew Z. Katz, Defining the American Public Opinion/Foreign Policy Nexus, *Mershon International Studies Review*, 42 (1), 1998, 29-61 (32-34); John H. Aldrich/John L. Sullivan/Eugene Borgida, Foreign Affairs and Issue Voting: Do Presidential Candidates "Waltz Before a Blind Audience"?, *American Political Science Review*, 83 (1), 1989, 132-141 (125-127).

dem Gedächtnis der Menschen abrufbar und desto stärker ist die Mobilisierung der Öffentlichkeit. Die Bedeutung der öffentlichen Meinung für außenpolitische Entscheidungen wächst mit ihrer Mobilisierung.

Die Salienz eines transatlantischen Themas in der öffentlichen Meinung und damit die Mobilisierung der Öffentlichkeit sind hochgradig variabel und hängen insbesondere von drei Faktoren ab, die ihrerseits in einem engen Zusammenhang stehen. Erstens wächst die Mobilisierung der öffentlichen Meinung mit dem Umfang der Medienberichterstattung über ein außenpolitisches Ereignis oder einen außenpolitischen Entscheidungsprozess. Wenn außenpolitische Themen zum Gegenstand einer intensiven Berichterstattung in den Medien werden, gewinnen sie im Vergleich zu anderen Fragen der politischen Agenda an relativer Bedeutung für die Bewertung der allgemeinen Performanz politischer Akteure in der Öffentlichkeit.[67] Die Medien nehmen eine zentrale Rolle als *gatekeeper* zwischen der Agenda der transatlantischen Beziehungen und deren Salienz in der Öffentlichkeit sowie als *agenda-setter* der öffentlichen Debatte ein. Außenpolitische Zusammenhänge entziehen sich nahezu vollständig der direkten Beobachtung durch die Öffentlichkeit, so dass Wissen über diese Zusammenhänge nur indirekt als Beobachtung zweiter Ordnung über die Berichterstattung der Medien gewonnen werden kann. Die Meinungsbildung der Öffentlichkeit bezieht sich somit auf das, was die Medien als Realität einer außenpolitischen Problemstellung darstellen, nicht auf eine Realität, die unabhängig von ihrer Interpretation in den Medien gegeben wäre. Die Herausbildung der öffentlichen Meinung ist somit notwendig auf die Mittlerfunktion der Medien angewiesen.[68]

Zudem ist die Medienaufmerksamkeit für außenpolitische Themen notwendigerweise selektiv. Die Berichterstattung der Medien wird zu solchen Fragen besonders ausgeprägt sein, die sich durch einen hohen Nachrichtenwert auszeichnen und geeignet sind, in der medieninternen Konkurrenz um Auflagen und Einschaltquoten zu bestehen. Diese Selektoren begünstigen eine Ausrichtung der Medienaufmerksamkeit und damit der Mobilisierung der öffentlichen Meinung hin zu solchen Aspekten der transatlantischen Beziehungen, die Momente der Überraschung, des Konflikts zwischen den USA und Europa, der Gewalt, der dramatischen Veränderung beinhalten, bei denen eine möglichst unmittelbare Betroffenheit der Bevölkerung plausibel gemacht werden kann und die in plakativer und nachvollziehbarer Weise zu transportieren sind.[69]

Ein zweiter Bedingungsfaktor für die Salienz transatlantischer Themen in der öffentlichen Meinung ist die Existenz eines Konsenses oder Dissenses zu diesen Themen innerhalb der politischen Elite eines Landes. Die transatlantischen Beziehungen gewinnen dann an besonderer Aufmerksamkeit in den Medien, wenn sie zum Gegenstand eines Konfliktes zwischen Opposition und Regierung oder innerhalb einer Regierung werden. Je intensiver die eliteninterne Auseinandersetzung über ein außenpolitisches Thema ist, je stärker unterschiedliche Positionierungen der politischen Elite in die Medienberichterstattung eingespeist werden, desto umfassender wird diese Berichterstattung sein. Unter den Bedingungen eines Elitendissenses weitet sich die Debatte zu den transatlantischen Beziehungen über den engen Kreis der politischen Elite in die breitere Öffentlichkeit aus, so dass sich die Mobili-

---

[67] Zu diesem Medieneffekt des *priming* vgl. Joanne M. Miller/Jon A. Krosnick, Anatomy of News Media Priming, in: Shanto Iyengar/Richard Reeves (Hrsg.): *Do the Media Govern? Politicians, Voters, and Reporters in America*, Thousand Oaks, CA: Sage, 1997, 258-275 (259-260).
[68] Niklas Luhmann, *Die Realität der Massenmedien*, Opladen: Westdeutscher Verlag, 1995; Weller, *Die öffentliche Meinung*, 114-167.
[69] Luhmann, *Massenmedien*, 25-36; Powlick/Katz, *Defining*, 40-42.

sierung der öffentlichen Meinung erhöht. Gleichzeitig verliert die politische Elite in dem Maße an steuerndem Einfluss auf die Einstellungen der Bevölkerung, wie sie nicht im Konsens für eine außenpolitische Positionierung eintritt.[70]

Drittens wird die Salienz der transatlantischen Agenda in der öffentlichen Meinung umso höher sein, je intensiver und unmittelbarer sich die Bevölkerung eines Staates von dieser Agenda betroffen sieht. Insbesondere Themen, von denen große Teile der Bevölkerung einen direkten Effekt auf ihre alltäglichen Lebensumstände – wie ihr finanzielles Einkommen oder ihre persönliche Sicherheit – erwarten, werden eine besonders starke Aktivierung der öffentlichen Meinung anstoßen.[71] Angesichts der im Prozess der Globalisierung zunehmenden Interdependenzen und transnationalen Externalitäten außenpolitischer Maßnahmen gerade in der transatlantischen Arena dürfte die unmittelbare Betroffenheit der breiten Öffentlichkeit durch Außenpolitik allgemein im Zunehmen begriffen sein.

Eine umfassende Analyse der Bedeutung der öffentlichen Meinung in den transatlantischen Beziehungen muss darüber hinaus als zweites Kriterium die inhaltliche Ausrichtung der öffentlichen Präferenzen zu einem Gegenstand der transatlantischen Beziehungen berücksichtigen. Selbst eine hochgradig mobilisierte öffentliche Meinung wird nur dann als Katalysator für Konflikt oder Kooperation in den transatlantischen Beziehungen zu berücksichtigen sein, wenn sie eindeutig in eine bestimmte inhaltliche Richtung weist. Im Gegensatz zu einer öffentlichen Meinung, die zu außenpolitischen Fragen einen weitgehenden Konsens herausgebildet hat, kann eine gespaltene und ausgeglichene öffentliche Meinung keine wesentliche Begrenzung der außenpolitischen Handlungsoptionen einer Regierung bewirken. Je stärker ein solcher Konsens ausgeprägt ist, desto größer wird die Erklärungskraft, die den außenpolitischen Einstellungen der Bevölkerung bei gegebener Mobilisierung in der liberalen Analyse beizumessen ist.

Schließlich ist die Bedeutung auch einer mobilisierten und relativ konsensualen öffentlichen Meinung für die transatlantischen Beziehungen davon abhängig, inwieweit einer Bevölkerung institutionalisierte Möglichkeiten der Einflussnahme auf den außenpolitischen Entscheidungsprozess bzw. der Sanktionierung außenpolitischen Regierungshandelns offen stehen. Den unmittelbarsten Einfluss auf eine außenpolitische Fragestellung besitzt die Bevölkerung dann, wenn diese Fragestellung Gegenstand eines Referendums ist. In einem Referendum bietet sich der Öffentlichkeit die Chance, über eine außenpolitische Maßnahme unmittelbar und ungeachtet ihrer allgemeinen parteipolitischen Präferenzen und losgelöst von den übrigen Themen der politischen Agenda zu entscheiden. Die außenpolitischen Einstellungen einer Mehrheit der Wahlbevölkerung werden damit zur letztentscheidenden Determinante im außenpolitischen Entscheidungsprozess.[72]

Eine zweite, mittelbare Einflussmöglichkeit der Bevölkerung auf Außenpolitik bieten die allgemeinen Präsidentschafts-, Regierungs- und Parlamentswahlen. In diesen Wahlen obliegt der Wahlbevölkerung die Entscheidung darüber, welchem Teil der konkurrierenden politischen Eliten sie für einen begrenzten Zeitraum die Regierungsmacht überträgt. Mit der Auswahl zwischen unterschiedlichen Anbietern politischer Inhalte kommt der Bevölkerung

---

[70] Bennett, *The Media*, 171-183; Powlick/Katz, *Defining*, 34-35.
[71] James N. Rosenau, Foreign Policy as an Issue Area, in: James N. Rosenau (Hrsg.), *Domestic Sources of Foreign Policy*, New York: Free Press, 1967, 11-50 (46-50); Theodore J. Lowi, Four Types of Policy, Politics, and Choice, *Public Administration Review*, July/August 1972, 298-310 (307-309).
[72] Milner, *Interests*, 108-109. Davon unberührt bleibt die empirische Beobachtung, dass Referenden häufig ebenso wie Wahlen als Abstimmung über die allgemeine Performanz einer Regierung genutzt werden.

auch ein indirekter Einfluss auf staatliche Außenpolitik in den transatlantischen Beziehungen zu. Die Bedeutung von Wahlen als Instrument der außenpolitischen Einflussnahme der Öffentlichkeit hängt jedoch insbesondere davon ab, inwieweit amtierende Regierungen davon ausgehen müssen, dass ihr außenpolitisches Handeln für Teile der Bevölkerung wahlentscheidende Bedeutung erlangt.[73] Nur wenn die öffentliche Meinung zu einem außenpolitischen Thema am Wahltag ausreichend mobilisiert ist, werden Wahlen auch zu einer Abstimmung über dieses Thema und zu einer Restriktion der außenpolitischen Handlungsoptionen einer Regierung. Damit muss der zeitliche Abstand einer außenpolitischen Regierungsentscheidung zu den nächsten Wahlen als weitere Determinante für den Einfluss der öffentlichen Meinung auf diese Entscheidung berücksichtigt werden. Da die Mobilisierung der Öffentlichkeit, die durch ein außenpolitisches Ereignis angestoßen wurde, über die Zeit nachlässt und sich das retrospektive Wahlverhalten der Bevölkerung insbesondere an Regierungsentscheidungen im engeren Vorfeld einer Wahl bemisst, ist die wahlpolitische Relevanz einer außenpolitischen Entscheidung umso größer, je geringer der zeitliche Abstand zwischen dieser Entscheidung und dem Wahltermin ist.[74]

Schließlich können Wahlen nur dann zu einem wirkungsmächtigen Instrument der öffentlichen Einflussnahme auf Außenpolitik werden, wenn außenpolitische Themen Gegenstand eines Dissenses unter den konkurrierenden Eliten sind. Nur unter dieser Bedingung hat die Bevölkerung in Wahlen tatsächlich die Auswahl zwischen alternativen außenpolitischen Angeboten, die sie zur Grundlage ihrer Wahlentscheidung machen kann. Die Existenz eines Elitendissenses ist die Voraussetzung dafür, dass sich Wahlen als wirksames Instrument der Öffentlichkeit zur *ex post*-Sanktionierung von außenpolitischem Regierungshandeln darstellen.[75]

Angeleitet durch die herausgearbeiteten Kriterien sind drei notwendige Analyseschritte zu unterscheiden. In einem ersten Schritt gilt es, die Salienz eines Gegenstandes der transatlantischen Agenda in den Öffentlichkeiten der USA und der europäischen Staaten zu bestimmen. Diese Salienz kann zum einen durch die in Umfragen erhobenen Daten zu den dringendsten Problemen eines Landes oder zu den für eine Wahlentscheidung ausschlaggebenden Fragen operationalisiert werden. Allerdings ist der Bestand an derartigen Daten, die über einen längeren Zeitraum hinweg vergleichende Aussagen über die Relevanz von Außenpolitik in der öffentlichen Debatte erlauben, unbefriedigend. Häufig konzentriert sich die Umfrageforschung darauf, die inhaltliche Ausprägung der öffentlichen Meinung zu außenpolitischen Themen abzufragen, ohne gleichzeitig systematisch die Salienz dieser Themen in der Öffentlichkeit zu erheben. Einen methodischen Ausweg aus diesem forschungspraktischen Problem kann das Instrument der Medienanalyse eröffnen. Da die außenpolitische Meinungsbildung der Öffentlichkeit über die Medien vermittelt ist, bietet der Umfang der Medienberichterstattung zu einem Thema der transatlantischen Agenda einen

---

[73] Entsprechend der im „Almond-Lippmann-Konsensus" postulierten geringen Relevanz der öffentlichen Meinung für außenpolitisches Regierungshandeln wurde auch die wahlpolitische Bedeutung von Außenpolitik in der politikwissenschaftlichen Debatte lange Zeit als grundsätzlich gering eingeschätzt. Auch diese Auffassung muss mittlerweile als überholt gelten. Für Außenpolitik gilt ebenso wie für andere Politikfelder, dass ihre Relevanz in Wahlen variabel und vom situativen Kontext abhängig ist. So hat beispielsweise eine empirische Analyse der amerikanischen Präsidentschaftswahlen zwischen 1952 und 1984 für fünf der neun Wahlen eine große Bedeutung außenpolitischer Themen konstatiert. Vgl. Aldrich/Sullivan/Borgida, *Foreign Affairs*; Holsti, *Public Opinion*, 452. Gleiches gilt in besonderem Maße auch für die amerikanischen Präsidentschaftswahlen des Jahres 2004.
[74] John R. Zaller, *The Nature and Origins of Mass Opinion*, Cambridge: Cambridge University Press, 1992, 48-49; Russett, *Controlling*, 107-110.
[75] Aldrich/Sullivan/Borgida, *Foreign Affairs*, 127-132; Downs, *Ökonomische Theorie*, 211-212.

zweiten, indirekten und empirisch fassbaren Indikator für die Salienz dieses Themas in der öffentlichen Meinung. Nur bei gegebener Salienz eines Themas zumindest auf einer Seite des Atlantiks kann der öffentlichen Meinung überhaupt ursächlicher Einfluss auf die Ausgestaltung der Beziehung zwischen den USA und Europa zugewiesen werden.

Darauf aufbauend ist in einem zweiten Schritt der klassischen Frage nach der inhaltlichen Ausprägung der öffentlichen Meinung beiderseits des Atlantiks nachzugehen. Je nachdem, ob die öffentliche Meinung in den USA und Europa zu einer transatlantischen Problemstellung in eine gemeinsame oder in unterschiedliche Richtungen weisen, wird sie – bei bestehender Salienz dieser Problemstellung – als Katalysator transatlantischer Kooperation oder transatlantischer Konflikte wirken. Diesbezügliche Umfragedaten werden sowohl in den USA als auch in den Staaten der EU regelmäßig erhoben und liegen zu zahlreichen Aspekten der transatlantischen Beziehungen vor.

Drittens schließlich sind die institutionalisierten Einflusschancen der Öffentlichkeit auf die Außenpolitik der USA und der EU-Staaten in die Analyse einzubeziehen. Insbesondere der zeitliche Abstand außenpolitischer Entscheidungsprozesse zu nationalen Parlaments- oder Präsidentschaftswahlen stellt einen wichtigen Indikator dafür bereit, welchen Einfluss die öffentliche Meinung auf diese Prozesse zu entfalten vermag. Dabei ist für die transatlantischen Beziehungen grundsätzlich davon auszugehen, dass sie permanent im Schatten derartiger Wahlentscheidungen gestaltet werden müssen. Auf Seiten der USA finden mit den Präsidentschafts- und Kongresswahlen alle zwei Jahre bedeutende landesweite Wahlen statt. Auf Seiten der EU ist keine außenpolitische Entscheidungsfindung denkbar, die nicht zumindest in einem ihrer nunmehr 25 Mitgliedstaaten in engem zeitlichen Zusammenhang zu nationalen Wahlentscheidungen steht. Da die Einflusskanäle der öffentlichen Meinung auf die Außenbeziehungen der EU in erster Linie auf nationaler Ebene institutionalisiert sind und die Außenpolitik der EU – mit Ausnahme der Außenwirtschaftspolitik – strikt intergouvernemental organisiert ist, vermittelt sich die Bedeutung der öffentlichen Meinung für die transatlantischen Beziehungen auf europäischer Seite indirekt über ihren Einfluss auf die nationale Entscheidungsfindung der EU-Staaten in den Verhandlungsprozess auf europäischer Ebene. Gerade die Ungleichzeitigkeit nationaler Wahlentscheidungen und der fast ausschließlich nationale Charakter der öffentlichen Meinungsbildung können in diesem Prozess zu erheblichen innereuropäischen Konflikten über die Ausgestaltung der transatlantischen Beziehungen führen.

Dieser analytische Dreischritt betont die übergeordnete Bedeutung, die der Salienz eines Themas in der Öffentlichkeit für den Zusammenhang zwischen öffentlicher Meinung und Kooperation oder Konflikt in den transatlantischen Beziehungen zuzuweisen ist. Ihre empirische Bestimmung ist die notwendige Voraussetzung dafür, aus der Kenntnis der inhaltlichen Ausprägung einer öffentlichen Meinung und ihrer institutionalisierten Einflusschancen Rückschlüsse auf die tatsächliche Relevanz der öffentlichen Meinung für außenpolitische Entscheidungen ziehen zu können. Gerade diese notwendige Voraussetzung wird jedoch häufig außer Acht gelassen. Zahlreiche Studien setzen erst am zweiten Schritt des vorgestellten Konzeptes an und analysieren die Relevanz oder Irrelevanz der öffentlichen Meinung für Außenpolitik allein in der Perspektive ihrer inhaltlichen Ausprägung. Übereinstimmungen zwischen der Mehrheitsmeinung in der Bevölkerung und außenpolitischen Regierungsentscheidungen dienen dann als Hinweis auf den Einfluss der öffentlichen Meinung; Differenzen zwischen Mehrheitsmeinung und Außenpolitik werden umgekehrt als Bestätigung für die These von der Bedeutungslosigkeit der öffentlichen

Meinung für außenpolitisches Regierungshandeln herangezogen. Mögliche Bestimmungsgründe für die variierende Bedeutung der öffentlichen Meinung für Außenpolitik werden damit nicht erfasst.

5 Die Salienz von Terrorismusbekämpfung und Umweltschutz

Abschließend sollen zwei gegensätzliche Beispiele der transatlantischen Agenda illustrativ die Bedeutung der Salienz außenpolitischer Themen für die Erforschung des Zusammenhanges zwischen öffentlicher Meinung und Außenpolitik aufzeigen. Die Problematik des grenzüberschreitenden Terrorismus hat nach dem 11. September 2001 beiderseits des Atlantiks sprunghaft an Salienz gewonnen. Zwischen März und Oktober 2001 hat sich in den USA der Anteil der Bevölkerung, der dieses Thema als wichtigstes Problem der politischen Agenda betrachtet, von 9% auf 46% verfünffacht.[76] Damit dominierte das Terrorismusthema Ende 2001 unangefochten die Aufmerksamkeit der amerikanischen Öffentlichkeit. Zwar hat sich die Salienz des Themas mit zunehmendem zeitlichem Abstand zu den Anschlägen des 11. September erwartungsgemäß wieder verringert. Auch im Mai 2005 wurde der Terrorismus in einer *CBS*-Umfrage jedoch noch von 19% der Befragten als dringendstes politisches Problem bezeichnet und führte damit die Prioritätenliste der amerikanischen Öffentlichkeit gemeinsam mit der allgemeinen Wirtschaftsentwicklung an.[77]

Einen weiteren Indikator für die hohe Salienz des Kampfes gegen den Terrorismus in der amerikanischen Öffentlichkeit bieten Umfragen zu den Präsidentschaftswahlen vom November 2004: Nach den Daten der *Gallup Organization* führte der Terrorismus im Oktober 2004 die Liste der Themen an, denen unter potenziellen Wählerinnen und Wählern die größte Bedeutung für den Wahlausgang beigemessen wurde. 46% der Befragten bezeichneten dieses Thema als „extrem wichtig" für ihre Wahlentscheidung.[78] In mehreren *Time*-Umfragen wurde der Terrorismus im Jahre 2004 von ca. einem Viertel der Befragten als wichtigstes Thema für ihre individuelle Wahlentscheidung benannt.[79] Bei der Wählerbefragung nach der Stimmabgabe am 2. November gab ein Fünftel der Befragten an, dass das Thema Terrorismus die größte Rolle bei ihrer Wahlentscheidung gespielt habe.[80]

Auch in den Staaten der Europäischen Union ist die Salienz des internationalen Terrorismus seit dem 11. September 2001 erheblich. Zwar bleibt die öffentliche Aufmerksamkeit für dieses Thema in Europa im Durchschnitt hinter derjenigen in den Vereinigten Staaten zurück. Im Jahr 2003 wurde der Terrorismus im Eurobarometer jedoch immerhin von 19% der Befragten in der EU-15 zu den wichtigsten politisches Problemen gezählt. Nur drei andere Themen genossen in den Öffentlichkeiten der europäischen Staaten zu diesem Zeitpunkt eine höhere Priorität.[81] Auch im Jahr 2004 galt der Terrorismus in den Öffentlichkeiten der EU-15 noch für 15% der Befragten als eines der wichtigsten politischen Themen.[82] In einer Umfrage in neun EU-Staaten kommen die *Transatlantic Trends* 2004 zu dem Er-

---

[76] The Gallup Organization, *Special Report. Americans' Perceptions: World Affairs*, 15.2.2002, www.gallup.com.
[77] CBS News Poll, 20.-23.5.2005, www.pollingreport.com.
[78] Jeffrey M. Jones, *Terrorism, Economy Rank as Top Election Issues*, The Gallup Organization, 27.10.2004, www.gallup.com.
[79] Time Polls, www.pollingreport.com.
[80] MSNBC News, Exit Polls, November 2, 2004, www.msnbc.msn.com/id/5297138/.
[81] Eurobarometer 59, Spring 2003, www.europa.eu.int/comm/public_opinion.
[82] Eurobarometer 61, Spring 2004, www.europa.eu.int/comm/public_opinion.

gebnis, dass 27% der Befragten die Aussagen politischer Parteien zur Terrorbekämpfung zu den beiden bedeutendsten Determinanten ihrer Stimmabgabe in den nächsten Wahlen rechnen.[83] Um die 90% bezeichnen es seit 2002 konstant als prioritäre Aufgabe der EU, zum Kampf gegen den Terrorismus beizutragen.[84]

Damit erfüllt die öffentliche Meinung über den Kampf gegen den Terror sowohl in den USA als auch in Europa die notwendige Voraussetzung dafür, zu einem bedeutenden Einflussfaktor auf außenpolitisches Regierungshandeln werden zu können. Inwieweit sie sich in den transatlantischen Beziehungen als Katalysator für Kooperation oder Konflikt darstellt, hängt nun von ihrer inhaltlichen Ausrichtung auf beiden Seiten des Atlantiks ab. Auf einer allgemeinen Ebene sprechen die Daten der Umfrageforschung zunächst dafür, dass die öffentliche Meinung zu einer Stärkung der transatlantischen Kooperation im Kampf gegen den Terror beiträgt. Ebenso wie im August 2004 eine deutliche Mehrheit von 58% der Amerikaner die Antiterrorpolitik der Bush Administration unterstützt hat, bescheinigten der US-Regierung im Jahr 2003 auch eine relative Mehrheit der Europäer eine insgesamt positive Rolle in der Terrorbekämpfung.[85]

Allerdings zeigen sich auf einer spezifischeren Ebene deutliche Indizien dafür, dass die öffentliche Meinung in den USA und Europa im Hinblick auf die konkrete Vorgehensweise im Antiterrorkampf deutliche Differenzen aufweist und somit als Katalysator für transatlantische Konflikte in diesen Bereichen wirkt und gewirkt hat. So waren im Jahr 2003 in den drei großen EU-Staaten Frankreich, Großbritannien und Deutschland nur vergleichsweise kleine Minderheiten von 9%, 22% und 23% der Auffassung, die Welt sei dank der Kriege in Afghanistan und im Irak sicherer geworden. Umgekehrt vertrat in den USA eine relative Mehrheit von 48% die entgegengesetzte Meinung. Im gleichen Jahr teilten in Großbritannien (62%), Deutschland (64%) und Frankreich (87%) außerdem deutliche Mehrheiten der Bevölkerungen die Ansicht, die USA sei zu leichtfertig bereit, in anderen Staaten militärisch einzugreifen. In der amerikanischen Öffentlichkeit fand diese Kritik nur die Unterstützung einer Minderheit von 38%.[86] Weiterhin waren Anfang 2004 ca. zwei Drittel der Amerikaner der Meinung, der Irakkrieg habe positiv zum Antiterrorkampf beigetragen, während in den drei großen EU-Staaten eine absolute Mehrheit der Bevölkerung umgekehrt die Auffassung vertrat, dieser Krieg habe der Bekämpfung des internationalen Terrorismus geschadet.[87] Je nachdem wie unmittelbar diese unterschiedlichen Einstellungsmuster über nationale Parlaments- oder Präsidentschaftswahlen Zugang zum politischen Prozess gewinnen, besitzen sie das Potential, konfliktiven Tendenzen in den transatlantischen Beziehungen Vorschub zu leisten.

Ein gänzlich anders gelagertes Beispiel bietet die Debatte über das Kyoto-Protokoll zum internationalen Klimaschutz. Da die amerikanische Regierung das multilaterale Abkommen im Gegensatz zu den EU-Staaten nicht ratifiziert hat, entwickelte sich dieses

---

[83] German Marshall Fund, *Transatlantic Trends 2004*.
[84] Eurobarometer 57-60, www.europa.eu.int/comm/public_opinion.
[85] The Pew Research Center for the People and The Press, *Eroding Respect for America Seen as Major Problem*, 18.8.2004, www.people-press.org; Eurobarometer 59, Spring 2003, www.europa.eu.int/comm/public_opinion.
[86] Gallup International, *Post War Iraq Poll – Global Opinion from 45 countries*, www.gallup-international.com. Die öffentliche Meinung zum Irakkrieg in ausgewählten europäischen Staaten analysieren Thomas Jäger/Henrike Viehrig, *Gesellschaftliche Bedrohungswahrnehmung und Elitenkonsens. Eine Analyse der europäischen Haltungen zum Irakkrieg 2003*, Arbeitspapiere zur Internationalen Politik und Außenpolitik (AIPA) 1/2005, Köln.
[87] The Pew Research Center for the People and The Press, *A Year After Iraq War*, 16.3.2004, www.people-press.org.

Thema zu einem der augenfälligsten Konflikte in den transatlantischen Beziehungen der letzten Jahre. Betrachtet man allein die inhaltliche Ausprägung der öffentlichen Meinung zum Kyoto-Protokoll in Europa und den USA, so zeigt sich, dass der intergouvernementale Konflikt in dieser Frage auf der Ebene der Öffentlichkeiten keine Entsprechung findet. Ebenso wie 64% der amerikanischen Bevölkerung im Jahre 2002 die Meinung vertrat, die USA solle sich an dem Abkommen beteiligen,[88] genießt das Kyoto-Protokoll auch in den Öffentlichkeiten der EU-Staaten breite Unterstützung.

In dieser Perspektive scheint die öffentliche Meinung also zunächst das Potential zu besitzen, zu einem Katalysator für eine transatlantische Kooperation im Bereich des internationalen Klimaschutzes zu werden. Dieses Potential kann sich jedoch deshalb nicht realisieren, weil das Thema Umweltschutz in der amerikanischen Bevölkerung keine ausreichende Salienz besitzt, damit die öffentliche Meinung zu einer einflussmächtigen Determinante außenpolitischen Regierungshandelns werden könnte. In einer Konstellation, in der das Umweltthema in den Jahren 2003 bis 2005 von maximal zwei Prozent der Amerikaner als wichtigstes Problem der politischen Agenda bezeichnet wurde, kann von der öffentlichen Meinung kein ausreichender Druck auf die amerikanische Regierung ausgehen, dem diese in ihrer außenpolitischen Entscheidungsfindung gerecht werden müsste.[89] Nur wenn diese geringe Salienz des Umweltthemas in der amerikanischen öffentlichen Meinung in die Analyse einbezogen wird, kann das vermeintliche Rätsel gelöst werden, warum eine in Europa und den USA inhaltlich gleichgerichtete öffentliche Meinung zum Kyoto-Protokoll nicht zum Ausgangspunkt einer kooperativen Wende in den transatlantischen Umweltbeziehungen zu werden vermochte.

Im Ergebnis bleibt die besondere Komplexität des ursächlichen Zusammenhanges zwischen öffentlicher Meinung und Außenpolitik festzuhalten, zu dessen Erforschung zu Recht weitere systematische Studien eingefordert werden.[90] Die vorangegangenen Ausführungen sind gerade von der Absicht geleitet, ein theoretisches Fundament zu formulieren, auf das empirische Analysen dieses Zusammenhangs aufbauen können. Auch wenn die herausgearbeiteten Kriterien nicht die gesamte Komplexität des Zusammenhanges zwischen öffentlicher Meinung und Außenpolitik aufnehmen können, bieten sie doch einen empirisch handhabbaren konzeptionellen Rahmen, der es ermöglicht, die je nach Sachverhalt und Kontext variierende Bedeutung der öffentlichen Meinung als Katalysator von Kooperation oder Konflikt in den europäisch-amerikanischen Beziehungen zu erfassen.

---

[88] Chicago Council on Foreign Relations/German Marshall Fund of the United States, *Worldviews 2002. American Public Opinion & Foreign Policy*, www.worldviews.org.
[89] The Gallup Organization, www.gallup.com. Auch in den Bevölkerungen der 25 EU-Staaten ist die Salienz des Umweltthemas nicht stärker ausgeprägt. Im Frühjahr 2004 bezeichneten den Umweltschutz im Eurobarometer nur drei Prozent der Befragten als eines der wichtigsten politischen Probleme ihres Landes. Vgl. Eurobarometer 61, Spring 2004, www.europa.eu.int/comm/public_opinion.
[90] Holsti, *Public Opinion*, 459.

The Transatlantic Gap in Public Opinion

Ronald Asmus, Philip P. Everts und Pierangelo Isernia

1 Introduction

The American Presidential election in November 2004 has heightened interest in the impact of public opinion on foreign policy. One of the more specific questions is what the consequences of the re-election of President Bush will or could be in this connection. Nowhere is this truer than on both sides of the Atlantic given the differences that have roiled the US-European relationship in recent years.

Over the last three years the German Marshall Fund of the United States has been exploring public attitudes on both sides of the Atlantic to better understand the differences that separate European nations as well as Europeans as a whole and Americans on key foreign policies issues. The fact that a 25-nation European Union is sharply divided on many issues related to a whole range of foreign challenges to national interests, such as how to deal with the threat of terrorism and other matters of security, demonstrates the complex, variegated nature of an enlarging EU and suggests how difficult it will be to achieve the degree of consensus necessary for common action. But the same logic may apply to the United States, because the results of the poll show the extent to which America has also become a 'divided country'. The fact that the gap between Republicans and Democrats in the United States has become at least as wide on many issues is noteworthy. Partisan foreign policy differences are certainly not new in the United States, but policy toward Europe has been an area that has historically enjoyed wide bipartisan support, at least for most of the second half of the 20th century.[1] Particularly, in a post-September 11 world, this may be less and less the case. Indeed, today one can perhaps talk about the two gaps or a double divide in the US-European relationship – the transatlantic gap between the US and Europe and the partisan gap between Republicans and Democrats in the United States.

Before the Presidential election of 2004 commentators on both sides of the Atlantic have speculated whether the outcome was likely to have a major impact on the US-European relationship. Some pointed out that whoever the next President would be, he would face the same problems, constraints and differences that have bedeviled relations in recent years irrespective of his name or party affiliation. Others suggested that the outcome of the election could rather have a very real impact given the different stances each candidate had staked out on foreign policy issues. The evidence of a considerable gap between the potential supporters of both major political parties in the United States – shown below – does suggest that a Kerry administration would, at a minimum, have approached the prob-

---

This is a revised version of a paper that was published originally as *Across the Atlantic and the Political Aisle: The Double Divide in US-European Relations*, www.transatlantictrends.org (see: Analytical Paper).
[1] That the 'euro-style' attitudes of Democrats pre-dates 9/11 and Iraq appears from Wittkopf, E., What Americans Really Think About Foreign Policy, *The Washington Quarterly*, 19, 3, Summer 1996, 91-106.

lems of transatlantic relations with a core political constituency holding very different views on issues of power, alliances and use of force and legitimacy than the incumbent administration. This is important because, while public opinion on foreign policy issues may not often have a direct impact on policymaking, it does determine the general directions and constraints within which decision-makers have to operate.

After the election victory of George W. Bush all of this has become of theoretical interest only, and consequently the discussion has shifted to the question of whether the President could be successful in his second term in mending the transatlantic rift, if he chose to strive for this. While statements by members of the new administration and the visit to Europe by the President suggest a genuine endeavor to address some of the contentious issues, it remains to be seen whether the gap that exists not only between the American and many European governments but also at the level of mass public opinion can be bridged.

This essay explores these issues in greater detail. First, it builds on a typology developed in 2003 to explore and explain different attitudes on both sides of the Atlantic toward soft and hard power and the use thereof. We then identified four different schools of thought – driven by whether economic power was seen as more important than military power and whether war is seen as sometimes necessary to obtain justice.[2] In 2004 we updated and tested whether the typology stands up when tested against the data collected in the 2004 transatlantic survey, which among other innovations now included Slovakia, Spain and Turkey.

Second, we now supplement our analysis by constructing a continuum of 'Atlanticism' – measuring the degree to which publics in the United States and Europe believe in and favor close cooperation across the Atlantic or prefer a more independent role. We also explore how such views are shaped by political preferences and by the typology on the use of force. Is support for Atlanticist policies stronger on the right or the left in Europe? We then integrate this analysis with differing views toward hard and soft power to identify different schools of thought about Europe's own future and the transatlantic relationship based on differing views on the desired closeness to Washington and attitudes toward power. In addition we look into the question of whether and how the war over Iraq has influenced the desire to seek more cooperation or rather more independence and autonomy in the transatlantic relationship.

Finally, we use these analytical tools also to further explore differences between Republicans and Democrats in the United States. In conclusion, we trace where the new Bush administration is most likely to find support in a possible search for rapprochement. We also step back and try to draw some broader conclusions about the dynamics of public attitudes that have emerged in recent years and how the advent of a second Bush administration may affect the future of the overall US-European relationship.

---

[2] See R.Asmus, Ph.P.Everts and P.Isernia, *Power, War and Public Opinion: Thoughts on the Nature and Structure of the Trans-Atlantic Divide,* (http://www.transatlantictrends.org/apps/gmf/ttweb.nsf/0/ 04D176E1042099DA 85256D960077DCA7/$file/Asmus+Everts+and+Isernia+Interpretative+Essay.pdf) and idem, Power, War and Public Opinion. Looking behind the transatlantic divide, *Policy Review,* February-March 2004, 73-88.

2 A Typology on Power, War and Public Opinion

In 2003 we constructed a foreign policy typology that examined differing attitudes toward power and war both across the Atlantic and within the United States and European countries. That typology was based on different preferences for different kinds of power – i.e. soft vs. hard power – as well as attitudes towards the moral legitimacy of the use of force. Respondents were asked to agree or disagree with the following statements: 1) 'Economic power is becoming more important in the world than military power'; and 2) 'Under some conditions war is necessary to obtain justice.' Combining these different attitudes we came up with a four part typology detailed below and shown in Figure 1.

- *Hawks* believe that military power is more important than economic power and that war is sometimes necessary to obtain justice. They tend to be wary of international institutions. They are not interested in strengthening the United Nations and are willing to bypass it.
- *Pragmatists* believe that economic power is more important than military power and that war is sometimes necessary to obtain justice. They also assign an important role to international institutions, including the United Nations, and favor strengthening them. They prefer to act with international legitimacy but are also prepared to act without it to defend their national interests if need be.
- *Doves* believe that economic power is more important than military power and reject the view that war is sometimes necessary to obtain justice. Like Pragmatists, they want to strengthen international institutions. Unlike Pragmatists, they are very reluctant to use force absent multilateral legitimacy.
- *Isolationists* believe neither that war is sometimes necessary to obtain justice nor that economic power is important in world affairs.

Figure 1: A typology of attitudes on power

		"War is sometimes necessary to obtain justice"	
		Yes	No
"Economic power is becoming more important than military power"	Yes (soft power)	Pragmatists	Doves
	No (hard power)	Hawks	Isolationists

Since the 2003 survey, we have witnessed an increasingly divisive debate unfold about the wisdom and support for the Iraq war on both sides of the Atlantic in the wake of the insurgency that has followed the US military victory against Baghdad. In Europe, rejection of the war was and remains almost overwhelming. In the 2004 *Transatlantic Trends* survey, for example, some 80% of the respondents in the European countries surveyed believed that the Iraq war was not worth the costs it entailed and another 73% believed that it increased rather than reduced the threat of terrorism.[3] Whereas in 2003, a solid majority of Americans supported the war, there has been a steady decline in such support in the United States since then. *Transatlantic Trends* found the American public to be almost evenly divided in 2004 over the virtue of US-led military action with 50% believing the war was not worth the costs and 44% believing it was.[4]

These shifting sentiments about the wisdom of war in Iraq have not had a major impact, however, on the core attitudes towards power and war that underlie our typology. This confirms the sturdiness of the typology developed in 2003, and suggests that we are indeed dealing with more fundamental attitudes that are not changed by specific events. In other words, people can distinguish between their attitudes toward hard and soft power as well as the justness or lack thereof of war in principle – as well as on this particular war in Iraq.[5]

Figure 2 aggregates attitudes on both sides of the Atlantic and provides an overview of the entire sample from both 2003 and 2004. For the United States and Europe together, there was a slight decrease of support for the Pragmatists and a corresponding increase for the Doves. On the whole, however, there is remarkable stability in the distributions.

The story becomes more interesting, if we take a closer look at attitudes within the US as well as the European countries in which this survey was conducted. If we start with the US, in 2003 we identified the dominance of the Pragmatist and the Hawk schools with 65% and 22%, respectively. What really made the American case unique was the existence of a segment of over one-fifth of the American population that fell into the Hawk category. On the other side of the Atlantic, there is no European country where the Hawks even reach double digits. In European countries, the Pragmatists and the Doves are the two dominant schools of thought.

In other words, in the United States the key political dynamic will tend to run between the Pragmatists and the Hawks – especially under a conservative President like George W. Bush. As we saw in the American debate on Iraq, for example, a conservative President can build majority support for his policy among Pragmatists and Hawks and need not pay attention to the smallish Dove constituency. In Europe, on the other hand, the key political dynamic is formed by the Pragmatist-Dove relationship, as majority consensus requires the support of both of those schools. In the United States, Doves are a modest political force with some 10% of the vote. In Europe, it is the Hawks who are the marginal political force.

---

[3] See the data contained in the topline report of the *Transatlantic Trends* survey 2004, at the website www.transatlantictrends.org.
[4] See for a survey of the evolution of international public opinion on the Iraq war Everts, Philip and Pierangelo Isernia, The Polls-Trends: The War in Iraq, *Public Opinion Quarterly* 2005, 2, 264-323.
[5] In order to test how it would affect the typology, we added one item to the 'hard power' dimension and also measured agreement/disagreement with another statement in the 2004 poll: 'The best way to ensure peace is through military strength'. The skewedness of the distribution on this item has some impact. It inflates the number of *Pragmatists* (by 9%) and deflates that of *Doves* (by 8%). It has no impact on the number of *Hawks* and *Isolationists*. While adding this item leads to a richer indicator, and shows that the typology stands out even with a more robust set of questions, it was decided to retain the original operationalisation, mainly for reasons of maximizing comparability. A factor analysis also brought to light the independence of the two dimensions.

Figure 2: A typology of attitudes on power (in % of total sample, excluding 'don't knows'; 2003: N=7315; 2004: N=7401)

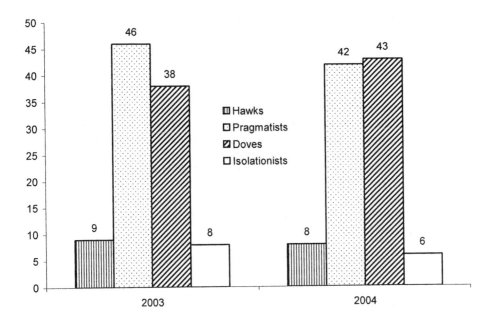

Source: German Marshall Fund of the United States, Transatlantic Trends Survey, 2004.

Table 1 shows that since 2003 we have seen a slight drop in the United States in the strength of the Pragmatists and an increase in the strength of the Hawks and the Doves – a sign of the polarization that took place in the United States over the issue of the Iraq war. That polarization becomes even more evident when we look at the distributions for Republican and Democratic voters.

Table 1: The typology of the use of force and party alignment in the United States, 2003 and 2004 (in %)

	2003			2004		
	Democrats	*Independents*	*Republicans*	*Democrats*	*Independents*	*Republicans*
Pragmatists	65	66	62	57	63	56
Hawks	18	19	33	19	20	38
Doves	14	9	4	16	15	5
Isolationists	2	5	1	8	2	1
Total	100	100	100	100	100	100
(N)	(284)	(241)	(276)	(300)	(227)	(283)

Source: German Marshall Fund of the United States, Transatlantic Trends Survey, 2004.

The Hawk segment of Republican voters in 2004 has risen to 38% – and is now twice as high as it is among Democratic voters. In contrast, the Dove segment among Democrats – as well as among Independents – has increased, confirming that there are real and growing differences across the political aisle. On average, Democrats and Independents are still more 'hawkish' than the average European, but the gap between supporters of the Republican Party and the European mainstream has grown even further.

What has happened in Europe in the same period? Table 2 documents a modest shift away from Pragmatist towards Doves in many but not all European countries. In the United Kingdom and Poland, for example, the distributions have remained stable. One observes a modest but noticeable shift away from Pragmatist and towards the already dominant Doves in countries like France, Germany, Italy and Portugal. The Netherlands is the only country where Pragmatists increased and Doves decreased. Support for Hawks, already relatively low in Europe, has fallen even further. Whereas in the United States 38% of Republicans fall into the Hawk category, for example, in France, Germany and Spain the number of Hawks in 2004 is only 7.3% and 2%, respectively. It is in the United Kingdom that the percentage of Hawks comes closest to the US situation and to double digits at 9.3% The British conservative party has the highest number of Hawks of any center-right European party, but still a mere 12.3%.

Table 2: The typology of the use of force in different countries (in %)

Country		Pragmatists	Doves	Hawks	Isolationists	Total
France	2003	34	49	6	11	100
	2004	30	57	4	9	100
Germany	2003	35	52	4	9	100
	2004	27	62	4	8	100
Italy	2003	40	45	4	10	100
	2004	32	58	4	6	100
Netherlands	2003	50	32	10	7	100
	2004	46	41	8	5	100
Poland	2003	47	41	6	9	100
	2004	46	44	5	4	100
Portugal	2003	41	43	6	6	100
	2004	40	47	4	10	100
Slovakia	2004	37	56	3	5	100
Spain	2004	25	63	2	11	100
Turkey	2004	48	32	7	13	100
United Kingdom	2003	63	19	14	5	100
	2004	62	23	9	6	100
USA	2003	65	10	22	3	100
	2004	58	13	26	4	100

Source: German Marshall Fund of the United States, Transatlantic Trends Survey, 2004.

In conclusion, the key dynamics and differences identified in 2003 across the Atlantic remain intact – but with some important nuances. In spite of the polarization due to Iraq the American public remains dominated by the Pragmatists and the Hawks. Together, these two groups can form a solid majority without including any Doves. In contrast, in Europe the Hawks are almost politically irrelevant and Doves are a major political force. There is not a single country in Europe where building a public majority does not require the latter's inclusion. An American President – especially a conservative President like George Bush – has little if any domestic need to pursue polices that Doves will support. Almost the opposite is the case in Europe as any European leader will have to take into account the concerns of the Dovish constituency.

If we look at this in terms of party affiliation in the United States, one can also see the dilemma facing the Republican Party. Republican Hawks have no real counterpart in any European country. In many ways, the real gap across the Atlantic is between these Republican voters and the European mainstream. A Republican Party dominated by Pragmatists and Hawks has no equivalent counterpart in Europe, not even among European conservatives, who are often more comparable to Democrats and Independents when it comes to their views on power and the use of force. In the case of the Democratic Party, the story is more nuanced in two regards. First, Democratic voters are more heterogeneous than Republicans. The center of gravity among Democratic voters is also the Pragmatist school with 57% support. But the party also has a sizeable minority of Hawks and Doves at 18% and 16% respectively. These two wings can either cancel each other out or they can make the building of a consensus among Democratic voters all the more challenging. On average, Democrats and Independents are still more "hawkish" than the average European, but the gap between supporters of the Republican Party and the European mainstream is profound. As will be discussed in greater detail below, Democratic and Independent voters in many ways line up close to European countries like the United Kingdom or the Netherlands which have dominant Pragmatist groupings but must also contend with Doves and, to a lesser degree, some Hawks.

3 Measuring Atlanticism

Attitudes toward soft and hard power or the use of force have been central in transatlantic relations in recent years. Yet they are not the only factor determining the future of US-European relations. One key outcome of the 2004 *Transatlantic Trends* study is the contrast between an American public still strongly supportive of close US-European cooperation and the growing desire for independence in many European countries surveyed. Among the factors driving this trend on the European side is undoubtedly Iraq and the concomitant drop in confidence in US global leadership. It extends across the four groups of our typology in the European countries surveyed.[6] An equally critical issue is therefore the desire on either side of the Atlantic to continue close cooperation and work together through institutions like NATO, the US-EU relationship or the United Nations as opposed to seeking greater autonomy or even to go separate ways.

In 2004 we developed a methodological tool by which to measure which publics in Europe leaned more toward close transatlantic cooperation and which preferred a greater

---

[6] See note 3.

degree of independence. To this end we aggregated the responses to a set of questions in the survey about the 'warmth' of feelings toward the US and the EU respectively; the desirability of American global leadership; NATO's essentiality; whether or not the US and the EU share common values; and, finally, the importance of having allies when acting militarily. This allowed us to develop the continuum shown in Table 3.[7]

Table 3: An index of Atlanticism: closeness to allies across the Atlantic or an independent role in the world

	Atlanticist orientation	Independent role
United States	71	29
Netherlands	60	40
United Kingdom	58	42
Italy	57	43
Germany	53	47
Poland	47	53
Portugal	46	54
France	41	59
Slovakia	37	63
Spain	34	66
Turkey	15	85

Source: German Marshall Fund of the United States, Transatlantic Trends Survey, 2004.

According to this index, the United States is the most Atlanticist country among the countries in the survey with 71% of the population being Atlanticists. Within the United States, Democratic voters are more Atlanticist again than their Republican counterparts. Among Democrats, 81% have a high score on this index whereas the Republicans come in at 58%. In Europe, on the other hand, the drop in confidence in US leadership and the desire for a more independent approach has produced much lower scores across the board. There are only four countries that score above 50% on our continuum: the Netherlands, the United Kingdom, Italy and Germany. They are followed by Poland and Portugal at 47% and 46% respectively. A third group of countries is centered at the low end of the spectrum – around 40% or below – and includes France, Spain and Slovakia and Turkey. Clearly, negative attitudes on US leadership and the war in Iraq are undercutting the desire for close cooperation with Washington.

We also examined whether Atlanticism was more pronounced on the left or on the right in Europe and whether there are notable partisan differences over the desired closeness of relations with Washington (Table 4).

---

[7] With an index ranging from low to high 'Atlanticism' with a range from 5 to 25, we recoded the scores in two groups, low and high or Independents and Atlanticists, with the cut point at the mean level, with a score of 17. Those coded as Low have a score less or equal to 17 and those recoded as high have a score higher than 17. The distribution of the two groups for each country constitute the scores for the index given in table 3.

Table 4: Atlanticists versus Independents by Political Alignment (in %)

	Center-left	Center-Right
Germany		
Independents	46	39
Atlanticists	54	61
France		
Independents	66	50
Atlanticists	34	50
Italy		
Independents	55	22
Atlanticists	45	78
Netherlands		
Independents	44	26
Atlanticists	56	74
Portugal		
Independents	57	34
Atlanticists	43	66
Poland		
Independents	53	45
Atlanticists	47	55
Slovakia		
Independents	68	47
Atlanticists	32	53
Spain		
Independents	77	44
Atlanticists	23	56
United Kingdom		
Independents	34	34
Atlanticists	66	66
USA	DEM	REP
Independents	21	40
Atlanticists	79	60

Source: German Marshall Fund of the United States, Transatlantic Trends Survey, 2004.

There appears to be a clear consensus on this issue in some European countries but relations with Washington elicit a tangible partisan divide in others. In the United Kingdom, for example, there is no difference in attitudes toward the United States across the political spectrum. In countries like the Germany, the Netherlands and Poland there is a small gap of either seven or eight percentage points. However, in other countries like Spain, Italy, Portugal and Slovakia there is a much wider partisan gap of over 20 percentage points – suggesting a considerable degree of polarization in these countries on the issue of cooperation with the United States. In Europe, Atlanticism is stronger among center-right political parties, whereas in the United States it is stronger on the center left and among Democrats. Finally, we examined how this question looks when we apply our typology (table 5).

Table 5: Atlanticism by typology of use of force (in %)

	Pragmatists	Doves	Hawks	Isolationists	All
USA	75,7	78,3	60,6	57,1	71
Netherlands	68,6	50,4	66,2	55,1	60
UK	64,2	40,6	70,2	46,2	58
Italy	72,9	50,3	61,1	54,5	57
Germany	66,3	48,4	54,3	43,2	53
Poland	58,0	39,2	55,3	47,4	47
Portugal	58,9	42,2	63,3	38,8	46
France	48,1	38,6	48,7	31,0	41
Slovakia	47,2	29,4	62,5	40,5	37
Spain	53,4	28,0	38,9	21,1	34
Turkey	15,2	15,7	13,8	19,7	15

Source: German Marshall Fund of the United States, Transatlantic Trends Survey, 2004.

Here we find an interesting difference between Europe and the United States. In Europe, the more Atlanticists are both the Pragmatists and the Hawks, in this order (with the exception of France, where the percentages are identical, and UK were it is the opposite order, as well as Slovakia). In the US the Doves and Pragmatists are more likely to be Atlanticists and the Hawks less so.

In Europe, the picture is more mixed. In most countries Pragmatists are more likely to be Atlanticists than is the case in the US. In France, Portugal, Slovakia or the United Kingdom, however, there is a tendency for the Hawks to produce the largest number of Atlanticists. With a few exceptions Independents are more likely to be found among the Doves. This confirms the conclusions drawn above about the different constituencies of Independents and Atlanticists in the US on the one hand and European countries on the other.

The issue of how closely Europe wants to cooperate with or be independent from the United States is undoubtedly an important dimension of the US-European relationship. Still, a high score on this 'Atlanticism' continuum merely expresses a predilection or desire for close cooperation with Washington. It does not necessarily imply that there will always or automatically be a consensus with the United States on the content of policy issues across the Atlantic. In terms of our typology, one can, in theory, be an Atlanticist Dove or an Independent Hawk – and vice versa.

In this section we want to take the comparison between views in the US and in Europe somewhat further. Figures 3-7 represent where the US public, divided into Democrats and Republicans, is situated with respect to that of the various European countries on a number of illustrative issues and vice versa. One dimension of each of the figures consists of the degree of Atlanticism discussed above, the other of the substantive issue, for instance, the willingness to use force or to bypass the United Nations, if vital interests are involved.

A closer inspection of the figures reveals that while the US (and US Republicans even more than Democrats) always ends up in a far corner of the spectrum, they are not always closer to or further apart from the same countries. On the use of force, appreciation for what was done in Iraq and the justification of bypassing the UN, Great Britain and the Netherlands are the closest allies, but on using military force as the best way to combat terrorism Portugal and Poland come closer than the Netherlands, and Italy is more similar to the US than Great Britain when it comes to rejecting that the EU as superpower should compete rather than cooperate with the US. Figure 6 shows nicely the relationship between being low on Atlanticism and high on EU-superpower as competitor to the US.

What also emerges from these figures is the isolated position of Turkey, which is caused primarily by its extreme position on the Atlanticism scale, but also by its views on the substantive issues concerned.

Figure 3: Where are the allies? The Use of Force

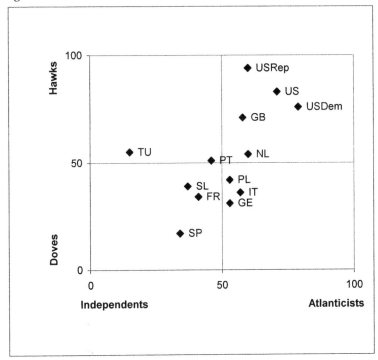

Source: Figures 3-8, German Marshall Fund of the United States, Transatlantic Trends Survey, 2004.

List of Abbreviations:

FR	France	SL	Republic of Slovakia
GB	Great Britain	SP	Spain
GE	Germany	TU	Turkey
IT	Italy	US	United States
NL	Netherlands	USDem	US Democratic Party
PL	Poland	USRep	US Repulican Party
PT	Portugal		

Figure 4: Where are the allies? Iraq

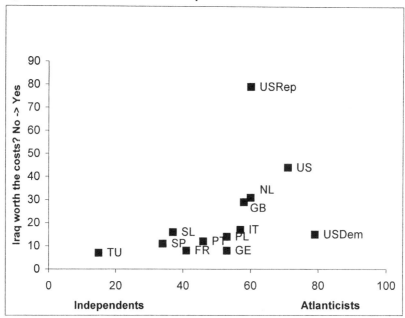

Figure 5: Where are the allies? Justified to bypass the UN?

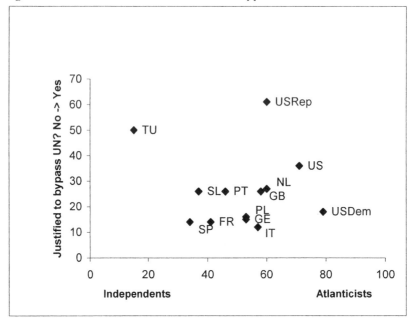

The Transatlantic Gap in Public Opinion

Figure 6: Where are the allies? Military action against terrorism

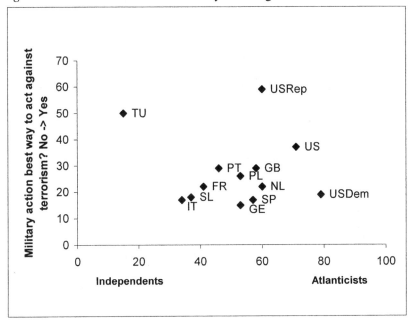

Figure 7: Where are the allies? EU superpower to compete with US?

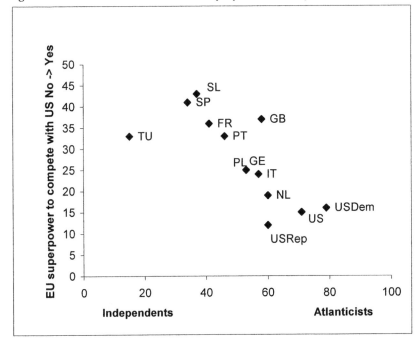

The discussion between 'Atlanticists' and 'Independents' is one important dimension in the debate, particularly in Europe, over what Europe's role in the world should be (particularly in relation to the United States) and how it should pursue its goals. This debate also focuses, however, around another, second dimension. This concerns the question of whether Europe should find its strength in military or hard or rather primarily and economic and other forms of soft power. When we combine these two dimensions we arrive at four basic models of thought about Europe, its relationship to the United States and its role in the world:

- Europe à la Blair: relying on an alliance with the US and on military power.
- Europe à la Schröder: closely allied to the US but emphasizing civilian or soft power.
- Europe à la Chirac: Independent from the US and also capable to act militarily.
- Europe à la Switzerland: Independent and relying on civilian or soft power alone.

Figure 8 shows how each of the European countries surveyed in *Transatlantic Trends* would be placed along each of these dimensions. Within Europe, the outliers are Turkey which stands out as far more military-oriented than the other European countries, and Slovakia, which occupies the extreme of the civilian power end of the spectrum. The Netherlands, Poland and the United Kingdom are closest to the American position as a whole. But we can also see – again – that there is a huge difference in the US between Democrats and Republicans.

Figure 8: Models of Europe

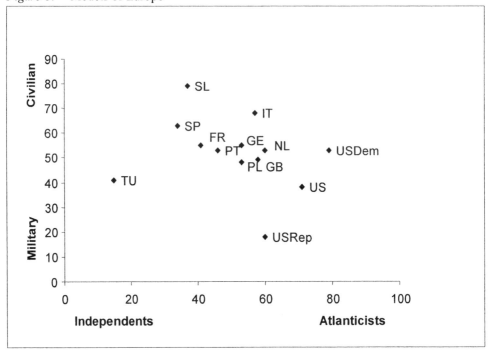

A subgroup of countries, the United Kingdom, the Netherlands and Poland are close together and also closest to the American position, whether it is the Republicans with respect to Atlanticism or the Democrats with respect to the military-civilian dimension. Others are further apart from each other, either with Turkey or Slovakia as outliers. It is not immediately evident, however, which position would be most desirable or conducive to mending the transatlantic gap. This would not only depend on one's views concerning the relative importance of different forms of power but also on whether one conceives the transatlantic relationship as one of allies or as competitors, or – a third possibility – perhaps as one relying on a division of labor.

4 America Divided

One of the key findings of the 2004 *Transatlantic Trends* survey was the existence of significant differences across the political aisle in the United States on many of the same issues that have divided the US and Europe in recent years. To some degree, these differences may have been driven by the passions of an election campaign[8] as well as deep partisan differences over the wisdom of war in Iraq. It is striking, for example, that 88% of Republican voters favored Bush's international policies whereas 82% of Democratic voters opposed them. And when we examine the intensity of those feelings, we see that 35% of Republicans were 'very much in favor' and 28% of Democrats 'very much against' President Bush's policies. A similar gap exists when it comes to assessing Iraq.[9]

Yet, even if one discounts the partisan nature of an election year, there was a real divide across the political aisle that is probably likely to stay and to further complicate the future of the transatlantic relationship. While partisan foreign policy differences are certainly not new in the United States, policy toward Europe has been an area that has historically enjoyed wide bipartisan support. Particularly, in a post-September 11 world, that may be less and less the case. Where do Republicans and Democrats disagree? How do the voters of the two major American political parties line up vis-à-vis European public views? The typology developed above as well as the Atlanticist continuum can be used to provide further insight into these questions.

One place to start is by noting where there are no or few differences. At an overall level there is broad overlap between Republicans and Democrats and between Americans and Europeans, when it comes to the perception of global threats. Majorities in the US and in most European countries also agree, for instance, that military action against terrorist organizations is the most appropriate means to fight terrorism. To be sure, there are also some differences when it comes to possible specific threats. But the real divide lies elsewhere and this has to do with how Republicans and Democrats believe one should respond to these threats.

Those differences become obvious with regard to the use of soft versus hard power and the efficacy of using force, including going to war, as a tool of foreign policy. As mentioned earlier, the typology shows that the United States stands out from the European mainstream, in large part because of the existence of a strong 'hawk' minority centered in the Republican Party. In this regard, Republicans are not only different from Democrats but

---

[8] Interviews for the 2004 survey were held 6-24 June, 2004.
[9] See note 3.

from all of the European countries surveyed in the *Transatlantic Trends* poll. They simply do not have counterparts in Europe on these issues – in any country or in any part of the political spectrum.

In contrast, Democrats and Independents come much closer to the European mainstream, event though they, too, are more 'hawkish' than the European norm. In some ways, we find that this line-up is closer to countries like the United Kingdom and the Netherlands as opposed to more Dovish countries on the continent like France, Germany or Spain. It is therefore hardly surprising that a Democratic candidate like John Kerry attracted considerable sympathy in European countries since his positions and those of the Democratic Party were much closer to the European mainstream.[10] Indeed, many center-right parties in Europe line-up more closely with the Democrats on many of these issues than they do with their Republican counterparts. The real gap across the Atlantic is between American conservatives and the European mainstream.

Second, there is also a real gap between Republicans and Democrats in the United States when it comes to using multilateral institutions to address these threats. Here we find that Democrats are not only more multilateral and idealistic than Republicans, but more so than many Europeans as well. True to the tradition of Wilson, Roosevelt and Truman, Democratic voters express high levels of support for the United Nations and reluctance to override it. 81% of Democratic voters have a favorable opinion of the UN as opposed to 41% of Republicans. And whereas 84% of Republicans are prepared to bypass the United Nations, if they feel that America's vital interests are threatened, only 40% of Democrats are prepared to do so.[11]

But it is not only with regard to the United Nations that one sees differences between Republicans and Democrats. There is also a growing gap when it comes to NATO, for example. In the past, both Republican and Democratic voters expressed almost equally high levels of support for the Atlantic Alliance. Today, however, that has changed. Whereas in 2004 72% of the Democrats still considered NATO essential for American security, only 55% of Republicans did so. Democrats also have somewhat warmer feelings than Republicans toward the European Union and are more inclined to believe that the US and the EU have enough common values to be able to cooperate on international problems. They also do not share the antipathy that marks Republican voters when it comes to France.

In table 6 we show, for a selected number of issues, the degree of support or agreement for each of four groups: the European countries in the survey (EU9), the United States as a whole, US Democrats, US Independents and US Republicans. We also show the differences between some of them. Thus, for instance, 3% of EU9 versus 63% of US Republicans approve 'very much' of Bush' international policies, producing a difference of 60%. A

---

[10] International polls (GlobeScan, in conjunction with the Program on International Policy Attitudes, University of Maryland, July-August 2004 and held in 35 countries around the world) left little doubt that to Europeans (and they were not alone in this) John Kerry was by far the preferred candidate. In 30 countries a plurality or majority (by an average 2-1 majority margin) wanted to see him win the US presidential election. Kerry was more popular in every region of the world and was especially popular among traditional US allies. They also showed that in 30 countries when asked how the foreign policy of President Bush had affected their feelings toward the US a majority or plurality (or on average 53%) said that it made them feel "worse", while only in three countries more said that it had made them feel "better". One other poll (IPSOS-Public Affairs/Associated Press, November 2004) produced comparable results in a number of important American allied states. Large majorities in Canada, France, Germany, Spain and the UK and simple majorities in Australia and Italy said that President Bush plays a somewhat or very negative role in world affairs.

[11] See note 3.

minus sign means that the second actor is less concerned than the first actor, a plus sign the opposite.

Table 6: Political party differences in the US and European views (in %)[12]

Issues	EU-9 (weighted)	USA all	Democr.	Independ.	Repub.	Diff. EU-9-Democr.	Diff. EU-9 Repub.	Diff. Dem.-Repub.
Feelings toward US (Q8a) (mean)	55	89	85	87	96	30	41	11
Feelings toward EU (Q8d) (mean)	70	62	68	65	55	-2	-15	-13
Feelings toward France (Q8k) (mean)	67	51	61	54	39	-6	-28	-12
Feelings toward Germany (Q8l) (mean)	66	61	65	64	56	-1	-10	-9
Threat of international terrorism (Q6a) (% 'extremely important threat')	71	77	69	78	86	-2	15	17
Threat of terrorist attack with WMD (Q6g) (% 'extremely important threat'	56	76	70	72	87	14	31	17
Approval of Bush' policies (Q9) (% 'very much')	3	28	4	20	63	1	60	59
War in Iraq to liberate Iraqi people worth the losses of life and other costs? (Q17b) (% yes)	19	44	13	48	81	6	62	68
War in Iraq increased threat of terrorism (Q20) (% agree)	73	49	73	52	23	0	-50	-50
Europe and US enough common values to cooperate (Q10) (% yes)	60	71	75	77	65	15	5	-10
Europe and US grown further apart (Q12) (% agreement)	30	44	50	47	41	20	11	-9
EU and US should take more independent approach in international affairs (Q13A+B) (% agree)	54	20	14	18	31	-40	-23	17

---

[12] Numbers behind each question refer to the question numbers in the survey. Source: TTS 2004 survey (see note 3).

Europe needs more military power to act separately from US (Q26f) (% agree strongly or very strongly)	64	37	20	35	47	-44	-17	27
EU should become a superpower (Q3) (% agree)	71	44	54	50	32	-17	-39	-22
Defense spending (Q5) (% 'too much')	29	40	63	39	15	34	6	-48
Opinion of United Nations (Q7) (% 'very favorable')	15	15	23	14	8	8	-7	-15
NATO still essential? (Q14) (% yes)	62	62	72	55	60	10	-2	-12
Approve use of military forces to prevent terrorist attack (Q15a) (% approve)	83	95	93	93	98	10	15	5
Approve use of military forces to stop fighting in civil war (Q15c) (% approve)	56	44	41	37	48	-15	-7	7
Approve use of military forces to ensure supply of oil (Q15d) (% approve)	42	47	35	45	60	-7	18	25
Approve use of military forces to provide peace-keeping after civil war (Q15e) (% approve)	80	70	69	66	74	-11	-6	5
Approve use of military forces to remove government that abuses human rights (Q15f) (% approve)	50	61	49	54	76	-1	26	27
Approve use of military forces to defend NATO ally (Q15h) (% approve)	75	91	89	90	96	14	21	7
Essential to secure UN approval in future case like Iraq (Q21a) (% yes)	82	58	81	64	30	-1	-52	-51
Still favor using armed forces if UN does not approve it (Q25a) (% yes)	26	49	32	47	70	6	44	38
Military action most appropriate means to fight terrorism (Q26g) (% 'agree strongly')	21	37	19	35	59	-2	38	40

Source: German Marshall Fund of the United States, Transatlantic Trends Survey, 2004.

On average, for all substantive issues in the survey, the difference between EU and US is 16 percentage points, while the difference between Democrats and Republicans is 24 percentage points. If we compare the average difference between the EU and Democrats, it is 12 percentage points. Between the EU and the Republicans, on the other hand it is 25 percentage points (see figure 9 below).

Figure 9: Differences between groups on foreign policy issues (difference in %)

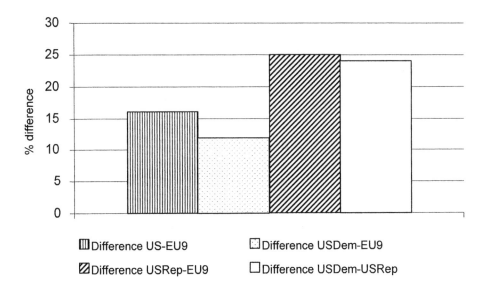

Source: German Marshall Fund of the United States, Transatlantic Trends Survey, 2004.

5 The Impact of Iraq

One of the key outcomes of the 2004 *Transatlantic Trends* survey was the finding that there is a sharp contrast between an American public apparently increasingly supportive of close US-European cooperation on the one hand and on the other side of the Atlantic a growing desire for autonomy and independence. The question is to what extent the experience of the divisions over Iraq has played a role in this connection. This question is explored below. First we look at whether mentioning the war against Iraq affects people's views on the desirability of a future change in the relation (table 7).

Table 7: Effect of the war against Iraq on views of desirable changes in the transatlantic relationship: closer, remain the same or more independent? (in %)

		Should become closer	Remain the same	Should become more independent	Don't Know/ No answer
What should happen to the partnership between US and EU, (mentioning Iraq)[13]	EU-9	27	12	58	3
	USA	60	15	20	5
What should happen to the partnership between US and EU, (NOT mentioning Iraq[14])	EU-9	33	13	50	3
	USA	60	17	20	4

Source: German Marshall Fund of the United States, Transatlantic Trends Survey, 2004.

It appears that mentioning the problem of Iraq has a slightly depressing impact on the assessment of future transatlantic relations. The slight impact could be interpreted as a sign that Iraq is only part of the problem. In this respect there is a striking difference between Europe and the US. It is only in Europe that both Iraq and the assessment of the present state of transatlantic relationships affect the future desired assessments of these same relationships.[15] In the US, the overwhelming majority wants these relationships to become closer and, even more interesting, Iraq has no impact at all on the desired state of future relationships.

There is an interesting relationship with the typology developed above. Table 8 looks at the effect of people's position in the typology on preferences concerning the future of the transatlantic relationship. The overall result is that in Europe majorities and/or pluralities, across all categories of both independent variables (the present assessment of EU-US relations and the typology of power), want the EU to become more independent. On the opposite side, in the US, majorities or pluralities want Europe and the US to become closer. The highest percentage is found among Hawks (with 39% and 40% depending on their assessment of the present state of relations and Iraq being mentioned or not).

---

[13] Text of the question: 'In light of what happened in Iraq, do you think that the partnership between the US and the European Union should become closer, should remain about the same or should the [European Union/United States] take a more independent approach from the [United States/European Union] in security and diplomatic affairs?'.

[14] Text of the question: 'And do you think that the partnership between the US and the European Union should become closer, should remain about the same or should the [European Union/ United States] take a more independent approach from the [United States/ European Union] in security and diplomatic affairs?'.

[15] The impact of Iraq holds across the different assessments of "present" transatlantic relations. Even among those who judge the present transatlantic relations to have become closer, a plurality (48% when Iraq mentioned and 43% when Iraq is not mentioned) think that a more independent approach in the future is necessary.

Table 8: Desirable transatlantic relationship in the future. Percentages mentioning the need of a more independent approach (with or without reference to Iraq) by groups in the typology in Europe and US

	Iraq mentioned			Iraq not mentioned		
	Grown closer	Remained about the same	Further apart	Grown closer	Remained about the same	Further apart
EU-9						
Pragmatists	42	52	58	37	43	49
Doves	59	70	72	54	58	63
Hawks	53	60	46	38	46	38
USA						
Pragmatists	21	17	12	13	20	18
Doves	22	22	10	8	21	12
Hawks	9	28	39	18	40	27

Source: German Marshall Fund of the United States, Transatlantic Trends Survey, 2004.

Iraq is an issue in Europe and *not* in the US. In Europe it increases support for a more independent approach across the board. Nothing close to that occurs in the United States (where the trends across both the typology and the state of present relations are much more confused). It is only among the Hawks to whom Iraq is mentioned that we find the same pattern as in Europe. Considering whether the EU and the US are getting closer or further apart has an impact on your desired state of future relations that is depending on where you are in the typology. Among both the Pragmatists and the Doves in Europe, the more you think relations are growing apart, the more you want Europe to play an independent approach (42% to 58% and 37 to 49% with or without mentioning Iraq). Among the Hawks, those who think that EU-US relations remained the same are more likely to say Europe should be more independent. The pattern in the US is much less clear (besides being also a problem of the limited number of cases). Here, if Iraq is mentioned and you are Pragmatist or Dove, the more you think relations are further apart, the less you want Europe to be independent. On the other hand, if you are an Hawk and Iraq is not mentioned, those who say the relationship is about the same are more likely (even though slightly so) to think Europe should be more independent.

6 Who and Where are the Allies?

On the basis of the data presented above there are three ways to examine where support or opposition is to be expected for the likely policies of the new American administration and hence, which countries can, on the basis of their domestic public opinion, be considered obstacles to or rather supporters of a transatlantic *rapprochement*.

(1) We can first of all look at the *typology of attitudes on power*. We have noted that while in the US the obvious coalition is one between Pragmatists and Hawks, in Europe it is hardly possible to find a viable coalition that would not have to include a strong Dove in-

fluence. From this perspective public opinion in all European countries would have been more congenial to a new Democrat president than to a re-elected Republican. Although this would be more difficult in Germany, Slovakia and Spain, given their large dovish segments, a Democratic president, could have built working coalitions of Pragmatists and Doves in all European countries, including perhaps even France and Germany. This would now appear to be much more difficult for the re-elected President Bush, who would remain dependent on a fairly large hawkish segment at home, but will not be able to count on similar groups in any of the European countries, with the possible exception of Great Britain. Given the relative size of the two groups among the supporters of the ruling coalitions, with Pragmatists being more numerous than Doves in Italy, Netherlands, Poland, Portugal and the United Kingdom, his chances for raising support for more moderate foreign policies than the present ones are best in these countries, but still fairly small. In addition to France and Germany, relations with public opinion in Slovakia and Spain are likely to remain strained.

Since 2003, some interesting changes have taken place among countries, however. One consequence is that these changes probably make overall relations even harder to manage for the present and possibly future Bush administration. There is a strengthening of the Pragmatists-Doves coalitions in all European countries, but with different implications for those countries in which the government has taken a stand that is opposite to what public opinion wants. In France, Italy, Germany and Portugal Doves increase and Pragmatists decrease. Italy and Portugal, however, are countries that are committed to supporting the US militarily in Iraq, while France and Germany are not. If the shift noted above has any impact, it means less domestic leeway for the government in the first group of countries and more domestic rigidity in future negotiations for France and Germany.

(2) In terms of the *typology of models of Europe* and orientation towards *the future of the transatlantic relationship*, the picture looks somewhat different. As far as the choice for alliance and cooperation rather than independence (a high degree of *Atlanticism*) is concerned, the chances for the new administration are comparatively better in the Netherlands, Italy and the United Kingdom (see table 3). It would be somewhat more difficult in Germany, Poland and Portugal and hardest in France, Slovakia and Spain, not to speak of Turkey. In the latter three countries proponents of 'independence' outweigh 'allies' by three to two.

From the perspective of the *models of Europe* which include the military-civilian dimensions in addition to Atlanticism, the picture again varies somewhat. If the assumption is correct that a new Democratic administration would haven been inclined somewhat more to 'civilian' policies and a new Republican administration toward more 'military' policies, the chances for the former would have seemed best in Italy, Slovakia and Spain, and over all Democrats would also have been in a better position than Republicans given that 'civilian' preferences also outweigh the military ones in France, Germany, the Netherlands and Portugal. Only in Poland and the UK is the opposite true, and these are the countries that a Republican administration should cultivate.

(3) We can, thirdly, also look at this question in a more specific way, concentrating on how countries *score on particular foreign policy issues and in general*. First of all, we tried to establish, whether particular countries share particular profiles on these issues. To this end,

rank order scores were calculated for all (44) relevant questions in the survey. This allowed us to establish how close, or how far away, each country was to the dominant/ average score for the United States. Total possible scores ranked between 1 and 8. This produced an average rank order that happened to be very similar to the index of Atlanticism presented in table 3.

The scores for the nine EU countries (Turkey, as a non-EU member was left out of consideration here) were as follows:

UK	*Netherlands*	*Italy*	*Portugal*	*Poland*
3.35	3.96	4.67	4.69	4.86

France	*Germany*	*Spain*	*Slovakia*
5.13	5.57	5.68	6.53

Three clusters emerged on this index:

1. A group consisting of the United Kingdom, Netherlands, Italy and Portugal that is strongly Atlanticist and tends also to be relatively positive on the use of force.
2. A second, mixed group that is divided among Atlanticists and Independents and among those that favor and those that are more skeptical of military power consists of Poland and France: European, Independent, not averse to military power.
3. A third group of countries is characterized by a low degree of Atlanticism and also contains a considerable number of people that are averse to military power. It includes France, Germany, Spain and Slovakia. This group prefers independence to alignment and is mainly averse to military power.

While there is, thus, a general correlation between the degree of Atlanticism and the degree to which opinions converge to those held in the United States, the correlation is not perfect, which means that on individual issues even with countries, where majorities prefer to remain closely allied with the US, conflicts over specific policies could emerge or remain, at least at the level of mass public opinion.

7 An Early Post-Election Assessment

In November 2004, just after the Presidential elections, the German Marshall Fund attempted to gauge how the elections and their outcome had affected the US-European relationship, more particularly that with France and Germany, the main protagonists in the struggle over Iraq, at the level of mass public opinion. In this paragraph we want to look into some details of the outcome of this poll.[16]

The outcomes of this post-election survey in the United States are interesting, but none of them are surprising. Most of them support expectations or confirm data and conclusions that were drawn already above on the basis of the July 2004 and earlier polls. The results

---

[16] Full topline data and a short analytical report on this poll can be found at www.gmfus.org.

confirm the existence of a transatlantic gap as described above and the conclusion reached earlier that a Bush victory in the elections would complicate rather than facilitate efforts to bridge this gap.

Asymmetries
One of the more interesting outcomes is not that Frenchmen and Germans overwhelmingly had negative views of Bush, but rather that this was only to some extent reciprocal (as far as Chirac and Schroeder are concerned). This transatlantic asymmetry is a feature that characterizes other results as well. Three examples can be given.

1. One of the other issues addressed in the survey was the desirability of 'strong leadership'. Again, it is not surprising to see that US leadership was generally seen as undesirable in France and Germany (the degree to which it is favored, moreover, has declined considerably since 2002), but rather that the reverse sentiment was not nearly as strong in the US. In fact, many Americans expressed a preference for a 'strong' European role, whether it be France or Germany alone or the European Union.
2. Another way in which the asymmetry appears is in the form of ideas about the desirability of either closer transatlantic relations or a greater degree of 'independence'. Generally speaking (as in the 2004 TTS) Americans on balance favor closer relations (particularly Democrats and Independents do so), but the French and Germans favored a more independent stance.
3. Thirdly, Americans were remarkably less unwilling to change their mind if that would be necessary to achieve common action on specific issues with the Europeans than vice versa (more on this below).

What should be done and what would be the result?
The question of whether and how the transatlantic rift should and could be mended was addressed in November 2004 in two ways. (1) One referred to things either the US or Europe and France or Germany, respectively, should do in general, the other (2) to preferences on three specific issues and to the willingness to compromise on these preferences, if this were necessary to achieve or maintain collective action. As far as the first is concerned, there was no consensus either within the US or in France and Germany as to what the US should do. In the US there was not only the gap between Democrats and Republicans but also much division within each group as what should receive priority in this connection. Among Democrats quite a few mentioned other priorities, but using more diplomacy and being less quick to use force was clearly the dominant view. And this was also true for the French and Germans. Among Republicans, things look rather different and a much more diverse picture emerged. Moreover, quite a few apparently wonder whether there is really *anything* the United States should do to please the Europeans. Understandably, there was no support for this particular view in France or Germany. As far as the other side of the coin is concerned, Americans were more divided as to what Europeans should do (as with the Republicans, some Democrats now apparently wonder whether *any* of the suggestions as to what Europeans should do are appropriate). Still, among the options offered there was most agreement (a plurality) across the Atlantic that strengthening European military forces should be a priority goal.

Three specific contemporary issues were also addressed: Israel-Palestine, Iran and Iraq. Despite misgivings one may have concerning the perhaps too simplistic way in which on each of these three issues an 'American' and a 'European' view was identified and defined, these questions 'worked' in the sense that respondents in France or Germany by and large favored what was described as the 'European' point of view on each of the three issues, i.e. to put more pressure on the Israelis, continue with diplomatic action on Iran and accept an international or NATO command for troops in Iraq respectively. Asked about their willingness to eventually change their mind and move to what was described as 'the American position' (i.e. to put more pressure on the Palestinians, to move to sanctions against Iran and to send allied troops to Iraq), if that were conducive to reach agreement with the Americans on common action, they showed themselves singularly unwilling to do so. Of the three issues addressed, Americans on their part showed themselves most different from the Europeans and most adamant on the Israel-Palestine conflict. Pluralities both among Democrats and Republicans preferred putting pressure on the Palestinians and rejected to change their minds on this. On Iran, however, majorities among the Democrats sided with the European view (continue to negotiate) and Republicans were divided. A majority (supported most strongly by the Bush voters) was unwilling to change its mind on this question, however. Finally, on Iraq, most Americans were willing to accept an international or NATO commander for the American forces, too, if that was necessary to get the French or German on board. The Europeans (France and Germany) on their part were not willing at all, however, to meet the Americans on this issue. None of this is promising for those who hope that public support for compromises allowing more common action across the Atlantic can somehow be struck.

The transatlantic gap and voting behavior
It is less interesting that the survey confirmed the impressive evidence of the degree of party political polarization in the United States across many – if not most – foreign policy issues. It also confirmed that on many of these issues the gap between the Democrats and average French or Germans opinion is small or nonexistent. Democrats were again much more likely to favor 'closer' transatlantic relations. Indeed, if there was an effect of the international situation on voting behavior, it was that a vote for Kerry was also seen as contributing to reducing transatlantic tensions. Unfortunately for those who are sympathetic to the Democratic view of things, this argument was most prevalent among those who would have voted for Kerry anyway. On the other hand, Bush voters actually by and large expected the opposite to happen and saw a Bush victory also as conducive for improved transatlantic relations. For Kerry voters the opposite was true.

8 Some Conclusions: How Much Does it Matter Who Won the US Presidential Elections?

Will it make a difference for the future of the US-European relationship who won the 2004 American Presidential election? Is a re-elected President George W. Bush well placed to repair the transatlantic relationship or would Senator John Kerry have been in a better position to do so? One can draw several broad conclusions from the data and analysis presented here. The first and perhaps most obvious conclusion is that the breach across the Atlantic has not narrowed over the last year in the wake of the Iraq war as many had hoped. Indeed, European distrust of American leadership and policies continues to grow in many ways. In 2004, for the first time in the series of German Marshall Fund polls, a majority of Europeans (55%) found America's leadership in the world undesirable. That disaffection is not, as some have suggested, limited to a few countries in Europe but is increasingly felt across the continent. Over the last two years, the drop in confidence in a country like Poland, which supported the Iraq war, is almost as great as in a country like Germany, which opposed the war. From the United Kingdom in the west to Turkey in the east, there is a broad wave of growing disaffection with American leadership and policy under the incumbent administration.

In part, this is linked to the very different impact that the Iraq experience appears to be having on public opinion on both sides of the Atlantic. In the United States, the war in Iraq appears to have led Americans to reaffirm the importance of alliance and partnership with allies in general, and Europe and the EU in particular. They increasingly do not want to 'go it alone' in facing the many challenges in the world. In 2004, for example, we witnessed a sharp drop in the number of Americans who want the United States to remain the only superpower, from 52% in 2003 to 40% in 2004.

In Europe, in contrast, Iraq had a very different effect. It made Europeans more critical of US policies, wary of American leadership and desirous of more autonomy and independence from Washington. Many Europeans now fear that the main threat to their security is not the threats themselves, but the way the United States tends to respond to international crises. While Europeans see many of the same international threats as Americans do, they believe Washington's response has been ineffective. They fear the risk of being dragged into conflicts beyond their control because of their entangling commitments to the US and the lack of a feasible alternative course of action. Consequently, they increasingly embrace the notion that the European Union should rely on its own and become 'another superpower' – although they themselves are often unclear as to what that means in practice. While, by and large, Europeans still prefer that this EU superpower be one that cooperates rather than competes with the United States, nonetheless, the shift in European preferences from cooperation to competition is remarkable (2003: cooperate 85%, compete 10%; 2004: cooperate 63%, compete 30%).[17]

The disaffection with the present orientation of foreign policy is accompanied by a similar reappraisal on the European side. There are indications that the crisis of recent years has not only positively nourished a desire for a greater role of the European Union on the world scene, but is also eroding European faith in the effectiveness of international institutions like NATO and the UN (as suggested in the results of 2004). Nevertheless, Europeans are born multilateralists who believe they have been able to defuse centuries of nationalistic antagonisms through the EU and other clumsy, consensus-building mechanisms that clearly test the patience of most Americans. What we see on the European side may be a kind of a continuing commitment to create and use international institutions mixed with a growing but grudging realization that they are inadequate. That is the European dilemma in a nutshell.

Whatever their degree of trust in institutions, Europeans are likely to be skeptical of the genuineness of any new American mood of 'rapprochement' and, under the prevailing

---

[17] The shift towards what some would call 'Eurochauvinism' is most striking in Germany with 73% of Germans now favoring an EU superpower compared to 43% in 2002.

conditions, American initiatives to bridge the gap, from whatever new administration they would come, are likely to be greeted with distrust and a 'wait-and-see' attitude. Among European countries, this skepticism is found most pronouncedly in Turkey. This country is the most distrustful of the US and US-leadership, the most critical on Iraq and in many ways the most unilateral – or put another way, has the greatest desire for strategic self-reliance and independence. So the Turks lead the Europeans in terms of their skepticism about American policy and leadership in many ways and are in no way an American Trojan horse. Probably, the Iraq effect has been greater in Turkey than in any other country in Europe. At the same time, the Turks are not at all like other Europeans when it comes to their view of legitimacy, international institutions, etc. Here, they are much more like and in some cases exceed the Americans.

Second, the gap across the Atlantic is linked to the gap within the United States itself. If there ever was a bipartisan foreign policy consensus, it is now gone. It will take a major effort to reconstruct one in the US and, without such an effort, a new Atlantic consensus will not be forthcoming, and vice versa. Simply put, American Democrats are now much closer to mainstream European public opinion than Republicans. What sets the US apart from Europe is not a general gap but a more specific one, i.e. the existence of a significant segment of the American public – the hawks in the typology – that hold very different views on power and the use of force, and create a structure of public opinion that is different in the US from the European norm. In other words, American Hawks have no real European counterpart in terms of political weight. The gap shows up both in the typology on attitudes toward power and the use of force and in the growing gap between Democrats and Republicans on an array of European security issues, multilateral institutions and even in the degree of "warmth" felt toward a country like France. This group also has a more critical view of Europe and the utilities of alliances.

Coupled with the existence of a strong Pragmatist school in the United States, this creates a very different set of dynamics on either side of the American political aisle. While Hawks are not exclusively Republican, their center of gravity is certainly on the right end of the political spectrum. In contrast, the Democratic segment of the political spectrum is quite similar to the European mainstream in many ways. Probably mostly within the latter group there is also a notable shift in ideas about the most appropriate structure of the international system to deal adequately with world problems. This includes the notion that the United States should not try to remain the only superpower and, consequently, that it would be a good thing if the European Union should play a larger role in the world, even if that would sometimes mean that the US and Europe would disagree and lead to the need for compromises. There is not only, as mentioned above, a sharp drop in the number of Americans that want the US to remain the only superpower. A record number (79%) of Americans now favor an EU superpower that could share responsibilities with the United States in the search for greater peace and stability in the world. In particular, this is true for many Democrats as well as Independents, but these attitudes are much less found on the Republican side.

If one sets aside for a moment the question of the pros and cons of different policy choices as well as the diplomatic skill of different leaders and instead asks the narrower question of which new American president would have been better positioned to find common ground with Europe, then the evidence seems pretty clear. A President Kerry would at first sight have been more congenial in many ways to what Europeans would like to stress, but Europeans would then no longer have enjoyed the easy position of being able to use President Bush as an alibi for not facing up to a number of hard choices. This too, in a different way, would have made striking transatlantic deals complicated and difficult. A Kerry administration would therefore have had to face challenges as well. If expectations are low, now that President Bush is re-elected, the danger may be that they would have been too high for a Kerry administration. While Democrats are more closely aligned with European views on many issues, there are differences here as well. Our typology suggests, for instance, that Democrats are more hawkish than the European norm on questions surrounding the use of force, albeit even more idealist when it comes to international institutions like the United Nations.

Our Atlanticism continuum also underscores the diversity of opinion within Europe and suggests that a Kerry administration would have found it much easier to reach common ground with some countries than others. To reach common ground remains much more difficult on the whole for a re-elected President Bush, who continues to depend on a fairly large hawkish segment at home, but will not be able to count on likeminded groups in any of the European countries, with the possible exception of Great Britain. To find common ground, it will have to modify its positions in order to bring them more closely in line with those of America's actual or potential allies. While public opinion certainly does not predetermine policy, the data presented here suggest part of the answer why it has been so difficult for the Bush administration in recent years to put together a European coalition behind its policies. This will probably remain the case now that he has been re-elected.

Finally, the existence of this double divide across the Atlantic and across the political aisle in the United States clearly means that future US-European relations are not only likely to be more challenging but also unpredictable. Irrespective of the outcome of US Presidential elections, Washington may become a less predictable actor in its policy toward Europe given the deep divisions in the American *body politic* on core issues in the US-European relationship. While one can discern a convergence of European views on many foreign policy issues, it may be based more on a negative view of current American policy than on a positive view of what Europeans want to achieve. One can question whether such a basis is both healthy and sustainable.

Die mediale Vermittlung des Irak-Konflikts in Deutschland und den USA

Karin L. Johnston

1 Einführung

In den letzten zwei Jahren wurden die deutsch-amerikanischen Beziehungen von den heftigsten und emotionalsten Konflikten seit mehr als fünf Jahrzehnten erschüttert. Diese Konflikte – von Schröders öffentlicher Zurückweisung der amerikanischen Irak-Politik während des Wahlkampfs in Deutschland im Jahr 2002 über die gegenseitigen Anschuldigungen nach der zweiten gescheiterten UN-Resolution Anfang 2003 bis hin zu den Spannungen über den Nahost-Konflikt und die Zukunft des gesamten Mittleren Ostens sowie, vor allem, den Krieg im Irak und die andauernde Instabilität nach dem Krieg – wurden in intensiven öffentlichen Debatten sowohl im eigenen Land als auch über den Atlantik hinweg als politisches und moralisches Tauziehen ausgetragen. Obwohl beide Regierungen gezielte Anstrengungen unternommen haben, die Spannungen zu mindern und Konflikte zu überbrücken, hat die Öffentlichkeit – besonders in Deutschland – immer noch einen entschieden negativen Eindruck von der Regierung George W. Bushs und ihrer Politik. Zudem weisen die Berichterstattung und die Kommentare in den Medien zum Skandal von *Abu Ghraib* und der Nachkriegssituation im Irak ebenso wie Ergebnisse von Umfragen darauf hin, dass die öffentliche Meinung und die in den Medien veröffentlichte Meinung trotz des pragmatischeren Tones, der inzwischen auf Regierungsebene herrscht, schwer zu verändern sein werden. Ob die Medien die zunehmende Distanzierung der deutschen öffentlichen Meinung von den Vereinigten Staaten lediglich reflektieren, oder ob sie selbst eine Rolle bei der Verhärtung der Kluft zwischen den verschiedenen Wahrnehmungen diesseits und jenseits des Atlantiks spielten, bleibt allerdings unklar.[1]

Deutlicher ist, dass die Öffentlichkeiten in den USA und in Deutschland in den letzten zwei Jahren sehr verschiedenen Bildern und unterschiedlicher Sprache ausgesetzt waren, mit denen der Konflikt im Irak und die sich entwickelnden Probleme nach dem Krieg charakterisiert wurden. Die Berichterstattung in Deutschland und in den USA über den Irak war meistens einseitig und anfällig für negative Vorurteile und wirft daher Fragen bezüg-

---

Dieser Beitrag ist eine überarbeitete Fassung des AICGS Issue Brief No. 1, "Clashing Worlds and Images: Media and Politics in the United States and Germany," American Institute for Contemporary German Studies, The Johns Hopkins University, Washington, D.C., 2004. Die Autorin dankt Kirsten Verclas für ihre Hilfe bei der Übersetzung des Artikels.

[1] Zur Rolle der Medien bei der öffentlichen Meinungsbildung siehe das Kapitel "Communicating with the Public" in Carroll J. Glynn, Susan Herbst, Garrett J. O'Keefe und Robert Y. Shapiro, *Public Opinion* (Westview Press: Boulder, CO) 1999, S. 381-415. Zum Verhältnis von Medien, öffentlicher Meinung und Außenpolitik siehe Frank Brettschneider, "Mass Media, Public Opinion, and Foreign Policy," in: Wolf-Dieter Eberwein und Karl Kaiser, Hrsg., *Germany's New Foreign Policy* (Palgrave: Houndmills, Basingstoke), 2001, S. 238-248, sowie Robert M. Entman, *Projections of Power: Framing News, Public Opinion, and U.S. Foreign Policy* (University of Chicago Press: Chicago), 2004. Eine Fallstudie präsentieren Steven Kull, Clay Ramsay und Evan Lewis, "Misperceptions, the Media, and the Iraq War", *Political Science Quarterly*, vol. 118, no. 4, Winter 2003-2004, S. 569-598.

lich des gegenwärtigen Standes der Berichterstattung und des möglichen Einflusses der Medien auf die Einstellungen ihrer Zuschauer und Zuhörer auf. Sind die verschiedenen Realitäten der Medien ein Ausdruck der wachsenden Kluft zwischen den Interessen und Werten beiderseits des Atlantiks und daher ein Ausdruck der neuen Realität transatlantischer Beziehungen? Oder haben die Medien Einfluss auf die öffentliche Meinung ausgeübt, um auf Marktansprüche und den wachsenden Druck, dem viele deutsche und amerikanische Medien ausgesetzt sind, zu reagieren?

2   Die amerikanischen Medien und der Irak-Krieg

Die Analyse des Inhalts der Medienberichterstattung zeigt, dass die amerikanischen Reportagen über den Irak-Krieg in den Printmedien, im Fernsehen und im Radio die von der Bush-Regierung sorgsam aufgebauten Argumente für den Krieg glaubwürdig erscheinen ließen. Die Medien berichteten intensiv über die Position der Regierung, dass der Irak sich Massenvernichtungswaffen beschafft habe und Kontakte zu Terrorgruppen, unter anderem zu *Al Qaida*, unterhalte. Dies alles sei Grund genug gewesen, schnell zu handeln, um zu verhindern, dass Massenvernichtungswaffen in die Hände von Terroristen geraten und um die USA mit einem schnellen Eingreifen im Irak zu schützen.[2]

In Rundfunk und Fernsehen – insbesondere in den Nachrichten-Talkshows der Kabelkanäle – fand der Krieg überwiegend Unterstützung. Die Berichterstattung von *Fox News Channel* war wohl am positivsten: Für jeden negativen Kommentar über die Bush-Regierung wurden drei positive Kommentare präsentiert. Die Berichterstattung der drei großen Nachrichtenstationen war gemischt. Allerdings tendierte die Berichterstattung von *ABC* am stärksten zu kritischen, *Fox* hingegen am stärksten zu positiven Darstellungen. Einige der Rundfunkjournalisten, zum Beispiel Dan Rather, gaben offen zu, für den Krieg zu sein und verteidigten ihren Patriotismus, der dieser Haltung zugrunde lag.[3] In den Printmedien konzentrierten sich die Reportagen auf den Titelseiten auf die Ansicht der Bush-Regierung, dass die dreifache Bedrohung durch Saddam Hussein, globalen Terrorismus und die Verbreitung von Massenvernichtungswaffen eine imminente Gefahr darstellten. Demonstrationen gegen den Krieg – wenn überhaupt über sie berichtet wurde – erschienen selten auf der Titelseite oder als Hauptnachrichten. Die Medien trugen dazu bei, den Eindruck zu erwecken, dass man sich schrittweise auf einen Krieg zubewegte, der letztlich unvermeidbar sei.

Während des Krieges konzentrierte sich die amerikanische Berichterstattung – sowohl der Printmedien als auch der Fernsehkanäle – auf die Darstellung des Krieges durch die Reportagen der „eingebetteten" Journalisten und durch Kommentare von Militärs im Ruhestand, die ihre Expertenmeinung bezüglich der Taktik und Strategie anboten. Viele Reportagen waren auf die Lokalnachrichten zugeschnitten und konzentrierten sich auf die amerikanischen Soldaten im Kriegsgebiet und ihre Familien zu Hause. Während die Medien in anderen Ländern sehr drastische Bilder von amerikanischen und irakischen Opfern

---

[2] Siehe "The Media Go to War: TV News Coverage of the War in Iraq," Media Monitor, Juli/August 2003, 18 (2) (Center for Media and Public Affairs: Washington, DC), 2003; "Media Tenor", 3/2003, (Media Tenor: Bonn), 2003; "The Media and German-American Relations: Policies, Perspectives and Presentations in Conflict," AICGS Conference Summary, 9. Januar 2004, http://www.aicgs.org/events/2004/01092004_summary.shtml.
[3] Kull, Ramsay, Lewis, S. 592-593.

zeigten, übertrugen die amerikanischen Medien diese Bilder nicht. Zudem berichteten die amerikanischen Medien weniger über die zivilen Verluste und die Auswirkungen des Krieges auf die Iraker als über den militärischen Feldzug selbst. Dem standen in den deutschen Medien Bilder über das Leiden der irakischen Zivilbevölkerung gegenüber.

Das *framing* des Konfliktes in den Medien folgte großenteils den Vorstellungen der amerikanischen Regierung und berücksichtigte nicht hinreichend die Sorgen der amerikanischen Öffentlichkeit über den Krieg – Sorgen, die oftmals auch Amerikaner teilten, die den Krieg grundsätzlich unterstützten. Die Öffentlichkeit debattierte darüber, ob eine sofortige militärische Aktion gegen den Irak und Saddam Hussein nötig und gerechtfertigt war, doch die Bush-Regierung war in ihrer Behauptung, dass der Krieg gegen Saddam Hussein als ein Akt der Selbstverteidigung nötig sei und ein Teil des Kampfes gegen den Terrorismus darstelle, unnachgiebig. Die amerikanische Öffentlichkeit stimmte mit ihrem Präsidenten zwar überein, dass der Irak strenge Inspektionen akzeptieren müsse, aber sie gaben bei dieser Unterstützung auch ihrer Erwartung Ausdruck, dass die Regierung die Zustimmung der Vereinten Nationen sichern würde. Weniger als ein Drittel der Amerikaner befürworteten einen Alleingang ohne diese Zustimmung.

Während die Medien berichteten, dass eine solide Mehrheit den Präsidenten in seiner Entscheidung zum Krieg unterstützte, war das Bild in Wahrheit nuancenreicher. Obwohl Umfragewerte zeigten, dass tatsächlich eine knappe Mehrheit zur Unterstützung des Präsidenten neigte, stimmten 15 bis 20 Prozent innerhalb dieser „soliden Mehrheit" der Entscheidung des Präsidenten nicht unbedingt zu, erklärten jedoch, sie würden den Präsidenten unterstützen, sollte dieser sich für den Krieg entscheiden. Führende amerikanische Persönlichkeiten und die Öffentlichkeit verliehen ihrem Patriotismus und ihrer Unterstützung der Soldaten deutlichen Ausdruck. Im Mai 2003, als der Krieg noch am Anfang stand, unterstützen jedoch nur 53 Prozent die Entscheidung zum Krieg aus der Überzeugung heraus, dass dies die beste Entscheidung gewesen sei. Weitere 15 Prozent vermochten dies nicht genau zu sagen, unterstützen aber Bush, ganz einfach weil er der Präsident war.[4]

Nachdem der Krieg im Irak für beendet erklärt worden war, begannen die Zweifel an der Intervention unter amerikanischer Führung im Irak zu wachsen. Das Fehlen von Beweisen für die Existenz von Massenvernichtungswaffen – der erste und eigentliche Grund für den Einmarsch im Irak – und für die Behauptung der US-Regierung, dass der Irak *Al Qaida* direkt unterstützt hatte; die Schwierigkeiten der US-Regierung, die Gewalt und Instabilität im Nachkriegs-Irak einzudämmen; und schließlich die wachsende Sorge um die steigende Zahl der gefallenen US-Soldaten und das nicht absehbare Ende des Einsatzes im Irak haben die öffentliche Meinung über die Frage, ob dieser Krieg berechtigt war, ins Gegenteil verkehrt. Die amerikanischen Medien mussten sich zudem mit der Frage auseinandersetzen, warum sie bei der Prüfung der Argumente der Regierung versagt hatten.

Viele amerikanische Journalisten haben im Nachhinein zugestanden, dass die Berichterstattung über den Irak-Konflikt Mängel aufwies. Während ein großer Teil der Kritik speziell auf die Berichterstattung über den Irak-Krieg zielte, legt die Kontroverse über das öffentliche *mea culpa* der *New York Times* in Bezug auf die eigene Berichterstattung im Allgemeinen und die Rolle Ihrer Reporterin Judith Millers im Besonderen jedoch nahe, dass die Ursachen dieser Probleme in der heutigen Kultur des amerikanischen Journalismus

---

[4] Ebd, S. 595; siehe auch "Americans on Iraq War and Finding Weapons of Mass Destruction," PIPA/Knowledge Networks Survey, 31. Mai 2003; Website: http://pipa.org/whatsnew/html/new_6_04_03.html.

zu suchen sind. Die Selbstkritik der Medien bezüglich ihrer Irak-Berichterstattung legte unter anderem folgende Mängel offen:

- Unzureichende Überprüfung der Zuverlässigkeit von Informationsquellen (entweder unabhängig oder in Absprache mit anderen Zeitungen). Dahinter steht das Konkurrenzverhältnis zwischen den Medien und das Ziel, die eigenen Auflagen zu erhöhen und Schlagzeilen zu machen.
- Überproportionales Vertrauen gegenüber anonymen Quellen und solchen, die den Ansichten der Regierung wohlwollend gegenüberstanden.
- Prominente Platzierung der offiziellen Regierungsmeldungen auf der ersten Seite, während andere Berichte, die den Ansichten der Regierungen widersprachen, nur sehr selten auf der ersten bzw. einer der vorderen Seiten zu finden waren.
- Veröffentlichung von Behauptungen aus Quellen, welche die Ansichten der Regierung unterstützten, obwohl Geheimdienste und andere ihre Glaubwürdigkeit bereits in Frage gestellt hatten.

Wissenschaftliche Analysen tendieren dazu, die Ansicht zu unterstützen, dass die Fehler und Unzulänglichkeiten bei der Berichterstattung der US-Medien das Produkt üblicher Vorgehensweisen im Journalismus sind. Susan Möller, Professorin am *Philip Merrill College* für Journalismus an der Universität von Maryland, analysierte die Berichterstattung über Massenvernichtungswaffen während der Irak-Krise und kam zu dem Ergebnis, dass die dürftige Berichterstattung weniger auf politische Vorurteile der Reporter, Chefredakteure oder Produzenten zurückzuführen war als auf etablierte journalistische Konventionen. Die Tatsache etwa, dass in den Printmedien im „umgekehrten Pyramiden-Stil" berichtet wird, das heißt, Berichte von wichtigen Persönlichkeiten im Hauptteil gebracht werden, während alternative Ansichten an weniger prominenter Stelle abgedruckt werden, führte dazu, dass Interpretationen der Regierung viel größeres Gewicht zuteil wurde.[5] Außerdem haben die US-Medien die Tendenz, aus einer spezifisch amerikanischen Perspektive über Ereignisse zu berichten. Dadurch und auf Grund der Tatsache, dass die Berichterstattung über Geschehnisse und Meinungen im Ausland in den letzten Jahren kontinuierlich abgenommen hat, werden den Lesern und Zuschauern die politischen Debatten außerhalb der USA oft gar nicht mehr bewusst. Zudem erweckte der einseitige Verlass auf Zitate von Regierungsvertretern den Eindruck, dass es kaum Widerstand gegen die Politik der Bush-Regierung gab, oder – anders ausgedrückt – dass sowohl in der breiten Öffentlichkeit wie auch in der Elite nahezu ein Konsens über die Regierungspolitik herrschte. Dies war jedoch nicht der Fall. Im Allgemeinen hat die Irak-Krise die andauernde Debatte über die Veränderungen, die den Journalismus in den Vereinigten Staaten beeinflusst haben, verstärkt:

- Die technischen Veränderungen – das Kabelfernsehen und das Internet – haben die amerikanische Medienlandschaft „zersplittert". Der Wettbewerb um Zuschauer und Gewinne sowie der Druck, rund um die Uhr Nachrichten zu liefern, führten zur Verkleinerung des Personalbestandes, zur Schließung von Korrespondentenbüros, zu Kos-

---

[5] Susan D. Möller, "Media Coverage of Weapons of Mass Destruction," CISSM Report, 9. März 2004 (Center for International and Security Studies (CISSM), University of Maryland: College Park, MD), 2004; Website: http://www.cissm.umd.edu/.

ten senkenden Maßnahmen in den Redaktionen und einem Trend, selbst wichtige und ernste Nachrichten für die Zuschauer unterhaltsam zu gestalten.
- Veränderungen in den Besitzverhältnissen und im Management der Medien während der letzten Jahrzehnte haben dazu geführt, dass die Geschäftseigentümer von ihren Nachrichtenredaktionen Profit erwarten. Dies bedeutet, dass die Zuschauerzahlen gehalten, die Kosten reduziert und Abstriche bei der Absicherung von Quellen oder Fakten in Kauf genommen werden müssen, um im Konkurrenzkampf zu bestehen.
- Die Grenze zwischen Journalismus und bloßer Meinungsäußerung verschwimmt zunehmend. Ein großer Teil dessen, was als Nachrichten verkauft wird, besonders in den *shout shows* (politisch orientierte Sendungen, die einen aggressiven, konfrontativen Stil bevorzugen) auf Kabelkanälen und in den Nachrichtensendungen im Radio, hält sich nicht an übliche journalistische Praktiken, sondern an die Diktate eines „Pseudo-Journalismus": Statt seriöser Berichterstattung verkünden Journalisten ihre persönlichen Meinungen und Prognosen; inkorrekte Informationen werden oftmals präsentiert, aber nicht berichtet.
- Besonders das Fernsehen verwischt die Grenze zwischen Journalismus und Politik, da Journalisten häufiger ihre Meinung und Vorhersagen verkünden, als über Fakten zu berichten.
- Journalisten sind selbst Teil der politischen Elite geworden. Berühmten Journalisten und Kolumnisten fällt es daher teilweise schwer, die nötige Distanz zu Macht und Autorität sowie eine gesunde Dosis Skepsis gegenüber „gestreuten" Informationen von offiziellen Stellen zu bewahren.[6]

3 Die deutschen Medien und der Irak-Krieg

Die deutsche Berichterstattung spiegelte die Haltung der Regierung und die Meinung der Bevölkerung wider. Der deutsche Bundeskanzler Gerhard Schröder appellierte im August 2002 an die starke Anti-Kriegsstimmung in der Bevölkerung, als er sagte, dass Deutschland sich nicht an einem „Abenteuer" im Irak beteiligen würde – und zwar sogar unabhängig davon, ob die UNO eine Resolution, die die militärischen Aktionen legitimierte, verabschieden würde. Die deutsche Regierung behielt diese aktive Opposition gegen den frühen Gebrauch von Gewalt gegen den Irak in Zusammenarbeit mit Frankreich und später auch Russland bei – eine Position, die in weiten Kreisen der Öffentlichkeit auf Unterstützung stieß.

Die negative Berichterstattung über die USA wuchs in der ersten Hälfte des Jahres 2003 stetig an, während internationale Bemühungen um eine friedliche Lösung des Konflikts scheiterten. Amerikanische Demonstrationen und Kommentare, die gegen den Krieg gerichtet waren, wurden in den deutschen Medien häufig aufgegriffen; manchmal erfuhren diese sogar ein größeres Medieninteresse in Deutschland als in den USA. Die Sprache und

---

[6] Cynthia Gorney, "The Business of News: A Challenge for Journalism's Next Generation," Carnegie Corporation of New York, Forum on the Public Interest and the Business of News (Carnegie Corporation of New York: New York, NY), 2002; Marvin Kalb, "The Rise of the 'New News': A Case Study of Two Root Causes of the Modern Scandal Coverage," Discussion Paper D-34, Oktober 1998, The Joan Shorenstein Center for the Press and Politics, Harvard University; "The State of the News Media 2004: An Annual Report on American Journalism," The Project for Excellence in Journalism, 2004.

die Bilder, die zur Beschreibung der USA verwendet wurden, waren oft negativ, einseitig und mit Klischees behaftet. Einige Beispiele sind:

- Das Titelblatt des *Stern* stellte in der Ausgabe vom 20. Februar 2003 Schröder als David und Bush als Goliat dar, verbunden mit den Worten: „Rebellion gegen Amerika".
- Analogien zum Vietnam-Krieg wurden häufig verwendet, sowohl vor dem Krieg (die Demonstrationen gegen den Krieg wurden mit den Demonstrationen in den späten 1960er Jahren verglichen) als auch nach dem Krieg (*Der Spiegel* titelte zum Beispiel am 19. April 2004: „Der Fall Irak: Bushs Vietnam").
- Das Titelblatt des *Stern* zeigte am 20. März 2003 Bush als Freiheitsstatue mit dem Titel: „Bushs Spiel mit dem Feuer: Krieg im Namen der Freiheit – brennt bald die ganze Welt?" Ein Foto in der Ausgabe zeigte Bush und sein Kabinett mit dem Untertitel: „Sie planen Amerikas Vorherrschaft in der Welt."

Der Tonfall und die Auswahl von Berichten in den vorherrschenden Medien spiegelte zudem das weit verbreitete Misstrauen gegenüber den amerikanischen Motiven und Gründen für den Krieg wider: die Behauptung, dass Saddam Husseins Massenvernichtungswaffen eine direkte Bedrohung der Vereinigten Staaten darstellten und dass es eine Verbindung zwischen Saddam Hussein und *Al Qaida* gebe sowie das Ziel der Demokratisierung des Mittleren Ostens. Deutsche Zeitungen und Fernsehsender schrieben den USA hingegen andere Motive zu: die Notwendigkeit, den Nachschub an billigem Öl zu sichern und den Wunsch, die amerikanische Macht weiter auszubauen.

Wie in den Vereinigten Staaten standen die Berichterstattung und Kommentare in den Medien zum großen Teil im Einklang mit den dominanten Strömungen in der öffentlichen Meinung. Die Umfrage des *Pew Centers* zeigte 2003, dass sich im Vorfeld des Krieges die deutsche Meinung über die USA verschlechterte, während die negative Berichterstattung über die Irak-Krise zunahm. Der größte Anteil der öffentlichen Opposition gegen den Krieg war in einer starken Ablehnung der amerikanischen Politik begründet, obwohl eine Mehrheit der Deutschen glaubte, dass eher Bush als die Amerikaner Schuld an dem Krieg trug. Meinungsumfragen im März 2003 zeigten, dass 69 Prozent der Deutschen den Krieg ablehnten und dass 84 Prozent glaubten, der Krieg sei ungerechtfertigt.[7] Die positive Haltung in der Bevölkerung gegenüber den USA fiel stark ab – von 78 Prozent 1999 auf 25 Prozent im März 2003.[8]

Die vehemente öffentliche Ablehnung des Krieges machte es für Journalisten extrem schwierig, eine andere Perspektive darzulegen. Einige ausländische Korrespondenten in Washington erklärten später, wie schwierig es gewesen sei, ihre Chefredakteure davon zu überzeugen, auch Reportagen zu veröffentlichen, die einem weit verbreiteten Bild von den USA widersprachen. Dies war das Bild eines unilateralen, in sich einigen Amerika, das besessen darauf war, einen vernichtenden Krieg zu führen gegen alle Grundsätze des internationalen Rechts und gegen eine irakische Bevölkerung, die große Verluste über einen

---

[7] Robert J. McCartney, "In Berlin, TV Bolsters Opposition to Iraq Conflict", The Washington Post, 2. April 2003, S. C8.
[8] The Pew Global Attitudes Survey, "But Post-War Iraq Will Be Better Off, Most Say, America's Image Further Erodes, Europeans Want Weaker Ties," (Washington, DC: The Pew Research Center for the People and the Press, 2003).

langen Zeitraum würde ertragen müssen.⁹ Die Korrespondenten sahen sich zudem feindseligen Lesern gegenüber, die vernichtende Emails schickten und Zeitungen abbestellten und damit die Redakteure noch weiter zögern ließen, Berichte zu veröffentlichen, die ein nuancierteres Bild der Amerikaner und der Debatten in Amerika zeichneten.

Der kritische Ton, der die Berichterstattung vor dem Krieg geprägt hatte, zog sich auch nach Beginn der Kampfhandlungen im Irak durch die Medien. Während des Krieges konzentrierten sich die Bilder im deutschen Fernsehen auf Opfer in der irakischen Zivilbevölkerung, gefangene amerikanische Soldaten sowie die Zerstörung und das menschliche Leid, das durch diesen Krieg verursacht wurde. In einem Land, in dem viele Menschen noch persönliche Erinnerungen an die Schrecken und Leiden eines Krieges haben, waren dies kraftvolle Bilder, die großen Einfluss hatten. Nach dem Krieg und ohne konkrete Beweise, dass es im Irak Massenvernichtungswaffen oder direkte Verbindungen zwischen Saddam Hussein und *Al Qaida* gegeben hat, gibt es keine mit der amerikanischen Seite vergleichbare Analyse der Berichterstattung der deutschen Medien über den Irak-Krieg – vielleicht weil die meisten deutschen Medien sich durch die Entwicklungen in ihrer Sichtweise bestätigt fühlen. Deutsche Journalisten haben ihre Bestürzung darüber ausgedrückt, dass die amerikanischen Medien zum „Schoßhund der [amerikanischen] Regierung"¹⁰ geworden seien, wie sich ein Journalist ausgedrückt hat, während sie sich jedoch nicht über ihre eigene, einseitige Berichterstattung besorgt zeigten.

Andererseits sind einige deutsche Kommentatoren der Meinung, dass deutsche Journalisten kein Recht haben, selbstgefällig oder selbstgerecht zu sein. Obwohl die oben angesprochenen Tendenzen im Journalismus heutzutage wohl eher in den USA zu finden sind, ist auch die deutsche Medienlandschaft keineswegs immun gegen diese Tendenzen. Deutschland hat ein zweigeteiltes Fernsehen, bei dem zwischen privaten und öffentlich-rechtlichen Kanälen unterschieden wird. Während das öffentlich-rechtliche Fernsehen vor wirtschaftlichen Schwankungen weitestgehend geschützt ist, haben das private Fernsehen und die Printmedien eine finanzielle Krise durchlitten, die zu großen Einschnitten in den Budgets, vielen Entlassungen und ähnlichen Problemen wie in den amerikanischen Medien geführt hat. Letztendlich haben weder die deutschen noch die amerikanischen Medien die Standards eingehalten, die in beiden Ländern hochgehalten werden. Die deutschen Medien haben es nicht geschafft, zu erklären, warum viele Amerikaner ein militärisches Engagement unterstützt haben. Die kulturellen und historischen Zusammenhänge der amerikanischen Debatte, der fortdauernde Einfluss des 11. September auf die Meinungsbildung wie auch die Tatsache, dass dem Krieg eine inneramerikanische Kontroverse vorausgegangen war, blieben in der deutschen Berichterstattung unterbelichtet. Amerikanische Medien scheiterten hingegen daran, zu erklären, weshalb die Deutschen so vehement gegen die amerikanische Politik gegenüber dem Irak eingestellt waren – beispielsweise wegen Ihrer historischen Erfahrungen und ihrer auf Werten basierenden Verpflichtung zu internationalem Recht und multilateralem Vorgehen.

---

⁹ John Lloyd, "Europe's intellects unite!" Financial Times, 2. Februar 2003, S. 11.
¹⁰ "The U.S. Through the Eyes of Others", moderiert von Ralph Begleiter, Great Decisions TV Transkript 2002, http://www.fpa.org/topics_info_show.htm?doc_id=96024.

4 Abu Ghraib: Hat der Skandal die Unterschiede verringert?

Die Unterschiede in der Berichterstattung über die Situation im Irak zeigten sich im gewissen Maße auch in den Reportagen und Kommentaren über die Nachkriegssituation – auch bei den Enthüllungen über die Vorwürfe der Folter und des Missbrauchs durch amerikanische Soldaten und Zivilpersonen im *Abu Ghraib*-Gefängnis. Der augenscheinlichste Unterschied besteht dabei in dem Gebrauch des Wortes „Missbrauch" (*abuse* und eben nicht: *torture*) in den USA und „Folter" in Deutschland, um den Skandal zu beschreiben.

Die amerikanischen Medien konzentrierten sich anfangs auf die kleine Gruppe der Soldaten und die Umstände, die wohl zu dem Skandal geführt hatten: die Überbelegung des Gefängnisses, die gefährlichen Arbeitsbedingungen, die ungenügend ausgebildeten Wachleute, ihre unzureichende Anzahl, das Fehlen von geregelter und zentralisierter Aufsicht, die schwache Moral und das Fehlen von etablierten Regeln bezüglich der Verhöre. Die deutsche Berichterstattung über *Abu Ghraib* beschrieb die Vorgänge als einen Verstoß gegen die Genfer Konvention und die Menschenrechte sowie als systematischen Missbrauch. Außerdem wurde in der deutschen Berichterstattung ein direkter Zusammenhang zwischen *Abu Ghraib* und *Guantanamo Bay* hergestellt, worüber die deutschen Medien oft berichtet hatten. Dabei wurde die Bush-Regierung immer wieder für ihre Behandlung der Gefangenen aus Afghanistan kritisiert und für ihr Beharren darauf, dass diese Gefangenen „illegale Kämpfer" (*illegal combatants*) und keine Kriegsgefangenen seien und daher nicht unter den Schutz der Genfer Konvention fielen.[11]

Allerdings gibt es Anzeichen dafür, dass diese Unterschiede abnehmen, besonders im Rahmen der Enthüllungen bezüglich der im August 2002 und März 2003 von Rechtsanwälten des Justizministeriums und des Pentagons erstellten juristischen Memoranden. In diesen wurde argumentiert, dass Präsident Bush als oberster Befehlshaber legal jegliche internationale Gesetzgebung, die Folter untersagt, umgehen könne, da diese Gesetze „als verfassungswidrig gelten können, wenn sie bei Verhören" von Terroristen angewendet werden, da dabei die nationale Sicherheit auf dem Spiel stehe.[12] Führende amerikanische Medien verfolgen die andauernden Untersuchungen nach wie vor sehr genau und stellen die Frage, ob die Memoranden, welche auf Bitte des amerikanischen Süd-Kommandos – dem *Guantanamo Bay* untersteht – verfasst wurden, zu einer Atmosphäre unter den Soldaten geführt haben, welche die Misshandlung der Gefangenen in *Abu Ghraib* gefördert hat.

---

[11] Die Vereinigten Staaten bezeichnen die Häftlinge in *Guantanamo Bay* entweder als *Taliban*- oder *Al Quaida*-Kämpfer. Beide werden zudem als „illegale Kämpfer", nicht als Kriegsgefangene bezeichnet. Die Regierung argumentiert daher, dass die Dritte Genfer Konvention in diesem Fall nicht angewendet werden kann, da sie minimale Anzeichen der Organisation und der Identifikation vorraussetzt, damit die Mitglieder einer Kampfgruppe als Kriegsgefangene anerkannt werden können. Auf jeden Fall verstoßen die Vereinigten Staaten jedoch gegen die Vierte Genfer Konvention, welche sich auf die Kategorie von Personen bezieht, die in einer Kriegssituation oder einer militärischen Besatzung gefangen genommen werden und die diesen fundamentale Rechte einräumt, welche ihnen auch ungeachtet ihres legalen Status zustehen.

[12] Mike Allen und Dana Priest, "Memo on Torture Draws Focus to Bush: Aide Says President Set Guidelines for Interrogations, Not Specific Techniques," Washington Post, 9. Juni 2004, S. A03.

5 Medienberichterstattung als Spiegel außenpolitischer Kulturen

Warum wurden Deutsche und Amerikaner verschiedenen Medienrealitäten bezüglich des Irak-Konflikts ausgesetzt? Wie oben angemerkt, können einige der Unterschiede durch die ungleichen Strukturen der Massenmedien in Deutschland und den USA sowie die asymmetrischen Auswirkungen der Marktkräfte erklärt werden. Zudem reflektierte die Berichterstattung die dominanten historischen, kulturellen und politischen Ansichten, die jede Gesellschaft dazu nutzte, um den Konflikt einordnen zu können. Die kulturellen Faktoren beeinflussten die deutschen und amerikanischen Ansichten über den Krieg und daher auch die Berichterstattung in beiden Ländern:

- *Einsatz militärischer Mittel:* Die deutsche Geschichte und die eigene, schmerzliche Erfahrung mit dem Krieg haben der Bevölkerung ein tiefes Misstrauen gegen die Wirksamkeit von militärischen Mitteln „eingeimpft". Militärische Mittel werden nur als *ultima ratio* und nur im multilateralen Zusammenhang als anwendbar angesehen. Die amerikanische Bevölkerung ist dagegen eher gewillt, dem Einsatz militärischer Mittel zuzustimmen – zur Selbstverteidigung und wenn zudem Autoritäten überzeugende Behauptungen über die Ursache und Natur der abzuwehrenden Gefahr aufstellen.
- *Multilaterales Handeln:* Die Unterstützung von mulilateralen Institutionen und die Tradition der Konsensbildung sind tief in der deutschen Außenpolitik verankert. Während eine Mehrheit der Amerikaner immer noch die UNO und eine multilaterale Herangehensweise an globale Probleme unterstützt, unterstreicht die Debatte über Amerikas Strategie unter der Bush-Regierung das Recht der USA, unilateral militärische Mittel anzuwenden, sollte die Sicherheit der USA dies erfordern.
- *Internationales Recht und Normen:* In Deutschland wurde der Irak-Krieg als Verstoß gegen internationales Recht kritisiert. Die Bevölkerung war verärgert über die Unwilligkeit der USA, internationales Recht und Normen, welche die internationalen Beziehungen regeln, zu achten. Die Bush-Regierung argumentierte, dass sie versucht habe, die UNO soweit wie möglich mit einzubeziehen. Das Scheitern der UNO in Gestalt der Nichterfüllung der Forderungen aus Resolution 1441, welche die vollständige Kooperation des Irak gefordert hatte, habe die USA aber nicht davon abhalten können, ihr Recht auf Selbstverteidigung auszuüben.
- *Menschenrechte:* Deutschlands Nachkriegsgeschichte hat darüber hinaus zu einem ausgeprägten Bewusstsein für die Notwendigkeit der Einhaltung von Menschenrechten beigetragen. Die deutsche Berichterstattung warf die Frage auf, ob die amerikanische Invasion diese Rechte verletzte. Die USA sahen den Umsturz von Saddam Hussein vor dem Hintergrund der schrecklichen Menschenrechtsverletzungen als gerechtfertigt an.
- *Vorgehensweise gegen den Terrorismus:* Auf Grund ihrer eigenen innenpolitischen Erfahrungen glauben die Deutschen nicht daran, dass es möglich ist, den Kampf gegen den Terrorismus „zu gewinnen" oder dass militärische Mittel gegen nichtstaatliche Akteure effektiv eingesetzt werden können. Die Deutschen glauben mehrheitlich, dass dem Problem des Terrorismus mit internationaler Kooperation begegnet werden müsse, während die Amerikaner eine nationale Strategie für wichtiger halten. Das nationale Trauma des 11. September hat den Terrorismus an die Spitze der politischen

Agenda katapultiert und wird weiterhin innen- und außenpolitische Überlegungen beeinflussen.

Die deutsche wie auch die amerikanische Berichterstattung über den Irak-Krieg spiegelten die jeweiligen gesellschaftlichen Perspektiven und die öffentliche Meinung wider und formten sie gleichzeitig. Kultur, Werte und historische Erfahrung beeinflussten zeitweise die Auswahl der Themen, der Sprache und des Tonfalls der Berichterstattung auf beiden Seiten des Atlantiks. Andere Unterschiede jedoch waren in den journalistischen Konventionen sowie in den Wirtschaftstrends zu finden, die den Journalismus sowohl in den USA als auch in Deutschland verändern.

Der Einfluss kultureller Faktoren, journalistischer Praktiken und Marktzwängen auf die Wahl der Bilder in den Medien und die Berichterstattung in Deutschland und den USA muss noch genauer untersucht werden. Unter welchen Umständen beeinflussen unsere beiderseitigen kulturellen Ansichten die Berichterstattung in besonders hohem Maße? Welche Beziehung besteht zwischen Berichterstattung, öffentlicher Meinung bzw. Wahrnehmung und politischen Debatten angesichts der Rolle der Medien bei der Informationsversorgung der Öffentlichkeit und beim Formen öffentlicher Politikdebatten (*public policy debates*)? Anstrengungen, die Öffentlichkeiten in beiden Ländern zu informieren, werden nicht erfolgreich sein, wenn sie nicht den Einfluss der konkurrierenden Stimmen in den deutschen und amerikanischen Medien einbeziehen. Zukünftige Forschung sollte sich auf die Themen der Medienberichterstattung, der öffentlichen Meinung sowie der Auswirkungen der Verknüpfung von Regierungs- und Nichtregierungsinitiativen auf ein besseres Verständnis der gegenseitigen Politik konzentrieren.

Public Diplomacy als außenpolitisches Instrument nach dem 11. September 2001

Wolfgang Gerz

„Slow and steady wins the race."
(Amerikanisches Idiom nach Äsop)

1 Einführung

Die Terroranschläge des 11. September 2001 leiteten eine neue Phase internationaler Auseinandersetzungen ein, nämlich die der asymmetrischen Konflikte. An die Stelle der beiden technologisch nahezu ebenbürtigen Staatengruppen des Ost-West-Konfliktes ist nach einer kurzen Übergangszeit, die durch blutige ethnische Auseinandersetzungen in Europa und Afrika geprägt war, ein Konflikt zwischen hochorganisierten, laizistischen Gesellschaften und nichtstaatlichen, religiös-fundamentalistischen Gruppen aus den muslimisch geprägten Ländern getreten. Obwohl die betroffenen westlichen Staaten – und hier insbesondere die USA – alle klassischen Mittel für eine erfolgreiche kriegerische Auseinandersetzung in den Händen halten, können sie diese nicht oder doch nur beschränkt gegen einen nicht identifizierbaren terroristischen Gegner einsetzen. Dessen Machtmittel wiederum würden nicht für eine Konfrontation mit einer nationalen Polizeimacht ausreichen, weshalb Terroristen vornehmlich Ziele angreifen, die selbst nicht in der Lage sind, sich effektiv verteidigen zu können.

In der Folge des zweiten Irakkrieges spricht die deutsche Politik von einer veränderten geostrategischen Lage. Deutschland sei mit dem Wegfall der unmittelbaren Bedrohung unabhängiger von der sicherheitspolitischen Partnerschaft mit den USA geworden.[1] Man könne gar nicht mehr – wie während des Ost-West-Konfliktes – überall „Ja" sagen. Nach den Dissonanzen in den deutsch-amerikanischen Beziehungen setze die Bundesregierung in der zweiten Amtszeit von Präsident Bush auf ein verbessertes transatlantisches Verhältnis. Diese Erwartung zielt auf die Beziehung zwischen den beiden Regierungen, deren Pflege der klassischen Diplomatie vorbehalten ist, nicht auf die hohe oder geringe gegenseitige Wertschätzung zwischen den Völkern selbst, die in den Bereich der „öffentlichen Diplomatie" fällt. Der Begriff Public Diplomacy ist seit den Terroranschlägen häufig verwandt und das dahinter stehende Konzept als eine der tragenden Säulen neuer Sicherheitspolitik gelobt worden. Eine gewisse Ratlosigkeit über das Ausmaß der Abneigung, die den USA entgegenschlug, mag zu einer Überbetonung der öffentlichen Diplomatie als viel- und vor allem Erfolg versprechendes Instrument geführt haben. Richtig erscheint allerdings, dass Public Diplomacy wie die Schildkröte aus Äsops Fabel auf lange Sicht dieses Ziel erreichen und ein zumindest neutral-wohlwollendes Klima in bilateralen Beziehungen zwischen Völkern herstellen kann. Will man im Äsopschen Fabelbild bleiben, dann sind Schildkröte sowie

---

[1] Karsten Voigt, Financial Times Deutschland vom 21.01.2005, S. 15.

2 Public Diplomacy als Begriff

Public Diplomacy ist kein normativer Begriff, vielmehr erfolgt seine Ausfüllung rein deskriptiv und unterliegt über die Zeiten hin einer evolutionären Veränderung. Folgende Beschreibungen ergänzen sich:[2]

- ... public diplomacy refers to government-sponsored programs intended to inform or influence public opinion in other countries; its chief instruments are publications, motion pictures, cultural exchanges, radio, television ...
- ... informing, engaging, and influencing key international audiences ... to advance national interests and security ...
- ... deals with the influence of public attitudes on the formation and execution of foreign policies. It encompasses dimensions of international relations beyond traditional diplomacy; the cultivation by governments of public opinion in other countries; the interaction of private groups and interests in one country with those of another; the reporting of foreign affairs and its impact on policy, ... central to public diplomacy is the transnational flow of information and ideas ...
- ... seeks to promote the national interest of ... through understanding, informing, and influencing national audiences ...
- ... the effort to promote national interests abroad by influencing foreign audiences ...
- ... assists in the development of communications programs that disseminate truthful, accurate and effective messages about the people and their government.

Leitlinie für die handwerkliche Handhabung guter Public Diplomacy ist der Satz: "... to be persuasive we must be believable; to be believable we must be credible; to be credible we must be truthful ...", oder in seiner spiegelbildlichen Darstellung: "... no amount of spin will make a dent in the public opinion of the ... world ...."

Es heißt, dass Edmund Gullion von der *Fletcher School of Law and Diplomacy* an der *Tufts University* den Begriff erstmalig 1965 prägte. In diesem Jahr wurde das *Edward R. Murrow Center for Public Diplomacy* eingerichtet. Die Aktivitäten in der Public Diplomacy umfassen nach amerikanischem Verständnis die eigentliche Information über politische oder wirtschaftliche Vorgänge ebenso wie Kultur. Letzteres haben auf deutscher Seite Mittlerorganisationen wie das Goethe-Institut zu verantworten. Amerikanische Public Diplomacy setzt die klassischen Instrumente der Presse- und Öffentlichkeitsarbeit ein: Websites[3], Printpublikationen, elektronische *Newsletter*, Pressezentren für die Auslandspresse (Washington, New York und Los Angeles), Rednerprogramme, Programme für internationalen Besucheraustausch, Fulbright-Stipendienprogramme für Studenten, Lehrer und Forscher. Da Radio und Fernsehen – auch wegen der Höhe der eingesetzten finanziellen Mittel – eine besondere Rolle spielen, sollen sie hier separat aufgeführt werden: *Voice of America, Radio*

---

[2] Siehe für die folgenden Zitate www.publicdiplomacy.org.
[3] z.B. www.usinfo.state.gov.

und *TV Marti*, *Radio Free Asia* und *Radio Sawa*, das sich an die arabischen Bevölkerungen des Mittleren Ostens wendet.

3 Public Diplomacy in der Geschichte der USA bis zum 11. September 2001

1953 hatte Präsident Eisenhower die Einrichtung der *United States Information Agency* (USIA) angeordnet, um die bestehenden Informationsprogramme zusammenzufassen und durch Koordination in ihrer Wirkung zu verbessern. „Telling America's Story to the World" lautete der Auftrag der USIA, die als *Independent Agency* keinem Ministerium politisch zugeordnet war und dem Präsidenten unmittelbar Bericht erstattete. Mit dem Ende des Ost-West-Konfliktes Anfang der 1990er Jahre entbrannte im Kongress eine Diskussion um die Frage, ob weiterhin ein Interesse daran bestehe, politische, wirtschaftliche und kulturelle Vorgänge in den USA durch eine eigenständige Institution auch im Ausland darstellen und erläutern zu lassen.

Die Argumente pro und contra waren austauschbar und hätten jedem administrativ-bürokratischen Umfeld einer Demokratie westlichen Zuschnitts entlehnt sein können: Finanzielle Einsparmöglichkeiten, Rationalisierung, Nutzung von Synergieeffekten oder das Zurückschneiden bürokratischen Wildwuchses. Warnungen, dass eine Zusammenlegung der USIA mit dem *State Department* zu einer stärkeren Hierarchisierung der Organisationsstrukturen führen und die Fähigkeit zu einer kohärenten und einheitlichen Informationspolitik schmälern würde, wurden beiseite geschoben. Selbst die vom damaligen Vizepräsidenten Gore in Auftrag gegebene Untersuchung zu den Aspekten einer Behördenverschmelzung, die im Ergebnis davon abriet, konnte den Gang der Dinge nicht aufhalten. Schon im Jahr 2000 wurde das *Directorate for Public Diplomacy and Public Affairs* im *State Department* eingerichtet.

4 Public Diplomacy in der Bestandsaufnahme nach 9/11

Die katastrophalen Terroranschläge in New York und Washington im September 2001 haben Amerika ein desillusionierendes Bild über das eigene Ansehen und Prestige in der Welt vor Augen geführt. Das *Pew Research Center for the People and the Press* in Washington stellte im Jahr 2003 fest, dass die Bevölkerungen in den meisten islamischen Ländern den Vereinigten Staaten mit großer Ablehnung gegenüberstehen. „The bottom has fallen out of support for America in most of the Muslim countries", hieß die Schlussfolgerung.[4] Auf der Suche nach Ursachen und Versäumnissen befasste sich die öffentliche Diskussion sehr schnell mit dem Instrument, das diesen Ansehensverlust hätte verhindern sollen, eben der Public Diplomacy. Verschiedene Untersuchungen erarbeiteten einen detaillierten Sachstand und machten Vorschläge zur Abhilfe. Hier sind in erster Linie der Report „Changing Minds, Winning Peace: A New Strategic Direction" der *Advisory Group on Public Diplomacy for the Arab and Muslim World*[5] zu nennen, die Studie "Finding Amer-

---

[4] Pew Research Center for the People and the Press (2003): *Views of a Changing World*, http://people-press.org/reports/display.php3?ReportID=185.
[5] www.state.gov/documents/organization/24882.pdf.

ica's Voice: A Strategy for Reinvigorating Public Diplomacy"[6] des *Council on Foreign Relations* sowie die Untersuchung "U.S. Public Diplomacy: State Department Expands Efforts but Faces Significant Challenges"[7] des *U.S. General Accounting Office*. Allgemeine Schlussfolgerungen reichen von der Notwendigkeit einer besseren Ausbildung der in diesem Bereich tätigen Außenamtsmitarbeiter über die nachhaltige Erhöhung des Budgets bis zu einer erheblichen Verbesserung der Public Diplomacy-Maßnahmen an sich sowie deren besserer Koordination. Der „Report of the Defense Science Board Task Force on Strategic Communication" von September 2004 stellt zu den Defiziten der Public Diplomacy summarisch fest: "[...] Missing are strong leadership, strategic direction, adequate coordination, sufficient resources, and a culture of measurement and evaluation [...]."[8]

Die Administration hatte schon in einer ersten Reaktion auf die Terroranschläge die Haushaltsmittel für Public Diplomacy überproportional erhöht und wendet jetzt ca. 1 Mrd. Dollar jährlich auf. Dabei liegt der Schwerpunkt naturgemäß im Mittleren Osten und in Südostasien. Public Diplomacy soll nicht mehr nur als ein Flüstern wahrgenommen werden, sondern als eine gewichtige Stimme, nicht unsympathisch und schrill, sondern sonor und einfühlsam. Angesichts der gegenwärtigen weltpolitischen Herausforderungen, mit denen sich die USA und letztlich auch die gesamte westliche Staatengemeinschaft konfrontiert sehen, ist eine gewisse Skepsis zu den baldigen Erfolgsaussichten einer intensivierten Public Diplomacy angezeigt, zumal jede Public Diplomacy nur mittel- bzw. langfristig Wirkung zu zeigen vermag. Diese Einschätzung kann und soll aber nicht dazu führen, jedwede Public Diplomacy – oder die Diskussion darüber – einzustellen.

5 Public Diplomacy in der öffentlichen Kritik

Staatliche Öffentlichkeitsarbeit, sei es im Inland oder im Ausland, muss grundsätzlich für alles herhalten, was in den Augen von Politik oder Öffentlichkeit sich hätte einstellen sollen, wenn es nicht die defizitäre Kommunikationsarbeit gegeben hätte. Ein eigentlicher kausaler Nachweis ist für diese Annahme kaum zu erbringen, weshalb man auch gleich von einer Umkehr der Beweislast ausgehen kann. So zielte ein nach der Katastrophe vom 11. September 2001 in die Diskussion eingeführter radikaler Veränderungsvorschlag unter dem Schlagwort *Privatize Private Diplomacy* auf die grundsätzliche Aufhebung der staatlichen Öffentlichkeitsarbeit und forderte deren Übertragung auf private Mittler. Die Bürger Amerikas selbst hätten das größte Potential, die Botschaft der USA über Mittlerorganisationen in alle Welt zu tragen.

Natürlich sind falsche Kommunikationsstrategien schnell gefasst und im Nachhinein schwierig zu korrigieren. Deshalb gilt es, plausible Grundsätze als Orientierungshilfe für die Durchführung der Public Diplomacy zu befolgen und neue Denkansätze aus der kritischen öffentlichen Diskussion aufzunehmen. Joseph S. Nye, *Dean der Kennedy School of Government* in Cambridge (Massachusetts) übt Kritik an den aufgewandten Haushaltsmitteln für *hard power*, z.B. Militär, und *soft power* wie Diplomatie, die in einem Verhältnis

---

[6] Die Studie ist in diesem Band abgedruckt.
[7] www.gao.gov/new.items/d03951.pdf.
[8] http://www.acq.osd.mil/dsb/reports/2004-09-Strategic_Communication.pdf, S. 16.

von 400:1 stünden.⁹ Seine Forderung ist, *soft power* als nachhaltiges Element einer nationalen Sicherheitspolitik zu begreifen und dementsprechend in einer besseren Ratio im Vergleich zur *hard power* zu budgetieren. Weiterhin zeigt Nye drei Dimensionen der Public Diplomacy auf, deren Erfüllung längerfristig Erfolg herbeiführen wird. Erstens: Tägliche Kommunikation, um maßgebliche politische Entscheidungen unmittelbar erklären zu können und die Besetzung der Begrifflichkeiten sowie deren Deutungshoheit nicht Dritten zu überlassen. Zweitens: Die tägliche Kommunikation wird durch eine strategische ergänzt, die Leitthemen der Politik über einen gewissen Zeitraum hin – sagen wir ein Haushaltsjahr – vorstellt. Drittens: Ein Netz von ausländischen Multiplikatoren ist zu etablieren, die an den Entwicklungen im betreffenden Land (in diesem Fall also den USA) kontinuierlich interessiert sind. Dieses Interesse dürfte meistens aus persönlichen Aufenthalten resultieren, die in Verbindung mit Stipendien oder Einladungen zu Seminaraufenthalten stehen. Diese Multiplikatoren sind wichtige Anlaufstellen für Dritte, die nicht über solche intimen Kenntnisse des Landes verfügen, und gelten als gute und vor allem glaubwürdige Quellen.

Schließlich darf Kommunikation keine Einbahnstraße sein, sondern muss neben dem Senden von Botschaften auch solche empfangen, verstehen sowie für die Zukunft deuten können. Hier scheint eine der Schwachstellen amerikanischer Public Diplomacy gelegen zu haben, die jährlich nur zwischen 3,5 und 5 Millionen Dollar für öffentliche Meinungsumfragen weltweit ausgegeben hat. Nye führt als Beispiele für eine zumindest diskussionswürdige Auswahl die Begriffe *axis of evil* and *war on terrorism* an, die zwar in den USA selbst unumstritten sind, aber im Ausland mit Vorbehalten gesehen werden. Auch dürfte es amerikanischer Public Diplomacy nicht zuträglich gewesen sein, dass das Pentagon mit dem Gedanken spielte, ein der Wahrheit nicht immer verpflichtetes *Office of Strategic Influence* einzurichten. Selbst Freunde des Landes können sich einer gewissen Skepsis hinsichtlich des Wertes solcher Public Diplomacy nicht entziehen. Auch Ansätze, welche die Public Diplomacy intensiver auf den *war on terrorism* ausrichten und dessen Gefahren für die mittelöstlichen Gesellschaften erklären wollen,¹⁰ mögen nicht ausreichend etwaige kulturelle Filter berücksichtigen, welche die Adressaten der Public Diplomacy nicht deaktivieren können. Ironischerweise verfügt die so genannte *hard power* durchaus über das Potential, als ein Instrument der *soft power* eingesetzt zu werden. Man denke hier nur an den Einsatz der amerikanischen Schiffe und Helikopter, um Hilfsgüter in die von der Tsunami-Katastrophe betroffenen Länder und dort unmittelbar zu den Menschen zu bringen. Die Pakete mit der Aufschrift „USAID – from the American people" dürften Eindruck bei der muslimischen Bevölkerung hinterlassen haben.

Alle Überlegungen zu einer Neuausrichtung amerikanischer Public Diplomacy gehen davon aus, dass eine Wunderwaffe – sei es in Form eines Konzeptes oder eines Instrumentes der Öffentlichkeitsarbeit – nicht existiert. Eine weitere Annahme ist, dass nahezu jedes Thema der Außen- wie der Innenpolitik einen Public Diplomacy-Quotienten erlangt hat, der heutzutage ungleich höher ist als er es jemals in der Vergangenheit hätte sein können. Dieser Quotient birgt neben erheblichen Risiken allerdings auch beträchtliche Chancen. Mit der guten oder schlechten Rezeption durch die unterschiedlichen Öffentlichkeiten erfährt ein politisches Vorhaben nämlich den notwendigen Schwung, der letztlich die erfolgreiche

---

⁹ Joseph S Nye Jr. (2004): *Soft Power: The Means To Success in World Politics*, Washington, DC: Public Affairs, S. 107-118.
¹⁰ Paul R. Pillar (2003): *Terrorism and U.S. Foreign Policy*, Washington, DC: Brookings Institution Press, S. 228 f.

Durchsetzung mit sich bringt, oder aber es wird so ausgebremst, dass die Umsetzung nur noch mit beträchtlichem politischen Einsatz möglich ist.

Eine vom *Gannett News Service* bei *Public Relations*-Agenturen und Experten der Werbebranche durchgeführte Umfrage zur Verbesserung der amerikanischen Public Diplomacy hat folgende Hinweise erbracht, die vom Axiom eines reinen *branding issue*, also der Auffassung, dass die amerikanische Politik ähnlich einem Produkt vermarktet werden sollte, ausgehen:

- Jede Public Diplomacy-Kampagne solle auf die 60% der Bevölkerung zielen, die in der Mitte des politischen Spektrums stünden. Bei den Adressaten an den Rändern sei jegliche Mühe vergebens.
- Man müsse versuchen, die Meinung der schweigenden Mehrheit zu ergründen. Botschaften neigten dazu, unter einer Kuppel zu leben und lediglich Kontakt zu den *usual suspects* zu halten, die selbst in einer abgekapselten Welt zu Hause seien.
- Man müsse verstehen, wem das Zielpublikum vertrauen würde. Diese – Imame, Lehrer, angesehene Radio- und TV-Journalisten – seien die besten Mittler.
- Man müsse die besonders kritischen Persönlichkeiten in die USA selbst einladen, um sie für den Dialog zu gewinnen.
- Die ethnischen Minderheiten in den USA hätten ein gutes Mittlerpotential, um Land und Menschen wirklich darzustellen.
- Schließlich müsse man Fehler einräumen, die in der Vergangenheit gemacht worden seien. Dadurch gewinne man selbst Glaubwürdigkeit.

Dieser instrumentelle Public Diplomacy-Ansatz wird durch weitere, auch inhaltliche Reformansätze ergänzt und verfeinert. So heißt es in „Six guidelines to improve American public diplomacy" unter anderem:

- Der Fokus solle auf Förderung von Demokratie und Rechtsstaat gelegt werden.
- Gegenwärtig könne man nur noch die junge Generation gewinnen, so dass diese hauptsächlicher Adressat aller Public Diplomacy-Maßnahmen sein müsste.
- Die nichtstaatlichen Gruppierungen und Akteure in den Zielgesellschaften müssten als Ansprechpartner in den Vordergrund rücken.

Schließlich („Pillars of Public Diplomacy") wird gefordert, dass die Public Diplomacy besser in das Fundament der Außenpolitik eingebettet sein müsse, um eine stringente und kohärente Informationspolitik zu gewährleisten. Beinahe überflüssig sollte die Feststellung sein, dass die wahrheitsgemäße Ansprache der Adressaten eine absolute Voraussetzung jeder erfolgreichen Public Diplomacy ist. Die Darstellung des Zusammenhangs ist wichtig, damit die Botschaften eingeordnet werden können und nicht nur lose im Raum stehen. Auch muss die Information im Internet-Zeitalter schnell übermittelt werden, damit der Absender auch der Interpret bleibt und die Ereignisse nicht durch Dritte gedeutet werden, die damit die Erklärungshoheit gewinnen würden. Die Rangfolge der Instrumente der Public Diplomacy sind dementsprechend *Websites* und *Newsletter*, Radio und Fernsehen, Druckschriften sowie Besucher- und kulturelle Austauschprogramme. Die „letzten drei Schritte" zum Adressaten – durchaus bezeichnend für den Unterschied zwischen den USA und anderen Ländern der westlichen Welt – sollen durch die Herausstellung der Idee der

Freiheit, Optimismus und den Verweis auf die phantastischen Möglichkeiten der Zukunft überbrückt werden. Gerade dieses Leitthema spiegelt den Glauben Amerikas und nicht nur den der Administration an die Mission des Landes wider.

Allerdings sieht sich die amerikanische Public Diplomacy nach Beobachtung Dritter auch einem Paradox ausgesetzt: „American efforts to intensify its message are more likely to hurt than help". Man scheint an einem Punkt angelangt zu sein, wo unmittelbare staatliche Öffentlichkeitsarbeit bei den muslimischen bzw. arabischen Nationen keinen Effekt mehr erzielt, sondern die Botschaften nur noch auf Ablehnung stoßen. Dies lässt eines der grundsätzlich wirkungsvollsten Instrumente der Massenkommunikation, nämlich Radio und TV-Programme, stumpf werden. *Al Sawa* und *Al Hurra* als redaktionell nicht unabhängige Einrichtungen werden nicht das auf Glaubwürdigkeit beruhende Ansehen und die Autorität der BBC gewinnen, die zwar ebenfalls staatlich finanziert, aber doch inhaltlich eigenverantwortlich ist. Ein Ausweg könnte sein, den unabhängigen Journalismus in den Zielländern nachhaltiger zu fördern sowie die lokalen Radio- und TV-Stationen als das eigentliche Schwungrad einer erfolgreichen Public Diplomacy in den Zielländern zu betrachten. Dazu bedarf es allerdings eines langen Atems, der in den Zeiten der Not erfahrungsgemäß zu den eher seltenen Tugenden zählt.

Karen P. Hughes, die neue *Undersecretary of State for Public Diplomacy and Public Affairs*, steht vor einer großen Herausforderung, das Ansehen Amerikas in der muslimischen Welt wieder zu steigern. Ihre Wahl wird als Zeichen gedeutet, dass Präsident Bush davon überzeugt sei, Außenpolitik nicht ohne die Unterstützung der jeweiligen Bevölkerung durchführen zu können.[11] Außenministerin Rice jedenfalls wünscht in Zukunft eine stärkere Betonung der Public Diplomacy-Komponente der amerikanischen Diplomatie: „We need to expand the concept of public diplomacy to be an integral part of everything what we are doing in the field." Die Ausgangslage beschreiben die „Trends 2005" des *Pew Research Center*,[12] wonach in den Staaten der westlichen Welt erhebliche Sympathieeinbrüche zu Lasten der USA zu verzeichnen sind. Während z.B. 1999/2000 ca. 83% der Briten die Vereinigten Staaten mit Sympathie betrachteten, waren es im Frühjahr 2004 nur noch 58%. Weitere Werte: Frankreich 62/37; Deutschland 78/38; Türkei 52/30. In der vorgegebenen Reihenfolge hatten immerhin 34% der Briten Vorbehalte gegenüber den USA, 62% der Franzosen, 59% der Deutschen und 63% der Türken. Auch wenn die Bevölkerungen in den muslimischen Staaten aus offensichtlichen Gründen die erste Zielgruppe in der Ansprache durch amerikanische Public Diplomacy sein muss, so dürfen die anderen Länder nicht aus den Augen verloren werden. Briten, Franzosen und Deutsche haben zwar mehr als ausreichende Möglichkeiten, sich über die USA in all ihren Aspekten zu informieren und sich auch aus eigener Anschauung ein Bild zu machen. Dennoch ist eine unterstützende aktive Ansprache mit den vielfältigen Mitteln der Öffentlichkeitsarbeit immer geboten.

6 Public Diplomacy in den USA: Die amerikanische Medienlandschaft

Public Diplomacy ist nicht ein Prärogativ der USA, vielmehr sind die USA selbst auch das Ziel der Public Diplomacy dritter Länder. Frankreich führt bis 2006 eine PR-Kampagne

---

[11] CQ Weekly vom 28. März 2005, S. 770, "New Mideast Tack Seen in Selection of Hughes".
[12] Siehe http://pewresearch.org/trends.

unter der Überschrift „The New France: Where the Smart Money Goes" durch,[13] die eventuell in den USA bestehende falsche Annahmen über das Investitionsklima in Frankreich korrigieren und ein positives Bild Frankreichs befördern soll. In einer ganzseitigen Anzeige in der *New York Times* z. B. erklärt Nani Beccalli, *Chief Executive Officer* von *General Electric*, warum der Standort Frankreich über einen Wettbewerbsvorteil als Investitionsstandort verfügt: „The French have a passion for engineering and technology, for research [...]." Die geplante deutsche Imagekampagne aus Anlass der Fußball-WM 2006 wird wohl unter dem Motto „Das Land der Ideen" stehen und von Wirtschaftsthemen dominiert werden, um potentielle Direktinvestoren im Ausland zu erreichen. Der ursprünglich mit in die Diskussion eingebrachte Mottovorschlag „1. FC Deutschland 06" dürfte auch daran gescheitert sein, dass in den USA das Interesse an Fußball gering ist.

Jedem Public Diplomacy-Ansatz muss eine Evaluierung der Medienlandschaft vorausgehen. Amerikaner lassen sich – wie vermutlich auch die Deutschen – vornehmlich durch das Fernsehen informieren und unterhalten. Durchschnittlich sehen Amerikaner zwischen vier und sieben Stunden täglich fern. Amerikanische TV-Haushalte werden landesweit mit den kommerziellen Programmen von ca. 1.700 TV-Stationen und 9.000 Kabelsystemen – darunter die Großen *Networks* mit ABC, NBC, CBS, FOX und CNN – versorgt. Daneben existiert noch der nichtkommerzielle *Public Broadcasting Service* (PBS) mit ca. 340 Stationen, die „instructional, educational, and cultural purposes" dienen sollen. PBS wird zu 15% aus Steuermitteln und ansonsten durch Spenden unterhalten. Die Radiostruktur spiegelt diesen Aufbau mit *ABC-Radio* und anderen auf der kommerziellen Seite sowie dem nichtkommerziellen *National Public Radio* (NPR) wider. Während in den 1960er Jahren Fernsehnachrichten als *Headline Service* verstanden wurde, das zu ausführlicherer Information mittels der Tageszeitung anregen sollte,[14] werden sie heute essentiell als *Infotainment* begriffen, die eine Plattform für profitable Werbung darstellen. Die Nachrichtenabteilungen haben sich zu einem *profit center* entwickelt. Der Abbau der Auslandsbüros und des dazugehörigen Korrespondentennetzes trug das seine zu dieser Entwicklung bei. Die Folgen beschreibt ein *anchorman* (Moderator bzw. Nachrichtensprecher): „[...] Once we begin to see ourselves as more of a business and less a public service, the decline in quality is accelerated [...]." Circa sechs Minuten der halbstündigen Zeit einer lokalen Nachrichtensendung werden Sport und Wetter gewidmet, circa 36 Sekunden der internationalen Politik.

Zum TV-Markt tritt der Zeitungsmarkt hinzu, der unter anderem mit der *New York Times*, dem *Wall Street Journal* und der *Los Angeles Times* auflagenstarke und renommierte Medien vorzuweisen hat. Dabei stellen sich diese Printmedien häufig auch im Internet als gute Nachrichtenquelle dar. Der gegenwärtige Trend ist, dass Zeitungen und TV-Unternehmen auf vielfältige Weise miteinander kooperieren. Eine Mehrzahl von Zeitungstiteln der *Gannett Corporation* arbeitet mit lokalen TV-Stationen zusammen, mit *USA Today* ist dem *Weather Channel* die auflagenstärkste Zeitung verbunden. Die Nutzung – positiv gewendet – dieser Synergien lässt mit *one size fits all news* einen Verlust an nachrichtlicher Substanz befürchten. Vor dem Hintergrund dieser amerikanischen Medienlandschaft ist jede Public Diplomacy Dritter in den USA vor beträchtliche Herausforderungen gestellt.

---

[13] www.thenewfrance.com.
[14] Leonard Downie, Jr./ Robert G. Kaiser (2002), *The News about the News: American Journalism in Peril*, New York, NY: A.A. Knopf.

7 Die öffentliche Meinung in den USA

In der Politik beherrsche die öffentliche Meinung, so stellte John Stuart Mill Mitte des 19. Jahrhunderts fest, die Welt.[15] Sie habe das große innenpolitische Potential, Ungleichbehandlungen zu korrigieren und Gerechtigkeit herzustellen.[16] In der Außenpolitik kann die öffentliche Meinung die Regierung zu einem Kurswechsel veranlassen. Nach einer Studie, die den Zeitraum von 1935 bis 1979 abdeckt, besteht eine Wechselwirkung zwischen öffentlicher Meinung und Regierungspolitik in der Form, dass letztere einer öffentlichen Meinungsänderung folgt.[17] Der Schluss ist zulässig, dass öffentliche Meinung und Regierungspolitik symbiotisch sind und Politiker stetig den Puls des Wahlvolkes nehmen müssen, indem sie die öffentliche Meinung in fortwährenden Umfragen erforschen lassen. Dabei hat sich herausgestellt, dass in außenpolitischen Krisenzeiten eine feste Haltung des Präsidenten zu höheren Zustimmungsraten bezüglich dessen Amtsführung führte, als eine zu kompromissbereite. Das so genannte *rally around the flag*-Phänomen ist auch in jüngster Zeit – während des zweiten Irakkrieges – von Kommentatoren zur Erklärung von Verhaltensmustern bemüht worden. Bezieht Amerika seine Nachrichten größtenteils vom *anchorman* im Fernsehen, dann werden grundsätzliche TV-Charakteristika bei der Bildung einer öffentlichen Meinung bedeutungsvoll:

- Nachrichten haben *entertainment*-Züge, um die Zuschauer nach Möglichkeit fest an das Programm zu binden. Jeder „weiterzappende" Zuschauer ist eine persönliche Niederlage der Sendeverantwortlichen.
- Die Verfügbarkeit guter Bilder übt auf die Auswahl der Nachrichtenthemen erheblichen Einfluss aus, da bekanntermaßen ein Bild tausend Worte ersetzt.

Diese Form der Darstellung von Ereignissen vernachlässigt das Herausarbeiten und Aufzeigen von Trends. Mit fehlender Analyse bzw. Kommentierung mutieren Nachrichtensendungen zu einem *headline service*. Erschwerend tritt hinzu, dass nur ein gewisser Teil der amerikanischen Bevölkerung der Politik fortlaufende Aufmerksamkeit schenkt. Hinsichtlich der Außenpolitik sollen 20% desinteressiert sein und 55% sich nur zu sporadischer Aufmerksamkeit aufraffen können. Allein 25%, heißt es, folgten der Politik wirklich. Von denen wiederum seien 5% politisch aktiv. Die im September 2004 vorgestellte Studie „American Public Opinion and US Foreign Policy – Global Views Survey" des *Chicago Council on Foreign Relations* kommt zu folgenden vorherrschenden Meinungsbildern in der US-Öffentlichkeit: feelings of over-reach; support for engaged but not dominant role; support for collective decision making; support for military measures to fight terrorism; strong preference for military restraint.[18] Die im Februar 2005 von Präsident Bush gehaltene Rede zur Lage der Nation scheint diese Befindlichkeiten widerzuspiegeln.

---

[15] John S. Mill (1865): *On Liberty*: "In politics it is almost a triviality to say that public opinion now rules the world."
[16] Robert A. Dahl (1989): *Democracy and Its Critics*, New Haven, CT: Yale University Press: „[…] public opinion may rectify blatant disregard for the equal consideration of interests […]."
[17] Bruce Russett/ Harvey Starr/ David Kinsella (2000): *World Politics: The Menu for Choice*, Boston, MA: Bedford/ St. Martin's. Zur Analyse der öffentlichen Meinung in den transatlantischen Beziehungen vgl. außerdem den Beitrag von Alexander Höse und Kai Oppermann in diesem Band.
[18] www.ccfr.org.

8   Das Deutschlandbild der Amerikaner

Deutschland nach 1945 schien sich der Welt nicht mehr präsentieren zu müssen – dies hatte es in so nachhaltiger Weise getan, dass für alle Zukunft die Hoffnung verloren schien, jemals aus dem langen Schatten der Jahre 1933 bis 1945 herauszutreten. Und doch könnte gerade dies gelungen sein, zumindest in den Vereinigten Staaten. Die Ergebnisse von Meinungsumfragen weisen Deutschland und den Deutschen sehr achtbare Werte zu, die Anlass zur Zufriedenheit geben und auch ein großes Kompliment an die Kontinuität sowie den Pragmatismus deutscher Nachkriegspolitik darstellen. Zweifellos haben die deutsche Wiedervereinigung – als eine wirklich herausragende deutsch-amerikanische Erfolgsgeschichte im 20. Jahrhundert – sowie das Ende des Ost-West-Konfliktes dazu beigetragen, die Sicht auf den zweimaligen Kriegsgegner sehr positiv zu beeinflussen.

Drei Umfragen aus der jüngsten Zeit geben Aufschluss über das Deutschlandbild der Amerikaner. Nach einer Studie von TNS Emnid im Auftrag des Presse- und Informationsamtes der Bundesregierung[19] gelten die Deutschen im Ausland als fleißig, ernst und wohlhabend. Gastfreundlichkeit, Toleranz und Fröhlichkeit sollen nicht zu ihren Stärken zählen, allerdings beeindrucken Wirtschaftskraft und sportliche Leistungen. In den USA sind die Deutschen beliebt, auch wenn Zweifel an der deutschen Verlässlichkeit in der Außenpolitik geäußert werden. Die Umfrage des *German Information Center* in Washington aus dem Herbst 2004[20] weist eine Vielzahl von interessanten Aspekten des heutigen Deutschlandbildes der Amerikaner aus. Deutschland wird als ein wichtiger internationaler Partner betrachtet und liegt in der weltweiten Rangfolge an sechster Stelle. Unter den europäischen Partnern belegt es nach Großbritannien den zweiten Platz. Allerdings wird den Deutschen wenig Einfluss auf die amerikanische Politik zugebilligt. Das bilaterale Verhältnis erhält von einem guten Drittel der Amerikaner eine gute Note, nachdem im April 2003 nur 17% der Befragten diese Einschätzung abgeben wollten. Besonders erfreulich erscheint, dass 39% der jungen Amerikaner (zwischen 18 und 34 Jahren) die deutsch-amerikanischen Beziehungen als gut betrachten. Fast 50% der Befragten halten eine Vertiefung der Beziehungen zwischen beiden Ländern für wünschenswert. 45% haben einen günstigen Gesamteindruck Deutschlands, 65% sehen in Deutschland ein einflussreiches Mitgliedsland der EU, 54% ein progressives und zukunftsorientiertes Land, 47% einen wirtschaftlichen Machtfaktor und 42% einen Verbündeten in einer Schlüsselposition. 56% sehen in Deutschland ein technologisch hoch entwickeltes Land, 48% ein Land, in welchem wichtige technologische Entdeckungen gemacht werden.

Eine jüngste Studie des *German Marshall Fund of the United States* mit dem Titel "After the U.S. Elections: A Survey of Public Opinion in France, Germany, and the United States"[21] vom Februar 2005 zeigt die Bedeutung, die man auf amerikanischer wie europäischer Seite guten transatlantischen Beziehungen zumisst. Die Erhebung lässt eine erstaunlich kohärente politische Sicht deutlich werden, die das häufig beschworene gemeinsame Wertefundament als real ausweist und nicht allein als ein notwendiges Element politischer Sonntagsreden. Während Diplomatie einen höheren Stellenwert auf amerikanischer Seite erhalten sollte, stellt man als Forderung an die Europäer, ausreichende militärische Kapazitäten aufzubauen. Institutionen wie die NATO werden auf beiden Seiten als wichtig ange-

---

[19] Der Spiegel, Nr. 46/2004, S. 22.
[20] FAZ vom 28.10.2004, „Deutschlandbild wieder positiver", S. 6.
[21] www.gmfus.org/publications/article.cfm?id=66.

sehen und man scheint auch in der Mängelanalyse übereinzustimmen. Perspektivisch gesehen spricht also alles für eine erfolgreiche Fortsetzung der transatlantischen Partnerschaft in der ersten Hälfte des 21. Jahrhunderts.

9   Deutsche Public Diplomacy in den USA

Das Bild eines Landes und seiner Bevölkerung wird nicht durch Public Diplomacy begründet, wohl aber durch gelungene Public Diplomacy positiv verstärkt und befördert. Es gibt letztlich eine Vielzahl von Akteuren in der deutschen Public Diplomacy, darunter das Goethe-Institut, die deutschen Mittlerorganisationen (z.B. DAAD) und Stiftungen, das *German National Tourist Office* oder die Deutsche Welle. Sie alle tragen zum Bild Deutschlands in seinen Facetten bei. Botschaften und Generalkonsulate nehmen sich des Auftrags der Public Diplomacy an und sind im Haushalt auch mit den entsprechenden Mitteln ausgestattet, um Deutschland zumindest mit einigen wenigen werbenden Maßnahmen nach außen darzustellen. Ziel jeder Public Diplomacy ist es, nicht nur über Deutschland zu informieren, sondern gleichzeitig auch die Adressaten der Informationen für Deutschland einzunehmen. Im Vordergrund steht das moderne Deutschland, seine Politik, Wirtschaft und Kultur. Eine Voraussetzung erfolgreicher Public Diplomacy ist, dass über einen längeren Zeitraum kontinuierlich berichtet und ein fester Empfängerkreis angesprochen sowie kultiviert werden kann.

Angesichts der zahllosen Möglichkeiten, sich aus unterschiedlichsten Quellen über ein Land oder ein spezifisches Thema zu unterrichten, muss Public Diplomacy sich der Mittel bedienen, welche die potentiellen Multiplikatoren erreichen und von ihnen als Informationsträger akzeptiert werden. Das Internet ist heute mit Abstand die wichtigste Informationsquelle. 52% der Befragten in der oben genannten *German Information Center*-Umfrage gaben an, sich hier zu informieren. TV liegt bei 40%, Zeitungen bei 36%, Magazine bei 26% und Radio bei 19%. Das Informationsangebot der deutschen Botschaft in Washington sowie der acht Generalkonsulate konzentriert sich deshalb auf die Website „www.germany.info" und die wöchentlichen, elektronischen *Newsletter*. Mit der englischsprachigen Version erreicht das *German Information Center* ca. 33.000 Adressaten, wobei die Tendenz steigend ist. *Website* und *Newsletter* dürfen als das Herzstück der Public Diplomacy-Aktivitäten gelten, wobei eine Vielzahl von begleitenden Maßnahmen darauf gerichtet sind, diese Instrumente in das Bewusstsein der interessierten Öffentlichkeit zu rücken. Ein weiteres Standbein stellt das Instrument des so genannten *underwriting* dar. Dabei werden Anzeigen in Tageszeitungen bzw. Magazinen im Fernsehen (vor allem im *Public Broadcasting Service*) bzw. Radio (vor allem im *National Public Radio*) wieder aufgegriffen und dadurch in ihrer Wirkung verstärkt. 99% aller US-Haushalte mit TV können – nach einer Erhebung im Jahr 2002 – PBS empfangen, 47% aller TV-Haushalte schalteten regelmäßig PBS in der Woche ein. Ein Durchschnittshaushalt schaute drei Stunden wöchentlich PBS, davon die Hälfte in *Prime Time*. Die *underwriting*-Botschaften im *Public Radio* leben vom Gegensatz zwischen den hier übermittelten seriösen Botschaften und der schrillen Werbung in kommerziellen Sendern. Diese Hörer haben für die gebotenen Informationen ein offenes Ohr und sind somit eine ideale Zielgruppe für Public Diplomacy.

Im Umfeld einer geeigneten PBS-Nachrichtensendung einen 15-Sekunden-Spot zu platzieren oder im Radio durch den Moderator verlesen zu lassen, ist immer ein guter Ansatz. Kann man weiterhin die in einer Printanzeigenschaltung enthaltene Botschaft wieder aufgreifen und durch die elektronischen Medien nachhaltig verstärken, dann hat man einen sehr dankbaren Weg eingeschlagen. Das große Ansehen, das die nichtkommerziellen Institutionen NPR und PBS bei ihrer Klientel aufgrund ihres Sendeauftrages und des Charakters ihrer Berichterstattung genießen, ist ein weiteres Argument, sich dieser Einrichtungen zu bedienen. Hinzu tritt schließlich, dass die genannte Klientel aufgrund ihrer Bildungsvoraussetzungen als potentielle Multiplikatoren für deutsche Public Diplomacy in Betracht kommt. Aktuelle politische Ereignisse wie z. B. der Besuch von Präsident Bush in Mainz im Februar 2005, die Gegenstand der Berichterstattung in den Medien sind, stellen eine hervorragende Gelegenheit dar, die Public Diplomacy-Botschaft auch mit bezahlten Maßnahmen an die potentiellen Multiplikatoren heranzutragen. Die Botschaft wird durch die Berichterstattung bestens verstärkt, möglicherweise überhaupt erstmalig wahrgenommen. Ergänzen sich unbezahlte Berichterstattung und werbliche Maßnahmen, stehen sie eventuell sogar in vollkommenem Einklang, dann ist ein wichtiges Etappenziel in der ganzjährigen Öffentlichkeitsarbeit zugunsten eines positiven Deutschlandbildes erreicht. Public Diplomacy lebt nicht von geschlossenen Konzepten, die über einen längeren Zeitraum hin stoisch umgesetzt werden, Public Diplomacy lebt auch und gerade von sich bietenden günstigen Gelegenheiten in der Öffentlichkeitsarbeit, die ergriffen werden müssen. Die Ausstellung „Germany – A Sense-Sational Experience" (2. Juni 2005 bis 23. Juni 2005)[22] in der Vanderbilt Hall des Grand Central Terminal in New York City darf hier als exemplarisch gelten. Über das Public Diplomacy-Grundinstrumentarium hinaus sind unkonventionelle Maßnahmen angezeigt, um sich auf einem schwierigen Markt zu behaupten und für einen Moment die Aufmerksamkeit auf sich zu ziehen, um eine Botschaft über das moderne Deutschland zu vermitteln.

Die Bedeutung von Public Diplomacy ist gewachsen und an Deutschland interessierte Amerikaner erwarten zu Recht, dass sie von den mit Public Diplomacy beauftragten deutschen Institutionen gut bedient werden. Die beste Public Diplomacy für Deutschland macht allerdings das Land selbst, und zwar gegenüber seinen amerikanischen Besuchern. Immerhin 87% der amerikanischen Touristen haben nach der Umfrage des *German Information Center* den Besuch in Deutschland genossen und ihre Zufriedenheit in einer exzellenten Benotung von Land und Leuten ausgedrückt. Jeder, der mit deutscher Public Diplomacy befasst ist, muss sich deshalb einen lebhaften und umfangreichen amerikanischen Tourismus nach Deutschland wünschen!

10 Public Diplomacy: Unverzichtbar für die Gestaltung internationaler Beziehungen

Das Selbstverständnis Amerikas aber auch das Amerikabild seiner traditionellen Verbündeten in Europa ist durch aktuelle geostrategische Veränderungen einem nachhaltigen Wandel unterworfen. Die katastrophalen Terroranschläge in New York und Washington im September 2001 führten Amerika ein desillusionierendes Bild über das eigene Ansehen und Prestige in der Welt vor Augen. Das "Pew Research Center for the People and the Press", Washington, stellte im Jahr 2003 fest, dass die Bevölkerungen in den meisten islamischen Ländern den Vereinigten Staaten mit großer Ablehnung gegenüberstehen. "The bottom has

---

[22] www.germany-info.org/relaunch/info/publications/infocus/grandcentral/index.html und www.germanyinnyc.org.

fallen out of support for America in most of the Muslim countries", hieß die Schlußfolgerung. Die langjährige Diskussion in den Vereinigten Staaten über Chancen und Grenzen der Public Diplomacy hat das Konzept als solches zweifellos aufgewertet. Der für September 2005 avisierte Amtsantritt der zukünftig für Public Diplomacy im Department of State verantwortlichen Karen Hughes wird die Idee beleben und ihr neuen Auftrieb geben. Die Katastrophe von 9/11 hat dazu beigetragen, Public Diplomacy wieder als ein unverzichtbares Instrument für die Gestaltung internationaler Beziehungen zu begreifen. Öffentliche Diplomatie vermag dann gute Resultate zu erbringen, wenn neben der adäquaten budgetären Ausstattung die organisatorische Eigenständigkeit der mit der Aufgabe befassten Arbeitseinheiten bewahrt bleibt. Die Arbeitseinheiten selbst müssen dazu beitragen, dass die Erkenntnis nicht wieder verblasst.

Finding America's Voice: A Strategy for Reinvigorating U.S. Public Diplomacy

Report of an Independent Task Force Sponsored by the Council on Foreign Relations. Chair: Peter G. Peterson

1 Introduction

1.1 The Nature of the Problem

The United States has a growing problem. Public opinion polls echo what is seen in foreign editorials and headlines, legislative debate, and reports of personal and professional meetings. Anti-Americanism is a regular feature of both mass and elite opinion around the world. A poll by the Times of London, taken just before the war in Iraq, found respondents split evenly over who posed a greater threat to world peace, U.S. President George W. Bush or then Iraqi leader Saddam Hussein. At the same time, European antiwar protests drew millions, and several national leaders ran successfully on anti-American platforms. Americans at home and abroad face an increased risk of direct attack from individuals and from small groups that now wield more destructive power. The amount of discontent in the world bears a direct relationship to the amount of danger Americans face.

What is most surprising is how quickly the tide of sympathy turned. In the immediate aftermath of September 11, 2001, the United States experienced an emotional outpouring of what German Chancellor Gerhard Schroeder called "unconditional solidarity." The cover of the French daily Le Monde proclaimed "Nous sommes tous Américains," ("We are all Americans"), and in an extraordinary move, NATO members invoked Article V of the common defense treaty, agreeing that an attack against the United States was an attack against all.

Working Committee Chairs: Kathy Bloomgarden, Henry Grunwald, David E. Morey, and Shibley Telhami. Project Director: Jennifer Sieg. Project Coordinator: Sharon Herbstman.

Reprinted with the express written permission of the Council on Foreign Relations. Founded in 1921, the Council on Foreign Relations is an independent, national membership organization and a nonpartisan center for scholars dedicated to producing and disseminating ideas so that individual and corporate members, as well as policymakers, journalists, students, and interested citizens in the United States and other countries, can better understand the world and the foreign policy choices facing the United States and other governments. The Council does this by convening meetings; conducting a wide-ranging studies program; publishing Foreign Affairs, the preeminent journal covering international affairs and U.S. foreign policy; maintaining a diverse membership; sponsoring Independent Task Forces; and providing up-to-date information about the world and U.S. foreign policy on the Council's website, www.cfr.org.

The Council takes no institutional position on policy issues and has no affiliation with the U.S. government. All statements of fact and expressions of opinion contained in its publications are the sole responsibility of the author or authors.

For further information, please visit the Council's website at www.cfr.org, write to the Council on Foreign Relations, 58 East 68th Street, New York, NY 10021, or call the Director of Communications at 212-434-9400. Copyright © 2003 by the Council on Foreign Relations®, Inc. All rights reserved.

The United States is an unprecedented military and economic force; its culture, language, and industry dominate the world stage. Why should the United States care if it is well liked or not? Because at this moment of our greatest strength, the United States is uniquely vulnerable. Anti-Americanism is endangering U. S. national security and compromising the effectiveness of our diplomacy. Not only is the United States at increased risk of direct attacks from those who hate it most, but it is also becoming more difficult for us to realize our long-term aspirations as we lose friends and influence.

The few national leaders who stood with Washington as the United States invaded Iraq did so in the face of the direct and vociferous opposition of their citizens. What their publics think matters to them and therefore must matter to us. As Senator Richard G. Lugar of Indiana, chairman of the Senate Foreign Relations Committee, noted, "The governments of most nations respond to public opinion, whether it is demonstrated in the voting booths or in the streets."[1]

Growing anti-Americanism is a serious problem. It is deep and systemic and cannot be "managed" with a quick fix, nor with an episodic, defensive, crisis-driven approach. Down the line, the United States will have greater costs if it does not see this as a profound, growing sentiment about America, about how Americans think, and about how the United States relates to the world. Where the reasons for anti-Americanism are unjustified, the United States must combat the sentiment; where they ring true, Washington must take them into account as it shapes U.S. policy moving forward.

The lack of serious response to this problem suggests that the United States is falling into two traps. One trap is thinking it does not matter much what others think of America, though all common sense and experience show otherwise. The United States has special responsibilities and must lead and take its lumps in the process. But successful leaders require partners and followers, and those are increasingly in short supply. Everything the United States undertakes in the world is becoming that much harder without the active support of those who would help.

The second danger is that the administration believes it has already taken steps inside and outside the government to deal with this vast problem and that the problem is on its way to being fixed. The new steps taken by the president are welcome but mostly inadequate. The problem of growing anti-Americanism is enormous, and America's response must be urgent, substantial, and sustained.

The challenges the United States now faces cannot be addressed by force alone. The world is littered with examples of military force's failing to stanch sustained terrorist uprisings. In Spain, Israel, Ireland, and the former Soviet republics, innocent people have died and democracy has suffered without any increase in security. We cannot capture every terrorist nor destroy every weapon. Rather, we must learn to confront the hatred, desperation, and frustration that are the breeding ground where terrorism thrives.

Nor can this battle be won by spin alone. Empty promises and rhetoric hurt America's cause as it loses credibility and trust from those the United States is trying to reach. This is especially true in the echo chamber that is today's media environment, where misleading statements and inconsistencies are highlighted, critiqued, and broadcast repeatedly to every corner of the earth.

---

[1] Opening statement, Senator Richard Lugar, chairman, Senate Foreign Relations Committee, hearing on public diplomacy and Islam, February 27, 2003.

Finally, this battle cannot be won alone. We need strong and willing partners and allies throughout the world to help break up financing rings, to share in policing and intelligence work, to patrol borders, and to provide development and reconstruction aid, manpower, and expertise. The United States also needs allies to stand with it, help explain the U.S. way of life to the world, and absorb some of the negative sentiment.

Taking foreign opinion into account does not mean forsaking U.S. interests, let alone our values. But it is naive not to realize that attitudes abroad can obstruct the success of American policies. So it should be standard operating procedure to consider others' likely reactions to U.S. moves. Where possible, America should make its policies mesh with those of others. When this cannot be done, Washington should be unapologetic but at least have a stance it can explain.

Rebuilding America's image will be a monumental and longterm task. The United States is facing great challenges now. While the U.S. private sector has led the world in the communications revolution, the government lags far behind. The United States is politically and culturally at odds with much of the world, including some of its closest allies. Competing noise from a proliferation of messages and messengers makes it increasingly difficult for our voice to break through. Cynical audiences are not receptive to what America has to say. And Washington has stripped bare the institutions that spread U.S. values and goodwill during the Cold War.

Further, the United States must build this capacity in a new foreign policy environment. Globalization, the increased speed and greatly diminished cost of processing and transmitting information, growing Internet penetration, the reach of 24/7 television programming, global news media, satellite television, mobile phones, populist movements fueled by religious and sectarian beliefs, and wider public participation in international affairs are central characteristics of the 21st-century foreign policy environment. As a result, the fundamental role of public information and its relationship to foreign policy have changed.

The Task Force commends the efforts this administration has taken so far to listen and to tell the U. S. story to the world: the formation of an Office of Global Communications (OGC), the appointment of an undersecretary of state for public diplomacy, and the executive order creating a Policy Coordinating Committee (PCC) on Strategic Communications to help coordinate interagency public diplomacy efforts are all important steps. But these steps alone have not done enough to counter the onslaught of anti-Americanism. This report therefore also calls for revolutionary change: from the way Washington shapes and implements its foreign policy objectives to the way the United States recruits and trains public officials to the way America defines the missions of its embassies and diplomats.

1.2 Why Anti-Americanism Matters

Growing anti-Americanism increases the threat of direct attack. Terrorist attacks against America's homeland and interests abroad make clear that U.S. national security can no longer rest on favorable geography, military strength, and economic power alone.

The world has become a more democratic place in the last decade, a change driven largely by new communications technologies and advances in travel and weaponry. Small groups of nonstate actors now wield unprecedented power both to influence governments and to act on their own. This applies to nongovernmental organizations (NGOs), corporations, and all types of interest groups. It also applies to independent terrorists with destructive designs who now, for the first time, possess the capability to wreak mass destruction. These small, volatile groups of individuals – what New York Times columnist Thomas Friedman has called "the superempowered angry man" – cannot be contained by the rules of traditional statecraft.

The al Qaeda phenomenon is a potent illustration: a group of like-minded, geographically dispersed individuals are now able to find each other, share information instantly and anonymously, move money, organize actions, obtain weapons, and spread their message to the world.

The amount of discontent in the world bears a direct relation to the amount of danger America faces. As hatred of the United States grows, so does the pool of potential terrorists. In parts of the world, a new generation is growing up learning to hate the United States.

Unfriendly foreign publics will make it more difficult to prevent future attacks. The United States will never convince the fanatics who hate us most, and it would be a waste of resources to try. In the Muslim world today, America's most pressing battle is for the political and social middle. And we are losing.

Opinion polling from the Islamic world shows some shocking results: more than 70 percent polled do not believe that Arabs carried out the September 11 attacks.[2] Many believe that the United States is at war with Islam and invaded Iraq solely to control that nation's oil fields or to support some nefarious plot with Israel. Those who hate the United States are more likely to offer support and shelter to terrorists and provide future recruits.

The United States needs partners in its struggle against terrorism, yet it is losing them. Even in friendly countries, anti-Americanism is creating pressure on foreign leaders not to cooperate with the United States on security measures. As populations around the world have more access to information and communications technologies, they have more ability not only to act on their own, but also to put pressure on government leaders as well.

The United States needs determined and strong partners throughout the world to work on policing, border patrol, disrupting terrorist financial networks, and reconstruction and development efforts that are crucial to U.S. military actions. If the United States keeps losing influence with European, Asian, and moderate Middle Eastern countries, it cannot win the battle to make America safer – no matter how great its military power.

The United States is just beginning to see the effects of this groundswell in Europe, South Asia, and elsewhere where governments must balance domestic political pressures with support for the United States. U. S. military action in Iraq has catalyzed the sentiment that had been growing since September 11. Antiwar and anti-U.S. protesters numbered in the millions, and even America's most sympathetic allies have little political room to maneuver.

Standing alone makes America more vulnerable. If Washington accepts that anti-American sentiment correlates with the amount of violence directed at the United States, then it becomes evident that America needs allies to stand shoulder to shoulder with the United States to help it absorb some of the ire from the rest of the world. Right now, as the sole remaining superpower, the United States stands out as a lightning rod, attracting hate

---

[2] See Gallup/USA Today, "Poll Results," February 27, 2002, and Andrea Stone, "Many in Islamic World Doubt Arabs Behind 9/11," USA Today, February 27, 2002.

and blame for all the ills of globalization, the fears of military might, and the resentment of Western affluence.

Anti-Americanism is depleting America's much-needed "soft power." The loss of "soft power" – the power to persuade, attract, and lead by example – will undercut U. S. foreign policy and military efforts.[3] Like the Cold War, U.S. efforts in Afghanistan and Iraq promise to be long, protracted, and in large part about winning hearts and minds to U.S. political values – democracy, transparency, and the rule of law. During the Cold War, U.S. administrations spoke directly to leaders and to people behind the Iron Curtain about the dangers of their political systems and showed them a different, more attractive way of life. Without this credibility, America runs the risk of becoming nothing more than an occupying military force.

The inability or unwillingness of other governments to ally themselves with the United States is leading to a constriction of movement on the world stage and a loss of U. S. ability to shape the world. History suggests that the United States will not be the sole dominant world force forever. This moment is America's opportunity to help shape the world as it goes through a time of great unrest and transition. The influence the United States has now, in supporting new democracies, security, and stability, can bring a more peaceful and prosperous world. The United States must therefore do everything possible to defuse growing anti-Americanism and regain the understanding and respect of the world.

1.3 The Roots of Anti-Americanism

When looking for underlying reasons for this rash of anti-Americanism, the United States is faced with a complex etiology of policy decisions, misperceptions, poor communication on its part, willful manipulation of its actions and image by others, and structural causes related to America's dominant position on the world stage. Further, all of the above are exacerbated by political pressures – both at home and abroad – and by a backlash against the U.S. use and threat of force (no matter how justified).

Structural Factors. As the sole superpower, the richest nation on earth, and a nation flexing its muscle, the United States will never be universally loved. Much of the anti-American sentiment emanating from poor countries grows from the fertile soil of vast inequity. The United States is strong; others are weak. American global leadership is evident; other states have uncertain roles. Much of this resentment stems from problems that are long term and intractable – such as global poverty – and that cannot be fully addressed in the near term but that catalyze deep envy and anger and demand a visible response nonetheless.

Rage and deep misunderstanding of America are most marked in the parts of the world where aggravated feelings of grievances directed at the United States must be viewed in the context of decline, despair, hopelessness, and even humiliation, especially in the face of America's unprecedented – and very visible – affluence. In the Arab world, for example, this tension has been an incalculable factor in inflaming passions. It allows the reality and the image of the United States to become a potent and easily manipulated symbol of all that is wrong at home and in the world. By standing so powerful and alone, the United States

---

[3] See Joseph S. Nye, Jr., The Paradox of American Power: Why the World's Only Superpower Can't Go It Alone (New York: Oxford University Press, 2002).

becomes a lightning rod for the world's fears and resentment of modernity, inequality, secularism, and globalization.

Cultural Factors. There is a growing cultural gulf between the United States and much of the world. These two groups view the world through vastly different cultural lenses that impose conflicting sets of values. Not just in the Middle East, but increasingly in Europe as well. While others view the United States as arrogant and unilateralist, America fumes at the unwillingness of others to accept responsibility. In both instances, domestic political pressures largely drive these stances. For example, the political right in the United States wields substantial power right now. But many of the social values they stand for are anathema to many Europeans. Washington's official support for the death penalty is seen as barbaric; the American culture of guns and the reemergence of churchgoing ways conflict with a Europe that is becoming more secular and shifting in cultural values toward the left. There are also strong cultural divides between Europeans and Americans on attitudes toward military buildup and the use of force.[4]

Another source of tension is the broad sweep of American culture. Hollywood movies, television, advertising, business practices, and fast-food chains from the United States are provoking a backlash from some who feel that their local culture is being overrun.

And there are powerful religion-based clashes with the more devout Islamic world. Practitioners of extreme forms of Islam see America's largely secular state and influence as heretical. As the United States is the propagator and symbol of this very visible culture spreading throughout the world, Americans are seen as the enemies of God.

Resentment of U.S. Policy. U.S. foreign policy decisions are based on assessments of national interests; thus Washington cannot just change policies to suit foreign public opinion. But the United States has to realize that consequences in public opinion are part of the picture and must take these attitudes into account when presenting U.S. policies in the first place.

Many of the charges of hypocrisy have to do with U. S. support for autocratic and corrupt governments while it espouses the primacy of American democratic values, U.S. perceived unbalanced support for Israel, a perceived lack of empathy for the hardship of the Palestinians in the West Bank, and the suspicion of U.S. motives in Iraq and the rest of the region.

There are powerful trade-offs in Washington's backing authoritarian governments, and the administration should take a much harder look at the costs of these policies. In the Middle East, the United States needs to do a far better job of conveying a national commitment to justice and progress for both Arabs and Israelis, even as Washington supports the state of Israel.

U.S. Rhetoric. Actions speak louder than words; nonetheless, words and style still matter a great deal in U.S. dealings with the rest of the world. Many of the most provocative American policies might have gene-rated less antagonism with better presentation. From the outright rejection of the Kyoto climate change pact to the seeming dismissal of the International Criminal Court (ICC), the United States appears to be obstructionist, not a constructive critic.

Better by far to have a different approach: one that would have produced a U. S. proposal to fix Kyoto's flaws (or at the very least list them), rather than making the United States seem callous about global warning and dismissive of the ten years of work by 160

---

[4] "Living with a Superpower," The Economist, January 4, 2003.

countries that went into the agreement. Washington also could have found a better way to articulate concerns about the ICC, rather than just walking away and signaling a lack of concern.

Some of the anti-American sentiment is certainly exacerbated, if not caused, by the bellicose and dismissive rhetoric that has come from Washington. Utterances from Washington carry great weight around the world, and remarks such as President Bush's use of the term "crusade" for our fight against terrorism and his reference to the "axis of evil," as well as Secretary of Defense Donald Rumsfeld's dismissal of France and Germany as "old Europe," do much to antagonize those abroad.

Intentionally Incited Hatred. Another problem the United States is facing is the intentional anti-American vitriol that is sometimes spewed by state-controlled news media in the Muslim world. Washington often confronts "friendly" government-supported media, such as in Saudi Arabia and Egypt, that despite being major recipients of U.S. assistance, tolerate and even encourage media bashing of the United States.

1.4 How to Respond

The problems now facing the United States cannot be solved with force or with empty spin. America needs to mobilize another dimension in U.S. foreign policy – one that has been underemphasized in recent decades. This will require a fundamental shift in the way U.S. officials make and implement foreign policy and the ways in which they conduct themselves abroad and at home – in short, a renewed commitment to the concerns and tools of public diplomacy.

Above all else, the United States needs a system of public diplomacy that is able to reach key decision-makers and ordinary citizens abroad more effectively. It is no longer enough to speak only though official diplomatic channels; America must be able to speak directly to foreign publics. The United States needs to improve its ability to convey broad messages regarding overall American values, as well as real-time, focused messages and rapid-fire crisis responses using traditional and new channels of communication. At the same time, the United States needs to create better conduits for information to flow back to policymakers, so that the U. S. knows how its messages and actions are being received and can adjust and prepare accordingly.

As with the Cold War, the United States is facing a long and protracted challenge over a way of life. More than ever, America needs the influence, the attractiveness, and the moral standing to show the world not just that it is strong, but that America is not the enemy. The United States must demonstrate that it represents a way of life marked by democracy, openness, and the rule of law – and that this is a life worth aspiring to.

This administration has taken a few positive first steps but has offered little in the way of results. Polling numbers reinforce what is already seen, that the amount and vitriol of anti-Americanism is growing throughout the world and that the United States has not effectively spread messages in support of its foreign policy objectives.

For all the great challenges the United States is now facing, the administration has had some promising success. The Broadcasting Board of Governors (BBG) has made a popular success of Radio Sawa, the Arabic-language radio station broadcasting popular music and news throughout the Middle East. The BBG more recently launched Radio Farda with Persian-language broadcasts into Iran in December 2002. The Voice of America (VOA) has launched an Arabic-language website and is increasing programming in Cantonese and Indonesian.

Other efforts have met with less success. Short documentary-style commercials about Muslim life in the United States cost $15 million and found little airtime in their target countries. And two times in the past year, the Pentagon has floated ill-received plans of its own to influence foreign publics. While these plans may have struck the wrong chord, they bring to light the frustration and urgency felt from America's lack of effective public diplomacy.

2 Findings

The Task Force has made two sets of findings. The first set is about what is going on in the world that has made the need for effective public diplomacy far more urgent.

1. *Anti-Americanism is on the rise throughout the world.* Opinion polling, reporting, editorial comment, legislative debate, and everyday personal contacts tell an alarmingly consistent story – harsh criticism of U.S. positions, culture, and foreign policy have become the norm.
2. *Growing anti-Americanism is increasingly compromising America's safety and constricting its movements.* As the world becomes more open and democratic, individuals and small groups wield more power to influence global affairs directly, indirectly, and through their governments. This includes extremist groups able to "box above their weight" – to wield power far greater than their numbers, financial wherewithal, or destructive capabilities would suggest. The imperative for effective public diplomacy now requires much wider use of these channels of communication and more customized, two-way dialogue and debate as opposed to "push-down," one-way mass communication.

    The second group of findings is about what is lacking in our government that prevents us from responding more effectively. The administration and Congress have taken first steps. Thus far, however, these initiatives have not made significant headway in meeting the president's own stated objectives. Washington has made a start, but the problem goes far beyond current efforts to deal with it.
3. *Public diplomacy is treated as an afterthought.* The United States has been doing too little about this problem because the country has not absorbed the situation's full urgency and seriousness. Therefore, public diplomacy is all too often relegated to the margins of the policy process, rendering it effectively impotent. Washington must realize that defending the homeland, seeking out and destroying terrorists, and using public diplomacy to make it easier for allies to support the United States and to reduce the lure of terrorism are all parts of the same battle. The concerns of public diplomacy – how U. S. actions and words impact the rest of the world and the outcomes these actions provoke – have not been incorporated into the foundations of the U.S. foreign policy process.
4. *The U.S. government underutilizes the private sector.* Washington is not tapping into the vast talents and resources of the American private sector. While the government

lags far behind, the U.S. private sector leads the world in most of the key strategic areas required for effective public diplomacy: technology, film and broadcast, marketing research, and communications. This Task Force believes that public diplomacy will deliver far more bang for the government buck if there is a much-expanded role for the private sector. We have several reasons for this firm conviction:

- First, target audiences of the U.S. government tend to be foreign officials, and the government must inevitably observe diplomatic protocols in communicating with these counterparts.
- Second, formal U.S. government communications tend to be relatively rigid and involve carefully defined limits.
- Third, the U.S. government may at times require a certain deniability that private citizens can provide.
- Fourth, it is important to communicate American belief in democratic and open debate – the give-and-take of a culture that thrives on legitimate critiques and, at its best, admits weaknesses and uses truth as the most powerful form of public diplomacy.
- Fifth, the U. S. government is unlikely to attract a sufficient number of truly creative professionals within the government or to utilize the newest forms of media communications or technology. Furthermore, we believe media or entertainment "spokespeople" may be more likely to cooperate with private sources, such as NGOs, than directly funded government programs.

5. *U.S. foreign policy is often communicated in a style that breeds frustration and resentment.* U.S. foreign policy is too often communicated in a "push-down" style that does not take into account the perspective of the foreign audience or open the floor for dialogue and debate. Americans are seen as too seldom "listening" to the world while they are defining their interests and defending them abroad. This hit-and-run style breeds frustration and resentment abroad as foreign audiences feel their opinions are being ignored or dismissed.
6. *The United States allocates too few resources to public diplomacy programs.* Public diplomacy programming is severely underfunded both in absolute terms and in comparison to other allocations. For every dollar spent on the military, the U. S. government spends seven cents on diplomacy. And of those seven cents, only one-quarter of one penny is spent on public diplomacy (including exchange and educational programs).

3 Recommendations

3.1 Rethink how the United States formulates, strategizes, and communicates its foreign policy.

1. *Make the formulation of foreign policy more sensitive to public diplomacy concerns.* Edward R. Murrow, the legendary newsman whom President John F. Kennedy appointed director of the U.S. Information Agency (USIA), urged that public diplomacy

officials be included at "the take offs, not just the crash landings," in other words as foreign policy is made. This would help (1) to ensure that policymakers are aware of the likely reaction of foreign publics to a forthcoming policy; (2) to advise how best to convincingly communicate policies to foreign audiences; and (3) to ensure that U.S. diplomats are prepared to articulate policies before they are announced.

The Task Force strongly endorses this approach, which inculcates public diplomacy into the ongoing policymaking process and thus makes it "present at the creation." Public diplomacy must be an integral part of foreign policy, not something that comes afterward to sell a foreign policy or to respond to criticism after the fact. It should not decide foreign policy issues, but it must be taken into consideration at the same time as foreign policy is being made. In this way it would help define optimum foreign policies as well as explain how U. S. policies fit the values and interests of other nations, and not just those of Americans. Otherwise, the United States runs into the same problem it did for many years on human rights policy: the president would launch a foreign policy that did not include human rights. Then, when attacked, Washington would roll out the human rights rhetoric, but people abroad would not take it seriously.

2. *Strengthen the public diplomacy coordinating structure.* In the past year, the administration has taken the first steps toward creating an effective Public Diplomacy Coordinating Structure (PDCS), as recommended by this Task Force and others. The newly formed White House Office of Global Communications (OGC) and the Policy Coordinating Committee on Strategic Communications helped to coordinate messages and overall organization during the Iraq war and the ongoing aftermath.

However, strong leadership and increased resources are essential for these structures to accomplish their objectives. This will require an individual leader with regular access to the president, the secretary of state, the secretary of defense, and other top officials. The public diplomacy adviser must have the confidence and trust of the president, as well as a deep strategic and practical understanding of the power of communications in today's global information environment. It must also be this leader's priority to ensure that the new public diplomacy structures will streamline efforts across agencies and departments rather than create even more bureaucratic infighting.

This official's responsibilities should include overseeing the development of strategic public diplomacy priorities, advising the president and senior policymakers on foreign public opinion and communications strategies, and long-range planning of public diplomacy. This individual should also review carefully all presidential statements to consider their impact abroad given what is known about foreign attitudes and sensitivities.

The PDCS should help define communications strategies, streamline public diplomacy structures, and horizontally transfer ownership of these efforts to U.S. government agencies, allies, and private sector partners. The PDCS should resemble the National Security Council in its role as adviser, synthesizer, coordinator, and priority-setter.

The coordinating structure should include members at the assistant-secretary level or above designated by the following: the assistant to the president for national security affairs; the director of the White House Office of Global Communications; the secretary of homeland security; the secretaries of the Departments of State, Defense, Treasury, and Commerce; the attorney general; the directors of central intelligence and

the U. S. Agency for International Development (USAID); and the chairs of the Broadcasting Board of Governors (BBG) and the Joint Chiefs of Staff.
3. *Issue a Presidential Decision Directive (PDD) on public diplomacy.* It is essential that the president himself make clear America's commitment to reform its public diplomacy and make it a central element of U. S. foreign policy. The PDD should outline America's new strategy and provide a coordinating structure to harness the government's civilian and military public diplomacy assets.
4. *Initiate a regular evaluation of diplomatic readiness and prioritized spending through a "Quadrennial Public Diplomacy Review" (QPDR).* Modeled on the Quadrennial Defense Review, the public diplomacy review should be conducted by the secretary of state in consultation with the U. S. Advisory Commission on Public Diplomacy.
5. *Improve U.S. capacity to "listen" to foreign publics.* To raise fewer hackles, the United States should listen better. The U.S. government spends only $5 million to $10 million annually on foreign public opinion polling (U.S. businesses spend $6 billion). That amount does not cover the research costs of many U.S. senatorial, gubernatorial, or other political campaigns and is obviously a tiny fraction of U. S. private sector spending in these areas. It is critical that Washington allocate additional research money – both to shape programs and efforts from their inception and to continually monitor, evaluate, and test their effectiveness. The United States should know in advance the likely reaction and level of resistance to its policies and how America can best communicate them.
6. Craft messages highlighting cultural overlaps between American values and those of the rest of the world. To foster a better understanding of U. S. policies, the government should find ways to tie them more closely to U.S. cultural values, including democratic traditions and freedom of expression. The peacekeeping mission in Kosovo or U.S. humanitarian aid to Afghanistan and Iraq should be presented as reflections of American cultural values.

3.2 Build new institutions to bolster public diplomacy efforts.

1. Bridge the gap between public and private sector initiatives by creating an independent, not-for-profit "Corporation for Public Diplomacy" (CPD). The experience of the Corporation for Public Broadcasting is highly relevant, and so the Task Force proposes a similar entity as a focal point for private sector involvement in public diplomacy.

   The CPD would have the capacity to:

   - Act as a "heat shield" between the government and controversial projects;
   - Act as a focal point for private sector involvement in public policy;
   - Accept private sector grants;
   - Attract media and personalities not willing to work directly with the U.S. government;
   - Provide more credible messengers for skeptical audiences; and
   - Support regional voices of moderation and independent media.

2. Establish an "Independent Public Diplomacy Training Institute" (IPDI). This new entity, independent of the government, would draw on the best talent and techniques from U.S. corporations and universities to help recruit and prepare a new breed of Foreign Service professionals to perform the critical roles of public diplomacy.
3. Establish a Public Diplomacy Reserve Corps. This agency, patterned on the Federal Emergency Management Agency's disaster-relief model, would augment U.S. and overseas operations; mandate an action plan, a skills database, periodic training, updated security clearances, simplified reentry regulations, and modification of temporary appointment requirements; and recruit prestigious private sector experts from relevant professions for short-term assignments.

3.3 Improve the practice of public diplomacy.

1. *Through State Department reforms, ensure that public diplomacy is central to the work of al U.S. ambassadors and other diplomats.* Diplomats engage in the basic tasks of public diplomacy at embassies all over the world, and many do an admirable job. On the whole, however, U.S. diplomats must be far better prepared. In an age when heads of state converse directly – and when headquarters' instructions and field reporting occur in real time – the role of the ambassador as a public diplomat becomes increasingly important. Public advocacy and local language skills are essential for today's ambassadors. To the extent that they are not taking on these tasks, ambassadors must be comfortable with and seek out opportunities to meet with editorial boards, as well as make public statements and appear on television and in other indigenous media. Delegated authority to speak for the United States without excessive clearance requirements and increased understanding by policymakers of the need to provide timely content are critical to their success.
2. *Further enhance training for U.S. ambassadors.* Currently, the State Department offers a two-week training seminar for new ambassadors, and only a small amount of that time is devoted to public diplomacy. The State Department usually provides a one-to-two-page printed summary on public diplomacy in the country to which the ambassador is assigned. Two days are devoted to media skills training. However, this is not mandatory, and not all ambassadors participate.

    The training seminar should be expanded along the lines of the State Department's new program for career officers. For public affairs officers, the State Department has proposed a newly enhanced training plan scheduled to take effect in September 2003 that increases training to as long as nineteen weeks.
3. *Expand the range of America's messengers abroad.* The United States should find locals to shoulder some of the burden by identifying and developing credible local messengers such as young and moderate Arabs and Muslims, mullahs, journalists, and talk-show personalities who can criticize flaws within their own regions more credibly than a U.S. diplomat ever could.

    The United States should also make much more use of credible and independent messengers to highlight the diversity of American life, including the Arab-American firefighters and police officers who rushed to the World Trade Center scene; Arab and Muslim Americans, including women and children, who died or lost loved ones on

September 11; and Muslim Americans who are thriving in the United States and can attest to the respect their religion receives, including sports stars like Muhammad Ali, other celebrities, and leaders from such fields as business, science, and medicine.

4. *Foster increasingly meaningful relationships between the U.S. government and foreign journalists.* Too often, foreign reporters feel they are treated as second-class citizens relegated to the fringe of U. S. outreach efforts. To the extent that the U. S. government marginalizes foreign journalists, it alienates a group of highly effective, highly credible messengers. Washington must therefore continue to increase foreign press access to high-level American officials, insisting that senior policymakers take time to brief foreign journalists at U.S. foreign press centers and make themselves available for one-on-one interviews. This coordinated and consistent effort to engage foreign journalists more effectively must take place at all times – not just during crises.

5. *Support voices of moderation in other countries, with particular attention over the longer term to the young, in order to empower them to engage in effective debate through means available or created in their societies.* The United States should not have to make its case alone. America must encourage the debate and dialogue within Islam about the hijacking of its spiritual soul by supporting – often through third parties such as nongovernmental organizations – regional voices of moderation and peace and an open and free press.

6. *Adopt an "engagement" approach that involves listening, dialogue, debate, and relationship building.* Historically, U.S. public policy has been communicated largely via the "push-down" method, which lacks both a broad reach and an adequate explanation to foreign media. Policy is created, speeches given, press releases written, and press conferences held – all with a primary focus on addressing the U.S. media. In this "push-down" approach, the government too often does not engage in open discussion of how it arrived at its policy decisions. Communications geared primarily toward a domestic U.S. audience assume a keen understanding of the U. S. system of government – knowledge that foreign publics often lack. Washington frequently fails to link its policies to the values of others, or even explicitly to our own values, and thus misses the opportunity to show how these policies are a reflection of U.S. freedom and democracy.

7. *Respond to satellite broadcasting and Internet-age realities.* Current trends in information technology are transforming how the world communicates and learns. The impact of satellite broadcasting was made obvious to all during the Iraq war. Diplomats, members of the Broadcasting Board of Governors, and others in public diplomacy will also need to understand that the Internet revolution is fundamentally changing the relationship between information content and communications channels, though in most developing countries the Internet is still far from broadly integrated. The Broadcasting Board of Governors, with its disproportionate emphasis on radio and television broadcasting, should give higher priority to new digital technologies, including content-rich, language-specific Internet services.

Though at present the Internet is of somewhat limited value in reaching the majority of America's target audiences abroad, the online audience it does reach is influential and should not be ignored. This is especially true in countries with state-controlled media, where the Internet (which is more difficult to censor) can be the only source of free information. As the simple one-to-many broadcasting model of the past gives way to a more complex array of push-and-pull interactions between content providers and audiences, public diplomacy must utilize all the available communications resources.

8. *Create bridges between U.S. society and others using common cultural pursuits in every genre of art, music, theater, religion, and academia.* In the short term, public diplomacy is a tool to influence opinions and mobilize foreign publics in ways that support immediate interests and policies. In the long term, the United States needs programs to build an open dialogue with key foreign publics, as well as personal and institutional relationships founded on shared ideas and values, such as student and professional exchanges, art exhibits, American libraries abroad, and academic endowments. To be effective, America's long-term and short-term efforts should be linked in a comprehensive strategy. Some of these programs may be administered through embassies (art exhibits, American libraries), others through NGOs (health services) and academic institutions.

3.4 Improve funding and allocation.

1. *Bring public diplomacy funding in line with its role as a vital component of foreign policy and national security.* America has few higher priorities today than public diplomacy. In order to develop an effective and comprehensive program, public diplomacy must be funded at significantly higher levels. The marginalization of public diplomacy has created a legacy of underfunded and uncoordinated efforts. A budget is needed far in excess of the approximately $1 billion currently spent by the State Department and the Broadcasting Board of Governors in their public diplomacy programming.
2. *Build congressional support for public diplomacy.* Congress' role in authorizing and appropriating resources for public diplomacy is crucial, and increased resources are far more likely if Congress has a sense of ownership over public diplomacy and an appreciation of public diplomacy's linkages to foreign policy. Close cooperation with key members of Congress must be a priority for senior participants in the Public Diplomacy Coordinating Structure.

4 Conclusion

In sum, the United States has significantly underperformed in its efforts to capture the hearts and minds of foreign publics. The marginalization of public diplomacy has left a legacy of underfunded and uncoordinated efforts. Lack of political will and the absence of an overall strategy have rendered past public diplomacy programs virtually impotent in today's increasingly crowded communications world. While sound public diplomacy is not a silver bullet for America's image problem, making it a serious component of the foreign policymaking process is a vital step toward ensuring the nation's security.

Task Force Members[5]

PETER ACKERMAN is the Managing Director of Crown Capital Group Incorporated, a private investment firm. He is the co-author of *Strategic Nonviolent Conflict*, published in 1994, and *A Force More Powerful: A Century of Nonviolent Conflict*.
ROGER AMES is the Chairman and Chief Executive Officer of Warner Music Group (WMG). Before joining WMG, Mr. Ames was President of the PolyGram Music Group, at the time the world's largest and most profitable music company.
DONALD BAER is the Senior Executive Vice President, Strategy and Development, at Discovery Communications, Inc. He served as Assistant to the President and White House Director of Strategic Planning and Communications under President Bill Clinton and was an Assistant Managing Editor of *U.S. News & World Report*.
ALI BANUAZIZI is Professor of Cultural Psychology at Boston College, where he is also the Co-Director of the Program in Middle Eastern and Islamic Studies.
KATHY BLOOMGARDEN is the Chief Executive Officer of Ruder Finn, Inc., one of the world's largest independent public relations agencies.
JOAN GANZ COONEY is the co-founder and Chairman of the Executive Committee of Sesame Workshop.
GEOFFREY COWAN is Dean of the Annenberg School for Communication at the University of Southern California. Cowan has served as Director of the Voice of America, Director of the International Broadcasting Bureau, and Associate Director of the U.S. Information Agency (USIA).
RAGHIDA DERGHAM[*] is the Senior Diplomatic Correspondent for the London-based *Al-Hayat*, the leading independent Arabic daily newspaper. She writes a regular weekly strategic column on international political affairs and is one of the few female political commentators on American, Arab, and worldwide TV networks.
JOSEPH DUFFEY served as Director of the U.S. Information Agency from 1993 to 1999. He was Assistant Secretary of State for Education and Cultural Affairs under President Jimmy Carter.
LYNN FORESTER DE ROTHSCHILD is the President and Chief Executive Officer of ELR Holdings LLC, an international private investment company. A former member of the National Information Infrastructure Advisory Council and the Secretary of Energy Advisory Council and a U.S. representative on various international trade and technology missions, she also serves on several charitable and corporate boards.
BARRY FULTON[*] is Director of the Public Diplomacy Institute at George Washington University and a Research Professor in the School of Media and Public Affairs. He concluded his career in USIA as Associate Director for Information. During 30 years as a Foreign Service Officer, he served in Brussels, Rome, Tokyo, Karachi, and Islamabad.
PETER GEORGESCU is Chairman Emeritus of Young & Rubicam, Inc., a network of preeminent commercial communications companies dedicated to helping clients build their businesses through the power of brands. He served as the company's Chairman and Chief Executive Officer from 1994 until January 2000. Mr. Georgescu is a member of the Media and Advertising Hall of Fame. MARC CHARLES GINSBERG served as the U.S. Ambassador to Morocco from 1994 to 1998. Following his return to the United States, he served as U. S. Special Envoy for Mediterranean Security and Trade Policy. He is also President of Layalina Productions, Inc., a new U.S. not-for-profit Arab-language television production company that is developing a new generation of information and entertainment programs for Middle East media outlets.
BRUCE GREGORY[*] is the Executive Director of the Public Diplomacy Council and serves on the board of the Public Diplomacy Institute at George Washington University. He served on the faculty at

---

[5] Note: Task Force members participate in their individual and not institutional capacity.
[*] The individual has endorsed the report and submitted an additional or a dissenting view.

the National War College from 1998 to 2001 and was Executive Director of the U. S. Advisory Commission on Public Diplomacy from 1985 to 1998.

MARTIN J. GROSS* is the President of Sandalwood Securities, Inc., a global money management firm. He is also an Adjunct Associate Professor at the Graduate School of International Economics and Finance at Brandeis University and serves on its Board of Overseers.

HENRY GRUNWALD* was Editor in Chief of all of Time, Inc.'s publications from June 1979 to 1987. Mr. Grunwald served as the U.S. Ambassador to Austria from 1988 to 1990, having been appointed by President Ronald Reagan and reappointed by President George H.W. Bush.

BERNARD HAYKEL is an Assistant Professor of Middle Eastern Studies and History at New York University and the author of *Revival and Reform in Islam*.

JOHN W. (JACK) LESLIE JR. is Chairman of Weber Shandwick, the world's leading public relations firm. Formerly a senior aide to Senator Edward M. Kennedy, Mr. Leslie testified before the House International Relations Committee in November 2001 at hearings on U.S. public diplomacy.

BETTE BAO LORD* is Chairman Emeritus of Freedom House, a nonpartisan organization dedicated to the promotion of democracy for over 60 years. From 1994 to 2000, she was a Governor of the U. S. Broadcasting Board of Governors, which oversees the Voice of America, Radio Free Europe/Radio Liberty, and Radio Free Asia. Ms. Lord is a best-selling author of fiction and nonfiction books on China.

LEWIS MANILOW* served in the Advisory Commission on Public Diplomacy for ten years, seven years as Chair. He also served as Chairman of the Middle East Subcommittee of the National Democratic Institute for International Affairs.

RANDOLPH MARTIN is the Senior Director for Operations with the International Rescue Committee. Mr. Martin has lived and worked in North Africa and Pakistan for nearly a decade and continues to work closely with IRC programs in these regions and around the world.

SCOTT MILLER is a political and corporate strategist with a wide range of clients worldwide. He is the founder of Core Strategy Group and the former President and founder of the Sawyer/ Miller Group.

DAVID E. MOREY is the founder, President, and Chief Executive Officer of DMG, Inc., and a partner in Core Strategy Group, one of the leading strategic communications consultants in America. He is currently Adjunct Professor of International Affairs at Columbia University,* specializing in media and politics.

M. ISHAQ NADIRI is the Jay Gould Professor of Economics at New York University's Department of Economics. In addition to his scholarly pursuits, Professor Nadiri is an advisor to Hamid Karzai and the government of Afghanistan.

NANCY NIELSEN is Senior Director of Domestic and International Alliances at Pfizer, Inc. Previously she was Vice President of Corporate Communications at the New York Times Company. During the past decade, she has done pro bono work at the United Nations, the World Bank, and the Carnegie Commission on Preventing Deadly Conflict.

HAROLD PACHIOS is the Chairman of the U.S. Advisory Commission on Public Diplomacy. Mr. Pachios was assistant to Bill Moyers at the Peace Corps in the agency's earliest days and later served in the Johnson administration as Associate White House Press Secretary.

NORMAN J. PATTIZ* is the founder and Chairman of Westwood One, the country's largest radio network company. Mr. Pattiz serves on the U.S. Broadcasting Board of Governors, which oversees all U.S. nonmilitary international broadcasting.

PETER G. PETERSON, Chair of the Independent Task Force on Public Diplomacy, is the Chairman of the Council on Foreign Relations and Chairman and co-founder of the Blackstone Group. Prior to founding Blackstone in 1985, Mr. Peterson served as Chairman and Chief Executive Officer of Lehman Brothers for ten years. He was Secretary of Commerce in the Nixon administration and also served as Assistant to President Richard Nixon on international economic affairs. He is Chairman of

---

* The individual has endorsed the report and submitted an additional or a dissenting view.

the Institute for International Economics and Co-Chairman of the Conference Board Commission on Public Trust and Private Enterprise.

RICHARD L. PLEPLER is the Executive Vice President of Home Box Office, where he has worked for the past eleven years. Prior to that, Mr. Plepler was president of RLP Inc., a production and communications consulting company, which he founded in 1985. Before starting his consultancy, he was a special assistant to Senator Christopher Dodd of Connecticut.

MOEEN QURESHI is the Chairman of Emerging Markets Partnership (EMP), a Washington-based asset management company that he co-founded in 1992. He served as Prime Minister of Pakistan for an interim period in 1993 and as Senior Vice President of Operations at the World Bank.

WALTER R. ROBERTS* started his government career with the Voice of America and retired as Associate Director of the U. S. Information Agency, then USIA's top career position. Dr. Roberts was appointed by President George H.W. Bush and reappointed by President Bill Clinton to the U.S. Advisory Commission on Public Diplomacy and serves on the board of the Public Diplomacy Institute of George Washington University.

WILLIAM A. RUGH* was a career U.S. Foreign Service Officer from 1964 to 1995. He served as Ambassador to Yemen and the United Arab Emirates and as U.S. Information Agency Area Director for the Near East, North Africa, and South Asia. Since 1995, Ambassador Rugh has been President and Chief Executive Officer of AMIDEAST. Among his publications is *The Arab Press*.

JILL A. SCHUKER is Senior Vice President and Managing Director for International Operations and Public Affairs at the Kamber Group (TKG), an international strategic communications firm headquartered in Washington, D.C. Prior to joining TKG, she served in the Clinton administration as Special Assistant to the President for National Security Affairs and as Senior Director for Public Affairs at the National Security Council.

JENNIFER SIEG, Director of the Independent Task Force on Public Diplomacy, is Assistant Director of the Outreach Program at the Council on Foreign Relations.

RON SILVER was the founder of the Creative Coalition and its President from 1989 to 1993. Mr. Silver is a member of the Program Committee of the Woodrow Wilson International Center for Scholars and a founding member of the Board of Directors for New York City Public/Private Initiatives, Inc. He was also President of Actor's Equity Association from 1991 to 2000 and Mayor Giuliani's Chairman for the Millennium Committee 1999 to 2001, Office of the Mayor.

ELLIOT STEIN is the Chairman of Caribbean International News Corporation and Director of several private companies. Mr. Stein is a Trustee of Claremont Graduate University, the New School University, and the Annenberg School for Communications at the University of Southern California.

SHIBLEY TELHAMI is the Anwar Sadat Professor for Peace and Development at the University of Maryland and Senior Fellow at the Saban Center at the Brookings Institution. He is the author of a new book, *The Stakes: America and the Middle East*.

JAMES J. ZOGBY is founder and President of the Arab American Institute, a Washington, D.C.–based organization that serves as the political and policy research arm of the Arab American community. He is also the host of a weekly call-in program, "Viewpoint," on Abu Dhabi Television and Worldlink TV. Since 1992, Dr. Zogby has also written a weekly column on U.S. politics for the major newspapers of the Arab world. The column, "Washington Watch," is currently published in fourteen Arab countries. He has authored a number of books including two recent publications, *What Ethnic Americans Really Think* and *What Arabs Think: Values, Beliefs, and Concerns*.

BARRY ZORTHIAN* is a Partner in the Washington, D.C., firm of Alcalde & Fay. From 1996 to 2001, he was President of the Public Diplomacy Council. He is a retired Vice President of Time, Inc., and a retired Foreign Service Officer with thirteen years with the Voice of America and seven years in India and Vietnam, where he was the Chief U.S. Spokesman during the war. From 1990 to 1994, through appointment by President George H.W. Bush, he was a member of the Board for International Broadcasting with oversight of Radio Free Europe/Radio Liberty.

---

* The individual has endorsed the report and submitted an additional or a dissenting view.

VI. Ausblicke

Renewing the Atlantic Partnership

Report of an Independent Task Force Sponsored by the Council on Foreign Relations. Co-Chairs: Henry A. Kissinger und Lawrence H. Summers

1 Introduction

The accomplishments of the Atlantic alliance are remarkable. History records few, if any, alliances that have yielded so many benefits for their members or for the broader international community. After centuries of recurrent conflict, war among the European great powers has become inconceivable. The Cold War has been won; the threat of nuclear war has receded. Freedom has prevailed against totalitarian ideologies. Trade, investment, and travel are more open today than ever before. Progress in raising living standards – in rich and poor countries alike – is unprecedented.

Despite these accomplishments, the transatlantic relationship is under greater strain today than at any point in at least a generation. Many Europeans assume malign intent on the part of the United States. Many Americans resent European behavior and dismiss European perceptions of today's threats. The conviction that the United States is a hyperpower to be contained has become fashionable in Europe. Reliance on coalitions of the willing to act when the United Nations and the North Atlantic Treaty Organization (NATO) will not has become the policy of the United States.

The war in Iraq brought these strains to the point of crisis. France and Germany organized resistance to the United States in the UN Security Council – alongside Russia, historically NATO's chief adversary. The Bush administration, in turn, sought to separate these states from other members of the alliance and the European Union (EU). For a time, rhetoric replaced diplomacy as the primary instrument for taking positions, making criticisms, and shaping coalitions.

These events were, to say the least, unusual. The particular outcome was influenced by domestic politics, personality, miscommunication, and unfortunate circumstance. What

---

Project Director: Charles Kupchan.
Reprinted with the express written permission of the Council on Foreign Relations. Founded in 1921, the Council on Foreign Relations is an independent, national membership organization and a nonpartisan center for scholars dedicated to producing and disseminating ideas so that individual and corporate members, as well as policymakers, journalists, students, and interested citizens in the United States and other countries, can better understand the world and the foreign policy choices facing the United States and other governments. The Council does this by convening meetings; conducting a wide-ranging studies program; publishing Foreign Affairs, the preeminent journal covering international affairs and U.S. foreign policy; maintaining a diverse membership; sponsoring Independent Task Forces; and providing up-to-date information about the world and U.S. foreign policy on the Council's website, www.cfr.org.
The Council takes no institutional position on policy issues and has no affiliation with the U.S. government. All statements of fact and expressions of opinion contained in its publications are the sole responsibility of the author or authors.
For further information, please visit the Council's website at www.cfr.org, write to the Council on Foreign Relations, 58 East 68th Street, New York, NY 10021, or call the Director of Communications at 212-434-9400. Copyright © 2004 by the Council on Foreign Relations®, Inc. All rights reserved.

happened, however, was more than an intersection of unexpected developments, disputes over policy, and bad luck. The roots of the Iraq conflict extend at least as far back as 11/9, the day in 1989 when the Berlin Wall came down; they were strengthened, in turn, by the events of 9/11, the day in 2001 when terrorists destroyed the World Trade Center, attacked the Pentagon, and killed 3,000 innocent people.

When the Soviet empire in Eastern Europe collapsed, the greatest reason for NATO solidarity disappeared. The subsequent unification of Germany, together with that country's peaceful integration into the alliance and the EU, deprived NATO of its clearest mission: containing and, if necessary, deterring any further expansion of Soviet influence on the continent. The alliance, in this sense, became a victim of its own success.

Threats to survival tend to concentrate minds. Without such threats, other needs loom larger in shaping the decisions of governments. The political temptation to gain advantage by criticizing or even patronizing allies increases and the urgency of maintaining a common front diminishes. Thus the end of the Cold War set Europe and the United States on separate paths when it came to defense spending, social priorities, the efficacy of military force, and even the optimal configuration of the post–Cold War world.[1]

If 11/9 increased the scope for disagreements between the United States and Europe, 9/11 created the grounds for disagreements that are truly dangerous for the transatlantic relationship. The attacks of that day produced the most sweeping reorientation of U. S. grand strategy in over half a century. Washington's goal now would be not only to contain and deter hostile states, but also to attack terrorists and regimes that harbor terrorists *before* they could act. European strategies, in contrast, underwent no comparable revision. Although NATO proclaimed solidarity with the United States in the immediate aftermath of 9/11 – even to the point of invoking the previously unused Article Five of its charter, which treats an attack on one member as an attack on all – tensions within the alliance quickly escalated. The Bush administration, seeking to avoid limitations on its freedom of action, spurned offers of help in retaliating against al-Qaeda and its Taliban hosts in Afghanistan. Many NATO allies, in turn, complained of American unilateralism, while questioning the administration's insistence that the security of all nations was now at risk.

These shifts in the relationship between the United States and Europe – the consequences of 11/9 and 9/11 – make it clear that the transatlantic relationship urgently needs reassessment. With the Cold War won, European integration well advanced, and new threats emerging in unconventional forms from unexpected sources, it is not surprising that differences have emerged within the transatlantic community. What is surprising is the extent to which the terrorist attacks on the United States, and the reactions of Europeans to America's response to those attacks, have transformed these differences into active confrontation. Clashes over substance and style have isolated and weakened the political constituencies that have traditionally kept Atlantic relations on course. Voices of moderation and restraint continue to confront heated dialogue, encouraging the political forces on both sides of the Atlantic that are skeptical of, if not averse to, efforts to sustain a strong transatlantic link. So too, has generational change taken a toll on the traditional pro-Atlantic constituencies.

This sequence of events therefore raises critical questions: Is the transatlantic relationship evolving into something akin to the balance-of-power system that existed prior to

---

[1] See Robert Kagan, Of Paradise and Power: America and Europe in the New World Order (New York: Knopf, 2003).

World War II? If so, should such a development be viewed with equanimity or alarm? Can NATO continue to exist in its present form and with its traditional focus? Can an expanding European Union cooperate with the new diplomacy of the United States? If not, what are the alternatives?

2 The Common Transatlantic Interest

Alliances are means that serve ends. They are not ends in themselves. They exist to advance their members' interests, and they will survive only if those interests remain compatible. The fear that the Soviet Union might dominate post–World War II Europe produced a compatibility of interests that persisted throughout the Cold War. What comparable compatibilities exist today, within the post-11/9, post-9/11 transatlantic community?

The first and most important compatible interest, we believe, is *to maintain and support our shared traditions and the community that has formed around them*. The age of exploration saw European ideas and values transplanted to North America; the age of revolution saw constitutional democracy spread from the United States to Europe. Twice during the twentieth century, without any pre-existing alliance, Europeans and Americans elected to fight alongside one another to preserve their democratic values against authoritarian challenges. A third such challenge, that posed by the Soviet Union, required no global war, but it did produce the alliance that survives to this day. The fundamental purpose of that alliance, hence, reflects interests that preceded the Cold War, and that remain no less vital now that the Cold War is over. Europe and the United States must ensure that they remain embedded in a zone of democratic peace and that the nations of the Atlantic community are never again divided by balance-of-power competition.

A second compatible interest follows from the first: *to remove or at least neutralize whatever might place shared security and prosperity at risk*. At NATO's founding, the Soviet Union presented the clearest and most present danger to the Atlantic community. Today, the most pressing threats come from beyond Europe; the Atlantic alliance must adapt accordingly. Nonetheless, the task of consolidating peace on the European continent is not yet finished. NATO's founders were fully aware of two potential dangers that had produced great wars in the past and might yet do so in the future. One of these was aggressive nationalism, an old problem in Europe that had culminated disastrously in the rise of Nazi Germany. The other was economic protectionism: the erection of barriers to international trade, investment, and the stabilization of currencies, which had deepened the Depression of the 1930s, thereby weakening the democracies just as they needed strength. The post–World War II transatlantic relationship, crafted jointly by Europeans and Americans, sought to remove these dangers by promoting the political and economic integration of Europe. That priority too survived the end of the Cold War and today remains – because of the dangers it is meant to avoid – as compelling a common interest as it was half a century ago.

A third compatible interest grows out of the first two: *to help other parts of the world, including the Arab and Islamic world, share in the benefits of democratic institutions and market economies*. Democracy and markets have brought peace and prosperity to the Atlantic community – and hold out promise to do the same elsewhere. Europe and the United

States can both set important standards and provide concrete assistance as different peoples follow their own pathways to democratic institutions and free markets.

These, we think, are the fundamentals. Neither 11/9 nor 9/11 has altered them. The Task Force's first recommendation, therefore, is a simple one: *that Europeans and Americans acknowledge what unites them and reaffirm their commitment to a common purpose.*

3 Priorities for the Future

What, then, are the policy objectives the transatlantic community should set for itself if it is to ensure a future in which Europeans, Americans, and much of the rest of the world can flourish? The Task Force suggests the following priorities:

First, and most important, a world of safety, free of fear of attack from states or from organizations or individuals acting independently of states. It follows that NATO should retain its historic mission of containing and, if necessary, deterring hostile states, but it should also adapt to new kinds of threats that challenge the international state system itself. This means being prepared to contain, deter, and if necessary intervene against sources of clear and present danger. Such a mission will require the capacity to respond across a spectrum of military options; it will demand the close coordination of intelligence and police work; it will involve readiness to act "out of area" (that is, beyond NATO's existing borders); it will necessitate the flexibility to deal with dangers the nature of which no one can now foresee. The founders of the alliance knew that without security little else would be possible. That remains true today, and it will remain true well into the future.

Second, the rule of law. Americans and Europeans should seek to extend as widely as possible the institutions of civil society that originated in the United States at the end of the eighteenth century, that spread through most of Europe during the last half of the twentieth century, and that provide the indispensable underpinnings of international order in the twenty-first century. A special effort should be made to include the Arab and wider Islamic world in this undertaking. The objective here is not world government, but rather the coexistence of unity with diversity, of power with principle, of leadership with consultation, that only democratic federalism is capable of providing.

Third, the quality of life. Democratic federalism can hardly be expected to flourish when people lack the capacity to feed, clothe, house, and otherwise sustain themselves. Another heritage Europeans and Americans share is that of social responsibility: the obligation of government to provide the conditions – in terms of environment, health, education, and employment, as well as freedom of expression and equality of opportunity – upon which civil society depends. *Americans and Europeans cannot enjoy these privileges in an interconnected world without encouraging their diffusion elsewhere.* The architects of the Marshall Plan knew that without recovery there could be neither security nor law within Europe. The beneficiaries of the Marshall Plan – who include both Europeans and Americans – have every reason to understand that this principle applies today throughout the world.

4 Points of Divergence

If this is where the transatlantic relationship should seek to go over the next decade, then what obstacles lie in the way? There is a consensus within the transatlantic community on the numerous challenges facing common interests. These include terrorism, authoritarianism, economic incompetence, environmental degradation, and the kind of misrule that exacerbates poverty, encourages discrimination, tolerates illiteracy, allows epidemics, and proliferates weapons of mass destruction. Although there is agreement on the necessity of addressing these problems, there are differences – some easily overcome, some more serious – on how to go about doing so.

Differences over Styles of Leadership. Despite their commonalities, the two sides of the Atlantic community evolved distinctive cultures – ways of doing things – from the very beginning. These differences were sufficiently striking, by the 1830s, for Alexis de Tocqueville to examine them in Democracy in America. That such cultural differences should affect styles of leadership within NATO should not alarm us, however, for they have always been present in one form or another. The alliance survived such unlikely contemporaries as Lyndon B. Johnson and Charles de Gaulle; it must now overcome personality differences compounded by philosophical disputes.

Differences over Domestic Politics. Style both reflects and shapes politics, so it is natural that Europeans and Americans disagree on many domestic issues: gun control, the death penalty, genetically modified foods, tariffs, agricultural and corporate subsidies, the role of religion in politics, or the appropriate size and cost of a social welfare system. Such disputes are easily sensationalized, and positions on each side are easily caricatured. It is worth remembering, though, that the members of the transatlantic alliance are all democracies. It should hardly come as a surprise, then, that they differ on how best to organize or run their respective societies. That having been said, the duty of statesmen is to provide a framework in which these differences are understood rather than used, as has been the case too frequently in recent years, to demonstrate long-term incompatibility.

Differences on International Issues. Domestic differences are bound, in turn, to affect foreign policy. The United States and its European allies have disagreed sharply in recent years on such issues as the Kyoto Protocol, the International Criminal Court (ICC), the Comprehensive Test Ban Treaty (CTBT), and the Anti-Ballistic Missile (ABM) Treaty. Some perspective is warranted, however. These differences are no more serious than those that existed in the past over the Suez crisis in the 1950s, the Vietnam War in the 1960s, the Yom Kippur War and the energy crises of the 1970s, or the debate over missile deployment in the 1980s. As the handling of these past disputes made clear, they are manageable as long as they are addressed within the framework of genuinely shared strategic objectives; it is in the absence of such a framework that such disagreements have the potential to become debilitating.

Throughout the Cold War the Soviet Union served – admittedly inadvertently – as the "glue" that held NATO together. Without it, there might never have been a transatlantic alliance, to say nothing of a Truman Doctrine or a Marshall Plan. By the time the Cold War ended, cooperation was sufficiently institutionalized that there was little need for an outside threat to provide internal cohesion: NATO was intact, healthy, and expanding to the East. Its members agreed on military interventions to drive Iraq out of Kuwait in 1991, to restore order – however belatedly – in Bosnia in 1995, and to rescue the Kosovars in 1999. After 9/11, they cooperated to share intelligence, intensify anti-terrorist policing, and begin reconstruction in Afghanistan after the Americans and their local allies had ousted the Taliban. Some cooperation continues today with respect to Iran, North Korea, and the Israeli-Palestinian conflict. This cooperation over the past decade and a half was possible because there were no fundamental disagreements among the allies on what needed to be done; differences did exist over how and when to do it. That fact made them surmountable, despite the absence of the "glue" a formidable external enemy might have provided.

On Iraq, however, there were disagreements from the start over *what was to be done*, as there had been decades earlier in the Cold War crises that strained the alliance. And this time there was no single adversary or guiding concept to encourage the resolution of differences; there was not even a consensus on what had caused the Iraqi crisis. Was it Saddam Hussein and his alleged weapons of mass destruction? Was it Osama bin Laden and al-Qaeda, perhaps in league with Saddam Hussein? Was it the Americans themselves, determined to strike out at any available target after the injuries they had suffered on 9/11? Was it the Europeans, who had remained complacent in the face of new danger? Was it the United Nations, which had oscillated between action and paralysis in dealing with the situation?

What made Iraq a distinctive and disturbing chapter in the history of the transatlantic alliance? *It was the first major crisis within the alliance to take place in the absence of an agreed-upon danger.*

5 Lessons to Be Learned

The Task Force believes that Europeans and Americans must now work together to ensure that the Iraq crisis becomes an anomaly in their relationship, not a precedent for things to come. The events of one year should not be allowed to disrupt a community sustained by compatible interests and common purposes over so many years. And yet, we cannot simply assume this outcome. With the end of the Cold War and the onset of the war against terrorism, the transatlantic community confronts uncharted geopolitical terrain. There is all the more reason, then, to examine its differences over Iraq carefully, to take their implications seriously, and to seek means to avoid their recurrence. Above all, the Atlantic nations should draw from the lessons of their common past.

Lesson One: No alliance can function successfully in the absence of a common strategy, or in the presence of competing strategies. For all the disagreements that took place within the NATO alliance during the Cold War, there were remarkably few over grand strategy. While the Americans usually took the lead in formulating the West's grand strategy, they rarely used their power to impose their views. Instead Washington officials worked hard to persuade allies that American positions made sense. There were a surprising number of instances in which the United States modified its own positions when those efforts at persuasion failed.²

The Bush administration can hardly be faulted for having been unclear about its post-9/11 grand strategy, or its intentions with respect to Iraq.³ In contrast to its predecessors, however, it failed to win the support of key NATO members. Historians will be debating the reasons why for years to come. Was it the claim, if multilateral support was not forthcoming, to a right to unilateral action? Or was it that NATO allies and the UN Security Council failed to meet their responsibilities?

The Task Force is content to leave these questions to historians. Its chief concern, rather, is this: that an alliance has meaning only when its members adjust their policies to take into account their partners' interests – when they do things for one another that they would not do if the alliance did not exist. If the transatlantic relationship is to continue to mean what it has meant in the past, both sides must learn from their failure over Iraq. The Americans will need to reaffirm the insight that shaped their approach to allies throughout the Cold War: that the power to act is not necessarily the power to persuade; that even in an alliance in which military capabilities are disproportionately distributed, the costs of unilateralism can exceed those involved in seeking consent. The Europeans, in turn, will need to acknowledge that the post-9/11 world is by no means safe for transatlantic societies, that the dangers that make it unsafe do not come from Washington, and that neither nostalgia for the past nor insularity in the present will suffice in coping with those threats. The objective is not so much a formal consensus – the quest for which can be debilitating and paralyzing – but a common sense of direction.

Lesson Two: A common strategy need not require equivalent capabilities. One of the reasons NATO succeeded during the Cold War was that it acknowledged complementarity. It was clear from the outset that Europe would never match the Americans' military capabilities, or their ability to deploy their forces on a global scale. Instead the Europeans focused on economic reconstruction, integration, and consolidating the benefits these provided. By the end of the Cold War, they had assumed a heavier burden than the United States in providing aid to developing countries, assuming international policing and peacekeeping responsibilities, and supporting international organizations. These asymmetries are now embedded on both sides of the Atlantic, and any revitalization of the alliance will have to respect them.

The way to do this, the Task Force believes, is to regard complementarity as an asset, not a liability. If the United States is the indispensable nation in terms of its military power, then surely the Europeans are indispensable allies in most of the other categories of power upon which statecraft depends. Whether the issues are countering terrorism, liberalizing trade, preventing international crime, containing weapons of mass destruction, rebuilding postconflict states, combating poverty, fighting disease, or spreading democracy and human rights, European and American priorities and capabilities complement one another far more often than they compete with one another.

---

² For the historical record, see John Lewis Gaddis, *We Now Know: Rethinking Cold War History* (New York: Oxford University Press, 1997), pp. 200-203.
³ See especially President George W. Bush's speech to the UN General Assembly, September 12, 2002, and *The National Security Strategy of the United States of America,* released by the White House on September 17, 2002.

This pattern broke down over Iraq – with unfortunate consequences. The Task Force believes strongly that there is no alternative to complementarity, and that if the transatlantic alliance is to recover and prosper, its members will need to rediscover this principle and revive its practice. That means, for the Europeans, abandoning the pretension that their power as currently constituted can bring about multipolarity or that confrontation is the best way to influence the United States. For America, it means recalling that military strength alone did not win the Cold War. Rather, victory came about because the multidimensional power of the United States and its allies ultimately prevailed over the Soviet Union's single dimension of strength – its military power.

While respecting complementarity is crucial to the Atlantic alliance, an absolute division of labor is not viable. If the Europeans focus their attention on peacekeeping and nation-building while the United States assumes all the responsibility for more demanding military tasks, this division of labor will prove politically divisive: Americans will sooner or later resent the greater risks and burdens they have assumed, while Europeans will object to their ancillary role. In addition, the inability to act in unison would over time mean that Europeans and Americans would less frequently share common tasks and experiences – inevitably reinforcing divergent viewpoints.

Lesson Three: The maintenance of a healthy Atlantic aliance requires domestic political leadership. One of the developments that most concerns the Task Force has been the sharp upturn in anti-American sentiment in many European countries[4] – no doubt one of the reasons politicians there chose to embrace it. Although not quite as apparent, anti-European views – particularly directed against France and Germany – have grown within the United States as well.

When similar situations arose during the Cold War, leaders on both sides of the Atlantic made visible gestures to repair rifts, strengthen institutions, and reaffirm their commitment to a lasting partnership. Such leadership is needed now to lower the rhetorical temperature by reminding Europeans and Americans of how much there is to lose from continued transatlantic tension, and how much there is to gain from effective collaboration.

If the United States is to succeed in achieving its primary objectives in the world, whether those objectives be the successful confrontation of terror, ensuring the preservation of peace and prosperity, or the spreading of democracy, Americans must recognize that they cannot succeed alone. Without the leverage provided by protection from the communist threat, the United States must find other means of influence over nations. Legitimacy matters over time and it depends on international support. And without European support, it is not possible to imagine the United States assembling meaningful coalitions of other nations.

---

[4] For the results of public opinion surveys, see the Pew Research Center for the People and the Press, "America's Image Further Erodes, Europeans Want Weaker Ties," March 18, 2003, available at http://people-press.org/reports/display.php3? ReportID=175; "Americans and Europeans Differ Widely on Foreign Policy Issues," April 17, 2002, available at http://people-press.org/reports/display.php3?ReportID=153; "Bush Unpopular in Europe, Seen as Unilateralist," August 15, 2001, available at http://people-press.org/reports/display.php3?ReportID=5; German Marshall Fund of the United States and the Compagnia di San Paolo, "Transatlantic Trends 2003," September 4, 2003, available at www.transatlantictrends.org; and German Marshall Fund of the United States and the Chicago Council on Foreign Relations, "Worldviews 2002," September 4, 2002, available at www.worldviews.org. See also Thomas Crampton, "Europeans' doubt over U.S. policy rises," *International Herald Tribune*, September 4, 2003.

Likewise the Atlantic alliance serves fundamental European interests. The world remains a dangerous place and the American capacity to project force is not likely to be matched in the next several decades. If the United States and Europe do not find an effective modus vivendi there will inevitably be increasing tensions within Europe as different nations take different views on actions taken by the United States. Nor is the most visionary of European projects – the gradual extension of international law and institutions to the global community on the model of what has happened in Europe over the past half-century – a viable concept without the cooperation of the United States.

European elites today rarely recount the role the United States played in saving European democracy, reviving European prosperity, encouraging European integration, and continuing to provide European security. American elites rarely acknowledge that the European Union has stabilized democracy, facilitating the enlargement of NATO and free markets, and promoted tolerance in central and eastern Europe; or that Europe now provides the bulk of troops and assistance in the Balkans and in Afghanistan; or that the EU and its member states give much more in direct development aid than does the United States. Public recognition of these accomplishments by leaders on both sides of the Atlantic – in statements, in speeches, possibly in a "New Atlantic Charter" – would go far toward dampening disturbing swings in public opinion. They also happen to be achievements of which Europeans and Americans have every right to be proud.

Lesson Four: The time has come to clarify the purposes and benefits of European integration. For the past half-century, the United States has supported the principle of European unification, viewing that process as the best method for diminishing the risk of devastating wars, enhancing the prospects of democratization, expanding international trade and investment, ensuring prosperity, and building a more effective transatlantic alliance. Alongside their support for European unity, however, American leaders have long harbored a certain ambivalence.

While they have hoped to see Europe stand on its own without American support, they have also feared that it might do just that, thereby weakening the influence the United States has enjoyed in Europe and challenging American interests elsewhere. As Europe's strategic dependence on the United States has lessened with the end of the Cold War, these American concerns have become more pronounced. The Iraq crisis further magnified them, especially after France and Germany tried to organize a global coalition to resist the Bush administration's decision to invade that country.

Meanwhile, Europe itself divided over Iraq, with France and Germany finding themselves at odds with several current and prospective EU members – most conspicuously Great Britain, Italy, Spain, and Poland – who supported the position of the United States. Not surprisingly, these trends produced a greater emphasis in Washington on bilateral rather than multilateral relations both in the run-up to the war and in the management of its aftermath. American ambivalence toward European integration also intensified.

The pace and scope of European integration are matters for Europeans to decide. But the American response to this process will be affected by how the EU's leaders and electorates perceive the union's role. Casting the EU as a counterweight to the United States, even if only for rhetorical purposes, will surely fuel transatlantic tension and encourage Washington to look elsewhere for international partners. If, however, the EU frames its policies in complementary terms, as it has done in the past, Washington should continue to regard

Europe's deepening and widening as in America's interest. A deeper Europe could ensure the irreversibility of union and could lead to a more militarily capable EU – one that could in time become a more effective partner of the United States. A wider Europe could ensure that peace, democracy, and prosperity continue to spread eastward, thereby converging with what could be similar trends in Russia.

The debate over multipolarity transcends the tactical issue of U. S.-European relations. It goes to the heart of the emerging international order. A unifying Europe will be a growing force in international relations; it is beyond America's capacity and against its interest to attempt to thwart it. In that sense, Europe's evolution contributes to multipolarity. But if Europe defines its identity in terms of countering U.S. power, the world is likely to return to a balance-of-power system reminiscent of the era prior to World War I – with the same disastrous consequences. National interest is a crucial component of foreign policy. Should every actor in the international system seek to maximize only its own interest, however, constant tension is a more likely outcome than world order. The strength of the alliance depends on fostering attitudes that see the common interest as compatible with the national interest.

Despite the EU's aspirations, European weakness is likely to present more of a problem for the transatlantic partnership than European strength. The EU still falls short of unity on matters of foreign policy, and its military capability, despite recent reforms, remains quite limited. The impending entry of ten new members is bound to absorb its attention and resources over the next several years; that task may delay progress toward forging a common European security policy and acquiring the assets needed to back it up.

Both sides of the Atlantic, therefore, have important roles to play in shaping the future of the EU. American leaders must resolve their long-standing ambivalence about the emerging European entity. Europe's leaders must resist the temptation to define its identity in opposition to the United States. Those who believe in Atlantic partnership need to be heard calling for a Europe that remains a steady partner of the United States, even as it strengthens itself and broadens its international role.

Lesson Five: Transatlantic economic cooperation reinforces political cooperation. The U.S.-European relationship has been grounded in economic cooperation since the earliest days of the Cold War: the Marshall Plan, after all, preceded NATO. Today the American and European economies are the world's largest, and they are likely to remain so for the foreseeable future. Transatlantic commerce approaches $2.5 trillion per year and employs directly or indirectly some twelve million workers in Europe and the United States .[5] Although there have been frequent disputes over tariffs and subsidies through the years, the Task Force notes that the Iraqi crisis had little discernible effect on patterns of European-American trade and investment.

That fact suggests that a greater public emphasis on the economic benefits of the relationship might help leaders on both sides of the Atlantic resolve, or at least minimize, their political differences. The U. S. and European economies depend heavily on one another; together they have a major impact on the international economy as a whole. The prospects for sustained expansion will be much greater if the movement toward integrating global trade and investment continues to move forward. This can hardly happen without a com-

---

[5] Joseph Quinlan, "Drifting Apart or Growing Together? The Primacy of the Transatlantic Economy," Center for Transatlantic Relations, Washington, D.C., 2003, p. 3.

mon U.S.-European approach. Nor, in the absence of such cooperation, is there likely to be a long-term strategy for fostering economic progress and the political liberalization it can bring within the developing world. Without such a strategy, Americans and Europeans are likely to find themselves struggling with the consequences of illiberal regimes and failed states instead of attacking their root causes.

It remains as true today as when the postwar transatlantic community first emerged, therefore, that politics and economics are intertwined. This too is a complementarity upon which the future of the U.S.-European relationship will surely depend.

6   The Broader Agenda

The transatlantic relationship cannot be isolated from the larger international system of which it is a part. The Task Force believes that any efforts to revitalize the alliance must also take into account the precedents these may set – and the responsibilities these may imply – for the global community as a whole. The United States and its allies largely defined the post–World War II international order. The end of the Cold War and the events of September 11 have challenged that system's guiding norms, but they have not diminished the role Americans and Europeans will have to play in reasserting them. The path toward a renewal of transatlantic accord, therefore, could well lie beyond the transatlantic arena.
This challenge is often defined as a need to improve the process of consultation. But this is only the formal aspect of the problem. Consultation should become more regular and more focused on longer-term issues. But, above all, it needs to be understood that the test will be the emergence of a set of common purposes.

The Task Force suggests the following priorities for the United States, the NATO alliance, and Europe, as a basis for their relationship with the rest of the world.

Establish New Guidelines for the Use of Military Force. Over the past half-century, a hallmark of transatlantic partnership has been agreement on basic principles governing the employment of military capabilities. Today, new challenges require a reassessment of those principles. Terrorism, the proliferation of weapons of mass destruction, and the emergence of cooperation between irresponsible states and nonstate actors have raised the question of whether a strategy aimed at forestalling potentially dangerous adversaries *before* they can strike should supplement familiar Cold War "rules of engagement" – the containment and deterrence of potentially hostile states. The issue is not an easy one to resolve. On the one hand, it is hard to imagine a stable world in which all nations claim the right to launch a preventive war based on their own threat assessments. On the other hand, it is difficult to maintain that any nation can completely cede decisions fundamental to its own safety to an international community that may lack the resources and resolve for decisive action.

The Atlantic alliance can help to solve this problem by establishing "rules of the road" regarding preventive uses of military force. These could begin with a consensus on what *not* to do: for example, Europeans could agree not to reject preventive action in principle, while Americans would agree that prevention (or "preemption," in the usage of the Bush administration) would be reserved for special cases and not be the centerpiece of U.S. strategy. Both parties could then acknowledge the progress that has already been made in specifying the conditions in which intervention is justified: to combat terrorism (as in

Afghanistan), to back multilaterally sanctioned inspections (as in Iraq), or to achieve humanitarian goals (as in Bosnia, Kosovo, and East Timor). Recent EU planning documents have called for robust action to forestall threats from terrorism and weapons of mass destruction, as has UN Secretary-General Kofi Annan.[6] These trends suggest that the United States, NATO, the EU, and the UN might find more common ground on this issue than one might expect from the rhetoric. Determining whether these converging views could produce a formal agreement on basic principles would be well worth the effort.

Develop a Common Policy toward Irresponsible States. Preventive strikes should always be a last resort. The transatlantic alliance should also agree on how to forestall situations that might require it. That means developing compatible policies toward states that possess or seek to possess weapons of mass destruction, that harbor terrorists or support terrorism, and that seek through these means to challenge the international order that Europeans and Americans have created and must sustain.

Since the Cold War ended the two communities have drifted apart in their approaches to irresponsible states. American leaders have generally favored containment and, if necessary, confrontation while their European counterparts have preferred negotiation and, if possible, accommodation. As with guidelines for the use of military force, both sides need to adjust their policies to take into account each other's views.

Europeans should acknowledge the need for credible threats, not just inducements, in dealing with irresponsible states: coercive diplomacy is at times necessary to achieve results. Americans need to be prepared to include inducements in their strategy: threats do not in all instances produce acquiescence. The fact that there is no consensus on what caused Libya – once on everyone's list of irresponsible states – to abandon its efforts to acquire weapons of mass destruction suggests the wisdom of including both sticks and carrots in any transatlantic solution to this problem. So too does the less dramatic but no less significant progress that has been made in seeking to slow or halt nuclear programs in Iran.

The Atlantic partners need to ensure that their search for common ground does not become a pretext for procrastination, thereby providing irresponsible states more time to develop their weapons capabilities. Ongoing initiatives should therefore be stepped up, including deepening cooperation on securing nuclear materials in the former Soviet Union; strengthening links between U.S. and European intelligence services; expanding the recently launched naval search-and-seizure program more formally known as the Proliferation Security Initiative; closing loopholes in the nonproliferation regime that allow countries to legally accumulate stockpiles of nuclear fuel; and tightening enforcement mechanisms to respond to violations of existing counterproliferation regimes.

Agree on the Role of Multilateral Institutions. Disagreement over the efficacy and responsibility of international institutions has been a major source of transatlantic discord since at least the mid-1990s. Disputes over the CTBT, the Kyoto Protocol, the ICC, and the ABM Treaty were straining European-American relations well before 9/11 and the crisis over Iraq. In the aftermath of those events, there is now a growing sentiment in Europe – and among critics of the Bush administration within the United States – that Americans are

---

[6] See, for example, "Basic Principles for an EU Strategy against Weapons of Mass Destruction," Council of Ministers, June 2003, 10352/03, and Javier Solana, "A Secure Europe in a Better World," Council of Ministers, June 2003, S0138/03; Kofi Annan speech to the UN General Assembly, September 23, 2003.

becoming uncompromising unilateralists, while Europeans are seen by their American detractors as uncritical and naïve multilateralists whose real aim is to constrain American power.

These perceptions miss the nature of the problem. Disagreements on policy, not differences over the utility of international institutions, have caused most of these clashes. Had Americans and Europeans reached a consensus on the issues involved, disputes over procedure would have seemed much less serious, and the UN debate over Iraq would likely have found an agreed outcome. To be sure, Europe's enthusiasm for multilateralism does reflect its success in subordinating national sovereignty to international institutions: given the continent's previous history, this is an impressive accomplishment. But Europe's experience is not an automatic precedent for every part of the world. America's ambivalence toward multilateralism no doubt stems from its primacy within the international system, as well as a tradition that has always valued freedom from external constraint. But it is not a congenital attitude. The League of Nations, the United Nations, the International Monetary Fund and the World Bank, NATO, and the EU might never have been established had it not been for American support. As the experiences of World War II and the Cold War made clear, when the United States and its European allies agree on policy objectives, the institutional frameworks for implementing them usually follow.

There are compelling reasons now, on both sides of the Atlantic, to revive this tradition of function determining form. Europe will find international institutions much less effective if the world's only superpower has stepped away from them. The United States loses support abroad when it is seen to be acting unilaterally, making it harder for Washington to enlist allies in pursuing its objectives and in marshaling domestic support.[7] The transatlantic alliance will surely need greater flexibility in managing international institutions than it did during the Cold War. With NATO soon to have twenty-six members, decision-making will need to incorporate – as the EU already does – procedures for abstention, opting out of specific missions, and assembling "coalitions of the willing." Constructive ambiguity can help, as it already has in arranging the EU's use of NATO assets and Russia's participation in NATO deliberations. Nor is such ambiguity alien to the history of NATO: the alliance could hardly have survived without it.

The United States and its European allies do need to reestablish the habit of frequent, frank, and timely consultation. Diplomatic contacts at top levels must be restored.[8] Institutionalized contact groups can promote routine consultation and facilitate the accommodation of respective policy positions. The potential of ad hoc groups, such as the Quartet in the Middle East, should be fully exploited. To broaden the legitimacy of joint initiatives, whether they emerge through formal procedures or through informal diplomacy, the United States and European countries should explore widening the circle of consultation by developing a "caucus of democracies." This caucus, drawing on the existing Community of Democracies launched in Warsaw in 2000, could address questions of UN reform as well as a broader range of diplomatic issues.

---

[7] See, for example, question 7\g, p. 21, German Marshall Fund of the United States and the Compagnia di San Paolo, "Transatlantic Trends 2003," September 4, 2003, available at www.transatlantictrends.org.
[8] For more on this problem, see Philip Gordon and Jeremy Shapiro, *Allies at War: America, Europe, and the Crisis over Iraq* (New York: McGraw-Hill, 2004).

Build a Common Approach to the Greater Middle East. The greater Middle East – the region stretching from North Africa to Southwest Asia – is the part of the world with the greatest potential to affect the security and prosperity of Europeans and Americans alike. The region contains the globe's greatest concentration of oil and natural gas. It poses potent threats from international terrorism and the proliferation of weapons of mass destruction. The region faces a rapidly rising youth population – for example, roughly 50 percent of Saudi Arabia's population is under the age of twenty – but economies ill suited to providing gainful employment. Europe's proximity to the greater Middle East and its growing Muslim population make these issues all the more urgent.

The transatlantic community must tackle four central issues, the first of which is Iraq. Leaders on both sides of the Atlantic have already agreed that the provision of security, the establishment of a stable and legitimate government, and the expeditious reconstruction of that country are vital objectives. Failure to achieve these objectives would lead to severe consequences for all members of the alliance. To realize these goals, Europeans and Americans must set aside narrow political and economic ambitions in the region and jointly shoulder responsibility for stabilizing the country.

NATO, already demonstrating its value in Afghanistan, is a natural successor to the current international military presence in Iraq. If a substantial increase in financial and military support from Europe is to be forthcoming, the United States must be prepared for greater European participation in the political management of Iraq. Moving forward, an active and constructive transatlantic dialogue on these issues must be sustained.

Iran is a second issue. Iran is experiencing considerable internal debate over the direction of its domestic politics and foreign policy. Americans and Europeans should coordinate their policies – if possible, with Russia as well – to ensure that Iranians fully understand how the international community will react to their decisions regarding proliferation, support for terrorism, and democracy. The importance of encouraging political reform in Iran and neutralizing potential threats should give Europe and the United States a strong incentive to act in unison.

A third issue is the Israeli-Palestinian conflict. The widespread perception in Europe that the United States one-sidedly favors Israel weakens support for American foreign policy in Europe. Meanwhile, many American policymakers see European policy toward the dispute as reflexively pro-Palestinian. Both sides need to make an effort to achieve a common position. The United States needs to define more precisely its concept of a Palestinian state; Europe must take more seriously Israel's concern for security.

A fourth area for transatlantic cooperation in the greater Middle East concerns the area's long-term economic and political development. Many countries in the region have lagged behind the rest of the world in moving toward democratic societies and market economies. Educational systems are in many instances not providing the skills needed for competing successfully in the modern world; women often are denied basic rights and opportunities. The rigid and brittle societies that result breed widespread frustration and disaffection – social characteristics conducive to radicalism and terrorism. Such societies are also prone to state failure, civil war, or both.

Tackling these challenges requires a concerted effort by Europe and the United States, one comparable to the effort waged during the Cold War to assist and win over much of the developing world. Such an undertaking requires considerable resources over a sustained period. It also requires astute public diplomacy. The goal should be not to impose change on traditional societies, but rather to work with local political, economic, and civic leaders in supporting a gradual process of reform.

7 Forging a Future Transatlantic Security Relationship

The new strategic landscape necessitates a transatlantic security partnership that builds upon – but does not uncritically imitate – the one that won the Cold War. The core principles of that alliance were the indivisibility of security and a shared commitment to collective defense. In practice, this meant a massive deployment of U. S. military forces in Europe, together with support for European economic and political integration. The objective was to contain any further expansion of Soviet influence in Europe, while building a Europe that could in time become a great power in its own right.

Today NATO's principles remain valid, but not all of its historic practices do. There is no further need for a large American military presence in the middle of Europe; redeployments elsewhere are already taking place. The threats confronting the alliance are more diverse than they were during the Cold War; hence American and European security interests will no longer correspond as precisely as they once did.

To this end, the Task Force looks forward to a NATO alliance that is at once more flexible in its procedures and more ambitious in its missions than it has been in the past. Among its tasks should be:

Continuing to Serve as the Primary Forum for Transatlantic Cooperation on International Security. Even as the United States draws down the number of its troops deployed on the continent, it should maintain a sufficient presence to ensure both the interoperability and the sense of collective purpose that arises from an integrated military structure. At the same time, it must be more receptive to EU efforts to assume a more prominent role in the management of European security. The overall direction of policy should be clear: that the United States continues to welcome what it has sought since the earliest days of the Cold War – a Europe in which Europeans bear the primary responsibility for their own security.

Britain, France, and Germany are taking the lead on this front, and next steps include the establishment of an EU planning headquarters that is separate from NATO. The United States has stated its opposition to changes that threaten the integrity of NATO command, and there are serious questions about how an EU headquarters separate from NATO might work. Specifically, will the EU members of NATO vote as a bloc and prior to NATO consultation? And, if so, do we reach a point where consultation turns into institutional confrontation? How will NATO and the EU define their respective missions and will the EU proceed with military operations only after NATO has decided not to do so? Until the questions are answered, irrevocable decisions should be avoided.

Facilitating the Consolidation of Peace, Democracy, and Prosperity in Eastern and Southeastern Europe. The 1990s made it painfully clear that a stable peace has yet to take root in some parts of Europe, and NATO's tasks in the Balkans are far from over. Even as the EU gradually assumes peacekeeping responsibilities in Bosnia, Kosovo, and Macedonia, a NATO presence will be required there to prevent backsliding and to help resolve residual political and territorial disputes. The alliance must also encourage reform and integration in

Turkey, Ukraine, and Russia. Turkey's membership in NATO has long strengthened that country's westward orientation; openness to increasing other links between Turkey and Europe would similarly prove constructive. The prospect of joining NATO has promoted reform in Ukraine, as it has elsewhere in eastern Europe. The NATO-Russia Council has given Moscow a voice in the alliance and contributed to a new level of cooperation between Russia, Europe, and the United States. The momentum behind all of these initiatives must be kept up.

Adjusting to New Geopolitical Realities. NATO must recognize the extent to which the aftermaths of 11/9 and 9/11 transformed the strategic priorities of the United States. As the United States redeploys its forces outside of Europe, the alliance must find the appropriate balance between a new emphasis on out-of-area missions and its traditional focus on European security.Although NATO will continue to remain active both within and outside the geographical confines of Europe, there needs to be a common understanding that NATO must increasingly concern itself with threats emanating from outside Europe if the alliance is to prove as central to the post-11/9 (and post-9/11) world as it was throughout the Cold War.

Managing the Global Economy. As the task of reconstructing Iraq suggests, NATO's responsibilities extend well beyond the military realm. Its history has always paralleled that of the EU and will surely continue to do so. For this reason, security cooperation requires economic cooperation. It follows, then, that Europeans and Americans must work together, not just to liberalize U.S.-European trade, but also to ensure the successful completion of the current round of world trade negotiations. High-level consultations designed to produce a common approach to the Doha round are essential.

Europeans and Americans must also pursue a long-term strategy for fostering economic growth and political liberalization in the developing world. Specific elements of such a strategy should include eliminating trade barriers with developing regions, particularly in the agricultural and textile sectors, and improving coordination among the assistance programs of individual countries, nongovernmental organizations, and major international institutions in order to increase efficiency and minimize waste. Europe should create an analogue to the Millennium Challenge Account so that American and European grants of economic assistance are made conditional on the same governance reforms and directed in a manner that maximizes their impact. Similarly, both Europeans and Americans should increase and coordinate their assistance to local and global efforts to combat HIV/AIDS and other infectious diseases.

8 Conclusion

The Task Force is fully aware of the difficulties efforts to restore the full spirit of transatlantic partnership will face. In the absence of clear and present dangers to focus their minds, European and American leaders will undoubtedly be tempted to cater to groups within their respective societies who have little interest in encouraging, and may actively oppose, transatlantic cooperation. American leaders seeking to satisfy those who favor a freer hand will downplay the benefits of partnership. European leaders who wish to appeal to pacifism will distance themselves from the United States. Opportunists are likely to see the promotion of anti-American or anti-European sentiments as a way to advance their own interests. Governments on both sides of the Atlantic will surely face pressure to protect domestic economic interests from foreign competition, and history suggests that they will – all too often – succumb to these pressures. On some issues, moreover, there will be legitimate conflicts of interest, and little or no chance of achieving consensus.

The Task Force is convinced, however, that the approach outlined above will appeal to a multiparty, pragmatic majority in all countries of the Western alliance. The Task Force also believes that leaders who embrace it will be rewarded rather than penalized by their publics. Articulating a vision for the Atlantic community and sustaining a commitment to it will challenge European and American leaders alike, but it is hardly a greater challenge than Western democracies have surmounted in the past.

Farsighted vision and political courage sustained the transatlantic partnership for half a century, to the overwhelming benefit of Europeans, Americans, and the world. Today's challenges are different, but the benefits of partnership are still substantial – as are the costs if the partnership is allowed to erode. Recent acrimony demonstrates not only the difficulties that arise for America and Europe when they fail to act as partners, but also that pressing problems are best addressed together. In the end, Europe and America have far more to gain as allies than as neutrals or adversaries. We are confident that with enlightened leadership, governments and citizens on both sides of the Atlantic will grasp and act upon that reality.

Task Force Members[9]

GIULIANO AMATO is a Member of the Italian Senate, Global Law Professor at the New York University Law School, and part-time Professor at the European University Institute in Florence. He held several ministerial positions in the Italian government and was Prime Minister twice. He also headed the Italian Antitrust Authority and was Vice-President of the Convention on the Future of Europe. He currently chairs an International Commission on the Balkans under the auspices of the Bosch Stiftung, the German Marshall Fund, and the King Baudouin Foundation.
REGINALD BARTHOLOMEW is Vice Chairman of Merrill Lynch Europe. He was U.S. Ambassador to Lebanon, Spain, NATO, and Italy, and served as Undersecretary of State for International Security Affairs.
DOUGLAS K. BEREUTER is a Republican Member of Congress from Nebraska. He is the Chairman of the Europe Subcommittee of the House International Relations Committee, the Vice Chairman of the House Permanent Select Committee on Intelligence, and the President of the NATO Parliamentary Assembly.
HAROLD BROWN is a Partner at Warburg Pincus and Counselor at the Center for Strategic and International Studies. He served as Secretary of Defense during the Carter administration and is President Emeritus of the California Institute of Technology.
RICHARD R. BURT serves as Chairman of Diligence LLC. He is also a Senior Adviser to the Center for Strategic and International Studies and Chairman of the American Committee of the International Institute for Strategic Studies. Mr. Burt was the U.S. Chief Negotiator in the Strategic Arms Reduction Talks (START) with the former Soviet Union. Prior to this, he was U.S. Ambassador to the Federal Republic of Germany (1985–89). Before Mr.Burt served in Germany, he worked at the State Department as Assistant Secretary of State for European and Canadian Affairs.

---

[9] Note: Task Force members participate in their individual and not institutional capacities.

THIERRY DE MONTBRIAL is the Founder and President of IFRI (the French Institute of International Relations). He is also Professor of Economics and International Relations at the Conservatoire National des Arts et Métiers in Paris. Professor de Montbrial was Director of the Policy Planning Staff in the French Ministry of Foreign Affairs (1973–79) and Chairman of the Paris-based Foundation for Strategic Studies (1993–2001).

THOMAS E. DONILON is Executive Vice President and Member of the Office of the Chairman at Fannie Mae. Previously, he was a Partner at the international law firm of O'Melveny & Myers. Mr. Donilon served as Assistant Secretary of State and Chief of Staff at the State Department during the first Clinton administration.

STUART E. EIZENSTAT is the head of international trade and finance at Covington & Burling, a Washington-based law firm. He was U.S. Ambassador to the European Union (1993–96); Undersecretary of Commerce for International Trade (1996–97); Undersecretary of State for Economic, Business, and Agricultural Affairs (1997–99); Deputy Secretary of the Treasury (1999–2001) in the Clinton administration; as well as Special Representative of the President on Holocaust Issues. He was Chief Domestic Policy Adviser and Executive Director of the White House Domestic Policy Staff in the Carter administration.

MARTIN FELDSTEIN is the George F. Baker Professor of Economics at Harvard University and President and CEO of the National Bureau of Economic Research. He is also President of the American Economic Association for 2004. From 1982 through 1984, he was Chairman of the Council of Economic Advisers and President Ronald Reagan's chief economic adviser.

JOHN LEWIS GADDIS is Robert A. Lovett Professor of History and Political Science at Yale University, where he teaches Cold War history, grand strategy, international studies, and biography. He was the 2003 recipient of the Phi Beta Kappa award for undergraduate teaching at Yale. His most recent book is Surprise, Security, and the American Experience.

TIMOTHY GARTON ASH is Director of the European Studies Centre at St. Antony's College, Oxford University, and a Senior Fellow of the Hoover Institution, Stanford University. He is the author of many books and articles on contemporary European history and politics. His latest book, Free World: America, Europe, and the Future of the West, will be published by Random House in the fall of 2004.

G. JOHN IKENBERRY is the Peter F. Krogh Professor of Geopolitics and Global Justice at Georgetown University. In July 2004, Ikenberry will become Professor of Public and International Affairs in the Woodrow Wilson School of Public and International Affairs and the Politics Department at Princeton University. He has previously held posts on the State Department's Policy Planning Staff during the first Bush administration and at the Carnegie Endowment for International Peace. During 2002–2004, Professor Ikenberry is a Transatlantic Fellow at the German Marshall Fund. He is the author of After Victory: Institutions, Strategic Restraint, and the Rebuilding of Order after Major Wars, which won the 2002 Schroeder-Jervis Award presented by the American Political Science Association for the best book in international history and politics. He is also the reviewer of books on political and legal affairs for Foreign Affairs.

JOSEF JOFFE is Editor of Die Zeit in Hamburg, Germany. He is also an Associate of the Olin Institute for Strategic Studies at Harvard and a Research Fellow of the Hoover Institution at Stanford University. Previously, he was Editorial Page Editor of the Süddeutsche Zeitung in Munich. He has held visiting appointments at Johns Hopkins University, Harvard University, Princeton University, and Stanford University.

ROBERT KAGAN is Senior Associate at the Carnegie Endowment for International Peace. He writes a monthly column on world affairs for the Washington Post and is a Contributing Editor at both the Weekly Standard and the New Republic. Kagan served in the State Department from 1984 to 1988 as a member of the Policy Planning Staff, as principal speechwriter for Secretary of State George P. Shultz, and as Deputy for Policy in the Bureau of Inter-American Affairs. He is a graduate of Yale University and Harvard University's John F. Kennedy School of Government.

HENRY A. KISSINGER is Co-chair of the Task Force and Chairman of Kissinger Associates, Inc., an international consulting firm. He was Secretary of State from 1973 to 1977, serving under Presidents Richard Nixon and Gerald Ford. He also served as Assistant to the President for National Security Affairs from 1969 to 1975. He has since served on a number of U. S. government boards and commissions including the President's Foreign Intelligence Advisory Board and the Defense Policy Board.

CHARLES A. KUPCHAN is Director of the Task Force and Senior Fellow and Director of Europe Studies at the Council on Foreign Relations. He is also an Associate Professor of International Relations at Georgetown University. Dr. Kupchan was Director for European Affairs on the National Security Council (NSC) during the first Clinton administration. Before joining the NSC, he worked in the U. S. Department of State on the Policy Planning Staff.

SYLVIA MATHEWS is Chief Operating Officer and Executive Director of the Bill & Melinda Gates Foundation. Before joining the Gates Foundation, Mathews served in the Clinton administration as Deputy Director of the Office of Management and Budget. Mathews also served as Assistant to the President and Deputy Chief of Staff to the President, and as Chief of Staff to Secretary of the Treasury Robert E. Rubin.

ANDREW MORAVCSIK is Professor of Government and Director of the European Union Center at Harvard University. Dr. Moravcsik has served as a trade negotiator at the U. S. Commerce Department, as Editor-in-Chief of a Washington foreign policy journal, and on the staff of the Deputy Prime Minister of South Korea.

ANDRZEJ OLECHOWSKI is a leader of Civic Platform, a centrist Polish political party. He was Minister of Foreign Affairs (1993–95) and Minister of Finance (1992) of Poland.

FELIX G. ROHATYN served as U.S. Ambassador to France from 1997 to 2000. Prior to that, he was Managing Director of the investment banking firm Lazard Freres & Co., LLC, in New York, where he had worked for nearly fifty years. Ambassador Rohatyn also served as Chairman of the Municipal Assistance Corporation of the State of New York, where he managed negotiations that enabled New York City to solve its financial crisis in the 1970s. He has served as a Member of the Board of Governors of the New York Stock Exchange and as a Director of a number of American and French corporations. He is a Trustee of the Center for Strategic and International Studies and a member of the Council on Foreign Relations. Currently, Ambassador Rohatyn is President of Rohatyn Associates LLC in New York.

BRENT SCOWCROFT served as Assistant to the President for National Security Affairs for Presidents George H.W. Bush and Gerald Ford. A retired U. S. Air Force Lieutenant General, General Scowcroft served in numerous national security posts in the Pentagon and the White House prior to his appointments as Assistant to the President for National Security Affairs. He also held a number of teaching positions at West Point and the Air Force Academy, specializing in political science. General Scowcroft serves as a Director on the boards of Qualcomm Corporation and the American Council on Germany. He also serves on the University of California President's Council on the National Laboratories.

ANNE-MARIE SLAUGHTER is Dean of the Woodrow Wilson School of Public and International Affairs at Princeton University. She is also President of the American Society of International Law. Prior to becoming Dean, she was the J. Sinclair Armstrong Professor of International, Foreign, and Comparative Law and Director of Graduate and International Legal Studies at Harvard Law School.

LAWRENCE H. SUMMERS is Co-chair of the Task Force and President of Harvard University. Dr. Summers has taught on the faculty at Harvard University and the Massachusetts Institute of Technology. He has served in a series of senior public policy positions, including Political Economist for the President's Council of Economic Advisers, Chief Economist of the World Bank, and Secretary of the Treasury of the United States. In 1993 he received the John Bates Clark Medal, given every two years to the most outstanding American economist under the age of forty.

DANIEL K. TARULLO is Professor of Law at Georgetown University Law Center. During the Clinton administration he was, successively, Assistant Secretary of State for Economic and Business Affairs, Deputy Assistant to the President for Economic Affairs, and Assistant to the President for International Economic Affairs.

LAURA D'ANDREA TYSON is on the Board of the Council on Foreign Relations. She is also Dean of London Business School. Dr. Tyson served the Clinton administration as the President's National Economic Adviser, and also as a member of the President's National Security Council and Domestic Policy Council. Prior to her appointment as National Economic Adviser, she served as Chairman of the White House Council of Economic Advisers.

STEPHEN M. WALT* is Academic Dean at the John F.Kennedy School of Government at Harvard University, where he holds the Robert and Renee Belfer Professorship in International Affairs. He previously taught at Princeton University and the University of Chicago. Professor Walt is the author of The Origins of Alliances (1987) which received the Edgar S. Furniss National Security Book Award, and Revolution and War (1996), as well as numerous articles in international politics and foreign policy.

---

* The individual has endorsed the report and submitted an additional view.

Plädoyer für eine transatlantische Arbeitsteilung

Egon Bahr

1   Möglichkeiten und Grenzen deutscher Außenpolitik

Wer den Weg der deutschen Außen- und Sicherheitspolitik abstecken will, muss sich über die Grenzen der eigenen Möglichkeiten klar sein. Sie sind während des unerklärten Krieges gegen Jugoslawien markiert worden. Da war zum einen der schnell wachsende Druck, besonders aus Amerika und England, dass Bodentruppen die Luftschläge ergänzen müssten, um Belgrad zu besiegen. Nach der definitiven Erklärung des Bundeskanzlers gegenüber dem amerikanischen Präsidenten, die nicht nach außen drang, verschwand der Druck innerhalb von Stunden aus der internationalen Diskussion. Erfahrung Nummer eins: Das Gewicht Deutschlands reicht, um eine gegen deutsche Interessen mögliche Entscheidung zu verhindern. Von dieser praktischen Verhinderungskraft wird nur in den seltenen Fällen Gebrauch zu machen sein, wenn vitale Fragen auf dem Spiel stehen.

Die andere Grenze der eigenen Möglichkeiten: Die deutsche Idee des Fünf-Punkte-Plans brachte die Russen wieder ins Boot, wurde von Peking akzeptiert, gewann dafür ein Mandat der Vereinten Nationen und die Zustimmung der USA für ein mit Milosevic verhandeltes Ende des Krieges. Es gibt dort keinen Frieden, aber ein durch internationale Streitkräfte garantierten Waffenstillstand. Erfahrung Nummer zwei: Positive Gestaltung, sogar auch deutsche Führung, verlangt ausreichende Unterstützung von Partnern. Wir können allein zwar Entscheidungen von europäischer Dimension gegen uns verhindern, aber Positives nur mit Verbündeten erreichen, Deutschland kann nichts erzwingen, auch wenn wir es für gut halten. Diese Limitierung des Bewegungsraums ist ideal: Sie bedeutet, dass sich niemand vor uns sorgen muss, aber setzt der Entwicklung produktiver Ideen keine Grenzen. Gerade weil wir weder militärisch noch währungspolitisch bedrohlich sein können, ist Deutschland frei, seine Interessen mit der gleichen Selbstverständlichkeit zu verfolgen, wie das andere Staaten tun. Deutsche Dummheiten schaden nur noch uns selbst. Das gilt im Grunde für alle Staaten, ausgenommen die einzige Supermacht. Die Zeit des „Trittbrettfahrens" ist vorüber, wie Roman Herzog das einmal ausgedrückt hat. Wir sind nach der langen Periode, in der andere die Legitimität hatten, über Deutschland als Ganzes zu verfügen, selbst verantwortlich für Tun und Unterlassen. Wir sind also ein normaler Staat. Das ist gewöhnungsbedürftig, für uns und andere. Diese revolutionäre Veränderung ist das glückliche Ergebnis des beendeten Ost-West-Konflikts, der daraus rührenden Bedrohung, der bis dahin notwendigen Blockdisziplin und der deutschen Einheit.

2   Amerikas Strategie in einer neuen Welt

Wir leben in einer neuen Welt. Die Amerikaner haben das als erste analysiert. Sie haben sich nicht bequem zurückgelehnt, um sich mit dem Lorbeer des epochalen Erfolgs zu bekränzen oder eine Friedensdividende zu genießen. Die junge Nation hat Kraft und Geist bewiesen, sich neue Ziele zu setzen. Die „Kommission für Amerikanische Nationale Interessen", nach unseren Begriffen überparteilich zusammengesetzt, legte ihren Bericht schon im Sommer 1996 vor. Alle Präsidenten seither, ob Republikaner oder Demokraten, sind insgesamt diesen Kriterien gefolgt: Zum Schutz der Vereinigten Staaten muss ein Angriff mit Massenvernichtungsmitteln verhindert und davor abgeschreckt werden, das Aufkommen einer feindlichen größeren Macht in Europa und Asien muss verhindert, die Meere kontrolliert und das Überleben der Verbündeten gesichert werden. Dazu müssten die USA die Führung in allen militärischen und strategischen Technologien behalten. So unnatürlich ist es nicht, dass Amerika einzige Supermacht bleiben und seine Überlegenheit zur Uneinholbarkeit ausbauen wollte. Das hat es inzwischen erreicht und setzt ohne Ermüdungserscheinungen diesen Prozess fort. Es ist Machtpolitik, der keine Heuchelei vorzuwerfen ist.

Die Welt tut gut daran, sich für die nächsten Jahrzehnte auf diese Realität einzustellen. Selbst wenn während dieser Zeit neue Waffen entwickelt werden, an denen gearbeitet wird, ist die Wahrscheinlichkeit groß, dass ihre neuen, zum Teil exotisch anmutenden Qualitäten zuerst in Amerika entdeckt werden. Es wäre sinnlos, die Wirklichkeit übel zu nehmen.

Wir haben inzwischen begonnen, die neuen Erfahrungen zu sammeln, wie es sich mit der Existenz einer einzigen Globalmacht lebt. Zwei Modelle sind dabei unterscheidbar. Die Laune der Geschichte hat Vater und Sohn zu ihren Protagonisten bestimmt. Der ältere George Bush hat verkündet, dass die überlegene und unentbehrliche Macht die USA befähigt, die Welt in eine neue Ordnung zu führen. Der Erste unter abgestuft Gleichen respektiert eine Ordnung, deren Regeln er sich auch unterwirft, was praktisch auf eine Stärkung der Vereinten Nationen hinausläuft. Diese einzigartige Rolle formulierte er zu seiner Doktrin: „Eine Welt, in der die Herrschaft des Rechts die Welt des Dschungels ablöst, eine Welt, in der die Starken die Rechte des Schwachen respektieren".

Der jüngere George W. Bush hat mit seiner Sicherheitsdoktrin eine grundlegende Neuausrichtung vorgenommen. Sie proklamiert das Recht, auch allein präventiv zu handeln, wenn die Interessen und die besondere Verantwortung Amerikas das erfordern. Sie wird wirken, bis sie durch eine neue abgelöst wird. Je länger sie gilt, umso schwerer könnte es einem neuen Präsidenten fallen, das Land in eine Führungsqualität zurückzubringen, wie sie Bush sen. beschrieben hat. Die heutige Realität muss jedenfalls nicht das endgültige Bild der Führungsmacht prägen.

Der Schock des 11. September hat die Verwundbarkeit nicht nur des mächtigsten, sondern potenziell jeden Staates durch entstaatlichte Gewalt gezeigt. Amerika hat sich auf der Höhe der Situation gezeigt, als es die globale Allianz gegen den Terror, ein Bündnis ohne Vertrag, zustande brachte. Außerdem hatte es nach dem Ende der großen sowjetischen Systemherausforderung den unbezweifelbar neuen großen Feind des Terrorismus manifest machen können, dem der totale Krieg erklärt wurde.

Soll man den Ablauf der Ereignisse oder die neue Doktrin für die politische Kluft zwischen Amerika und Europa verantwortlich machen? Jedenfalls gab es eine große Koalition solidarischer Unterstützung für den Krieg gegen Afghanistan, der mit einem Mandat der UN geführt wurde, und nur erstaunlich kurze Zeit später die Verweigerung in Europa, an die Seite Amerikas in den Krieg gegen den Irak zu treten. Natürlich war der deutsche Kanzler nicht so stark, einen widerstrebenden Chirac oder Putin oder den Papst zu verführen oder die Massen in London, Rom, Madrid oder Warschau gegen den Willen ihrer Regierungen auf die Straße zu bringen. Das Angebot der NATO, neben Amerika Krieg zu erklären, haben schließlich nicht die Europäer dankend abgelehnt. Die Hypermacht mit etwas

Hypermut hat gewiss dazu beigetragen, wenn seither über die Wiederherstellung der transatlantischen Gemeinschaft diskutiert wird.

Der Versuch, die alte Welt wiederherzustellen, kann nicht gelingen, weil wir in einer neuen Welt leben. Alarmstimmung ist deshalb nicht angebracht. Die enge und zunehmende Kooperation der Wirtschaft zwischen Europa und den Vereinigten Staaten ist von politischen Verwerfungen ganz unberührt geblieben. Das gilt für die vertrauensvolle Zusammenarbeit der Streitkräfte ebenso. Auch wenn es keine ungeteilte Wertegemeinschaft gibt, so reichen die gemeinsamen Werte wie Demokratie, Pluralismus, Freiheit und Würde des Menschen für ein solides Fundament, das durch politische Meinungsverschiedenheiten, unterschiedliche Interessen, unterschiedliche Stärken, unterschiedliche Rollen nicht erschüttert werden kann.

Amerika definiert sich durch seine Macht und seine Mission, Europa sucht die Definition seiner Selbstbestimmung und die Organisation der Europäischen Union. Amerika ist frei von Selbstzweifeln. Warum sollte es seine Werte diskutieren, die ihm zu seiner jetzigen Einzigartigkeit verholfen haben? Das Sendungsbewusstsein, Gottes eigenes Land zu sein, ist von der Überzeugung getragen, dass für die Welt nicht schlecht sein kann, was für Amerika gut ist. Wenn der Präsident erklärt, sein Land wird „die Gunst der Stunde nutzen, um die Vorzüge der Freiheit in jeden Winkel der Erde zu tragen", oder: „Gott hat Amerika die Macht gegeben, der Welt den Frieden zu bringen", dann könnte ein Europäer den Atem anhalten, weil das nahe daran ist, die Welt nach seinen Vorstellungen formen zu wollen. Es wäre jedenfalls ganz falsch, solche Äußerungen für Propaganda zu halten. Nicht nur Glaube, sondern Entschlossenheit stecken dahinter, auch entsprechend zu handeln.

Die Rückschläge im Irak führen zu einer Konsolidierungspause, aber nicht zu einer Änderung der strategischen Ziele. Wer daran gezweifelt hat, sollte die Rede des Präsidenten ernst nehmen, nach dem Kampf gegen den Terrorismus der ganzen Region Stabilität durch Demokratie zu bringen. Das ist ein Ziel, das nicht in der verfassungsmäßig möglichen Amtszeit des Kriegspräsidenten erreichbar ist.

Nicht Weltherrschaft, wohl aber Weltvorherrschaft ist ein Ziel für Amerika, nicht für Europa. Damals erforderte die potentielle Bedrohung aus dem Osten die Blockdisziplin unter amerikanischer Führung. Damals war die NATO ein reines Verteidigungsbündnis, das überhaupt nur im Falle eines Angriffs auf sein Territorium funktionierte. Beide Elemente der Vergangenheit sind nicht wiederherstellbar. Damals hat Europa das Ziel seiner Selbstbestimmung nach Osten wie nach Westen beschlossen und über die Europäisierung Europas diskutiert. In der neuen Welt ohne die Bedrohung aus dem Osten ist die Selbstbestimmung Europas nur noch gegenüber Amerika zu erreichen. Es war kein Zufall, dass Deutschland zum ersten Mal nach dieser Priorität gehandelt hat und im Falle Irak nicht an die Seite Washingtons getreten ist. Europa laboriert an einem verfassungsähnlichen Fortschritt, der keines seiner Länder zur Änderung seiner Verfassung zwingen wird. Es kann im Vertrauen darauf, dass Zusammenarbeit das Schlüsselwort des neuen Jahrhunderts sein wird, die Langsamkeit seiner Entwicklung hinnehmen, die der Rest der Welt beobachtet. Aber Amerika wird sich in seinem selbstbestimmten Tempo nicht beirren lassen. Amerika ist stärker geworden, militärisch wie politisch. Europa steht vor der gewaltigen Aufgabe, seine Osterweiterung zu verkraften, außerdem in der Erwartung, dass seine neuen Mitglieder spüren werden, dass ihre wirtschaftliche Entwicklung mehr durch die EU als durch die NATO gefördert wird.

Alle diese Faktoren wirken weiter. Sie sind Produkte der unterschiedlichen Interessen der neuen Welt und werden es unmöglich machen, zu der alten Geschlossenheit der transatlantischen Welt zurückzukehren. Die Aufgabe besteht darin, in diesem Prozess eine Entfremdung zwischen Amerika und Europa zu vermeiden.

3 Europa und Deutschland in der transatlantischen Arbeitsteilung

Das kann am besten durch politische Arbeitsteilung geschehen. Europa hat eine Tradition des Gewaltverzichts entwickelt. Das ist eine Idee, die ihre gestaltende Kraft vom Moskauer Vertrag über Helsinki bis zur Charta von Paris erwiesen hat. Amerika hätte das verhindern können, aber Amerika konnte es zulassen, weil es seine Macht nicht beeinträchtigt hat. Die militärische Deckung war unentbehrlich für die europäische Methode, durch Verträge und präventive Diplomatie Konflikte zu entschärfen und friedliche Lösungen herbeizuführen.

Europa könnte die politische Arbeitsteilung zu seiner Doktrin entwickeln. Ihr Kern wäre die friedliche Konfliktlösung durch Abkommen, die durch alle interessierten und beteiligten Staaten, möglichst auch die USA, garantiert werden. Das könnte auch bei massiven Menschenrechtsverletzungen und der Beseitigung von Massenvernichtungswaffen zu Regelungen führen, bevor Interventionen gemäß der UN-Charta wirksam werden. Es wäre der Versuch, zu verhindern, dass „Schurkenstaaten" schurkisch handeln, ohne Amerikas militärische Fähigkeiten zu verringern.

Die Chancen der Arbeitsteilung, Krisen zu verhindern, wachsen sogar, weil im Falle des Scheiterns die Intervention Amerikas wahrscheinlicher wird. Ein Beispiel haben die drei europäischen Außenminister gegeben, als Teheran ihnen, nicht den USA, die atomaren Kontrollen zusagten. Europa würde seine Methode vertragsgestützter Politik jener der gewaltsamen Entwaffnung verdächtiger oder unzuverlässiger Staaten gegenüberstellen. Vorbeugende Arbeitsteilung gestattet schon als Begriff keine Amerikafeindlichkeit. Gerade die Ausweitung der EU nach Osten garantiert darüber hinaus keine Amerika feindliche Politik.

Eine derartige Arbeitsteilung würde der Welt, nicht zuletzt der Welt des Islam, deutlich machen, dass die Idee des Westens sich auch europäisch verwirklichen kann. Es wäre sogar verhängnisvoll, wenn die Welt des Islam ihre Geschlossenheit mit dem Argument der Furcht vor einem Amerika betreiben könnte, das ein hilfswilliges Europa als Hilfstruppe einsetzt. Die Arbeitsteilung würde die Stärken beider Seiten entwickeln, eines Amerika, das die Welt nicht entbehren kann, und eines Europa, das die Welt nicht entbehren möchte.

Die neue Welt sieht Deutschland mit zwei Singularitäten. Die eine besteht in seiner unvergleichlichen und nicht mehr zu ändernden Vergangenheit. Auschwitz wird auch in 500 Jahren hoffentlich die Einmaligkeit industrieller Menschenvernichtung bleiben, deren sich die Welt erinnert. Deutschland muss die Kraft finden, nicht zum Gefangenen seiner Vergangenheit zu werden. Die Aufgaben von heute und der deutsche Weg nach vorn dürfen nicht durch den Blick zurück bestimmt werden. Jedes Volk entscheidet über seinen eigenen Weg. Diese Normalität muss auch für unser Volk selbstverständlich werden, wenn es – nach der Machtversessenheit des Reiches und der Machtvergessenheit der alten Bundesrepublik – das Gleichgewicht seines Verhaltens, seine selbstbewusste Berechenbarkeit, einen Stolz ohne Überheblichkeit gewinnen will. Das können unsere Nachbarn von uns erwarten. Die europäische Zukunft ist wichtiger als die deutsche Vergangenheit.

Die andere Singularität besteht in dem Artikel 26 der Verfassung, die Deutschland die Beteiligung an einem Angriffskrieg verbietet. Dieser Artikel ist eine Hinterlassenschaft unserer Vergangenheit, über die wir nicht böse sein müssen. Sie ist in keiner anderen europäischen Verfassung zu finden. Praktisch schließt er eine deutsche Beteiligung an einer Intervention ohne Mandat der UN aus. Eine verfassungsändernde Mehrheit zur Eliminierung dieses Artikels ist undenkbar. Zu der „positiven und negativen" Begrenzung deutscher Außen- und Sicherheitspolitik kommt ein Element der Gewissheit, dass keiner unserer Partner uns Verfassungsbruch zumuten wird. Unser Gewicht in Europa bedeutet damit auch eine besondere Verantwortung, falls wir eine Aktion durch eine negative Entscheidung unmöglich machen würden.

Gerade diese Singularität könnte eine deutsche Initiative gestatten, um möglichst zusammen mit unseren europäischen Partnern eine Lücke im Völkerrecht zu schließen. Unbezweifelbar stellen entstaatlichte Gewalt, biologische und chemische Massenvernichtungsmittel Gefahren dar, die staatliche Grenzen überschreiten. Man kann Verständnis dafür aufbringen, dass Amerika sich nicht von der Zustimmung von 190 Nationen mit jedenfalls geringerer Verantwortung abhängig machen will, ob und wie es gegen solche Gefahren vorgeht. Ein internationales Interventionsrecht ist dringend. Gerade wer sich wünscht, dass Amerika nicht allein entscheidet, wo es interveniert, sollte sich um eine globale Regelung dieses Problems bemühen, dass zur Zerstörung der transatlantischen Beziehungen soviel beigetragen hat.

4 Friedenserzwingung und Friedenserhaltung

Es gibt zwei Aspekte der amerikanischen Rüstungs- und Verteidigungspolitik, die für das atlantische Verhältnis von besonderem Interesse sind. Der eine resultiert aus der großen Wahrscheinlichkeit, dass Amerika auch weiterhin für die Modernisierung seiner Streitkräfte voranstürmen und seine Uneinholbarkeit vergrößern wird. Es wird auch weiterhin die Verbündeten drängen und mahnen, diese Kluft nicht zu groß werden zu lassen. Das bedeutet, dass Amerika nicht nur Richtung und Tempo der eigenen Rüstung bestimmt, sondern auch die der Verbündeten. Jedenfalls über Qualität und Umfang jener Streitkräfte, die im Verbund mit den amerikanischen einsetzbar sein sollen, entscheidet de facto die Supermacht mit. Sie gibt vor, welche Ausrüstung und Fähigkeit der Verbündeten sie wünscht, braucht, erwartet.

Der andere Aspekt ist ein logisches Resultat: Mit seiner wachsenden militärischen Überlegenheit produziert Amerika auch die wachsende Unterlegenheit Europas. Selbstverständlich werden die amerikanischen Streitkräfte für die globalen Interessen entwickelt, also die weltweiten Einsätze, die sich aus der globalen Verantwortung der USA ergeben. Europäische Interessen sind damit nicht identisch. Ausrüstung und Aufgaben der EU-Staaten verlangen nicht die Fähigkeiten zu einem Irak-Krieg. Friedenserzwingung und Friedenssicherung verlangen unterschiedliche Mittel, unterschiedliche Ausbildung und unterschiedliche Streitkräfte.

Die politische Rechnung sieht anders aus. Es wäre eine bloße Demonstration von Bündnisfähigkeit, jeweils mit einigen Verbänden, gewissermaßen ehrenhalber, an der Seite Amerikas zu kämpfen. Sie wäre allerdings gleichzeitig auch die perpetuierte Demonstration der europäischen Abhängigkeit; denn wer da führt und wer geführt wird, ist offensichtlich und indiskutabel. Militärisch vergrößert Amerika permanent die transatlantische Kluft, so weit es seine technischen Fortschritte das erlauben. Sie kann gar nicht mehr geschlossen werden. Mit der in jedem Monat wachsenden Uneinholbarkeit distanziert Amerika kontinuierlich Europa, das weder fähig wäre noch einen Sinn darin sehen kann, sein militärisches Machtpotenzial Amerika ähnlicher zu machen. Wozu auch? Amerika ist kein Feind, gegen den man sich schützen muss. Und der Macht, die konkurrenzlos militärisch alles kann, was sie will, etwas hinzuzufügen, was militärisch gar nicht gebraucht wird, bedeutet Mittelverschwendung.

Die Welt der Computer hat die Begriffe der Hardware und der Software geläufig werden lassen. Beide ergänzen sich. Beide sind wertvoll. Die beste Hardware leidet, wenn die Qualität der Programme unzulänglich ist. Erst aufeinander abgestimmt und verbunden entfalten sie ihre volle Wirksamkeit. Das transatlantische Bündnis wird seine volle Wirksamkeit entfalten, wenn die unterschiedlichen Fähigkeiten anerkannt und aufeinander abgestimmt werden. Die akzeptierte militärische Unterschiedlichkeit kann zu einer Arbeitsteilung entwickelt werden, welche die zur Zeit verspürte und beklagte transatlantische Kluft verschwinden lassen würde.

Es würde dem Bündnis überdies gut tun, wenn die Bündnisfähigkeit von beiden Seiten des Atlantik her definiert wird. Europa erkennt ohne Minderwertigkeitkomplexe die ständig wachsende Stärke Amerikas zur Friedenserzwingung an; Amerika erkennt ohne Arroganz die Entwicklung der europäischen Stärke zur Friedenserhaltung an. Das wäre echte Partnerschaft. Sie entspräche der Selbstbestimmung Europas, die sich nicht gegen, sondern neben Amerika definiert.

Eine *High-Tech*-Armee besiegt schnell bei minimalen Verlusten den Gegner, wie in Afghanistan und im Irak geschehen; um den Frieden zu gewinnen, ist, wie aus Afghanistan und Irak zu lernen, eine andere Armee erforderlich, „Kosovo-ähnlich". Der militärischen Aufgabe, einen Krieg zu führen und zu gewinnen, folgt die politische Aufgabe, eine neue stabile staatliche Ordnung herzustellen. Die Lösung der politischen Aufgabe muss das Militär „nur noch" abdecken. Sie ist längerfristig und eine Voraussetzung, damit aus einem militärischen Sieg keine politische Niederlage wird. Die unterschiedlichen Operationen verlangen unterschiedliche Fähigkeiten mindestens in Ausbildung und Ausrüstung, wobei auch unterschiedliche Einsätze moderne Vernetzung brauchen, bei nationalen wie bei multinationalen Streitkräften.

5 Europas schnelle Eingreiftruppe und die NATO Response Force

Das Ziel, das sich die EU gesetzt hat, eine schnelle Eingreiftruppe von 60.000 Soldaten für Kriseneinsätze zu schaffen, entspricht im Kern dem Prinzip der Arbeitsteilung. Nach der Demonstration der unvergleichlich gewachsenen amerikanischen Fähigkeiten wäre es lächerlich oder Hochstapelei, würde die EU nicht nur still, sondern auch offen von dem früher verkündeten Anspruch Abschied nehmen, in der ganzen Bandbreite unabhängig von den USA zu Kampfeinsätzen und friedensschaffenden Maßnahmen, also zu Krieg, zudem geografisch nicht begrenzt, fähig zu werden. Die Amerikaner haben das realistisch eingeschätzt, als sie den Beschluss einer *NATO Response Force* (NRF) von 20.000 Soldaten erwirkt haben. Diese soll, kompatibel mit ihnen, innerhalb von fünf Tagen weltweit einsetzbar sein.

Plädoyer für eine transatlantische Arbeitsteilung

Die schnelle Interventionsfähigkeit der NRF verlangt Klarheit in mehrfacher Hinsicht. Im Oktober 2003 Donald Rumsfeld seine Kollegen mit seinen Vorstellungen über die Nutzung der NRF vertraut gemacht. Falls in einem Nahost-Staat nach einem Umbruch das Leben von Bürgern aus westlichen Staaten geschützt werden muss, müsste die NRF eingreifen. Was soll geschehen, wenn dann die neuen Machthaber einen NATO-Staat mit chemischen und biologischen Waffen bedrohen? An dieser Stelle wurden die Manöverüberlegungen abgebrochen. Jedenfalls müssten Entscheidungen im Bündnis sehr schnell getroffen werden. Was militärisch plausibel ist, darf nicht dazu führen, dass die militärische Logik die politische Entscheidung präjudiziert. Mindestens werden sich die Europäer überlegen, ob die amerikanische Neigung anhalten wird, politische Probleme militärisch zu lösen. Die Beschleunigung des Verfahrens in Berlin ist bestimmt möglich, wobei unbezweifelbar bleiben muss, dass die Politik die letzte Entscheidung behält, ob und wo Deutschland sich an einer Intervention oder an einem Krieg beteiligt.

Aber abgesehen von der Kontrolle über den schnellen Einsatz ist es schließlich der Sinn dieses kleinen europäischen Korps, dass die Beteiligten ihre besonderen Fähigkeiten zu einer gemeinsamen Kraft bündeln. Hier gibt es eine Analogie zu den AWACS-Besatzungen und ihren deutschen Beobachtern. Die Amerikaner werden sicher nicht erwarten, die NRF ohne ein Mandat der UN einsetzen zu können; denn sie wissen inzwischen, dass es Deutschland jedenfalls durch seine Verfassung verboten ist, sich an einem Angriffskrieg zu beteiligen. Ob die NRF ohne die dafür disponierten 25% der deutschen Beteiligung, also 5.000 Soldaten, sinnvoll operationsfähig ist, dürfte von dem Operationsauftrag abhängen.

Solange die gegenwärtige Sicherheitsdoktrin gilt, werden die USA im Zweifel ihren Interessen und ihrer globalen Verantwortung folgen. Sie werden ihr Handeln weder von der Zustimmung der NATO noch von der Geschlossenheit der NRF abhängig machen. Die amerikanische Sicherheitsdoktrin legt im Grunde das Prinzip der Arbeitsteilung nahe: Die einen führen den Krieg, die andern sichern den Frieden.

Heute gibt es den Verdacht, dass Amerika seine Vision von Macht und Mission nicht nur zur Verbreitung seiner Ideale, sondern zur Verbreitung seiner Vorherrschaft nutzten will. Die NATO würde dann zum Instrument, das die Selbstbestimmung Europas verhindert. Arbeitsteilung, politisch und militärisch, könnten den transatlantischen Beziehungen und dem Bündnis eine lange und stabile Perspektive geben.

Wege zur Stärkung des transatlantischen Bündnisses

Andrew Moravcsik

1 Einleitung

Der Irak-Krieg 2003 hat die schwerste Krise der transatlantischen Beziehungen seit einer Generation ausgelöst. Europäische und amerikanische Positionen standen einander nicht nur diametral entgegen, selbst innerhalb der amerikanischen Gesellschaft und im Verhältnis der europäischen Staaten zueinander war ein klares Zerwürfnis festzustellen. In den folgenden Monaten verkündeten Experten fast täglich den drohenden Zusammenbruch dreier entscheidender Pfeiler der institutionellen Architektur der Weltpolitik: der NATO, der UNO und sogar der EU.

Führt man sich jedoch die große Anzahl gemeinsamer Interessen vor Augen, die auf dem Spiel stehen, so wird klar, dass eine – wie auch immer gestaltete – Form der transatlantischen Kooperation eine Notwendigkeit bleibt. Welchen Weg sollte die westliche Allianz also in der jetzigen Situation einschlagen?

Grundlage der amerikanischen Entscheidung für den Irak-Krieg bildete ein neokonservatives Credo, zu dem sich in der anglo-amerikanischen Welt Robert Kagan, William Kristol, Charles Krauthammer und andere bekannt haben. Es lautet folgendermaßen: In der unipolaren Welt nach der Ära des Ost-West-Konflikts besitzen die Vereinigten Staaten eine überwältigende Militärmacht, die effektiv eingesetzt werden kann, um Terroristen dingfest zu machen, Allianzen neu zu gestalten und, vor allem, um zur Verbreitung der Demokratie beizutragen. Wie jedes Land, das sich in der glücklichen Lage eines militärischen Übergewichts befindet, haben auch die Vereinigten Staaten die Tendenz und die Verantwortung, dieses einzusetzen. Multilaterale Institutionen sind dabei nur insofern von Interesse, als sie diese geopolitischen Fakten widerspiegeln und unterstützen. Europa, so die Argumentation weiter, besitzt nur sehr wenig weltweiten Einfluss außerhalb seines friedvollen Kantianischen ‚Paradieses'. Die einzige Chance für Europa, an Einfluss zu gewinnen, besteht darin, die Vereinigten Staaten zu imitieren und eine bedeutende Militärmacht aufzubauen. Die Konservativen ermutigen die Europäer, dies im Rahmen der NATO zu tun, da sie befürchten, dass die EU ansonsten ein militärischer Rivale werden könnte. Die meisten Europäer befürworten ebenfalls einen Ausbau des Militärs, was insofern ein Paradoxon darstellt, als sich nur die wenigsten von ihnen selbst als neokonservativ bezeichnen würden.

Die Irak-Krise erteilt uns zwei grundlegende Lektionen. Die erste geht an die Adresse der Europäer und besagt, dass die amerikanischen Falken Recht hatten. Eine unilaterale Intervention, um einen Regimewechsel zu erzwingen, kann eine effiziente Methode sein, mit einem Schurkenstaat umzugehen. In militärischer Hinsicht gibt es darüber hinaus nur eine einzige Supermacht, die Vereinigten Staaten, die nötigenfalls auch im Alleingang handeln können. Es ist an der Zeit, dies zu akzeptieren und nach vorne zu blicken.

Aus dem Englischen von Rasmus Beckmann.

Die zweite Lektion richtet sich an die Amerikaner und lautet, dass gemäßigte Skeptiker auf beiden Seiten des Atlantiks ebenfalls Recht hatten. Es ist viel schwieriger, den Frieden zu gewinnen als den Krieg. Interventionen sind kurzfristig effektiv, erzeugen aber langfristig hohe Kosten. Und wenn es darum geht, die richtigen Instrumente zu wählen, um ein Chaos nach Einstellung der Kampfhandlungen zu vermeiden – wie Handel, Hilfsprogramme, friedenserhaltende Maßnahmen, internationale Überwachung und multilaterale Legitimation – bleibt Europa unentbehrlich. Europa ist die ‚Stille Supermacht': Ihre wahre Stärke in der Weltpolitik liegt in der Kultivierung ziviler und quasi-militärischer Macht. Unter diesem Aspekt stellt sich die unipolare Welt eben doch als eine bipolare heraus.

Es ist nun an der Zeit, diese Tatsachen zu akzeptieren und gemeinsam eine Neuausrichtung der transatlantischen Beziehungen anzustreben, und zwar dergestalt, dass die einander ergänzenden militärischen und zivilen Instrumente auf gemeinsame Ziele und gegen neue Bedrohungen gerichtet werden können. Ohne eine solche Neuausrichtung besteht die Gefahr, dass die Europäer künftig auf Distanz bleiben. Schließlich wurden die Europäer im Vorfeld des Irak-Kriegs diplomatisch förmlich überrollt, nach seinem Ende durch die unilateralen Bemühungen der USA zeitweise bewusst aus dem Prozess der Staatenbildung herausgehalten und von triumphalen amerikanischen Experten und Politikern öffentlich herabgesetzt. Darüber hinaus mangelt es Europa ohnehin an institutionellen Arrangements, die ein koordiniertes Vorgehen im Mittleren Osten erlauben würden. So nachvollziehbar es deshalb wäre, wenn die Europäer die Vereinigten Staaten sich selbst überließen, würde dies dennoch direkt in ein Desaster führen, da die USA weder den Willen noch die institutionelle Kapazität besitzen, die Nachbereitung ihrer militärischen Triumphe angemessen durchzuführen. Dies wurde durch die anfänglich planlosen Bemühungen zum Wiederaufbau des Irak deutlich genug.

Um den Entwicklungen sowohl im Irak als auch anderswo wieder eine Erfolg versprechende Richtung zu geben, muss Washington einen Kurswechsel durchführen und multilateral abgesprochene Bedingungen für künftige Interventionen akzeptieren. Die Europäer hingegen müssen ihre Ressentiments gegenüber der amerikanischen Macht aufgeben und sich darauf einstellen, einen großen Teil der Konfliktprävention sowie des Postkonflikt-Managements zu übernehmen. Gegenseitige Ergänzung und nicht Konflikt sollten zur transatlantischen Parole der Zukunft werden.

2   Das Ende des Atlantizismus?

Es existieren zwei einander ausschließende Einschätzungen über die Schwere der gegenwärtigen Krise der transatlantischen Beziehungen. Einerseits behaupten Pessimisten, dass Unterschiede hinsichtlich Macht, Bedrohungswahrnehmung und Werten eine unüberbrückbare Divergenz zwischen europäischen und amerikanischen Interessen zur Folge haben. Andererseits sehen Optimisten die Ursache für die jüngsten Verstimmungen in starren Ideologievorstellungen, innenpolitischen Faktoren und verpassten diplomatischen Gelegenheiten. Beide Perspektiven geben jeweils nur einen Teil der Wahrheit wider.

Die Pessimisten betonen die radikal neue Machtverteilung im internationalen System. Die Vereinigten Staaten sind heute militärisch weniger von ihren Alliierten abhängig als zu irgendeinem anderen Zeitpunkt während der letzten fünfzig Jahre. Washington ist heute in der Lage, mit der Gewissheit eines schnellen Sieges, wenigen Opfern und geringem innenpolitischen Widerstand Kriege zu führen – und dementsprechend steigen auch die Ambitionen. Vor zwei Jahrzehnten verfolgte die Reagan-Administration das Ziel des *regime change* lediglich verdeckt und in kleinen Ländern. Heute sieht die Bush-Administration keine Probleme darin, eine Mittelmacht am anderen Ende der Welt direkt zu erobern und zwar unter Beteiligung einer nur geringen Anzahl von Alliierten.

Die amerikanischen und europäischen Bedrohungswahrnehmungen divergieren indessen ebenfalls erheblich. Die terroristischen Angriffe auf das World Trade Center und das Pentagon, verbunden mit realen Verpflichtungen der USA, die mit der Bedeutung des Erdöls und der besonderen Beziehung zu Israel zusammenhängen, haben dazu geführt, dass viele Amerikaner den Krieg gegen Schurkenstaaten, den Terrorismus und Massenvernichtungswaffen als eine Angelegenheit vitaler nationaler Interessen betrachten.

Da die Angriffe jedoch nicht gegen die Europäer gerichtet waren, empfinden diese die Bedrohung als weniger akut. Mit großen muslimischen Minderheiten in den eigenen Ländern und islamischen Staaten in unmittelbarer Nachbarschaft, drehen sich die Sorgen mehr um das Übergreifen von Instabilität aus dem Mittleren Osten. Für Europa bleibt die entscheidende Zäsur der gegenwärtigen Epoche nach wie vor der Zusammenbruch der Sowjetunion, symbolisiert durch den Fall der Berliner Mauer am 9. November 1989: der 9.11. – und eben nicht der 11.9. – ist für Europäer das entscheidende Datum der jüngsten Weltgeschichte. Ohne die Wahrnehmung einer erheblichen, direkten Bedrohung ihrer Sicherheit konnten die Europäer daher in den letzten Jahren in Ruhe abrüsten, ihre einzigartigen postmodernen Institutionen aufbauen und Kritik am Verhalten der Vereinigten Staaten üben.

Europäer und Amerikaner sind sich aber nicht nur über Macht und Bedrohungen uneins, sondern auch über die adäquaten Mittel. Wie Robert Kagan und andere Neokonservative argumentieren, erzeugt die übermächtige U.S.-Militärmacht eine ideologische Tendenz, diese auch zum Einsatz zu bringen. In Europa bestünde dagegen ein Zusammenhang zwischen einem schwachen Militär und einer generellen Abneigung gegenüber der Führung von Kriegen. Beeinflusst von sozialdemokratischen Ideen, dem Erbe zweier Weltkriege sowie den Erfahrungen mit der Europäischen Union, ziehen es die Europäer vor, Probleme durch ökonomische Integration, Hilfsprogramme und multilaterale Institutionen anzugehen. Diese Unterschiede sind mittlerweile tief im Wesen der Bürokratie verankert: die fähigsten amerikanischen Diplomaten spezialisieren sich auf unilaterale politisch-militärische Angelegenheiten, wohingegen ihre europäischen Gegenparts sich auf zivile multilaterale Institutionen - wie die EU - konzentrieren.

Diese strukturellen Verschiebungen stellen in der Tat eine wichtige, wenn nicht epochale, Transformation der Weltpolitik dar. Die Blütezeit des Atlantizismus, als der Schutz Europas durch den nuklearen Schild der USA sowie die europäischen konventionellen Waffen das Herzstück der westlichen Allianz bildeten, ist für immer vorbei. Amerikaner und Europäer müssen diese neuen Realitäten akzeptieren: die Entstehung neuer Bedrohungen außerhalb des europäischen Raums, die die Alliierten in unterschiedlichem Maße betreffen; die amerikanische militärische Fähigkeit, einen Regimewechsel zu erzwingen; und der tief verankerte europäische Glaube an die Überlegenheit multilateraler Institutionen und ziviler Macht.

3 Unnötige Feindseligkeiten und gemeinsame Interessen

Die jüngsten Verschiebungen müssen aber nicht zwangsläufig zum Kollaps der NATO, der UNO oder der EU führen. Betrachtet man den historischen Zusammenhang, so die folgerichtige Argumentation der Optimisten, erscheinen transatlantische Krisen als sich zyklisch wiederholende Ereignisse, die am häufigsten auftreten, wenn konservative republikanische Präsidenten eine nachdrückliche unilaterale Militärpolitik verfolgten. Analog zu den heutigen Verhältnissen lehnten während der Zeit des Vietnam-Krieges oder der Reagan-Administration in Meinungsumfragen 80 bis 95% der europäischen Öffentlichkeit die U.S.-Interventionspolitik ab; Millionen von Protestlern strömten auf die Straßen, die NATO war tief gespalten und europäische Politiker verglichen die Vereinigten Staaten mit Nazideutschland. Washington ging in der UNO in die ‚Opposition', wo es seit 1970 sein Veto allein gegen 34 Sicherheitsrats-Resolutionen einlegte, die sich mit dem Mittleren Osten beschäftigten - jedes Mal in der Rolle des einsamen Abweichlers.

In der jüngsten Krise bildeten eine besonders radikale amerikanische Politik gemeinsam mit einer spezifischen Konstellation innenpolitischer Faktoren in Europa – nämlich der wackligen Position des deutschen Bundeskanzlers Gerhard Schröder und der gaullistischen Skepsis des französischen Präsidenten Jacques Chirac gegenüber der amerikanischen Macht – eine explosive Mischung.

Die meisten Europäer – ebenso wie die Mehrzahl der Amerikaner – wiesen die Behauptung der Neokonservativen zurück, dass ein Präemptivschlag gegen den Irak ohne multilaterale Unterstützung notwendig oder ratsam wäre. Den Bedenken der Zweifler lag eine nüchterne Politikanalyse zugrunde. Sie glaubten, dass der Krieg gegen den Irak - im Gegensatz zu demjenigen in Afghanistan - nicht wirklich mit dem ‚Krieg gegen den Terrorismus' in Verbindung stand. Die Skeptiker warnten zudem vor den Schwierigkeiten und Kosten, die voraussichtlich durch den Wiederaufbau entstehen würden. Es überrascht dann auch nicht, dass die meisten Regierungen das gesamte Spektrum an Alternativen zum Krieg ausschöpfen wollten und nicht geneigt waren, einen gefährlichen Präzedenzfall zu schaffen, indem sie einen Militärschlag autorisieren, nur weil die Vereinigten Staaten dies verlangten.

Trotz dieser Zweifel an der Politik der Bush-Administration bleiben die grundlegenden europäischen sowie U.S.-Interessen erstaunlich konvergent. Es ist zwar ein Klischee – aber nichtsdestotrotz zutreffend – festzustellen, dass die Beziehungen der westlichen Industriestaaten auf gemeinsamen Werten beruhen: Demokratie, Menschenrechten, offenen Märkten, und einem gewissen Maß an sozialer Gerechtigkeit. Keine andere Gruppe von Ländern stimmt derart in grundlegenden Politikfragen überein und hat darüber hinaus auch noch die Macht, die Verhältnisse in die gewünschte Richtung zu verändern. Sogar wenn man eine besonders heikle Region wie den Mittleren Osten betrachtet, erkennt man, dass beide Seiten Israels Existenzrecht anerkennen, einen palästinensischen Staat befürworten, Tyrannen wie Saddam Hussein ablehnen, Ölsicherheit anstreben, sich Sorgen über den radikalen Islamismus machen und den Terrorismus sowie die Proliferation von Massenvernichtungswaffen fürchten.

In der Tat helfen diese gemeinsamen Interessen zu erklären, wieso der Trend in den transatlantischen Beziehungen während der beiden letzten Dekaden eindeutig in Richtung Harmonie ging. Die Europäer sind dabei wohl kaum doktrinäre Pazifisten oder kurzsichtige Regionalisten: Der jüngste Irak-Krieg ist die erste U.S.-Militäraktion seit der Amtszeit Ronald Reagans, die signifikanten Widerspruch in Europa auslöste. Im ersten Golfkrieg zum Beispiel war die Autorisierung durch die UNO der Schlüssel zur europäischen Unterstützung, Teilnahme und Mitfinanzierung. Die Intervention im Kosovo schließlich – obwohl ‚präventiv' und ohne Zustimmung des Sicherheitsrates durchgeführt – wurde einstimmig von den NATO-Staaten unterstützt.

Die Angriffe vom 11. September 2001 für sich genommen änderten an dieser Situation nur wenig. Die gefeierte *Le Monde*-Schlagzeile vom 13. September, „Nous sommes tous Américains", und Schröders gleichzeitiges Versprechen „uneingeschränkter Solidarität" waren nicht nur rhetorische Floskeln. Die NATO löste zum ersten Mal in ihrer Geschichte den Bündnisfall (Artikel 5 des Nordatlantikvertrages) aus. Als die USA daraufhin in Afghanistan einrückten, um Al Qaida-Mitglieder aufzuspüren, boten die europäischen Regierungen einstimmig ihre Unterstützung an. Seit diesem Zeitpunkt haben die Europäer mehr finanzielle Hilfe für Afghanistan geleistet und friedenserhaltende Maßnahmen durchgeführt als die Vereinigten Staaten. Das gemeinsame Engagement in friedenserhaltenden Operationen in Bosnien, der Elfenbeinküste, Ost Timor, im Kosovo, Ruanda und Sierra Leone deutet auf einen Konsens bezüglich humanitärer Interventionen hin; die einstimmige Verabschiedung der UN-Sicherheitsrats-Resolution 1441 zum Irak im November 2002 weist auf die Existenz eines ähnlichen Konsenses hin, was die Art und Weise des Kampfes gegen die Proliferation von Massenvernichtungswaffen angeht.

Sogar in der jüngsten Krise standen der vehementen Rhetorik mancher europäischer Regierungen deutlich zurückhaltendere Handlungen gegenüber. Viele NATO-Mitglieder stellten sich sofort hinter die Vereinigten Staaten. Einmal abgesehen von einigen wenigen bedauerlichen Episoden, wie etwa dem kurzen Versuch, den NATO-Beistand zur Verteidigung der Türkei zu verzögern (ein Problem, das im übrigen innerhalb weniger Tage gelöst werden konnte), ist es irreführend, Frankreich und Deutschland den Versuch der Gegenmachtbildung gegen die USA zu unterstellen. Keiner der beiden Staaten hat handfeste Maßnahmen gegen Washington unternommen. Es wurde nicht einmal der Vorschlag einer multilateralen Verurteilung der US-Position gemacht, wie in der Vergangenheit schon des Öfteren geschehen. (Tatsächlich unterstützten Deutschland und andere Länder informell die amerikanische Kriegführung.) Paris und Berlin weigerten sich lediglich, einem ihrer Meinung nach übereilt geführten Krieg multilaterale Legitimation zu verleihen beziehungsweise einen solchen bilateral zu unterstützen, und sie ermutigten andere Länder, sich ebenso zu verhalten.

Starre Positionen, unglückliche Rhetorik und fehlgeleitete diplomatische Taktiken auf beiden Seiten verschärften jedoch unnötigerweise die Krise. Die Bush-Administration lieferte eine ganze Reihe wechselnder Begründungen für den Krieg, von denen einige äußerst zweifelhaft waren, und investierte wenig Energie in die ausdauernden und akribischen diplomatischen Bemühungen, welche die Koalition im ersten Golf Krieg untermauert hatten. Nachdem der Argumentationsstrang, der sich auf Nichtverbreitung und Terrorismus bezogen hatte, in sich zusammengebrochen war, wurde die Absicherung einer friedlichen Demokratisierung des Irak – sowie langfristig gesehen des gesamten Mittleren Ostens –zu einer primären Rechtfertigung für den Irak-Krieg. Vielen wurde die darin enthaltene Ironie klar: Eine Administration, die sich bei Amtsantritt mit der realistischen Ablehnung von quixotisch anmutender Staatenbildung brüstete, welche sie mit den Programmen der Demokratischen Partei in Verbindung brachte, fand sich plötzlich in der Rolle der Idealisten in der Tradition Woodrow Wilsons wieder. Am Ende ruhte die amerikanische Begründung für den Krieg auf weit definierten Sicherheitsinteressen – eingeschränkt weder durch eine klare

Doktrin, noch durch die Einbindung in multilaterale Prozesse und gestützt auf ein weit verbreitetes Vertrauen in den amerikanischen Präsidenten.

Aufgrund der unverhohlenen Zurückweisung einer Reihe multilateraler Abkommen im Laufe der vorangegangenen beiden Jahre durch die Bush-Administration sowie deren offensichtlicher Gleichgültigkeit gegenüber ausländischen Interessen waren andere Regierungen nur ungern bereit, ihnen freie Hand zu gewähren.

Trotz alledem wäre es möglich gewesen, eine Mehrheit im Sicherheitsrat in der Größenordnung von 13 oder 14 Staaten zusammenzubekommen, die eine zweite Kriegsresolution unterstützt hätte, wäre die Bush-Administration gewillt gewesen, bis Juni oder September 2003 abzuwarten, um dann auf der Basis abgeschlossener Inspektionen eine Resolution zu fordern, die im Einklang mit den üblichen Prozeduren im Sicherheitsrat gestanden hätte. Unter diesen Bedingungen wäre sogar die militärische Beteiligung Frankreichs wahrscheinlich gewesen. Doch Washington lehnte es ab, irgendwelche substantiellen Kompromisse hinsichtlich des Zeitplans oder alternativer Vorgehensweisen einzugehen. Unterdessen schien Frankreich, unterstützt von Deutschland und Russland, entschlossen zu sein, jeglichen hastig formulierten Kompromiss prinzipiell abzulehnen; als Frankreich seine Position lockerte, war es zu spät.

Der Beleg für ein solches Maß an Sturheit, Stümperei und Groll auf allen Seiten muss den Optimisten Mut machen, denn es eröffnet die Aussicht, dass das letztendliche Resultat vermeidbar gewesen wäre – und daher zukünftige Krisen adäquater bewältigt werden können. Durch ihren Alleingang verspielten die Vereinigten Staaten die Chance auf Milliarden von Dollars an finanzieller Unterstützung, die sie noch im ersten Golfkrieg erhalten hatten. Zudem wurde die Militäroperation durch das Fehlen einer zweiten Front erschwert, die mit Unterstützung anderer mächtiger Staaten machbar gewesen wäre. Der Wiederaufbau des Irak erweist sich eher als Last denn als Chance, und die Zukunft des Irak liegt weiterhin im Dunkeln. Aus Frankreichs Perspektive untergrub die Krise derweil die Strahlkraft zweier Institutionen, in denen es großen Einfluss ausübt – nämlich der UNO und der EU, vielleicht sogar auch der NATO. Der französische Gegenkurs konnte die amerikanische Absicht, in den Krieg zu ziehen, nicht einmal verzögern und beeinträchtigte zudem Frankreichs Beziehungen zu den USA und Großbritannien.

4 Drei Wege für die Zukunft der transatlantischen Beziehungen

Die Pessimisten stellen berechtigterweise fest, dass die Irak-Krise die Notwendigkeit neuer transatlantischer Arrangements akzentuiert hat. Benötigt werden Strukturen, die mit globalen Herausforderungen fertig werden können, und zwar in einer Welt, in der die Vereinigten Staaten und Europa über unterschiedliche Mittel verfügen, unterschiedliche Bedrohungen wahrnehmen und unterschiedliche Vorgehensweisen vorziehen. Die Optimisten haben jedoch ihrerseits Recht, wenn sie argumentieren, dass Krisen solcher Art lösbar sind und die westlichen Regierungen starke Anreize haben, Lösungen herbeizuführen. Adäquate Führung auf beiden Seiten, vor dem Hintergrund einer soliden, institutionell abgesicherten Kooperation, hätte den Bruch in den transatlantischen Beziehungen von vornherein verhindert.

Um zukünftige Brüche zu vermeiden, müssen beide Seiten erkennen, dass sie in den allermeisten Unternehmungen von der Beteiligung der anderen Seite profitieren. Nur eine offene Anerkennung der Komplementarität nationaler Interessen und der gegenseitigen Abhängigkeit wird Mäßigung, Selbstbeherrschung und dauerhafte Kompromissbereitschaft zur Folge haben. Um dieses Ziel zu erreichen, könnten die Alliierten drei Wege einschlagen. Erstens könnten sie sich einfach einig werden, dass sie in manchen Fällen uneinig bleiben werden: Strittige Bereiche müssen dann von solchen Bereichen, in denen ein Konsens erzielt werden kann, abgetrennt werden. Zweitens könnten sie beginnen, militärisch jeweils eigene Wege einzuschlagen: Europa würde dann versuchen, eigene, autonomere Fähigkeiten zur Machtprojektion zu entwickeln. Schließlich könnten sie sich, drittens, auf eine Neuausrichtung der transatlantischen Beziehungen verständigen, durch welche die amerikanische Militärmacht und die europäische Zivilmacht zu einem effektiven Instrument zur Lösung gemeinsamer Probleme gebündelt würden. Die erste Option ist der einfachste und kostengünstigste Weg. Es ist jedoch die dritte Lösung, die den größten Erfolg verspricht.

4.1 Bessere Diplomatie

Der einfachste Weg für die Vereinigten Staaten und Europa, die jüngsten Probleme aus der Welt zu schaffen, bestünde darin, kontroverse Sachfragen feinfühliger zu behandeln, während gleichzeitig in anderen Gebieten, in denen Einigkeit besteht, weiter zusammengearbeitet wird. Auf diese Weise hat die westliche Allianz den größten Teil ihrer Geschichte funktioniert – während der Kern der Zusammenarbeit in Europa und in nicht-militärischen Fragen geschützt wurde, gingen die Meinungen über *out of area* Einsätze und – zeitweise – die Nuklearstrategie auseinander. Auch heute sollte diese Politik des kleinsten gemeinsamen Nenners beinahe alle westlichen Staats- und Regierungschefs vereinen.

Die transatlantische Partnerschaft stellt nach wie vor die weltweit wichtigste diplomatische Beziehung dar. Zusammen genommen bringen die Vereinigten Staaten und Europa 70% des Welthandelsvolumens auf. Die Erfolge der ersten Gesprächsrunde zur Welthandelspolitik in Doha – die äußerst positive Perspektiven für die Entwicklungsländer eröffneten – könnten in hohem Maße zur langfristigen, weltweiten Sicherheit beitragen. Fortlaufende Zusammenarbeit in den Bereichen Geheimdienst und Strafverfolgung ist für eine erfolgreiche Terrorismusbekämpfung unerlässlich. Eine erweiterte NATO findet mittlerweile in weiten Kreisen Anerkennung als Garant für Demokratie und Stabilität. Die Regierungen der westlichen Industrieländer haben im Laufe der letzten zehn Jahre einstimmig ein Dutzend humanitärer Interventionen autorisiert. Sie arbeiten in vielen anderen Feldern zusammen, vom Schutz der Menschenrechte über Umweltpolitik und Seuchenbekämpfung bis hin zur Regulierung weltweiter Finanzströme. Das Versagen, Streitigkeiten wie jene über den Irak-Krieg isoliert zu betrachten und unter Kontrolle zu halten, ebenso wie eine bewusste U.S.-Strategie, die das Ziel verfolgt, internationale Organisationen wie die UNO, die EU oder die NATO zu schwächen oder gar zu teilen, gefährden das gesamte Spektrum dieser Kooperation.

Die größte Herausforderung liegt darin, kontroversen Fällen, bei denen für alle Beteiligten viel auf dem Spiel steht – wie etwa präventive Interventionen –, die politische Brisanz zu entziehen. Der einfachste Weg, dies zu bewerkstelligen, besteht darin, dass die Vereinigten Staaten eine weniger aggressive, unilaterale Haltung einnehmen und stattdessen versuchen, ihre Alliierten entweder zu überzeugen oder aber Kompromisse auszuarbeiten, statt gebieterisch Kommandos zu erteilen. Da eine solche Politik im Sinne jeder an der politischen Mitte orientierten U.S.-Administration ist, wird sich die amerikanische Strategie auf lange Sicht glücklicherweise in diese Richtung entwickeln. Dies wird allerdings nicht in der allernächsten Zukunft geschehen, es sei denn hohe Offizielle der Bush-Administration durchlaufen auf ihrem Weg nach Damaskus einen radikalen Positionswechsel.

Die Wiederherstellung der diplomatischen Zurückhaltung würde einen einfacheren ersten Schritt darstellen. Die transatlantischen Partner sollten sich darauf verständigen, sich ausführlich und diskret zu konsultieren, bevor sie öffentliche Angriffe über die Medien starten. Gleichermaßen sind Repressalien, ob nun in der Form von U.S.-Drohungen gegen Europa oder französischen Drohungen gegen kleine zentraleuropäische Demokratien, ineffektiv und brisant, insbesondere wenn sie von einer innenpolitischen Mehrheit unterstützt werden.

Auf einer noch grundsätzlicheren Ebene deutet die Irak-Krise darauf hin, dass beide Seiten unangemessene Erwartungshaltungen gegenüber dem UN-Sicherheitsrat hegten, was die Spirale rhetorischer und diplomatischer Drohungen noch zusätzlich eskalieren ließ. Im Gegensatz zu den Wunschvorstellungen vieler Europäer war der Sicherheitsrat niemals dazu gedacht, ein Mitglied mit dauerhaftem Sitz von einer Militäraktion gegen eine wahrgenommene Bedrohung abzuhalten und kann diese Funktion daher auch heutzutage nicht erfüllen. Und im Gegensatz zu den Wünschen mancher Amerikaner begründet die militärische Unterstützung Europas durch die USA (ob im Zweiten Weltkrieg, während des Ost-West-Konflikts oder heutzutage) keine Verpflichtung für die Europäer, Blankovollmachten für uneingeschränkte weltweite U.S.-Militäreinsätze zu erteilen. Sollte der Sicherheitsrat wieder einmal blockiert sein, wäre daher die umsichtigste Vorgehensweise, die Diskussionen in andere Foren zu verlagern, wie dies im Fall des Kosovokonflikts mit Erfolg gehandhabt wurde. In Abwesenheit einer klareren Bedrohung hieße dies jedoch in letzter Konsequenz, dass die Vereinigten Staaten fast allein handeln müssten – nicht einmal loyale Alliierte wie Blairs Vereinigtes Königreich ließen sich vermutlich überzeugen.

4.2 Von Europa zum Mars

Viele sind der Meinung, dass diplomatische Flexibilität allein eine unzureichende Antwort auf die bestehenden Probleme sei. Eine Reihe von Experten – amerikanische Neokonservative, traditionelle NATO-Analysten, europäische Föderalisten und französische Gaullisten – haben kürzlich eine ebenso neue wie konventionelle Weisheit verkündet: Die Aufrüstung Europas sei die letzte Hoffnung für die Allianz. Ihre Logik ist einfach. Um die Vereinigten Staaten dazu zu bringen, die eigenen Vorstellungen anzuhören, muss Europa eigene projektionsfähige militärische Fähigkeiten entwickeln. Nur eine Allianz gleich starker Mitglieder kann funktionieren und militärische Macht ist die einzige, die zählt.

Trotz der angeblichen Venus-Haltung fühlen sich interessanterweise viele Europäer von der Vorstellung engerer Zusammenarbeit in Verteidigungsfragen angezogen. Fast 75% der europäischen Öffentlichkeit halten viel von dieser Idee und Politiker von Tony Blair über Jacques Chirac bis hin zum deutschen Außenminister Joschka Fischer haben daher Gründe, diese ebenfalls zu befürworten. Die Regierungen Belgiens, Frankreichs, Deutschlands und Luxemburgs – dieselben Länder, welche die NATO-Unterstützung der Türkei behinderten – beriefen im April 2003 ein Gipfeltreffen ein, um über die Gründung eines

Gremiums zur Koordination der Beschaffungspolitik sowie die Einrichtung eines gemeinsamen militärischen Hauptquartiers und einer gemeinsamen Armee zu diskutieren.

Von den hehren Vorstellungen eines militärisch mächtigen Europas hat sich bisher allerdings nur wenig materialisiert – und dies wird sich auch in Zukunft nicht ändern. Eine gemeinsame europäische Streitkraft mit der Kapazität, intensive weltweite Einsätze durchzuführen, bei denen wenige Opfer zu beklagen sind, bleibt weiterhin ein Luftschloss. Warum das so ist, lässt sich leicht erklären. Amerika gibt mehr für Verteidigung aus als Russland, China, Großbritannien, Deutschland, Japan und Indien zusammen. Nur Amerika ist in der Lage, global und ohne Hilfe zu intervenieren. Ihre im Kosovo und Afghanistan unter Beweis gestellte Fähigkeit, blitzschnell und zielsicher aus der Luft anzugreifen, schreckt jeden potentiellen Aggressor ab und erlaubt die Kriegführung fast ohne eigene Opfer. Dieses radikale Missverhältnis hinsichtlich der Militärtechnologie wird höchstwahrscheinlich mindestens erhalten bleiben, wenn sich nicht sogar vergrößern, da die Vereinigten Staaten fünf mal mehr für militärische Forschung und Entwicklung ausgeben als alle europäischen Staaten zusammen – sogar mehr als irgendein anderes Land für sein gesamtes Militär ausgibt. Eine koordinierte europäische Militärstreitkraft mit globalem Aktionsradius und der Fähigkeit zu intensiver Kriegführung bei geringer Opferzahl *à l'américaine* würde substantielle finanzielle Anstrengungen voraussetzen und eine vollständige Restrukturierung der Planungs- und Beschaffungspolitik erforderlich machen. Was auch immer die europäischen Öffentlichkeiten Meinungsforschern erzählen, werden sie doch die massiven Erhöhungen der Militärausgaben nicht zu tragen bereit sein, die nötig wären, um auch nur annähernd die amerikanischen Fähigkeiten zu erreichen; und die effizientere Nutzung bestehender europäischer Ressourcen ist zwar begrüßenswert, wird aber ebenfalls nur bescheidene Ergebnisse erzielen.

Und sogar wenn es den Europäern gelänge, eine europäische Streitkraft zu schaffen, so sind nur wenige Szenarios vorstellbar, in der sie autonom einsetzbar wäre. Das ehemalige Jugoslawien wird in diesem Zusammenhang oft genannt, stellt aber eben ein vergangenes Szenario dar. Ein zukünftiges ‚Jugoslawien' findet in Algerien, Tschetschenien oder im Iran statt. Wollen die Europäer wirklich solche Interventionen durchführen – und das Ganze ohne Unterstützung der USA? Die Regierungen der EU sind hinsichtlich der Frage des *out of area* Einsatzes einer potentiellen europäischen Armee – wie zum Beispiel im Irak – tief gespalten. Diese internen Spaltungen würden eine solche Streitkraft wahrscheinlich lähmen.

Schließlich würde sogar eine einsatzfähige EU-Streitkraft den amerikanischen Unilateralismus in keiner Weise verhindern können. Was sollten die Europäer also mit ihrer neu gewonnen Macht anfangen? Sie gegen die USA einsetzen? ‚Prä-präventive' Interventionen durchführen? Sogar wenn sie lediglich nach mehr Unabhängigkeit von U.S.-Sicherheitsgarantien strebten, würde dies nur zur Verlegung von noch mehr amerikanischen Streitkräften in Bereiche außerhalb Europas führen. Nach alldem kann man feststellen, dass, wenn Europa eine global bedeutende Rolle spielen will, es dies am besten an der Seite der USA und nicht als deren Rivale tut.

Eine pragmatischere Variante der Wiederaufrüstung wäre die Entwicklung einer europäischen Fähigkeit zur Machtprojektion innerhalb des NATO-Rahmens, die zu intensiver Kriegführung geeignet ist. Die Bündnispartner haben bereits zugesagt, eine Reaktionsstreitkraft aufzubauen: eine europäische Einheit mit 21.000 Mann, die als ‚Speerspitze' das volle Spektrum intensiver Operationen durchführen kann. Wenn europäische Truppen in der Lage sind, Seite an Seite mit den Amerikanern zu kämpfen, so die Argumentation, werden die europäischen Regierungen mehr Mitsprache bei der amerikanischen *grand strategy* erlangen. Die Deutschen und andere haben den Vorschlag gemacht, eine solche Streitkraft um den Faktor zehn zu vergrößern, so dass sie als Interventionstruppe in Gebieten, an denen Europa Interesse hat, die USA jedoch ein Engagement scheuen könnten – wie etwa Nordafrika – fungieren könnte. Wie manche Analysten glauben, hätte die Entsendung einer solchen Truppe an den Persischen Golf Ende des Jahres 2002 die USA zum Kompromiss gezwungen, wenn man deren tatsächlichen Einsatz an die Bedingung einer multilateralen Autorisierung geknüpft hätte.

Eine robuste europäische Truppe dieser Art wäre sicherlich hilfreich. Würde die Regierung Bush aber die europäische Beteiligung als so wichtig einstufen, dass sie ihr Verhalten mäßigen würde, um sich dieser auch in Zukunft zu versichern? Unwahrscheinlich. Weder die NATO noch die Vereinigten Staaten benötigen mehr Militärstreitkräfte zur intensiven Kriegführung. Daher werden sich die USA in ihrem Bestreben, politischen Druck und eine unflexible Koalitionskriegführung – wie im Kosovokrieg – zu vermeiden, sicherlich nicht hinsichtlich entscheidender Ressourcen in die Abhängigkeit anderer begeben. Zusammengefasst würde der Aufbau einer schlagkräftigen europäischen Streitkraft zwar symbolischen (aber auch kostspieligen) Charakter besitzen, den Europäern eine prominentere Rolle in der NATO verschaffen und die Klagen der USA über die ungleiche Lastenverteilung verringern. Das zugrunde liegende strategische Kalkül würde sie jedoch auf keiner Seite des Atlantiks zu ändern vermögen.

Die gegenwärtigen Überlegungen zur Reform der europäischen Verteidigung basieren also auf unrealistischen Politikanalysen. Sie stellen auch einen Verrat an europäischen Idealen und eine Verschwendung der wahrhaftigen globalen Einflussmöglichkeiten dar. Die EU-Regierungen haben die Betonung der militärischen Komponente in der Abwehr terroristischer Bedrohungen durch die USA leidenschaftlich als kurzsichtig und ineffektiv bezeichnet. Die Europäer haben Robert Kagans berühmt gewordenes, aber dennoch reichlich enges Konzept internationaler Macht kritisiert, demzufolge militärische Supermächte bewundernswerte Marsbewohner und alle anderen engstirnige Bewohner der Venus seien. Die europäischen Einwände gegen die *grand strategy* der USA sind vollkommen vernünftig und wurden daher von nüchternen amerikanischen Konservativen wie James Baker und vielen Demokraten geteilt. Darüber hinaus zeugen die europäischen Einwände von einem bewundernswerten Idealismus bezüglich Potential und Wirksamkeit nicht-militärischer Instrumente der Außenpolitik. Und dennoch sehen sich die Europäer jetzt, nachdem Washington ohne klare multilaterale Zustimmung im Irak einmarschiert ist und der Versuch der Staatenbildung in einem Sumpf zu versinken droht – womit die Warnungen der Europäer gleichzeitig ignoriert und bestätigt wurden – nach einer größeren Armee. Kagan wird darüber erfreut sein. Ihm ist es gelungen, einen ganzen Kontinent zu bekehren!

Das Schlimmste ist, dass die Konzentration politischer und finanzieller Ressourcen auf die Verteidigung die Europäer von ihren wahren Stärken ablenkt. Für Europa und die Welt wäre es sicherlich besser, die EU-Investitionen in zivile Macht und Kriegführung niedriger Intensität zu vergrößern.

4.3 Relative Stärken nutzen

Ist Europa damit dazu verdammt, sicherheitspolitisch die zweite Geige zu spielen und diese Rolle möglichst ohne Gesichtsverlust hinzunehmen? Nein. Letztendlich sind die Vorschläge einer Wiederaufrüstung Europas deswegen unproduktiv, weil sie von der falschen Prämisse ausgehen, dass nur militärische Macht in den zwischenstaatlichen Beziehungen eine echte Rolle spielt. Dieses neokonservative Glaubensbekenntnis ist nicht nur ein schlechter Zugang zur modernen Weltpolitik, sondern steht gleichzeitig im scharfen Widerspruch zu den Werten, zu denen sich die meisten Europäer bekennen.

Ein besserer Ansatz zur Neugestaltung der transatlantischen Partnerschaft würde darauf abzielen, diese auf der Basis relativer Stärken neu zu konzipieren und damit anzuerkennen, dass die Leistungen beider Parteien essentiell sind und sich gegenseitig ergänzen. Europa mag zwar über schwächere Militärstreitkräfte als die Vereinigten Staaten verfügen, in beinahe jeder anderen Dimension globalen Einflusses ist es jedoch überlegen. Die Europäer üben bereits jetzt genauso große Macht über Fragen von Krieg und Frieden aus wie die Vereinigten Staaten, doch tun sie dies lautlos, durch die Anwendung von ‚Zivilmacht'. Diese gründet nicht im Einsatz von Truppen oder Bombern, sondern in der stillen Förderung von Demokratie und Entwicklung durch Handel, Auslandshilfen und friedenserhaltende Maßnahmen. Die Mischung beider Arten von Fähigkeiten wäre der sicherste Weg zu langfristigem, weltweitem Frieden und Sicherheit. Jede Seite würde davon profitieren, für die Probleme die Verantwortung zu übernehmen, die sie am besten lösen kann. Komplementarität ist der Schlüssel zur transatlantischen Versöhnung.

Die Vereinigten Staaten haben bereits im Irak-Krieg gezeigt, dass militärische Gewalt bemerkenswert wirkungsvoll sein kann. Kriegsziel war jedoch nicht nur die Absetzung Saddams, sondern ebenfalls die Etablierung eines neuen, besseren Regimes. Einige in Washington glauben noch immer, dass dies eine leichte Aufgabe sein wird. Sie nehmen an, dass eine zweijährige Besatzung, mäßige Hilfsleistungen, eine schnelle Machtübergabe an eine Übergangsregierung und ein durch die Privatisierung der Ölwirtschaft ausgelöster Wirtschaftsboom schnell zu einem Wirtschaftswunder führen werden, ähnlich demjenigen Westdeutschlands nach dem Zweiten Weltkrieg. Demokratie, Wiederaufbau und Entwicklung würden von selbst entstehen bzw. sich selbst finanzieren und legitimieren – und den Irak zu einem verlässlichen Alliierten machen.

Nur wenige außerhalb des Weißen Hauses, des Pentagons und des *American Enterprise Institute* teilen jedoch diesen Optimismus. Sogar das deutsche Wirtschaftswunder der Nachkriegszeit erforderte massive, langfristige Hilfe der USA, und der Irak stellt ein wesentlich anspruchsvolleres Terrain dar. Die Skeptiker erinnern an die Schwierigkeiten im Falle Afghanistans. Und tatsächlich muss dieses Beispiel Ernüchterung hervorrufen: *Warlords* haben ihre Autorität wieder geltend gemacht, Regierungsmitglieder sind ermordet worden, die innere Sicherheit ist derart zusammengebrochen, dass humanitäre Hilfe manche Regionen nicht mehr erreicht. Das Land hat seine Position als größer Opium-Exporteur wieder etabliert, der Kampf gegen Al Qaida ist ins Stocken geraten und Streitkräfte der Taliban tauchten in einem halben Dutzend Provinzen wieder auf.

Werden die Vereinigten Staaten ihre vernichtende Militärmacht durch ebenso effektives ziviles Engagement ersetzen, falls sich die optimistischen Prognosen für den Irak als falsch herausstellen sollten? Unwahrscheinlich. Die Vereinigten Staaten besitzen einfach nicht den politischen Willen, diese Aufgabe zu übernehmen. Aus anscheinend nur schwer veränderlichen innenpolitischen Gründen scheinen sie konstant außerstande zu sein, dies zu tun – sogar dann, wenn in Washington eine Regierung herrscht, die weniger verächtlich gegenüber Staatenbildung eingestellt ist als die derzeitige. Die Schwierigkeiten beim Wiederaufbau des Irak zeigen vor allen Dingen eine grundsätzliche Schwäche der Vereinigten Staaten auf, die unabhängig von der amtierenden Regierung ist. Im Gegensatz zu seinem schnell und effektiv arbeitenden Militärapparat fällt es dem U.S.-Außenpolitikapparat extrem schwer, wirksam Zivilmacht in der Weltpolitik einzusetzen. Bedingt durch Einschränkungen durch den Kongress stellen die Vereinigten Staaten relativ zum BIP lediglich Auslandshilfen in einer relativ bescheidenen Größenordnung zur Verfügung, wobei die bestehenden Hilfsleistungen stark auf einige wenige strategisch wichtige Länder konzentriert sind. Wie Studien zeigen, werden diese Mittel noch dazu auf erstaunlich ineffiziente Weise vergeben, was zu einem Großteil auf den Argwohn gegenüber multilateralen Institutionen und der damit verbundenen Tendenz, engstirnige politische Auflagen zu verlangen, zurückzuführen ist. Die Entscheidungsprozesse der Außenhandelspolitik werden in ähnlicher Weise durch schwerfällige gegenseitige Kontrollen behindert. Als im Februar 2003 der afghanische Präsident Hamid Karzai, die wichtigste Stütze der U.S.-Strategie in der Region, in Washington eintraf und um pragmatischen politischen Beistands bat, nämlich eine bescheidene Handelsquote für Textilien, erteilte ihm Präsident Bush kurzerhand eine Abfuhr. Er musste das tun, denn die Wählerschaft und der Kongress forderten ein solches Verhalten. Der amerikanische Verteidigungsapparat wehrt sich standhaft gegen friedenserhaltende Missionen, weshalb Polizeiaufgaben ausgegliedert werden, eine Praxis, die Kritiker als ‚Imperialismus Lite' bezeichnen. Ja, Amerika kann ungestraft Aggressoren bombardieren. Aber wenn die letzten Schüsse verhallt sind, sind nur die Europäer in der Lage, die Rolle der Supermacht für die Erhaltung des Friedens, den Wiederaufbau der Wirtschaft und die Förderung der Demokratie einzunehmen. Seit den Marshall-Plan-Jahren ist es den Vereinigten Staaten nicht mehr gelungen, seine zivilen und militärischen Mittel zu einer kohärenten geopolitischen Strategie zu verschmelzen. In Afghanistan verfolgten die USA eine Politik des *fire and forget*: wenige friedenserhaltende Maßnahmen, keine Handelserleichterungen und nur mäßige Auslandshilfen. Eine jüngst erschienene Studie des *Carnegie Endowment* gelangte zu dem Ergebnis, dass nur vier von 16 Versuchen der Staatenbildung durch die USA im letzten Jahrhundert von Erfolg gekrönt waren und zu nachhaltiger Demokratisierung führten: Die Chancen stehen schlecht dafür, dass der Irak der fünfte erfolgreiche Versuch sein wird.

Die beste Möglichkeit, die Chancen zu verbessern, lägen in einem Kurswechsel der Regierung Bush hin zur Förderung einer stärkeren europäischen Beteiligung am irakischen Wiederaufbau und in einem Europa, welches sich dieser Herausforderung zu stellen bereit ist. Wieso? Aus dem einfachen Grund, dass die Europäer hinsichtlich jedes Erfolg versprechenden Politikinstruments – sei es Handel, Hilfe, friedenserhaltende Maßnahmen oder multilaterale Legitimation – weit besser gerüstet sind. In diesem Zusammenhang ist die EU die Institution von zentraler Bedeutung – aber auch die NATO.

Das beste Politikinstrument zur Förderung von Frieden und Sicherheit in der heutigen Welt ist das Nonplusultra in Sachen Marktzugang: die Aufnahme bzw. die Assoziation mit dem EU-Handelsblock. Anwärterstaaten und assoziierte Länder zeigen in der Regel eine positive Wirtschaftsentwicklung, und es lässt sich Land für Land beobachten, wie autoritäre, ethnisch intolerante und korrupte Regierungen die Wahlen gegen demokratische und marktorientierte Koalitionen verlieren, die durch das Versprechen der EU-Mitgliedschaft zusammengehalten werden. Der Handel fördert Wohlstand, Stabilität und ethnische wie religiöse Toleranz. Dies liegt unter anderem daran, dass Beitritts- bzw. Assoziationsabkommen an die Bedingungen ökonomischer Reformen, der Einhaltung von Menschenrechten und friedlichen Verhaltens geknüpft werden können. Obwohl die tatsächliche EU-Mitgliedschaft nur für geographisch nahe gelegene Staaten in Frage kommt, ist die Assoziation eine realistische und begehrte Option für viele. Assoziationsabkommen umfassen bereits Russland, große Teile der ehemaligen Sowjetunion, Israel und viele arabische Staaten im Mittleren Osten und Nordafrika – denen gemein ist, dass sie mehr Handel mit Europa als mit den Vereinigten Staaten betreiben. Daher ist Europa als größter Exportmarkt für die Staaten des Mittleren Ostens ein unverzichtbarer Partner für den Wiederaufbau des Irak. Die Aussicht auf eine EU-Assoziation würde einen starken Anreiz für den Irak schaffen, sich entsprechend den westlichen Vorstellungen zu verhalten.

Unterdessen reduziert Auslandshilfe – ob in der Form humanitärer Hilfsleistungen, technischer Expertise oder Unterstützung bei der Staatenbildung – das menschliche Leid und unterstützt somit die friedliche Entwicklung. Auch hier ist Europa mit 70% der weltweit geleisteten Auslandshilfe die zivile Supermacht, die ihre Leistungen weit flächendeckender verteilt als die Vereinigten Staaten. Wie viel der Wiederaufbau und die Stabilisierung des Iraks letztendlich kosten werden ist unklar, doch lässt sich bereits jetzt sagen, dass die Einkünfte durch Öl und die U.S.-Hilfsleistungen nur einen Bruchteil der Kosten abdecken werden. Diese Kosten beinhalten Wiederaufbau, Unterstützung hinsichtlich Versorgung und Infrastruktur, Schuldenrückzahlungen und Reparationen sowie Zuteilungen an fast 50% der Bevölkerung, die früher vom öffentlichen Sektor abhängig waren. Wenn allerdings europäischen Regierungen, Nichtregierungsorganisationen und Bürgern keine direkte Beteiligung am Erfolg des Wiederaufbaus im Irak gewährt wird, wird wesentlich weniger Hilfe ergehen. Dies ist einer der Gründe, weshalb es so wichtig ist, die Vereinten Nationen einzubinden. Sie kann die Etablierung einer zivilen Administration legitimieren, die Beteiligung von UN-Hilfs- und Wiederaufbau-Organisationen autorisieren und die Stationierung einer multilateralen Sicherheits- und Stabilisierungs-Truppe unterstützen.

Die Aufrechterhaltung von Ordnung und innerer Sicherheit ist eine der entscheidenden Herausforderungen im Irak. Wiederum ist Europa der dominante Akteur auf diesem Feld. Gegenwärtige und zukünftige EU-Mitglieder stellen weltweit zehnmal mehr Soldaten für Krisenherde als die Vereinigten Staaten. Europäische Staaten übernehmen oftmals die Führung - wie das Vereinigte Königreich in Sierra Leone, Frankreich in der Elfenbeinküste, Italien in Albanien und Deutschland in Afghanistan. Im Kosovo sind 84% der *Peacekeeper* keine Amerikaner, genauso wie mehr als die Hälfte in Afghanistan. Im Irak machen die Aufgabe der Aufrechterhaltung von Gesetz und Ordnung, die Möglichkeit sporadischer Opposition oder terroristischer Aktivitäten sowie die Aussicht, dass sich Fedajin und andere als kriminelle Organisationen neu bilden könnten, die Notwendigkeit einer beträchtlichen Truppe zur Friedenerhaltung deutlich. Sogar optimistische Szenarien gehen davon aus, dass eine irakische Armee erst in zwei bis drei Jahren einsatzbereit ist. Der amerikanischen Führung fehlt offensichtlich die Motivation, sich an teure und vielleicht gefährliche friedenserhaltende Maßnahmen binden zu lassen. Die Vereinigten Staaten sollten daher darauf hinarbeiten, dass die NATO im Irak – wie bereits in Afghanistan – die Führung der Friedensmission übernimmt. Die Pläne der EU für eine bessere Koordinierung der militärischen

Beschaffung und Zusammenarbeit tragen eher zur Stärkung solcher Friedensmissionen bei, als dass sie die Fähigkeit für Kampfeinsätze verbessern.

Darüber hinaus ist die multilaterale Überwachung der Abrüstung sowie der Einhaltung der Menschenrechte grundsätzlich wirkungsvoller und legitimer als unilaterale Bemühungen. Auch sind multilaterale Maßnahmen politisch weniger brisant, da die überwachte Partei weniger Gründe hat, unlautere Motive der Inspekteure zu vermuten. Europa verfügt über große Erfahrung bei der Verknüpfung von Hilfsleistungen und Überwachungsauflagen und ist die wichtigste Stütze multilateraler Institutionen, die in der Lage sind, effektive Inspektionen durchzuführen.

Die zuverlässigsten Beweise für irakische Waffenprogramme stammen aus den Jahren unabhängiger Inspektionen; und sogar die Bush-Administration gesteht mittlerweile ein, dass die Inspekteure Saddam zur Demontage, Zerstörung oder zum Ersatz vieler, vielleicht beinahe aller, Massenvernichtungswaffen gezwungen haben. Eine der unerwarteten Lehren aus der Irak-Krise besteht darin, dass, obwohl weder die UN-Inspektionen noch die auf Zwang basierende amerikanische Diplomatie für sich genommen das gewünschte Ergebnis erzielten, beide Vorgehensweisen jedoch zu einer extrem effektiven *good cop, bad cop* Strategie verschmolzen werden könnten. Die Inspektionen wären weitaus effektiver gewesen, hätte Europa sich bereit gezeigt, tausende Inspekteure mit einem robusten Mandat, die für den Fall der Nichtkooperation mit anschließenden Zwangsmaßnahmen hätten drohen können, in den Irak zu entsenden. Dies stellt ein viel versprechendes Terrain für eine künftige Zusammenarbeit mit der EU dar.

Die Überwachung des Irak in der Postkonfliktphase ist ebenfalls von größter Wichtigkeit und sollte unter multilaterale Schirmherrschaft gestellt werden, da die amerikanische Glaubwürdigkeit durch Fehler und Übertreibungen vor Kriegsbeginn beschädigt wurde. Am allerwichtigsten erscheint es jedoch, die transatlantische Selbstverpflichtung zu strikten Kontrollen der Nutzung nuklearen, biologischen und chemischen Materials zu einem noch effektiveren internationalen Antiproliferations-Regime auszubauen, das in Friedenszeiten den Handel mit Materialien zur Herstellung von Massenvernichtungswaffen regelt und überwacht.

Schließlich ist für die Konfrontation mit Schurkenstaaten das europäische Engagement bei der Herstellung internationaler Legitimation – die Macht der Überzeugung, die der Harvard-Professor Joseph Nye als „soft power" bezeichnet – unerlässlich. Im Jahr 1991 war der damalige Präsident George H. W. Bush zunächst nicht geneigt, im Rahmen der UNO gegen den Irak vorzugehen, doch seine Berater erklärten ihm, dass die europäischen Staaten seine Anstrengungen ohne eine Resolution des Sicherheitsrats nicht unterstützen würden. Das Ergebnis der geschickten Diplomatie seiner Administration war die nahezu einstimmige Unterstützung durch die westlichen Staaten, die Freigabe von 50 bis 60 Milliarden Dollar Finanzierungshilfen und die fast durchgängige logistische Kooperation der angrenzenden Länder. Im scharfen Gegensatz dazu wurde der zweite Golfkrieg von großen Mehrheiten in der ganzen Welt abgelehnt - ganz offensichtlich insbesondere bedingt durch die fehlende explizite, abschließende Autorisierung durch die UNO. Ohne diese Autorisierung leisteten die Alliierten nur geringe finanzielle Beiträge, und wichtige regionale Akteure wie die Türkei verweigerten wesentliche Unterstützungsmaßnahmen für die Militäroperationen.

Die Herstellung internationaler Legitimation ist nun für die Besatzungsphase ebenso ausschlaggebend, und die Beteiligung der UNO und Europas bleibt der beste Weg, dieses

Ziel zu erreichen. Indem die Vereinigten Staaten ihre Macht in multilaterale Mechanismen einbinden, minimieren sie das Potential gewaltsamer öffentlicher Gegenreaktionen, während sie (wie in Afghanistan) im Hintergrund agierend entscheidenden Einfluss geltend machen können. Aus dieser Perspektive besteht die größte Gefahr für die Koalitionspolitik im Irak nicht in der Opposition sondern in der Apathie Europas. Denn ohne multilaterale Legitimation werden die nationalen Parlamente wahrscheinlich mit Unterstützung für die USA geizen, und der Anti-Amerikanismus wird sich weiter ausbreiten.

5 Eine Neuausrichtung der transatlantischen Beziehungen

Aus all diesen Gründen sollten der Wiederaufbau des Irak und der Wiederaufbau der transatlantischen Allianz Hand in Hand vonstatten gehen. Die Art der Zusammenarbeit im Irak kann das Modell für die künftige transatlantische Zusammenarbeit im Allgemeinen liefern. Eine Neuausrichtung der transatlantischen Beziehungen muss auf die Basis sich ergänzender ziviler und militärischer Mittel gestellt werden; das heißt, es sollte eine Arbeitsteilung auf der Grundlage des Konzeptes der relativen Stärken erfolgen: Jede Partei übernimmt den Bereich, in dem sie die größte Expertise vorweisen kann. Solch eine Neuausrichtung würde nüchterne nationale Interessen widerspiegeln. Damit rückt die zentrale politische Problematik ins Zentrum, nämlich die Frage, auf welche Weise man solch eine Form der Spezialisierung für alle Partner zufrieden stellend und für die Allianz als Ganzes effizient gestalten kann. Die europäische Stärke – und Europas einzige Hoffnung, die U.S.-Politik nachhaltig zu beeinflussen – besteht in durchsetzungsfähiger und effizienter Zivilmacht, einem Mittel, über das die Vereinigten Staaten nicht verfügen. Statt ewig über die militärische Macht der USA zu lamentieren oder sich gar selbst nach dieser zu sehnen, täte Europa besser daran, sein politisches und finanzielles Kapital in das Pendant der europäischen Zivilmacht zu investieren.

Viele Europäer zeigen sich besorgt darüber, dass sie in einer westlichen Allianz, in der die Vereinigten Staaten den militärisch dominanten, die Europäer hingegen den in zivilen Fragen dominanten Partner abgeben, benachteiligt würden. Wie oft hört man die Predigt: „Amerika kocht und Europa erledigt den Abwasch." Diese Metapher ist jedoch irreführend. Tatsächlich würde eine europäische Fokussierung auf Zivilmacht und militärische Mittel geringerer Intensität den Einfluss gegenüber den Vereinigten Staaten erhöhen – und dadurch die westliche Allianz stärken. Würden die Europäer allein oder gemeinsam den Einsatz ihrer Zivilmacht – Handel, Hilfe, friedenserhaltende Maßnahmen, Überwachung und multilaterale Legitimation – explizit an die Bedingung amerikanischer Selbstbeschränkung knüpfen, könnten sie sich öfter durchsetzen, auch ohne über eine größere Armee zu verfügen.

Europa benötigt die amerikanische militärische Macht; Amerika benötigt die europäische Zivilmacht. Jede Seite hat guten Grund, eine berechenbare Beziehung wertzuschätzen, die zu Mäßigung, Selbstbeschränkung und Berücksichtigung gegenseitiger Interessen im Vorfeld militärischer Aktionen führt. Wenn es das ist, was die U.S.-Politik erreichen will, dann würde sie gut daran tun, die unverhohlene Missachtung multilateraler Normen zu vermeiden und stattdessen politisches Kapital für zukünftige Krisen anzuhäufen. Die Europäer ihrerseits sollten die Effektivität der U.S.-Militärmacht anerkennen und die laufenden Bemühungen zur Schaffung einer flexiblen EU-Außenpolitik unterstützen, die eine bessere

Koordination der Entscheidungen zum Einsatz ziviler, militärischer oder friedenserhaltender Mittel erlauben. Die Zeit ist nun gekommen, sich für dieses Ziel einzusetzen.

Die Lehre aus dem Irak-Krieg liegt auf der Hand: Eine militärische Vormachtstellung hat nicht die entscheidende positive Wirkung auf die Weltpolitik, welche die Neokonservativen ihr zumessen. Es ist wesentlich teurer, eine veritable *Pax Americana* zu erzwingen, als lediglich einen Krieg auf die amerikanische Art und Weise zu führen. In finanzieller Hinsicht ist sogar das gegenwärtige inadäquate Engagement kostspielig. Der Westen muss nochmals dasselbe Lehrgeld zahlen, das er bereits vor einem halben Jahrhundert während der Dekolonisierung zahlen musste: Militärische Gewalt allein kann in der sich entwickelnden Welt keine stabilen Regierungen und auch keine verlässlichen Alliierten schaffen. Der Einsatz nicht-militärischer Macht in Form von Handel, Hilfsmaßnahmen, friedenserhaltenden Maßnahmen, Überwachung und multilateraler Legitimation trug entscheidend zum Sieg des Westens im Ost-West-Konflikt bei – und dies trifft vielleicht in noch größerem Maße auf die gegenwärtigen Bedrohungen durch Terrorismus, Massenvernichtungswaffen und Schurkenstaaten zu. Jede erfolgversprechende westliche Strategie muss auf dieser fundamentalen Prämisse fußen.

Wenn alles gut verläuft – das heißt, die Situation im Irak sich verbessert, Europa in zivile und friedenserhaltende Instrumente investiert und die Vereinigten Staaten künftigen militärischen Interventionen ein Mindestmaß an Konsultation vorausschicken – könnte sich relativ zügig wieder ein transatlantischer Konsens herausbilden.

Sollte allerdings der irakische Wiederaufbau ins Stocken geraten und die Europäer unbeteiligt zuschauen, während die Amerikaner an ihrem kompromisslosen und ungeduldigen militärischen Unilateralismus festhalten, steht eine Bedrohung der westlichen Interessen im Mittleren Osten zu befürchten. Dann bliebe den transatlantischen Partnern trotzdem noch die Option, sich darauf zu verständigen, kontroverse Fragen schlicht aus der Diskussion auszublenden, um mögliche Kollateralschäden für Bereiche, in denen Übereinstimmung besteht, zu vermeiden. Was auch geschehen mag, die Diplomatie der jüngsten Vergangenheit mag als Anleitung dafür dienen, was in der Zukunft vermieden werden sollte und was besser gemacht werden könnte.

Transforming the Transatlantic Partnership

Daniel S. Hamilton

1 Introduction

Bitter divisions over Iraq led to one of the worst periods of transatlantic relations in the past 60 years. As European and American leaders work to get the relationship back on track, the underlying question is whether those divisions were simply another family quarrel or whether they heralded deeper structural changes in the transatlantic relationship that will continue. Certainly personalities and policies contributed to the tensions. But as we move forward, we would do well to consider four underlying factors of change.

First, as is widely recognized, the factor that traditionally disciplined periodic transatlantic disputes – the Soviet threat – is gone. The conclusion that is often drawn is that since Europeans and Americans longer need to work together as closely as they once did, they can afford greater transatlantic disagreement than in the past. I disagree with this conclusion, for reasons I outline below. But it is certainly a widely held view on both sides of the Atlantic. A second and related factor is that the locus of transatlantic attention has shifted from the stabilization of Europe to so-called "out of area" problems – challenges beyond Europe. The greatest security threats to the United States and Europe today stem from problems that defy borders: terrorism and proliferation of weapons of mass destruction, pandemics and environmental scarcities. They stem from challenges that have traditionally been marginal but contentious in the transatlantic dialogue: peacekeeping outside the traditional NATO area; post-conflict reconstruction and rehabilitation; rogue states, failed states and states hijacked by groups or networks. And they come from places, such as Africa or Southwest and Central Asia, which the transatlantic agenda has often ignored. Even during the Cold War such issues were the source of some of the most profound transatlantic disagreements, which stemmed as much from differing interests as from different opinions. Europeans and Americans have never really tried to develop common analyses or strategies towards such issues, and either lack or ignore mechanisms or institutions to advance such dialogue. Third, Europeans and Americans are each looking at the world through a different "9/11". On European calendars, 9/11 translates to November 9; on American calendars it translates to September 11.

For most Europeans the catalytic event framing much of their foreign and security policy remains the fall of the Berlin Wall on November 9, 1989 and the accompanying collapse of the Soviet Union and European communism. When the people on the streets of Central and Eastern Europe brought down the Iron Curtain with their collective cry, "We want to return to Europe", they unleashed an earthquake that is still shaking the continent and its institutions – as seen dramatically and most recently by the Orange Revolution in Ukraine and the Rose Revolution in Georgia. Europeans remain engaged in a fundamental transformation of their continent, marked by the expansion of the EU and NATO to central and eastern Europe, the prospect of EU membership for Turkey as well as nations of "Wider Europe;" introduction of the Euro; serious debates about reforming post-communist economies and retooling social welfare economies that have been the mainstay of Europe for half a century; and ratification of a new EU constitutional treaty, intended to transform Europe's basic institutions and to define a role for Europe in this new century. Together, these developments represent an historic opportunity to build a continent that is truly whole, free and at peace with itself. It is a goal that Americans share, and to which the United States has contributed significantly. But it continues to absorb – almost overwhelm – European energy and attention. The resultant danger is that transatlantic issues get "crowded out" by a very full European plate, scope for compromise with the U.S. is reduced by the need for intra-European consensus, and the complex nature of the new transatlantic and global agenda does not match up well with EU mechanisms.

For most Americans, November 9 also played a catalytic role, and informed much of U.S. foreign policy in the ensuing decade. But in American public consciousness the horrific events of September 11, 2001 have transformed November 9, 1989 into a bookend to an era of transition to a newly dangerous century. September 11 unleashed a very fundamental debate in the United States about the nature and purpose of America's role in the world. Today Americans share a strange sense that they are both uniquely powerful and uniquely vulnerable, and are concerned that even their great power may not help them cope with their vulnerabilities, which may derive as much from whom they are as a society as from what they do as a government.

These lenses explain somewhat differing American and European approaches to current issues. The November 9 world is one of promise, of new possibilities. The September 11 world is one of tragedy, of new dangers. The November 9 perspective says the worst is over. The September 11 perspective says the worst is yet to come. November 9 tells Europeans that if they work together, they may be able together to manage the security of their continent for the first time in their history. September 11 tells Americans that, by themselves, they may not be able to ensure the security of their homeland for the first time in their history. The November 9 view says the management of global dangers, while important, is a less immediate priority than the historic opportunity to transform European relations. The September 11 view says that in its basic contours a Europe whole and free is already here; the priority challenge now is to transform global relations to meet new threats.

A fourth trend, however, points not to drift but to deeper transatlantic integration. The years since the Cold War – the years when the fading "glue" of the Cold War partnership supposedly loosened transatlantic ties – have marked one of the most intense periods of transatlantic economic integration ever. The mutual stake Europeans and Americans have in each other's prosperity and success has grown dramatically since the end of the Cold War. Moreover, these ties became stronger, not weaker, during the first term of the Bush Administration.[1]

Loose talk about transatlantic divorce ignores some bottom-line economic facts. First, despite the perennial hype about "big emerging markets," the economic relationship between the United States and Europe is by a wide margin the deepest and broadest between any two continents in history. The $2.5 trillion transatlantic economy employs 12-14 million workers on both sides of the Atlantic who enjoy high wages, high labor and environmental standards, and open, largely non-discriminatory access to each other's markets.

---

[1] For details on deeper transatlantic integration, see Daniel S. Hamilton and Joseph P. Quinlan, *Partners in Prosperity: The Changing Geography of the Transatlantic Economy*, Washington, DC: Center for Transatlantic Relations, Johns Hopkins SAIS, 2004.

Europe is a key supplier of capital for the debt-stretched United States, and European firms are essential sources of taxes for state and local governments.

Lost in headline stories about banana, beef or steel disputes are two critical facts. First, these squabbles represent less than 1% of overall transatlantic economic activity. Second, trade rows themselves are a misleading benchmark of transatlantic economic interaction, since trade itself – $441 billion in 2004 – accounts for less than 20% of transatlantic commerce. Foreign investment is the backbone of the transatlantic economy, not trade. Such investments create jobs for American and European workers, profits for American companies, and better choices for American consumers. They are fusing European and American societies together far more tightly than the shallow form of integration represented by trade flows.

Further, contrary to common wisdom, most U.S. and European investments flow to each other, not to lower-wage developing nations. Transatlantic foreign affiliate sales not only dwarf transatlantic trade flows but also every other international commercial artery linking the United States to the rest of the world. In 2001, total foreign affiliate sales between the U.S. and Europe were more than double U.S.-transpacific foreign affiliates sales, more than three times larger than total transpacific trade flows, and more than four times larger than foreign affiliate sales between the U.S. and Nafta partners Mexico and Canada. European and American companies invest more in each other's economies than they do in the entire rest of the world. There is more European investment in California or Texas alone than all of U.S. investment in Japan and China put together. Over the past decade U.S. companies have invested 10 times as much in the Netherlands as in China, and twice as much in the Netherlands as in Mexico. The three German states of Hesse, North-Rhine Westphalia and Baden-Württemberg invest more in the United States than in the rest of the European Union outside Germany. America's asset base in the United Kingdom alone is roughly equivalent to the combined overseas affiliate asset base of Asia, Latin America, Africa and the Middle East. Two-thirds of American corporate international Research & Development is in Europe, and two-thirds of the world's industrial R&D is concentrated in Europe and the United States.

What is particularly striking is that transatlantic economic integration has even accelerated over the past two years, despite the souring of transatlantic relations over Iraq. After posting record earnings of $44 billion in 2003, European affiliates in the United States again earned a record $65.7 billion in 2004. Similarly, U.S. firms ploughed a near-record $100 billion into Europe in 2003 and were on track to reach $120 billion in 2004, a record high. U.S. companies continue to rely on Europe for half their total annual foreign profits. Despite all the talk about companies abandoning the U.S. for China and India, the U.S. remains a favored destination of multinationals, and strong investment flows from Europe largely account for this trend.

The networks of interdependence that are being created across the Atlantic have become so dense, in fact, that they have attained a quality far different than those either continent has with any other. Many transatlantic tensions result less from the fashionable notion that our societies are drifting apart, and more from the growing evidence that they are in fact colliding. Often these frictions are so severe precisely because they are not traditional "at-the-border" trade disputes, but reach beyond the border and affect such fundamental domestic issues as the ways Americans and Europeans are taxed, how our societies are governed, or how our economies are regulated.

These issues go to the heart of globalization. If globalization is going to proceed in ways that make Americans, Europeans, and others more prosperous and secure, the U.S. and Europe will have to show that they can deal with the challenges generated by the deep integration of our economies. If we cannot resolve such differences with each other, how will we resolve them with economies much less like our own?

The fact that transatlantic commerce remains strong, dynamic and more attuned to good economics than bad diplomacy does not mean that the transatlantic economy is impervious to transatlantic political strains. In fact, that is my concern – that in an increasingly context-free debate more Europeans and Americans have come to believe they have little to lose by looser transatlantic bonds. During the Cold War, leaders worked hard to keep transatlantic economic conflicts from spilling over to damage our core political alliance. Today, the growing challenge is to keep transatlantic political disputes from damaging our core economic relationship. Talk of no-cost transatlantic divorce is dangerously myopic. Pouring French wine down American drains or vandalizing McDonalds on European streets may make for splashy headlines, but the more significant development is the accelerating integration and cohesion of the transatlantic economy.

2 Some Guideposts

These four factors tug the transatlantic relationship toward both divergence and convergence. As leaders struggle to recast the relationship to meet new challenges, three basic premises may help.

The challenge isn't transatlantic divorce, it is transatlantic dysfunction. Differences of perspective and policy are powerful. But the history of European-American relations has often been the history of difference. Merely asserting difference or reciting lists of tough issues does not make the case for divorce. Divorce won't happen for a simple reason – we literally cannot afford it. A weaker transatlantic bond would render Americans and Europeans less safe, less prosperous, and less able to advance either our ideals or our interests in the wider world. But unless we address straightforwardly the deep changes that have altered the context of our relationship and develop common strategies to advance the broadened range of interests we share, we are unlikely to harness transatlantic potential to our wider goals, and more likely to hold each other back. The real possibility we face is not transatlantic divorce but rather transatlantic dysfunction, in which growing transatlantic political disagreements spill over into our increasingly networked economic relationship, swamping efforts to cope with the consequences of deep transatlantic integration and blocking progress on a range of global challenges neither Europeans nor Americans will be able to tackle alone. This calls for new mechanisms of coordination to make cooperation possible – difficult, but doable.

What remains distinctive about the transatlantic partnership is its transformative potential. President Bush likes to speak of America's transformative power. Secretary Rumsfeld speaks of "military transformation," and Secretary Rice speaks of "transformative diplomacy." Throughout its history America has been a transformative nation. But for the past 60 years the transatlantic relationship has been the world's transformative partnership.

More than with any other part of the world, America's relationship with Europe enables each of us to achieve goals together that neither of us could alone – for ourselves and for the world. This is what still makes the transatlantic relationship distinctive: when we agree, we are the drivewheel of global progress; when we disagree, we are the global brake.

Harnessing this potential means paying attention to legitimacy and effectiveness. The genius of the American-led system constructed after the collapse of Europe, following two world wars, was that it was perceived to be legitimate by those within its ambit. We have not enjoyed the West's sixty-year peace just because our countries are democracies (although democracy is a major contributor!), but because we built our success on a dense network of security, economy and society, and because those who are our partners came to believe that, by and large, they had a voice in the overall direction of this community. The effective use of power includes the ability not just to twist arms but to shape preferences and frame choices – to get others to conceive of their interests and goals in ways compatible with one's own.

The global legitimacy of American leadership was a major casualty of the first Bush Administration. Restoring it has become a defining issue for transatlantic relations and a key measure of the second Bush Administration. The U.S. cannot lead unless others choose to follow, and they will not make that choice over and over again unless they perceive it to be in their own best interests to do so. This depends on the degree of confidence they have in Washington's capacity to cope with core challenges, and whether the way in which we do so is perceived to be legitimate.

Posses may be a last resort if the sheriff is desperate and alone. But they tend to be rather motley, unreliable affairs. Outlaws armed with weapons of mass destruction are more likely to be subdued by organized forces of law and order that employ their power through the consent and direction of their communities. An approach that willfully seeks to weaken those forces in favor of whatever international posse we can gather together shortchanges our security, our prosperity, and our freedom. Those who see our key alliances and international treaties and regimes at best as ineffective and at worst as an unacceptable constraint on U.S. freedom of action should heed the costs of unilateral action in terms of less legitimacy, greater burdens, and ultimately diminished ability to achieve our goals.

Those who believe that robust international norms and enforcement mechanisms are needed to tackle global threats, however, must focus equally on the effective enforcement of such regimes, and consider more forthrightly the necessity to act when these regimes fail. Might there be circumstances under which commitment to "international law" could risk national survival or result in mass human tragedy? European governments have in fact demonstrated that they are prepared to act without an explicit UN mandate – most recently in Kosovo. The EU's Security Strategy, with its hierarchy of five threats – terrorism, WMD proliferation, regional conflicts, state failure, and organized crime – repositions the EU in the post-911, post-Saddam world, and gives Europeans a vehicle with which to engage the U.S. in a strategic dialogue. Such a dialogue should give content to the term "effective multilateralism," which both President Bush and European leaders have endorsed. It should focus on the most divisive themes, particularly regarding the use of force. It should cover the entire range of issues associated with preemption and prevention, and it should focus on ways to narrow the yawning gap between *legality* and *legitimacy* in today's world. How should nations engage when faced with a conflict between state sovereignty and human rights? How can international institutions originally created to keep the peace *between* nations can be adapted to secure peace *within* nations? How can the international community prevent future Afghanistans, future Rwandas, future Kosovos, future Iraqs – future Sudans?

3 Transforming the Transatlantic Partnership

The first and most important step is rebuilding a sense of common cause. For half a century the primary agenda of European-American relations was to work toward a Europe that was whole, free and at peace with itself. Our common challenge now is to reconcile a new stage of European integration with a strategic transformation of transatlantic relations. This new strategic agenda rests on three pillars. The first centers on the challenges facing a wider Europe. The second deals with issues beyond the European continent, particularly but not only those affecting the broader Middle East. The third focuses on issues affecting the relationship between European and American societies – of deep integration across the Atlantic.

3.1 The Transformation Agenda within Europe

The dual enlargement of the European Union and NATO in 2004 projected stability far across the European continent. This process will continue with the pending accession of Romania and Bulgaria to the EU, and with a real perspective of EU membership now given to Turkey. Moreover, the Orange Revolution in Ukraine and the Rose Revolution in Georgia have opened new opportunities to advance freedom and democracy across an even wider swath of the European continent. This is an area of turbulence and potential instability requiring the same degree of commitment that Europe and the United States demonstrated in integrating central Europe and quelling violence in the Balkans. Today the challenge is to extend that vision even further to include the countries of Wider Europe, extending from Eastern Europe and the Mediterranean to Eurasia.

Successful reforms in countries such as Ukraine and Georgia would reverberate throughout the societies of the former Soviet space, offering compelling evidence that freedom, democracy, respect of human rights and the rule of law is not some quixotic dream. Success in this region would bring us one step closer to a Europe that is truly whole, free, and at peace with itself, and would facilitate efforts by the United States and Europe to advance our second major transformative project – modernization of the Broader Middle East. The display of coordinated U.S.-EU support for free elections in Ukraine was perhaps the most recent dramatic example of what can be achieved by transatlantic entente. Even though the burden of change rests primarily with reformist nations, it is critically important that Western leaders be clear that the door to Western institutions remains open to those democracies willing and able to walk through them. Such a vision should be underpinned with concrete manifestations of support and outreach.

These efforts must be accompanied by a new determination to resolve regional tensions and conflicts. Wider Europe's four so-called "frozen conflicts" – in Moldova (Transniestria), Georgia (Abkhazia and South Ossetia), and the Nagorno-Karabakh conflict between Armenia and Azerbaijan – are not "frozen," they are festering wounds that absorb energy and drain resources from countries that are already weak and poor. They inhibit the process of state building as well as the development of democratic societies. They generate corruption and organized crime. They foster the proliferation of arms and a climate of intimidation. They are a major source of instability within these countries and the broader region. They severely undermine the prospects of these countries for Euro-Atlantic integration, while giving Moscow a major incentive to keep these conflicts "frozen." Until now the West has preferred to shelve these conflicts rather than risk falling out with Moscow in the post-Cold War, post-9/11 world. But when the West is pushing for democratic change in the broader Middle East and elsewhere, it is important not to create a double standard for democracy in Wider Europe. Overcoming these conflicts is a precondition for putting these countries on a firm course of reform and anchoring them to the West, and a test of Western commitment to a Europe whole, free and at peace with itself. It is time to make their resolution a top priority, both on the ground and in relations with Moscow. Failure to do so now could mean paying a higher price later.

As the West advances a new agenda with Wider Europe, it is important not to forget southeastern Europe – failure of integration strategies there will reduce the prospects for their success elsewhere. Crisis is brewing again in Kosovo, and the international community is united in its complacence. Kosovar Albanians clearly expect the international community to deliver on its promise to address final status issues. Without active international engagement the prospect for renewed conflict and regional instability is high. While various models for Kosovo's future can be envisaged, a largely independent Kosovo is likely to emerge with some elements of its policies, such as human rights issues, under broader EU or international auspices for some indeterminate time. This issue needs to be addressed seriously.

A strategic approach toward Wider Europe must be combined with a rethink of the U.S. approach to "core" Europe – the European Union. For all the reasons outlined above, the United States needs a European Union willing and able to act as a partner on the European continent and beyond. Rather than becoming transfixed by the (highly theoretical) challenges posed to the U.S. by Europe's putative strength, American opinion leaders would do well to focus on the (much more practical) dangers posed by Europe's weakness relative to its potential. That means working with European Atlanticists to help bring about a more confident, cohesive and outward-looking partner, and resisting the temptation toward "disaggregation." U.S. efforts to pit some parts of Europe against others would be a reversal of American support, over six decades, of an ever closer European union, and threatens to return that continent to the very pattern of history that in the last century brought untold tragedy, not only to Europe but to America and the wider world. If there is one policy guaranteed to boost support for those who seek to build Europe as a counterweight rather than as a counterpart to the U.S., it is American hostility to the EU. Such efforts are as inept as they are dangerous, and must be rejected.

Efforts to advance U.S.-EU relations must be advanced in parallel with efforts to transform the North Atlantic Alliance. If NATO is to be better, not just bigger, it must transform its scope and strategic rationale, its capabilities, and its partnerships in ways that are understood and sustained by parliamentary and public opinion. Much more needs to be done in this area. More specifically, NATO's current challenges lie in two areas: anchoring a sustainable and effective role in the Broader Middle East, which I address later; and transforming Alliance capabilities.

First, most European forces simply are unable to deploy and project power as they should. European allies have committed to improving the deployability of their forces, but currently less than 100,000 troops are deployable of 1.5 million European NATO forces and uneven progress on such issues since the Prague Summit offers room for doubt whether such commitments will be met anytime soon. Second, in a world of failed and failing states, NATO must be able to win peace as well as war. The Alliance needs an integrated, multinational security support component that would organize, train and equip selected U.S., Canadian and European units – civilian and military – for a variety of post-conflict operations. These units should be designed flexibly to support operations by NATO, NATO and its partners, the EU, and the UN. Third, NATO's nations – and their partners – must be prepared not only to project power beyond Europe but also to prevent, deter and, if necessary, cope with the consequences of WMD attacks on their societies – from any source. If Alliance governments fail to defend their societies from a WMD attack, the Alliance will have failed in its most fundamental task. NATO's civilian disaster response efforts are still largely geared to natural disasters rather than intentional attacks, and remain very low priority. It is time to ramp up these efforts to address intentional WMD attacks on NATO territory, to work with partners such as Russia to develop new capabilities and procedures for collaboration with civilian authorities, and to tap the expertise of partners such as Sweden or Switzerland who have had decades of experience with homeland security, or what they call "total defense." This could be an attractive new mission for the Partnership for Peace.

3.2 The Transatlantic Agenda beyond Europe – The Broader Middle East

The global transatlantic agenda is overwhelmingly broad – and ranges far beyond the scope of this essay. But the prospects for transatlantic "out of area" cooperation center in particular on five related issues in the Broader Middle East: Iraq, Afghanistan, Iran, the Middle East Peace Process, and cooperation across the broad region.

The January 2005 elections in Iraq opened the way for greater transatlantic cooperation. Differences over Iraq cannot be allowed to obscure the fact that failure there would be a failure for Europe as well as America. The U.S. needs support from its allies, and its allies must have a strong interest in ensuring that a democratic Iraq succeeds. It is critical to broaden and further internationalize the coalition to help the Iraqi people transform their country into a democratic and sovereign state. The immediate task is to train effective Iraqi forces – to which all NATO nations are committed in some fashion or another. This is a good next step, but more is required.

Afghanistan remains a key test of transatlantic cooperation. NATO and the U.S. are working to merge their separate missions there, giving NATO for the first time command over an operation that will combine counterterrorism and peacekeeping. Alliance leaders have also agreed to increase the number of Provincial Reconstruction Teams to extend the authority of the central government outside of Kabul and to facilitate development and reconstruction. While these developments are encouraging, the true test will be to extend stability beyond the capital, to wean Afghanistan away from its severe dependence on poppy production for the global drug trade, and to ensure western nations provide adequate attention and resources for these tasks.

Iran poses an even tougher test. Neither the EU strategy of engagement nor the U.S. policy of isolation has deterred the regime from its nuclear ambitions. The trouble is that the Europeans only offer carrots and the Americans only brandish sticks. The European effort is an important first step, but there is no threat of sanctions if Iran reneges, no provision for a viable inspections program, and nothing about terrorism. Moreover, Europe's efforts are only likely to succeed if they have an American buy-in, since what the Iranians really want the Europeans can't give – respect from Washington. U.S. engagement could strengthen the deal on our terms. Unfortunately, the Bush Administration is carping from the sidelines rather than working to strike a better deal. That deal, in essence, would tell the Iranians, you can give up your nuclear ambitions and your support for terrorism in exchange for a beneficial package that will help the Iranian people, or you can face comprehensive, multilateral sanctions that will cripple your economy.

There are promising developments in the Middle East peace process. While the parties themselves remain the key, transatlantic cooperation is essential; both to keep the process on track and to sustain Israeli-Palestinian peace should it emerge. Moreover, renewed transatlantic engagement here would encourage European receptiveness to U.S. efforts regarding both Iraq and Iran. Palestinians will need international, particularly European, help conditioned on their rejection of terrorism and commitment to build the institutions of a democratic, independent state. The Quartet (the U.S., EU, Russia and the UN) can reengage to advance the roadmap's goal of a viable Palestinian state and a secure Israel by 2007. Europeans and Americans should also be thinking ahead to a possible NATO role in such areas as training of security forces, enhancing border security, and monitoring the implementation of roadmap commitments. U.S. commitment to work on these issues with European partners is likely to elicit greater European efforts to engage with the U.S. and other partners to transform the wider region itself. The peaceful transformation of the broader Middle East is perhaps the greatest challenge of our generation, and a potentially important project for a rejuvenated transatlantic partnership. But the beginning has been awkward and we have yet to harness our efforts effectively.

3.3 The Transatlantic Agenda between European and American Societies

Our third large priority area is to work together to deal with the impact of globalization on our societies. Two areas in particular deserve greater attention. The first is more effective cooperation to protect our societies. Effective "homeland security" may begin at home, but in an age of catastrophic terrorism no nation is home alone. If Europeans and Americans are to be safer than they are today, individual national efforts must be aligned with more effective transatlantic cooperation. Just because the Cold War is over does not mean that Europeans and North Americans are less dependent on one another. Without systematic trans-European and transatlantic coordination, each side of the Atlantic is at greater risk of attack. Uneven efforts within Europe leave North Americans more vulnerable, particularly since North America's security is organically linked to Europe's vulnerability to terrorist infiltration. Similarly, if U.S. and Canadian efforts render the North American homeland less vulnerable to attack, terrorists may turn more readily to "softer" targets in Europe.[2]

When Tom Ridge resigned as U.S. Secretary of Homeland Security he said his greatest regret was not engaging the European Union earlier. There have been some promising beginnings, but they have been ad hoc achievements rather than integrated elements of a more comprehensive approach. Individual efforts must now be complemented by a systematic, high-profile transatlantic initiative to advance "safer societies" in areas ranging from intelligence, counterterrorism, financial coordination and law enforcement to customs, air and seaport security, biodefense, critical infrastructure protection and other activities. Such efforts, in turn, could serve as the core of more effective global measures.[3]

The second opportunity is to build a new transatlantic partnership grounded in the vital stake we have developed in the health of our respective economies. At the June 2004 U.S.-EU summit, President Bush and European leaders declared their willingness to consider new initiatives to remove further barriers to transatlantic commerce. This agenda should become a high priority for both sides of the Atlantic. As outlined above, many of the issues confronting European and American policymakers today are those of "deep integration," a new closeness that strikes at core issues of domestic governance, and that is of a qualitatively different nature than the "shallow integration" model of the Bretton Woods-GATT system established during the Cold War. The "deep integration" agenda reaches far beyond the current multilateral trade agenda. Even a successful Doha round, for example, will not address such pressing "deep integration" issues affecting Europe and America as competition policies, corporate governance, regulatory cooperation and other issues. Nor will it address issues raised by European and American scientists and entrepreneurs, who are pushing the frontiers of human discovery in such fields as genetics, nanotechnology and electronic commerce, where there are neither global rules nor transatlantic mechanisms to sort out the complex legal, ethical and commercial tradeoffs posed by such innovation. In such areas the difficulty is less that there are different "European" or "American" answers to these challenges and more that neither side has even sorted out the appropriate questions, much less the answers.

4 Conclusion

The past few years have been rough on transatlantic relations. Our economies and our societies are too deeply intertwined to allow transatlantic divorce, however. The real possibility we face is not divorce but dysfunction, in which growing transatlantic political disagreements spill over into the core economic relationship, swamping efforts to cope with the consequences of deep transatlantic integration and blocking progress on a range of global challenges neither Europeans nor Americans will be able to tackle alone. We must reconcile Europe's grand experiment of integration with a reorientation and strategic transformation of transatlantic relations to create a new model: an Atlantic partnership that is more global, more equal – and more effective.

---

[2] See Jonathan Stevenson, "How Europe and America Defend Themselves," *Foreign Affairs*, March/April 2003.
[3] For further details on transatlantic cooperation in this field, see Anja Dalgaard-Nielsen and Daniel Hamilton, *Transatlantic Homeland Security*, London: Routledge, 2005.

Hard Power und Soft Power: Plädoyer für einen neuen Transatlantischen Vertrag

Stanley R. Sloan und Heiko Borchert

1 Einführung

Im Schatten der Klagen über die jüngsten transatlantischen Auseinandersetzungen sind die Bemühungen zur Verbesserung der Beziehungen angelaufen. Insbesondere US-Präsident George W. Bush und seine Außenministerin Condoleezza Rice haben in den ersten Monaten der zweiten Amtszeit mit ihren Besuchen in Europa dazu beigetragen, die Wogen zu glätten und in offenen Streitfragen wie beispielsweise dem Umgang mit den nuklearen Ambitionen Irans gemeinsame Lösungen zu suchen. Durch die konkrete Beschäftigung mit Problemen, die für beide Partner von strategischer Bedeutung sind, werden diese eine alte Wahrheit aufs Neue erlernen: Internationale Politik kann vor allem dann zielführend vorangetrieben werden, wenn die USA und Europa im gleichen Team spielen. Allerdings darf diese Einsicht nicht den Blick dafür verstellen, dass es – wie Bundeskanzler Gerhard Schröder im Februar 2005 bei der durch Verteidigungsminister Peter Struck in München vorgetragenen Rede betonen ließ – offene inhaltliche und strukturelle Fragen zur Zukunft der transatlantischen Beziehungen gibt, die umfassend diskutiert werden müssen.[1]

Im Kern sind die aktuellen Gegensätze auf den Umstand zurückzuführen, dass sich die Präferenz für die verschiedenen Machtinstrumente, die den USA und den europäischen Partnern zur Verfügung stehen, immer stärker auf das politische Verhalten der beiden Seiten auswirken. Die Fähigkeiten der US-Streitkräfte, die im gesamten Spektrum moderner Risiken agieren können, verleiten Washington bei Krisen vor allem dazu, zuerst auf dieses Mittel der Konfliktlösung zu setzen. Europa vertraut dagegen in aller Regel zuerst auf seine diplomatischen und wirtschaftlichen Instrumente, die in der innereuropäischen Erfahrung den Krieg als Mittel der Politik verdrängt haben. Die daraus resultierende und rhetorisch teilweise zusätzlich betonte Gegensätzlichkeit zwischen harten und weichen Instrumenten der Macht ist weitgehend kontraproduktiv. Joseph S. Nye skizziert mit seinen Überlegungen zur *soft power* einen Ansatz zur Überwindung dieses Problems und zur Kombination der auf beiden Seiten des Atlantiks vorhandenen Machtpotenziale. Er beschreibt *soft power* als die Fähigkeit eines Staates (oder einer Gruppe von Staaten), Ereignisse aufgrund seiner kulturellen Anziehungskraft, seiner Ideologie und mit Hilfe internationaler Institutionen zu

---

Der Beitrag basiert auf: Stanley R. Sloan und Heiko Borchert, Transatlantic Power Gaps and the Future of EU-US Relations, in: Hans-Georg Ehrhart und Burkard Schmitt (Hrsg.), Die Sicherheitspolitik der EU im Werden. Bedrohungen, Aktivitäten, Fähigkeiten, Baden-Baden 2004, S. 133-145; Stanley R. Sloan und Heiko Borchert, „Soft power" als Lösung: US-amerikanisch-europäische Beziehungen in Europa und über Europa hinaus, in: Institut für Friedensforschung und Sicherheitspolitik an der Universität Hamburg/IFSH (Hrsg.), OSZE-Jahrbuch 2003, Baden-Baden, S. 81-96.

[1] Gerhard Schröder, Perspektiven der deutschen Außen- und Sicherheitspolitik, Europäische Sicherheit 3/2005, S. 17-19.

beeinflussen.² Angesichts der Komplexität der neuen Herausforderungen der Globalisierung und nach den Anschlägen auf die USA vom 11. September 2001 dürfte dieses Konzept auf der internationalen politischen Agenda eine zunehmend wichtige Rolle spielen.

Soft und *hard power*-Politik („harte" Macht) und die jeweiligen Ressourcen sind dann am wirkungsvollsten, wenn sie in Kombination eingesetzt werden. *Soft power* kann dazu beitragen, *hard power* zu legitimieren. Obwohl *hard power* unverzichtbar ist, um Kriege zu gewinnen und oftmals auch, um strategischen Entscheidungen Glaubwürdigkeit zu verleihen, ist *soft power* umso wichtiger, um Frieden zu erlangen und zu erhalten. *Soft power* ist die Voraussetzung für Vertrauen zwischen Menschen und Staaten. Ohne Vertrauen kann keine stabile internationale Ordnung aufgebaut und erhalten werden. Gegenwärtig werden *soft* und *hard power* aber kaum als zwei Seiten ein und derselben Medaille angesehen. Europa ist unverkennbar allzu schnell dabei, militärische Macht (von der es wenig hat) zu meiden und verlässt sich zu sehr auf *soft power* (womit es wiederum gut ausgestattet ist). Europas *hard power*-Defizit untergräbt jedoch sein diplomatisches Gewicht, insbesondere im Umgang mit seinem Verbündeten, der Supermacht USA. Das ist ein Teil des Problems. Der andere Teil des Problems ist, dass die Vereinigten Staaten die *soft power*-Politik in ihren Reaktionen auf internationale Herausforderungen oft zu stiefmütterlich behandeln.

Seit 1945 sollten die USA und ihre europäischen Verbündeten eigentlich gelernt haben, dass *hard* und *soft power* in einer erfolgreichen Außen- und Sicherheitspolitik eine Symbiose eingehen müssen. Stattdessen haben die Vereinigten Staaten und Europa eifrig daran gearbeitet, die Verantwortung für die Anwendung von *hard* und *soft power* aufzuteilen, anstatt ihre Ressourcen so zu bündeln, dass sie größere Auswirkungen auf den internationalen Frieden und die Sicherheit haben. Für unser Plädoyer einer transatlantischen Neuorientierung wenden wir uns zunächst den Quellen US-amerikanischer und europäischer *soft power* zu und belegen, dass die zunehmenden Anzeichen einer transatlantischen *soft power*-Rivalität Besorgnis erregend sind. Statt auf diesem Gebiet zu konkurrieren, sollten Europa und die USA ihre Kräfte lieber bündeln und ihre jeweiligen *soft* und *hard power*-Kapazitäten kombinieren. Im Unterschied zu anderen Autoren, die pragmatische transatlantische Zusammenarbeit innerhalb des bestehenden institutionellen Gefüges für möglich halten,³ vertreten wir die Auffassung, dass der institutionelle Rahmen verändert werden muss, weil die gegenwärtige institutionelle Verankerung der *hard* und *soft power*-Dichotomie zusehends dysfunktional ist. Deshalb schlagen wir die Gründung einer neuen Vertragsorganisation der Atlantischen Gemeinschaft (*Atlantic Community Treaty Organization*, ACTO) vor, die die derzeitige EU-US-Agenda übernehmen und vertiefen würde. Eine solche Organisation könnte die atlantische Gemeinschaft dabei unterstützen, konzertierte Aktionen zur Bewältigung der wichtigsten globalen Herausforderungen durchzuführen und die europäische Institutionenlandschaft zu konsolidieren.

---

[2] Joseph S. Nye, Bound to Lead. The Changing Nature of American Power, New York 1990.
[3] So z.B.: Guliano Amato and Harald Brown, Six attainable transatlantic goals, Financial Times vom 6. April 2005.

2   Quellen US-amerikanischer Soft Power und Anzeichen ihrer schwindenden Stärke

Gemäß John Gerard Ruggie war der wichtigste Aspekt der internationalen Ordnung nach dem Zweiten Weltkrieg nicht die Hegemonie der Vereinigten Staaten, sondern die Tatsache, dass der Hegemon US-amerikanisch war.[4] Das bedeutete, dass die Vereinigten Staaten sich entschlossen hatten, eher mit ihren Verbündeten zusammenzuarbeiten als sie zu beherrschen, dass Washington damit einverstanden war, seine Macht durch die Einbindung in multilaterale Organisationen zu zügeln und dass sein politisches System die Einmischung der Verbündeten zuließ, damit diese die Möglichkeit hatten, die Entscheidungsfindung der USA zu beeinflussen.[5] Folglich hatte Washingtons Führungsrolle zwar mit („weicher" und „harter") Macht zu tun, beruhte aber nicht ausschließlich auf ihr. Führerschaft ist nicht von den Bedürfnissen und Zielen der Gefolgsleute zu trennen.[6] Führerschaft ist ein interaktiver Prozess, in dem dem Führenden Gefolgschaft geleistet wird, weil er seine Gefolgsleute überzeugen kann. Dadurch, dass die USA ihren Verbündeten zuhören und ihre Meinung ernst nehmen, ist es ihnen gelungen, die Gefolgschaft auf Überzeugung und normativen Konsens zu gründen, eben auf *soft power*. Wenn es die Führungsmacht jedoch versäumt, ihre *soft power* zur Unterstützung militärischer Aktionen ins Spiel zu bringen, nutzen die vermeintlichen Gefolgsleute die erste Gelegenheit sich von ihr abzuwenden.[7] Genau das ist in den letzten Jahren passiert und hat zu der jüngsten transatlantischen Krise um den Irak geführt.

Unilateralismus – gleichgültig ob in der groben Form der ersten Amtszeit von George W. Bush oder in der „samtenen" Form der Clinton-Administration – ist ein klares Zeichen für eine Verlagerung des Gleichgewichts zwischen *hard* und *soft power* in der US-Außenpolitik. Rohe *hard power*-Politik provoziert Kritik und Widerstand, da sie den internationalen Konsens über den *embedded liberalism*[8] und den Wert internationaler Organisationen direkt gefährdet. Erstens hat die neokonservative Ideologie einer auf *hard power* basierenden Außenpolitik die Bereitschaft allein zu handeln verstärkt und die Grundvoraussetzungen der nach 1945 entstandenen Weltordnung in Frage gestellt (so z.B. der präemptive Einsatz von Gewalt vs. die Charta der Vereinten Nationen). Diese Tendenz trat im Zuge verschiedener internationaler Fragen zutage, die unter anderem von der Weigerung, das Kyoto-Protokoll und das Statut des Internationalen Strafgerichtshofs zu ratifizieren, über steigende Zölle auf importierte Waren zum Schutz der US-Stahlindustrie bis hin zur extra-

---

[4] John Gerard Ruggie, Multilateralism: The Anatomy of an Institution, in: John Gerard Ruggie (Hrsg.), Multilateralism Matters. The Theory and Praxis of an Institutional Form, New York 1993, S. 3-47, hier: S. 31.
[5] G. John Ikenberry, Rethinking the Origins of American Hegemony, Political Science Quarterly 3/1989, S. 375-400; G. John Ikenberry, Creating Yesterday's New World Order: Keynesian "New Thinking" and the Anglo-American Postwar Settlement, in: Judith Goldstein/Robert O. Keohane (Hrsg.), Ideas and Foreign Policy. Beliefs, Institutions, and Political Change, Ithaca/London 1993, S. 57-86; G. John Ikenberry, After Victory: Institutions, Strategic Restraint, and the Rebuilding of Order After Major Wars, Princeton 2001; Peter F. Cowhey, Elect Locally – Order Globally. Domestic Politics and Multilateral Cooperation, in: Ruggie, a.a.O. (Anm. 6), S. 157-200; Thomas Risse-Kappen, Cooperation among Democracies. The European Influence on U.S. Foreign Policy, Princeton 1995.
[6] James MacGregor Burns, Leadership, New York 1997.
[7] Andrew Fenton Cooper/Richard A. Higgot/Kim Richard Nossal, Bound to Follow? Leadership and Followership in the Gulf Conflict, Political Science Quarterly 3/1991, S. 391-410, hier: S. 398f.
[8] John Gerard Ruggie, Embedded liberalism and the postwar economic regimes, in: John Gerard Ruggie, Constructing the World Polity. Essays on International Institutionalization, London/New York 1998, S. 62-84.

territorialen Anwendung des *Sarbanes-Oxley Act* zur Verschärfung der US-amerikanischen Rechnungslegungsvorschriften reichen. Zweitens können Äußerungen wie „die Aufgabe bestimmt die Koalition" als Abschied von der langjährigen US-Unterstützung für multilaterale Strukturen interpretiert werden. Einer extremen, aber anschaulichen Einschätzung von William Pfaff zufolge stellt sich die Bush-Administration eine von den USA angeführte Welt vor, die dabei die Rückendeckung möglichst vieler Staaten erhalten, die sich jedoch nicht einmischen.[9] Aus diesem Grund wolle Amerika für jede Aufgabe unterschiedliche Koalitionen, damit niemand Einspruch gegen die US-Politik erheben kann. Wenn die Umgehung internationaler Organisationen zur Regel wird und nicht die Ausnahme bleibt, werden sich die internationalen Beziehungen im 21. Jahrhundert grundlegend ändern und könnten zunehmend der internationalen Ordnung eines Machtgleichgewichts wie im 19. Jahrhundert gleichen.

Langfristig untergräbt diese Tendenz die Attraktivität des politischen, kulturellen und gesellschaftlichen Modells der USA und bedroht so den Kern ihrer *soft power*. Laut John Paden und Peter Singer klagen Schulen, Universitäten und wissenschaftliche Einrichtungen in den USA bereits über sinkende Bewerberzahlen, während andere englischsprachige Länder ihr Ausbildungssystem als Alternative zu demjenigen der USA vermarkten. In einer Zeit, in der transnationale Verbindungen immer mehr an Bedeutung gewinnen, laufen die Vereinigten Staaten Gefahr, ihre Brückenköpfe zu äußerst wichtigen internationalen Gemeinschaften, wie etwa der muslimischen Welt, zu schwächen.[10]

3 Europäische Soft Power-Quellen

Spannungen um die Führungsrolle der USA und die Unsicherheit über den Kurs ihrer zukünftigen Außenpolitik haben die *soft power*- (und bislang in geringerem Maße die *hard power*-) Fähigkeiten der Europäischen Union stärker in den Mittelpunkt gerückt. Der *soft power*-Ansatz der EU basiert auf der Annahme, dass das Recht des Stärkeren erfolgreich durch die Stärke des Rechts ersetzt werden kann. Zum Teil dank der US-amerikanischen Sicherheitsvorkehrungen bevorzugt Europa eher den Weg des Souveränitätstransfers und des Festhaltens an *soft power* anstelle des Aufbaus von *hard power*-Fähigkeiten.

Europas Präferenz einer auf Regelungen basierenden Politik ist nicht – wie Robert Kagan behauptet – schlicht auf seinen Mangel an *hard power* zurückzuführen.[11] Sie resultiert vielmehr aus seiner Geschichte und seiner politischen Komplexität: „Europas Neigung zu hochgradig verregelter Politik lässt sich aus seiner großen Bevölkerungsdichte, der Verletzbarkeit seiner Umwelt und der Durchlässigkeit seiner Grenzen erklären. Die unbeschwertere Herangehensweise an Herrschaft in den Vereinigten Staaten liegt an ihren weiten Räumen und an ihrer kontinentalen Ausdehnung."[12] Diese Erfahrung hat zu einem spezifisch europäischen Sicherheitsansatz geführt, der nicht nur auf dem Einsatz nichtmilitärischer Instrumente zur Lösung von Sicherheitsproblemen beruht, sondern auch eine Neigung zu Multilateralismus und Regelungsorientierung, einen netzwerkzentrierten Ansatz

---

[9] William Pfaff, Bush's new global order will generate resistance, International Herald Tribune vom 17. April 2003, S. 6 (Diese und alle folgenden Übersetzungen aus fremdsprachigen Quellen stammen von den Autoren).
[10] John N. Paden/Peter W. Singer, America Slams the Door (On Its Foot), Foreign Affairs 3/2003, S. 8-14.
[11] Robert Kagan, Power and Weakness, Policy Review 113/2002, S. 3-28.
[12] William Wallace, Europe, the Necessary Partner, Foreign Affairs 3/2001, S. 16-34, hier: S. 29-30.

gegenüber internationaler Politik und eine enge Zusammenarbeit mit nichtstaatlichen Akteuren zur Bewältigung aktueller sicherheitspolitischer Herausforderungen umfasst. Die EU verfügt damit über ein einzigartiges *soft power*-Modell, das bislang außer ihr weder andere Staaten noch eine andere Gruppe von Staaten bieten.[13]

4 US-amerikanische und europäische Soft Power: Kombinieren statt konkurrieren

Zwei unterschiedliche *soft power*-Quellen und die jüngste Erfahrung des Irak-Krieges scheinen den Rahmen für eine mögliche Rivalität im Bereich von *soft power* zwischen Europa und den USA vorzugeben.[14] Zumindest vom europäischen Standpunkt erscheint es verlockend, ein konkurrierendes *soft power*-Modell zu exportieren. Einige europäische Länder unterhalten traditionell gute politische und kulturelle Bindungen zu vielen Staaten in den gegenwärtigen Krisenherden. Die Betonung des Multilateralismus und internationaler Institutionen durch die EU erleichtert es, bestimmte politische Themen durchzusetzen. Die Bedeutung, die präventiver Diplomatie und internationaler Entwicklungshilfe beigemessen wird, könnte dazu genutzt werden, die EU in den internationalen Beziehungen als Gegenspieler zu den USA zu positionieren. Es ist deshalb nicht verwunderlich, dass einige in Brüssel und in anderen europäischen Hauptstädten zunehmend willens sind, diese Aspekte im Rahmen der Europäischen Sicherheits- und Verteidigungspolitik (ESVP) zu verbinden, um so ein Gegengewicht zu Washington zu schaffen.

Nichts könnte jedoch den transatlantischen Beziehungen und der langfristigen internationalen Stabilität größeren Schaden zufügen. Wenn Europa auf das US-amerikanische Virus der „Unipolaritis" mit der ebenso ansteckenden „Multipolaritis" reagiert, ist es so gut wie unmöglich, Diagnose und Therapie zwischen den transatlantischen Partnern aufeinander abzustimmen. Amerikaner und Europäer dürften daher „die Aussicht auf eine transatlantische Scheidung nicht zu einer sich selbst erfüllenden Prophezeiung werden lassen", da „keine zwei Regionen der Welt mehr gemeinsam oder mehr zu verlieren haben, wenn sie nicht zusammenhalten".[15] Anstatt sich auf einen sinnlosen „Schönheitswettbewerb" darüber einzulassen, wer die beste *soft power* ist, sollten sie ihre Kräfte bündeln und eine *soft power*-Initiative starten. Die internationale Gemeinschaft braucht das „transatlantische Paar", damit es zusammen mit anderen führenden Mächten und internationalen Organisationen Lösungen für die drängendsten globalen Herausforderungen erarbeitet.

Kern dieser neuen Initiative ist die Neubelebung der transatlantischen Wertegemeinschaft durch den Abschluss eines neuen Vertrags der Atlantischen Gemeinschaft (Abbildung 1). Dieser Vertrag hätte zwei Ziele: Politisch würde er den Schwerpunkt von den transatlantischen Differenzen zu den Gemeinsamkeiten verlagern. Funktionell würde der Vertrag zwischen allen Mitgliedsländern der NATO und der EU einen *soft power*-Kooperationsrahmen schaffen, der die *hard power*-Strukturen NATO und ESVP ergänzt.[16]

---

[13] Jolyon Howorth, European integration and defence: the ultimate challenge, Paris 2000, S. 88-91. Ähnlich argumentiert Hans-Georg Ehrhart, What model for CFSP?, Paris 2002.
[14] Charles Kupchan, The End of the American Era: US Foreign Policy After the Cold War, New York 2002.
[15] Philip H. Gordon, Bridging the Atlantic Divide, Foreign Affairs 3/2003, S. 70-83, hier: S. 79 und 83.
[16] Diese Argumente beruhen auf: Stanley R. Sloan, NATO, the European Union and the Atlantic Community. The Transatlantic Bargain Reconsidered, Latham 2005; ders., Challenges to the Transatlantic Partnership, In the National Interest, 12. März 2003, unter: http://www.inthenationalinterest.com/Articles/vol2issue10/vol2issue10sloan.html (Zugriff: 10. Juni 2005). Siehe auch: Doug Bereuter, and John Lis, Broadening the Transat-

Zu den Aktivitäten einer neuen (*soft power*-)Vertragsorganisation der Atlantischen Gemeinschaft ACTO könnten halbjährlich stattfindende Gipfeltreffen zwischen allen Mitgliedstaaten der NATO und der EU sowie den Beitrittskandidaten beider Organisationen gehören. Diese Treffen könnten terminlich mit den regulären Gipfeltreffen von NATO und EU zusammenfallen und die derzeitigen Gipfeltreffen zwischen den USA und der EU ersetzen. Die Gipfeltreffen könnten durch einen Ständigen Rat unterstützt werden, der sich mit den Fragen befasst, die zwischen den Gipfeltreffen auftreten, sowie durch Arbeitsgruppen, die nach Bedarf zusammentreten. Damit die Gemeinschaft einen repräsentativen Rahmen erhält, könnte die Parlamentarische Versammlung der NATO in eine Versammlung der Atlantischen Gemeinschaft umgewandelt werden, in der Abgeordnete aus allen Ländern der Gemeinschaft vertreten wären. Diese hätten die Aufgabe, die gesamte Palette der transatlantischen Themen zu untersuchen und zu diskutieren. Die Versammlung der Atlantischen Gemeinschaft sollte regelmäßige Treffen mit den Parlamentarischen Versammlungen der EU und der Organsiation für Sicherheit und Zusammenarbeit in Europa (OSZE) abhalten, um zu einem gemeinsamen Verständnis darüber zu gelangen, wie die künftigen Herausforderungen zu bewältigen sind.

Institutionelle Überschneidungen und allzu viele Sitzungstermine können dadurch vermieden werden, dass alle Fragen, die gegenwärtig im Rahmen der US-EU-Agenda behandelt werden, auf das neue Forum übertragen werden, das dann – anders als die enger gefassten US-EU-Konsultationen – praktisch alle Aspekte der transatlantischen Beziehungen bearbeitet und alle Länder einschließt, die ein Interesse an den Beziehungen haben. Sollten spezifische US-EU-Fragen auftauchen, so könnten diese in bilateralen US-EU-Verhandlungen geklärt werden. Die Institutionen der Atlantischen Gemeinschaft sollten in oder nahe Brüssel angesiedelt werden, um die Koordinierung mit NATO- und EU-Institutionen zu erleichtern.

Gleichzeitig wäre es sinnvoll, sich mit der Beziehung zwischen ACTO und OSZE zu befassen. Letztere sollte als das Gremium gestärkt werden, das die Mitglieder der Atlantischen Gemeinschaft mit allen anderen Staaten des eurasischen Kontinents zusammenbringt, die nicht die Voraussetzungen für eine Mitgliedschaft in der Atlantischen Gemeinschaft erfüllen oder diese gar nicht anstreben, darunter vor allem Russland und die Ukraine. Zu diesem Zweck könnten alle relevanten Funktionen des Euro-Atlantischen Partnerschaftsrats (EAPR), dessen Agenda ohnehin nur schwer von derjenigen der OSZE zu unterscheiden ist, auf die OSZE übertragen werden. Hauptaufgabe der OSZE wäre es dann, die kooperative Sicherheit zwischen ihren Teilnehmerstaaten zu vertiefen und dazu beizutragen, Frieden und Zusammenarbeit auf dem gesamten Kontinent durch Vertrauensbildung und Rüstungskontrollmaßnahmen, Frühwarnung, Konfliktverhütung, Krisenmanagement und Konfliktnachsorge aufzubauen. Ein solcher Schritt würde die institutionelle Architektur Europas konsolidieren und die übrigen Organisationen stärken.

Der breite Ansatz einer Atlantischen Gemeinschaft zur Bearbeitung von Problemen und Themen würde die Möglichkeit eröffnen, Fragen zu diskutieren, die ohnehin inoffiziell zwischen Vertretern der Verbündeten innerhalb der NATO erörtert werden, aber nicht Teil des offiziellen NATO-Mandats sind. In einem Forum der Atlantischen Gemeinschaft gäbe

---

lantic Relationship, The Washington Quarterly 1/2003, S. 147-161; Henry A. Kissinger and Lawrence H. Summers, Renewing the Atlantic Partnership, Washington, DC 2004; Andrew Moravcsik, Striking a New Transatlantic Bargain, Foreign Affairs 3/2003, S. 74-89; Hans-Gert Pöttering und Ludger Kühnhardt, EU-USA: Plädoyer für einen Atlantischen Vertrag, integration 3/2003, S. 224-250.

es bessere Möglichkeiten, gemeinsame Problemlösung zu entwickeln, wenn alle Aspekte eines Themas zur Sprache kommen. Eine neue Atlantische Gemeinschaft würde die NATO im Gesamtrahmen transatlantischer Beziehungen einschließen, nicht ersetzen. Da sie lediglich ein Konsultationsforum wäre, würde sie weder die „Autonomie" der EU noch die Beistandsverpflichtung in der NATO (Artikel 5 Nordatlantikvertrag) bedrohen. Sie könnte vielmehr dazu beitragen, die derzeitige künstliche Trennung zwischen den NATO-Beratungen über Sicherheitspolitik und den US-EU-Konsultationen über Wirtschaftsfragen aufzuheben. Da die Atlantische Gemeinschaft ihre Mitglieder ermutigen würde, sich mit Themen auseinander zu setzen, die die NATO nicht behandelt, würde die neue Struktur einen Mehrwert zur Ergänzung des traditionellen Bündnisses erbringen. Sie könnte auch zusätzliche Optionen bei der Bildung von „Koalitionen der Willigen" zur Behandlung neuer Sicherheitsherausforderungen in den Fällen bieten, in denen der Einsatz der NATO nicht allen Verbündeten akzeptabel erscheint und in denen das Tätigwerden durch die Weigerung eines einzigen Mitglieds blockiert werden könnte.

Abbildung 1: Von gegensätzlicher zu harmonischer transatlantischer Zusammenarbeit

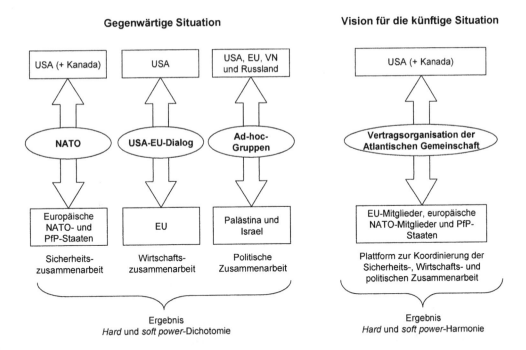

5   Elemente eines Konsenses der neuen Atlantischen Gemeinschaft

Angesichts des jüngsten Risses in den transatlantischen Beziehungen ist die Wiederherstellung der gemeinsamen Bindungen ein wichtiges Ziel, reicht jedoch nicht aus. Die Vereinigten Staaten und ihre europäischen Verbündeten müssen sich mit einer Reihe von Themen auseinander setzen, die für die transatlantischen Beziehungen, für die internationale Zusammenarbeit und für die internationale Stabilität eine Schlüsselrolle spielen.

5.1 Terrorismus, gescheiterte Staaten und Entwicklung

Nach dem 11. September gab es eine große Übereinstimmung bei den Maßnahmen, die die USA und die EU im Kampf gegen den Terrorismus eingeleitet haben. Die Europäische Sicherheitsstrategie führt den Terrorismus neben der Proliferation von Massenvernichtungswaffen, regionalen Konflikten, gescheiterten Staaten und der organisierten Kriminalität als eine der primären Risiken für die internationale Sicherheit und Stabilität auf. Der EU-Verfassungsvertrag nennt den Kampf gegen den Terrorismus als neue Aufgabe der ESVP und führt eine Solidaritätsklausel ein. Auf dieser Grundlage würden sich die EU-Mitglieder im Falle eines terroristischen Angriffs bzw. einer natur- oder zivilisationsbedingten Katastrophe mit allen zur Verfügung stehenden militärischen und nichtmilitärischen Mitteln gegenseitig unterstützten. Und schließlich sieht die europäische Erklärung zur Non-Proliferation von Massenvernichtungswaffen als *ultima ratio* den Einsatz von Gewaltmaßnahmen im Einklang mit der VN-Charta vor.[17]

Im Kampf gegen den Terrorismus ist es entscheidend, die Maßnahmen auf allen drei Ebenen des von Joseph S. Nye entwickelten „Schachbretts der internationalen Politik" – also im Bereich der militärischen, wirtschaftlichen und transnationalen Beziehungen – aufeinander abzustimmen.[18] Die schwergewichtig von Europa betonte Auseinandersetzung mit den Ursachen des Terrorismus (z.B. schlechte Regierungsführung, Unterentwicklung, autoritäre politische Systeme) muss dazu mit der US-amerikanischen Betonung seiner Folgen (insbesondere die Wechselwirkungen zwischen Terrorismus, dem Verhalten von *rogue states* und der Proliferation von Massenvernichtungswaffen) kombiniert werden.[19] Um dieses Ziel zu erreichen, bildet die vorgeschlagene ACTO das bislang fehlende Verbindungsglied. Zwei Beispiele sollen dies illustrieren. Erstens hätte der Rat der Atlantischen Gemeinschaft im Fall der Anschläge vom 11. September unverzüglich verschiedene Arbeitsgruppen zur Auseinandersetzung mit den Ursachen des internationalen Terrorismus einberufen können. Dessen ungeachtet hätte der bestehende Nordatlantikrat am 12. September Artikel 5 des Nordatlantikvertrags anrufen können, wie er dies tatsächlich getan hat. In der Zwischenzeit hätte sich der Rat der Atlantischen Gemeinschaft bereits aktiv um die Koordinierung von Maßnahmen in unterschiedlichen Politikfeldern kümmern können, z.B. zur Abstimmung in den Bereichen Polizei und Strafverfolgung, zur Diskussion von Maßnahmen zur Unterbindung der Finanzierung des internationalen Terrorismus, zur Lancierung von *Public Diplomacy*-Initiativen zur Unterstützung politischer und militärischer Aktionen sowie zur Entwicklung langfristig angelegter Strategien, um dem internationalen Terrorismus die Basis zu entziehen und dessen Ursachen zu bekämpfen.

---

[17] Ein sicheres Europa in einer besseren Welt. Europäische Sicherheitsstrategie, Brüssel, 12. Dezember 2003, http://ue.eu.int/uedocs/cmsUpload/031208ESSIIDE.pdf; Art. I-43, III-309, III-329 Vertrag über eine Verfassung für Europa, Brüssel, 6. August 2004, http://ue.eu.int/igcpdf/de/04/cg00/cg00087.de04.pdf; Declaration on non-proliferation of weapons of mass destruction, Annex II, Presidency Conclusions, Thessaloniki European Council, 19-20 June 2003, Para 4, http://ue.eu.int/pressData/en/ec/76279.pdf (Zugriff: 10 Juni 2005).
[18] Joseph S. Nye, The Paradox of American Power. Why the World's Only Superpower Can't Go It Alone, New York 2002, S. 39.
[19] Ivo H. Daalder, The End of Atlanticism, Survival 2/2003, S. 147-166, hier S. 158.

Zweitens gibt es in den USA Anzeichen für ein Umdenken beim Einsatz militärischer und nichtmilitärischer Instrumente im nationalen *policy mix*. Der 2003 von drei US-Senatoren vorgebrachte *Winning the Peace Act* schlägt mit Blick auf den Wiederaufbau zerstörter bzw. gescheiterter Staaten vor, dass die USA zusätzliche Fähigkeiten in den Bereichen öffentliche Sicherheit, Rechtsprechung, Verwaltungsführung und -modernisierung sowie sozialer und ökonomischer Entwicklung aufbauen sollten.[20] Diese Schwerpunkte stimmen mit dem zivilen Bereich der ESVP überein, so dass auf dieser Basis gemeinsame Ansätze für den Friedensaufbau durch Kombination US-amerikanischer und europäischer Fähigkeiten entwickelt werden könnten. In ähnlicher Weise plädiert eine Studie der *National Defense University* dafür, die militärischen Fähigkeiten zur Unterstützung des Friedensaufbaus auszubauen und betont dadurch einen militärischen Aufgabenbereich, dem die europäischen Staaten traditionell große Beachtung schenken.[21] Verstärkt werden diese Überlegungen schließlich durch die jüngste Ankündigung Präsident Bushs zum Aufbau eines *Active Response Corps*, das als „ziviler Rettungshelfer" der ersten Stunde dazu beitragen soll, im Übergang zwischen der heißen Nachkonflikt- und der längerfristigen Stabilisierungsphase tragfähige institutionelle Strukturen zu schaffen.[22] Die ACTO würde den Rahmen bieten, um diese Überlegungen gezielt aufeinander abzustimmen und umzusetzen.

5.2 Transformation des Sicherheitssektors

Angesichts der neuen sicherheitspolitischen Risiken setzt sich zusehends die Erkenntnis durch, dass die bestehenden Sicherheitsinstitutionen und -kräfte nur unzureichend in der Lage sind, die davon ausgehenden Herausforderungen erfolgreich zu bewältigen. Transnationale Risiken und der Bedeutungsgewinn nichtstaatlicher Gewaltakteure stellen die Grundprinzipien der traditionellen Sicherheitspolitik – die auf der klaren Unterscheidung zwischen innen und außen, zivil und militärisch, staatlich und privat oder Krieg und Frieden basieren – und die darauf beruhende Kompetenzverteilung zwischen den Sicherheitsakteuren in Frage. Gefordert ist heute ein Ansatz, der verstärkt zivile mit militärischen Fähigkeiten und Mitteln verzahnt und auf die ressortübergreifende Zusammenarbeit zwischen den verschiedenen Sicherheitsinstitutionen setzt.[23]

Die Transformation der Streitkräfte ist eine Antwort auf diese neuen Herausforderungen. Transformation ist als entwicklungsoffener, multinationaler, ressortübergreifender und vorausschauender Prozess angelegt, um die außen- und sicherheitspolitischen Instrumente und die Entscheidungsfindung des Staates an die laufende Lageentwicklung anzupassen. Gerade weil es sich hierbei um eine gesamtstaatliche Aufgabe handelt, müssen die bislang auf die Streitkräfte bezogenen Aktivitäten auf alle Akteure des Sicherheitssektors ausgeweitet werden. Die ACTO könnte den geeigneten Rahmen bilden, um die militärische

---

[20] John Edwards, Winning the Peace, In the National Interest 25. Juni 2003, http://www.inthenationalinterest.com/Articles/Vol2Issue25/Vol2Issue25Edwards.html (Zugriff: 10. Juni 2005).
[21] Hans Binnendijk and Stuart Johnson (eds.), Transforming for Stabilization and Reconstruction Operations, Washington, DC 2003.
[22] Rede beim Internationalen Republikanischen Institut, Washington, DC, 18. Mai 2005, http://www.whitehouse.gov/news/releases/2005/05/20050518-2.html (Zugriff: 10. Juni 2005).
[23] Heiko Borchert, Vernetzte Sicherheitspolitik und die Transformation des Sicherheitssektors: Weshalb neue Sicherheitsrisiken ein verändertes Sicherheitsmanagement erfordern, in: ders (Hrsg.), Vernetzte Sicherheit. Leitidee der Sicherheitspolitik im 21. Jahrhundert, Hamburg 2004, S. 53-79.

Transformation mit einem zivilen Pendant zu ergänzen, um einen Dialog zwischen dem *US Department of Homeland Security* und den entsprechenden europäischen Innenministerien zu initiieren sowie um die Strukturen, Prozesse und Instrumente der strategischen Führung auf der gesamtstaatlichen, ressortübergreifenden Ebene zu überprüfen und anzupassen.

5.3 Debatte über neue internationale Regeln

Der Angriff der USA und Großbritanniens auf den Irak hat die Tür zu einer neuen Weltordnung weit aufgestoßen, aber das letzte Wort über die grundlegenden Prinzipien dieser neuen Weltordnung ist noch nicht gesprochen. Von größter Bedeutung ist die Frage, ob sich der präemptive Einsatz von Gewalt – den die Nationale Sicherheitsstrategie der Vereinigten Staaten vorsieht – durchsetzen wird oder ob die Mitglieder der neuen Atlantischen Gemeinschaft dazu bereit sind, völkerrechtliche Regeln im Sinne der – von einigen bereits tot gesagten – Charta der Vereinten Nationen (VN) einzuhalten.

Befürworter und Gegner einer Reform des Gewaltverbots der VN-Charta haben gute Argumente. Die Befürworter, mehrheitlich aus den USA, sagen, dass die Verfasser der VN-Charta die neuen transnationalen und asymmetrischen Risiken sowie das Auftreten nichtstaatlicher Akteure nicht vorgesehen haben. Angesichts der neuen Fähigkeiten, weltweit jederzeit und überall zuschlagen zu können, sei es nicht länger angebracht, einen Angriff erst abzuwarten; man sollte vielmehr Gewalt präemptiv einsetzen. Im Gegensatz dazu argumentieren die Gegner, dass die bislang vorgelegten Alternativen, die das Konzept der „unmittelbar bevorstehenden Gefahr" ersetzen sollen, in jeder Hinsicht vage sind, d.h. in Bezug auf die Definition der Umstände, der Objekte und der Mittel des präemptiven Gewalteinsatzes. Darüber hinaus begründen sie überzeugend, dass die Rückkehr eines opportunistischen und extensiven „Rechts auf Selbstverteidigung" die internationalen Beziehungen an ihren Ausgangspunkt zurückführen würde: zum Sicherheitsdilemma, in dem Unsicherheit vorherrscht.

Mit der Intervention im Kosovo (1999) und dem Krieg gegen den Irak (2003) haben die Mitglieder der atlantischen Gemeinschaft zwei gewichtige Präzedenzfälle geschaffen, die vom traditionellen Verständnis des Einsatzes von Gewalt abweichen. Sie sollten daher eine internationale Diskussion über die Zukunft des Völkerrechts im Allgemeinen und den Einsatz von Gewalt im Besonderen initiieren und führen. Diese Diskussion sollte darauf abzielen, neue internationale Regeln für den Einsatz von Gewalt unter Berücksichtigung der neuen Risiken festzulegen und den Sicherheitsrat der Vereinten Nationen zu stärken, nicht ihn zu umgehen. Indem sie eine solche Diskussion im Rahmen der VN anregen, würden die Mitglieder der Atlantischen Gemeinschaft der ganzen Welt deutlich signalisieren, dass sie sich auch weiterhin an ein System international vereinbarter Regeln halten wollen, solange auch andere Nationen und Gruppierungen dazu bereit sind.

5.4 Stärkung internationaler Institutionen

Allein durch die Gründung einer neuen *soft power*-Organisation in Gestalt der Atlantischen Gemeinschaft würden die transatlantischen Verbündeten ein deutliches Zeichen zugunsten internationaler Zusammenarbeit setzen. Dies sollte mit nachhaltigen Bemühungen einher-gehen, bestehende Institutionen flexibler zu gestalten und sie mit den zur Erfüllung ihrer Aufgaben notwendigen Mitteln auszustatten. Jede internationale Organisation kann durch die Verstärkung und Förderung der Zusammenarbeit mit anderen internationalen Organisationen einen bedeutenden Beitrag zur Beförderung der *soft power*-Agenda leisten:

- Die VN sind die wichtigste Plattform zur Erörterung aller für die Errichtung einer neuen Weltordnung relevanten Fragen. Die Tatsache, dass die VN kürzlich vielversprechende Wege zur Stärkung einer Weltinnenpolitik durch die engere Zusammenarbeit mit nichtstaatlichen Akteuren und multinationalen Unternehmen beschritten haben, ist in dieser Hinsicht äußerst bedeutsam, denn die Öffnung der internationalen Bühne für die Zivilgesellschaft ist eines der stärksten Instrumente zur nachhaltigen Förderung von *soft power*.
- Im Kern der transatlantischen Beziehungen könnte die seit langem herrschende Dichotomie zwischen NATO und EU durch die Gründung der neuen Vertragsorganisation der Atlantischen Gemeinschaft überwunden werden. Wie schon erwähnt, würde diese neue Organisation von der Verschmelzung bestehender von *hard* und *soft power*-Kapazitäten profitieren. Die OSZE sollte auch weiterhin eine wichtige Rolle spielen, da sich die meisten ihrer Feldaktivitäten mit den Grundlagen von *soft power* befassen, d.h. dem Aufbau demokratischer Prinzipien und Institutionen. Darüber hinaus wäre die OSZE durch ihre Präsenz in so bedeutenden Regionen wie dem Kaukasus und in Zentralasien in der Lage, die Vertragsorganisation der Atlantischen Gemeinschaft bei der Stabilisierung dieser potenziellen Krisenherde zu unterstützen.
- Schließlich müssen die internationalen Finanz- und Handelsinstitutionen als Instrumente angesehen werden, durch die *soft power* wirtschaftliche Früchte trägt. Dazu muss die internationale Handels- und Finanzarchitektur weiterentwickelt werden, wobei Aspekte wie die Interdependenzen zwischen dem Übergang zur Marktwirtschaft und den notwendigen kulturellen und gesellschaftlichen Anpassungen,[24] der Zusammenhang zwischen Handelsliberalisierung und Sicherheitspolitik (z.B. scheinen Terroristen von der Liberalisierung der Finanz- und Telekommunikationsmärkte zu profitieren) sowie das Recht an geistigem Eigentum, Gesundheitsfragen und regionale Entwicklung (z.B. der Rolle der pharmazeutischen Industrie bei der Versorgung der Entwicklungsländer mit Medikamenten gegen AIDS) mehr Beachtung finden sollten.

5.5 Erweiterung der Rolle kultureller Diplomatie

Seit dem Ende des Kalten Krieges hat kulturelle Diplomatie als eines der wichtigsten Instrumente zur Sozialisation und zum Aufbau eines gemeinsamen Gedächtnisses an Bedeutung verloren. Der Wert der Kultur als Mittel der Vertrauensbildung ist kürzlich in Form der so genannten „Kampagnen um die Herzen und Köpfe", die vor allem auf die muslimische Welt ausgerichtet sind, wiederentdeckt worden. Es reicht jedoch nicht aus, diese Kampagnen erst nachträglich zu lancieren, um beispielsweise die Bevölkerung davon zu überzeugen, dass die abgeworfenen Bomben nicht ihnen galten, sondern ihren Führern. Im Umgang mit Ländern, die bislang nicht vom „westlichen Modell" profitiert haben und deshalb dazu neigen, dieses abzulehnen, sind kulturelle Kenntnisse unabdingbar, um die Kom-

---

[24] Michael Mosseau, Market Civilization and Its Clash with Terror, International Security 3/2002-2003, S. 5-29.

plexität dieser Gesellschaften zu verstehen. Im Vergleich zu anderen Instrumenten der Politik sind Kulturaustauschprogramme, Bildung und Ausbildung sowie andere Formen kultureller Diplomatie extrem preiswert; langfristig sind sie jedoch äußerst ertragreich, indem sie unser Verständnis erweitern und persönliche Bindungen herstellen. Aus diesem Grunde sollten die Mitglieder der Atlantischen Gemeinschaft eine *soft power*-Kulturstrategie erarbeiten, die Möglichkeiten aufzeigt, unsere Kultur für andere zu öffnen und einen nachhaltigen Dialog mit ihnen aufzunehmen. Bereits existierende Formen internationaler Zusammenarbeit mit Schlüsselregionen wie dem Mittelmeerraum sollten aufeinander abgestimmt werden,[25] die Budgets und die Infrastruktur von Botschaften, Kulturstiftungen und sogar Handelsvereinigungen könnten zusammengefasst werden, um für alle Beteiligten maximalen Nutzen zu erzielen, und zivilgesellschaftliche Netzwerke im In- und Ausland sollten aktiv einbezogen und gestärkt werden.

6 Keine leichte Kost

Angesichts der noch immer schwelenden Antagonismen, die den derzeitigen Stand der transatlantischen Beziehungen kennzeichnen, wird es schwer sein, eine Ausweitung der transatlantischen Kooperation in Gang zu setzen. Das zeigte sich beispielsweise auch an den ambivalenten US-amerikanischen Reaktionen auf die Forderung von Bundeskanzler Schröder, eine Expertenkommission zur Zukunft der NATO einzuberufen. Auch wenn die französische und die deutsche Regierung versucht haben, einiges von dem Schaden, den ihre Beziehungen zu Washington genommen haben, wieder zu beheben, schlagen die Emotionen am Westufer des Atlantiks noch immer hohe Wellen. Rufe nach einer strategischen Scheidung gibt es reichlich; sie behaupten: „Wenn die Vereinigten Staaten das ‚alte Europa' nun in Fragen von strategischer Bedeutung ignorieren, werden sie endlich frei sein von dem gescheiterten Modell europäischer Diplomatie, das der Welt so viele schreckliche Kriege, unbrauchbare Grenzen und ungestörte Diktatoren beschert hat."[26] Am Ostufer des Atlantiks werden vermehrt Rufe nach einer Beschleunigung des europäischen Einigungsprozesses laut, um so ein Gegengewicht zur amerikanischen Supermacht aufzubauen.

Es wird jedoch eine Zeit kommen, in der sich klügere Köpfe durchsetzen. Das US-amerikanische Volk will und wird keine US-Politik unterstützen, deren Folge die Verantwortung für den Wiederaufbau nach einem Krieg ist, wo immer amerikanische Truppen eingreifen, um Diktatoren zu besiegen oder Terroristen aufzustöbern. Vielmehr ist die Zusammenarbeit mit gleichgesinnten Verbündeten die beste Methode, um die Lasten der Aufrechterhaltung des internationalen Friedens und der Stabilität zu teilen. Trotz der jüngsten Differenzen werden die USA nirgendwo auf der Welt „gleichgesinntere" Nationen als die europäischen NATO-Mitglieder und die Mitglieder der Europäischen Union finden.

In der Zwischenzeit geht die Gestaltung Europas weiter, aber die unterschiedlichen europäischen Reaktionen auf den Krieg gegen den Irak zeigen, wie facettenreich Europa ist.

---

[25] Die Kooperationspartner der OSZE im Mittelmeerraum sind Ägypten, Algerien, Israel, Jordanien, Marokko und Tunesien. Der Mittelmeer-Dialog der NATO umfasst dieselben Länder plus Mauretanien. Dem Barcelona-Prozess der EU gehören neben den OSZE-Kooperationspartnern die Palästinensische Autonomiebehörde, der Libanon, Syrien, die Türkei, Zypern und Malta an. Darüber hinaus unterhält die EU einen zusätzlichen Nahost-Friedensprozess und Beziehungen zu Nahost-Staaten in der Golfregion.
[26] Ralph Peters, Hitler war wenigstens ehrlich. Ihr widert uns an: Die Amerikaner sind mit den Deutschen fertig, Frankfurter Allgemeine Zeitung vom 15. Mai 2003.

Europa kann in einer Atmosphäre transatlantischer Unstimmigkeiten nicht erfolgreich gestaltet werden. Ein einiges Europa kann nur im Rahmen einer funktionierenden transatlantischen Beziehung geschaffen werden. Die jüngste Ablehnung des EU-Verfassungsvertrags in Frankreich und in den Niederlanden, die Absage des Referendums in Großbritannien sowie die Aussichten auf Neuwahlen in Deutschland werden den europäischen Integrationsprozess kurzfristig ins Stocken bringen. Noch ist es zu früh, um die langfristigen Folgen dieser Entwicklungen zu beurteilen. Es ist aber durchaus möglich, dass diese dazu beitragen, die europäischen Positionen wieder stärker an die USA heranzuführen. In Zeiten innereuropäischer Auseinandersetzung und einer zweiten Bush-Administration, die stärker als bisher auf europäische Positionen eingeht, könnte die Kooperation mit Washington eine der wenigen Konstanten in der europäischen Außenpolitik darstellen und dazu beitragen, noch vorhandene Gräben zu überwinden.

Entscheidend ist sowohl für die Vereinigten Staaten als auch für Europa, dass sie einen gemeinsamen Weg für die Zukunft finden müssen. Auf europäischer Seite muss die Bereitschaft wachsen, die Vorteile von *hard power*-Kapazitäten anzuerkennen und diese durch die Bereitstellung von Ressourcen zur Schaffung von *hard power*-Optionen bzw. die Möglichkeit europäischer Beiträge zu *hard power*-Lösungen zu ergänzen. Im Gegenzug müssen die USA das Verhältnis zwischen ihren außen- und sicherheitspolitischen *soft* und *hard power*-Instrumenten ausgewogener gestalten. Die NATO bleibt als Instrument zur Bildung transatlantischer Koalitionen für die Bearbeitung aktueller Sicherheitsprobleme relevant. Die OSZE ist für die Anwendung von *soft power*-Ressourcen bei Problemen in ihrem Einflussgebiet von größter Bedeutung. Eine Vertragsorganisation der Atlantischen Gemeinschaft würde einen Rahmen für die Anwendung der *soft power*-Ressourcen Europas und der USA auf Probleme außerhalb Europas, wo die Vereinigten Staaten und Europa gemeinsame Interessen haben, bieten.

Eine *soft power*-Lösung kann den Bedarf an glaubwürdigen militärischen Optionen nicht ersetzen. Die effektive Verbindung US-amerikanischer und europäischer *soft power*-Ressourcen könnte jedoch dazu beitragen, dass einige Probleme nicht zu militärischen Herausforderungen werden. Sie könnte auch die Fähigkeit der internationalen Gemeinschaft erhöhen, mit Situationen nach einem Konflikt auf stabilitätsfördernde Weise umzugehen. Die zukünftige transatlantische Zusammenarbeit wird eine effektive Kombination von *hard* und *soft power*-Ressourcen von beiden Seiten des Atlantiks erfordern. Die Frage ist heute, ob die Vereinigten Staaten ihren Weg unilateralistisch und stark auf *hard power* gestützt fortsetzen oder ob sie ein Gleichgewicht zwischen dem Einsatz von *hard* und *soft power* finden, das Bündnisse stärkt, die Herzen und Köpfe möglicher Gegner für sich einnimmt und die Situationen reduziert, in denen die USA ihre beeindruckenden *hard power*-Kapazitäten tatsächlich einsetzen müssen. Die Gründung der neuen Vertragsorganisation der Atlantischen Gemeinschaft wäre ein richtiger erster Schritt in diese Richtung.

Autorinnen und Autoren

David L. Aaron ist Direktor des Rand Center for Middle East Public Policy in Santa Monica, California. Zum Zeitpunkt der Erstellung des Artikels war er Senior Fellow bei Rand und koordinierte dort die Terrorism and Homeland Security Research Area.

Ronald D. Asmus, Ph.D., ist Executive Director des Transatlantic Center des German Marshall Fund of the United States in Brüssel.

Prof. Dr. Egon Bahr, Bundesminister a.D., war von 1966 bis 1969 Leiter des Planungsstabes im Auswärtigen Amt, von 1969 bis 1972 Staatssekretär im Bundeskanzleramt und von 1976 bis 1981 Bundesgeschäftsführer der SPD. Zwischen 1984 und 1994 war er Direktor des Instituts für Friedensforschung und Sicherheitspolitik an der Universität Hamburg.

Ann M. Beauchesne ist Executive Director der Homeland Security Division der United States Chamber of Commerce in Washington, D.C.

Dr. Heiko Borchert führt ein eigenes Unternehmens- und Politikberatungsbüro und ist Direktor für Sicherheit und Verteidigung am Düsseldorfer Institut für Außen- und Sicherheitspolitik (DIAS) e.V.

Frances G. Burwell ist Direktor des Program on Transatlantic Relations des Atlantic Council of the United States in Washington, D.C.

Anja Dalgaard-Nielsen, Ph.D., ist Senior Fellow am Danish Institute for International Studies (DIIS) in Kopenhagen.

Dr. Claudia Decker ist Wissenschaftliche Mitarbeiterin der Deutschen Gesellschaft für Auswärtige Politik e.V. (DGAP) in Berlin.

Dr. Hans-Georg Ehrhart ist stellvertrender Leiter des Zentrums für Europäische Friedens- und Sicherheitsstudien (ZEUS) am Hamburger Institut für Friedensforschung und Sicherheitspolitik (IFSH).

Dr. Philip P. Everts ist Direktor des Instituts für Internationale Studien (IIS) an der Universität Leiden.

Prof. Dr. Heinz Gärtner ist außerordentlicher Professor am Österreichischen Institut für Internationale Politik (OIIP) in Wien.

Ulf Gartzke ist Leiter der Verbindungsstelle Washington, D.C. der Hanns-Seidel-Stiftung.

Wolfgang Gerz, MPA, ist Deputy Director des German Information Center, 4645 Reservoir Road N.W., Washington, D.C. 20007, USA.

Dipl.-Pol. Bastian Giegerich ist Doktorand und Lehrbeauftragter an der London School of Economics and Political Science (LSE).

Dr. Daniel S. Hamilton ist Richard von Weizsäcker Professor und Direktor des Center for Transatlantic Relations an der Paul H. Nitze School of Advanced International Studies (SAIS), Johns Hopkins University, Washington, D.C.

Dr. Dirk Haubrich ist Research Fellow an der Philosophischen Fakultät des University College London (UCL).

Volker Heise ist Wissenschaftlicher Mitarbeiter der Forschungsgruppe EU-Außenbeziehungen bei der Stiftung Wissenschaft und Politik (SWP) in Berlin.

Alexander Höse, M.A., ist Wissenschaftlicher Mitarbeiter am Lehrstuhl für Internationale Politik und Außenpolitik der Universität zu Köln.

Prof. Dr. Pierangelo Isernia ist Professor für Internationale Beziehungen an der Universität von Siena.

Prof. Dr. Thomas Jäger ist Inhaber des Lehrstuhls für Internationale Politik und Außenpolitik der Universität zu Köln.

Karin L. Johnston, M.A., ist Research Associate am American Institute for Contemporary German Studies (AICGS) in Washington, D.C.

Henry A. Kissinger war von 1973 bis 1977 amerikanischer Außenminister und von 1969 bis 1975 Nationaler Sicherheitsberater der Präsidenten Richard Nixon und Gerald Ford.

Prof. Dr. Joachim Krause ist Direktor des Instituts für Politische Wissenschaften an der Christian-Albrechts-Universität zu Kiel sowie Direktor des Instituts für Sicherheitspolitik an der Universität Kiel (ISUK).

Prof. Dr. Rolf J. Langhammer ist Stellvertreter des Präsidenten und Leiter der Abteilung Entwicklungsökonomie und weltwirtschaftliche Integration des Instituts für Weltwirtschaft an der Universität Kiel.

Prof. Dr. Oliver Lepsius, LL.M., ist Inhaber des Lehrstuhls für Öffentliches Recht, Allgemeine und Vergleichende Staatslehre der Universität Bayreuth.

Stormy Mildner, MSc., ist Lehrbeauftragte am John F. Kennedy Institut der Freien Universität Berlin und Stipendiatin der Konrad-Adenauer-Stiftung.

Prof. Andrew Moravcsik ist Professor für Politikwissenschaft und Direktor des European Union Program der Princeton University, New Jersey.

Dr. C. Richard Nelson ist Director of Program Development des Atlantic Council of the United States in Washington, D.C. Zum Zeitpunkt der Erstellung des Artikels war er Berater des International Security Program des Atlantic Council.

Alexander Ochs, M.A., ist Wissenschaftlicher Mitarbeiter der Forschungsgruppe Globale Fragen bei der Stiftung Wissenschaft und Politik (SWP) und Mitbegründer des transatlantischen Klimanetzwerks INTACT.

Dipl.-Pol. Kai Oppermann ist Wissenschaftlicher Mitarbeiter am Lehrstuhl für Internationale Politik und Außenpolitik der Universität zu Köln.

Peter G. Peterson ist Chairman des Council on Foreign Relations in New York und des Institute for International Economics in Washington, D.C.

Dr. Daniel Piazolo arbeitet am Financial and Economic Research International (FERI) in Bad Homburg.

Dr. K. Jack Riley ist Associate Director der Infrastructure, Safety, and Environment Research Division der RAND Corporation in Santa Monica, California. Zum Zeitpunkt der Erstellung des Artikels war er Direktor des RAND Homeland Security Center.

Dipl.-Pol. Marcus Schaper ist Doktorand am Department of Government and Politics der University of Maryland at College Park, USA.

Prof. Dr. Georg Schild ist Professor für Zeitgeschichte an der Eberhard-Karls-Universität Tübingen.

Prof. Dr. Peter Schmidt ist Honorarprofessor der Universität Mannheim und Wissenschaftlicher Mitarbeiter der Forschungsgruppe EU-Außenbeziehungen bei der Stiftung Wissenschaft und Politik (SWP) in Berlin.

Prof. Dr. Jürgen Schnell, Generalleutnant a.D., ist Professor für Sicherheits- und Militärökonomie/Streitkräftemanagement an der Universität der Bundeswehr in München.

Prof. Dr. Dr. h.c. Horst Siebert ist emeritierter Präsident des Instituts für Weltwirtschaft an der Universität Kiel und Inhaber des AGIP Chair in International Economics des Bologna Center der Johns Hopkins University.

Stanley R. Sloan ist Direktor der Atlantic Community Initiative in Richmond, Vermont (USA) und Visiting Scholar am Middlebury College, Vermont.

Prof. Lawrence H. Summers ist Präsident der Harvard University in Cambridge, Massachussetts. Von 1999 bis 2001 war er amerikanischer Finanzminister.

Prof. Dr. Elke Thiel ist Honorarprofessorin für Europäische Politik an der Universität Bamberg sowie Gastprofessorin an der Wirtschaftswissenschaftlichen Fakultät der Universität Tirana, Albanien.

Adam Townsend ist Berater in rechtlichen und strategischen Fragen für Aconex, einem australischen Unternehmen für Information Management Software. Zuvor war er Programme Officer des Programme Against Money Laundering des United Nations Office on Drugs and Crimes (UNODC) und Research Fellow im Bereich Justice and Home Affairs am Centre for European Reform, London.

Dr. Christian Tuschhoff ist Visiting Professor im Department of Political Science der Emory University in Atlanta, Georgia.

Brian Zimmer ist Senior Investigator des Committee on the Judiciary des U.S. House of Representatives in Washington, D.C.